Bruno Bettelheim
Ein Leben für Kinder

Bruno Bettelheim

Ein Leben für Kinder

Erziehung in unserer Zeit

Aus dem Amerikanischen
übertragen
von Liselotte Mickel

Deutsche Verlags-Anstalt
Stuttgart

Die Originalausgabe erschien unter dem Titel
»A Good Enough Parent, A Book on Child-Rearing«
bei Alfred A. Knopf, New York.

CIP-Kurztitelaufnahme der Deutschen Bibliothek

Bettelheim, Bruno:
Ein Leben für Kinder: Erziehung in unserer Zeit /
Bruno Bettelheim.
Aus d. Amerikan. übertr. von Liselotte Mickel. –
Stuttgart: Deutsche Verlags-Anstalt, 1987.
Einheitssacht.: A good enough parent 〈dt.〉
ISBN 3-421-06376-1

Lektorat: Ursula Locke-Groß
Typographische Gestaltung: Marion Winter
Satz: Jung SatzCentrum, Lahnau
Druck und Verarbeitung: Clausen & Bosse, Leck
Printed in Germany

In memoriam Trude Bettelheim
und für unsere Kinder Ruth, Naomi und Eric

Inhalt

Teil 1

Eltern und Kind

1. Kapitel

Zur Einführung: Das Gewicht früher Erfahrungen

Der Baum wächst in die Richtung,
in die man das Reis bindet.
Alexander Pope, *Moral Essays*

In diesem Buch fasse ich zusammen, was ich im Laufe meines Lebens über die Erziehung von Kindern herausgefunden und immer wieder neu überdacht habe: Was müssen wir tun, damit unser Kind – vielleicht nicht unbedingt in den Augen der Welt eine glänzende Karriere macht – zurückblickend aber mit der Art und Weise, wie seine Eltern mit ihm umgingen, einverstanden und trotz aller Mängel, die uns allen anhaften, im großen und ganzen mit sich zufrieden ist? Ein Zeichen dafür, daß jemand in diesem Sinne richtig erzogen wurde, ist meiner Ansicht nach, daß er mit den endlosen Widrigkeiten und Schwierigkeiten, die das Leben mit sich bringt, einigermaßen fertig wird. Gelingt ihm das, so vor allem deshalb, weil er seiner selbst sicher ist. Ein solcher Mensch wird gelegentlich an sich zweifeln – und nur arrogante Narren tun das nie –, aber er wird doch ein inneres Leben haben, das ihn reich und zufrieden macht, was immer ihm auch im Laufe seines Lebens zustoßen mag. Eine wichtige Voraussetzung hierfür ist allerdings, daß er in einer Familie aufwächst, in der gute, innige Beziehungen zwischen den Eltern und zwischen Eltern und Kindern bestehen. Nur dann wird er in der Lage sein, beständige und befriedigende Beziehungen auch zu anderen Menschen einzugehen, und auch dies gehört zu den Dingen, die das Leben sinnvoll machen. Auch seinen Beruf wird ein solcher Mensch so wählen, daß er sinnvoll und befriedigend ist. Eine Tätigkeit, der ein wahrer Sinn fehlt, gewährt keine Befriedigung.

Ich beschäftige mich seit über 70 Jahren mit der Erziehung von Kindern. Schon als Heranwachsender und einige Jahre später als junger Mann fing ich an, darüber nachzudenken. Seither hat mich das Problem nicht mehr losgelassen.

In der ersten Zeit war mein Interesse zwar auch theoretisch, aber vor allem war es ein höchst persönliches Interesse. Ich versuchte zu verstehen, aus welchen Elementen sich die Erziehung von Kindern, wie ich sie an mir selbst erfahren und sie in meiner Umgebung beobachtet hatte, zusammensetzte. Obwohl ich sehr gute Eltern hatte, fand ich doch an ihrer Erziehung einiges auszusetzen, und manches sogar direkt verwerflich. Vor allem war ich überzeugt, daß im Licht der damals noch völlig neuen Einsichten der Psychoanalyse vieles in der Kindererziehung verbessert werden könne und verbessert werden sollte.

Als ich vor etwa 55 Jahren Ende zwanzig war, wurde Erziehung für mich zu einem äußerst wichtigen Problem. Ich stand vor der extrem schwierigen Aufgabe, die psychischen Schäden einiger schwer gestörter Kinder zu heilen, die diesen von ihrer Umwelt zugefügt worden waren. Ich versuchte mit Hilfe von Erziehungsmaßnahmen, die auf psychoanalytischen Prinzipien beruhen, einem, zeitenweise zwei autistischen Kindern zu helfen, die viele Jahre in meiner Familie lebten.

In den vierziger Jahren habe ich dies unter ganz anderen Umständen mit einer recht großen Anzahl von schwer gestörten Kindern versucht. Meine neuen Patienten lebten in der *Sonia Shankman Orthogenic School* der Universität von Chicago, wo sie behandelt und unterrichtet wurden. Diese Arbeit ist bereits in einer Reihe von Büchern und in zahlreichen Artikeln beschrieben worden, so daß ich hier nicht näher darauf einzugehen brauche.

Da ich drei eigene Kinder habe, blieb es mir auch nicht verborgen, daß es psychologisch und vor allem emotional etwas völlig anderes ist, eigene Kinder zu erziehen, selbst wenn man sich den Kindern, die nicht die eigenen sind, noch so hingebungsvoll widmet. Was ich aus all diesen Erfahrungen gelernt habe, was sich als nützlich oder als schädlich herausstellte und warum, bildet die Grundlage dieses Buchs.

Ich hatte dabei auch stets die Erfahrungen vor Augen, die ich machte, wenn ich anderen zu vermitteln versuchte, wie man am besten mit den Problemen fertig wird, denen man bei der Kindererziehung begegnet. Diese »anderen« bestanden aus zwei völlig unterschiedlichen Gruppen: aus intelligenten, stark motivierten Müttern von mehr oder weniger normalen Kindern und aus Mitarbeitern der *Orthogenic School,* die sich um die Rehabilitierung von Kindern bemühten, die an sehr schweren psychischen Störungen litten. Ich habe mich dabei immer bemüht, diese Erwachsenen zu veranlassen, die Probleme und Fragen, die sich ihnen bei ihren eigenen Kindern oder bei den von ihnen betreuten Kindern stellten, selbständig und auf eigene Weise anzugehen. Hätte ich spezielle Anweisungen gegeben, was zu tun und was zu lassen sei, wären die Probleme kaum gelöst worden, denn die Einzigartigkeit eines jeden Erwachsenen und eines jeden Kindes und die zahllosen grundverschiedenen und sich ständig verändernden Situationen, die sich ergeben, wenn ein Erwachsener ein Kind erzieht und das Kind auf ihn reagiert, sprechen gegen Verallgemeinerungen jeglicher Art.

Selbst die vielfältigen und komplizierten Züge des Schachspiels sind nur stark vereinfachte Metaphern im Vergleich zu den höchst komplizierten zwischenmenschlichen Beziehungen. Jede Schachpartie fängt neu an, und zwar immer auf gleiche Weise. Die Regeln sind für beide Spieler die gleichen; sie sind unveränderlich und klar verständlich. Die Spieler haben sich freiwillig darauf geeinigt und müssen sich daran halten. Und schließlich ist auch der erwünschte Ausgang, das erstrebte Ziel klar: Der König ist mattzusetzen.

Nichts von all dem trifft auf das zu, was sich zwischen Eltern und Kind abspielt. In ihrer Beziehung hat alles eine lange, komplizierte Vorgeschichte. Jeder Augenblick, jede Episode beginnt anders als alle vorangegangenen, es sei denn, Eltern und Kind seien bereits neurotisch auf stereotype Reaktionen festgelegt, die jede Spontaneität und jedes warme Gefühl ersticken. Es gibt keine Regeln, auf die man sich geeinigt hätte, auch wenn Eltern dem Kind oft Vorschriften machen, gegen die es sich vielleicht nicht zu wehren vermag. Aber solche aufgezwungenen Übereinkünfte beeinträchtigen nur die Fähigkeit des Kindes, mit der Problemsituation auf konstruktive Weise fertigzuwerden. Deshalb möchte ich auch in diesem Buch keine definitiven Antworten geben, sondern lediglich auf Methoden hinweisen, die dazu beitragen können, daß Eltern und Kind bei allem, was zwischen ihnen geschieht, spontan und auf ihre eigene Weise reagieren. Denn nur das gibt dem Kind den Mut, sich auf seine eigene Weise mit der Wirklichkeit auseinanderzusetzen.

Selbst wenn Eltern darauf bestehen, daß sich ihre Auffassung in einem bestimmten Fall durchsetzt und ihre Vorschriften befolgt werden, bietet das noch keine Garantie dafür, daß das Kind etwas auch innerlich akzeptiert. Was diese innere Erfahrung anbelangt, so richten sich Kinder wie Eltern nämlich nach ihren eigenen Regeln. Wobei sie sich über diese Regeln gewöhnlich selbst nicht klar sind. Sie können auch nicht miteinander darüber sprechen. Es kommt noch hinzu, daß sie diese Regeln im Interaktionsprozeß ändern, ohne sich gegenseitig davon in Kenntnis zu setzen. Und auch hier sind sich beide gewöhnlich nicht bewußt, daß sie etwas verändert haben und auf welche Weise dies geschehen ist. Und schließlich gibt es keine klare und freiwillig eingegangene Übereinkunft darüber, was bei der Beziehung zwischen Kind und Eltern herauskommen, was erreicht werden soll. Der wirklich entscheidende Unterschied zwischen einem Spiel wie Schach und der Erziehung eines Kindes liegt aber darin, daß das wirkliche Leben kein Spiel, sondern tödlicher Ernst ist.

So banal und vereinfacht das Schachspiel aber als Metapher für menschliche Beziehungen ist, es kann doch veranschaulichen, daß wir bei einer komplexen Interaktion nie mehr als einige wenige Züge vorausplanen können. Jeder Zug muß sich nach dem vorangegangenen richten. Daher ist es sehr wichtig, daß man die sich ständig verändernde Gesamtsituation klar im Blick hat. Ein guter erster Zug kann bestenfalls ein Hinweis darauf sein, welches die richtige Antwort auf den folgenden Gegenzug sein könnte.

Der Schachanfänger, der versucht, nur seine eigenen Pläne durchzuführen, ohne die Gegenzüge seines Partners zu bedenken, wird sich bald geschlagen geben müssen. Genauso wird es Eltern ergehen, wenn sie einen vorgefaßten Plan verfolgen und sich dabei auf die Erklärungen und guten Ratschläge anderer verlassen, wie sie ihr Kind zu behandeln hätten. Eltern sollten ihr Verhalten ständig den Reaktionen ihres Kindes anpassen und die sich immer wieder verändernde Gesamtsituation im Auge behalten. Wenn das Kind mit seinen Eltern nicht einig ist, wird es jedoch oft seine wahren Gefühle aus Angst vor ihren Reaktionen verstecken und die Eltern damit mattsetzen.

Der gute Schachspieler kann eine Anzahl möglicher Züge und wahrscheinlicher Gegenzüge vorausberechnen. Er kann das deshalb, weil er gelernt hat, nach jedem Schritt die Gesamtsituation neu zu überdenken und abzuschätzen. Eltern, die in der Lage sind, die Beziehung zu ihrem Kind immer wieder neu zu beurteilen, brauchen deshalb kaum einen Rat. Sie wissen, was zu tun ist, und werden bei allen Aktionen und Reaktionen ihres Kindes ständig neu abschätzen, was die Situation erfordert. Man könnte sagen, daß Eltern, die die Voraussetzungen mitbringen, gute Ratschläge zur Kindererziehung zu nutzen, diese kaum benötigen, während Eltern, die nicht imstande sind, die Gesamtsituation richtig einzuschätzen und immer wieder neu zu überdenken, mit guten Ratschlägen kaum etwas anfangen können. Sie brauchen etwas anderes. Man sollte ihnen lieber helfen zu verstehen, was in ihrem Kind vorgeht. Wenn wir lernen, uns in unser Kind hineinzuversetzen, und gleichzeitig zu verstehen suchen, was uns selbst motiviert, werden wir uns instinktiv für den besten Weg entscheiden.

Meiner Erfahrung nach ist die wirksamste Hilfe für Eltern bei der Erziehung eines Kindes etwas, auf das ich in diesem Buch immer wieder hinweisen werde: Ich möchte Eltern helfen, ihre Fähigkeit, zu eigenen Ansichten zu gelangen, zu entwickeln und ihr Verhalten nicht nur nach dem, was sie erreichen wollen, sondern auch nach ihrer persönlichen Eigenart und nach der ihres Kindes zu richten. Nur so werden sie zu einem Verständnis und einer Einstellung kommen, die nicht nur für sie selbst und ihr Kind von Nutzen, sondern auch ihrer gegenseitigen Beziehung förderlich ist.

Solche Einsichten und Einstellungen, die die Entfaltung der Persönlichkeit von Eltern und Kindern fördern und die gleichzeitig die gegenseitigen Beziehungen wärmer und inniger machen, lassen sich meiner Erfahrung nach vor allem dadurch erreichen, daß man nicht annimmt, man kenne bereits die richtigen Antworten, wenn diese auch noch so sehr auf der Hand zu liegen scheinen, bevor man sorgfältig geprüft hat, was eine Situation für beide Teile bedeutet. Außerdem sollten wir auch nicht versuchen, unser Kind unabhängig von uns selbst zu verstehen. Wenn wir uns ernsthaft bemühen, in einer bestimmten Situation uns selbst zu sehen und zu erkennen, was wir – absichtlich oder unabsichtlich, bewußt oder unbewußt – dazu beigetragen haben, dann werden sich unsere Ansichten über den betreffenden Fall und die Art, wie wir ihn angehen, fast immer ändern.

Es ist nicht immer möglich, diesen Ratschlag zu befolgen – angesichts einer drohenden Gefahr oder in anderen Notfällen muß unverzüglich gehandelt werden. Um auf die Dauer eine Lösung zu finden, sollten wir jedoch, sobald wieder Ruhe eingekehrt ist, zunächst unsere eigene Auffassung und die Gründe für unsere Reaktion überprüfen. Dann sollten wir versuchen herauszubekommen, was in unserem Kind vorgegangen ist. Wenn wir so unser eigenes Verhalten und das unseres Kindes in einer nunmehr klar erkannten und richtig verstandenen Situation begreifen, werden wir uns so verhalten, wie es für uns selbst und für unser Kind von größtem Nutzen ist.

Diese Methode, zu einem Verständnis der Interaktionen zwischen Eltern und Kindern zu gelangen, habe ich bereits in früheren Veröffentlichungen wie *Gespräche mit Müttern* und in einzelnen Abschnitten von *Der Weg aus dem Labyrinth* diskutiert. In diesem Buch möchte ich aber nachdrücklicher darauf eingehen, denn es ist der einzige erfolgversprechende Weg, wohlmeinenden, intelligenten Eltern zu helfen, ihre Kinder bestmöglich zu erziehen. Deshalb möchte ich auch auf Problemsituationen und Problembereiche der Erziehung ausführlich eingehen, und ich hoffe, gerade dort zeigen zu können, wovon ich persönlich zutiefst überzeugt bin: daß es erstens für Eltern und Kinder am besten ist, wenn der Erwachsene die jeweilige Situation selbst durchdenkt und so selbst zur Einsicht gelangt, was dabei auf dem Spiel steht, und daß es wichtig ist, von allem Anfang an davon auszugehen, daß das Kind, was es auch immer tun mag – und es braucht kaum darauf hingewiesen zu werden, daß es sich gelegentlich natürlich völlig irrt –, fest glaubt, daß das, was es tut oder zu tun beabsichtigt, in der betreffenden Situation das Richtige ist. Die begrenzte Anzahl der in diesem Buch diskutierten Fälle muß stellvertretend für die ungeheuer großen Problembereiche stehen, denen wir uns bei der Kindererziehung gegenübersehen. Meine Richtlinien mögen dem Leser helfen, mit den immer wieder auftauchenden Problemen besser fertigzuwerden.

Aus langer Erfahrung glaube ich, daß das hier Dargelegte geeignet ist, Leser, die sich diese Methode der Kindererziehung zu eigen machen wollen, in die Lage zu versetzen, ihre Kinder erfolgversprechend zu erziehen und die gegenseitigen Beziehungen befriedigender zu gestalten.

Bücher, die Eltern sagen, wie sie ihre Kinder erziehen sollen, sind nicht gerade etwas Neues. Tatsächlich haben sie bereits eine recht lange Geschichte. Aber erst in unserem Jahrhundert und besonders seit den fünfziger Jahren sind sie so populär geworden, daß sehr viele Eltern bei ihnen Rat und Trost suchen, wenn sie sich den Problemen gegenüber unsicher fühlen, denen sie bei der Erziehung ihrer Kinder begegnen. Mit der Auflösung des traditionellen Familienlebens und seiner Kindererziehung im alten Stil als Folge der massiven Urbanisation und Industrialisierung in unserem Jahrhundert haben wir die Sicherheit verloren, die altbewährte Sitten einst den Menschen verliehen haben, als sie noch in einer großen Familie mit allen damit verbundenen Erlebnissen aufwuchsen.

Die Folge ist, daß die meisten Angehörigen unserer modernen Mittelschicht es in ihrer eigenen Kindheit nicht gelernt haben, wie man Kinder aufzieht. Das war anders, als die Familien noch größer waren und die Verwandten in der Nähe wohnten. Damals überließ man die Versorgung der kleinen Kinder oft den älteren

Geschwistern oder anderen jungen Verwandten, zum Beispiel einem Vetter oder einer Kusine, einer Tante oder einem Onkel, die auch nur ein paar Jahre älter waren und in der Familie lebten oder nebenan wohnten. Standen keine Blutsverwandten zur Verfügung, die auf die Kinder aufpassen konnten, so war es auf dem Land üblich, daß Nachbarskinder einsprangen. Wenn diese dann selbst Eltern wurden, hatten sie bereits soviel Erfahrung mit der Aufzucht von Kindern, daß sie sich bei ihren eigenen sicher fühlten. Wenn sie einmal Rat brauchten, konnten sie sich an Eltern und Verwandte, an ihren Geistlichen oder Arzt wenden und darauf vertrauen, daß diese ihnen helfen würden.

Heute dagegen haben Eltern das Gefühl, daß viel größere Ansprüche an sie gestellt werden, wenn sie ihre Kinder so erziehen wollen, daß sie in unserer komplizierten Welt Erfolg haben. Überdies müssen sie diese Verantwortung auf sich nehmen, ohne zuvor entsprechende Erfahrungen gesammelt zu haben. Unglücklicherweise führt die physische und emotionale Distanz, die jetzt so häufig die Generationen voneinander trennt, dazu, daß junge Eltern – oft mit einiger Berechtigung – fürchten, nur Kritik zu ernten, wenn sie ihre Eltern um Ratschläge in der Kindererziehung bitten. Auch glauben sie, mit den Ratschlägen der Eltern nichts mehr anfangen zu können.

Eine wichtige Rolle spielt dabei auch, daß viele Menschen der Ansicht sind, daß die Zeiten sich so rasch ändern und die Forschung ständig so viele neue Erkenntnisse bringt, daß man sich nur noch auf Fachleute verlassen könne. Hinter diesem Bestreben, sich bei »Experten« Rat zu holen, steht die Überzeugung, daß der Mensch einfach alles erreichen kann, wenn er sich nur genug darum bemüht und wenn er dabei »wissenschaftlich« vorgeht. Man baut heute nicht mehr auf die der Tradition innewohnende Weisheit, sondern auf die Wissenschaft als Quelle allen Fortschritts.

Auf dem Gebiet der Humanpsychologie hat der Glaube, alles sei möglich, wenn man nur die richtige wissenschaftliche Methode anwendet, seinen deutlichsten und extremsten Ausdruck in den Dogmen des Behaviorismus gefunden, wie sie zuerst J. B. Watson formuliert hat. Er lehrte, Kinder könnten sich je nach Konditionierung in den frühen Lebensjahren zu völlig verschiedenen Persönlichkeitstypen entwickeln. Je nach der Umgebung, in der ein Kind aufwachse, und nach dem Einfluß, den diese auf es habe, könne es ein Genie, ein Schurke oder was immer auch werden. Dieser merkwürdigen Theorie zufolge sind Geist und Persönlichkeit des Neugeborenen eine *tabula rasa,* auf der Eltern, Erzieher oder Psychologen je nach Belieben bestimmte Züge unauslöschlich eingraben können. Man kann kaum verstehen, daß diese Theorie vom völlig manipulierbaren Menschen noch immer von so vielen Eltern akzeptiert wird, ohne daß sie sich oft wirklich darüber klar sind. Eigentlich sollten doch alle Eltern aus eigener Erfahrung wissen, daß Kinder vom Augenblick ihrer Geburt an völlig unterschiedlich reagieren und daß sie bereits sehr bald ihren eigenen Willen haben, den sie oft sogar gegen ihre Eltern durchzusetzen versuchen, wenn sie damit zunächst auch noch wenig erfolgreich sind. Manchen leuchtet die behavioristische Theorie ein, weil sie zweierlei behauptet: einmal, daß das Leben eines Kindes ein völliger Neubeginn sei und demzufolge jede Art von Entwicklung eine reale Möglichkeit habe, und zweitens, daß ein sorgfältiges und wohlüberlegtes Training notwendig sei, um die gewünschten Resultate zu erzielen.

Gegenwärtig hält nur noch ein harter Kern von Behavioristen an der übertriebenen Behauptung fest, daß sich jedes gewünschte Resultat durch Training erreichen lasse, was man heute »wissenschaftlicher« als Konditionierung oder Verhaltensmodifikation bezeichnet. Aber an der weitverbreiteten, letzten Endes auf den Behaviorismus zurückgehenden Überzeugung, daß das Schicksal des Kindes im späteren Leben allein davon abhänge, wie es im Kindesalter erzogen wurde, hat sich wenig geändert. Ohne sich dessen bewußt zu sein, sind also viele Menschen Anhänger einer Theorie, die auf dem Studium konditionierter Reflexe bei Pawlows Hunden und Skinners Tauben basiert. Meist sind sie sich nicht darüber im klaren, daß es Labortiere waren, die man darauf trainiert hat, in Labyrinthen herumzulaufen, und die infolge dieser Konditionierung die Fähigkeit verloren, in ihrer natürlichen Umgebung zu leben – das heißt, es waren Wesen, die, hätte es sich um Menschen gehandelt, als hochgradig unangepaßt und neurotisch bezeichnet worden wären, da sie nicht mehr in der Lage waren, auf eine bestimmte Situation individuell und spontan zu reagieren, sondern sich nur noch so verhalten konnten, wie es ihrer Konditionierung entsprach.

Der Behaviorismus wurde im zweiten Viertel unseres Jahrhunderts in den Vereinigten Staaten zur dominierenden psychologischen Schule. Damals schien es das immer komplizierter werdende Leben zu erfordern, daß man die herkömmliche Art der Kindererziehung zugunsten einer neuen, wissenschaftlicheren Methode aufgab. Der Behaviorismus hat in Amerika bis heute seine beherrschende Stellung behauptet, und die meisten Menschen sind sich nicht einmal bewußt, daß das, wovon sie überzeugt sind, »Behaviorismus« heißt.

Dieses schweigende, unkritische Akzeptieren widerspricht den Prinzipien zweier anderer, weit besser belegter wissenschaftlicher Theorien: der Evolutionstheorie und der Genetik. Beide zeigen mit zahllosen, kaum widerlegbaren Beweisen, daß der Mensch keineswegs völlig manipulierbar ist, daß ein Neugeborenes alles andere als eine *tabula rasa* ist und daß ganz im Gegenteil seinen späteren persönlichen Entwicklungsmöglichkeiten strenge Grenzen gesetzt sind. Die Genetik demonstriert, daß vieles von dem, was ein Mensch einmal sein wird, bereits bei seiner Empfängnis durch die spezielle Mischung der von seinen beiden Eltern stammenden Gene festgelegt ist. Diese Mischung ist bei allen Menschen verschieden. Die einzige Ausnahme bilden eineiige Zwillinge, welche dieselbe genetische Anlage besitzen. Durch unsere Gene erben wir auch die Resultate des sehr langen menschlichen Evolutionsprozesses. Sowohl unsere genetische Mitgift als auch der

Evolutionsprozeß setzen den Veränderungen, die durch Erziehung oder durch andere Lebenserfahrungen bei einem Menschen bewirkt werden können, Grenzen.

Die Freudsche Theorie über die menschliche Entwicklung hat als Konkurrenz des Behaviorismus in den Vereinigten Staaten bereits Anhänger gefunden, als der Behaviorismus noch in voller Blüte stand. Die Freudsche Theorie betont einerseits, daß unser evolutionäres Erbe sich weitgehend der Beeinflussung entzieht und daß andererseits unsere frühen Kindheitserfahrungen von großer Bedeutung sind. Auch wenn wir das Ererbte nicht grundsätzlich ändern können, beeinflussen die Erfahrungen, die wir in unserer Kindheit machen, doch die Art, wie dieses Erbe in unserer Persönlichkeit zum Ausdruck kommt. Die Psychoanalyse ergänzt die Evolutionstheorie durch die Idee, daß der Embryo im Mutterleib im Verlauf seiner Entwicklung gewisse Stufen der Evolution der Lebewesen wiederholt, so daß der Säugling und das Kleinkind wichtige Stadien der Menschheitsgeschichte noch einmal durchlaufen.

Angesichts dieses unveränderlichen Erbes und dieser unausweichlichen Stufen in der menschlichen Entwicklung ist die Freudsche Psychologie in bezug darauf, was man mit Erziehung erreichen kann, weit weniger optimistisch als der Behaviorismus. Sie vertritt den Standpunkt, daß der Mensch aufgrund der Diskrepanz zwischen dem, was er von Natur aus ist, und dem, was er selbst – oder seine Eltern und Erzieher – aus ihm machen möchten, stets von tiefen inneren Konflikten heimgesucht wird; daß er unvermeidlich gegen egoistische, aggressive, asoziale Tendenzen ankämpfen muß, die genauso Teil seines evolutionären Erbes und seiner Persönlichkeit sind wie seine Sehnsucht, enge emotionale Bindungen einzugehen; daß der egoistische Trieb der Selbsterhaltung oft in schmerzhaftem Konflikt mit altruistischen Tendenzen steht, die Opfer verlangen, um die Erhaltung und den Fortbestand der Spezies im allgemeinen und insbesondere durch die eigenen Kinder zu sichern und um zu erreichen, daß es all denen, die wir lieben, gut geht.

Die psychoanalytische Theorie vertritt die Überzeugung, daß es von den Lebenserfahrungen eines Menschen abhängt, wie diese ererbten Charakterzüge sich gestalten. Es handelt sich um eine historische Sicht der Dinge, nach der spätere Ereignisse weitgehend durch das Vorausgegangene bedingt sind. Daher ist die früheste Geschichte eines Menschen von größter Bedeutung dafür, was in seinem späteren Leben aus ihm wird, und zwar nicht nur deshalb, weil sie die Grundlage für alles Folgende ist, sondern weil die ersten Erlebnisse weitgehend darüber entscheiden, *wie* der Betreffende selbst später sein Leben empfindet. Während die genetische und die evolutionäre Geschichte die Entwicklungsmöglichkeiten eines Menschen festlegen, bestimmen seine frühen Erlebnisse mehr als alles Folgende, wie sich diese Möglichkeiten im Laufe seines Lebens ausformen werden. Deshalb ist beim Umgang mit einem Kind die Achtung vor seiner Persönlichkeit von überragender Wichtigkeit. Ehe sie ihr Kind zu etwas zwingen oder es auf das »konditionieren«, was sie für richtig halten, werden kluge, auf das Wohl ihres Kindes bedachte Eltern mit Feingefühl herauszufinden versuchen, was speziell für ihr Kind in diesem Augenblick das Beste ist. Auf diese Weise helfen sie ihm, die Persönlichkeit zu werden, die es sein möchte. Solche Eltern werden nicht nur die Schwierigkeiten ihres Kindes erkennen und Rücksicht nehmen, wenn es bestimmte Entwicklungsstufen durchmacht, sondern sie werden ihm die Hilfe gewähren, die es ihm erlaubt, gute Lösungen zu finden. Zu diesen Entwicklungsstufen gehört zum Beispiel die Periode, in der das Kind sich selbst entdeckt, in der es die ersten Schritte hin zur Individuation tut und sich dabei von der Mutter trennt; ferner der langsame Übergang vom primitiven Lustprinzip, das es dazu verleitet, sich seine Wünsche auf der Stelle und ohne Rücksicht auf die Folgen erfüllen zu wollen, hin zum Realitätsprinzip, wenn es bemerkt, daß es auf die Dauer gesehen oft weit vorteilhafter ist, seine Wünsche etwas abzuändern oder ihre Erfüllung noch hinauszuschieben. Auf einer anderen Entwicklungsstufe lernt das Kind Selbstbeherrschung, zum Beispiel bei der Reinlichkeitserziehung. Auf der ödipalen Stufe bilden sich die Rudimente der Individualität heraus. Es lernt, sich den Forderungen, die gestellt werden, anzupassen und sie in Form des Überichs zu internalisieren. Schließlich kommt es in der Adoleszenz zu Entwicklungen, durch die eine relative Reife und Unabhängigkeit und eine individuelle persönliche Identität erreicht werden.

Wenn das Kind den Übergang von einer Stufe seiner psychischen und sozialen Entwicklung zu einer anderen zu meistern hat, erfordert dies Verständnis und einfühlsame Unterstützung von seiten der Eltern, damit seine Persönlichkeit später nicht die Narben seelischer Wunden aufweist. Eltern sollten nie ihrem Wunsch nachgeben, das Kind so zu formen, wie *sie* es gerne hätten, sie sollten ihm lieber helfen, sich mit der Zeit voll zu dem zu entwickeln, was es selbst sein möchte und was es entsprechend seiner natürlichen Begabung und infolge seiner speziellen Lebensgeschichte auch sein kann.

Sowohl der Behaviorismus als auch die Freudsche Theorie haben erkannt, daß unsere Einstellungen, unser Verhalten und unsere Persönlichkeit sich im Laufe unseres Lebens immer wieder verändern. Mit zunehmendem Alter werden einschneidende Veränderungen allerdings seltener, da wir immer stärker der Gewöhnung unterliegen, Dinge auf eine bestimmte Art zu sehen und entsprechend zu handeln, da wir – kurz gesagt – unsere Flexibilität verlieren. Wenn es in späterem Alter noch zu Veränderungen kommt, so betreffen diese meist nur begrenzte Bereiche unserer Persönlichkeit und unseres Lebens. Frühe Erfahrungen sind deshalb so wichtig, weil sie den Schauplatz vorbereiten für alles, was später kommt, und je früher im Leben diese Erfahrungen stattfinden, einen um so nachhaltigeren Einfluß haben sie.

Nach Auffassung des Behaviorismus sind unsere frühen Erfahrungen wichtig, weil sie uns formen. Die Psychoanalyse dagegen bewertet sie aus einem anderen Grund so hoch: Sie bezieht sich auf die Rolle, die Unbewußtes und Bewußtsein in unserem Leben spielen. Unser Bewußtsein entwickelt sich nur langsam und wird in gewisser Weise stets vom Unbewußten beherrscht. Psychoanalytischer Theorie zufolge veranlaßt uns das Unbewußte ein ganzes Leben lang, vieles von dem, was sich ereignet, nach unseren frühen Erfahrungen zu beurteilen. Je nachdem, wie uns unbewußt frühe Erfahrungen mit unseren Eltern prägen, erleben wir die Welt um uns herum grundsätzlich als wohlwollend und Beifall zollend oder als ablehnend und mißbilligend. Dementsprechend halten wir uns für gut oder für schlecht. Wir haben das Gefühl, mit dem Leben zurechtzukommen oder auch nicht. Wir kommen uns liebenswert oder unattraktiv vor, ja, sogar ob wir erwarten, belohnt oder enttäuscht zu werden, hat damit zu tun. Solchen weitreichenden Einstellungen liegen sehr vage Gefühle zugrunde, die wir nichtsdestoweniger sehr stark empfunden haben, als wir die Bedeutung dessen, was mit uns vorging, noch nicht verstehen konnten, weil unser Verstand noch unentwickelt war. Und da diese Einstellungen, die unsere Erfahrungen auch weiterhin entscheidend beeinflussen, in unserem Unbewußten ihren Ursprung haben, wissen wir nicht, was sie verursacht hat und weshalb sie so überzeugend für uns sind.

Wenn die Freudschen Theorien richtig sind, ist es klar, daß unsere frühen Kindheitserinnerungen nicht nur die Entwicklung unseres Selbstwertgefühls sowie die Art beeinflussen, wie wir uns in unseren Beziehungen zu anderen beurteilen, sondern daß sie auch einen entscheidenden Einfluß darauf haben, wie wir spätere Erlebnisse interpretieren und in unsere früheren Erfahrungen einpassen. Daher sollte jeder, der einen Einfluß auf das Leben eines Kindes hat, versuchen, ihm einen positiven Eindruck von sich selbst und seiner Welt zu vermitteln. Das zukünftige Glück eines Kindes, seine Fähigkeit, mit dem Leben zurechtzukommen und Beziehungen zu anderen Menschen anzuknüpfen, werden davon abhängen.

Freud meinte, das wünschenswerteste Resultat einer psychoanalytischen Erziehung – das heißt einer Erziehung, die sowohl die Bedeutung des Unbewußten als auch die Notwendigkeit anerkennt, dessen Kräfte so zu zügeln, daß sie für nützliche gesellschaftliche und persönliche Zwecke eingesetzt werden können – sei, einen Menschen in die Lage zu versetzen, gut zu lieben und gut zu arbeiten. Für ihn bedeutete das die Fähigkeit, sowohl in der Privatsphäre als auch im öffentlichen Bereich größtmögliche Befriedigung zu finden: zu lieben und von denen geliebt zu werden, mit denen man sein Leben teilt, und der Gesellschaft von Nutzen zu sein, so daß man – ohne Rücksicht darauf, was andere davon halten – auf das, was man trotz der unvermeidlichen Härten des Lebens geleistet hat, stolz sein kann. Man hilft seinen Kindern, diese Ziele zu erreichen, indem man ihnen Möglichkeiten eröffnet, mit den Unbilden des Lebens fertigzuwerden, so daß sie sich nicht geschlagen geben, sondern zu einer immer größeren Einsicht und Kraft gelangen und besonders auch ihr eigenes inneres Leben besser verstehen lernen.

So betonen beide führende Richtungen der Kinderpsychologie, daß viel davon abhängt, was das Kind während der verschiedenen Wachstumsstufen bis hin zur Reife erlebt, und daß dabei die Einstellung seiner Eltern nicht nur sehr wichtig ist, sondern auch unter Umständen verhängnisvolle Folgen haben kann. Unsere modernen Eltern sind heute meist sehr gut darüber informiert, was sie bei der Entwicklung ihres Kindes beachten sollten. Leider nur machen sie sich häufig zu viele Gedanken darüber. Angesichts der vielen Theorien und bedingt durch die Tatsache, daß die meisten Eltern in ihren jungen Jahren keine Erfahrungen aus erster Hand mit Kindern gemacht haben, ist es kaum verwunderlich, daß sie Angst bekommen, sie könnten am Ende als Vater oder Mutter versagen und ihrem geliebten Kind schaden. Diese Angst ist zwar verständlich, doch wirkt sie sich oft bei Eltern wie auch bei Kindern recht ungünstig aus. Der Psychologe Winnicott schrieb einmal, das Kind erblicke sich selbst im Gesicht der Mutter – man könne auch sagen, es finde sich selbst –, denn das mütterliche Einfühlungsvermögen sei so groß, daß sich die Gefühle des Kindes in ihrem Gesicht widerspiegeln. Daher erblickt sich das Kind wie in einem Spiegel und findet sich selbst, indem es sich in ihr sieht. Eine unsichere Mutter zeigt dem Kind nicht dessen eigene Gefühle. Sie ist zu sehr mit eigenen Angelegenheiten beschäftigt, vielleicht macht sie sich auch Gedanken darüber, ob sie ihr Kind richtig behandelt, ob sie ihm gerecht wird. Wenn das Kind im Gesicht der Mutter nicht sein eigenes Gesicht erblickt, wird es unruhig und reagiert so auf ihre Besorgtheit. Noch schlimmer ist, daß es in das Gesicht einer Fremden blickt, während es das finden sollte, was ihm am allervertrautesten sein sollte: sich selbst. So fühlt es sich einsam, anstatt innig mit seiner Mutter verbunden zu sein.

Idealerweise sollte man sich also seiner Elternschaft und der Beziehung zu seinem Kind sicher sein, wenn man seiner Aufgabe als Mutter oder Vater gerecht werden will. Man sollte so sicher sein, daß man sich zwar gründlich überlegt, was man in bezug auf sein Kind tut, daß man aber andererseits nicht überängstlich ist und somit fürchtet, dieser Aufgabe nicht gerecht zu werden. Diese innere Sicherheit der Eltern wird schließlich auch bewirken, daß das Kind sich seiner selbst sicher wird. Aus diesem Grund finde ich es außerordentlich wichtig, in Eltern keine Angst- oder Schuldgefühle zu wecken, sondern ihnen vielmehr das Gefühl zu geben: »Was ich tue, ist richtig«, oder wenigstens: »So möchte ich es machen«. Kurz gesagt, hoffe ich mit diesem Buch zumindest eines zu erreichen: daß Eltern sicherer werden und ihre Angst vor Fehlern etwas verlieren.

Allzu viele Eltern, denen das Wohl ihrer Kinder am Herzen liegt, haben heute das Gefühl, daß die Verantwortung fast allzu schwer auf ihnen lastet. Wenn wir fürchten, die gesamte Zukunft unseres Kindes hänge davon ab, wie wir mit einer bestimmten Situation fertigwerden, dann können selbst normale und unvermeidliche Probleme unheilvolle Proportionen annehmen. Es ist daher nur zu verständlich, daß moderne Eltern, die nicht mehr daran glauben, daß das Schicksal des

Menschen in Gottes Hand liegt oder daß der blinde Zufall darüber entscheidet, sich beraten lassen möchten, wie man am besten die Aufgaben löst, die sich bei der Erziehung von Kindern ergeben. Die Frage lautet wie gesagt: Welche Methode ist die beste? Soll der Berater den Eltern sagen, was zu tun und zu lassen ist, oder soll er ihnen lieber behilflich sein, auf eigenen Wegen zu Entscheidungen zu gelangen, bei denen sie ein gutes Gefühl haben?

Kein Buch kann je so umfangreich sein, die Millionen von Problemen, die sich bei der Erziehung von Kindern ergeben können, und die endlosen Varianten, in denen sie auftreten, auch nur annäherungsweise zu erfassen. Die Eltern müssen sie in ihrem eigenen Interesse und im Interesse ihres Kindes jeweils so lösen, wie sie sich stellen, und zwar müssen sie das auf ihre eigene Weise tun. Sonst wird die Lösung weder ihnen noch ihrem Kind gerecht werden, und es wird ihnen nicht wohl dabei sein. Anweisungen sind also nur insofern von Nutzen, als man dabei über die Probleme diskutieren und Beispiele anführen kann, wie Eltern in bestimmten Situationen zu vernünftigen eigenen Lösungen gelangen können.

Ich glaube, die wichtigste Aufgabe der Eltern besteht darin, ein Gefühl dafür zu entwickeln, welche Bedeutung eine bestimmte Situation für ihr Kind hat, und sie dann so in Angriff zu nehmen, wie es beiden Teilen am meisten nützt. Ein solches Verhalten wird die Beziehung zwischen Eltern und Kind verbessern. Dieses Gefühl können wir uns am besten erwerben, wenn wir uns einen ähnlichen Fall aus unserer eigenen Kindheit in Erinnerung rufen und uns fragen, wie sich damals unsere Eltern unserer Ansicht nach hätten verhalten sollen. So können wir Ereignisse aus unserem eigenen Leben kreativ nutzen. Sie gewinnen eine neue, tiefere Bedeutung für uns, wenn wir uns nun als Eltern wieder daran erinnern und sie noch einmal durcharbeiten.

Die Erziehung von Kindern ist eine kreative Aufgabe – eher eine Kunst als eine Wissenschaft. Ich versuche in diesem Buch einige Anregungen zu geben, welcher Art diese Kunst ist und wie man sie anwendet. Aber ich kann dem Leser nicht sagen, wie er sie erlernen und für sich persönlich gebrauchen sollte. Wie ich dieses Buch verstanden wissen möchte, besagt am besten ein Zitat aus T. S. Eliots Buch *On Poetry and Poets:* »Es gibt vielleicht vieles, was ich über dieses oder jenes Gedicht erfahren kann. Das sind dann Fakten, über die Fachleute mich unterrichten können, und sie können mir helfen, eindeutige Mißverständnisse zu vermeiden. Aber eine wirkliche Interpretation muß, glaube ich, gleichzeitig eine Interpretation meiner eigenen Gefühle beim Lesen dieses Gedichtes sein.«

Wenn der Leser sich wie der Dichter bemüht, sich selbst zu verstehen, dann wird die Erziehung seines Kindes für ihn sehr viel interessanter und für beide Teile zu einer beglückenden Erfahrung werden.

2. Kapitel

Fachmännischer Rat oder innere Erfahrung?

Gute Ratschläge sind selten willkommen;
und denen, die sie am nötigsten hätten,
behagen sie stets am wenigsten.
Earl of Chesterfield, *Letter to his Son,* 29. Januar 1748

Das Ärgerliche an solchen Anleitungen ist, daß stillschweigend angenommen wird, daß man dieses Räderwerk nur auf eine einzige Art zusammenbauen kann – nämlich auf die hier angegebene. Diese Annahme zerstört aber jede Kreativität. Tatsächlich gibt es Hunderte von Möglichkeiten, die Einzelteile zusammenzubauen, und wenn die Gebrauchsanweisung uns zwingt, uns lediglich nach einer dieser Möglichkeiten zu richten, ohne uns auf das Gesamtproblem hinzuweisen, dann wird es schwierig, die Anweisungen zu befolgen, ohne Fehler zu machen. Man verliert dann das Fingerspitzengefühl für die Arbeit. Und nicht nur das – es ist zudem höchst unwahrscheinlich, daß man uns die beste Methode gezeigt hat.
Robert M. Pirsig, *Zen and the Art of Motorcycle Maintenance*

Die Art und Weise, wie Eltern ihre Kinder erziehen, hat einen starken Einfluß darauf, wie sie sich entwickeln und was später einmal aus ihnen wird. Daher kann man gut verstehen, daß Eltern den Rat von Fachleuten suchen, besonders wenn sie aus dem Verhalten ihrer Kinder nicht klug werden oder sich Sorgen um ihre Zukunft machen, wenn sie sich nicht sicher sind, ob sie eingreifen sollten und auf welche Weise sie es tun sollten, oder wenn ihre Bemühungen, ihr Kind auf den rechten Weg zu bringen, es nur unglücklich machen oder dazu veranlassen, sich ihnen zu widersetzen.

Aber es gibt auch andere wichtige Gründe dafür, daß viele Eltern in den letzten Jahrzehnten nach Ratschlägen und Empfehlungen zur Kindererziehung in Büchern und einschlägigen Artikeln suchen und darauf bauen. Einer der Gründe ist, daß viele dieser Veröffentlichungen sich der beliebten »How-to«-Methode bedienen, so als ob das Leben ein Spiel wäre, für das bestimmte Regeln gelten. Sowohl der Behaviorismus als auch die Trivialisierung der Freudschen Theorien haben zu der Annahme beigetragen, man brauche sich nur an bestimmte, genau definierte Regeln zu halten, und der Erfolg werde sich schon einstellen.

Die Anhänger der »How-to«-Methode behaupten, man könne anhand von guten Plänen und richtigen Anweisungen auch recht komplizierte Konstruktionen durchaus befriedigend nachbauen, während man ohne diese Instruktionen fürchterlich herumgepfuscht hätte oder völlig gescheitert wäre. Die »How-to«-Bücher und Leitfäden sind heute selbst auf Gebieten beliebt, auf denen es um höchst persönliche Gefühle und intime Beziehungen geht. Viele akzeptieren die Ratschläge solcher Bücher ohne Zögern. Die Angst zu versagen ist so groß, daß es kein Wunder ist, daß der Wunsch, es mit seinen Kindern richtig zu machen, inzwischen eine ganze Bibliothek von Büchern auf den Markt gebracht hat, die gute Ratschläge anbieten, wie man seine Kinder erziehen soll.

Hinzu kommt, daß unsere Gesellschaft fast ausnahmslos auf dem Standpunkt steht, daß es für alles nur einen einzigen richtigen Weg gebe, während alle anderen falsch seien, und daß wir unser Ziel relativ einfach erreichen, wenn wir diesen einzig richtigen Weg einschlagen. In schwierigen Situationen neigen Eltern daher dazu zu glauben, sie hätten nicht die richtige Methode angewandt, denn wenn sie es getan hätten, wäre alles ganz einfach und der Erfolg ihnen sicher gewesen. Wenn es uns nicht gelingt, einen komplizierten Mechanismus zusammenzubauen, ziehen wir Pläne und Anweisungen zu Rate und finden dann auch oft, daß wir einen Fehler gemacht haben. Wenn wir diesen korrigieren und uns an die Anweisungen halten, fügen sich die Einzelteile leicht und gut ineinander.

Auf diese zweischneidige Überzeugung gründen die »How-to«-Handbücher ihre Ansprüche, und natürlich sehen sie diese bestätigt, wenn wir ihre Anweisungen mit Erfolg anwenden. Tatsächlich hat die »How-to«-Bewegung uns gezeigt, daß es meist eine richtige Methode gibt, nach der man bestimmte Dinge recht einfach und erfolgreich ausführen kann. Aber das gilt für die Herstellung von Gegenständen, und besonders dann, wenn dabei nichts weiter zu tun ist, als bereits existierende Teile richtig zusammenzubauen. In unserer Gesellschaft, die ihre größten Erfolge weitgehend in der Massenherstellung von Maschinen aufzuweisen hat, neigt man zu der Ansicht, die Prinzipien, die auf technischem Gebiet so überaus erfolgreich sind, seien auch auf menschliche Beziehungen und auf die Entwicklung des Menschen anwendbar.

Eltern, die sich bei der Erziehung ihrer Kinder nach »How-to«-Büchern richten, ziehen unbewußt eine Parallele zwischen ihren intimsten persönlichen Beziehungen und dem Zusammenbau einer Maschine. Viele sagen leichthin, sie wünschten, ihr Kind »leiste« mehr und »funktioniere« besser, und oft ist dies der Grund, weshalb sie Rat suchen. Eltern, denen es hauptsächlich darauf ankommt, daß es ihren Kindern gut geht und sie sich ihres Lebens freuen, werden kaum von ihnen sagen, daß sie gut oder schlecht »funktionieren«. Tatsächlich ist diese unbewußte Parallele zwischen so unvergleichbaren Phänomenen wie einer gut funktionierenden Maschine und einem gut geführten Leben schuld daran, daß Eltern mit sich und ihren Kindern unzufrieden sind, wenn ihre Erziehungsmaßnahmen nicht genau die beabsichtigten Resultate erbringen. Daraus schließen sie dann, daß mit ihrer »Technik« der Kindererziehung etwas im argen liege, daß sie ein »falsches Verfahren« angewandt hätten, weil sie sonst die richtigen Resultate erreichen würden. Solche Überlegungen verführen Eltern dazu, auf Fachbücher zurückzugreifen, um sich dort Rat zu holen, wie sie als Eltern besser »funktionieren« könnten, während es in Wirklichkeit nicht darauf ankommt, als Eltern *gut zu funktionieren*, sondern gute Eltern *zu sein*.

Das soll nicht heißen, daß Eltern nicht darüber nachdenken sollten, wie sie mit ihren Kindern gut zurechtkommen können, und daß sie es dem Zufall überlassen sollten. Eltern sollten durch ihr eigenes Verhalten und die Wertvorstellungen, nach denen sie leben, ihren Kindern Richtlinien geben. Aber sie sollten nicht etwa glauben, dies seien todsichere Methoden, und wenn man sie nur richtig anwende, würden sich die gewünschten Resultate schon einstellen. Was immer wir mit unseren Kindern oder für sie tun, sollte unserem Verständnis und unserem Gefühl für die besondere Situation und für die zwischen uns und unserem Kind bestehende Beziehung entspringen.

Pirsig weist in seinem Buch *Zen and the Art of Motorcycle Maintenance* darauf hin, daß wir selbst bei der Wartung einer Maschine das Gefühl verlieren, kreativ tätig zu sein, wenn wir uns nur nach guten Ratschlägen oder einer Gebrauchsanweisung richten. Handelt es sich um den Umgang mit Menschen, so ist der Verlust viel größer als der Gewinn, wenn wir uns nach Anweisungen richten. Es raubt unserer Beziehung jene Spontaneität, die sie menschlich bedeutungsvoll macht und ohne die keine wahre Befriedigung zustande kommt.

Wenn man einen Plan besitzt, an den man sich halten kann, scheint es einfach, eine Maschine zusammenzubauen. Wenn wir uns an die Anweisungen halten, erwarten wir, daß etwas Positives herauskommt. Wir befürchten nicht, die Instruktionen nicht verstehen oder befolgen zu können. Und wenn wir es leid werden oder den Mut verlieren, weil es sich herausstellt, daß es doch schwieriger ist als erwartet, dann wissen wir, daß wir höchstens Geld vertan oder uns vergeblich angestrengt haben, wenn wir das Vorhaben aufgeben. Es wird keine schlimmen Folgen haben, wenn wir jemand anderen beauftragen, die Arbeit an unserer Stelle auszuführen, wir können auch eine Pause einlegen, bevor wir weitermachen.

Wieviel komplizierter sind im Vergleich dazu unsere elterlichen Gefühle, wenn wir vor dem Problem stehen, in einer schwierigen Situation mit einem Kind umzugehen! Hier müssen wir handeln, auch wenn es uns noch so schwerfällt. Oft fühlen wir uns gefühlsmäßig überfordert, wenn es gilt, einen Weg zu finden, auf dem wir gleichzeitig unseren eigenen Bedürfnissen gerecht werden und unserem Kind helfen können, seine Persönlichkeit voll zu entwickeln und Schritt für Schritt eine richtige und dabei positive Ansicht über sich selbst und die Welt zu entwickeln. Während es unserem Selbstwertgefühl keinen Abbruch tut, wenn wir eine Maschine nicht richtig zusammenbauen können, fürchten wir als Eltern versagt zu haben, wenn wir nicht von selbst die »richtigen« Antworten auf Fragen der Kindererziehung finden. Daher gehen wir an die Ratschläge in Büchern mit einer gewissen Angst und Unruhe heran.

Je größer unsere Unsicherheit und Ratlosigkeit ist, um so dringender suchen wir

nach einer schnellen Lösung. Je beunruhigter wir sind, um so weniger sind wir in der Lage, die Dinge sorgfältig abzuwägen, und um so dringender möchten wir von einer Autorität beraten werden. So hängt die Bereitschaft der Eltern, Ratschlägen zu vertrauen, weitgehend damit zusammen, daß sie, was ihr Kind anbelangt, keine Fehler machen wollen, und hat nur relativ wenig damit zu tun, ob die Instruktionen in den Büchern richtig sind. Sonst würde ja eine weitgehende Übereinstimmung darüber herrschen, nach welchen Büchern man sich richten und welche man ablehnen sollte. Eine solche Übereinstimmung ist aber kaum vorhanden. Paradoxerweise behagen uns Ratschläge auch um so weniger, je dringender wir sie suchen, denn unser Bedürfnis danach kommt daher, daß wir einem Problem gegenüberstehen, von dem wir in unserem tiefsten Inneren das Gefühl haben, daß wir eigentlich selbst damit fertigwerden sollten.
Außerdem fragen wir uns oft zu Recht, ob wir wirklich gut daran tun, bestimmte Ratschläge zu befolgen, oder ob es nicht zu noch größeren Schwierigkeiten mit unserem Kind führt. Die Frage ist begründet, denn selbst wenn der Rat an sich gut ist, besteht doch die Möglichkeit, daß wir aus irgendwelchen inneren oder äußeren Gründen nicht in der Lage sind, ihn richtig anzuwenden – was die Dinge durchaus verschlimmern könnte! In komplizierten Fällen hängt viel davon ab, wie gut der Rat verstanden und entsprechend der Eigenart von Eltern und Kind auf die spezielle Situation angewandt und in die Praxis umgesetzt wird. Da gibt es viele Fallgruben.

Am besten ist es, wenn ein Rat sich auf eine sorgfältige Prüfung und Auswertung aller spezifischen Details, wie zum Beispiel der Vorgeschichte des Problems, gründet. Einen solchen Rat kann man aber nie in einem Buch finden. Und selbst dann, wenn der Rat erst nach sorgfältiger Analyse aller Einzelheiten gegeben wird, können wir ihn vielleicht nicht so befolgen, wie er gemeint war. Das kann die ursprünglich vorhandene Schwierigkeit noch verschlimmern, weil wir uns dann nicht nur über das Problem Sorgen machen, sondern auch darüber, daß wir nicht fähig waren, den Ratschlag nutzbringend zu befolgen. Das ist Grund genug, im Rückblick nicht viel von dem guten Rat zu halten: Wenn wir schon herumpfuschen mußten, hätten wir es besser auf unsere eigene Art getan.
Unbewußt sind wir gegen gute Ratschläge zur Kindererziehung bereits voller Argwohn, während wir uns noch danach umsehen. In unserem tiefsten Inneren wissen wir nämlich recht gut, daß das Problem, bei dem wir beraten sein möchten, eine lange Vorgeschichte hat. Es ist nicht aus dem Nichts aufgetaucht, und es enthält vieles, was nur für die betreffenden Eltern und ihr Kind gilt. Selbst wenn die Situation und unser Verhalten Ähnlichkeiten mit dem aufweisen, was der Autor beschreibt, selbst wenn unser Problem allgemein verbreitet ist, so ist doch jeder von uns ein Individuum. Kein Autor, der für eine Allgemeinheit schreibt, kann alle Faktoren kennen und bewerten, die in einem speziellen Fall eine Rolle spielen. Wir

wollen gern glauben, daß der uns erteilte Rat sich auf die meisten ähnlichen Situationen anwenden ließe, aber es beunruhigt uns, daß wir nicht bestimmt wissen können, ob er auch zu unserem Fall paßt. Außerdem sind wir uns darüber klar, daß für den, der uns einen solchen Rat gibt, nichts auf dem Spiel steht, wenn der Rat falsch war, während es für uns und unser Kind sehr schlimme Folgen haben kann, wenn wir ihn nicht richtig durchführen oder ihn nur halb verstanden haben.

Auch hier scheint ein Vergleich mit den »How-to«-Anweisungen zum Zusammenbau einer Maschine angebracht. Wenn wir versuchen, uns nach derartigen Montagevorschriften zu richten, und sie uns abwegig, unverständlich oder irrelevant vorkommen oder wenn sie uns tatsächlich irreführen, dann können wir sie beiseite legen. Wir richten uns dann nicht danach, sondern besorgen uns bessere Instruktionen und sind nicht schlechter daran als zuvor. Bei einem Kind ist es viel schwieriger, einen Schaden wiedergutzumachen, der dadurch entstand, daß wir zum falschen Zeitpunkt eingegriffen haben, einen unklaren oder mißverstandenen Ratschlag befolgten oder uns gar völlig in die Irre führen ließen. Auch wenn wir wissen, daß, seitdem wir den Ratschlag befolgten, zwischen uns und unserem Kind Dinge vorgefallen sind, die die ursprüngliche Situation veränderten, können wir die unternommenen Schritte nicht rückgängig machen und können nicht noch einmal von vorne anfangen.

Wenn wir Montageanweisungen studieren, ist kaum jemand von uns betrübt darüber, daß es Leute gibt, die solche Anweisungen nicht nötig haben. Wenn wir dagegen lesen, wie wir unser Kind am besten behandeln sollten, haben wir das deprimierende Gefühl, daß andere Eltern es besser können und sich dabei sicherer fühlen als wir. Warum müssen wir nachlesen über die Reinlichkeitserziehung oder die Abneigung unseres Kinds gegen bestimmte Speisen, wenn andere Eltern diese Probleme offenbar nicht haben? Wenn wir auch noch so oft lesen, daß auch andere Eltern die gleichen Erfahrungen machen und dieselben Schwierigkeiten haben, wissen wir doch aus unseren Gesprächen mit anderen Eltern, daß es Eltern gibt, bei denen es nicht der Fall ist. Da hört man von einem Kind, das von selbst sauber wurde, von einem anderen, das die Nacht immer durchschläft, und von einem dritten, das über sein neues Geschwisterchen begeistert ist. So kommt auf jedes Kind, dessen Eltern bei einem bestimmten Problem Hilfe brauchen, ein anderes Kind, bei dem es solche Probleme nicht gibt – wenigstens nach Auffassung der Eltern.

Außerdem sind ratsuchende Eltern unbewußt verärgert darüber, daß sie ihr Kind durch sein Betragen zwingt, Rat und Hilfe zu suchen. Oft haben Eltern als relativ stark von sich selbst eingenommene Erwachsene das Gefühl, ihr Kind hätte nicht in diese Schwierigkeiten geraten dürfen oder es müßte diese peinlichen Probleme allein lösen können. Wenn andere Kinder das können, warum dann unser Kind nicht? Oder – was noch schlimmer ist – sind wir daran schuld, daß unser Kind

Schwierigkeiten hat, während andere diese nicht haben? Solche Befürchtungen erschweren es uns, in aller Ruhe einen Rat anzuhören, was notwendig ist, wenn wir ihn richtig verstehen und unentstellt anwenden wollen.

So gehen wir leider meist mit gemischten oder negativen Gefühlen an gute Ratschläge zur Kindererziehung heran. Wir befürchten, wir könnten am Ende etwas entdecken, was nicht mehr gutzumachen ist, oder der Vorschlag könnte unseren Überzeugungen oder unserer gewohnten Art, die Dinge anzugehen, zuwiderlaufen. Wir befürchten, es würde uns am Ende schwerfallen, uns wie vorgeschlagen zu verhalten, oder unser Kind würde vielleicht dagegen revoltieren, wenn wir die Ratschläge befolgten. Bewußt – oder noch wahrscheinlicher unbewußt – sind wir vielleicht auch besorgt, wir könnten Familienkonflikte heraufbeschwören und uns zum Beispiel die herbe Kritik unseres Ehepartners oder der Großeltern des Kindes zuziehen, wenn wir uns so verhielten, wie es in dem Buch empfohlen wird. So kommt zu unseren zwiespältigen Gefühlen diesen Ratschlägen gegenüber – die uns nicht völlig überzeugen und von denen wir glauben, sie seien nur schwer zu befolgen – noch die Angst hinzu, andere könnten uns kritisieren.

Eltern, die sich entschließen, Bücher über Kindererziehung zu Rate zu ziehen, haben zweifellos schon zuvor über mögliche Lösungen ihrer Probleme nachgedacht. Wenn sie laut verkünden, sie wüßten einfach nicht mehr weiter, haben sie zweifellos schon vieles ausprobiert und über noch mehr Möglichkeiten nachgedacht. Handelt es sich um wichtigere Dinge wie Alpträume, Reinlichkeitserziehung oder kleine Diebstähle, so haben sie sich sicher bereits Gedanken darüber gemacht, wie sie wohl am besten damit fertigwerden könnten, und sie haben sich auch schon die Meinungen anderer angehört.

Manchmal erinnern wir uns auch daran, wie unsere eigenen Eltern an solche Probleme herangegangen sind, als wir noch Kinder waren, und es fällt uns ein, welche ihrer Methoden uns behagten und welche nicht. Ob wir mit dem, was unsere Eltern in einer bestimmten Situation taten, einverstanden waren oder nicht, ihre Methode hat jedenfalls einen tiefen und dauernden Eindruck auf uns gemacht. Sie trägt immer noch die Aura elterlicher Autorität, ganz gleich, ob wir uns ihre Handlungsweise zu eigen gemacht haben oder ob wir sie auch weiterhin mißbilligen. In jedem Fall wird unsere Reaktion auf die Ratschläge eines Buches vom Überrest früherer Erfahrungen, von der »Vorgeschichte« unserer gegenwärtigen Einstellung zu den zur Diskussion stehenden Problemen beeinflußt sein.

Wir *wissen,* daß man jede Situation auf viele Arten angehen kann, daß aber nur wenige davon sich für unser Kind eignen. Daher ist es nur natürlich, daß wir Empfehlungen in der stillen Hoffnung entgegennehmen, daß sie zu der Methode passen, die wir bereits ausprobiert haben oder die wir ursprünglich im Sinn hatten. Trifft dies zu, so ist unsere Befriedigung darüber ebenso groß, wie es unsere Enttäuschung ist, wenn dies nicht der Fall ist. Oft wird unsere Fähigkeit, Ratschläge auf vernünftige Weise zu nutzen, stark beeinträchtigt durch unseren Ärger darüber, daß unsere eigenen Ideen in Frage gestellt werden. Es könnte sogar sein, daß wir unbewußt zu scheitern versuchen, um unseren Ärger über den »Experten« abzureagieren. Wir suchen eine Bestätigung dafür, daß wir von Anfang an recht hatten und daß nur wir als die Eltern wissen, was unserem Kind gut tut und was nicht.

Tatsächlich ist es ja so, daß wir in der Kindererziehung meist in der Hoffnung Rat suchen, er werde mit unseren früheren Überzeugungen übereinstimmen. Wenn die Eltern auf eine bestimmte Weise vorgehen wollten, aber durch entgegengesetzte Meinungen von Nachbarn, Freunden oder Verwandten verunsichert wurden, ist es ein großer Trost für sie, wenn sie ihre Ansichten von einem Fachmann bestätigt finden. C. C. Colton meint dazu in *The Lacon:* »Wir bitten um Rat, aber wir meinen Bestätigung.« Das trifft besonders dann zu, wenn starke Emotionen mit im Spiel sind, was bei allem, was sich auf unser Kind bezieht, stets der Fall ist.

Eltern, die sich selbst gegenüber ehrlich sind, erkennen, daß auf jeden Ratschlag, auf den sie in einer Zeitschrift oder in einem Buch stoßen und den sie akzeptieren und befolgen, eine ganze Reihe widersprechender Ideen kommen, die sie ablehnen. Man braucht nur Eltern zu beobachten, wenn sie sich auf einem Bücherregal mit Veröffentlichungen über Kindererziehung ein Buch heraussuchen. Obwohl ja alle Bücher über Kindererziehung von sogenannten »Experten« verfaßt wurden, werden diese Autoren von einigen als Experten anerkannt und von anderen nicht. In Wirklichkeit gibt es zwar Experten für Kinder und die Entwicklung von Kindern im allgemeinen, aber nur jemand, der mit dem, was sich zwischen dem *betreffenden* Kind und *seinen* Eltern abspielt, wirklich vertraut ist, kann für *sie* ein Experte sein.

Ratsuchende Eltern können kaum mehr tun, als sich aus den vielen einschlägigen Büchern eines heraussuchen, in dem sie bestimmte Ratschläge finden, die ihren eigenen Ideen entsprechen, und hoffen, daß dies auch für den Rest des Buchs der Fall sein wird. Was bleibt ihnen sonst übrig? Um uns Einblick in Bereiche zu verschaffen, die uns persönlich nicht betreffen, können wir auch Bücher von Autoren lesen, die völlig anderer Meinung sind, geht es jedoch um unser eigenes Kind, so lassen wir uns lieber von jemandem beraten, der die Dinge ähnlich sieht wie wir.

Selbst ein überaus einleuchtender Ratschlag ist nicht immer leicht zu befolgen, wenn Unannehmlichkeiten damit verbunden sind. Dies gilt nicht nur für Ratschläge, die uns andere geben, sondern auch für solche, die wir uns selber geben oder die – objektiv gesehen – eigentlich recht einfach zu befolgen wären. So wird zum Beispiel in jedem Buch, das dieses Thema erwähnt, geraten, gefährliche Gegenstände außerhalb der Reichweite von Kindern aufzubewahren. Trotzdem werden täglich Kinder in Krankenhäuser eingeliefert, weil sie etwas verschluckt haben. Wir alle neigen dazu, es wie Mary Wortley Montagu zu machen, die in einem Brief an die Gräfin von Mar schrieb: »Ich gebe mir manchmal wunderbare Ratschläge, nur befolgen kann ich sie nicht.«

Ratschläge, die die Eltern beruhigen, werden lieber befolgt, auch wenn manche »Experten« andere Auffassungen vertreten. So wird der Rat, ein Kind »sich ausschreien zu lassen« und es nicht vom Boden aufzuheben und zu liebkosen, noch immer häufig befolgt. Das hat nichts damit zu tun, daß es den Eltern angenehmer ist, sich so zu verhalten, denn das Jammern des Kindes ist ihnen ja peinlich. Der Grund ist vielmehr darin zu suchen, daß wir uns über die ärgern, die uns auf die Nerven gehen, daß die Eltern dem Kind unbewußt sein Geschrei übelnehmen und sich daher einreden, es würde ihm nicht guttun, wenn sie es aufheben würden. Aber selbst dann, wenn Eltern, denen das Geschrei des Kindes lästig ist, es aufheben – was ihnen ebenfalls häufig geraten wird –, kann der Nutzen für das Kind dadurch zerstört werden, daß sie es verärgert tun, und das ist dann wiederum für die Eltern der Beweis, daß es dem Kind nicht guttut, wenn man es aufhebt. Etwas mechanisch zu tun, fällt nicht weiter schwer, aber wir können nur schwer jemanden trösten, über den wir uns ärgern, selbst wenn es sich um unsere eigenen Kinder handelt. So kommt es oft vor, daß es ins Gegenteil umschlägt, wenn Eltern einen Rat nur widerwillig befolgen.

Ich bin oft Eltern begegnet, die sich ihren Kindern gegenüber recht merkwürdig verhalten haben. Wenn ich sie fragte, wie sie auf die Idee gekommen seien, sich so zu benehmen, behaupteten sie fast stets, sie hätten gelesen oder gehört, daß dies die beste Methode sei. Es stellte sich dann fast immer heraus, daß sie auch entgegengesetzte Ratschläge erhalten hatten, daß diese ihnen aber unbequem waren oder unangebracht schienen und daß sie so lange die Literatur abgesucht hatten, bis sie auf eine Ansicht gestoßen waren, die ihnen zusagte.

Im ganzen gesehen fällt es schwer, ohne starke persönliche Reaktionen etwas darüber zu lesen, wie man sich als Vater oder Mutter zu verhalten habe. Diese Reaktionen beeinträchtigen das Verständnis und vor allem die notwendige Objektivität. Wie soll man vermeiden, in die Ratschläge Elemente hineinzuprojizieren, die nicht darin enthalten sind? Und wenn wir uns erst einmal um solche Ratschläge bemüht haben, fällt es uns schwer, sie uns wieder aus dem Kopf zu schlagen. Wir müssen uns mit ihnen auseinandersetzen, sie akzeptieren, sie ablehnen, sie uns teilweise zu eigen machen oder wenigstens weiter darüber nachdenken. Da wir aber Rat suchten, weil wir mit unserem Kind in eine Sackgasse geraten waren – vielleicht wegen seiner Eifersucht auf ein Geschwister, wegen seiner Angst vor Hunden oder vor der Schule, weil es das Bett näßte, zuviel aß oder sich auch zu essen weigerte –, fehlen uns Zeit und Muße, über die erhaltenen Ratschläge mit dem Gleichmut nachzudenken, der es uns ermöglichen würde, eine kluge Entscheidung zu treffen. Wir stehen zu sehr unter Druck, weil unser Kind sich auch weiterhin weigert, in die Schule zu gehen, weil es sich immer noch vor Hunden fürchtet, weil es immer noch nicht essen will oder zuviel ißt und Dinge tut, die es in Gefahr bringen, oder vor eingebildeten Gefahren geschützt werden will. Selbst wenn unser Kind uns nicht bittet, »etwas zu tun«, fühlen wir uns genötigt, ihm zu helfen. Dadurch übt es einen Druck auf uns aus, der es uns nicht leichter macht, guten Ratschlägen gegenüber eine objektive Haltung einzunehmen. Wenn das problematische Verhalten des Kindes sich für den Augenblick normalisiert, machen wir uns trotzdem auch weiterhin Gedanken darüber, wie es dazu kommen konnte, da wir aus früheren Erfahrungen nur allzugut wissen, daß diese Besserung nicht von Dauer sein kann oder daß das Problem in anderer Form wieder auftauchen könnte. So bleibt uns nichts anderes übrig, als über den Rat weiter nachzugrübeln. Einige seiner Aspekte werden uns Sorgen bereiten, andere werden uns verwirren. Daher können wir oft nicht objektiv beurteilen, wie der gute Rat sich auf unser spezielles Problem anwenden läßt.

In Büchern wird Eltern oft geraten, wie sie sich gegenüber ihrem Kind *verhalten sollten* – verständnisvoll, geduldig und vor allem liebevoll. Aber sosehr wir uns auch darum bemühen, wenn nicht ideale, so doch wenigstens sehr gute Eltern zu sein, ist es doch praktisch unmöglich, in Krisensituationen, wenn unsere Emotionen mit uns durchgehen und wir die Geduld verlieren, weil unser Kind etwas tut oder sich weigert etwas zu tun, eine so positive Haltung zu bewahren. Wir begreifen einfach nicht, weshalb es so eigensinnig ist. Wir spüren, daß wir es nicht lieben können, wenn es unsere Gefühle derart verletzt, wenn es uns in Verlegenheit setzt oder Dinge zerstört, an denen wir hängen, wenn es sein Essen über uns ausleert oder seinem Zorn Luft macht, indem es uns oder seine Geschwister buchstäblich oder im übertragenen Sinn mit Füßen tritt. Manchmal können wir zwar das alles gelassen hinnehmen, ohne uns darüber aufzuregen, aber es gibt Augenblicke, wo uns die Geduld reißt, obwohl das Verhalten des Kinds vielleicht für sein Alter typisch ist.

Natürlich haben die allermeisten Eltern ihre Kinder die meiste Zeit über lieb und wären nur allzu froh, wenn ihnen das immer möglich wäre. Wir brauchen nicht erst zu betonen, wieviel Freude es uns macht, wenn wir unser Kind rückhaltslos lieben können. Aber es gibt kaum eine Liebe, die nicht ambivalent wäre. Dies gilt sogar für die Liebe einer Mutter zu ihrem erstgeborenen Sohn, die nach Freud die allerpositivste und am wenigsten ambivalente Beziehung ist, die der Mensch kennt. Und nicht nur unsere Liebe zu unseren Kindern ist gelegentlich mit Ärger, Entmutigung und Enttäuschung untermischt – dasselbe gilt auch für die Liebe unserer Kinder zu uns.

In vielen Konfliktsituationen werden sich vernünftige Eltern sagen, daß es sich um notwendige, wenngleich schwierige Teile des Wachstumsprozesses handelt und daß sie sich ja wünschen, daß ihre Kinder eigene Ideen und Wertbegriffe entwikkeln. Leider nur hilft diese richtige Einsicht nur begrenzt, wenn Eltern das Gefühl haben, daß nicht nur ihre Wertbegriffe, sondern ihre ganze Lebensweise von den eigenen Kindern angegriffen und in Frage gestellt wird, um die sich doch ihr Leben hauptsächlich dreht. In derartigen Situationen ist es oft hilfreich, sich daran zu erinnern, wie es war, als wir uns gern so verhalten hätten, wie es unser Kind jetzt tut, oder als wir uns tatsächlich so verhielten. Bestimmt hat es auch für unsere Eltern Zeiten gegeben, in denen wir ihre Geduld auf eine harte Probe stellten, in denen wir uns ihnen widersetzten und gegen ihre Art zu leben im stillen oder offen rebellierten. Wenn wir es tatsächlich fertigbringen, uns solche Situationen ins Gedächtnis zurückzurufen, werden wir uns auch daran erinnern, wie schmerzlich sie auch für uns als Kinder waren, wie ängstlich und unsicher wir hinter der Fassade unseres zur Schau getragenen Trotzes und Widerspruchsgeistes waren und wie weh es uns tat, daß unsere Eltern nichts davon merkten, weil sie ganz von ihrem Ärger über uns in Anspruch genommen waren.

So geriet zum Beispiel ein Teenager mit seiner Mutter in einen heftigen Streit, der damit endete, daß das Mädchen die Mutter beschimpfte. Die Mutter fühlte sich so verletzt, daß sie es tagelang nicht verwinden konnte. Dann fragte sie sich, wieso sie ein paar Schimpfworte so tief getroffen hatten. Es war zwar eine häßliche Situation gewesen, aber schließlich war es nicht das erstemal, daß ein heftiger Zank ähnlich geendet hatte; nur hatte es ihr nie zuvor so weh getan. Plötzlich fiel ihr ein, daß auch sie ihre Eltern gelegentlich beschimpft hatte, wenn diese sie wegen ihres Rauchens getadelt hatten. Sie hatte bis zu diesem Augenblick nie mehr an diese Episoden gedacht. Jetzt fiel es ihr zu ihrem Erstaunen auch wieder ein, daß sie damals – und bei anderen ähnlichen Gelegenheiten – ihren Eltern mit ihrem Schimpfen weh tun wollte, weil diese sie sehr verletzt hatten, daß sie aber den Eindruck gehabt hatte, daß ihr dies nicht gelungen war. Sie war überzeugt gewesen, daß sie ihren Eltern nicht wichtig genug war, um sie verletzen zu können. Erst jetzt, nachdem sie tagelang unter der Beschimpfung durch ihre Tochter gelitten hatte, wurde ihr klar, wie sehr sich vermutlich auch ihre Eltern verletzt gefühlt hatten, als sie sie damals beschimpft hatte.

In der Erinnerung erkannte sie, daß sie ihren Eltern unrecht getan hatte, als sie dachte, ihre Wutausbrüche seien ihnen gleichgültig gewesen und sie hätten ohne Rücksicht auf die Gefühle ihres Kindes nur ihren Willen durchsetzen wollen. Aber noch wichtiger für die Beziehung zu ihrer eigenen Tochter war, daß sie jetzt verstand, wie tief verletzt das Mädchen gewesen sein mußte, um sich so von ihrem Zorn hinreißen zu lassen. Plötzlich war sie nicht mehr gekränkt, sondern bekam Mitleid mit ihrer Tochter.

Wenn wir es fertigbringen, uns unseren inneren Aufruhr in ähnlichen Situationen ins Gedächtnis zurückzurufen – wie sehr wir gelitten haben, obwohl wir uns nach außen hin trotzig und blasiert gaben –, dann wird unser Ärger schwinden, und wir werden Sympathie für den Kummer unseres Kindes empfinden, den es durch eine zur Schau getragene Unabhängigkeit und Überlegenheit vor uns (und möglicherweise auch vor sich selbst) zu verbergen sucht. Die Erinnerungen an unsere eigene Kindheit werden uns geduldig und verständnisvoll machen. Wenn wir uns klarmachen, daß unser Kind trotz seiner Halsstarrigkeit jetzt ebenso leidet, wie wir damals gelitten haben, werden wir es wieder lieben können, und wir werden viel von unserem alten Selbst in ihm wiedererkennen. Aber damit es dazu kommt, müssen wir unsere eigenen Erlebnisse in unser Gedächtnis zurückrufen. Nur darüber lesen genügt nicht, denn nur das Spezifische der eigenen Erfahrungen macht diese wieder so lebendig, daß wir uns nicht nur daran erinnern, sondern auch die damit verbundenen Gefühle neu erleben.

Selbst wenn Eltern in einer solchen Situation den ihnen gegebenen Rat, ruhig zu bleiben, befolgen können – und es gibt tatsächlich Eltern, die soviel Selbstbeherrschung besitzen –, wirkt ihr Verhalten künstlich, ja mechanisch, weil es nicht ihrem inneren Gefühl entspringt. Das Kind empfindet seine Eltern deshalb auch nicht als menschlicher, sondern als weniger menschlich. Es fällt schwer, gerade dann liebevoll zu einem Kind zu sein, wenn wir uns aus Liebe zu ihm besondere Sorgen machen. Gerade weil wir unser Kind so innig lieben, sind wir ja so verwundbar. Je inniger wir lieben, um so verwundbarer sind unsere Gefühle, um so eher verlieren wir unser emotionales Gleichgewicht und damit unsere Fähigkeit zu Geduld und Verständnis. Wenn uns unsere Kinder gleichgültiger wären, könnten sie uns nicht so leicht aus der Fassung bringen.

Sie stehen uns deshalb so nahe, weil wir so vieles von uns in ihnen wiedererkennen. In der Fachsprache heißt das: wir identifizieren uns mit ihnen – gewöhnlich sehr viel mehr und in viel mannigfaltigerer Weise, als es uns bewußt ist. Es macht uns glücklich, bei ihnen Züge zu entdecken, mit denen wir bei uns selbst einverstanden sind. Aber unsere Kinder stehen uns nicht nur durch positive, sondern auch durch negative Identifikationen nahe. Es beunruhigt uns sehr, wenn wir in einem Kind Aspekte unserer eigenen Persönlichkeit erkennen, die wir mißbilligen. Oft handelt es sich dabei um Tendenzen, gegen die wir in uns selbst hart angekämpft haben. Es ist keine Hilfe, wenn uns in einer solchen Situation geraten wird, geduldig, verständnisvoll und liebevoll zu sein. Wenn wir uns aber klarmachen, daß wir uns über etwas aufregen, gegen das wir in uns selbst ankämpfen mußten oder noch immer ankämpfen müssen, dann merken wir, daß wir uns tatsächlich mehr über uns selbst als über unser Kind aufregen. Wir verstehen dann, daß das Problem in erster Linie bei uns und erst in zweiter Linie bei unserem Kind liegt. Das erleichtert es uns, damit fertigzuwerden, und es hilft uns zu vermeiden, daß wir unser Kind wegen etwas hart anfassen, das mehr unser Problem als sein Problem ist. Tatsächlich können fast alle Eltern sich vernünftig verhalten und geduldig und verständnisvoll sein, solange ihre Emotionen nicht mit im Spiel sind. Aber bei allem, was das eigene Kind betrifft, kommt es eben oft zu Situationen, die heftige Gefühle wecken. Das Schlimme dabei ist, daß wir denken, emotional neutral zu sein und uns völlig vernünftig zu verhalten, auch wenn dies keineswegs der Fall ist. Ein Beispiel soll das veranschaulichen:

Es war der größte Wunsch eines hochgebildeten Ehepaars, daß ihr einziges Kind, ein Sohn, den sie erst spät bekommen hatten, zu einer Persönlichkeit würde, wie sie sie am höchsten schätzten: zu einem kultivierten, belesenen, durch und durch gebildeten Menschen. Sie glaubten, er hätte sonst wenig Aussicht, es im Leben zu etwas zu bringen. Trotzdem akzeptierten sie, solange er noch klein war, sein kindliches Wesen, und alles ging reibungslos. Als Teenager verlor der Junge sein Interesse an der Schule, wenn er auch weiter in den Klassen aufrückte und keine besonderen Schwierigkeiten machte. Aber die Eltern regten sich über seine Sportbegeisterung und die Vernachlässigung der Schularbeiten auf. Sie fingen an, ihm ernste Vorwürfe zu machen und ihm deutlich zu zeigen, wie unzufrieden sie mit ihm waren. Besonders der Vater, ein bekannter Wissenschaftler, fürchtete um die Zukunft seines Sohnes und übte erheblichen Druck auf ihn aus, seine Interessen zu ändern. Er hatte damit jedoch keinen Erfolg, Vater und Sohn entfremdeten sich, nachdem sie zuvor ein sehr gutes Verhältnis zueinander gehabt hatten.

Was weder der Sohn noch sein Vater begriff, war, daß der Junge von Büchern nichts wissen wollte, weil er das Gefühl hatte, es sei für ihn hoffnungslos, mit seinem Vater auf dessen Spezialgebiet konkurrieren zu wollen. Deshalb versuchte er, sich auf einem anderen Gebiet auszuzeichnen, wo er mit seinem Vater nicht im Wettbewerb stand, nämlich im Sport, für den sich sein Vater überhaupt nicht interessierte. Da der Junge nicht wußte, daß dies der Grund für sein mangelndes Interesse an der Schule war, empfand er die Kritik seiner Eltern und deren Sorgen um seine Zukunft als Zweifel an seiner Person. Gerade die beiden Menschen, von denen er sich wünschte, daß sie ein unbegrenztes Vertrauen zu ihm hätten, daß sie an ihn glaubten, so daß auch er an sich glauben konnte, machten ihn unsicher und veranlaßten ihn, an sich selbst und an allem, was er tat, zu zweifeln. Das verletzte ihn tief, und er nahm es ihnen so übel, daß es ihm unmöglich wurde, das zu sein und zu tun, was seine Eltern von ihm wollten. Er wollte keine Kopie seiner Eltern, sondern eine eigene Persönlichkeit werden, was seine Eltern anscheinend nicht akzeptieren konnten.

Die Eltern waren überzeugt, aus absolut vernünftigen Motiven heraus zu handeln. Sie glaubten, ihr Sohn müsse seine gegenwärtigen Interessen aufgeben und fleißig lernen, wenn es ihm später einmal gutgehen solle. Was sie sich für ihren Sohn ersehnten, lag ihnen so sehr am Herzen, daß es alles, was sich zwischen ihnen und ihm abspielte, in negativem Licht erscheinen ließ. Der Sohn, der als Kind seine Eltern sehr geliebt hatte und der sie auch immer noch liebte und bewunderte, war nur um so tiefer verletzt, weil diese geliebten Eltern, die ihm so wichtig waren, nichts Gutes an ihm und seinem Tun finden konnten. Er verschloß sich vor ihnen, so daß ihm ihre Mißbilligung nicht mehr so weh tun konnte, und um seine tiefe Enttäuschung über sie zu verbergen, rebellierte er offen gegen sie. Die Situation zu Hause wurde für alle drei so hoffnungslos, daß der Junge die meiste Zeit mit seinen Freunden verbrachte, die sein Interesse am Sport teilten. Das nahmen ihm seine Eltern übel, weil es ihn noch mehr von zu Hause entfremdete und ihn noch weiter von dem wegführte, was sie sich für ihn wünschten.

Als der Vater Rat suchte, versicherte man ihm, es handele sich vermutlich nur um eine vorübergehende Phase. In dem Maß, wie der Junge reifer werde, werde er schon das Gute an den Wertvorstellungen seiner Eltern erkennen und sie sich zu eigen machen. Aber diese Versicherung stieß auf taube Ohren, und der verzweifelte Vater fragte schließlich einen Therapeuten, wie er die Lebensweise seines Sohnes ändern könne. Der Therapeut brachte ihn dazu, von seiner eigenen Kindheit und Adoleszenz und dem Verhältnis zu seinem Vater zu berichten. Als er sich ins Gedächtnis zurückrief, was er gegen Ende seiner Adoleszenz durchgemacht hatte, fiel ihm plötzlich etwas ein, was er völlig vergessen hatte: Er hatte nämlich damals genau dasselbe erlebt wie sein Sohn, er hatte auf seinen eigenen Vater genauso reagiert, wie jetzt sein Sohn auf ihn reagierte. Damals war es darum gegangen, daß der Sohn in die Fußstapfen des Vaters treten und den Familienbetrieb übernehmen sollte. Dagegen hatte er rebelliert. Er wollte unbedingt eine ganz andere Karriere einschlagen als die, in die sein Vater ihn hineindrängen wollte, und so war er Wissenschaftler geworden. Dies hatte zu einer langen Periode der Entfremdung geführt, aber schließlich hatte der Vater sich schweren Herzens damit abgefunden, daß sein Sohn sich seinen Wünschen nicht fügte, und war endlich sogar stolz auf dessen Leistungen.

Als der ratsuchende Vater die Parallele zwischen seiner Beziehung zu seinem Vater und der seines Sohnes zu ihm erkannte, war er imstande, seine Identifikation mit seinem Sohn zu ändern. Er suchte sie jetzt nicht mehr auf der Berufsebene, sondern in gemeinsamen Lebenserfahrungen. Er erkannte, daß sein Sohn darum kämpfte, einen Weg zu finden, auf dem er – ohne mit seinem Vater konkurrieren zu müssen – auf eigenen Füßen stehen konnte. Dieser Wandel wurde dadurch erleichtert, daß der Vater – wenn auch recht spät – erkannte, was ihm bis dahin völlig unbewußt geblieben war: daß er nämlich den Betrieb seines Vaters deshalb nicht übernehmen wollte, weil er überzeugt war, es niemals mit dem Erfolg seines Vaters aufnehmen zu können, und fürchtete, sich ihm deshalb sein ganzes Leben lang unterlegen zu fühlen. Als er endlich die Parallele zwischen den Erfahrungen seines Sohnes und seinen eigenen erkannte, konnte er nicht nur dessen Lebensweise akzeptieren, er hatte sogar das größte Verständnis für ihn. Praktisch über Nacht kamen sich Vater und Sohn sehr nahe, und sie konnten sich auch wieder offen ihre Liebe zeigen. In beiden Fällen waren die Väter überzeugt gewesen, daß sie aus denkbar vernünftigen Überlegungen heraus nur das Beste für ihre Kinder gewollt hatten. Beide hatten nicht erkannt, daß hinter diesen rationalen Überlegungen sehr tiefreichende und weitgehend unbewußte Motive steckten, deren Intensität sie als Beweis für die Richtigkeit der bewußten Wünsche ansahen. Die unbewußten Motive waren komplexer und mannigfaltiger Art, aber das stärkste Motiv war die Identifikation mit dem Sohn und der Wunsch, diese auf die Dauer zu erhalten, indem der Sohn veranlaßt wurde, so zu leben, wie sein Vater lebte. Hinzu kam der noch gründlicher unterdrückte unbewußte Wunsch, sich die Überlegenheit über den Sohn zu erhalten, der sich auf die Überzeugung gründete, daß dieser es im gleichen Beruf etwas weniger weit bringen werde als der Vater. So wünschten sich beide Väter in ihrem tiefsten Inneren, daß der Sohn zu einem etwas weniger vollkommenen Duplikat ihrer selbst heranwachse, damit die Bindung zwischen ihnen nie unterbrochen oder dadurch verändert würde, daß die Überlegenheit des Vaters in Frage gestellt wird. Um sich diesen unbewußten Wünschen entsprechend verhalten zu können, mußten sich beide Väter einreden, daß sie ihren Sohn allein deshalb in eine bestimmte Form zu pressen versuchten, weil es das Beste für ihn sei, und daß ihre Motive völlig selbstlos seien. Sie mußten das glauben, um zu verhindern, daß Zweifel in ihr Bewußtsein drangen, nur das ermöglichte es ihnen, mit gutem Gewissen Druck auf den Sohn auszuüben. In beiden Fällen fühlten die Söhne unbewußt, was da vorging – daher ihre Entschlossenheit, nicht zu einer zweitrangigen Replik des Vaters zu werden.

Der Wunsch, daß ein Kind in die Fußstapfen der Eltern treten möge, entspringt nicht nur dem Bestreben, die elterliche Überlegenheit aufrechtzuerhalten. Er gründet sich vielmehr auf das Verlangen, die Beziehung zum Kind in der Form fortzusetzen, in der sie den Eltern und dem Kind die größte Befriedigung gewährte. Ursprünglich garantieren die überlegenen Fähigkeiten der Eltern dem Kind Sicherheit und Wohlergehen. Es liebt und bewundert Vater und Mutter, die seine Bedürfnisse befriedigen. Daher bedroht die spätere Weigerung des Kindes, seinen Lebensweg nach dem seiner Eltern zu richten, ein altes, fest etabliertes und wichtiges Element der Eltern-Kind-Beziehung: die elterliche Überlegenheit, wenn es gilt, Probleme im Leben zu meistern. Diese Überlegenheit war im Säuglingsalter und in der frühen Kindheit ein wichtiges Band. Wie verständlich ist es daher, daß Eltern dieses Band dadurch erhalten möchten, daß ihr Kind den Beruf des Vaters ergreift, in dem der Vater soviel besser Bescheid weiß. Da dieser Wunsch weitgehend egoistisch ist, bleibt er unbewußt und wird durch die bewußte Überzeugung ersetzt, daß diese Berufswahl für das Kind das Beste wäre.

Was die Situation oft noch kompliziert, ist die Tatsache, daß zu dem Zeitpunkt, an dem der Heranwachsende seinen Wunsch nach Unabhängigkeit zur Geltung bringt, der Vater meist das Alter erreicht hat, in dem er zu fürchten beginnt, daß seine Kräfte nachlassen. So empfindet er das Streben seines Kindes nach Unabhängigkeit als Bedrohung seiner Potenz. Diese Bedrohung ist weniger stark, wenn er durch seine Berufserfahrung wenigstens bei der Arbeit seine Überlegenheit dokumentieren kann.

Die Eifersucht der Mutter, deren Schönheit und anziehende Weiblichkeit ebenfalls zu dem Zeitpunkt dahinschwindet, wenn sie bei ihrer Tochter zu voller Entfaltung gelangt, ist in der Gestalt der Königin in »Schneewittchen« verewigt. Die Eifersucht des alternden Königs auf die Kraft und Leistungsfähigkeit seines jungen Nachfolgers finden wir in der Geschichte von König Saul und David wieder.

In diesen alten Geschichten versuchen der König und die Königin die Jungen zu vernichten, die im Begriff sind, ihnen den Rang abzulaufen, da das Alter anfängt, seinen Tribut zu fordern.

Die Reaktion moderner Eltern darauf, daß ihre Kinder in die Blüte ihrer Jugend kommen, wenn bei ihnen der Abstieg beginnt, besteht häufig darin, daß sie es verdrängen, indem sie versuchen, so schön, so jung, so stark und so attraktiv zu sein wie ihr Kind. Vor dem Altwerden hat man in unserer Kultur Angst. Das müßte nicht so sein, wie das Beispiel des alten China zeigt, wo man um so ehrwürdiger wurde, je älter man wurde. Dort hatten die Eltern keinen Grund, auf die jugendlichen Erfolge ihrer Kinder eifersüchtig zu sein, und sie brauchten in dieser Hinsicht mit ihnen nicht in Wettbewerb zu treten. Aber unsere Kultur ist jugendorientiert. Daher wird alles, was uns Konkurrenz macht, wie etwa das Heranwachsen unserer Kinder, als Bedrohung erlebt.

Während früher manche Mutter die aufkeimende Sexualität ihrer Tochter zu unterdrücken versuchte, um der Gefahr zu entgehen, daß ihre Tochter ihre Stelle einnehmen könnte, wird eine solche Mutter heute mit größerer Wahrscheinlichkeit versuchen, in bezug auf weibliche Attraktivität – wenn nicht sogar Jugendlichkeit – mit ihrer Tochter zu wetteifern. Väter konkurrieren in bezug auf Fitneß mit ihren Söhnen. Eltern wirken heute oft mehr wie ältere Geschwister als wie Eltern. Aber trotz dieses Konkurrenzkampfes in bezug auf Jugendlichkeit, der Eltern und Kinder auf dieselbe Stufe stellt, möchten die Eltern ihre Autorität behalten, die weitgehend auf dem Generationenunterschied beruht. Der Konkurrenzkampf aber negiert die generationsbedingte Überlegenheit der Eltern, eine Überlegenheit, die das Kind braucht, um sich sicher zu fühlen und um in seinen Eltern Respektspersonen zu sehen und keine Konkurrenten.

Daß ein Kind sein eigenes Leben leben will, das sich von dem seiner Eltern unterscheidet, ist für viele Eltern nur schwer zu ertragen. Und psychologisch wird die Lage noch kompliziert, wenn die Eltern einerseits das Leben ihrer Kinder teilen möchten, indem sie versuchen, so attraktiv und leistungsfähig wie die Jungen zu sein, gleichzeitig aber von ihnen erwarten, daß sie die größere Lebenserfahrung respektieren. Für Eltern wie Kinder ist dies eine Situation, in der keiner gewinnen kann, solange die Eltern nicht fähig sind, die unbewußten Aspekte ihrer Rivalität zu erkennen. Wenn die Eltern dagegen bewußt zu akzeptieren vermögen, was da in ihnen vorgeht, dann wird höchstwahrscheinlich die Freude an ihrem Kind, das nun in einem Alter ist, in dem es durch seine Jugend besonders anziehend wirkt, an die Stelle der nur notdürftig durch Rationalisierungen überdeckten Eifersuchtsreaktionen treten. Wenn wir nicht zu erkennen vermögen, was in unserem Unbewußten vor sich geht, sind unsere Rationalisierungen – daß zum Beispiel der von uns für unser Kind vorgesehene Beruf das Beste für es wäre – fadenscheinige, aber trotzdem wirksame Verhüllungen der Triebkräfte, die sich hinter unserem Verhalten verbergen. Es sind machtvolle Emotionen, wie zum Beispiel egoistische

Identifikationen, der Wunsch, unsere Überlegenheit zu behalten, ja, sogar Eifersucht. Weil wir es mit unserem Kind richtig machen wollen und intelligente, verantwortungsbewußte Eltern sein möchten, werden wir von diesen vernünftigen Aspekten leicht dazu verführt, die hinter unserem Verhalten versteckten emotionalen Motive zu übersehen. Aber unsere Kinder, die stärker auf ihr eigenes und auf unser Unbewußtes reagieren und die wenig von rationalen Erwägungen geleitet werden, fühlen die Emotionen, die bei uns mit im Spiel sind. Verständlicherweise verwirrt sie das, denn ihnen scheint das, worüber wir uns aufregen, oft kaum von Belang zu sein.

Wenn wir uns eingestehen, daß unser Verhalten unserem Kind gegenüber oft von Emotionen diktiert wird, können wir uns besser in seine emotionalen Reaktionen auf uns und auf unsere Wünsche einfühlen. Während wir in der Hitze des Gefechts vielleicht nicht fähig sind, Geduld und Verständnis aufzubringen, gelingt es uns meist, uns dazu durchzuringen, wenn wir uns eingestehen, daß wir uns von unseren Gefühlen hinreißen ließen. Nur Eltern, die fest behaupten, ihr Verhalten sei einzig und allein von logischen, rationalen Erwägungen bestimmt, sind unbekehrbar.

Wenn unsere Gefühle mit im Spiel sind – und bei Interaktionen mit unserem Kind kommt es nur selten vor, daß dies nicht wenigstens bis zu einem gewissen Grad der Fall ist –, dann richten wir uns nicht nur nach guten Ratschlägen, sondern gleichzeitig eben nach diesen Gefühlen, und diese Kombination bringt uns oft aus dem inneren Gleichgewicht. Glücklicherweise verhalten wir uns aber meist so, wie es unserer persönlichen Eigenart und unseren Lebenserfahrungen entspricht. Wenn wir uns das klarmachen und erkennen, wie sehr unsere eigenen Erfahrungen unser Verhalten bestimmen, dann dringen wir zu den tieferen Quellen vor, die darüber entscheiden, was wir tun und wie wir es tun. Das Kind erwirbt sich durch intensive Beobachtung der Handlungen und Reaktionen seiner Eltern in allen möglichen Situationen ein fast unfehlbares, intuitives Gefühl dafür, ob sie sich entsprechend ihren Überzeugungen und Wertbegriffen verhalten oder nicht. Und je jünger das Kind ist, um so größer ist sein Interesse an seinen Eltern (wobei es aus seinen Beobachtungen Schlüsse zieht, die allerdings keineswegs immer richtig sind). Wenn es das Gefühl hat, daß das Verhalten seiner Eltern »aus dem Rahmen fällt« (was möglich ist, wenn sie einen Rat befolgen, ohne zuvor gründlich darüber nachgedacht und ihn ihrem eigenen Empfinden angepaßt zu haben), dann gerät es in Verwirrung und beobachtet das ungewohnte Verhalten seiner Eltern voller Mißtrauen.

Wie bereits erwähnt, müssen Ratschläge in Büchern allgemein gehalten sein. Sie müssen mit abstrakten Begriffen und Schlußfolgerungen arbeiten, die sich bestenfalls auf Umstände beziehen, die den unseren ähnlich sind. Der speziellen Situation, in der wir uns befinden, werden sie nie entsprechen können. Das gleiche gilt für die Erklärungen und Lösungen, die uns Verwandte oder Freunde in bester

Absicht vorschlagen. Sie gründen sich auf ihre eigenen Erfahrungen, die unserer Situation nicht genau entsprechen können, da es sich ja bei ihnen und ihren Kindern um andere Personen handelt. Jeder Vater, jede Mutter und jedes Kind sind einzigartige Persönlichkeiten. Ihre Lebensgeschichten sind einzigartig, ihre Reaktionen auf jede spezielle Situation sind es, ebenso wie ihre Reaktion aufeinander in diesen Situationen. Außerdem ist keine Konstellation von Umständen einer anderen völlig gleich. Die meisten großen und kleinen Familientragödien könnten vermieden werden, wenn die Eltern sich von ihren vorgefaßten Meinungen darüber freimachen könnten, wie sie oder ihre Kinder sein oder sich verhalten »sollten«.
Robert Pirsig hat recht, wenn er meint, es sei schwer, Anleitungen mechanisch zu befolgen, ohne Fehler zu machen. Man verliere dabei das Gefühl für die Arbeit. Wenn wir gesagt bekommen, es gebe nur *einen* Weg, den wir einschlagen könnten, beraubt uns das unserer Kreativität und der Möglichkeit, eigene Lösungen zu finden. Das Heilmittel gegen den Verlust der Spontaneität – durch den die Eltern-Kind-Beziehung leer und mechanisch wird – besteht nicht nur darin, daß wir »auf das Gesamtproblem hingewiesen werden«, sondern darin, daß wir es *auf unsere eigene Weise* begreifen lernen. Nur so finden wir eine kreative Möglichkeit, es auf die uns gemäße Weise zu lösen. Verständnis kommt von innen, wenn wir das Problem mit allen seinen Verästelungen erforschen und eine Lösung zu finden versuchen, die unserer eigenen Persönlichkeit und der unserer Kinder entspricht. Es ist dies das Thema von Pirsigs Buch, in welchem er eine Querfeldeinfahrt mit dem Motorrad beschreibt, die er mit seinem Sohn unternahm. Während dieser Fahrt, die die Entdeckungsreise des Vaters zu seinem eigenen Selbst symbolisiert, versucht er das Gesamtproblem der Beziehung zu seinem Sohn zu begreifen, wozu auch ein tieferes Verständnis seiner selbst gehört. Unterwegs ändert er seine Ansicht über sich selbst von Grund auf.
Genau wie er müssen wir alle uns bemühen, uns selbst besser zu verstehen – nicht zuletzt deshalb, weil diese Anstrengungen, zu größerer Klarheit über uns selbst zu gelangen, es uns ermöglichen, uns auch über unsere Beziehung zu unserem Kind klarer zu werden, was unser Leben bereichern wird. Kein anderer kann uns zu diesem Verständnis unserer selbst verhelfen, auch wenn er über eine noch so große Erfahrung verfügt. Nur wir selbst können es erlangen, wenn wir uns bemühen, alles zu beseitigen, was dieses Verständnis bisher von unserem Bewußtsein fernhielt. Nur eigene Bemühungen, zu diesem höheren Verständnis zu gelangen, führen bei Eltern und Kind zu einem stetigen Wachstum der Persönlichkeit. Dagegen kann ein Buch – auch das hier vorliegende – nicht mehr tun, als auf allgemeine Probleme der Kindererziehung einzugehen: auf ihren Ursprung, ihre Bedeutung, ihre Wichtigkeit und insbesondere auf Möglichkeiten, darüber nachzudenken.

3. Kapitel

Eltern oder Fremde?

Ein abstrakter Rat paßt nicht
zu einem konkreten Fall.
O. W. Holmes

Der Friedensrichter O. W. Holmes meinte, mit allgemein gehaltenen Ratschlägen ließen sich keine Entscheidungen in konkreten Fällen treffen. Er hatte durchaus nichts gegen allgemeine Ratschläge einzuwenden, aber er wußte, daß man, um konkrete Entscheidungen treffen zu können, die oft verworrenen Einzelheiten sorgfältig prüfen muß. So erfordern richterliche Entscheidungen etwas mehr als nur die weise Anwendung allgemeiner Prinzipien. Sie verlangen eine sorgfältige Überprüfung der stets einzigartigen Aspekte des konkreten, zur Diskussion stehenden Falles. Auch Freud hat immer wieder darauf hingewiesen, wie wichtig es sei, nicht nur die psychoanalytischen Prinzipien zu kennen, sondern sich klarzumachen, wie sie sich in der konkreten Situation auf jeweils einzigartige Weise offenbaren. Psychoanalytische Veröffentlichungen oder eine psychoanalytische Ausbildung können einen Studenten gründlich über die allgemeinen Probleme und die Absonderlichkeiten der menschlichen Entwicklung im Lauf eines Lebens informieren. Wenn er mit diesen allgemeinen Problemen vertraut ist, hat er eine gute Chance zu erkennen, was einer speziellen Situation zugrunde liegt, doch kann dies nur der Ausgangspunkt für eine sorgfältige Untersuchung des individuellen Falls sein. Der nächste Schritt für Eltern wie für einen Juristen oder einen Psychoanalytiker ist, in sich selbst eine Resonanz zu schaffen auf das Problem im allgemeinen und auf die spezifische, konkrete Form, in der es sich präsentiert. Nur auf diese Weise gelangt man über ein nur rationales hinaus zu einem empathischen, gefühlsmäßigen Verständnis.

Wenn der gute Rat eines Außenstehenden diesen Entdeckungsprozeß abkürzt, lassen sich Eltern manchmal dazu verführen zu glauben, sie brauchten sich nun nicht weiter darum zu bemühen, die Situation zu begreifen. Aber jede noch so kluge und richtige Information hindert Eltern eher, anstatt sie zu veranlassen, selbst über etwas nachzudenken und das Problem spontan in Angriff zu nehmen. Man beraubt sie damit der Befriedigung, eine eigene Lösung gefunden zu haben. Dies ist ein sehr wichtiger Aspekt der Erziehung, wo ja immer komplexe Emotionen mit im Spiel sind und wir um das Gefühl nicht herumkommen, daß die beste und die einzig richtige Lösung *unsere* eigene Lösung ist. Der Versuch, mit Hilfe anderer – etwa durch die Konsultation von Experten – *die allgemeine Problematik zu begreifen,* mit der man vielleicht noch nicht vertraut ist, ist vernünftig.

Wenn wir jedoch nach den Empfehlungen anderer *handeln,* kann uns das nicht jenes Gefühl der Sicherheit geben, das in uns aufsteigt, wenn wir *selbständig* und *auf unsere eigene Art* verstanden haben, worum es in einer bestimmten Situation geht und was wir tun können.

Wenn wir uns in einer scheinbar ausweglosen Situation befinden und uns den Kopf zerbrechen, wie wir und unser Kind da hineingeraten sind und um was es überhaupt geht, dann investieren wir viel intellektuelle und emotionale Energie. Unsere Kinder, die jederzeit auf ihre Eltern eingestimmt sind, merken das und genießen es, daß sie uns soviel wert sind, daß wir soviel in sie investieren. Wenn wir ihnen auf diese Weise zeigen, wie wichtig sie uns sind, kommen wir oft besser an sie heran, und wir erreichen eher als auf irgendeine andere Art unser Ziel: eine befriedigende und daher erfolgversprechende Eltern-Kind-Beziehung.

Normen und Regeln

Sagt man uns bei einer Beratung, das Verhalten unseres Kindes sei für sein Alter normal, so ist das keine große Hilfe. Der Begriff ist an sich fragwürdig: Was heißt »normal«, wenn intime Beziehungen im Spiel sind? Es bedeutet »Durchschnitt«, aber kein Kind möchte »bloßer Durchschnitt« sein, und auch wir möchten nicht, daß unsere Kinder »nur Durchschnitt« sind. Mit vollem Recht sollte unser Kind für uns etwas ganz Besonderes sein und nicht nur ein durchschnittliches Individuum. Es erwartet mit vollem Recht, daß es für uns etwas völlig Einzigartiges ist. Der Begriff der Norm mag zwar für die Statistik brauchbar sein, aber er ist fehl am Platz, wo es sich um die tiefen Gefühle zwischen Eltern und Kind handelt. Wenn »Normalität« angestrebt wird, so beweist das, daß sich eine wissenschaftliche Abstraktion eingeschlichen hat, wo es um eine höchst intime Beziehung gehen sollte.

Wenn wir mit unserem Kind glücklich sind, glauben wir keine Sekunde, daß es nur das ist und tut, was jedes Durchschnittskind in seinem Alter ist und tut. Eben weil wir es lieben, sind wir überzeugt, daß es etwas Außergewöhnliches ist. Es wäre uns auch nicht recht, wenn unser Kind der Meinung wäre, daß wir, seine Eltern, nicht besser und nicht schlechter als bloße Durchschnittseltern sind, daß uns sein Wohlergehen nicht mehr und nicht weniger am Herzen liegt, und daß wir seine Liebe nicht mehr und nicht weniger verdienen als alle anderen Erwachsenen, die uns in anderer Hinsicht statistisch gleichen.

Auf der anderen Seite ist die Aussage, das Verhalten unseres Kindes sei »normal«, ein geringer Trost, wenn es uns gerade sehr weh getan hat oder wenn wir uns Sorgen machen, sein Verhalten könne ihm im Augenblick oder in seinem späteren Leben schaden. Wenn mein Kind leichtsinnig oder sogar riskant Auto fährt, hilft es mir als seinem Vater wenig und mindert meine Sorgen kaum, wenn man mir sagt, Kinder seines Alters benähmen sich »normalerweise« so. Mir wäre es dann entschieden lieber, wenn es von der Norm abweichen und vorsichtiger fahren würde!

Wenn wir unsere Beziehung zu unserem Kind an der Norm messen, so bedeutet das eine Abwertung der einzigartigen Bedeutung, die es für uns hat, denn wir vergleichen es mit Fremden. Unser Kind mag zwar von außen gesehen Durchschnitt sein – wenn man es mit Fremden vergleicht, die an unserem innigen Verhältnis keinen Anteil haben. Es ist völlig in Ordnung, wenn Außenstehende unser Kind so einschätzen – man kann nichts anderes von ihnen erwarten. Aber die Eltern-Kind-Beziehung und die Selbsteinschätzung von Vater und Mutter als Eltern leiden darunter, wenn sie anfangen, ihr Kind mit klinischem Blick, wie ein Fremder es tun würde, zu betrachten, um festzustellen, was es mit Hunderttausenden von anderen Kindern gemeinsam hat und worin es sich von der Norm unterscheidet, und es dann einer Statistik einordnen.

Die psychologischen Untersuchungen, die Verhaltensnormen für die verschiedenen Altersgruppen aufstellen, lassen absichtlich die unzähligen individuellen Unterschiede außer acht, die jedes Kind zu etwas Einzigartigem machen. Wenn Eltern ihr eigenes Kind mit diesen Normen vergleichen, neigen sie dazu, dies zu übersehen, insbesondere dann, wenn es von dem abweicht, was nach der Norm zu erwarten wäre. So gibt es zum Beispiel Kinder, die mühelos Überdurchschnittliches leisten, tun sie das, ist alles in bester Ordnung. Aber es gibt auch andere, die das nur mit größter Mühe fertigbringen. Vernünftigerweise sollten sich Eltern um ein Kind Gedanken machen, das sich selbst unter einen solch unangebrachten Druck setzt. Genauso wie es Eltern gibt, die ein Kind mit unterdurchschnittlichen Leistungen drängen, »seiner Begabung entsprechend etwas zu leisten«, sollte man erwarten, daß Eltern ein Kind mit überdurchschnittlichen Leistungen bremsen, wenn sie befürchten, es könne einen zu hohen Preis dafür zahlen. Aber solche Eltern sind äußerst selten.

Man kann noch aufschlußreichere Beispiele für die Einstellung anführen. Zum normalen Verhalten eines Heranwachsenden gehört, daß er um seine Unabhängigkeit kämpft, daß er sich gegen Vorschriften wie pünktliches Nachhausekommen wehrt und die Wertbegriffe seiner Eltern ablehnt. Wenn daher ein Adoleszent nicht auf seine Unabhängigkeit pocht, sollte man erwarten, daß Eltern, denen die normalen Reaktionen eines Heranwachsenden bekannt sind, von ihrem Sprößling verlangen würden, sich seinem Alter entsprechend zu verhalten: trotzig, widerspenstig, schlampig und launisch zu sein. Man sollte meinen, daß sie ihn, wenn dies alles nicht der Fall ist, geradezu ermutigen würden, sich so zu verhalten, wie es für einen Adoleszenten typisch ist. Aber auch das tun Eltern nur sehr selten. Wann haben Eltern je ihr Kind gefragt, warum es sich wie ein reifer Mensch benehme, wo es doch mitten im Aufruhr der Gefühle eines Adoleszenten stecke? Ich habe noch nie von einem Vater oder einer Mutter gehört, die von ihrem Kind verlangten, daß es in der Schule »seiner Begabung entsprechend etwas leistet« und die es gleichzeitig aufgefordert hätten, sich mehr wie ein Heranwachsender zu benehmen, das heißt, »normaler« zu reagieren und daher auf die Erwachsenen weniger zu hören. Häufiger kommt es vor, daß Eltern ihrem Kind, das sich wie ein Adoleszent benimmt, mit einem gewissen Vorwurf in der Stimme sagen, es solle sich »seinem Alter entsprechend« benehmen, womit sie »mehr wie ein reifer Erwachsener« meinen, während sich der Heranwachsende in Wirklichkeit genau seinem Alter entsprechend verhält, so wie es der wissenschaftlich festgestellten Norm seiner Altersgruppe entspricht.

Wenn unser Kind sich uns widersetzt, wenn es uns weh tut und uns aufregt mit seiner ostentativ zur Schau getragenen Gleichgültigkeit gegen alles, was wir sagen und wofür wir uns einsetzen, dann fällt es uns schwer, seinem Verhalten nur deshalb mit Gleichmut zu begegnen, weil man uns gesagt hat, daß unser Kind »die ihm durch seine Entwicklung gestellten Aufgaben in typisch adoleszenter Weise erfüllt« und daß sein lästiges Verhalten zum »normalen Wachstums- und Reifeprozeß gehört«.

All diese weisen Belehrungen beruhigen uns kaum, wenn wir uns Sorgen darüber machen, daß unser Kind mit Drogen experimentiert oder Dinge tut, die es mit dem Gesetz in Konflikt bringen oder körperlich gefährden könnten – alles recht realistische Befürchtungen. Aber wenn wir es fertigbringen, die richtige Haltung zu seinem Benehmen zu finden und uns in seine äußere und innere Unruhe einzufühlen, dann können wir ihm helfen, mit den Unwegsamkeiten der Adoleszenz fertigzuwerden. Wir können aber kaum zu einer solchen Einstellung gelangen, wenn wir unser Kind und das, was es durchmacht – und was wir mit ihm durchmachen –, mit etablierten Normen vergleichen. Was auch immer für die große Mehrheit normal sein mag, wir hätten unser Kind gern anders, so daß es keinen Schaden nimmt und seine Adoleszenz für uns zu keiner Heimsuchung wird. Solange uns unser Kind als Individuum unverständlich bleibt – was auch immer die Norm besagt –, sind wir nicht fähig, sein Verhalten wirklich zu akzeptieren, wir können uns noch so sehr darum bemühen. Und wenn wir uns lediglich durch eine Willensanstrengung zu einer duldsamen, resignierten Haltung durchringen, weil wir das Gefühl haben, von unserem Kind nicht erwarten zu können, daß es von der Norm der Rebellion abweicht, dann wird es merken, daß hinter unserem Verhalten unsere Meinung steckt, daß es »bloßer Durchschnitt« sei. Das wird es übelnehmen, denn nichts ist ihm wichtiger, als einmalig zu sein, anders als alle übrigen, und dies trotz der Tatsache, daß es sich wie die anderen benimmt.

Ist dies eine ausweglose Situation? Keineswegs, obwohl sie leicht dazu werden kann, wenn sein anstößiges Verhalten uns dazu verleitet, gegen unseren Adoleszenten anzukämpfen oder stumm zu leiden. Statt dessen sollten wir auf Grund unsrer eigenen inneren Erfahrungen die Fähigkeit entwickeln, uns in die Irrungen und Wirrungen, die im Verhalten unseres Kinds zum Ausdruck kommen, einzufühlen. Wir können solche Adoleszenzkrisen am besten bewältigen, wenn wir uns daran erinnern, wie sehr wir selbst in unserer Jugend unter ähnlichen Problemen gelitten haben. Oft ging es uns dabei mehr darum, uns selbst zu entdecken und wir selbst zu sein, als uns unseren Eltern zu widersetzen. Wir erinnern uns immer nur an bestimmte Situationen – wie lange wir abends ausgehen durften und mit wem wir zusammensein durften – und nie an eine »Bewältigung von Entwicklungsaufgaben« oder an »normales Wachsen und Reifen«. Erinnerungen können helfen, sich in die Schwierigkeiten eines Kindes einzufühlen. Wenn wir uns daran erinnern, worüber wir mit unseren Eltern gestritten haben oder gern gestritten hätten, wenn wir den Mut dazu aufgebracht hätten, fällt es uns leichter zu erkennen, wie unbedeutend der jetzige Streitanlaß in Wirklichkeit ist. Das Wesentliche dabei ist, daß auch wir uns von unseren Eltern freikämpfen und gleichzeitig mit ihnen eng verbunden bleiben wollten, daß auch wir uns durch einen Wirrwarr schwieriger, ineinander verhakter und oft widersprüchlicher Gefühle durchgearbeitet haben.

Müssen wir nicht mit unserem Kind mitfühlen, wenn wir uns an all das erinnern? Wenn wir uns klarmachen, daß das Verhalten unseres Kindes für sein Alter normal ist, veranlaßt uns das bestenfalls dazu, es resigniert hinzunehmen. Dagegen überbrückt ein mitfühlendes Verständnis aus eigenen Erinnerungen heraus die Kluft zwischen uns und unserem Kind und knüpft ein festes Band.

Diese so überaus wichtige Empathie entspringt sowohl unserem eigenen Bemühen um ein einfühlsames Verständnis dessen, was dem Verhalten unseres Kindes zugrunde liegt, als auch unseren bewußten und unbewußten Erinnerungen an ähnliche eigene Erfahrungen, die sich in seinem Verhalten spiegeln. Und dabei ist es unwichtig, ob wir seinerzeit unsere Wünsche ausagiert oder unterdrückt haben. Schon daß wir uns daran erinnern, wird es uns leichter machen, unser Kind durch diese schwierige Periode hindurch auf Wegen zu führen, die es akzeptieren und gehen kann, und es wird uns Freude machen, sie ihm zu ebnen. Denn Kinder wie Heranwachsende fühlen sich sicherer und akzeptieren bereitwilliger die elterliche Führung, wenn sie das Gefühl haben, daß ihre Eltern den eigenen Wertbegriffen und Überzeugungen getreu handeln und daß sie sich dabei vor allem auf das stützen, was sie aus eigenen, ähnlichen Erfahrungen gelernt haben.

Regeln

Die Meinung, es gebe Regeln, nach denen man sein Kind behandeln könne, beeinträchtigt das einfühlsame Verständnis, das wir nur aus eigenen Erfahrungen gewinnen können. Dabei sind diese Erfahrungen für uns etwas genauso Einzigartiges, wie es die Erfahrungen des Kindes für es selber sind. Auf Regeln zu vertrauen, erspart uns die Mühe, jede Problemsituation selbst durchdenken zu müssen und uns dafür verantwortlich zu fühlen, eine gute Lösung zu finden. Außerdem gründen sich alle Regeln auf Verallgemeinerungen und lassen das

Individuelle außer acht; deshalb veranlassen sie uns, das Einzigartige in unserem Kind und in unserer Beziehung zu ihm zu übersehen.

Um nicht jeden Fall einzeln überprüfen und mit dem Kind aushandeln zu müssen, ziehen es manche Eltern vor, Regeln darüber aufzustellen, was *das Kind* zu tun und wie es sich zu verhalten hat; dagegen halten sie selber sich nur sehr selten an bestimmte Regeln. Es gibt auch Kinder, die sich gern Regeln vorschreiben lassen. Das erspart ihnen nicht nur die Mühe, immer wieder neu überprüfen zu müssen, was sie von einer bestimmten Situation zu halten haben. Außerdem gibt es ihnen die Möglichkeit, auf die Regel und nicht auf die Eltern böse zu sein, die diese Regel aufgestellt haben und sie ihnen jetzt aufzwingen. (Es ist erheblich leichter, auf eine unpersönliche Regel zornig zu sein als auf jemanden, der uns sehr wichtig ist und mit dem uns sehr starke Gefühle verbinden.) Es nimmt den Groll aus dem persönlichen Kontext heraus und verweist ihn in den Bereich abstrakter Erwägungen, die zum Beispiel den Wert der Regel und ihre Anwendbarkeit in einem bestimmten Kontext betreffen. Aber andererseits nimmt es die Beziehung zwischen Eltern und Kind ebenfalls aus dem persönlichen Bereich heraus und macht daraus eine theoretische, unpersönliche Diskussion oder ein Aufbegehren gegen Regeln. Das Kind richtet sich dann nach der Regel und nach dem, was sie ihm vorschreibt, und nicht nach Vater und Mutter, den wichtigsten Personen in seinem Leben. Letzten Endes entfremden sich Eltern und Kind, wenn sie sich an Regeln halten.

Während Regeln in unpersönlichen Situationen insofern von einem gewissen Vorteil sind, als sie es uns ersparen, eine Entscheidung treffen zu müssen, objektivieren und entpersonalisieren sie andererseits. Das entspricht auch Pirsigs Erfahrung: Wenn es auch praktisch sein mag, »sich nach bestimmten Regeln zu richten«, fällt es andererseits schwer, nicht zum Sklaven dieser Regeln zu werden oder sich wenigstens so zu fühlen. Regeln sind die Feinde von Spontaneität und positiven Gefühlen.

Wenn erst einmal Regeln aufgestellt wurden und das Kind ihnen mehr oder weniger gehorcht, beraubt dies Eltern und Kind der echten Freude, wenn das Kind sich spontan erbietet, eine Aufgabe zu übernehmen, weil es den Eltern helfen oder auch einfach zeigen möchte, wie sehr es das, was diese für es tun, anerkennt. Nur Zwangsneurotiker richten sich gern nach Regeln, da sie durch ihre Neurose nicht anders handeln können. Uns anderen gewährt es nur wenig Befriedigung, Regeln zu befolgen, weder den Kindern, wenn sie ihnen gehorchen, noch den Eltern, wenn sie sie den Kindern aufnötigen. Sich nach bestimmten Regeln zu richten, kann bequem sein und ist es tatsächlich auch oft. Aber es macht kaum jemals Freude, und es verstärkt auch nicht die Liebe zwischen Eltern und Kind. Wie es auch immer zu der Aufstellung von Regeln zwischen ihnen gekommen sein mag, sie objektivieren und mechanisieren jene Beziehung, welche die allerpersönlichste, wahrhaft humanste und spontanste aller Beziehungen sein sollte und uns täglich neue Freude machen sollte.

Sicherheit durch die Einstellung der Eltern

Bei fast allen Problemen in der Kindererziehung liegt in Eltern und Kind zugleich Problem und Lösung. Das gilt selbst dann, wenn die Umstände von den Eltern nicht zu beeinflussen oder zu kontrollieren sind wie bei Bränden, Erdbeben, Krankheit oder Tod in der Familie. Denn die Eltern können beeinflussen, wie das Ereignis vom Kind erlebt wird und was es daher für es bedeutet. So kann zum Beispiel ein Kind eine schwere Krankheit, selbst wenn sie lebensbedrohend ist, als ein positives Ereignis erleben, weil es von seinen Eltern in dieser Zeit soviel Liebe und Hingabe erfährt wie nie zuvor.

Um welche Art von Problem es sich immer handeln mag, Einsicht in seine zentralen emotionalen und psychologischen Aspekte, in seine Natur und seine Ursprünge wird uns gewiß seiner Lösung näherbringen. Aber um diese Dinge klären zu können, müssen die Eltern sich selbst um Einsicht bemühen, anstatt einen andern um Rat zu fragen. Freud hat entdeckt, daß es ein Irrtum wäre, wenn man annehmen wollte, die Einsicht des Psychiaters genüge, um das Problem des Patienten zu lösen. Selbst wenn diese Einsicht völlig richtig wäre, nützte sie dem Patienten nichts. Nur wenn der Betreffende selbst sieht, was in ihm vorgeht, hat er einen Nutzen davon.

Während der deutschen Luftangriffe auf London beeindruckte es Anna Freud sehr, daß viele Kinder unter so furchtbaren Ängsten litten, daß sie selbst tagsüber, wenn alles ruhig war, nicht schlafen konnten und mannigfache schwere Symptome entwickelten, die auf die Bombardierung zurückzuführen waren, und daß andere Kinder leicht damit fertigwurden. Sie berichtete, daß ein kleines Mädchen eines Tages freudestrahlend erklärte, es sei der glücklichste Mensch von ganz London, denn es habe vor ein paar Stunden auf einem Spaziergang mit seiner Mutter durch den Hyde Park gesehen, wie ein Baum durch die Luft segelte. Das sei ein ganz einmaliger, wunderschöner Anblick gewesen, und es ganz allein habe das Glück gehabt, das zu sehen. Daß eine Bombe in der Nähe explodiert war und den Baum entwurzelt hatte, fiel dem Kind erst auf, als es danach gefragt wurde. Im Vergleich zu dem begeisternden Schauspiel hatte die damit verbundene Gefahr kaum einen Eindruck auf das Kind gemacht.

Dieses kleine Mädchen hatte das Glück, eine Mutter zu haben, die zwar wußte, daß sie die Bombardierung nicht verhindern konnte, aber trotzdem versuchte, ihrem Kind die Angst zu ersparen. Sie ließ es nicht zu, daß der Krieg und seine Verwüstungen die glückliche Beziehung zerstörten, die es Mutter und Kind erlaubte, sich über etwas zu freuen, was sonst ein schreckliches Erlebnis für sie hätte sein können. Es war typisch für sie, daß sie auch dann in ihrer Wohnung blieb, wenn man ihr riet, einen Luftschutzraum aufzusuchen, weil sie – wie sie sagte – ihre kleine Tochter nicht aufwecken und erschrecken wollte, nachdem diese eingeschlafen war. Auch daß die Mutter es gleichfalls fertigbrachte, trotz allem, was vorging, den größten Teil der Nacht durchzuschlafen, gab dem Kind ein Gefühl der Sicherheit. Hätte die Mutter sich die ganze Nacht über geängstigt, hätte auch das Kind nicht ruhig schlafen können. Während andere Mütter ihre Kinder mit ihrer eigenen Angst belasteten, übertrug diese Frau nur ihr ungeheures Glücksgefühl darüber, daß nichts Schlimmes geschehen war, auf ihre kleine Tochter. Dieses Glücksgefühl erlebte das Kind durch seine Mutter und mit ihr zusammen, und es führte es darauf zurück, daß es »einen Baum durch die Luft segeln« sah. Während viele Eltern ihr Gefühl, wie furchtbar es war, die Bombardierung von London miterleben zu müssen, auf ihre Kinder übertrugen, gab es andere, die wie diese Mutter ihre Freude darüber, daß sie die Bombardierung *zusammen überlebt* hatten, an ihre Kinder weitergaben. Die Art, wie ein Vater oder eine Mutter ein Ereignis erlebt, ist für das Kind entscheidend, denn es bildet die Grundlage dafür, wie es sich die Welt interpretiert.

Untersuchungen zahlreicher Familien während der Bombardierung Londons ergaben eine fast vollständige Korrelation zwischen dem Angstniveau bei den Müttern und dem bei ihren Kindern – die Väter waren größtenteils an der Front. Mütter, die während der Nacht in ihrer Wohnung blieben und relativ ruhig schliefen, während die Bomben fielen, hatten meist auch Kinder, die ebenfalls durchschliefen. Andere, die Todesängste ausstanden, hatten Kinder, die womöglich unter noch größerer Angst litten. Es gab zwar Ausnahmen, aber bei den Familien, die detailliert untersucht werden konnten, stellte es sich meist heraus, daß Mütter, deren Angstniveau schon vor dem Krieg sehr hoch gewesen war, sich auch bei den Bombenangriffen mehr ängstigten, und ebenso ging es ihren Kindern. Mütter, die sich in Friedenszeiten relativ sicher und frei von neurotischen Ängsten gefühlt hatten, waren dann auch diejenigen, die bei den Bombardierungen genau wie ihre Kinder am wenigsten Angst entwickelten.

Ähnliche Ergebnisse erbrachte vor einigen Jahren die Untersuchung einer Gemeinde in Südkalifornien, die von einem Erdbeben heimgesucht worden war. Manche Kinder litten über längere Zeiträume hin unter schweren Angstzuständen, während andere, die dasselbe oder sogar noch Schlimmeres durchgemacht hatten, leichtere Nachwirkungen aufwiesen. Die Angst der schwer betroffenen Kinder wurde zwar durch das Erdbeben deutlich gesteigert, doch reichten die Wurzeln dieser Angst weiter zurück als das sie auslösende Ereignis, und sie erholten sich schneller, wenn die Eltern durch ihre eigenen Ängste nicht noch die ihrer Kinder vergrößerten.

Auch das Verhalten der israelischen Kinder in Kriegszeiten bestätigt dies. Diese Kinder erlebten schwere Bombenangriffe und viele andere schreckliche Dinge. In seiner Studie *Children under Fire* berichtet Alfred M. Freedman, daß »elterliche Angstreaktionen sich auf kleine Kinder besonders traumatisch auswirkten«. Wenn es Eltern dagegen fertigbrachten, ihre eigene Angst in Schranken zu halten und ihren Kindern eine starke emotionale und soziale Unterstützung zu geben,

»war bei Kindern, die dem Kriegsstreß ausgesetzt waren, kaum eine Zunahme der Angst festzustellen«.

Persönlich kann ich mich erinnern, daß ich sechs Jahre alt war, als ein vierstöckiges Haus, das durch eine enge Straße von meinem Elternhaus getrennt war, mitten in der Nacht abbrannte. Es stand in hellen Flammen, die die ganze Gegend erhellten, und viele Funken flogen zu unserem Haus herüber, das die Feuerwehrleute mit Wasser besprengten. Ich hatte geschlafen. Meine Eltern weckten mich und trugen mich zum Fenster, damit ich mir das ungewöhnliche, aufregende Schauspiel ansehen konnte. Da sie ruhig waren und sich über die verschiedenen Farben und Formen der Flammen unterhielten, kam es mir nicht in den Sinn, Angst zu bekommen. Da ich mich nach ihnen richtete, hatte ich ähnliche Empfindungen wie das kleine Mädchen bei dem Londoner Bombenangriff. Ich dachte nur, wie nett es von meinen Eltern war, daß sie mich geweckt und an ein Fenster in der Vorderfront des Hauses gebracht hatten, damit ich das seltene, aufregende Schauspiel miterleben konnte. Mein eigenes Zimmer befand sich im hinteren Teil des Hauses, von wo aus ich das Feuer nicht hätte sehen können. Nachdem das Haus abgebrannt war, brachten sie mich wieder ins Bett, und ich schlief ruhig wieder ein.

Wenn ich in den folgenden Monaten unser Haus verließ, sah ich die Ruinen auf der anderen Straßenseite. Ich hatte nie Angst. Es kam mir nicht in den Sinn, daß ich in Gefahr gewesen war und daß auch unser Haus hätte abbrennen können. Ich dachte nur, daß es ein ganz besonderes Ereignis gewesen war und daß ich Glück gehabt hatte, es miterleben zu können. Die Sicherheit meiner Eltern, die auf mich ausstrahlte, hatte mich vor Angst bewahrt.

Es liegt auf der Hand, daß die Angst der Eltern auch beim Kind Angst erregt. Jedoch sind auf Grund der zwischen Eltern und Kindern bestehenden Unterschiede auch die Quellen und die Natur ihrer Angst verschieden, und sie wird auf verschiedene Weise bei ihnen zum Ausdruck kommen. Weniger leicht ist einzusehen, daß Menschen auf die gleiche Gefahr mit unterschiedlichen Graden von Angst reagieren, und daß diese Abweichungen ihren Ursprung nicht in der Situation, sondern in etwas anderem haben müssen. Der Einfachheit halber wollen wir diesen Faktor als den Grad des grundsätzlichen Vertrauens oder Mißtrauens eines Menschen dem Leben gegenüber bezeichnen, als das Maß seines Optimismus oder Pessimismus, als das Verhältnis seiner inneren Sicherheit zu seiner Unsicherheit. Bei einer Tiefenanalyse stellt sich stets heraus, daß sich diese Grundeinstellungen bereits lange vor dem Ereignis herausgebildet haben, wenn auch das Ereignis bei sensiblen Personen bewirkt, daß Ängste, die sonst unterschwellig geblieben wären, auf überwältigende Weise zum Ausbruch kommen. Solche Menschen können unter Umständen erkennen, was ursprünglich ihr Mißtrauen oder ihre Unsicherheit und ihren Pessimismus in bezug auf diese Welt und ihr vermutliches Schicksal darin hervorgerufen hat. Kommen sie zu dieser Einsicht, so beruhigt das ihre Gefühle bis zu einem gewissen Grad, und ihre Angst vor der augenblicklich drohenden Gefahr wird erheblich reduziert. Wenn wir uns erst einmal klar darüber geworden sind, daß unsere augenblickliche Angst weniger mit der unmittelbar drohenden Gefahr zu tun hat als mit ungelösten früheren Erlebnissen, die uns nicht bewußt geworden sind, setzt uns das in die Lage, besser mit der gegenwärtigen Situation fertigzuwerden und auch unseren Kindern bei ihren Ängsten helfen zu können.

Die elterliche Angst macht Eltern und Kindern das Leben sehr schwer, da das Kind auf die Angst seiner Eltern mit noch schwererer Angst reagiert, woraufhin sich ihrer beider Ängste gegenseitig verstärken. Glücklicherweise müssen wir normalerweise nicht mit Bombardierungen oder Naturkatastrophen fertigwerden. Aber welcher Art auch immer das auslösende Ereignis ist, die Angstreaktionen von Vater oder Mutter rufen beim Kind stets extreme, ja panische Angst hervor, ganz gleich, welche Situation die Angst der Eltern erregt hat. Das Kind reagiert auf alles, was die Angst seiner Eltern hervorgerufen hat, so, als ob es sich um ein welterschütterndes Ereignis handle.

Der Grund hierfür ist, daß die leicht zu erschütternde Sicherheit eines Kindes, wie es wohl weiß, nicht von seiner Fähigkeit, sich selbst zu schützen, sondern vom guten Willen anderer abhängt. Es borgt sich seine Sicherheit von der seiner Eltern. Wenn diese plötzlich nicht mehr in der Lage zu sein scheinen, mit einer Situation fertigzuwerden, verliert das Kind die geringe Sicherheit, die es bereits besaß. Seine Welt bricht dann noch viel radikaler zusammen als die seiner Eltern, die – wie groß ihre Angst auch immer sein mag – doch über Bewältigungsmechanismen verfügen oder darauf vertrauen, daß die Gesellschaft ihnen zu Hilfe kommen wird – daß zum Beispiel bei einem Brand die Feuerwehr bald eintreffen wird, daß bei einem Erdbeben Hilfsmaßnahmen eingeleitet werden und so weiter. Das kleine Kind kann sich noch nicht mit solchen Erwägungen trösten; seine Sicherheit und sein Trost kann nur von seinen Eltern kommen. Wenn diese vor Angst erstarren oder einer Gefahr hilflos gegenüberstehen, packt das Kind die Verzweiflung. Es ist schlimmer dran als seine Eltern, da es die Wirklichkeit nach den Signalen beurteilt, die es von ihnen empfängt. Wenn ihm diese Signale plötzlich den Eindruck vermitteln, daß Grund zu heftiger Angst bestehe, so reagiert es darauf nicht mit Gefühlen, die der möglicherweise vorhandenen Gefahr angemessen wären, sondern mit solchen, die der Angst entsprechen, welche von seinen Eltern ausstrahlt. Über die Ursachen dieser Angst ist es sich meist völlig im unklaren, oder es hat nur eine vage Ahnung davon, was seine Hilflosigkeit noch vergrößert. Jede Angst, über deren Ursache wir uns nicht im klaren sind, ist beunruhigender als eine Angst, deren Quelle wir kennen, da wir gegen diese wenigstens bis zu einem gewissen Grad Maßnahmen ergreifen können.

Die Trennungsangst ist eine der Grundängste des Menschen; wir alle leiden darunter, wenn auch in unterschiedlichem Grad. Als Kleinkind fürchten wir, von der

Person getrennt zu werden, die uns hauptsächlich versorgt – was meist unsere Mutter ist. Wie unsere Eltern mit dieser Angst umgehen, entscheidet weitgehend darüber, wie wir im späteren Leben mit der Trennungsangst fertigwerden. Wie dies vor sich geht und wie die Angst der Mutter die Angst des Kinds verursacht oder zumindest sehr verstärkt, kann man leicht beobachten, wenn ein Kind zum erstenmal in den Kindergarten gebracht wird.

Viele, wenn nicht die meisten Kinder wissen nicht recht, was sie von der neuen Situation im Kindergarten halten sollen, und es fällt ihnen anfangs etwas schwer, sich von der Person zu trennen, die sie hingebracht hat; meist ist es die Mutter. Immerhin finden sich manche Kinder leicht damit ab; andere dagegen haben lange Zeit die größten Schwierigkeiten damit. Alles hängt davon ab, welche Signale das Kind von seiner Mutter empfängt. Vermittelt sie ihm, daß es sich um eine sichere, wünschenswerte Situation handelt, macht ihm das neue Erlebnis bald großen Spaß. Wenn es dem Kind dagegen anfangs schwerfällt, seine Mutter weggehen zu lassen, und wenn diese so darauf reagiert, daß das Kind den Eindruck bekommt, auch sie mache sich Gedanken darüber, was passieren könnte, und auch sie wolle es lieber nicht verlassen, dann verstärkt das natürlich die anfängliche Angst des Kindes. Dies bestätigt die Mutter in ihren anfänglichen Bedenken und verstärkt diese noch. Das Kind fängt an zu jammern und klammert sich an sie. Die Mutter wird immer unsicherer, ob ihr Kind die Situation meistern wird, ob man mit dem Kindergarten nicht noch hätte warten sollen. Selbst wenn die Mutter nach außen hin ihrem Kind gut zuredet, es könne ruhig im Kindergarten bleiben, wird dieses von seiner Angst so überwältigt, daß es nicht mehr auf ihre Worte, sondern nur noch auf ihre Angst vor der Trennung reagiert.

Dieser Prozeß wird weit mehr von der Angst der Mutter als von der des Kindes in Gang gehalten. Dies hängt damit zusammen, daß die Mutter etwas weiß, wovon das Kind keine Ahnung hat: daß nämlich diese Trennung nur der Anfang eines langen Prozesses ist, der schließlich dazu führen wird, daß das Kind sein eigenes Leben unabhängig von seinen Eltern lebt, wenn es auf seinem Weg durch die einzelnen Klassen der Schule schließlich ins Leben hinausgeht. Es ist die angstvolle Vorahnung weit ernsterer zukünftiger Trennungen, die die mütterliche Trennungsangst schürt, eine Angst, die als Ergebnis ihrer eigenen Kindheitserlebnisse die ganze Zeit unbewußt in ihr weiterlebte. Diesen Prozeß und seine Wirkung auf andere Kinder im Kindergarten möge eine Begebenheit veranschaulichen, die mir eine Kindergärtnerin erzählt hat, die sich aber auch in jedem anderen Kindergarten hätte zutragen können.

Nach den Erfahrungen dieser Kindergärtnerin fällt es nur solchen Kindern schwer, sich von ihrer Mutter zu trennen, deren Mutter sich selbst schwer von ihnen trennt. Eine Mutter, die ehrlich das Gefühl hat, daß der Kindergarten ihrem Kind guttun wird, übermittelt ihm diese Botschaft durch ihr eigenes Verhalten. Sie verläßt das Kind an seinem ersten Tag im Kindergarten, ohne viel zu zögern, und es ist schon bald mit der Kindergärtnerin und den anderen Kindern fröhlich am Spielen. Ganz anders sieht es aus, wenn die Mutter innerlich zweifelt, ob sie ihr Kind dalassen soll. Sie signalisiert ihm das dadurch, daß sie zögert, daß sie Anstalten macht zu gehen, nur um sofort wieder umzukehren, wenn das Kind die ersten Anzeichen von Angst erkennen läßt. Das Kind bemerkt natürlich schnell, daß seine Mutter Bedenken hat, es allein zurückzulassen, und so fängt es zu weinen an und klammert sich an sie. Sobald die anderen Kinder das merken, kommt auch ihnen der Kindergarten als eine zweifelhafte Angelegenheit vor, und sie fangen ebenfalls an, nach ihrer Mutter zu weinen, obwohl sie bis zu diesem Augenblick fröhlich am Spielen waren.

Besonders interessant war für diese Kindergärtnerin das Verhalten ihres eigenen kleinen Sohns, das ihr bezeichnend schien für das, was in solchen Situationen vorgeht. Eine Mutter, die ihr Kind zum erstenmal in den Kindergarten brachte, schickte sich mehrmals an wegzugehen, kam aber immer wieder zurück und drückte ihr Kind an sich, woraufhin dieses immer unsicherer wurde und sich immer verzweifelter an sie klammerte. Der kleine Junge merkte offensichtlich, daß sie ihn in Wirklichkeit nicht verlassen wollte, und so tat er ihr den Gefallen und ließ sie nicht gehen. Als das Kind immer mehr außer sich geriet und immer lauter brüllte, obwohl seine Mutter immer noch da war, schrien auch die anderen Kinder im Chor: »Ich will zu meiner Mama!« Schließlich tat das auch der kleine Sohn der Kindergärtnerin. Auch er schrie, er wolle zu seiner Mama, obwohl er bis zu diesem Augenblick fröhlich gespielt hatte und noch nie Angst bekundet hatte, wenn er morgens seine Mutter verlassen und in den Kindergarten gehen mußte, auch nicht an den Tagen, an denen sie nicht dort war. An jenem Tag nun war sie da und stand unmittelbar neben ihm. Er wußte, daß sie den ganzen Tag im Kindergarten mit ihm zusammensein würde, daher verblüffte es sie, daß er weinte. Als sie ihn darauf hinwies, daß sie doch da sei und neben ihm stünde, hörte er verwirrt mit dem Weinen auf, jedoch nur, um einen Augenblick später noch lauter zu schreien: »Dann will ich zu meinem Daddy!«

Als die Kinder beobachteten, daß diese Mutter sich durch ihre Trennungsangst nicht von ihrem Kind losreißen konnte, aktivierte das ihre eigenen Trennungsängste. Es ergriff sie die Verzweiflung wegen der Abwesenheit der Mutter, denn das ist der Ursprung und die Grundform der Trennungsangst. Auch der kleine Junge, dessen Mutter neben ihm stand, wurde von der allgemeinen Atmosphäre der Trennungsangst erfaßt. Da seine Mutter ihm klarmachte, daß sein Geschrei sinnlos war, mußte er irgendeine Rechtfertigung dafür finden, und so rief er nach seinem Daddy (obwohl dieser ihn noch nie in den Kindergarten gebracht hatte und er noch nie nach ihm geweint hatte, wenn er das Haus verließ). Es war nicht die Abwesenheit des Vaters, die den kleinen Jungen veranlaßte, nach ihm zu weinen, es war seine Trennungsangst.

Leider nutzt es in solchen Situationen nichts, wenn die Kindergärtnerin der Mutter klarzumachen versucht, daß sie ihr Kind nicht loslassen könne, und wenn sie ihr vor Augen hält, daß sie es mit dieser Haltung dem Kind nur schwermache. Vielleicht wird die Mutter durch eine bewußte Anstrengung die Lage im Augenblick entschärfen, doch wird ihr das keinesfalls ihre Angst nehmen, die dann wahrscheinlich auf subtilere Weise zum Ausdruck kommt. So kann der wohlgemeinte Rat »loszulassen« oberflächlich gesehen vielleicht helfen, aber dadurch, daß er das zugrunde liegende Problem weniger sichtbar macht, kann er sogar dessen Lösung verhindern und auf die Dauer noch ernstere Probleme heraufbeschwören.

Es wäre besser gewesen, diese zögernde Mutter aufzufordern, einmal zu versuchen, sich an ihren ersten Tag im Kindergarten zu erinnern, an ihre damaligen Hoffnungen und Ängste und deren Ursachen. Wenn sie sich erinnert hätte, wie ihr damals zumute war und was ihr schließlich geholfen hatte, ihre Mutter loszulassen, hätte sie vielleicht selbst herausgefunden, wie sie ihrem Kind die Situation hätte erleichtern können. Sie hätte sich vielleicht auch gesagt, daß die Bindung ihres Kinds an sie durch seinen Eintritt in den Kindergarten nicht zerstört werde. Wenn diese Erkenntnis als eine innere Erfahrung erlebt wird, dann sollte das selbst einer ängstlichen Mutter die Sicherheit geben, die sie braucht, um ihr Kind loslassen zu können.

Wenn eine Mutter oder ein Vater durch ein solches Erlebnis dazu gebracht wird, sich daran zu erinnern, wie ihnen in ähnlichen Situationen als Kind zumute war, so kann ihnen das zu einem tieferen Verständnis für die Angst ihres Kindes verhelfen. Diese Empathie wird ihnen dann auch verstehen helfen, inwieweit sie selbst an der Angst ihres Kindes beteiligt sind. Deshalb sollte man in einer solchen Situation den Eltern am besten raten, sich an ihre eigenen Kindheitsängste zu erinnern. Sie werden dann begreifen, welche Rolle diese Ängste bei ihnen selbst und bei der Trennungsangst ihres Kindes spielen. Aber meist begreifen Eltern das erst, nachdem sie die wahre Natur der Angst ihres Kindes verstehen gelernt haben, die kaum etwas mit dem zu tun hat, was sich im Kindergarten ereignet, sondern bei der es sich allein um die Angst handelt, die Mutter zu verlieren. Einzelheiten im Verhalten, die bei jedem Kind wieder anders sind, sind die besten Hinweise darauf, was dem allem zugrunde liegt. Wenn wir in der Lage sind, diese Hinweise zu verstehen (weshalb zum Beispiel der kleine Junge das Weinen nach seiner Mutter in »dann will ich zu meinem Daddy« umwandelte), begreifen wir, was wirklich vorgeht.

Ob es nun gelingt, die Ursachen der ineinandergreifenden Ängste von Eltern und Kind zu erkennen oder nicht, jedenfalls bringt es beide enger zusammen, wenn sich Mutter und Vater in ihre Vergangenheit zurückversetzen, um ihr Kind zu verstehen, und wenn das Kind fühlt, daß seine Eltern dies tun, um ihm zu helfen, die Situation zu meistern. Deshalb sage ich, daß im Kind und seinen Eltern gemeinsam das Problem liegt, aber auch die Lösung.

Der Rat eines Experten wird den Eltern nicht weiterhelfen, wenn sie nicht selbst die entsprechenden inneren Erfahrungen gemacht haben. Ein solcher Rat kann sie, wie gesagt, sogar hindern, sich der mühsamen Aufgabe zu unterziehen, selbst die Ursachen für die Schwierigkeiten ihres Kindes herauszufinden und dabei Dinge in ihrem eigenen Leben zu entdecken, die sie einander näherbringen könnten. Ihre echten inneren Erfahrungen werden ihnen andererseits zeigen, wie oberflächlich und unpersönlich selbst der beste Rat ist, wenn man ihn auf eine komplexe Situation anwendet, die durch höchst persönliche Gefühle herbeigeführt wurde, eine Situation, die noch komplizierter werden kann, wenn neue Gefühle geweckt werden. Das ist der Grund, weshalb ich in diesem Buch keine »fachmännischen Ratschläge« geben möchte. Statt dessen möchte ich den Leser immer wieder dazu anregen, seine eigenen Gefühle zu erforschen, wenn es um die Erziehung seiner Kinder geht.

4. Kapitel

Ihre Gründe und unsere

Die wichtigste Voraussetzung dafür,
einen Menschen zu kennen,
ist die, daß er uns ähnlich ist.
J. A. Froude

Die meisten Ehepaare sind voller Hoffnung, aber auch voller Ängste, sobald sie wissen, daß die Frau schwanger ist. Sie mögen sich das Kind von ganzem Herzen wünschen (was seltener vorkommt, als man so allgemein annimmt), und trotzdem sind ihre Gefühle komplexer und vielleicht sogar ambivalenter Art, was nach der Geburt auch auf die Gefühle zutrifft, die sie dem Kind gegenüber haben.

Schon vor der Geburt sind die Eltern voller Erwartungen, voller Hoffnungen und Befürchtungen, und sie machen sich Gedanken darüber, was ein Kind für ihr Leben bedeuten wird. Was auch immer eine Frau von der Mutterschaft erwarten mag, die Wirklichkeit kann ganz anders aussehen. Eine Frau, die kein Kind haben wollte, wird sich vielleicht in das Neugeborene verlieben, und sie wird nicht mehr verstehen, wie sie jemals daran zweifeln konnte, daß sie Mutter werden und ein Kind haben wollte. Aber es kommt auch vor, daß eine Frau, die sich ein Kind wünschte, enttäuscht ist, daß sie sich ihm so ausschließlich widmen und ihm so viel Zeit opfern muß. Vielleicht findet sie die Pflege viel anstrengender und mühsamer und viel weniger lohnend, als sie erwartet hatte. Hier spielt die Einstellung des Vaters eine entscheidende Rolle. Wenn er das Gefühl hat, daß das Kind das Interesse, die Zeit und die Energie der Mutter so sehr in Anspruch nimmt, daß er in ihrem Leben an die zweite Stelle rückt, wird das ihm, seiner Frau und dem Kind schaden. Aber wenn er sich freut, Vater zu sein, und die Mutter, die nach der Geburt und während der Stillzeit vielleicht noch erschöpft ist, liebevoll und tatkräftig unterstützt, kann das ganz entscheidend dafür sein, daß die Geburt eines Kindes ein wirklich glückliches Ereignis wird.

Von Anfang an kommt es zu einer wechselseitigen Beeinflussung zwischen Eltern und Kind. Es hängt daher sehr viel davon ab, welche Gefühle beide Eltern – aber insbesondere die Mutter – dem neuen Familienmitglied und der Veränderung, die es in ihr Leben bringt, entgegenbringen. Alles, was sie gemeinsam erleben – die großen und die kleinen Dinge –, ist für diese Beziehung von Bedeutung. Es zählen nicht nur die »wichtigen Dinge«, wenn die Persönlichkeit des Kindes und die Beziehung zu seinen Eltern sich herausbildet. Oft sind Ereignisse, die die Eltern als Nebensächlichkeiten ansehen, für das Kind von ungeheurer Bedeutung, da es Signale der Eltern sind, nach denen es sich richtet, wenn es für die Welt erwacht, und Signale sind es auch dann, wenn die Eltern selbst es nicht wissen. Die Worte und Gesten der Eltern, der Ton ihrer Stimme und ihr Gesichtsausdruck können die Dinge plötzlich in einem völlig anderen Licht erscheinen lassen, und dasselbe trifft auch zu, wenn sie nicht reagieren. Nicht nur das offenkundige Verhalten der Eltern, sondern auch das, was in ihrem Bewußtsein und in ihrem Unbewußten vorgeht, beeinflußt das Kind in signifikanter Weise, da es sich in seiner Auffassung von sich selbst und von der Welt daran orientiert.

Wie ich bereits am Anfang sagte, wollen wir bei der Erziehung unseres Kindes erstens erreichen, daß es fähig wird zu entdecken, *wer* es sein möchte, und zweitens, daß es ein Mensch wird, der mit sich selbst und mit seinem Leben zufrieden sein kann. Schließlich sollte es ihm auch möglich sein, in seinem Leben alles zu tun, was ihm wichtig, wünschenswert und der Mühe wert zu sein scheint. Es sollte Beziehungen zu anderen Menschen entwickeln, die sich als konstruktiv und befriedigend herausstellen und beide Teile bereichern, und es sollte den Spannungen und Bedrängnissen, denen es unfehlbar im Laufe seines Lebens begegnen wird, die Stirn bieten können. Aus diesem Grund sind die Eltern nicht nur die wichtigsten Lehrer ihres Kindes, sie sind auch diejenigen, durch die und an denen es sich orientiert. Es beobachtet unablässig, was sie tun und wie sie es tun, mit welchen offen bekundeten, verleugneten oder sogar verdrängten Gefühlen. Auf diese Weise zeigen die Eltern ihrem Kind, *wer* es sein soll und *wie* es sein soll. Das zu wissen ist für sein gegenwärtiges und für sein zukünftiges Leben weit wichtiger als die Aneignung der spezifischen Kenntnisse und Fertigkeiten, die vielen Eltern so überaus wichtig scheinen – so nützlich diese auch zweifellos sind.

Welches sind nun die wichtigsten Schritte des Kindes auf dem Weg zu sich selbst? Welches sind die entscheidenden Ereignisse bei der Erziehung? Es gibt bestimmte Richtungen innerhalb der Kinderpsychologie, die die Art und Weise, wie das Kind gestillt, wie es entwöhnt und zur Reinlichkeit erzogen wird und mit welchen Gefühlen dies geschieht, für besonders wichtig halten. Andere messen der Art, wie man mit dem Kind spricht und spielt, wie man es badet und ins Bett bringt, besondere Bedeutung bei. Wieder andere halten es für ausschlaggebend, wie die Eltern auf die Ängste und Probleme des Kindes reagieren und wie sie ihm helfen, damit fertigzuwerden. Noch andere richten ihre Aufmerksamkeit besonders auf die Gefühle der Eltern, auf das, was diese sich für ihr Kind wünschen, worum sie sich sorgen, was ihnen an ihm mißfällt und worüber sie sich freuen, in welchem Verhältnis sie selbst zueinander stehen, was sie von sich selber halten. Mit vollem Recht sagt Nietzsche, daß die ungelösten Dissonanzen im Charakter und den Gefühlen der Eltern im Kind weiterleben und die Geschichte seiner Leiden ausmachen. Tatsache ist, daß fast jedes dieser Erlebnisse und fast alle Umstände im Leben des einen Kindes und seiner Familie einen großen Einfluß auf seine Persönlichkeit und seine Art haben können, Dinge wahrzunehmen, während gleiche oder ähnliche Vorkommnisse ein anderes Kind kaum oder nur geringfügig beeinflussen. Das alles hängt zu einem großen Teil von der jeweiligen Situation, vom Kontext ab, in dem sich etwas ereignet, aber auch vom Alter des Kindes und von der Natur und Intensität der Gefühle seiner Eltern.

Entscheidend ist oft, wie die Eltern sich in einer bestimmten Situation verhalten, denn das Kind schließt daraus, welche Bedeutung das betreffende Ereignis hat. Die innere Einstellung der Eltern, wie sie in wichtigen oder auch unwichtigen Situationen zum Ausdruck kommt, hat den größten Einfluß auf das Kind. Dabei kann man zunächst nicht beurteilen, welches Ereignis das Kind als wichtig oder unwichtig erlebt. Es ist möglich, daß wir die Bedeutung eines Ereignisses völlig anders einschätzen als unser Kind.

Deshalb werden gute Eltern ihr Verhalten und ihre Reaktionen, Lob und Tadel – und beides ist in der Erziehung gleich wichtig und notwendig – stets auch danach richten, wie ihr Kind eine Situation erlebt. Sie werden sich bemühen, die Dinge zwar vom Erwachsenen-Standpunkt aus zu beurteilen, aber auch den völlig anderen Standpunkt des Kindes dabei nicht zu übergehen, und werden sich bei ihren Reaktionen darauf einstellen. Sie werden versuchen, beiden Standpunkten gerecht zu werden, und sie werden verstehen, daß das Kind durch seine mangelnde Reife die Dinge anders sieht als sie.

Das ist freilich in der Theorie leicht gesagt und leicht einzusehen. Es in die tägliche Praxis umzusetzen ist schwer. Es ist fast unmöglich, beide Perspektiven im Blick zu behalten, wenn es sich um einen Fall handelt, bei dem starke Emotionen aufkommen und der uns besonders dringend scheint, weil persönliche Gründe mit im Spiel sind oder weil das Wohlergehen des Kindes davon abhängt. Wir sind überzeugt, daß unsere reife Ansicht die richtige ist, und es fällt uns schwer, über diesen Schatten zu springen und die Sache ernstlich vom Standpunkt des Kindes aus zu betrachten. Welche Gründe könnte es schließlich dafür haben, so unvernünftige, unmögliche oder gefährliche Dinge unternehmen zu wollen? Was könnte es veranlassen, etwas so unbedingt durchsetzen zu wollen, oder warum regt es sich so schrecklich über etwas auf, was uns völlig nebensächlich erscheint?

Je eindeutiger und augenscheinlicher uns etwas vorkommt, um so weniger können wir verstehen, was unser Kind veranlaßt haben könnte, sich nicht allgemeiner Vernunft gemäß zu verhalten. Da wir wissen, daß es sich oft von augenblicklichen, irrationalen Impulsen hinreißen läßt, daß es dazu neigt, unbesonnen zu handeln, ohne die Folgen zu bedenken, fragen wir uns, weshalb wir uns Gedanken darüber machen sollten, was *seinen* Ideen und Handlungen zugrunde liegen mag, weshalb wir *seine* Gründe ernst nehmen sollten. Für viele Eltern ist es ein Ding der Unmöglichkeit, die Motive ihres Kindes zu ergründen, wenn es sich seltsam oder gar pervers verhält.

Wenn intelligenten Eltern das Verhalten ihres Kindes unannehmbar erscheint, versuchen sie meistens, es ihm auszureden. Sie bemühen sich, es über seinen Irrtum aufzuklären und ihm zu erläutern, daß ihr Standpunkt der richtige ist. Leider bringen derartige wohlgemeinte Bemühungen ein Kind, das sich etwas in den Kopf gesetzt hat, nur selten dazu, sein Verhalten oder seine Ansicht zu ändern. Solange das Kind noch klein ist, können die Eltern erreichen, daß es ihnen gehorcht. Aber nur allzu oft verführt sie das zu der Meinung, es habe sich auch ihre Ansicht zu eigen gemacht, weil es jetzt tut, was sie es heißen. Noch schlimmer ist, wenn sie sich nicht darum kümmern, was das Kind davon hält, solange es sich nur »benimmt«. Damit mag der Fall für sie erledigt sein, doch für das Kind ist dies nicht so. Vielleicht ist es unglücklich darüber, daß es sich nicht durchsetzen konnte, vielleicht grollt es seinem Vater oder seiner Mutter, weil sie es gezwungen haben, gegen seine Überzeugung zu handeln, an der es noch immer festhält, da man ihm keine Chance gab einzusehen, daß sie falsch war.

Ein Erwachsener kann ein Kind leicht ins Unrecht setzen, da er ja so viel besser argumentieren kann als das Kind, das seine Argumente noch nicht in überzeugender Form vorzubringen weiß. Aber die Tatsache, daß ein Erwachsener besser argumentieren kann und relevante Tatsachen vorzubringen weiß, kann auf das Kind so wirken, als hätte man seine Meinung einfach in den Wind geschlagen. Und manches Kind, das aus früheren Erfahrungen weiß, daß seine Eltern ja doch ihren Willen durchsetzen werden, ist schon von vornherein böse oder unglücklich über den zu erwartenden Ausgang, und seine Gefühle hindern es daran, seine Argumente vorzubringen und die seiner Eltern zu verstehen.

So fühlt sich das Kind aus dem Feld geschlagen, was eine frustrierende, niederdrückende Erfahrung ist. Weit entfernt, es zu überzeugen, veranlaßt eine solche Niederlage es gewöhnlich, den Mund zu halten, während es nur um so störrischer an seiner Meinung festhält. Das Kind verstummt, und die Eltern denken, sie hätten es überzeugt. Wenn es gefragt wird, sagt es meist, der Vater oder die Mutter habe recht, um dem Streit ein Ende zu machen, und nur allzu oft verwechseln dann die Eltern diese Fügsamkeit mit Überzeugtsein.

Sie merken gewöhnlich nicht, daß ihre Argumente und ihr Verhalten für das Kind genauso unverständlich sind, wie dessen Einstellung es für sie ist. Je verbissener zwei Personen unterschiedliche Ziele verfolgen, um so weniger sind sie bereit oder fähig, die Meinungen und Motive des anderen anzuerkennen. Dies gilt auch für Eltern und Kinder. Die Sache wird in diesem Fall sogar noch dadurch erschwert, daß das Kind bis zur Erreichung der Adoleszenz unterschiedliche Standpunkte noch nicht akzeptieren kann: für ein Kind ist alles entweder so oder so. Nur ein reifer Mensch kann verstehen, daß durch verschiedene Standpunkte verschiedene Ansichten zustande kommen. Daher liegt es an den Eltern zu erkennen, wieweit ihr Standpunkt, ihre Interessen, Belange und Ziele von denen ihres Kindes abweichen, und dafür zu sorgen, daß auch die Ansichten ihres Kindes zu ihrem Recht kommen – und das selbst dann, wenn sie ihnen – oberflächlich gesehen – falsch erscheinen.

Wenn bei einem Streit nicht wenigstens eine Seite in der Lage ist, die Meinung der anderen ernsthaft zu erwägen, kann keine befriedigende Lösung zustande kommen.
Da das Kind von seinen Eltern völlig abhängig ist, ist es gezwungen, das zu tun, was sie von ihm verlangen, und die Eltern glauben nur allzu gern, daß der Gehorsam ihres Kindes beweist, daß es von der Richtigkeit ihrer Vorschriften überzeugt ist. Aber das Kind wird vielleicht nur mit starken inneren Vorbehalten den Geboten seiner Eltern Folge leisten, da es ja nicht in seiner Macht liegt, sich zu weigern. Aber gezwungen zu sein, gegen die eigene Überzeugung zu handeln, ist selbst dann eine sehr niederdrückende, lähmende Erfahrung, wenn etwas Vorteilhaftes dabei herauskommt. Wir kommen von der Überzeugung nicht los, daß das Resultat besser ausgefallen wäre, wenn wir das hätten tun können, was wir ursprünglich vorhatten. Daher leidet die Beziehung zwischen Eltern und Kind immer, wenn es den Eltern nicht gelingt, einen guten Ausweg aus einer Sackgasse zu finden, in die sie aus irgendeinem Grund mit ihrem Kind hineingeraten sind.
Eine Lösung, mit der sowohl die Eltern als auch das Kind zufrieden sind, wird erst dann möglich, wenn der Vater oder die Mutter den Wünschen und dem Standpunkt ihres Kindes gerecht geworden sind – so naiv und unreif letzterer auch sein mag. Den Gedanken und Wünschen unseres Kindes gerecht zu werden, heißt nicht, daß wir sie als durchführbar zu akzeptieren haben – nicht einmal, daß wir ihnen auf halbem Weg entgegenkommen müssen, wenn wir überzeugt sind, daß es falsch, gefährlich und unpraktisch wäre, sich nach ihnen zu richten. Ein französisches Sprichwort sagt: »*Tout comprendre c'est tout pardonner*«, »Alles verstehen heißt alles verzeihen«. Das heißt, daß wir die Ansichten und Handlungen eines andern verzeihen werden, wenn wir sie ganz verstehen. Es bedeutet jedoch nicht, daß wir sie uns zu eigen machen müssen.
Daher werden gute Eltern die Motive ihres Kindes überprüfen. Sie werden versuchen, seine Gedanken zu verstehen und seine Wünsche richtig einzuschätzen, so daß sie begreifen, was *das Kind* erreichen möchte und weshalb und wie es das tut. Dieses Verständnis kann uns die Möglichkeit geben, unserem Kind mit *seinen* und nicht mit unseren Begriffen klarzumachen, weshalb seine Methode ungeeignet ist, wenn es *seine* Ziele erreichen möchte, und auf welche Weise es besser zum Ziel gelangen kann. Auf diese Weise können wir es dazu bringen, alle seine Kräfte einzusetzen, um das zu erreichen, was *es* selbst erreichen möchte, was es nicht unbedingt tun würde, um etwas zu erreichen, was wir mit ihm vorhaben, so vernünftig und wichtig uns das auch scheinen mag.
Es ist für ein Kind außerordentlich befriedigend, wenn es ernst genommen und von seinen Eltern verstanden wird. Wenn es diesen Wunsch erfüllt bekommt, kann dies eine annehmbare Entschädigung dafür sein, daß es sein Verhalten ändern muß.
Die meisten Menschen müssen erst das Gefühl haben, daß man ihren eigenen Ansichten Beachtung schenkt, ehe sie bereit und imstande sind, entgegengesetzte

Meinungen ernsthaft in Erwägung zu ziehen. Ansichten, die den unseren widersprechen, gelten zu lassen, erfordert eine beträchtliche innere Sicherheit, über die Kinder aller Altersstufen noch nicht verfügen. So ist die häufigste Streitquelle zwischen Eltern und Kindern die, daß die Eltern darauf bestehen, daß ihr Kind die Dinge so sieht, wie sie selbst es tun, und daß es entsprechend reagiert, und das, obwohl bereits Paulus gemahnt hat, daß ein Kind nur wie ein Kind, und nicht wie Erwachsene denken und verstehen kann. Und schon vor ihm hat Terenz gesagt, daß es ebenso viele Meinungen wie Menschen gebe. Tatsächlich kann ja ein und dasselbe Phänomen auch von Erwachsenen mit denselben Voraussetzungen unterschiedlich beurteilt werden, wird doch unsere Einstellung durch frühere Erfahrungen und durch unsere spezielle Situation bestimmt. Wenn es sich um Eltern und ihre Kinder handelt, wird die Sache noch komplizierter, weil zwischen ihren Erfahrungen, ihrer Objektivität und ihrem Verständnis noch weit größere Unterschiede bestehen, als dies bei Erwachsenen selbst mit unterschiedlichen Voraussetzungen der Fall ist. Wenn wir daher wollen, daß unser Kind etwas so auffaßt, wie wir es für richtig oder für nützlich halten, dann sollten wir uns überlegen, was das Ereignis oder das Erlebnis für das Kind in seinem eigenen Bezugsrahmen bedeutet. Auf dieser Basis können wir uns dann so verhalten, daß das Kind es in dem von uns gewünschten Sinn begreift. Das ist jedoch selbst in den gewöhnlichsten Situationen unseres Alltags nicht leicht – selbst dann nicht, wenn keine äußeren Faktoren sich zwischen uns und unser Kind drängen.

Wir wissen recht gut, daß wir und unsere Kinder die Dinge von verschiedenen Standpunkten aus sehen, doch bleibt dies nur allzu oft ein rein theoretisches Wissen, das wir wieder aus den Augen verlieren, wenn wir uns in einer Situation festgefahren haben, in der unser Standpunkt und der unseres Kindes miteinander in Konflikt stehen. Um ein Beispiel zu nennen: Supermärkte sind ein Ort, an dem Mütter und Kinder leicht aneinandergeraten können. Dabei sind beide meist überzeugt, daß der eigene Ärger gerechtfertigt ist und der andere unrecht hat. Das nützt aber keiner der beiden Parteien. Anna Freud beobachtete, daß so ein kleiner Knirps, der in einen anderen Gang gerät und angstvoll nach seiner Mutter brüllt, niemals sagt: »Ich habe mich verirrt«, sondern vorwurfsvoll jammert: »Sie hat mich verloren!« Es gibt wenige Mütter, die dann zugeben, daß sie ihr Kind tatsächlich verloren haben! Da sie von ihm erwarten, daß es bei ihnen bleibt, sind sie der Meinung, daß das Kind sie verloren hat, während es nach dessen Ansicht die Mutter war, die es aus den Augen verloren hat. Beide Auffassungen sind vom jeweiligen Standpunkt aus gesehen völlig richtig. Denn sowohl die Mutter als auch das Kind wurden von etwas angelockt oder abgelenkt: sie, die einkaufen wollte, von der Wahl, die sie zu treffen hatte, und das Kind von anderen Dingen. Noch wahrscheinlicher ist, daß das Kind Angst bekam, weil die Mutter ihm weniger Aufmerksamkeit schenkte als den Dingen auf den Regalen. So schlendert es weiter oder bleibt stehen, während die Mutter in einen anderen Gang einbiegt.

Wenn das Kind dann plötzlich merkt, daß sie nicht mehr da ist, macht es sich auf die Suche nach ihr und gerät dabei in eine andere Abteilung, wo es entsetzt feststellt, daß es sich verirrt hat.
Die Mutter versteht zwar die Angst ihres Kindes, aber da sie weiß, daß sie beide immer noch im gleichen Geschäft sind und es daher leicht wiederzufinden ist, kann sie sich unter Umständen nicht vorstellen, *wie groß* seine Angst ist und daß sie etwa der Verzweiflung entspricht, die ein Erwachsener empfindet, wenn er sich plötzlich und unerwartet in einer vollkommenen Wildnis verirrt hat. Eine sensible Mutter spürt das zwar irgendwie, aber vielleicht ist es ihr unangenehm, sich sagen zu müssen, daß sie ihr Kind in einen solchen Angstzustand versetzt hat. Es fällt ihr vielleicht schwer zuzugeben, daß sie sich auf etwas anderes konzentriert hatte – auf die Lebensmittelauslagen, die im Vergleich zur Angst ihres Kindes so nebensächlich sind. Außerdem ärgert sie sich vielleicht darüber, daß ihr Kind ihr im stillen den Vorwurf macht, es vernachlässigt zu haben, oder sie hat das Gefühl, daß das Kind und nicht sie schuld daran war, daß es »verlorenging«. Mehr um das Gefühl zum Schweigen zu bringen, daß sie nicht genug auf ihr Kind aufgepaßt hat, als aus mangelndem Einfühlungsvermögen in seine Gefühle, sieht die Mutter schließlich die Situation mit dem Gleichmut von Erwachsenen, die wissen, daß solche Dinge leicht wieder in Ordnung zu bringen sind.
Von ihrem Standpunkt aus hat die Mutter recht. Ihrem Kind jedoch tut sie unrecht, denn zu dessen Angst, verlorengegangen zu sein, kommt jetzt noch die Verzweiflung hinzu, daß seine Mutter es nicht versteht. Diese Kombination macht solche alltäglichen Vorkommnisse für das Kind zu schrecklichen Erlebnissen, wenn wir nicht richtig darauf reagieren, was es innerlich dabei durchmacht.
Hier, wie in vielen ähnlichen Situationen, ist alles in Ordnung, wenn wir angemessen auf den Todesschrecken des Kindes reagieren. Haben wir dagegen kein Verständnis für seine furchtbare Angst und ärgern wir uns darüber, daß es soviel Aufsehen erregt, die Aufmerksamkeit auf sich lenkt, dann fühlt sich das Kind nur noch verlorener – diesmal nicht physisch, sondern deshalb, weil es von dem Menschen mißverstanden wird, dessen Verständnis für es selbst und für seine Bedürfnisse die einzige Quelle seiner Sicherheit ist. Da wir es ja freiwillig an einen Ort mitgenommen haben, wo so viele Dinge seine Aufmerksamkeit in Anspruch nahmen und es davon ablenkten, uns ständig im Auge zu behalten, lag die Schuld seiner Ansicht nach einzig und allein bei uns.
Ein weiteres Beispiel kann uns ebenfalls diese unterschiedlichen Standpunkte illustrieren. Ein Kind läßt einen wertvollen Gegenstand fallen, und er zerbricht. Seine Eltern, die sich über den Verlust ärgern, lassen das Kind fühlen, daß sie ihm seine Ungeschicklichkeit übelnehmen. Aber betrachten wir einmal den Vorfall vom Standpunkt des Kindes aus. Es ist erschrocken darüber, daß es etwas zerbrochen hat, und fürchtet die Reaktion seiner Eltern, die es – wie es weiß – erzürnt ausschimpfen werden. Was die Sache noch verschlimmert, ist, daß es weiß, daß die

Eltern den betreffenden Gegenstand nicht hätten fallen lassen. So kommt zu seiner Angst vor ihrem Zorn noch das niederdrückende Gefühl seiner Minderwertigkeit und Ungeschicklichkeit hinzu. Wenn Eltern sich immer vor Augen hielten, daß ein Kind so empfindet, würden sie sich nicht so sehr über den materiellen Verlust aufregen. Statt dessen hätten sie Mitleid mit dem Kind, das über sich selbst so unglücklich ist – unglücklich darüber, was es angestellt hat, und voller Angst vor dem Zorn der Eltern. Sie würden sich dann darauf konzentrieren, ihr Kind in seinem Kummer zu trösten.

Diese beiden alltäglichen Beispiele zeigen, wie anders wir reagieren würden, wenn wir in der Lage wären, die Dinge *sowohl* von unserem Standpunkt *als auch* von dem unseres Kindes aus zu sehen. Im letzten Beispiel könnte es sogar so sein, daß das Kind den Standpunkt der Eltern eher versteht als umgekehrt, wenn es aus seinen vagen, verworrenen Eindrücken klug werden könnte. Selbst wenn es sich nicht fragt, weshalb wir den verlockenden Gegenstand in seine Reichweite stellten und es damit in Versuchung brachten, ihn anzufassen, ist es doch sehr unglücklich darüber, daß es uns Kummer gemacht hat. Es hat Angst vor unserem Zorn und ist verzweifelt wegen seiner Unzulänglichkeit, die sich bei diesem Mißgeschick gezeigt hat. Während wir nur unseren Verlust beklagen, fühlt es sich sowohl von unserem Verlust als auch von seinem eigenen Kummer bedrückt. Man fragt sich unwillkürlich, ob in diesem Fall Verständnis und Reife bei den Eltern oder beim Kind größer sind.

Es kommt hinzu, daß in solchen Situationen nicht nur verschiedene emotionale Standpunkte im Spiel sind, sondern auch sehr deutliche körperliche Unterschiede. Supermärkte sind so eingerichtet, daß ihre Waren sich in der Reichweite von Erwachsenen befinden – nicht unbedingt auch in der Reichweite von Kindern. Was sich auf den Regalen befindet, kann das Kind nur sehen, und es erregt deshalb seine Neugier. Da aber die Dinge außerhalb seiner Reichweite sind, fühlt es sich frustriert. Außerdem ist der verlockende Gegenstand, den ein Erwachsener gut in die Hand nehmen kann, für seine kleinen Hände einfach zu groß. Solange unsere Emotionen nicht die Oberhand über uns gewinnen, sind wir uns dieser körperlichen Unterschiede wohl bewußt, und wenn wir einen guten Kontakt zu unserem Kind haben, versuchen wir sie wenigstens teilweise so gut wie möglich zu überbrücken. Wir bücken uns bis in Augenhöhe des Kindes, wir setzen uns mit ihm auf den Boden – worüber es stets entzückt sein wird, weil es instinktiv erkennt, daß wir uns bemühen, die emotionale und räumliche Entfernung zwischen uns so klein wie möglich zu machen. Auch wenn wir das Kind auf den Arm nehmen oder es auf unseren Schultern reiten lassen, damit es die Dinge einmal von einer sogar noch höheren Stelle aus sieht als wir, bereiten wir ihm ein großes Vergnügen, denn es kann nun die Welt einmal aus unserer Perspektive beobachten. Aber selbst dann bleibt noch ein großer Unterschied bestehen, denn das auf unseren Schultern reitende Kind hat den sicheren Boden unter den Füßen verloren, wir nicht.

Das sind alltägliche Beobachtungen. Aber erst wenn wir uns die Zeit nehmen, die Welt vom Standpunkt eines kleinen Kindes aus zu betrachten, beginnen wir zu verstehen, wie übermächtig alles aussieht: wie riesig alle Dinge sind, wie groß und wie hoffnungslos außerhalb seiner Reichweite. Wir Erwachsene blicken normalerweise auf den Tisch, und alles, was darauf steht, befindet sich in unserer Reichweite. Dagegen weiß das kleine Kind nie, was auf dem Tisch steht, falls wir es nicht hochheben oder in einen hohen Kinderstuhl setzen. Normalerweise sieht es nur die Unterseite des Tisches. Selbst dann, wenn es in einem hohen Stuhl sitzt, befinden sich die meisten Dinge auf dem Tisch außerhalb seiner Reichweite, was es oft frustriert. Auch ist seine Position in dem hohen Stuhl irgendwie riskant, denn es würde sich weh tun, wenn es herausfallen würde, und es kann ohne unsere Hilfe nicht herausklettern. Wenn wir uns zu ihm hinunterbücken oder uns auf den Fußboden setzen, können wir die Welt sowohl aus unserer Erwachsenenperspektive als auch aus der des kleinen Kindes sehen. Das Kind dagegen gebietet nur über die eigene Perspektive, falls wir ihm nicht, indem wir es hochheben, auch unsere Perspektive ermöglichen. Um die Dinge so wie wir zu sehen, muß es immer unsere Hilfe in Anspruch nehmen. Beim Treppensteigen, beim Überqueren einer Straße – in allen Situationen des täglichen Lebens ist es auf unsere Hilfe angewiesen. Das führt zu einem Grad von Unsicherheit und Abhängigkeit, den man nur schwer ermessen kann, nachdem man ihm einmal entwachsen ist. Aber wenn wir als Eltern unsere Aufgabe erfüllen wollen, müssen wir das nötige Verständnis und Einfühlungsvermögen dafür aufbringen. Wenn wir uns in einem Supermarkt (oder in einem beliebigen Kaufhaus) auch nur einen Augenblick lang in ein Kleinkind hineinversetzen könnten, fänden wir es unmöglich, es auszuschimpfen, wenn es von Entsetzen erfaßt wird, weil es uns aus den Augen verloren hat. Statt ihm böse zu sein, wären wir genau so erleichtert wie es selbst, wenn es wiedergefunden worden ist.

Wenn es uns gelingt zu verstehen, wie sich die Dinge vom Standpunkt unseres Kindes aus ausnehmen, machen wir uns sein Erlebnis zu eigen, nicht auf seine, sondern auf unsere Art, und damit gewinnen wir ein tieferes Verständnis für seine Persönlichkeit. Wenn wir dahin gelangen, werden wir auf jede Situation nicht nur auf unsere Weise reagieren, sondern gleichzeitig und stellvertretend auch auf die seine. Das ermöglicht es uns, an dem, was geschieht, teilzunehmen, nicht als seinesgleichen – was wir nicht sind –, sondern als gleichgewichtige Partner bei dem gemeinsamen und wichtigsten Unternehmen in unserem Leben: in einer Familie zu leben.

Wenn wir uns auf diese Weise bemühen zu verstehen und stellvertretend mitzuerleben, was unser Kind erlebt, und wenn wir dementsprechend auf die verschiedenen Situationen reagieren, so hat das oft noch die sehr wertvolle Nebenwirkung, daß es uns bedeutsame, aber längst vergessene ähnliche Ereignisse aus unserer eigenen Kindheit in Erinnerung bringt. Es erlaubt uns, endlich besser zu verstehen, welche Bedeutung diese damals für uns hatten, welche Rolle sie bei der Bildung unserer Persönlichkeit und bei der Formung unseres Weltbildes spielten. Dies ist eine Bereicherung nicht nur deshalb, weil wir unser Kind, sondern auch weil wir unsere eigene Kindheit besser verstehen. Es kann sogar sein, daß wir dadurch verschüttete ungelöste eigene Probleme lösen können, die sich uns jetzt auf dreifache Weise in einem völlig neuen Licht zeigen: in der Reaktion unseres Kindes, in unseren Reaktionen während unserer eigenen Kindheit und in unseren gegenwärtigen Reaktionen als Erwachsene. In dem Maß, wie uns das gelingt, kommen wir uns emotional, persönlich näher, und wir lernen unsere Kinder als das kennen und lieben, was sie sind – nämlich Kinder.

5. Kapitel

Schulleistungen – ein Thema, an dem sich die Geister scheiden

Du darft also, mein Bester,
die Knaben nicht zwangsweise
in den Wissenschaften unterrichten,
sondern spielend sollen sie lernen:
so kannst du auch besser erkennen,
wofür ein jeder von Natur bestimmt ist.
Platon, *Der Staat, VII. Buch*

Über Schulleistungen sind Eltern und Kinder oft sehr verschiedener Meinung. Sie sind ein weiteres Beispiel dafür, wie unterschiedliche Standpunkte leicht zu einem Streitpunkt werden können. Das gleiche Anliegen oder die gleiche Erfahrung können für beide Teile eine radikal andere Bedeutung haben. Manche Eltern, die sich wegen der Schulleistungen ihres Kindes Gedanken machen, tun dies, weil sie sich um seine Zukunft sorgen. Für das Kind bedeutet Zukunft jedoch soviel wie morgen oder bestenfalls in ein paar Tagen. Das Ende der Schulzeit oder gar das Erwachsensein ist noch unendlich weit entfernt und ist für das Kind etwas Unverständliches und Unvorstellbares. (Selbst Erwachsenen fällt es schwer, sich vorzustellen, was in fünfzehn Jahren sein wird.) Und eben weil das Kind keine Vorstellung von der Zukunft hat, ist das, was gerade jetzt geschieht, so überaus wichtig für es. Da die Unzufriedenheit seiner Eltern sich in der Gegenwart abspielt, ist sie dem Kind im Augenblick sehr wichtig, während die Ursache dieser Unzufriedenheit – die Sorge um seine Zukunft – ihm unverständlich ist.

Das sollte uns jedoch keineswegs die Tatsache vergessen lassen, daß für die meisten Kinder Erfolg in der Schule und das Interesse ihrer Eltern an ihren schulischen Leistungen von größter Wichtigkeit sind. Aber dieses Interesse sollte sich darauf beziehen, was Tag für Tag geschieht, denn so lebt das Kind, und so versteht es sein Leben. Die meisten Kinder verdanken ihren Erfolg in der Schule hauptsächlich ihrer positiven Beziehung zu ihren Eltern und deren Interesse an intellektuellen Dingen. Das Kind möchte Zugang gewinnen zu allem, was seinen geliebten Eltern wichtig ist, es möchte mehr über die Dinge lernen, die ihnen soviel bedeuten. Außerdem möchte es ihnen Freude machen und *jetzt* ihren Beifall finden (genau wie den des Lehrers und anderer Personen, die ihm wichtig sind). Fleißiges Lernen scheint ihm dann ein relativ einfacher Weg zu sein, das zu erreichen.

Das Kind, das gute Schulleistungen aufzuweisen hat, erntet reiches Lob. Seine Eltern sind mit ihm zufrieden, seine Lehrer loben es, es bekommt gute Noten.

Wenn daher ein Kind mit der nötigen Begabung trotzdem in der Schule versagt, muß es dafür gewichtige Gründe geben, die für das Kind zwingender sind als alle Belohnungen für gute Leistungen. Um diesen Gründen auf die Spur zu kommen, müssen wir herausfinden, unter welchem Gesichtspunkt das Versagen in der Schule wünschenswerter erscheinen könnte als Schulerfolge. Wenn die Eltern *a priori* davon überzeugt sind, daß es einen solchen Standpunkt nicht geben kann, hindert sie das daran zu verstehen, weshalb ihr Kind in der Schule lieber versagt als Erfolg hat. Würden die Eltern dagegen versuchen, die Dinge vom Standpunkt ihres Kindes aus zu sehen, könnten sie dessen Gedankengänge begreifen und logisch finden. Noch wichtiger ist, daß dann der Streit zwischen ihnen beiden behoben würde und daß sie wüßten, wie sie ihr Kind dazu bewegen könnten, es sich noch einmal zu überlegen und eine Entscheidung zu treffen, die mit ihrer eigenen besser übereinstimmen würde.

Ein Beispiel hierfür boten Ella und ihre Eltern, die es sehr weit gebracht hatten und für die ihre eigenen akademischen Erfolge und die Schulleistungen ihrer Kinder äußerst wichtig waren. Ella jedoch war eine ziemlich mittelmäßige Schülerin, ganz im Gegensatz zu ihrem älteren Bruder, der zur offensichtlichen Freude seiner Eltern ein sehr guter Schüler war. Nachdem auch Ella anfangs recht annehmbare Noten in allen Fächern gehabt hatte, versagte sie plötzlich auf der ganzen Linie. Verständlicherweise beunruhigte das ihre Mutter sehr, die sich schon seit Jahren Gedanken darüber gemacht hatte, daß Ella so wenig Neigung zeigte, etwas zu lernen. Sie hatte versucht, das Mädchen nur noch zu bestimmten Zeiten fernsehen zu lassen und es dazu zu bringen, »gute« Bücher zu lesen – jedoch ohne Erfolg. Besprechungen mit den Lehrern brachten kein Licht in die Angelegenheit; auch sie standen vor einem Rätsel.

Die besorgte Mutter wußte sich keinen anderen Rat, als einen Experten aufzusuchen und ihn zu fragen, wie sie das Mädchen dazu bringen könne, gute Bücher zu lesen und in der Schule mehr zu leisten. Sie sprach offen über ihre Sorgen, darüber, daß ihre Tochter sich nicht für Bücher interessiere, daß sie mit ihren zahlreichen Freunden und Freundinnen herumbummle und ständig vor dem Fernseher sitze. Auch sprach sie recht offen über das, was sie an ihrer Tochter sonst noch auszusetzen hatte. Was sie jedoch nicht erwähnte, jedenfalls nicht bis zu dem Zeitpunkt, als sie direkt nach ihren Familienverhältnissen gefragt wurde, war die Tatsache, daß ihr Mann sie zu ihrem großen Kummer vor einigen Monaten verlassen hatte. Diese Trennung war für sie offensichtlich so schmerzlich, daß sie es vermied, darüber zu sprechen oder auch nur daran zu denken, obwohl es ihr durchaus klar war, daß hierdurch ernste Schwierigkeiten in der Familie entstanden waren. Sie hatte das Gefühl, daß es sie nur noch mehr dazu verpflichtete, darauf zu achten, daß ihre Kinder nicht auf Abwege gerieten. Aber als sie Ella ins Gewissen geredet hatte, in der Schule mehr zu leisten, hatte sie damit nur das Gegenteil erreicht.

Es kam dieser Mutter nicht in den Sinn, daß ihre Tochter für ihr Verhalten triftige Gründe haben könnte, und so dachte sie nicht darüber nach, welcher Art diese Gründe sein könnten. Statt dessen glaubte sie, das extreme Verhalten ihrer Tochter mit Faulheit und Vergnügungssucht ausreichend erklären zu können.

Wäre diese Mutter von der Überzeugung ausgegangen, daß ihre Tochter für ihr Verhalten ebenso triftige Gründe haben mußte wie sie selbst, wenn sie von ihr verlangte, daß sie gute Bücher lesen und sich mit ihren Schularbeiten befassen solle, dann hätte sie sich wohl gefragt, weshalb Ella plötzlich in allen Fächern nachließ, und nicht nur in dem einen oder anderen. In ihrer eigenen wissenschaftlichen Tätigkeit war die Mutter es gewohnt, sorgfältig alle Begleitumstände eines Falls zu untersuchen, bevor sie irgendwelche Schlüsse auf seine Ursachen zog. Aber als es um ihre Tochter ging, fragte sie sich nicht, welch wichtiger Grund eine so radikale Änderung der Schulleistungen bewirkt haben könnte oder welche anderen bedeutsamen Ereignisse sich etwa gleichzeitig mit dem Versagen in der Schule abgespielt hatten. Hätte sie sich diese Frage gestellt, wäre ihr natürlich eingefallen, daß es im Leben des Mädchens eine große Veränderung gegeben hatte, als nämlich der geliebte Vater die Familie verließ. Sie hätte erwogen, ob vielleicht ein Zusammenhang zwischen beiden Ereignissen bestand.

Ihre Angst, daß das Scheitern der Ehe für die Kinder destruktive Folgen haben könnte, und ihre Entschlossenheit, das zu verhindern, hielten sie davon ab, die wirklichen Absichten ihrer Tochter zu erkennen. Diese Angst und Entschlossenheit kamen zu ihrer Grundüberzeugung hinzu, daß es keinen einleuchtenden Grund für ein Versagen in der Schule geben konnte. Ihre geringe Meinung von den Motiven ihrer Tochter, die sie für Faulheit, Flatterhaftigkeit und seichte Vergnügungssucht hielt, und ihr Kummer darüber hinderten sie, nach einer verständnisvolleren Erklärung zu suchen. Überzeugt davon, daß ihre Ansicht über Ellas Motive richtig war, konnte sie einfach nicht sehen, daß Ella genau dasselbe wollte wie sie: den Vater in die Familie zurückholen.

Während die Mutter dachte, daß das Versagen ihrer Tochter ein Beweis dafür sei, daß sie die Schule für unwichtig halte, hatte sich das Mädchen ganz im Gegenteil die Überzeugung seiner Eltern zu eigen gemacht, daß akademische Leistungen das Leben eines Menschen ändern und ihm helfen können, seine wichtigsten Ziele zu erreichen. So war sie zu dem Entschluß gelangt, sich der Tatsache zu bedienen, daß der Vater Schulleistungen für außerordentlich wichtig hielt, um das zu erreichen, was ihr in diesem Augenblick das höchste Ziel war: ihn zu veranlassen, in seine Familie zurückzukehren. Ella war klug genug, um sich zu sagen, daß der Vater die Tatsache, daß sie in der Schule weiter mitarbeite, so auslegen würde, daß zu Hause trotz seines Weggehens noch immer alles glatt liefe. Dann bräuchte er nicht zurückzukommen. Wenn sie dagegen völlig versagte – was bisher noch nie vorgekommen war –, dann würde ihn das vielleicht so beunruhigen, daß er alles wieder rückgängig machte. Er würde wieder heimkommen, und sie würde wieder anständige Noten bekommen. Daß sie in allen Fächern versagte, sollte dazu dienen, ihn zurückzulocken, obwohl sie bewußt nur das Gefühl hatte, ohne die Unterstützung ihres Vaters einfach versagen zu müssen. Die ganz von ihren eigenen Problemen in Anspruch genommene Mutter wollte nur weiteren Kummer in der Familie vermeiden. Ella war optimistischer: sie glaubte, daß man das Weggehen des Vaters wieder rückgängig machen könne, und versuchte, dies mit den ihr zur Verfügung stehenden Mitteln herbeizuführen. In bezug auf das, was das Wichtigste für sie war, stimmte sie völlig mit ihrer Mutter überein, nur merkte diese das nicht.

So kann ein Verhalten, das darauf hinzuweisen scheint, daß Eltern und Kind völlig verschiedene Ziele verfolgen, tatsächlich vom gleichen Ziel motiviert sein, auch wenn beide es mit verschiedenen Mitteln zu erreichen versuchen. Natürlich hat sich Ella naiv und unreif verhalten, ohne eventuelle spätere Folgen zu bedenken. Aber wie hätte sie in ihrem Alter anders handeln können? Und was hätte sie tatsächlich anderes tun können, um auf ihren Vater einen nachhaltigen Eindruck zu machen?

Häufiger, als die meisten Eltern sich das klarmachen, verfolgt ihr Kind dasselbe Ziel wie sie. Es ist ihnen so innig verbunden, sein Leben ist so stark mit ihrem Leben verflochten, daß es gar nicht anders kann, als intuitiv auf das zu reagieren, was in ihnen vorgeht. Kinder reagieren oft weniger auf das, was ihre Eltern bewußt beschäftigt, als darauf, was in ihrem Unbewußten vorgeht. Da Kinder sehr viel stärker als Erwachsene unter dem Einfluß ihres Unbewußten stehen, reagieren sie in erster Linie auf das Unbewußte ihrer Eltern. In der Welt der Kinder, in der die Sonne mit den Eltern auf- und untergeht und in der den Eltern alles möglich zu sein scheint, zählt das, was wir als objektive Realität bezeichnen, nur wenig.

Sosehr die Mutter auch wünschte, ihr Mann möge wieder heimkommen, schien es für sie als einem realistischen Menschen, der die Welt und vor allem ihren früheren Mann kannte, doch ein hoffnungsloser Fall zu sein. So sehr sie sich auch wünschte, daß er wieder mit seiner Familie zusammenlebte, ihre Gefühle für ihn waren doch zwiespältig, da sein Weggehen sie sehr verletzt hatte. Nach dem, was er ihr angetan hatte, konnte sie nur mit gemischten Gefühlen an ihn denken. Da sie überzeugt war, daß nichts ihn veranlassen würde zurückzukehren, kam sie gar nicht erst auf den Gedanken, daß das Verhalten ihrer Tochter von deren Wunsch, er möge zurückkommen, motiviert sein könnte. Ellas Gefühle für ihren Vater waren nicht ambivalent, daher reagierte sie nur auf die eine Seite der Ambivalenz ihrer Mutter, auf diejenige, welche die Familie wieder vereinigt sehen wollte. Da diese Seite mit ihren eigenen Wünschen übereinstimmte, suchte sie sie mit großer (wenngleich unbewußter) Entschiedenheit durchzusetzen, und sie begriff nicht, weshalb ihre Mutter die Situation nicht so sah wie sie. Da sie in der Gegenwart lebte, machte sie sich im Gegensatz zu ihrer Mutter keine Gedanken über ihre

Zukunft. Sie fühlte nur ihren realen und unablässigen Kummer über den Verlust ihres Vaters.

Das Mädchen kannte seinen Vater nicht mit der Erfahrung der Mutter als Ehegatten oder als erwachsenen Mann mit vielen Interessen außerhalb seines Heims. Sie kannte ihn im wesentlichen nur als ihren Vater – alles andere an ihm besaß für sie kaum Realität. Jetzt, wo diese ihr so überaus wichtige Vater-Tochter-Beziehung zerbrochen war, konnte sie an nichts anderes denken als an ihren Wunsch, sie wiederherzustellen. Sie war nicht in der Lage, die Beziehung zwischen ihren Eltern so zu sehen, wie sie wirklich war. Sie sah sie so, wie sie sie als Kind zu sehen wünschte. Von ihrem Standpunkt aus schien die Rückkehr des Vaters viel leichter zu bewerkstelligen als vom Standpunkt der Mutter aus, und so tat sie alles, was in ihren Kräften stand, um ihre eigenen Wünsche und die ambivalenten Wünsche ihrer Mutter zu erfüllen.

Das Bedauerliche an diesem Fall war, daß Ellas Mutter nur sah, daß ihre Tochter sich dem größten Wunsch, den sie für sie hegte, widersetzte, und nicht, daß das Mädchen genau das zu erreichen versuchte, was sie beide sich am meisten wünschten. So konnte sie auch nicht sehen, daß ein versäumtes Schuljahr ein sehr geringer Preis gewesen wäre, wenn ihr Mann hätte dazu gebracht werden können, wenigstens seine Funktion als Vater zu erfüllen.

Man kann die Gefühle, die uns bewußt sind, mit der Spitze eines Eisbergs vergleichen, während unsere unbewußten Gefühle und Motive genau wie die Masse des Eisbergs unsichtbar bleiben. Ellas Versagen in der Schule war eine Reaktion auf ihre innere Not, eine Reaktion, die ihr von Kräften eingegeben wurde, die sich größtenteils unter der Oberfläche befanden – von Impulsen, die aus ihrem Unbewußten kamen. Daher wäre es ein Irrtum, annehmen zu wollen, daß ihr Versagen in der Schule das Resultat eines sorgfältig ausgeklügelten Plans war, dessen sie sich mehr oder weniger bewußt gewesen wäre. Die Prozesse, durch die das Unbewußte wirksam wird, sind unbekannt, chaotisch und verworren. Die Motive sind sehr gemischt, und oft widersprechen sie sich. Nur einige dieser Elemente gelangen zeitweilig ins Bewußtsein, in Form von plötzlich aufblitzenden Gedanken, die sofort wieder ins Unbewußte zurückgedrängt werden. Ella mag kurz gedacht haben: »Wenn ich in allen Fächern versage, wird das meinen Eltern zeigen, wie schlecht es mir dadurch geht, daß sie sich getrennt haben. Es wird meinen Vater veranlassen, etwas zu unternehmen.« Aber da sie vor solchen Gedanken ebenso sehr Angst hatte wie vor den Konsequenzen, die es haben würde, wenn sie sie befolgte, verdrängte sie sie wieder. Das hinderte sie jedoch nicht, aktiv zu werden, ohne daß sie sich bewußt war, was sie da tat und warum sie es tat.

Unser Unbewußtes bestimmt nicht nur vieles von dem, was uns zu unseren Handlungen treibt, wir wissen auch selten, welche Motive wirklich hinter unserem Handeln stehen. Fast stets ist unser Handeln auch »überdeterminiert«, das heißt, es ist das Ergebnis verschiedener zusammenlaufender Elemente, die Niederschläge früherer Erfahrungen und Gefühle sind. Ellas Versagen in der Schule mag unbewußt als Demonstration gedacht gewesen sein, die beiden Eltern zeigen sollte, wie verheerend die Scheidung für sie war. Es ist aber mit größter Wahrscheinlichkeit auch noch auf andere psychische Prozesse zurückzuführen, von denen einige weit zurückreichen und die sich in ihrem Unbewußten abspielen. Wenn man die Situation, in der sich diese Mutter und ihre Tochter befanden, auf dem Hintergrund von Erfahrungen aus vielen ähnlichen Situationen interpretiert, kann man sicher sein, daß der Grund für Ellas Verhalten auch in früheren Erfahrungen zu suchen ist, die sie schon gemacht hatte, bevor der Vater seine Familie verließ, und daß sein Fortgehen vielleicht nur verschlimmerte, was schon seit langem in ihr vorgegangen war. Ihr früheres Unvermögen – denn es war keine Weigerung, wie ihre Mutter annahm –, sich für gute Bücher zu interessieren, könnte darauf zurückzuführen sein, daß sie schon seit langem gemerkt hatte, daß ihre Eltern sich mehr für Kultur und Literatur und alles, was damit zusammenhängt, interessierten als für sie. Sie mag gefühlt haben, daß sie viel zuviel Zeit auf ihre Interessen verwandten und sich viel zuwenig mit ihr beschäftigten, so daß sie schließlich das haßte, was das gesamte Interesse ihrer Eltern in Anspruch zu nehmen schien. Hierdurch war sie selbst nicht mehr in der Lage, sich ernsthaft damit zu beschäftigen.

Ob es den Tatsachen entspricht oder nicht, alle Kinder haben zeitweise das Gefühl, daß ihre Eltern sich weit mehr für andere Dinge interessieren als für sie. Dann hängt alles davon ab, ob die Eltern durch ihr Verhalten der Angst ihres Kindes genügend entgegenwirken und es überzeugen können, daß es im Mittelpunkt ihres Interesses und ihrer Liebe steht. Auch aus diesem Grunde ist es so überaus wichtig, daß die Eltern das, was ihr Kind ist und tut, billigen. Nur wenn ein Kind sicher ist, daß seine Eltern grundsätzlich mit ihm einverstanden sind, wird es ohne Schaden hinnehmen können, daß es gelegentlich auch von ihnen getadelt wird – was unvermeidlich ist, da es ja erzogen werden soll. Andernfalls besteht die Gefahr, daß das Selbstvertrauen des Kindes und sein Vertrauen in den guten Willen seiner Eltern zerstört werden oder daß es das, was seine Eltern repräsentieren, empört ablehnt und sich ihren Wünschen widersetzt. Genau das scheint bei Ella der Fall gewesen zu sein.

Das höchst Bedauerliche an der Situation war, daß Ella nicht fähig war, sich mit ihrer Mutter auszusprechen. Es war ihr nicht bewußt, woher ihr mangelndes Interesse an der Schule und ihr Widerwille gegen »gute« Bücher, die ihre Mutter ihr aufzwingen wollte, kamen. Aber selbst wenn sie die Gründe für ihr Verhalten gekannt hätte, hätte sie sie doch nicht äußern können, da sie fühlte, daß sie völlig unannehmbar sein würden. Es ist traurig, wenn Eltern sich nicht klar darüber sind, wie wichtig sie für ihre Kinder sind. Wenn die Mutter Ellas Ablehnung guter Bücher von diesem Standpunkt aus überdacht hätte, hätte sie sich fragen müssen: Wie kommt es, daß mein Kind sich für etwas, das mir und ihrem Vater so wichtig ist, nicht interessiert? Und sie wäre vielleicht zu dem Schluß gekommen: Eben darum, *weil* es uns so wichtig ist! Das hätte sie dann leicht zu der Erkenntnis führen können, daß Ella nichts von guten Büchern wissen wollte, weil sie selbst für ihre Eltern das Allerwichtigste zu sein wünschte. Das hätte die Mutter vielleicht auf den Gedanken gebracht, das Problem anders anzugehen und dem Mädchen nicht mit Kritik in den Ohren zu liegen. Sie hätte dann vielleicht erkannt, wie verwundbar ihre Tochter tatsächlich war und wie sehr sie die liebevolle Aufmerksamkeit ihrer Eltern brauchte.

Die Lösung für dieses und viele andere scheinbar unlösbare Probleme zwischen Eltern und Kind ist *nicht,* das Kind den Wünschen der Eltern gefügig zu machen, was diesen so oft die einzig annehmbare Lösung zu sein scheint, auf die sie all ihre Kräfte konzentrieren. Wenn man sich vielleicht auch im Augenblick durchsetzt, so gelingt das nur, indem man dem Kind eine Niederlage beibringt, die seinem Selbstvertrauen schadet. Außerdem besteht die Möglichkeit, daß das Kind am Ende die Oberhand behält – nicht unbedingt in dem gerade aktuellen Fall, aber vielleicht bei anderen, wichtigeren Auseinandersetzungen. Das könnte einen Keil zwischen das Kind und seine Eltern treiben und dazu beitragen, daß es sich ihnen im Verlauf seiner Entwicklung zum Erwachsenen schließlich entfremdet.

Da das Kind nicht über den Augenblick hinaussehen und sich nicht vorstellen kann, daß es für die Lösung eines Problems auch noch andere Wege geben könnte als den, den es im Sinn hat, sind es die Eltern, die eine Lösung finden müssen, welche sowohl ihren eigenen Ansichten als auch denen ihres Kindes einigermaßen gerecht wird. Um das zu erreichen, müssen wir die Motive unserer Kinder kennen und ihnen Glauben schenken. Wenn wir entdecken wollen, welcher Art sie sind, müssen wir von der Annahme ausgehen, daß es sich genau wie bei uns nur um Motive handeln kann, die es für gut hält. (Natürlich merkt man diesen Motiven seine Einstellung, sein Alter und die kindliche Beurteilung der Situation an.) Wenn wir so vorgehen, geben wir unserem Kind das Gefühl, daß wir *gemeinsam mit ihm* versuchen, eine Lösung für das anstehende Problem zu finden, und nicht *gegen* es und seine Wünsche handeln. Dann können wir ruhig auch die Frage stellen, ob sich nicht doch vielleicht ein besserer Weg finden ließe, das gewünschte Ziel zu erreichen, wir können die Köpfe zusammenstecken und gemeinsam nach einer besseren Lösung suchen.

All das wäre nicht so schwer, wenn wir uns unserem Kind gegenüber vernünftig verhalten könnten. Wenn man gerecht sein will, ist es sehr wichtig, daß man dem anderen das Recht zugesteht zu zweifeln. Aber durch die enge Verbundenheit mit unserem Kind macht es uns unglücklich, wenn es sich anders verhält, als wir uns das wünschen. Es verletzt uns so sehr, daß unsere emotionale Reaktion verhindert, gute Motive hinter einem solchen Verhalten zu vermuten. Die Sache wird noch dadurch erschwert, daß gerade diese enge Verbundenheit mit unserem Kind uns zu der Annahme verführt, wir *wüßten* bereits, welches seine Motive seien –

schließlich haben wir es ja in die Welt gesetzt, haben wir es alles, was es weiß, gelehrt und es Tag und Nacht versorgt. Es scheint uns daher nicht mehr nötig, nach seinen Motiven zu forschen. Es ist ein merkwürdiges Paradox, daß gerade die Liebe zu unserem Kind die Ursache dafür ist, daß wir ihm nicht gerecht werden. Nur wenn wir unsere emotionale enge Verbundenheit und Empathie mit der nötigen Objektivität koppeln, so daß wir in der Lage sind, die Dinge auch von seinem Standpunkt aus zu sehen, können wir seine wahren Motive entdecken, d. h. kann das Kind sie uns offenbaren. Dazu müssen wir zeitweise aus unserem Bezugsrahmen in den unseres Kindes überwechseln, um die Situation zu überprüfen.

Alle Eltern-Kind-Situationen sind mit Gefühlen geladen. Das ist unvermeidlich und muß auch so sein, denn nur wenn unser Verhalten unsere positiven Gefühle für unser Kind erkennen läßt, kann dieses zu der Überzeugung gelangen, daß es uns wichtig ist – eine Erfahrung, die es unbedingt braucht, um glauben zu können, daß es auch anderen wichtig sein kann. Wenn es für das Kind auch noch so schmerzlich ist, bei seinen Eltern negative Gefühle zu erregen, so ist das immer noch besser, als wenn es gar keine Reaktion hervorruft. Emotional kalte und gleichgültige Eltern werden mit ziemlicher Sicherheit emotional gehemmte oder stark aggressive Kinder haben.

Aber es gibt auch andere Gefahren. Eltern, die über irgend etwas, was vielleicht nichts direkt mit ihrem Kind zu tun hat, ärgerlich sind, regen sich oft über eine geringfügige Unart auf, wobei sie ihren angestauten Emotionen freien Lauf lassen. Das Kind erkennt dann instinktiv, was vorgeht, und ist tief bekümmert darüber. Wie wir alle möchte es sich nur mit Emotionen auseinandersetzen, die sich tatsächlich auf es selbst beziehen.

Eine weitere Fallgrube, in die auch sehr vernünftige Eltern oft hineinstolpern, ist, daß sie glauben, eine starke emotionale Bindung an ihr Kind zu haben, während dieses der Meinung ist, es sei ihnen völlig gleichgültig. Das kann der Fall sein, wenn die Eltern immer wieder energisch betonen, wie wichtig gute Schulleistungen seien, und wenn sie übertrieben auf ein Versagen in der Schule reagieren. Wenn wir uns Gedanken machen über die Zukunft unseres Kindes, über sein Ansehen bei Lehrern und Klassenkameraden, über sein Selbstvertrauen und vielleicht sogar über den Ruf unserer Familie, so kann das einem sonst ganz vernünftigen Wunsch einen allzu hitzigen Anstrich geben. Unglücklicherweise empfinden manche Kinder diese Sorgen über ihre Schulleistungen negativ. Unter bestimmten Umständen kann ein Kind das Gefühl bekommen, daß wir uns nur für seine Leistungen in der Schule und nicht für es selbst, als Person, interessieren. Das kann es dazu bringen, alles, was es in der Schule lernen soll, zu verabscheuen, wenn es nämlich glaubt, dies sei uns wichtiger als *es selbst*.

Auch hier ist zu sagen: Wenn wir die Dinge vom Standpunkt des Kindes aus zu sehen versuchen, indem wir uns in eine ähnliche Situation in unserem eigenen Leben zurückversetzen, wird es uns meist gelingen, ihm gerecht zu werden. So machen viele Menschen zum Beispiel in ihrem Beruf die Erfahrung, daß nur das Interesse findet, was bei ihrer Arbeit herauskommt, und es keinen Menschen kümmert, ob es ihnen Freude macht oder wieviel Mühe sie darauf verwenden mußten. Unter solchen Umständen entsteht das Gefühl, daß man eher ausgenutzt als anerkannt wird, daß man mehr als Objekt denn als Subjekt, mehr als Maschine denn als Person behandelt wird.

Handelt es sich jedoch um unser Kind und seine Schulleistungen, dann sind wir überzeugt, daß unser Interesse an seinen Leistungen und unsere Besorgnis gleichbedeutend mit unserem Interesse an ihm selber sind, und auch von *ihm* erwarten wir, daß es das weiß. Aber das Kind empfindet das anders. Und weder Faulheit noch mangelndes Interesse ist der Grund, weshalb es nicht fleißig lernt. Der Grund ist vielmehr seine tiefe Enttäuschung darüber, daß es das Gefühl hat, daß wir uns mehr für seine Leistungen interessieren als für *es selbst* als Person. Es kann soweit kommen, daß es die Schule und alles, was damit zusammenhängt, verabscheut, daß es die Schularbeiten so sehr haßt, daß es tatsächlich nicht mehr in der Lage ist, sie zu machen. Wer von uns kann etwas, das ihm verhaßt ist, erfolgreich erledigen?

Ein anderes Kind, das sich aus irgendeinem Grund von seinen Eltern aus dem Feld geschlagen fühlt, wird sich möglicherweise weigern, gute Leistungen zu bringen, weil das die einzige Möglichkeit für es ist, mit seinen Eltern den Kampf aufzunehmen und sie vielleicht seinerseits zu schlagen, nachdem sie ihm diese Niederlage beigebracht haben. Und wieder ein anderes Kind glaubt sich beweisen zu müssen, daß es keine Marionette ist, die an den Schnüren seiner Eltern und Lehrer hängt. Es versucht dann, sich dagegen zu wehren und seine eigene Stärke zu beweisen, indem es in der Schule nicht mehr mitmacht.

Obwohl ich sagte, manche Kinder »glaubten«, die Schularbeiten seien die eigentliche Ursache für ihre Schwierigkeiten mit den Eltern, kommt es noch weit häufiger vor, daß vage – aber nichtsdestoweniger äußerst beunruhigende – *Eindrücke* für sie so schmerzhaft und angsterregend sind, daß sie sie nicht ins Bewußtsein dringen lassen. Wenn sie erst einmal verdrängt sind, werden diese Eindrücke dem Bewußtsein des Kindes unzugänglich. Sie üben jedoch auch weiterhin einen starken Einfluß aus. Das Ergebnis ist, daß das Kind nicht mehr in der Lage ist, sich den verhaßten Schularbeiten zu widmen, obwohl es keine Ahnung hat, weshalb sie ihm so verhaßt sind oder warum es ihnen um jeden Preis aus dem Weg gehen muß, selbst wenn es ihm den Tadel seiner Eltern einträgt, den es am meisten fürchtet.

Ein dringender Wunsch, den wir verdrängen, um ihm nicht nachgeben zu müssen, übt auch weiterhin in unserem Unbewußten einen Druck aus, der viel stärker ist, weil unser Bewußtsein ihn nicht mehr unter Kontrolle hat. Was die Dinge noch verschlimmert, ist, daß wir nicht mehr wissen, weshalb wir diesen Wunsch hatten, noch worum es überhaupt ging. Was ursprünglich der Wunsch war, etwas auf eine bestimmte Weise zu tun, wird jetzt zu einer irrationalen Macht, die uns zwingt, uns auf eine Weise zu verhalten, die wir weder erklären noch unter Kontrolle halten können.

Es ist dieser merkwürdige Widerspruch, der die Verdrängung und ihre Auswirkungen so schwer verständlich macht. Was verdrängt wurde, damit es nicht mehr die Macht hat, uns zum Handeln zu verführen, wird zu einer Macht, die uns zum Handeln verführt. Wenn es schon Erwachsenen schwerfällt, diese Wirkung des Unbewußten zu verstehen, wie könnten dann Kinder sie begreifen? Sie werden im Gegenteil nur noch zorniger, weil sie sich nicht daran hindern können, etwas zu tun, was sie bewußt nicht tun möchten, wie zum Beispiel sich den Wünschen der Eltern widersetzen. Wenn die Eltern ihnen wegen der Schularbeiten Vorwürfe machen, sind sie über sich selbst verzweifelt, weil sie sich nicht dazu bringen können, das zu tun, was sowohl ihnen selbst als auch den Eltern Freude machen würde. Wenn man sich nicht dazu bringen kann, das zu tun, was man gern tun möchte, so ist das eine höchst frustrierende, beängstigende Erkenntnis der eigenen Machtlosigkeit, denn es bedeutet, daß man das eigene Handeln nicht unter Kontrolle bekommt. Um sich seine Ohnmacht nicht einzugestehen, sieht sich das Kind gezwungen zu behaupten, es *wolle* das nicht tun, wozu es sich in Wirklichkeit nicht überwinden kann. Wie anders könnte sich das Kind wohl diese Situation erklären?

Wir haben heute den Eindruck, daß Freuds grundlegende Abhandlung über die Verdrängung, die er 1915 geschrieben hat, sich unmittelbar auf dieses Problem bezieht: »Hier [im Fall von Zwangsneurosen] gerät man zuerst in Zweifel, was man als die der Verdrängung unterliegende Repräsentanz anzusehen hat, eine libidinöse oder eine feindselige Strebung. Die Unsicherheit rührt daher, daß die Zwangsneurose auf der Voraussetzung einer Regression ruht, durch welche eine sadistische Strebung an die Stelle der zärtlichen getreten ist. Dieser feindselige Impuls gegen eine geliebte Person ist es, welcher der Verdrängung unterliegt...«, und man könnte hinzufügen: eben weil diese Person so geliebt wird. Je mehr wir jemanden lieben, um so mehr fühlen wir uns veranlaßt, jedes negative Gefühl, das wir gegen ihn hegen, völlig zu verdrängen.

So kann ein Kind, das nicht mehr fähig ist zu lernen, weil es sich ursprünglich seinen Eltern damit widersetzen wollte, dann aber aus Angst diesen Wunsch verdrängt hat, die Frage, ob es seine Eltern liebt, ohne Zögern mit »ja« beantworten. Und die Antwort wäre wahr, da ja eben diese Liebe die Ursache seines Kummers darüber war, daß seine Schulleistungen seinen Eltern wichtiger waren als es selbst. Das Kind würde die Auffassung, daß es damit, daß es nichts für die Schule lernt, den Eltern die Stirn bietet, als unverständlich zurückweisen, weil es ja sein Motiv verdrängt hat und dieses damit seinem Bewußtsein nicht mehr zugänglich ist. Wenn man es fragen würde, warum es denn nicht lernen wolle, wo doch seine von ihm geliebten Eltern das so dringend wünschen, würde es – durch diesen Widerspruch völlig verblüfft – nur sagen können: »Ich möchte ja lernen, aber ich kann es einfach nicht.« Das ist alles, was es weiß. Kein Wunder, daß Eltern wie Kind durch diesen Widerspruch völlig durcheinander sind.

Ich sagte bereits zu Anfang, daß alles, was sich im Unterbewußtsein der Eltern abspielt, das Kind beeinflußt. Aber auch die Eltern reagieren, ohne es zu merken, auf die unbewußten Regungen ihres Kindes. In der Regel fühlen sie sich verpflichtet, die noch begrenzten Fähigkeiten und das noch geringe Wissen ihres Kindes zu respektieren und positiv zu reagieren. Sie geben sich Mühe, Lösungen für die Probleme zu finden, mit denen das Kind alleine nicht fertig wird. Wenn jedoch ihre bewußte Angst, das Kind werde es zu nichts bringen, weil es in der Schule versagt, noch durch das unbewußte Gefühl verstärkt wird, daß dies auf seinen Trotz zurückzuführen sei, dann verlieren viele die Geduld. Da sie im Verhalten ihres Kindes dieses unbewußte Aufbegehren spüren, neigen sie dazu, einen ständig wachsenden Druck auf das Kind auszuüben. Diesen Druck und die dahinterstekkenden intensiven Emotionen spürt das Kind, und es nimmt das als Beweis, daß nur seine Leistungen den Eltern wichtig sind, was es tief verletzt. Dies verstärkt wiederum sein unbewußtes Aufbegehren, so daß es jetzt nicht nur die Schule, sondern auch seine Eltern haßt. Dies wiederum erzürnt die Eltern noch mehr, und beide werden immer unglücklicher.

Versuche, solche Pattsituationen durch den Besuch einer Sonderschule zu beheben, haben nur eine geringe oder bestenfalls begrenzte Wirkung, da der ursprüngliche Konflikt zwischen Eltern und Kind und nicht zwischen Kind und Schule bestand. Was man auch immer damit erreichen mag, wenn man Fachleute heranzieht, den zugrunde liegenden unbewußten Konflikt kann man damit nicht beseitigen. Das können nur die Eltern selbst, indem sie zunächst damit aufhören, auf das Kind Druck auszuüben, und ihm dann die Befürchtung nehmen, daß sie sich mehr für seine Leistungen als für es selbst interessieren.

Wenn die Eltern erst einmal erkannt haben, daß die Unfähigkeit ihres Kindes, in der Schule voranzukommen, darauf beruht, daß es meint, seine Leistungen seien den Eltern wichtiger als es selbst mit seinen individuellen Bedürfnissen, Wünschen und Ängsten, dann werden ihre Bemühungen, es davon zu überzeugen, daß sie wirklich nur an ihm selbst interessiert sind, daß sie es lieben und glücklich wissen wollen, die Situation von Grund auf ändern. Wenn sie dem Kind erklären, daß ihre Sorgen wegen seiner Schulleistungen – wie sie jetzt erkannt haben – unberechtigt waren und nur einen kleinen Teil ihrer intensiven Sorge um sein Wohlbefinden im allgemeinen ausmachten, dann wird dies auf das Kind beruhigend wirken. Und wenn auch die Eltern, nachdem ihnen das klargeworden ist, ihre Einstellung ändern, wird das dem Kind die Möglichkeit geben, sich bewußt zu werden, aus welchen Motiven heraus es sich geweigert hatte, für die Schule zu lernen. Da seine Eltern jetzt alles verstanden haben, braucht es diese Motive nicht länger zu verdrängen, denn was die Eltern bei ihm akzeptieren, kann das Kind auch selbst annehmen. So wird es sich mehr oder weniger bewußt, was da in seinem Unbewußten vor sich ging. Das ermöglicht es ihm, seine Motive unter Kontrolle zu bekommen. Es kann jetzt frei darüber entscheiden, ob es in der Schule etwas leisten will oder nicht.

Freud pflegte die Zwangsneurose theoretisch damit zu erklären, daß der unbewußte feindselige Trieb, sich den Eltern zu widersetzen, an die Stelle einer ursprünglich liebevollen Zuneigung getreten ist, die nach dem Empfinden des Kindes von seinen Eltern dadurch vereitelt und zurückgewiesen wurde, daß diese einseitig Wert auf gute Leistungen in der Schule legten. Wenn nun aber die unbewußte Angst des Kindes, nicht geliebt zu werden, durch die veränderte Einstellung der Eltern beseitigt ist – wenn sie dem Kind zu erkennen geben, daß sie es so, wie es nun einmal ist, akzeptieren –, dann braucht es seine liebevollen Impulse nicht länger zu verdrängen. Sie müssen nicht mehr durch entgegengesetzte Gefühle ersetzt werden, sondern können sich offen zeigen.

Noch bösartiger als schlechte Schulleistungen wirkt sich eine »Schulphobie« aus, bei der das Kind sich weigert, überhaupt noch in die Schule zu gehen, weil allein der Gedanke daran es mit unüberwindlicher Angst erfüllt. Diese Phobie kann verschiedene Ursachen haben, die häufigste dürfte jedoch – vor allem bei kleinen Kindern – der Wunsch sein, nicht erwachsen zu werden und für immer das kleine Kind seiner Eltern zu bleiben. Kinder wissen, daß zur Schule zu gehen soviel bedeutet wie erwachsen zu werden. Sie wissen, daß die Schule es mit sich bringt, daß man kindliche Befriedigungen aufgeben muß. Allerdings ist das nur selten ein genügend starkes Motiv für eine Schulphobie. Es muß noch die weit wirksamere Angst des Kindes hinzukommen, es werde, wenn es älter und erwachsener sei, das enge Verhältnis zu seinen Eltern, besonders zu seiner Mutter, einbüßen.

Manche Kinder, die trotz ihrer Angst gezwungen werden, zur Schule zu gehen, entwickeln schwere psychosomatische Beschwerden, denn Kranksein ist ein annehmbarer Grund, zu Hause bleiben zu dürfen. Sie können Symptome entwickeln wie zwanghaftes Erbrechen, das auf drastische Weise das Gefühl zum Ausdruck bringt, daß schon allein der Gedanke an die Schule Übelkeit erregt, oder auch migräneähnliche, rasende Kopfschmerzen, so als ob das Kind demonstrieren wolle, daß sein Kopf es nicht aushält, in die Schule gehen zu müssen. Ein Mädchen, das trotz seines verzweifelten Flehens, zu Hause bleiben zu dürfen, von seinen Eltern gezwungen wurde, in die Schule zu gehen, entwickelte eine Anorexie und wurde, da es nichts mehr aß, so schwach, daß es tatsächlich nicht mehr in Frage kam, es in die Schule zu schicken. Gewöhnlich ist das vom Kind entwickelte Symptom überdeterminiert in dem Sinn, daß es auch auf irgendwelche andere psychische Schwierigkeiten zurückgeht, die in die Angst vor der Schule einmünden. So reaktivierte die Schulphobie zum Beispiel bei dem Mädchen mit der Magersucht ernste Konflikte mit der Mutter aus seiner frühen Kindheit, bei denen es darum ging, daß das Kind zum Essen gezwungen wurde. Der Grund dafür war, daß die Mutter das Kind abgelehnt hatte. Hierauf hatte dieses seinerseits damit reagiert, daß es das Essen verweigerte. Zuweilen wird die unbewußte Angst des Kindes, den engen Kontakt zur Mutter zu verlieren, noch durch die Befürchtung verstärkt, daß jüngere Geschwister, die daheim bleiben, das Schulkind bei der Mutter verdrängen könnten. Die Krankheit wird dann nicht nur dazu benutzt, zu Hause bleiben zu können und auf diese Weise nicht vergessen zu werden, sondern um noch mehr von der Fürsorge der Mutter abzubekommen als zuvor. Die Pflege, welche die Krankheit des Kindes erfordert, ist ein Gewinn, der das Daheimbleiben in nächster Nähe der Mutter noch attraktiver macht.

In mehreren dieser Fälle genügte die Zusicherung, daß das Kind nicht in die Schule zurück müsse, um die Krankheit zum Verschwinden zu bringen. Das Kind mußte allerdings das Gefühl haben, daß die Eltern es mit ihrem Versprechen ernst meinten. Es durfte dann eine Zeitlang ruhig zu Hause bleiben und bekam Privatunterricht, bei dem es normale Fortschritte machte. Hinterher war es dann aus freiem Willen bereit, wieder in die Schule zu gehen.

Diese Therapie hilft nicht immer, vor allem dann nicht, wenn die zugrunde liegende Ursache eine starke allgemeine Furcht vor dem Erwachsenwerden ist. In einem besonders extremen Fall hatten die Eltern in dem betreffenden Kind einen Ersatz für ihre erste Tochter gesehen, die im Alter von dreizehn Jahren plötzlich gestorben war. Das zweite Kind, das ebenfalls ein Mädchen war, wußte nicht nur, daß es für die Eltern ein Ersatz war, sondern daß diese sich auch wünschten, daß es seiner verstorbenen Schwester, die es nie gekannt hatte, aufs Haar gleiche. Das brachte es auf den Gedanken, daß es im gleichen Alter – nämlich mit dreizehn Jahren – ebenfalls sterben müsse. Es konnte nichts dagegen tun, daß es älter wurde, ein Prozeß, den das Versetztwerden in die nächste Klasse symbolisierte. Aus dem zwanghaften Bedürfnis heraus, sein Leben zu retten, tat dieses Kind alles, um nicht in die Schule gehen zu müssen. Dieses Mädchen konnte nur durch eine längere Therapie geheilt werden, bei der es davon überzeugt wurde, daß es kein Duplikat seiner Schwester, sondern eine völlig eigenständige Persönlichkeit war.

Das Tragische an solchen Situationen ist, daß das Kind die Bemühungen seiner Eltern, es in die Schule zu schicken, als Beweis dafür nimmt, daß sie es – wenn sie es sich auch nicht ganz vom Hals schaffen werden – daran hindern wollen, weiterhin ein Kind zu bleiben. Wenn Eltern ein solches Kind zwingen, in die Schule zu gehen, so erreichen sie nicht nur nichts, es ist das Verkehrteste, was sie tun können, da es dem Kind zu beweisen scheint, wie gerechtfertigt seine Befürchtungen waren. In dieser Situation bewirkt die Schule und alles, was damit zusammenhängt, eine Entfremdung zwischen Kind und Eltern. Wesentlich ist dann, daß die Eltern durch ihr Verhalten das Kind davon überzeugen, daß es

so extreme Methoden nicht anzuwenden braucht, daß es ihre Liebe und Zuneigung nie verlieren wird – komme, was wolle.
In solchen oder ähnlichen Fällen müssen die Eltern Einfühlungsvermögen entwickeln und sich darüber klarwerden, daß das Kind aus einem allgemeinen Unsicherheitsgefühl heraus leidet und daß es ihm besonders darum geht, seinen Eltern als Person wichtig zu sein. Nur dieses Einfühlungsvermögen bietet eine Chance, aus der Sackgasse herauszukommen, in die Kind und Eltern durch die Schulverweigerung und durch die schlechten Schulleistungen geraten sind. Um ein solches Einfühlungsvermögen entwickeln zu können, müssen sich Eltern vor allem klar darüber sein, von welch ungeheurer Wichtigkeit sie für ihr Kind sind. Unglücklicherweise erschwert der Trotz des Kindes diese Erkenntnis, scheint er doch das genaue Gegenteil auszusagen. Aber man sollte gerade die Intensität der kindlichen Weigerung, sich den elterlichen Wünschen zu fügen, als einen Beweis für die Intensität seiner Gefühle ansehen. Diese Emotionen zeigen ein starkes Engagement, und sie sind alles andere als ein Beweis dafür, daß das Kind lieber Sport treibt und fernsieht als »in Büchern büffelt«. Wenn die Eltern erst einmal begriffen haben, daß sie in den Engpaß geraten sind, weil ihr Kind sie wichtig nimmt, sind sie lange nicht mehr so wütend darüber, daß das Kind sich ihnen widersetzt. Sie können nun anfangen, nach Mitteln und Wegen zu suchen, wie sie ihm zeigen könnten, daß sie es *nicht* einfach mit seinen Schulleistungen identifizieren.
Um dazu in der Lage zu sein, müssen die Eltern allerdings Vertrauen zu ihrem Kind haben, sie müssen darauf vertrauen, daß ihr Kind sein Leben richtig gestalten wird. Das Kind braucht unser Vertrauen zu ihm und seiner Fähigkeit, das Leben zu meistern, um Selbstsicherheit zu entwickeln. Zweifel daran, daß ihm dies gelingen wird – und Zweifel dieser Art sind letzten Endes die Ursache, weshalb wir uns Sorgen machen wegen seiner Schulleistungen –, sind für ein Kind schädlich, wenn es bereits an der Liebe seiner Eltern zweifelt. Um im Leben Erfolg zu haben, braucht ein Kind die Überzeugung seiner Eltern, daß ihm sein Leben gelingen wird. Unser Zutrauen zu unserem Kind ist es, was diesem zu einem grundsätzlichen Selbstvertrauen verhilft, zum Vertrauen auf seine Fähigkeiten. Der Psychoanalytiker Erik Erikson hat sich ausführlich zu diesem Vertrauen geäußert und im einzelnen dargelegt, daß dieses vorhandene oder nicht vorhandene Grundvertrauen darüber entscheidet, wie sich das Leben eines Kindes gestalten wird.
Das unbewußte Bedürfnis des Kindes, sich seinen Eltern zu widersetzen, ist nicht nur häufig anzutreffen, es ist auch das am schwersten zu behebende Problem, denn das Kind ist aus psychologischen Gründen nicht in der Lage, in der Schule das zu leisten, was seiner Begabung entspricht. Wird dieses Bedürfnis nicht entschärft, kann es zu Kriminalität, Drogenmißbrauch oder Ausstieg aus der Gesellschaft führen.
Natürlich gibt es auch noch andere Gründe für schlechte Schulleistungen, wie zum Beispiel das Bedürfnis, die eigene Unabhängigkeit zu beweisen. Gute Eltern

werden für dieses Bedürfnis Verständnis haben. Unser Einfühlungsvermögen verwandelt dann unsere kritische Einstellung in eine aufgeschlossene Haltung. Wir können einsehen, daß das Bedürfnis unseres Kindes, eine eigene Persönlichkeit zu entwickeln, es möglicherweise dazu veranlaßt hat, selbst entscheiden zu wollen, ob es arbeiten will oder nicht. Wir hätten gern, daß es bessere Leistungen aufweist; wir versuchen, ihm zu helfen; aber gleichzeitig sind wir auch ein wenig stolz darauf, daß es seine Flügel reckt – wenn auch in unangebrachter Weise –, indem es sich sogar gegen die etablierte Autorität der Schule auflehnt. Wir können uns sogar dazu bekehren, aus seinem Verhalten auf gute Aussichten für die Zukunft zu schließen! Eine so positive Einstellung wird bestimmt seiner Angst entgegenwirken, wir könnten uns am Ende mehr für seine Leistungen als für seine Person interessieren, und es wird uns schließlich helfen, sein Interesse an der Schule neu zu wecken. Wenn wir seine Motive akzeptieren oder uns dazu bringen, die Dinge von seinem Standpunkt aus zu sehen, gibt uns das die Möglichkeit, einen Ausweg aus der gemeinsamen Sackgasse zu finden, ohne damit unsere eigenen Ziele aus den Augen zu verlieren. Wenn wir seinen Wunsch nach Unabhängigkeit billigen, erreichen wir, daß unser Kind mit sich selbst zufrieden ist. Wenn wir es als Eltern darin unterstützen, was ihm im Augenblick am wichtigsten ist, kann es von sich aus zur Einsicht gelangen, daß seine Weigerung, Schularbeiten zu machen, weder der einzige noch der beste Weg ist, eine eigene Persönlichkeit zu werden. Dagegen werden wir dieses Bedürfnis bestimmt *nicht* befriedigen, wenn wir es zum Lernen zwingen, denn das würde es nur in der Überzeugung bestärken, daß seine Eltern und seine Lehrer in ihm eine Marionette sehen. Wenn Eltern das Bedürfnis nach Selbstbestätigung akzeptieren, können sie ihrem Kind helfen, weniger destruktive Methoden für diese Selbstbestätigung zu finden. Dann hat das Kind es nicht länger nötig, seine Bedürfnisse durch eine Ablehnung der Schule zu befriedigen.

Wenn es für uns eine Selbstverständlichkeit ist, daß die Motive unseres Kindes gut sind, werden wir fast immer entdecken, daß dies tatsächlich auch der Fall ist – selbst dann, wenn sie sich auf eine noch sehr unreife Auffassung von der Welt gründen. Aber wie könnte das anders sein – schließlich ist es ja ein Kind! Gehen wir von dieser Voraussetzung aus, so werden wir bald feststellen, daß die Gründe unseres Kindes und unsere eigenen, die wie Welten auseinanderzuliegen schienen, in den meisten Fällen recht befriedigend miteinander in Einklang zu bringen sind. Das erfordert von beiden Seiten guten Willen und von uns vielleicht ein beträchtliches Maß an Geduld. Aber die ist nicht mehr so schwer aufzubringen, wenn wir gelernt haben zu verstehen, was in unserem Kind vorgeht, und wenn wir das akzeptieren können. Wenn wir verstehen, was seine Motive sind, wird nicht nur die Kommunikation zwischen uns leichter und für beide Teile erfreulicher werden, unser Einfühlungsvermögen wird bewirken, daß wir mehr Achtung vor ihm haben als bisher, und daher mehr Freude und Befriedigung dabei finden, seine Eltern zu sein.

6. Kapitel

Unser gemeinsames Menschsein

Homo sum; humani nihil a me alienum puto.
(Ich bin ein Mensch, und nichts Menschliches
ist mir fremd.)

Terenz

Ella, mit der wir uns im vorigen Kapitel beschäftigt haben, ist das typische Beispiel für ein Kind, das überhaupt nicht weiß, weshalb es in dieser bestimmten Weise auf die Schule reagiert, denn es hat seine Gründe so völlig verdrängt, daß es sie selbst nicht mehr begreift. Selbst wenn sie der Mutter ihr Verhalten hätte erklären wollen, hätte sie nicht zu ihr sagen können: »Ich mag keine guten Bücher lesen, weil sie dir wichtiger sind als ich.« Dies wäre ihr nicht deshalb unmöglich gewesen, weil sie Angst vor den Konsequenzen gehabt hätte, sondern weil sie die Gründe dafür so tief verdrängt hatte, daß sie ihrem Bewußtsein nicht mehr zugänglich waren. Das gleiche gilt für Kinder, die an Krankheiten leiden, die sie daran hindern, in die Schule zu gehen. Es gilt für das Kleinkind, das uns überhaupt noch nichts erklären kann, und es gilt für das ältere Kind, das nur schreien und weinen kann, wenn es von seinen Gefühlen – insbesondere von seiner Angst – überwältigt wird. Keines kann uns etwas erklären. Was sollen wir aber in diesen Situationen tun?

Eine Mutter, die ratsuchend zu mir kam, war verzweifelt über das unvernünftige Verhalten ihres kleinen Jungen. Als ich sie bat, mir ein kürzlich vorgefallenes typisches oder dramatisches Beispiel zu erzählen, berichtete sie mir, daß sie in einer Vorstadt wohne und sie mit dem Kleinen in die City gegangen sei. Da habe er, als sie eine Straße überqueren wollten, plötzlich zu schreien angefangen und habe sich geweigert, weiterzugehen. Sie habe sich darüber sehr aufgeregt, denn er zog die allgemeine Aufmerksamkeit auf sich, als sie versuchte, ihn zum Weitergehen zu bewegen. Was hätte sie in einer solchen Situation tun sollen?

Ich gebe in solchen Fällen nur ungern einen Rat, weil ich glaube, daß bei der engen Beziehung zwischen Mutter und Kind, bei der so starke Emotionen am Werk sind, die Mutter selbst ihre eigene Lösung finden sollte. Trotzdem schlug ich ihr vor, sich einmal vorzustellen, was *sie selbst* unter ähnlichen Umständen dazu bringen könnte, plötzlich zu schreien oder wenigstens *das Gefühl zu haben,* schreien zu müssen (wenn es ihr auch schwerfallen dürfte, sich als reife, vernünftige Frau so etwas vorzustellen). Sie kam sehr schnell darauf, daß sie vielleicht so reagieren würde, wenn sie einen schweren Verkehrsunfall miterlebte. Blitzartig wurde ihr dann klar, daß ihr Sohn über etwas, das er gesehen oder sich eingebildet hatte, zu Tode erschrocken sein mußte. Und als sie weiter darüber nachdachte, fiel ihr zu ihrer eigenen Überraschung ein, daß auch sie, etwa im Alter ihres Sohnes, gelegentlich Todesangst ausgestanden hatte, verlorenzugehen und nicht mehr nach Hause zu finden. Sie war bisher nicht auf den Gedanken gekommen, daß ihr kleiner Sohn vielleicht etwas Ähnliches befürchtet hatte. Sie war doch neben ihm gegangen, wie konnte er da Angst haben, verlorenzugehen? Aber dann fiel ihr ein, daß auch ihr selbst die Gegenwart ihrer Eltern nicht immer diese Angst genommen hatte. Sie hatte Angst gehabt, sie könnten irgendwie voneinander getrennt werden und sich nicht wiederfinden. Daß ihr kleiner Junge vielleicht etwas Ähnliches befürchtet hatte, realisierte sie erst, nachdem sie sich an die heftige Angst in ihrer Kindheit erinnert hatte. Als sie jedoch diesen Punkt erreichte, hatte sie tiefes Mitgefühl mit ihrem Kind, während sie sich bis dahin über sein »unvernünftiges« Verhalten geärgert hatte. Als ich ihr außerdem zu bedenken gab, daß ihr kleiner Sohn vielleicht nicht nur um sich selbst Angst gehabt hatte, sondern möglicherweise auch um sie, weil er fürchtete, es könne ihr beim Überqueren der Straße etwas zustoßen, verstand sie, wie sehr ihn die Vorstellung geängstigt haben mußte, plötzlich in der fremden Stadt allein zu sein, in der er niemanden kannte, in der er nicht Bescheid wußte und in der er den Heimweg nicht hätte finden können.

Die Angst vor dem Verlassenwerden gehört zu den Hauptängsten der Kindheit, und ein Kind kann sich viele Möglichkeiten vorstellen, wie es dazu kommt. Eltern, die sich in der Situation dieser Mutter befinden, erklären dem Kind, daß keine Gefahr bestehe. Wenn wir jedoch von Todesangst überwältigt werden, haben vernünftige Erklärungen keinen Einfluß mehr auf unsere Gefühle. Die Ruhe der Eltern zeigt dem Kind, daß sie sich selbst und die Situation beherrschen, aber dennoch wird es von seinen eigenen Gefühlen und Ängsten überwältigt. Und wenn es den Eindruck hat, daß die Eltern seine Angst nicht begreifen, dann ist ihm ihre unerschütterliche Ruhe keine Hilfe. Vater und Mutter scheinen von einer völlig anderen Welt zu reden. Was sie über diese Welt der Erwachsenen sagen, bezieht sich nicht auf die Welt des Kindes und beschwichtigt nicht seine Angst.

Die meisten von uns erinnern sich, daß sie als Kinder große Angst hatten, wenn sie ein fremdes, dunkles Haus betraten oder in einem stockdunklen Raum schlafen mußten. Wenn wir dann laut jammerten, wir sähen etwas im Dunklen lauern, erklärten uns unsere Eltern ausführlich, daß nichts vorhanden sei, wovor man sich fürchten müsse. Aber wir merkten an ihrem Ton und Verhalten, daß sie uns für töricht hielten und waren überzeugt, daß sie einfach keine Ahnung hatten, welch schreckliche Dinge in der Dunkelheit lauern konnten. Erkannten wir aber, daß sie sich in unsere Angst hineinversetzen konnten, beruhigten wir uns. Die Angst ließ nach, denn wir hatten das Gefühl, daß wir nicht mehr mit ihr allein gelassen waren.

Ein Vater oder eine Mutter, die sich von der Angst ihres Kindes distanzieren, erleben diese Situation nicht *mit* ihm, sondern sie beobachten es wie bei einem Experiment, als Außenstehende. Wenn sie dagegen zu erkennen geben, daß sie sich in seine Angst hineinversetzen können und sie für legitim und real halten, so gibt das dem Kind das Gefühl, daß sie wissen, wovon sie reden. Deshalb kann es sich auf das, was sie ihm sagen, verlassen. Daran sollten wir uns erinnern, wenn wir uns in einer ähnlichen Situation befinden wie diese Mutter. Wenn wir mehr auf die Gefühle unseres Kindes reagieren als auf das, was objektiv passiert, wird es uns weit weniger wichtig erscheinen, unsere Einkäufe zu erledigen, als dem Kind die Angst zu nehmen. Wir werden dann versuchen, es zu beruhigen, indem wir es vom Boden aufheben, es fest in die Arme nehmen oder auf irgendeine andere Weise seinen Schrecken verringern, und nicht von ihm erwarten, daß es in einem Augenblick auf unsere vernünftigen Erklärungen hört, in dem seine Angst ihm das unmöglich macht.

Als der kleine Junge im ungewohnten Getriebe der Großstadt vor Schreck erstarrte, verlor er die Fassung vermutlich mehr durch ein Gefühl völliger Ohnmacht als durch eine spezifische Angst vor dem Verkehr und vor eventuellen Unfällen. Ein ähnliches Gefühl mag die Ursache dafür gewesen sein, daß seine Mutter in ihrer Kindheit Angst hatte, den Kontakt mit ihren Eltern zu verlieren. Lange Zeit hatte sie sich bewußt nicht an diese Angst erinnert, aber als sie ihr dann wieder einfiel, half ihr das, die Angstgefühle zu verstehen, die ihren kleinen Jungen überwältigten. Jahre danach sagte sie mir, daß sie sich auch später oft bemüht habe, sich an Umstände zu erinnern, die sie möglicherweise veranlaßt hatten, sich ähnlich zu verhalten wie ihr Sohn. Oft seien ihr dabei Erlebnisse aus ihrer eigenen Kindheit eingefallen, und das habe ihnen beiden sehr geholfen. Durch diese Haltung des Mitfühlens änderte sich die Situation grundlegend. Mutter und Sohn gerieten nicht mehr aneinander, und wenn die Mutter auch nicht genau dasselbe fühlte wie das Kind, so konnte sie doch wenigstens ein intensives Mitgefühl entwickeln. Nachdem sie einmal gelernt hatte, sich in das Verhalten ihres Kindes einzufühlen, bemühte sie sich nicht mehr um ein verstandesmäßiges, sondern um ein intuitives und emotionales Verständnis der Kräfte, die in ihm am Werk waren.

Einfühlsames Verständnis für das, was unser Kind motiviert, wenn es Schwierigkeiten macht oder außer sich gerät, ermöglicht uns, sein Verhalten zu akzeptieren, besonders wenn wir uns dabei an ähnliche Situationen in unserem eigenen Leben erinnern. Ohne das werden wir mit Verärgerung reagieren. Dabei ärgern wir uns nicht so sehr über die augenblickliche Schwierigkeit – die Weigerung des Kindes weiterzugehen –, als darüber, daß es in einer so einfachen Alltagssituation so schlecht funktioniert und daß außerdem unsere Anwesenheit und Fürsorge ihm offenbar so wenig Eindruck machen. Besitzen wir dieses Einfühlungsvermögen nicht, wird ein Ärger zum anderen kommen, und unsere Beziehung wird sich ständig weiter verschlechtern.

In der Hitze des Augenblicks erschwert es uns dieser oft nicht richtig erkannte

Ärger, den Standpunkt des Kindes zu verstehen. So gelingt es manchmal nicht, ihm zu helfen, sich wieder in die Gewalt zu bekommen. Unser Ärger vergrößert nur noch seine Angst. Gelingt es uns jedoch, uns ähnliche eigene Kindheitserlebnisse ins Gedächtnis zurückzurufen, wird es nahezu unmöglich, sich über das Kind zu ärgern. Freilich genügt es nicht, daß wir uns die Situation verstandesmäßig klarmachen. Wir müssen uns auch unseren eigenen Gefühlen und den Erinnerungen an unsere Kindheit aufschließen, um herauszufinden, was wir tun können, um unser Kind zu beruhigen. Wenn uns wieder einfällt, was uns damals vor Angst lähmte – eine Erfahrung, die jedes Kind gelegentlich macht –, dann erinnern wir uns vielleicht auch wieder daran, was unsere Eltern damals unserer Ansicht nach hätten tun sollen, um uns darüber hinwegzuhelfen. Das kann uns darauf bringen, was wir jetzt tun können.

Es ist nicht immer möglich, ähnliche Situationen in seinem eigenen Leben zu finden. Wir haben vielleicht den Kontakt zu unseren frühen Erfahrungen verloren, oder es hat vielleicht in unserer Kindheit gar keine ähnlichen Situationen gegeben. Während die Mutter in unserer Geschichte sich an Kindheitserlebnisse erinnern konnte, die denen ihres Sohnes ähnlich waren, fielen Ellas Mutter keine ähnlichen Erfahrungen aus ihrer Kindheit ein. Sie erinnerte sich nur, daß das Lesen damals zu den Dingen gehört hatte, die ihr den größten Spaß machten. Aus diesem Grund war sie nicht in der Lage, sich in die völlig anderen Reaktionen ihrer Tochter einzufühlen.

Wenn unsere Erinnerungen uns im Stich lassen, müssen wir es mit einer anderen Methode versuchen. Wir müssen uns fragen, was uns veranlassen könnte, uns so zu verhalten wie unser Kind – so anders die Situation auch im einzelnen sein mag. In Ellas Fall waren es Bücher, von denen sie offensichtlich nichts wissen wollte. Ella verabscheute Bücher geradezu. Dabei ging es Mutter und Tochter gar nicht um Bücher, sondern um Ellas Unfähigkeit, das zu tun, was ihre Mutter von ihr verlangte. Die Bücher waren nur der zufällige Anlaß, der den Konflikt auslöste.

Um Ellas emotionalen Zustand zu verstehen, hätte ihre Mutter die Erinnerung an eine Zeit ausgraben müssen, in der sie es einfach nicht über sich brachte, etwas zu tun, was anderen mühelos gelang. Sie hätte sich daran erinnern müssen, daß auch sie irgendwann einmal etwas verabscheut hatte, was ihre Eltern von ihr verlangten. Hätte sie sich an ihre damaligen Gefühle erinnert und sich darüber Gedanken gemacht, hätte sie herausgefunden, was damals eine solche Reaktion bei ihr hervorrief, und sie wäre vielleicht imstande gewesen, sich zu sagen: »*Genau so* muß es jetzt Ella zumute sein.« Dann hätte sie verstanden, wie ernst und schmerzlich die gegenwärtige Situation für ihre Tochter war, und sie hätte sie unmöglich weiterhin für ihr Verhalten tadeln können. Wenn sie sich dann gefragt hätte: »Wie hätten mir meine Eltern helfen können, als ich einmal völlig unfähig war, das zu tun, was sie von mir verlangten, weil ich es verabscheute, obwohl sie behaupteten, es mache Spaß?«, dann hätte sie eine recht gute Vorstellung davon gehabt, was sich jedes Kind unter ähnlichen Umständen wünscht. Auf diese Weise hätte sie Ella helfen können, aus ihrer mißlichen Lage herauszukommen.

Betrachten wir ein anderes Beispiel: den Vater eines kleinen Jungen, der ein anderes Kind geschlagen hat. Anstatt sich zu sagen: »Es ist immer falsch zuzuschlagen«, hätte dieser Vater sich fragen können: »Was müßte geschehen, welche Gefühle würden mich dazu bewegen, jemanden zu schlagen oder wenigstens das Bedürfnis zu haben, zuzuschlagen?« Dann würde er sein Kind nicht schelten. Er würde sich vielmehr sagen, daß er ihm helfen müsse, seinen Zorn zu überwinden und zur Einsicht zu gelangen, daß es nicht die beste Methode ist, mit einer Situation fertigzuwerden, wenn man zuschlägt.

So werden gute Eltern sich nicht nur sagen, daß ihr Kind bei allem, was es tut, überzeugt ist, daß es zur Zeit nichts Besseres tun könne. Sie werden sich auch fragen: »Was in aller Welt könnte mich veranlassen, mich so zu verhalten, wie mein Kind es in diesem Augenblick tut? Und wenn ich nicht anders könnte, was würde mich dann wieder beruhigen?« Wenn wir uns diese beiden, zueinander in Beziehung stehenden Fragen ehrlich beantworten, werden wir ziemlich genau wissen, welches die Motive unseres Kindes waren, selbst wenn es nicht darüber reden will oder kann. Und wir werden wissen, wie wir ihm helfen können, seine mißliche Lage zu meistern.

Tatsächlich ist diese Einstellung über 2000 Jahre alt. Terenz hat sie so formuliert: *»Homo sum; humani nihil a me alienum puto«* – da ich ein Mensch bin, kann mir nichts Menschliches fremd sein. Das bedeutet: Für alles, was ein anderes menschliches Wesen denkt oder tut, finde ich in mir selbst wenigstens theoretisch ein Äquivalent. Wenn dies für das menschliche Verhalten im allgemeinen gilt, für Menschen, die einander völlig fremd sind, wieviel mehr muß es dann Geltung haben, wenn es um unser eigenes Kind geht!

Es mag uns schwerfallen zu glauben, daß es im Leben Situationen gibt, die uns zu Handlungen veranlassen könnten, die wir nie für möglich gehalten hätten. Im Laufe meines eigenen Lebens – als Alter und Erfahrung mich noch nicht eines Besseren belehrt hatten – habe ich oft gedacht: »So etwas würde ich nie tun.« Nachdem ich jedoch zwei Weltkriege und den Zusammenbruch eines Reiches miterlebt hatte und in zwei deutschen Konzentrationslagern gewesen war, wußte ich es besser. Auch durch meine Arbeit mit sehr unterschiedlichen psychiatrischen Fällen – unter anderem auch mit Verbrechern und Psychotikern – änderte ich meine Meinung. Ich entdeckte, daß ich zu allem, wovon ich früher angenommen hatte, ich könnte es nie tun, unter gewissen (vor allem extremen) Bedingungen fähig wäre. Oft war ich in Versuchung, mich auf derartiges einzulassen, und es bedurfte großer Energie, es nicht zu tun. Es zu unterlassen, stellte meine Selbstbeherrschung auf eine harte Probe.

Von Kindern kann man nicht erwarten, daß sie eine solche Selbstdisziplin besitzen. Es wäre sehr arrogant, über etwas, was unser Kind tut, zu denken: »Das würde ich nie tun.« Wir sollten im Gegenteil überzeugt sein, daß wir bei einer entsprechenden Verkettung von Umständen genauso fühlen würden wie unser Kind, und daß nur unsere Kenntnis der Welt und die Tatsache, daß wir uns besser beherrschen können, uns daran hindert, ebenso zu handeln. Wenn wir das einsehen, fällt es uns nicht mehr so schwer zu verstehen, was ein Kind veranlaßt haben könnte, sich in einer bestimmten Art und Weise zu verhalten. Und wenn wir uns außerdem der geistigen Anstrengung unterziehen, das alles einmal innerlich durchzuarbeiten, werden wir faszinierende Dinge über uns und unser Kind entdecken, und wir werden erkennen, wieviel wir gemeinsam haben.

Wenn die Liebe eines Vaters oder einer Mutter ihre ganze positive Kraft entfalten soll, erfordert das intensives Nachdenken. Alles, was wir tun, ebenso wie und warum wir es tun, wird auf unser Kind bewußt und noch öfter unbewußt Eindruck machen. Selbst große Liebe kann egoistisch sein und uns zu etwas Unbedachtem hinreißen, sorgfältiges Nachdenken dagegen kann uns veranlassen, mit größerem Weitblick vorzugehen. Wir müssen unsere Motive erkennen und kritisch beurteilen und dürfen uns nicht damit zufriedengeben, nur die in unser Bewußtsein zu lassen, die wir ohne weiteres billigen können. Wir sollten erkennen, wessen Wohl wir wirklich im Auge haben – unser eigenes oder das unseres Kindes –, und wir sollten bedenken, daß uns möglicherweise auch die Rücksicht auf die Reaktionen anderer – Eltern, Freunde und Nachbarn – beeinflussen kann. Damit will ich nicht sagen, daß es falsch wäre, uns auch um unser eigenes Wohl zu kümmern, doch sollten wir uns dann auch darüber im klaren sein und uns nichts vormachen, oder – was noch wichtiger ist – wir sollten unserem Kind nicht vormachen, daß wir nur sein Wohl im Auge hätten.
Ein vertrautes Beispiel dafür, daß Eltern sich etwas vormachen, erleben wir, wenn es darum geht, Kinder ins Bett zu bringen. Über den Zeitpunkt lassen die meisten Eltern mit sich reden, aber sie können auch unerbittlich sein, wenn das Kind sie stört. Wenn sie abends müde sind und gerne ihre Ruhe hätten oder ihren Interessen als Erwachsene nachgehen möchten, ohne von einem Kind dabei gestört zu werden, bestehen sie darauf, daß es ins Bett muß, mit der Begründung, daß seine Zeit gekommen sei, es seinen Schlaf brauche – was ja zweifellos auch stimmt, denn wir alle haben ausreichenden Schlaf nötig. Aber wie wir alle aus eigener Erfahrung wissen, gibt es keinen bestimmten, geheiligten Zeitpunkt dafür, wann man zu Bett gehen muß, und auch nicht dafür, wann diese notwendigen Schlafstunden anfangen oder enden müssen, und ganz gewiß nicht für das Kleinkind, das am nächsten Morgen noch nicht in die Schule muß. Aus eigener Erfahrung wissen wir auch, daß wir es in der nächsten Nacht nachholen können, wenn wir in einer Nacht zuwenig geschlafen haben, und Kinder können außerdem am nächsten Tag einen längeren Mittagsschlaf machen.
Es ist an sich nichts dagegen einzuwenden, daß man abends seine Freiheit haben

möchte. Es wird erst zum Problem, wenn die Eltern sich einreden, sie schickten ihr Kind um seinetwillen zu Bett, und nicht, weil sie ihre Ruhe haben wollen. Wenn man darauf besteht, daß ein Kind zu einer bestimmten Zeit zu Bett geht, und in diesem Punkt nicht flexibel reagiert, dann beweist das nur, daß man Regeln aufstellt, um sich die Mühe zu sparen, jedesmal neu prüfen zu müssen, wie müde das Kind ist oder ob es innerlich damit einverstanden ist, daß der Tag zuende ist. So etwas merkt ein Kind schon ziemlich früh, und zwar genau in dem Alter, in dem es anfängt, sich dagegen zu wehren, zu Bett gehen zu müssen. In diesem Alter erkennt es auch, daß es *uns* völlig freisteht, wann wir ins Bett gehen wollen, und daß es bei uns nur davon abhängt, wie wir uns fühlen und was sich gerade ereignet. Normalerweise ist es dem Kind nur bewußt, daß es noch aufbleiben möchte, weil es noch etwas zu tun hat oder an dem teilnehmen möchte, was im Hause vorgeht.

Besonders schädlich ist es, wenn ein Kind gesagt bekommt, es sei müde, wenn es das nicht ist. Das Kind akzeptiert zwar, daß seine Eltern im allgemeinen die Welt besser kennen, was nicht zu bestreiten ist, aber seine eigenen Gefühle kennt es gut genug. Es mag diese Gefühle noch nicht artikulieren können, aber es kennt sie. Kinder haben ein recht feines Gespür dafür, wem zuliebe etwas geschieht – ihnen oder ihren Eltern zuliebe. Ein Kind kann – auch wenn es ihm vielleicht schwerfällt – akzeptieren, daß unsere Interessen auch dann berechtigt sein können, wenn das unangenehme Folgen für es selber hat, aber dann dürfen wir es über unsere Motive nicht im unklaren lassen. Die meisten von uns fühlen sich verletzt, wenn sie das Gefühl haben, daß man sie loswerden will, und das gilt auch für ein Kind. Außerdem fühlen wir uns nicht nur verletzt, wir ärgern uns, wenn jemand uns loswerden will und behauptet, es geschehe zu unserem Wohl. Auch das trifft für das Kind zu, auch wenn es vielleicht noch nicht klar erkennen kann, was ihm weh tut und was es zornig macht, und es noch nicht die richtigen Worte dafür findet.

Wenn Eltern, obwohl sie sich darüber klar sind, daß sie Zeit für sich selbst haben möchten, sich einzureden versuchen, sie bestünden deshalb darauf, daß ihr Kind zu Bett geht, weil es Zeit sei und es seinen Schlaf brauche, dann fühlen sie sich völlig im Recht, und dies um so mehr, je mehr sie es vor sich selbst nicht wahrhaben wollen, daß ihre Motive teilweise egoistisch sind und daß das absolut reale Bedürfnis ihres Kindes nach Ruhe und Schlaf ihnen nur als Vorwand dient. Das Kind spürt, was los ist, und ärgert sich so sehr über seine Eltern, daß es ihm nun noch schwerer fällt, friedlich einzuschlafen. Es kann sogar einen Alptraum haben, in dem es versucht, seinen Eltern diese Ungerechtigkeit heimzuzahlen, oder der auf seine Schuldgefühle zurückzuführen ist, weil es sich über sie geärgert hat und diesen Ärger verdrängte.

Wenn die Eltern sich dagegen offen eingestehen, daß sie das Bedürfnis haben, auch einmal eine Zeitlang allein zu sein, werden sie auch den Kummer ihres Kindes darüber, daß es zeitweise aus ihrem Leben ausgeschlossen bleibt, mitfühlend akzeptieren. Dann wird ein Kompromiß möglich, das Kind darf zum Beispiel noch eine Viertelstunde aufbleiben. Auch lassen sich Mittel und Wege finden, die Verbannung angenehmer zu machen, indem man sich etwa ein Weilchen zu ihm setzt, ihm eine Geschichte vorliest, oder ihm – wenn es schon älter ist – erlaubt, noch ein wenig weiterzuspielen oder allein zu lesen. Wenn man im Kinderzimmer das Licht ausgemacht hat, wird man sich bemühen, das Haus möglichst ruhig zu halten, damit der Verbannte nicht das Gefühl bekommt, daß ihm etwas Wichtiges entgeht.

Anders gesagt, wir sollten die Situation einerseits von unserem elterlichen Standpunkt aus sehen, daß wir Zeit für uns selber brauchen und das Kind die ganze Nacht zum Schlafen nötig hat. Aber wir sollten auch den Standpunkt des Kindes mit berücksichtigen, das der Meinung ist, man schicke es weg, weil man es lossein wolle oder weil man es nicht liebe. Es sagt sich: Meine Eltern schicken mich zu Bett, weil sie nichts mehr von mir wissen wollen. Und wie furchtbar ist es, wenn die Eltern nichts mehr von ihrem Kind wissen wollen, und sei es nur für eine Nacht! Wenn wir uns in seine Lage versetzen können, werden wir natürlich versuchen, diese Angst zu beheben und ihm sein Vertrauen zu sich selbst und zu uns wiederzugeben, so daß es glücklich und beruhigt einschlafen kann.

Der Streit im Zusammenhang mit dem Schlafengehen mag ärgerlich sein, doch wird nur selten eine ernste Angelegenheit daraus. Trotzdem gibt er uns die Möglichkeit, uns zu fragen, wie *wir* es aufnehmen würden, wenn ein anderer bestimmen würde, daß es Zeit für uns wäre, zu Bett zu gehen, ohne Rücksicht darauf, ob wir dazu bereit sind oder nicht. Das wird uns einen recht guten Begriff davon geben, wie unserem Kind zumute ist. Wenn wir seine Reaktionen auf alltägliche Begebenheiten verstehen – wenn wir ihm zum Beispiel sagen, was es anziehen soll, wann es seine Hände waschen soll, was es essen soll und was nicht –, so kann das für unsere Beziehung sehr aufschlußreich sein. Und wenn wir uns darüber hinaus fragen, wie wir reagieren würden, wenn ein anderer solche Anforderungen an uns stellte und uns vorschreiben würde, was wir zu tun haben, dann könnten wir noch einen Schritt weitergehen und uns einmal fragen, aus welchen Gründen wir wohl nach Meinung unseres Kindes das alles von ihm verlangen. Für viele Kinder wäre es eine völlig neue Erfahrung, wenn sie einmal nach ihrer Meinung über die Motive ihrer Eltern gefragt würden. Es hat jedoch nur dann Sinn, wenn das Kind frei sagt, was es denkt – wenn es glaubt, daß wir ihm ernsthaft zuhören werden und nicht von vornherein dazu neigen, ihm bei allem, was es sagt, zu widersprechen.

Es gibt kaum einen besseren Weg, ein Kind davon zu überzeugen, daß uns seine Meinung wichtig ist, als es danach zu fragen, und zwar nicht, um es zu kritisieren und ihm zu widersprechen, sondern um ernsthaft darüber nachzudenken. Wenn wir uns für die Meinung unseres Kindes interessieren, weshalb wir es gerade so behandeln, und wenn wir diese Meinung ernst nehmen, wird es nicht mehr so leicht glauben, daß unsere Meinung über es unbegründet sei. Und es ist nur recht und billig, daß wir seine Ansicht darüber, was unser Verhalten ihm gegenüber motiviert, ebenso ernst nehmen, wie wir von ihm erwarten, daß es unsere Meinung ernst nimmt. Wenn wir ehrlich davon überzeugt sind, daß wir sehr viel gemeinsam haben, daß unser Verhalten weitgehend den gleichen Quellen entspringt – auch wenn wir uns nicht in allen Fällen einig sind –, dann wird das unserem gegenseitigen Verständnis sehr förderlich sein.

Wenn wir unser Kind fragen, welches seiner Meinung nach unsere Motive sind, so ist das etwas ganz anderes, als wenn wir es nach *seinen* Motiven fragen. Es ist schon deshalb etwas anderes, weil wir es zwingen können, uns zu gehorchen, während es uns nur auf Umwegen dahin manövrieren kann, ihm seinen Willen zu lassen. Da uns so unterschiedliche Möglichkeiten zur Verfügung stehen, den eigenen Willen durchzusetzen, ist unser Bemühen, die Motive unseres Kindes zu erforschen, eine sehr einseitige Sache, wenn wir nicht absolut bereit sind, auch ihm die Möglichkeit zu geben, hinter unsere Motive zu kommen und offen und rückhaltlos darauf zu reagieren. Unser Kind aufzufordern, uns seine Motive und seine innersten Gedanken zu offenbaren, ist ein zweifelhaftes Unterfangen, das sorgfältig erwogen sein will. Darauf möchte ich im folgenden Kapitel eingehen.

7. Kapitel

Die Frage »Warum?«

Bei einer Unterhaltung Fragen zu stellen,
ziemt sich nicht für einen Gentleman.
Samuel Johnson, überliefert von J. Boswell

In meiner Kinderzeit werde ich wie die meisten Kinder der Mittelschicht, die besorgte und intelligente Eltern hatten, unzählige Male gefragt worden sein, warum ich irgend etwas machte oder dachte. Und meiner Erinnerung nach hatte ich kaum jemals das Gefühl, daß sich meine Eltern wirklich für meine Gründe interessierten. Oft hatte meine Antwort zur Folge, daß man mich hinderte, etwas zu tun, was ich im Sinn hatte, und daß an meinen Ansichten Kritik geübt wurde. Diese Frustrationen blieben mir viel länger im Gedächtnis haften als die häufigen, aber weniger eindrucksvollen Fälle, in denen meine Eltern positiver reagierten. Tatsächlich paßte mir diese Situation so wenig, daß ich, wenn ich »Warum?« gefragt wurde, nicht erwartete, daß man mich ohne Voreingenommenheit auf faire Weise anhören würde. So war mir diese Frage selbst dann verhaßt, wenn es günstig für mich ausging.

Trotzdem war meine Reaktion auf die Frage »Warum?« meist nur leicht negativ, und dies hauptsächlich deshalb, weil ich so oft gefragt wurde, daß ich es als unvermeidlich hinnahm, daß die Erwachsenen diese Frage stellten, wenn sie etwas mißbilligten oder nicht recht wußten, was ihre Kinder vorhatten, oder wenn diese sich auf eine Weise benahmen, die sie für unpassend oder unangebracht hielten. Daß ich selbst bei Dingen, die mir auf der Hand zu liegen schienen, so oft »Warum?« gefragt wurde, erklärte ich mir damit, daß Erwachsene Kinder einfach nicht verstehen können, sonst hätten sie nicht dauernd fragen müssen.

Im Rückblick erinnere ich mich besonders deutlich daran, daß ich immer, wenn mir diese Frage gestellt wurde, in Verlegenheit geriet und mich darüber ärgerte. Innerlich sagte ich mir: »Wenn ihr nur versuchen wolltet, mich zu verstehen, dann könntet ihr euch diese Frage selbst beantworten. Ihr fragt mich nur deshalb, weil ihr zu bequem seid, es euch selbst zu überlegen.« Heute könnte ich meine damaligen Gefühle zusammenfassend so formulieren: »Wenn ihr euch in mich und in das, was in mir vorgeht, einfühlen könntet, brauchtet ihr mich nicht nach meinen Motiven zu fragen.« Ich kann mich auch erinnern, wie es mich verletzte, wenn mir eine ehrliche Antwort nichts einbrachte und ich damit nur Kritik erntete. Es verletzte mich deshalb so, weil ich sicher war, daß meine Eltern ihre Entscheidung bereits getroffen hatten, bevor sie mich aufforderten, ihnen meine Gründe darzulegen, und es daher einerlei war, was ich sagte. Kurz, ich war überzeugt, daß die Frage »Warum?« meist kritisch gemeint war und daß *a priori* angenommen wurde, daß ich für das, was ich vorhatte, keinen triftigen Grund haben konnte. Und wenn meine Antwort einmal gebilligt wurde, hatte ich das Gefühl, daß dies nur widerwillig geschah – eine Überzeugung, die mehr auf meinen Ärger über die Frage als auf die tatsächliche Einstellung meiner Eltern zurückzuführen war.

Diese Einstellung zu der Frage »Warum?« haben Kinder ganz allgemein, wenn auch die meisten Eltern glauben, es verletze das Kind nicht, wenn sie sie stellen. Eltern halten dieses »Warum?« für ein neutrales Wort, aber Kinder empfinden es anders. Das *Oxford English Dictionary* gibt als zweite Definition an: »eine negative Behauptung voraussetzend oder unterstellend«, und fügt erläuternd hinzu: »Es besteht kein Grund, warum ..., drückt daher oft einen Protest oder einen Einwand aus.« Genau dieses Gefühl hatte ich als Kind intuitiv, denn ich machte die Erfahrung, daß immer, wenn mir diese Frage gestellt wurde, der Fragende damit einen stillschweigenden Protest oder Einwand verband. Das ärgerte mich, und ich brachte meine Erklärung in gereiztem Ton vor, der meinen Eltern mißfiel.

In Dr. Johnsons Bemerkung kommt etwas von dem Gefühl meiner Kindheit zum Ausdruck, daß nämlich die Erwachsenen überzeugt waren, daß ich ihnen eine Erklärung, wenn nicht gar eine Rechtfertigung meiner Gedanken und Taten schuldete. Man erwartete von mir, daß ich auf Verlangen Auskunft gab, während meine Eltern mir nur gelegentlich, wenn es ihnen gerade paßte, ihre Einstellung erklärten. Dieser Unterschied spielte bei meinem Ärger sicher eine wichtige Rolle.

Ganz anders reagierte ich, wenn meine Eltern mit dem, was ich tat oder plante, spontan einverstanden waren und wenn sie, ohne zu fragen, offensichtlich verstanden, worum es mir ging (und warum ich es tat). Es machte mich glücklich, und es machte mir Freude, ihnen freiwillig meine Motive darzulegen und kleine Mißverständnisse auszuräumen. Daß wir über wichtige Dinge die gleichen oder doch wenigstens ähnliche Ansichten hatten, befriedigte mich tief und gab mir ein Gefühl der Sicherheit.

Wenn meine Eltern mir zu verstehen gaben, daß sie sich reiflich überlegt hatten, was wohl meine Motive sein könnten, und wenn sie selbst dann, wenn sie meine Pläne nicht billigten, Verständnis zeigten, erklärte ich sie ihnen oft spontan, weil ich den Eindruck hatte, daß sie mir ein offenes Ohr leihen würden. Oft genügte es mir, wenn ich das Gefühl hatte, daß sie meinen Standpunkt ernsthaft erwogen. Wenn sie mir dann erklärten, weshalb sie auf ihrer Ansicht beharren müßten, war ich trotzdem über unseren Gedankenaustausch und unser gegenseitiges Verständnis so glücklich, daß mir ihre Entscheidung zwar nicht gerade willkommen, aber doch wenigstens annehmbar war. Die gleiche Entscheidung wäre mir völlig unannehmbar gewesen, wenn meine Eltern mich gefragt und sich dann so benommen hätten, als ob ihnen meine Meinung völlig gleichgültig sei. Zwar gehorchte ich ihnen auch in solchen Fällen fast immer, doch hatte ich kein gutes Gefühl dabei, weder was mich noch was sie betraf, und die Welt kam mir sehr unfair vor. Selbst wenn mein Verstand mir sagte, daß die Entscheidung meiner Eltern richtig und wahrscheinlich vorteilhaft für mich war, änderte diese verstandesmäßige Einsicht kaum etwas an dem Gefühl, nicht mit dem Respekt behandelt worden zu sein, auf den ich ein Anrecht zu haben glaubte.

Vielleicht kann eine Erfahrung, die ich mit fünfzehn Jahren machte, meine Reaktionen veranschaulichen und bis zu einem gewissen Grad auch erklären. Sie hat einen so tiefen Eindruck auf mich gemacht, daß sie mir noch heute, nach über 65 Jahren, lebhaft vor Augen steht.

Ich war ein sehr guter Schüler, ein ruhiger, introvertierter, braver Junge, bis mich eines Tages einer unserer Lehrer so provozierte, daß ich ihn – ohne es mir vorher überlegt zu haben – plötzlich packte und mit Hilfe einiger Mitschüler, die mein Beispiel anfeuerte, aus dem Klassenzimmer hinauswarf. Er verhielt sich so ganz anders als alle unsere bisherigen Lehrer, und wir hatten uns schon längere Zeit über ihn geärgert. Aber unmittelbar danach war ich sehr erschrocken über das, was ich getan hatte. Es paßte so gar nicht zu meinem üblichen Betragen. Ich wußte nur, daß ich so empört gewesen war, daß ich ganz einfach *irgend etwas* tun mußte. Was meine Tat aber ausgelöst hatte, welche Motive – abgesehen von meiner Wut – in mir am Werk gewesen waren, ahnte ich nicht, genausowenig wie ich wußte, was meine Wut erregt hatte.

Weder damals noch in den nächsten Jahrzehnten konnte ich begreifen, was mich veranlaßt hatte, in einem solchen Widerspruch zu meinem Charakter zu handeln. Ich hätte es nie für möglich gehalten, daß ich so unüberlegt und aggressiv handeln könnte, was – in Anbetracht des Schauplatzes der Handlung, ein österreichisches Gymnasium des alten Kaiserreichs – eine ungeheuerliche Disziplinlosigkeit war. Ich versuchte zu verstehen, was mich plötzlich so wütend gemacht hatte, da der Lehrer sich mir und meinen Klassenkameraden gegenüber auch sonst nicht anders zu benehmen pflegte. Meine Selbsterforschung half mir nicht weiter. Ich brachte es nicht fertig, meine Angst vor den Folgen dadurch zu vermindern, daß ich mir eine Entschuldigung für meine Tat ausdachte. Es wollte mir absolut nichts einfallen. Unser Direktor, ein angesehener Gelehrter, war für strenge Zucht und Disziplin bekannt. Er war unnahbar und ernst, und ich machte mich zitternd auf eine strenge Bestrafung gefaßt. Ich erwartete, von der Schule verwiesen zu werden und vielleicht sogar aus sämtlichen Gymnasien Wiens verbannt zu bleiben, was die nachhaltigsten Folgen für mein ganzes zukünftiges Leben gehabt hätte. Ich mußte damit rechnen.

Am nächsten Morgen kam der Direktor in unsere Klasse, was nur selten vorkam und stets sehr beeindruckend und unheilverkündend war. Während wir alle strammstanden, kanzelte er uns ab, indem er den übrigen Schülern vorwarf, mich nicht zurückgehalten zu haben. Dann nahm er mich als den Anführer dieser unerhörten Missetat besonders vor. Heuchler war noch die mildeste Bezeichnung, mit der er mich bedachte und womit er seiner besonderen Empörung darüber Ausdruck gab, daß ich bisher immer ein so braver Schüler gewesen sei oder mich als ein solcher verstellt hätte. Als sich seine Philippika über mein schuldiges Haupt entlud, steigerte sich meine Angst davor, wie er mich bestrafen würde, und meinen Klassenkameraden ging es nicht anders, wie sie mir später sagten.

Nachdem er mich eine Ewigkeit – wie mir schien – angebrüllt und zu Tode geängstigt hatte, schwieg er plötzlich und fügte nach einer Weile mit völlig ruhiger Stimme, die in eindrucksvollem Gegensatz zu seinem bisherigen Wutausbruch stand, Worte hinzu, die ich nie vergessen habe. Er sagte: »Natürlich weiß ich, daß etwas Derartiges nie vorgekommen wäre, wenn Dr. X sich so verhalten hätte, wie ich es von allen Lehrern dieser Anstalt erwarte.« Und mich beim Namen nennend, fügte er hinzu: »Sie werden morgen zwei Stunden nachsitzen und sich selbständig mit einem Lehrstoff beschäftigen, den Dr. X Ihnen so interessant hätte machen sollen, daß für eine solche Ungezogenheit kein Platz gewesen wäre.« Darauf verließ er ruhig das Klassenzimmer. Das war meine ganze Strafe – abgesehen von der schlechten Betragensnote, die ich im Zwischenzeugnis bekam, während ich vorher und auch immer wieder danach die beste Note im Betragen hatte. Da ich mit gutem Grund auf das Schlimmste gefaßt gewesen war, war ich über diese unglaublich milde Strafe sehr erleichtert, die ich genausowenig begriff wie meine Freunde.

Was mir damals und bis zum heutigen Tag einen so tiefen Eindruck gemacht hatte, war, daß ich nicht nach meinen Motiven gefragt wurde. Man erwartete von mir keine Beichte, keine Reue wegen meines Verhaltens und keine Entschuldigung oder Rechtfertigung. Statt dessen hatte uns der Direktor unverblümt gesagt, daß er sich über die Ursache unseres Verhaltens im klaren war. Er verzieh es uns zwar nicht, aber er verstand es, er räumte sogar ein, daß er und seine Anstalt bis zu einem gewissen Grad mit daran schuld waren, denn er hatte uns einen Lehrer zugeteilt, vor dem er selbst keine Achtung hatte.

Es war eine ungeheure Erleichterung. Ich hatte mir den ganzen Tag über und während einer schlaflosen Nacht den Kopf zerbrochen, was ich als Erklärung vorbringen könnte – von einer Rechtfertigung meines Verhaltens ganz zu schweigen, von der ich wußte, daß es sie nicht gab. Mir war nichts eingefallen. Daß es sich um einen völlig unfähigen Lehrer gehandelt hatte, war kaum eine Erklärung, denn ich wußte, daß mir daran eigentlich nicht viel lag. Wenn ich behauptet hätte, daß mich seine Unfähigkeit in Wut versetzt habe, wäre das der Gipfel der Heuchelei gewesen. Ich war mir bewußt, daß ich mich – genau wie die meisten meiner Freunde – über ihn und sein nichtssagendes, hilfloses und vor allem törichtes Verhalten lustig gemacht hatte. Im Grund hatte uns das Spaß gemacht. Was hatte mich also veranlaßt, diesen Lehrer loswerden zu wollen, dem wir uns alle überlegen fühlten? War er nicht geradezu eine Erholung für uns gewesen, wo wir uns den meisten anderen Lehrern gegenüber so unterlegen fühlten? Warum hatte ich plötzlich das Bedürfnis, ihn loszuwerden? Das war mir übrigens grundsätzlich gelungen, denn er hatte seit dem Tag, an dem wir ihn hinausgeworfen hatten, nicht den Mut aufgebracht, unsere Klasse wieder zu betreten.

Offensichtlich hatte es sich bei meinem Verhalten um einen symbolischen Akt gehandelt. Aber welches waren meine Motive gewesen? Es war mir völlig rätselhaft. Ich hatte eine strenge Untersuchung meiner Motive erwartet, bevor man ein Urteil über mich fällen würde, und ich wußte einfach nicht, aus welchem Grund ich so gehandelt hatte. Aber ich wußte auch, daß das für meine Lehrer völlig unannehmbar sein würde und daß es die, welche über mein Schicksal entscheiden würden, nur noch mehr gegen mich aufbringen würde. In meiner Verzweiflung wäre ich auch bereit gewesen zu lügen, doch fiel mir keine auch nur halbwegs überzeugende Lüge ein. Ich wußte nichts zu meiner Verteidigung vorzubringen. Was ich getan hatte, war einfach nicht zu entschuldigen, und da der Direktor das wußte, versuchte er auch nicht, mich dazu zu veranlassen, ihn zu belügen. Ich begriff erst viel später, wie weise er gehandelt hatte.

Dr. X wurde kurz darauf entlassen und durch einen Mann ersetzt, vor dem wir alle den größten Respekt hatten, und dies nicht nur, weil er ein ausgezeichneter Lehrer war und uns sehr gerecht behandelte, sondern auch wegen seiner inneren Sicherheit und seiner männlichen Haltung, die wir spürten, wenn er sie auch nie zur Schau trug. Erst Jahre später wurde mir klar, daß der Direktor ihn uns vermutlich zugeteilt hatte, weil er fühlte, daß wir ein Recht darauf hatten, für unsere schlechte Erfahrung mit Dr. X entschädigt zu werden. So wählte er einen Lehrer für uns, der dessen genaues Gegenteil war.

Bis dahin war ich ein namenloser Schüler ohne eigenes Gesicht unter vielen Hunderten von Schülern gewesen. Danach jedoch schien der Direktor mich zu kennen, wenn wir uns auf dem Korridor begegneten. Er behandelte mich mit kühler Zurückhaltung, in die sich ein wenig Respekt mischte, wenn auch von Zuneigung nichts zu spüren war. Nie hat er mich anderen vorgezogen.

Jahre später dämmerte mir, daß er mir mit seiner Haltung zeigen wollte, daß er das, was ich getan hatte, immer noch stark mißbilligte und daß er mich deshalb nicht gerade schätzte, wenn er auch mein Verhalten verständlich fand.

Ich selbst brauchte lange, um seine Gründe zu begreifen, und selbst dann war er mir nicht sympathisch. Er war mir zu autoritär, und ich war, was Politik und Erziehung anbelangte, völlig anderer Meinung. Jemanden zu schätzen, der völlig andere Wertbegriffe hatte als ich, hätte eine Reife des Urteils erfordert, die ich damals noch nicht besaß. Aber mit den Jahren erwarb ich sie mir. Langsam erkannte ich, daß dieser strenge, altmodische, autoritäre Direktor von sich aus begriffen hatte, was mich so in Wut versetzt haben mußte, und daß er keine Bestätigung für seine Auffassung brauchte, indem er mich ausfragte oder von mir erwartete, daß ich ihm recht gab. Er hatte Verständnis für das, was mich getrieben hatte, mich so zu verhalten, obwohl ich ihm als dem Leiter der Schule Schwierigkeiten gemacht und die Disziplin gefährdet hatte. Daß er von mir nicht erwartete, daß ich mich ändern würde, war deutlich daran zu erkennen, daß er mich nur so leicht bestrafte und nicht von mir verlangte, daß ich Reue zeigte oder Besserung gelobte.

Je älter ich wurde, um so mehr wußte ich zu schätzen, daß der Direktor mich keinem Verhör unterzogen und seine Entscheidung frei getroffen hatte. Er verstand Jungen meines Alters gut genug, um zu wissen, was in ihnen vorging, auch dann, wenn sie es selbst nicht wußten. Er mißbilligte, was ich getan hatte, aber er hatte begriffen, daß es darauf zurückzuführen war, daß Dr. X ein so törichter Mensch war. Meine Motive suchte er nicht zu ergründen, vermutlich weil er sie für relativ unwichtig hielt, nachdem er herausgefunden hatte, was die eigentliche Ursache gewesen war, und vermutlich weil er – mit Recht – annahm, daß ein Junge in meiner Lage wahrscheinlich selbst nicht wußte, was ihn in seinem tiefsten Inneren bewogen hatte.

Obwohl er auf strenge Disziplin hielt, wußte er, wie er mich zu behandeln hatte. Er hütete sich, mir meine Selbstachtung zu nehmen, indem er mich zwang, Gewissensbisse zu bekunden, die ich nicht empfand. Ich hätte heucheln müssen, wenn er mich wegen meines unerhörten Verhaltens ausgefragt hätte. Tatsächlich hätte er dem Ziel der Schule, den Kindern Selbstachtung beizubringen, entgegengehandelt, wenn er sie bei mir dadurch unterminiert hätte, daß er mich zwang, ihm meine innersten Motive zu enthüllen und sie zu verteidigen – falls er überhaupt annahm, daß ich dazu in der Lage gewesen wäre. Wenn ich mich aus Furcht vor Strafe gezwungen gesehen hätte, Zerknirschung zu heucheln, so wäre das darauf hinausgelaufen, daß ich einen wesentlichen Teil meiner selbst verleugnet hätte. Und wenn ich andererseits bei dem Verhör behauptet hätte, richtig gehandelt zu haben – was bei der Art der Schule undenkbar war –, dann hätte er mich dafür bestrafen müssen, daß ich seinem Befehl gehorcht und ihm gebeichtet hatte. Das aber hätte mein Verhalten keineswegs gebessert, sondern mich vielmehr davon überzeugt, daß man mich unrecht behandelte, was mir sowohl die Schule als auch ihren Direktor verleidet hätte.

Im tiefsten Sinn schätzte der Direktor mein Verhalten vermutlich als das ein, was es war: eine symbolische Demonstration meines Bedürfnisses, gute Lehrer zu haben, vor denen ich Achtung haben konnte. So war auch meine Strafe – zwei Stunden Nachsitzen – symbolisch, genau wie meine schlechte Note im Zwischenzeugnis, die ich in Zukunft nie mehr bekam und die auch in meinem Abschlußzeugnis nicht auftauchte. Dies beweist, daß der Direktor erkannt hatte, daß mein Wutanfall eine Ausnahme gewesen war.

Ich mußte erst zu voller Reife gelangen und ein erfahrener Erzieher, Kindertherapeut und Vater werden, bevor ich erkannte, daß er mir gezeigt hatte, wie sich ein kluger Erzieher in spannungsgeladenen, schwierigen Situationen zu verhalten hat: Er muß sich überlegen, welche Motive das Kind gehabt haben könnte, wenn er verstehen will, was es zu seinem Tun veranlaßte und welche Ziele es damit verfolgte. Nur auf Grund eines solchen Verständnisses kann er dann entscheiden, ob er diese Motive billigt oder nicht, und zwar ohne Rücksicht darauf, wie er den Vorfall selbst beurteilt. Dabei ist es durchaus möglich, daß man die Motive des Kindes im Grunde billigt und sich trotzdem gezwungen sieht, ihm Einhalt zu gebieten.

Wenn wir uns ein Urteil über die Motive des Kindes gebildet haben, stehen wir vor der Frage, ob wir es einem Verhör unterziehen sollten oder nicht. Wenn wir seine Motive billigen, erübrigen sich weitere Fragen. So kann es zum Beispiel vorkommen, daß ein Kind aus einem an sich lobenswerten Mitgefühl heraus etwas aus unserem Besitz, das uns besonders wertvoll ist, verschenken möchte. Wir können ihm das nicht erlauben. In diesem Fall brauchen wir ihm nur zu erklären, weshalb wir gerade diesen Gegenstand nicht verschenken können, während wir gleichzeitig seine gute Absicht loben. Wenn wir uns in bezug auf sein Motiv irren sollten, wird das Kind uns gern berichtigen, da unser spontanes Lob ihm das Gefühl gegeben hat, daß wir es verstehen. Es ist in seiner guten Meinung über uns bestätigt, und es wird – was sehr wichtig ist – uns auch in Zukunft gegenüber offen sein.

Wenn die Eltern das Verhalten ihres Kindes nicht billigen können, ist das eine andere Sache. Dann ist es noch wichtiger, sich zu überlegen, aus welchen Motiven heraus das Kind gehandelt hat, doch sollte man dabei auch gründlich bedenken, inwieweit das Kind sich selbst darüber im klaren war. Wie wird es reagieren, wenn wir es zwingen, uns seine Gründe zu offenbaren, und wir diese nicht billigen können? Werden wir es damit in Verlegenheit setzen? Werden wir es veranlassen zu lügen? Und wenn wir uns gezwungen sehen, eine kritische Haltung zu dem einzunehmen, was es uns offenbart, wird es dann nicht die Überzeugung gewinnen, daß es nur unangenehme Folgen hat, wenn man die Wahrheit sagt?

Noch anders ist die Situation, wenn der Erwachsene nicht nur das Verhalten des Kindes mißbilligt, sondern auch selbst nicht hinter dessen Motive kommen kann. Wenn wir dann auf unsere Fragen befriedigende Antworten bekommen, ist auf einer Ebene alles in Ordnung, doch bleibt auf einer anderen Ebene ein Stachel zurück. Das Kind mag zwar glauben, daß wir es auf faire Weise angehört haben – was gewiß von Nutzen ist – und daß es uns überzeugen konnte, daß es im Recht ist, aber es behält das beunruhigende Gefühl, daß wir es zunächst nicht verstanden hatten. Sonst hätten wir es ja nicht einem Verhör unterzogen. Es vergrößert seinen Respekt vor dem Erwachsenen nicht, daß dieser so wenig Phantasie besaß und daß er ihm so rasch unannehmbare Motive zugetraut hat. Ein solches Kind wird bestenfalls ambivalent reagieren. Es wird sich sagen: Meine Eltern sind zwar fair, aber ich muß mein Teil dazu beitragen, daß sie mich verstehen. Warum haben sie mir nicht von Anfang an vertraut und geglaubt, daß ich weiß, was ich tue?

Natürlich besteht immer die Möglichkeit, daß das Kind selbst seine Gründe nicht kennt, wie es bei mir der Fall war, als ich Dr. X aus dem Klassenzimmer hinausgeworfen habe. Wenn das Kind sich bei einem Verhör gezwungen sieht, das zuzugeben, glauben es ihm die Eltern gelegentlich nicht und meinen, es suche nach Ausflüchten. Dann entdeckt es, daß sein Verhalten nicht nur ihm selbst unverständlich ist, sondern auch den soviel klügeren und erfahreneren Erwachsenen, von deren größerem Wissen die Sicherheit des Kindes abhängt. Das Ergebnis ist dann, daß die Eltern bei ihrem Kind an Respekt verlieren, und daß es künftig zögern wird, sich ihrer Lenkung anzuvertrauen, da sie es ja auch nicht besser verstehen, als es sich selbst versteht.

Das Peinlichste für ein Kind ist nicht, im geheimen zu fürchten, die eigenen Motive nicht zu erkennen, sondern es offen zugeben zu müssen. Es wird sich dann in Zukunft fragen, ob es überhaupt jemals darauf vertrauen kann, daß es weiß, was es tut. Wie kann es hoffen, uns seine Motive verständlich zu machen, wenn es sie selbst so wenig kennt und wenn auch die Erwachsenen kaum mehr darüber wissen? Wie kann es in Zukunft klüger handeln? Wenn man ein Kind zwingt, sich einzugestehen, daß es sich selbst nicht kennt, schadet man damit seinem Selbstvertrauen. Außerdem leidet auch seine gute Beziehung zu dem Erwachsenen darunter, der es durch sein Verhör zu diesem niederschmetternden Eingeständnis gezwungen hat.

Außerdem hat ein Kind, das nicht weiß, aus welchen Motiven heraus es gehandelt hat, bei einem Verhör das Gefühl, daß man von ihm *erwartet,* darüber Bescheid zu wissen. Deshalb oder auch weil es nicht ertragen kann, sich selbst nicht zu kennen, kann ein solches Verhör das Kind zum Lügen verleiten. Oliver Goldsmith meint dazu: »Stelle mir keine Fragen, und ich werde dich nicht belügen.« Wenn ein Kind sich gezwungen sieht zu lügen, so unterminiert das seine Selbstachtung. Es gibt ihm das Gefühl, ein Schwindler, wenn nicht noch etwas Schlimmeres zu sein. Dem Erwachsenen, dessen Fragen ihm eine schlechte Meinung von sich selbst suggeriert haben, wird es entfremdet.

Wenn wir uns daher nicht selbst eine Meinung über die Motive unseres Kindes gebildet haben, können wir nicht voraussagen, ob es in der Lage sein wird, unsere Fragen wahrheitsgemäß zu beantworten, und wir können auch nicht wissen, welch üble Folgen unser Verhör haben wird. Wenn wir aber im voraus wissen, wie unser Kind aller Wahrscheinlichkeit nach reagieren wird, und wenn wir seine Motive einigermaßen zu kennen glauben, dann besteht kein Grund zu einem Verhör. Wir würden es höchstens damit in Verlegenheit setzen.

Zusammenfassend ist zu sagen: Wenn ein Kind seine wahren Motive nicht kennt, wird ein Verhör die Folge haben, daß es, was die Richtigkeit seines Verhaltens anbelangt, in Zukunft hilflos und unsicher sein wird. Wenn wir seine Motive verstanden haben und es darüber aufklären, wäre es für uns und für das Kind besser, wenn wir ihm nicht zuvor sein Selbstvertrauen rauben würden. Wenn die Gründe des Kindes in seinen eigenen Augen schlecht sind, wird es uns oder – was noch schlimmer ist – sich selbst belügen, oder es wird sich gezwungen sehen, seine Motive abzustreiten, was seiner Zuneigung zu uns nicht förderlich sein wird. Auch wird das sein Vertrauen in die eigene Fähigkeit, sich vernünftig zu verhalten, beeinträchtigen.

Glücklicherweise haben in meinem Fall weder der Direktor noch meine Eltern ein Verhör mit mir angestellt. Natürlich machten sich meine Eltern Gedanken darüber, welche Folgen mein Verhalten haben könnte. Sie überlegten sich, ob ich meine Ausbildung vielleicht in einer Provinzstadt fortsetzen könne, falls ich – was alle befürchteten – von der Schule verwiesen würde. Daß sie mir keine Vorwürfe machten, sondern positive Pläne für meine Zukunft schmiedeten, stärkte mein Vertrauen zu ihnen. Ich hatte das Gefühl, daß sie schon einen Ausweg finden würden. Als sie dann am nächsten Tag hörten, wie gut ich weggekommen war, waren sie sehr erleichtert und sahen keinen Grund, mich zu fragen, weshalb ich so unüberlegt gehandelt hatte. Ich bin heute froh, daß sie es nicht getan haben, denn zu dem Zeitpunkt, an dem ich ihnen und mir eine befriedigende Antwort hätte geben können, waren sie bereits tot. Über dreißig Jahre vergingen, bevor ich entdeckte, was mich zu einem so unwahrscheinlichen Verhalten aufgestachelt hatte – unwahrscheinlich von außen gesehen und unerklärlich für mein Selbstverständnis. Ich hätte lügen müssen, wenn man mich in die Enge getrieben hätte, und das nicht so sehr, um andere zu überzeugen, als um zu verbergen, daß ich selbst meine Motive nicht kannte, was ich mir unter keinen Umständen hätte eingestehen oder anderen hätte offenbaren können.

Dr. X war eine lächerliche Figur mit der Stimme eines Eunuchen gewesen. Er konnte das Fach, in dem er promoviert hatte, auch nicht halbwegs adäquat unterrichten. Wir waren damals in einem Alter, in dem unsere aufkeimende Männlichkeit uns mit Zweifeln und Ängsten erfüllte, und wir brauchten männliche Figuren, mit denen wir uns identifizieren konnten. Dr. X war für uns kein geeignetes Identifikationsobjekt. Er vergrößerte noch unsere Angst, später als Mann zu versagen, und erfüllte uns mit den schlimmsten diesbezüglichen Befürchtungen. Deshalb haßten wir ihn, und dies war der tiefere Grund, weshalb mir einige meiner Klassenkameraden halfen, als ich ihn aus dem Klassenzimmer hinauswarf.

Auch meine Mitschüler fühlten sich von Dr. X abgestoßen, aber ich ging dabei allen voran. Welches unmittelbare, dringende Bedürfnis mochte mich veranlaßt haben, die Grenzen meines normalen Verhaltens derart zu überschreiten? Tatsächlich war, kurz bevor ich mich zu einem so unerwarteten und völlig uncharakteristischen Verhalten hinreißen ließ, etwas Ungewöhnliches geschehen: Mein Vater hatte einen Schlaganfall erlitten, der ihn eine Zeitlang völlig lähmte. So war ich plötzlich und unerwartet nicht nur meines wichtigsten Vorbilds zur Bildung meiner Persönlichkeit beraubt, ich sah mich mit der Möglichkeit konfrontiert, in die Fußstapfen meines Vaters treten zu müssen, da ich außer ihm das einzige männliche Mitglied unserer Familie war. Das war für einen unsicheren Fünfzehnjährigen, der von Zweifeln in bezug auf seine Männlichkeit hin- und hergerissen wurde und dem es an männlichem Selbstbewußtsein fehlte, ein erschreckender Gedanke. Diese Angst wurde durch die schwere Erkrankung meines Vaters (von der er sich glücklicherweise später langsam wieder erholte) übermächtig, und ich fürchtete, ich könnte am Ende jemand wie Dr. X werden. Dieser Gedanke war unerträglich. Daß ich ihm täglich im Klassenzimmer begegnete, vergrößerte meine Angst immer mehr, bis ich sie nicht mehr unter Kontrolle hatte. Nur durch einen äußerst gewagten, von Selbstbewußtsein zeugenden Akt konnte ich diese Angst um mich selbst beschwichtigen. Dieses Bedürfnis war so stark, daß mich keine Bedenken wegen der möglichen Folgen davon abbringen konnten. Es war, als ob sich in meinem Verhalten die Überlegung ausdrückte: »Wenn du dich nicht wie ein Mann benehmen kannst, dann muß ich es tun, wenn ich auch noch viel zu jung dafür bin.«

Damit war mein Verhalten ausreichend begründet, aber es war auch der Grund dafür, daß ich es mir nicht leisten konnte zu wissen, was die Ursache war. Es war mir unmöglich, den Ursprung und die Stärke meiner Angst zu erkennen, denn das hätte meine noch geringe Selbstsicherheit zerstört, die ich um jeden Preis aufbauen mußte. Es hätte die positive Wirkung einer Tat wieder zunichte gemacht, die für mich so wichtig war, daß ich bereit war, meine ganze Zukunft dafür zu riskieren.

Wie komplexer Natur meine Motive waren, konnte ich erst begreifen, nachdem meine eigene Psychoanalyse mir geholfen hatte, gewisse verborgene Aspekte meiner Beziehung zu meinem Vater zu verstehen. Auch mußte ich erst genügend Reife und Sicherheit erwerben, um die ungeheure Angst verstehen und akzeptieren zu können, mit der ich auf die Möglichkeit reagierte, daß mein Vater sterben könnte, während ich noch ein Kind war. Dadurch, daß ich selbst so lange gebraucht hatte, zu diesem Ergebnis zu kommen, erkannte ich, daß es nicht empfehlenswert ist, ein Kind nach seinen Motiven auszufragen, wenn es noch nicht in der Lage ist, sie selbst zu erkennen.

Der altmodische Direktor, der keine Ahnung von Psychoanalyse und von dem Wirken des Unbewußten hatte, wußte trotzdem, daß es nicht wünschenswert und möglicherweise sogar destruktiv ist, den Versuch zu machen, nach den Motiven eines Kindes zu forschen, besonders dann, wenn dessen Verhalten stark von seinem üblichen Betragen abweicht oder sonstwie aus dem Rahmen fällt. Wir, die wir mit der Rolle vertraut sind, die unser Unbewußtes spielt, wenn es uns zu Verhaltensweisen veranlaßt, für die unser Bewußtsein kein Motiv finden kann, sollten wenigstens soviel psychologisches Einfühlungsvermögen wie dieser Direktor aufbringen. Er sagte sich, daß mein Verhalten so wenig meinem Charakter entsprach und in jeder Hinsicht so ungewöhnlich war, daß ich ausreichende Beweggründe dafür gehabt haben mußte. Davon ausgehend, fiel es ihm nicht schwer, sich vorzustellen, welches diese Motive sein könnten, und danach zu handeln. Dadurch, daß er mich keinem Verhör unterzog, sondern sich auf seine eigenen Vermutungen verließ, hat er sich meine lebenslange Achtung erworben, einen Respekt, wie ihn alle Eltern in ihrer Beziehung zu ihrem Kind erlangen möchten.

8. Kapitel

Über Empathie

Empathie: Die Fähigkeit, seine Persönlichkeit in das Objekt der Kontemplation zu projizieren und es auf diese Weise ganz zu verstehen.
The Oxford English Dictionary

Der Direktor hatte in seiner Strafpredigt seinem gerechten Zorn Luft gemacht. In seinen anschließenden ruhigen Bemerkungen über die Unzulänglichkeit von Dr. X als Lehrer und Erzieher von Knaben brachte er zum Ausdruck, daß er Dr. X als Lehrer für ungeeignet hielt. Er war mit ihm nicht einverstanden, und seine eigene Unzufriedenheit mit ihm machte ihm mein Verhalten verständlich. Daher hielt er es nicht für nötig, meinen Motiven auf den Grund zu gehen, indem er Vermutungen darüber anstellte oder mich danach fragte, und er glaubte auch nicht, mich streng bestrafen zu müssen. Aber sein Verständnis für mich war intellektueller Natur. Es beruhte nicht auf Empathie. Dazu war er allzusehr von seiner Überlegenheit über einen Schuljungen überzeugt, und dazu lagen die Schwierigkeiten und Kümmernisse seiner eigenen Schulzeit zu weit zurück. Daß ich Dr. X verabscheute, war ihm durchaus verständlich. Um aber mein Verhalten als gerechtfertigt hinzunehmen, hätte er der Ansicht sein müssen, daß wir uns auf der gleichen emotionalen Ebene befanden – daß wir die gleichen oder doch sehr ähnliche Motive hatten, die ich in die Wirklichkeit umsetzte, während er sich theoretisch damit beschäftigte. Dies war jedoch nicht möglich, weil er sich mir zu überlegen fühlte. Die für das Verständnis eines Kindes so wichtige Empathie setzt voraus, daß man das Kind als seinesgleichen ansieht, nicht in bezug auf Wissen, Intelligenz oder Erfahrung, und ganz gewiß nicht hinsichtlich seiner Reife, sondern bezüglich der Gefühle, die uns alle motivieren. Dazu muß man aber mit dem ganzen Bereich seiner Gefühle vertraut sein – und nicht nur in bestimmten Augenblicken oder in bezug auf die Emotionen, welche gewöhnlich in uns aufkommen. Eine empathische Reaktion ist der Versuch, sich an die Stelle eines andern zu versetzen, so daß wir nicht nur dessen Emotionen, sondern auch seine Motive nachempfinden. Wenn wir versuchen, in uns eine empathische Reaktion zu erzeugen, müssen wir den andern von innen her und nicht von außen verstehen, wie es ein interessierter oder sogar besorgter Beobachter tun könnte, der die Motive des andern verstandesmäßig zu begreifen sucht.

Der Direktor hatte versucht, den Vorfall intellektuell zu verstehen. Da er mit Dr. X sehr unzufrieden war, fiel es ihm nicht schwer zu verstehen, daß ich das auch war. Das genügte ihm. Um sich in das, was ich getan hatte, einfühlen zu können, hätte er viel weiter gehen müssen. Er hätte sich fragen müssen, weshalb ich in diesem Fall so ganz und gar im Widerspruch zu meinem Charakter gehandelt hatte, was mich dazu veranlaßt hatte. Da er aber überzeugt war, daß er den Vorfall weit besser beurteilen konnte als ich, hielt er es für völlig ausreichend, wenn er sich ausschließlich auf sein eigenes Urteil verließ. Ich habe an früherer Stelle das Sprichwort zitiert: »Alles verstehen, heißt alles verzeihen.« Hier könnte ich hinzufügen, daß man bei der Empathie so *fühlt* wie der andere. Man versucht, Mitgefühl mit ihm zu haben und sich in ihn einzufühlen. Es handelt sich darum, daß man nachempfindet, wie einem selbst zumute wäre, wenn man zwar nicht genau in der gleichen Lage wäre, aber sozusagen in der Haut des anderen steckte.

Freud sprach von der Sympathie, die zwischen dem Unbewußten eines Menschen und dem eines andern besteht, und meinte, daß wir das Unbewußte eines anderen nur durch unser eigenes Unbewußtes verstehen können. Man kann nicht adäquat erklären, worum es sich bei Liebe, Zorn, Eifersucht oder Angst handelt, und es läßt sich mit Worten auch nicht wirklich mitteilen, was man bei einer Depression oder bei einer freudigen Erregung empfindet. Aber wenn man einen solchen Zustand selbst erlebt hat, weiß man, was der andere vermutlich fühlt. Wenn wir uns in einen anderen Menschen einfühlen, kommen wir ihm sehr nahe. Wir verstehen ihn dann viel besser, als wenn wir uns auf das verlassen müßten, was er uns zu sagen vermag. Selbst große Dichter müssen zu Symbolen ihre Zuflucht nehmen, wenn sie uns ihre tiefsten Gefühle mitteilen wollen. Sie sprechen in Bildern und Allegorien, weil sie das, was sie sagen möchten, nicht unmittelbar ausdrücken können. Um sie wirklich zu verstehen, müssen wir nicht nur die einzelnen Zeilen, sondern auch das, was zwischen den Zeilen steht, lesen, und wir müssen das mitberücksichtigen, was ihre Worte unserem Unbewußten suggerieren, indem wir auf ihre symbolischen Andeutungen und Metaphern reagieren.

Wir sollten von unseren Kindern nicht erwarten, daß sie uns ihre tiefsten Gefühle, oder das, was in ihrem Inneren vorgeht, mitteilen können. Sie können es deshalb nicht, weil vieles davon ihrem Bewußtsein nicht zugänglich ist und sie es deshalb nicht artikulieren können. Wenn wir das, was in ihrem tiefsten Inneren vorgeht, verstehen wollen, müssen wir uns auf unsere empathischen Reaktionen verlassen, wobei unser Verstand sich zu verstehen bemüht, was sie uns mit ihren Worten und Handlungen mitzuteilen versuchen, während unser Unbewußtes durch »Projektion in das Objekt unserer Kontemplation« sie im Zusammenhang mit unseren eigenen inneren Erfahrungen aus Vergangenheit und Gegenwart zu sehen versucht. Tun wir das, so verstehen wir sie wirklich, während wir gleichzeitig auch uns selbst besser verstehen lernen. Deshalb hat vor über zweitausend Jahren der Dichter Menander gesagt: »›Erkenne dich selbst‹, ist eine gute Sache, jedoch nicht in allen Situationen. Häufig sagt man besser: ›Erkenne die andern.‹ «

Worum es sich bei der Empathie und ihrer heilsamen Wirkung handelt, hat die Kinderpsychologin Christine Olden am Beispiel eines wütenden achtjährigen Jungen gezeigt. Zu Anfang seiner Therapie diktierte dieser Junge Dr. Olden folgendes: »Meine Mutter ist gemein. Mein Vater ist gemein. Meine Mutter ist häßlich. Meine Analytikerin ist häßlich und gräßlich«, und so weiter. Er brachte damit seine innere Wut zum Ausdruck, die der Grund dafür war, daß er sich in psychotherapeutischer Behandlung befand. Da er bereits wußte, daß seine Analytikerin auf seinen Wutausbruch nicht so reagieren würde, wie seine Eltern, seine Lehrer und die meisten anderen Leute das taten, verlangte er, daß jemand anderes hereingerufen würde, um das zu lesen, was er diktiert hatte. Dann würde die Analytikerin sehen, wie die Leute gewöhnlich auf ihn reagierten. Die neue Leserin nahm seine Geschichte sehr nachdenklich und voller Mitgefühl auf. Da sie nicht schokkiert war und nicht mit Vorwürfen reagierte, wie es der Junge gewohnt war, sagte er herausfordernd: »Das ist eine Geschichte, was?« Worauf sie voller Mitgefühl antwortete: »Ich finde, daß es eine sehr traurige Geschichte ist.« Diese unerwartete Antwort brachte den Jungen außer Fassung, denn er fand, daß seine Geschichte seine Wut zum Ausdruck brachte und höchst aggressiv war. Nachdem er sich von seinem Staunen erholt hatte, fragte er schließlich, wieso die Geschichte traurig sei, und erhielt die Antwort, daß sie so überaus traurig sei, weil daraus hervorgehe, wie wenig er sich selbst leiden könne, denn man müsse sich schon sehr verabscheuen, wenn man in anderen nur das Schlechte sehe und auf die ganze Welt so wütend sei. Dadurch, daß die Leserin der Geschichte nachzufühlen versuchte, wie es in jemandem aussehen mußte, der gegen die wütete, für die er eigentlich die zärtlichsten und liebevollsten Empfindungen haben müßte, konnte sie herausfinden, worin die Gefühle dieses Jungen ihren Ursprung hatten. Sie erkannte, daß sie nur auf eine abgrundtiefe Traurigkeit zurückzuführen waren, die von seiner Verzweiflung herrührte, daß er sich selbst nicht mochte. Als dieser Junge spürte, daß jemand für seine tiefsten Gefühle Verständnis hatte und sie liebevoll akzeptierte, anstatt sie abzulehnen, wie er es gewohnt war, veranlaßte ihn das, allmählich seine Ansichten über sich selbst und die Welt zu ändern. Seine Analytikerin hätte das nicht erreichen können – wenigstens nicht in diesem frühen Stadium der Therapie –, denn der Junge war intelligent genug zu merken, daß es zu ihrem Beruf gehörte, ihn zu akzeptieren. Aber jemand, der eine derartige Verpflichtung nicht hatte und ihn kaum kannte, hatte erkannt, daß sein Verhalten nicht – wie alle Erwachsenen bisher angenommen hatten – auf seine Wut zurückzuführen war, sondern auf seine Traurigkeit. Dies gab ihm die Hoffnung, daß schließlich auch die, welche ihm am allerwichtigsten waren – nämlich seine Eltern –, positiv auf seine Traurigkeit und nicht negativ auf seine Wut reagieren würden. Das hätte man niemals erreichen können, wenn man ihn ausgefragt hätte. Man hätte ihn damit nur in seiner Überzeugung bestärkt, daß niemand ihn verstehe oder verstehen wolle.

Genauso wie es mir unmöglich gewesen wäre, irgend jemandem von der Angst zu erzählen, die meinen heftigen Gefühlsausbruch verursacht hatte, war es für diesen hochintelligenten Achtjährigen nicht möglich zu erkennen, worauf seine alles verzehrende Wut zurückzuführen war. Die Intensität kindlicher Wut ist wie eine undurchdringliche Mauer, die alles verbirgt, was dahintersteckt. Das sollte uns eigentlich nicht weiter wundern, da wir wissen, daß auch viel ältere Jugendliche nicht in der Lage sind, den wahren Ursprung ihrer Wut zu erkennen. Der Grund ist, daß Menschen, die unter dem psychischen Druck von Gefühlen stehen, die so heftig sind, daß sie ihr Leben ganz beherrschen – besonders wenn es sich um Wut handelt –, nicht vernünftig darüber nachdenken können. Ihre Wut nimmt sie so völlig in Anspruch, daß sie nicht den nötigen Abstand gewinnen können, um hinter die Ursachen zu kommen.

Selbst vielen reifen Menschen fällt es ja schwer, von verzehrenden Gefühlen soviel Abstand zu gewinnen, daß sie sie durchschauen und zu ihrem Ursprung vordringen können. Ist man dazu fähig, so zeugt das von echter Reife, denn man muß in der Lage sein, sozusagen aus sich selbst und aus seinen Gefühlen, so heftig diese auch sein mögen, herauszutreten, um sie objektiv zu betrachten. Aber junge Menschen, die unter dem Eindruck sehr starker Gefühle stehen, können das oft nicht, selbst wenn sie die Pubertät schon lange hinter sich haben. Wenn wir daher unser Kind verstehen wollen, während es von heftigen Gefühlen bewegt wird, müssen wir versuchen, uns in das einzufühlen, was in seinem Inneren vorgeht, und mit unseren Gefühlen und Handlungen auf das reagieren, was wir auf diese Weise entdecken. Wir können das aber nur, wenn wir uns nicht durch das offen zutage tretende Verhalten unseres Kindes zu falschen Reaktionen hinreißen lassen.

Dieser Junge konnte nur sagen: »*Es* macht mich so wütend!«, wobei dieses »es« sein Unbewußtes war, die Quelle seiner Wut. Wenn man in ihn gedrungen wäre, sich deutlicher auszudrücken, hätte er nur Rationalisierungen vorbringen können, da ihm ja der Inhalt seines Unbewußten unbekannt war. Er hätte das unbestimmte Gefühl gehabt, daß seine Rationalisierungen nichtssagend, oberflächlich und letzten Endes falsch seien. Hätte man ihn mit Fragen bestürmt, hätte die Fragerei seine Wut nur noch verstärkt, weil man ihn damit gezwungen hätte, sich darüber klarzuwerden, daß er sich selbst nicht verstand.

Hätte man mich gezwungen, meinen Angriff auf Dr. X zu erklären, hätte ich wahrheitsgemäß nur sagen können, »etwas« habe mich dazu veranlaßt, ein »Etwas«, das ich erst nach Jahren als eine Angst identifizieren konnte, die so bedrohlich und unbeherrschbar war, daß ich sie in mein Unterbewußtsein verdrängt hatte. Wenn man weiter in mich gedrungen wäre, worum es sich handelte, weil ja »etwas« keine Erklärung ist, wäre ich entweder verstummt – was man als Eigensinn und nicht als Hilflosigkeit interpretiert hätte –, oder ich hätte irgend etwas vorgebracht, was sich auf die Unfähigkeit von Dr. X als Lehrer bezogen hätte. Diese Erklärung wäre dem Direktor genauso unzureichend vorgekommen wie mir selber. Schließlich hätte ich mich über den Direktor geärgert, weil er mich zu etwas aufgefordert hätte, wozu ich nicht in der Lage war, nämlich mein Verhalten zu erklären, während er sich seinerseits über mich geärgert hätte, weil ich mich eigensinnig geweigert hatte, meine wirklichen Gründe anzugeben. Und Ähnliches wäre geschehen, wenn Frau Olden ihren kleinen Patienten gedrängt hätte, ihr die Ursache seiner Wut zu sagen. Wenn die tiefsten Gefühle mit im Spiel sind, haben die Eltern den verständlichen Wunsch, herauszufinden, welches die Motive ihres Kindes sind. Das verführt sie dazu, in es zu dringen. Aber da das Kind selbst beim besten Willen nicht in der Lage ist, sich zu äußern, wächst die gegenseitige Verbitterung, und beide Teile verlieren das Vertrauen zueinander.

Die meisten Eltern *wissen* heute Bescheid über das, was für den Direktor noch eine *terra incognita* war, daß nämlich mächtige unbewußte Emotionen viele unserer Handlungen beherrschen und daß es Jahre harter Arbeit beanspruchen kann, diese Gefühle auf das Niveau bewußter Wahrnehmungen zu bringen. Wird man dazu aufgefordert, so wird dieses unbewußte Material wahrscheinlich nur noch unerreichbarer. Es wäre zu überwältigend oder zu gefährlich, wenn man sie erkennen würde, daher vergrößert die Aufforderung, sie zu offenbaren, die Angst – was wiederum die Verdrängung verstärkt. Aber weshalb fällt es Eltern so schwer, all das zu erkennen? Schließlich wissen sie doch, daß auch sie gewisse Aspekte ihres Lebens vor ihren Kindern geheimhalten. Ich glaube, daß das Problem – wie so vieles von dem, was zwischen Eltern und Kindern falsch läuft – von dem bewußten Wunsch der Eltern kommt, ihrem Kind nahe zu sein, und von ihrem unbewußten Gefühl, daß es ihnen nur wirklich *gehören* kann, wenn es keine Geheimnisse vor ihnen hat. Da es *ihr* Kind ist, sollte es in ihm und seiner Umgebung nichts geben, was ihnen verborgen bleibt, einschließlich seines Innenlebens. Sie gestehen ihrem Kind zwar ein Unbewußtes zu, aber während sie es richtig finden, daß dieses Unbewußte vor allen andern verborgen bleibt, sollte es *ihnen,* den Eltern, zugänglich sein.

Die Antwort »Ich weiß nicht«

Wenn wir mit unserem Kind nicht mehr ein noch aus wissen und uns nicht mehr in es einfühlen können, sollten wir wenigstens versuchen, Mitgefühl für seine Lage aufzubringen. Mit den Mitteln, die uns als Erwachsenen zur Verfügung stehen, können wir ihm eine Lösung vorschlagen. Wenn das Kind unseren Vorschlag akzeptiert, sollten wir uns jedoch davon überzeugen, ob es dies nicht nur uns zuliebe tut oder um eine weitere Diskussion zu vermeiden. Aus diesem Grund sollten wir es lieber auffordern, sich unsere Idee zu überlegen und Verbesserungsvorschläge zu machen. Hierdurch bringen wir seine Reaktionen viel eher ans Licht. Außerdem schärft diese Methode seine Urteilsfähigkeit, was eine einfache Frage nicht tun würde. Wenn wir es auffordern, sich zu unserem Vorschlag zu äußern und fragen: »Was hältst du davon?«, statt daß es unseren Vorschlag nur akzeptiert oder seine eigene Auffassung verteidigt, werden wir eine ganze Menge darüber erfahren, was in seinem Kopf vorgeht. Dadurch, daß es uns seine Gedanken mitteilt und sie in Worte und verständliche Sätze faßt, wird es sich auch selbst klarer darüber werden.

Ich erwähnte bereits, daß der Erwachsene aus einer völlig anderen Perspektive heraus urteilt und daß es ihm deshalb oft schwerfällt herauszufinden, wie das Kind zu seinen Entschlüssen kam. Wenn wir die Dinge jedoch von seinem Standpunkt aus betrachten und ihm dann unsere Vorschläge auf eine Weise unterbreiten, aus der es schließen kann, daß wir ähnliche Ansichten haben wie es selbst, daß wir seine Absichten billigen oder wenigstens nicht mißbilligen, dann wird es uns gern offen mitteilen, was es im Sinn hat.

Wenn wir uns dagegen über das Kind ärgern, dann wird es aus der Art heraus, wie wir eine Erklärung von ihm verlangen, spüren, daß wir ihm skeptisch oder gar kritisch gegenüberstehen. Jedes Kind spürt aus dem Ton der Stimme, aus dem Gesichtsausdruck, der Körperhaltung oder anderen unterschwelligen Signalen die Mißbilligung seiner Eltern heraus. Auch wenn wir uns dessen nicht bewußt sind, das Kind ist dafür sehr empfänglich. Fürchtet es eine negative Reaktion auf das, was es sagen will, wird es auf unsere Fragen nicht ruhig antworten können. Es wird so verstört sein, daß es nicht mehr klar weiß, was es eigentlich gewollt hat.

Nur selten ist ein Kind sich seiner selbst und seiner Beziehung zu den Eltern so sicher, daß es frei ist von dieser Art von Angst. Ob man in der Vergangenheit kritisiert hat oder nicht, es erlebt *jede* Art von Kritik so, als richte sie sich nicht nur gegen das, was es gerade denkt oder tut, sondern ganz allgemein gegen seine Person. Daher haben die meisten Kinder, wenn sie ihren Eltern ihre Gedanken offenbaren, Angst, man könne etwas an ihnen auszusetzen haben, oder sie würden vielleicht sogar dafür bestraft werden, daß sie solche Gedanken hatten. Diese Angst ist die Kehrseite seines Bedürfnisses nach dem Einverständnis seiner Eltern. Das Kind fürchtet vor allem, man könne es in einer Situation für falsch orientiert oder böse halten, bei der es ursprünglich überzeugt war, im Recht zu sein – und dies nur deshalb, weil es seine wahren Gedanken geäußert hat.

Diese Besorgnis macht, daß es ihm schwerfällt, mit seiner Meinung offen herauszurücken. Daher redet es um die Dinge herum, damit der Frager nichts einzuwenden hat. Oft merkt es, daß es nicht genau das sagt, was es denkt. In anderen Fällen ist es sich nicht bewußt, daß es seine Gedanken einer Zensur unterwirft, um sie für die Eltern annehmbarer zu machen, aber es tut es. Auch viele Erwachsene sind sich nicht völlig bewußt, was sie tun, wenn sie eine Geschichte abändern, oder weshalb sie das tun, und je jünger der Betreffende ist, um so häufiger kommt das vor.

Wenn wir uns nicht bewußt sind, weshalb wir etwas tun, so bedeutet das nicht, daß dieses Tun nicht von Gefühlen begleitet ist, aber wir verstehen sie nicht, weil wir ihren Ursprung nicht bis in unser Bewußtsein gelangen lassen. Aber das Kind, das – um seine Eltern zu besänftigen – vor ihnen geheimhält oder ihnen nicht wahrheitsgemäß mitteilt, weshalb es sich etwas wünscht, ärgert sich über sich und über uns, weil es sich nicht so frei und unverblümt äußern kann, wie es das gerne möchte. Seine Angst vor unserer möglichen Reaktion erlaubt es ihm einfach nicht. Aus Angst, wir könnten das, was es uns mitteilen möchte, nicht billigen, vermeidet es lieber jede wirkliche Antwort und sagt auf unsere Frage: »Ich weiß nicht.« Das verpflichtet es zu nichts, und es glaubt, uns auf diese Weise Aufregung zu ersparen. Aber meist ärgern wir uns gerade darüber, weil wir es als Weigerung auffassen, unsere Frage zu beantworten, und weil wir uns entweder einbilden, unser Kind sei so töricht, daß es handle, ohne nachzudenken, oder es habe nicht das nötige Vertrauen zu uns. Da uns beide Möglichkeiten nicht behagen, werden wir wahrscheinlich die Antwort »Ich weiß nicht« für unwahr halten und enttäuscht darüber sein, daß wir bei unserem Versuch, den Dingen auf den Grund zu kommen, gescheitert sind.

Tatsächlich ist »Ich weiß nicht« recht oft keine Entschuldigung und keine Ausflucht, sondern es gibt die Hilflosigkeit des Kindes korrekt wieder. Ursprünglich hat es vielleicht recht gut gewußt, was es tat und weshalb es das tat, und war von der Richtigkeit seines Tuns und seiner Motive überzeugt. Wenn es aber aus der Art unseres Fragens unsere Mißbilligung heraushört, gerät es in Verwirrung. Was ihm bisher richtig schien, scheint ihm jetzt weniger richtig, und es fühlt sich mattgesetzt.

Als Eltern müssen wir uns darüber im klaren sein, wieviel wir für unser Kind bedeuten. Wenn es spürt, daß wir etwas mißbilligen, wird es sofort unsicher. Was ihm zuvor richtig schien, kommt ihm jetzt falsch vor – und dies nicht nur deshalb, weil es das, was es getan hat, jetzt anders auffaßt, sondern weil seine Eltern es mißbilligen. An diesem Punkt angekommen, weiß es nicht mehr, was es eigentlich wollte. Seiner Auffassung nach war sein Verhalten die richtige Reaktion auf die betreffende Situation, so wie sie sich ihm dargestellt hatte, aber nun stellt sich heraus, daß es falsch war, weil es seine Eltern betrübt hat. In dieser Situation findet es sich nicht zurecht. Mit seinem noch unreifen Verstand versteht es noch nichts von der Relativität der Dinge und weiß nicht, daß verschiedene Standpunkte möglich sind. Es meint, daß etwas nicht sowohl richtig als auch falsch sein kann, und das setzt es in größte Verwirrung.

Aus diesem Grund verursachen viele unserer Fragen, die wir stellen, um unser Kind zu verstehen, bei ihm und bei uns selbst nur Verwirrung. Da »Ich weiß nicht« bei ihm einem Eingeständnis seiner Hilflosigkeit gleichkommt, möchte es das lieber nicht sagen, und weil es durch unsere Fragerei jetzt das Gefühl hat, dumm und unfähig zu sein, gibt es den Eltern, die es gefragt haben, die Schuld an seiner Verwirrung.

Auch die Eltern sind hilflos und verärgert, wenn ihr Kind ihre Fragen mit »Ich weiß nicht« beantwortet. In fast allen anderen Situationen, in denen unser Kind sagt, daß es etwas nicht weiß, sind wir nur zu bereit, es ihm zu erklären, ist uns doch klar, daß es natürlich vieles noch nicht wissen kann und sich oft noch nicht zurechtfindet. Tatsächlich genießen wir unsere Rolle als Hauptinformationsquelle. Aber wenn ein Vater oder eine Mutter das Verhalten des Kindes mißbilligt und es darüber ausfragt, kommt es vor, daß der Erwachsene nicht glaubt, daß das Kind ohne Grund gehandelt hat. Er macht sich nur selten klar, daß es seine Fragen tatsächlich nicht beantworten kann, weil seine Gründe in seinem Unbewußten begraben sind.

Das Kind ahnt irgendwie, daß es nur »Ich weiß nicht« sagen kann, weil ihm seine Eltern so wichtig sind. Es hat das Gefühl, für eine nichtssagende Antwort ungerechterweise getadelt zu werden, die seine Eltern selbst provoziert haben. In dieser Beziehung durchschaut es die Situation gewöhnlich besser als seine Eltern. Diese sehen meist nur den frustrierenden Eigensinn des Kindes, das ihnen nicht sagen will, was sie gerne wissen möchten. Sie merken nicht, daß die überwältigende Wichtigkeit ihrer Meinung für das Kind der Grund dafür ist, daß es etwas nicht zu sagen wagt, wovon es fürchtet, es könnte ihnen mißfallen.

Um eine ähnliche Situation handelt es sich, wenn unser Kind unserer Meinung nach ungenügende Leistungen – zum Beispiel in der Schule – aufweist und auf unsere besorgten Fragen antwortet: »Ich kann nicht.« Wenn unser Kind uns bei anderen Gelegenheiten sagt, es könne etwas nicht, dann akzeptieren wir das gewöhnlich verständnisvoll. Nehmen wir aber in diesem Fall von Anfang an eine kritische Haltung ein, werden wir eine ausweichende Antwort erhalten. Das Kind spürt unsere kritische Einstellung und reagiert darauf – nicht unbedingt bewußt – so widerspenstig, daß es uns damit weitere Munition für unsere negative Haltung liefert. Es hat den Eindruck, daß wir seine Gründe nicht akzeptieren werden. Weshalb sollte es sie uns also offenbaren? Besser, man schiebt Unvermögen vor als mangelnden guten Willen – und natürlich kann ja auch in vielen Fällen das Unvermögen durchaus vorhanden sein, wenn es auch oft unbewußte Ursachen hat.

Wenn wir von unserem Kind eine offene, ehrliche Antwort haben wollen, müssen wir ihm zu verstehen geben, daß wir sie respektieren werden – ein Versprechen, das wir ihm durch unsere Haltung und die Wahl unserer Worte vermitteln können, wenn wir ihm unsere Fragen stellen. Dann wird es sich nicht gezwungen fühlen, uns mit Entschuldigungen zu antworten oder Unwissenheit und Unfähigkeit vorzuschützen. Wenn es sicher ist, daß wir es verstehen, wird es dieses Verständnis gern noch dadurch vergrößern, daß es uns (und sich selbst) wissen läßt, was in ihm vorgeht.

Aber selbst wenn wir auf die Gründe unseres Kindes mit Empathie reagiert haben, wird es Zeiten geben, wo wir seinen Ansichten nicht zustimmen und sein Verhalten nicht billigen können. Wenn es sich jedoch unseres guten Willens sicher ist, wird es sich lenken lassen. Es wird vielleicht unsere Einwände nicht gerade gerne hören, aber es wird sich nicht unterdrückt fühlen, und wenn es – wie wir hoffen –

seine Ansichten und sein Verhalten ändert, wird es dies nicht aus Angst, sondern aus Liebe tun, nicht weil es fürchtet, es könnte uns damit ärgern oder es könnte vielleicht von uns bestraft werden, sondern weil es sich unsere gute Meinung erhalten möchte. Es ist wirklich erstaunlich, wie bereitwillig wir beträchtliche Opfer bringen, um uns Achtung und Zuneigung von Menschen zu erhalten, die uns wichtig sind oder von denen wir glauben, daß sie mit unserem Denken und Handeln sympathisieren. Wir bringen diese Opfer dagegen nur ungern, wenn wir das Gefühl haben, dazu von jemandem gezwungen zu werden, von dessen gutem Willen wir nicht überzeugt sind. Im ersteren Fall ist es uns ein Vergnügen, und wir haben gewöhnlich Erfolg damit, im letzteren Fall handelt es sich bestenfalls um eine lästige Verpflichtung, weshalb meist auch nichts Rechtes dabei herauskommt.

So schwierig es ist, Situationen zu vermeiden, die die Antwort »Ich weiß nicht« heraufbeschwören, empfiehlt es sich doch, ein Kind nicht nach seinen Gründen zu fragen. Auch dann, wenn es recht gut weiß, was seine Motive waren, ist es nicht immer ratsam, danach zu fragen, denn selbst wenn man keine Kritik üben wollte, kann das Kind das anders auffassen. Die meisten Kinder machen ja die Erfahrung, daß wir sie nur selten auffordern, uns ihr Verhalten zu erklären, wenn wir ganz und gar damit einverstanden sind. Wir fragen sie nach ihren Gründen, wenn wir unzufrieden sind, und das wissen sie. So fragen die meisten Eltern gewöhnlich nicht: »Warum hast du dich so angestrengt, so vorzügliche Noten in der Schule zu bekommen?« Wir fragen vielmehr: »Warum hast du deine Hausaufgaben nicht gemacht?« Und wir fragen nicht: »Warum bist du heimgekommen, um deine Schulaufgaben zu machen, obwohl du draußen so schön gespielt hast?«, und fragen nur selten – wenn überhaupt –: »Warum bist du so nett zu deinem Bruder?« oder: »Weshalb hast du dein Zimmer so schön aufgeräumt?« Wir sind durchaus bereit, ein Kind mit Lob zu überschütten, wenn es sich gut benimmt, aber wir fragen es in diesem Fall kaum nach seinen Gründen, obgleich die recht komplex und sogar genauso fragwürdig sein können wie die, die einem schlechten Betragen zugrunde liegen. Daher weiß das Kind, daß eine Frage meist auf Mißbilligung schließen läßt.

Lügen lernen

Selbst wenn ein Kind sich sicher fühlt oder wenn es so überzeugt davon ist, daß es recht hat, daß es seine Gründe darlegen kann, obwohl es spürt, daß wir nicht damit einverstanden sind, ist das nicht immer einfach. Wenn wir beispielsweise unser Kind fragen, warum es ein anderes Kind geschlagen hat, kann es uns wahrheitsgemäß antworten, das andere Kind habe es verdient: »Er hat es nicht anders gewollt!« Wenn wir dann weiter in unser Kind dringen, wird es uns erklären, das andere Kind habe es geärgert und provoziert.

Viele Eltern werden darauf erwidern, man dürfe sich nicht provozieren lassen (obwohl es ihnen selbst manchmal schwerfallen dürfte, sich nach diesem Gebot zu richten), und wenn man sich über jemanden ärgere, sei das noch lange kein Grund, ihn zu schlagen. In einer zivilisierten Gesellschaft ist körperliche Gewalt möglichst oder besser ganz zu vermeiden. Aber was ein Erwachsener kann, übersteigt die Fähigkeit eines Kindes. Ob wir uns beherrschen können, hängt von unserer Reife ab. Wenn die Eltern dem Kind mit solchen Sprüchen kommen, lernt es weiter nichts, als daß sie es nicht verstehen. Oder es schließt daraus: »Wenn ich ihnen ehrlich etwas erkläre, erreiche ich damit nur, daß sie sagen, ich sei im Unrecht!« Es ist erstaunlich, wie häufig ein Kind derartige Erfahrungen macht. Und mit jeder neuen Erfahrung lernt es, daß Aufrichtigkeit nur die Kritik derer zur Folge hat, die ihm am wichtigsten sind. Wenn ein Kind das erlebt, wird es ihm schwerfallen, der Versuchung zu widerstehen, die Tatsachen zu verschleiern, um sie uns schmackhafter zu machen, denn es ist überzeugt, daß es sich gar nicht leisten kann, uns die volle Wahrheit zu sagen.

Eine häufige Erklärung für Gewalttätigkeiten lautet: »Er hat mich dazu veranlaßt!« Das ist nicht – wie manche Eltern annehmen – der Versuch, die Schuld auf einen andern zu schieben, sondern es entspricht dem ehrlichen Gefühl des Kindes, daß der andere es durch sein Verhalten so provoziert hat, daß seine Emotionen stärker waren als seine Fähigkeit, sich zu beherrschen. Wenn die Eltern den Vorfall beobachtet und gesehen haben, daß das andere Kind nicht zuerst geschlagen hat, sagen sie vermutlich: »Das stimmt nicht!« – womit sie sagen wollen, daß das andere Kind die Schlägerei nicht veranlaßt hat. Aber von seinem Standpunkt aus hatte das Kind gute Gründe für sein Verhalten. Im allgemeinen *kann* ein Erwachsener dem Grundsatz der Gewaltlosigkeit gemäß leben. Aber sollte man vernünftigerweise von einem Kind erwarten, daß es über die gleiche Selbstbeherrschung verfügt?

Der Fehler liegt hier – wie auch in vielen anderen Situationen – darin, daß die Eltern die Lage aus ihrer Perspektive beurteilen, daß sie sich überlegen, wie sie selbst sich verhalten würden, und daß sie dann von ihrem Kind erwarten, daß es dasselbe tut. Aber das Kind ist seinen Gefühlen viel stärker ausgeliefert und weit weniger fähig, sich zu beherrschen. Das Gesetz berücksichtigt die verminderte Fähigkeit eines Menschen, sich zu beherrschen. Sollten wir als Eltern das nicht genauso machen und von unseren Kindern nicht erwarten, daß sie sich besser beherrschen, als es ihrem Alter entspricht? Wenn wir also von der Überzeugung ausgehen, daß unser Kind für sein Verhalten gute Gründe hatte, können wir annehmen, daß es – wenn es ein anderes Kind geschlagen hat – so stark provoziert wurde, daß es seiner Ansicht nach nur so reagieren konnte. Wenn wir von dieser Annahme ausgehen, brauchen wir nicht mehr zu fragen: »Warum hast du dieses Kind geschlagen?«, weil wir die Antwort bereits genau kennen. Wir wissen zwar noch immer nicht, welcher Art die Provokation war, aber wir können die Frage voller Sympathie formulieren, in der Überzeugung, daß sich unser Kind so herausgefordert fühlte, daß es glaubte, eine körperliche Bestrafung sei die einzig mögliche Reaktion. Wir können dann etwa sagen: »Es ist schon schlimm, daß dieses Kind dich so wütend gemacht hat. Was hat es denn um des Himmels willen getan?« Dann hätte unser Kind das Gefühl, daß wir auf seiner Seite stehen und daß wir begriffen haben, daß es in dieser Situation nicht anders handeln konnte. Es hätte dann keinen Grund, uns den Vorgang nicht genau so zu schildern, wie es selbst ihn sah. Das würde verhindern, daß wir in eine Sackgasse geraten, und wir müßten unserem Kind lediglich noch klarmachen, daß auch eine konstruktivere Reaktion auf eine Provokation möglich ist. Wenn wir an seinen guten Kern glauben, können wir abwarten, bis es nicht mehr so aufgeregt und wütend ist, und uns dann mit ihm darüber unterhalten, weshalb körperliche Gewalttätigkeiten so unangebracht sind und weshalb man lernen sollte, sich zu beherrschen. Wenn das Kind nicht mehr von seinem Zorn überwältigt ist, wird es uns auch zuhören und das in sich aufnehmen, wovon wir es zu überzeugen versuchen.

Es erübrigt sich wohl hinzuzufügen, daß wir das Kind nicht davon überzeugen werden, daß man von körperlicher Aggression Abstand nehmen sollte, wenn wir selbst vor Züchtigungen nicht zurückschrecken. Wenn wir selbst zuschlagen, wird das Kind daraus lernen, daß die körperliche Aggression berechtigt ist, wenn man damit durchkommt und einen guten Grund dafür zu haben glaubt. Da das Kind stets davon überzeugt ist, für sein Verhalten einen guten Grund zu haben, wird es nur dann aufhören, sich mit anderen zu prügeln, wenn wir ihm mit gutem Beispiel vorangehen und es nie schlagen, selbst dann nicht, wenn wir einen guten Grund dafür zu haben glauben. Damit kommen wir zum Thema Disziplin und Strafe.

9. Kapitel

Über Disziplin

Kinder brauchen Vorbilder
nötiger als Kritik.
Joseph Joubert, *Pensées*, 1838

Viele Eltern machen sich verständlicherweise Gedanken darüber, wie sie ihren Kindern am besten Disziplin und Verantwortungsgefühl beibringen können, wie sie sie lehren können, disziplinierter zu handeln und zu reagieren. Daß man sich hierüber den Kopf zerbricht, ist nur allzu verständlich angesichts des in unserer Gesellschaft – insbesondere bei den Jugendlichen – weitverbreiteten Mangels an Disziplin. Heute weichen nicht nur die verschiedenen Theorien über Disziplin weit voneinander ab, der Begriff selbst ist offenbar nicht mehr populär. Die weitaus meisten Eltern, die mich in bezug auf Disziplin um Rat fragten, wollten meine Meinung zur Bestrafung von Kindern hören. Sie wollten zum Beispiel von mir wissen, wann und wie man sie bestrafen solle, und sie dachten dabei fast stets an körperliche Strafen. Diese Eltern hatten zwar den Wunsch, ihre Kinder richtig zu erziehen, und sie machten sich Gedanken, wie sie ihnen Disziplin am besten beibringen könnten, aber sie hatten nicht darüber nachgedacht, was das Wort Disziplin tatsächlich bedeutet. Hätten sie in einem Wörterbuch nachgeschlagen, hätten sie entdeckt, daß nur die letzte der dort angegebenen Definitionen darauf hinweist, daß das Wort auch Bestrafung bedeuten kann. Das *Oxford English Dictionary* definiert *discipline* folgendermaßen: »1. Die Ausbildung von Schülern und Studenten; Lehren; Lernen; Erziehung. 2. ein Unterrichtsfach; ein Wissenszweig. 3. die theoretische und praktische Ausbildung von Wissenschaftlern und Fachkräften in diesem Bereich; geistige und moralische Schulung. 4. der durch diese Schulung erreichte Zustand. 5. die bei unter Kontrolle oder Befehl stehenden Personen herrschende Ordnung. 6. das kirchliche Verwaltungssystem. 7. Zurechtweisung, Bestrafung; auch körperliche Züchtigung oder ähnliches.« Aus *Webster's New World Dictionary* geht hervor, daß sich der Sprachgebrauch in Amerika nicht wesentlich davon unterscheidet: »1. ein Wissenszweig oder Fachgebiet. 2. a) eine Ausbildung, bei der Selbstbeherrschung, Charakter oder Ordnungssinn und Tüchtigkeit entwickelt werden; b) strenge Kontrolle zur Erzwingung von Gehorsam. 3. das Resultat einer solchen Ausbildung oder Kontrolle, speziell a) Selbstbeherrschung oder ordentliche Führung. 4. ein System von Regeln zum Beispiel für das Verhalten von Mitgliedern eines Mönchsordens. 5. eine Behandlung zum Zweck einer Besserung oder Bestrafung.«

Ich zitiere diese Definitionen so ausführlich, weil daraus hervorgeht, daß der Begriff *discipline* zwar auch im Sinn von Strafe gebraucht werden kann, daß dies aber nicht seine wichtigste Bedeutung ist. Im Vordergrund steht die Idee der Unterweisung. Im Vergleich zu den britischen Definitionen stellen die amerikanischen die Selbstbeherrschung in den Vordergrund, und das scheinen sich auch amerikanische Eltern am meisten für ihre Kinder zu wünschen. Daher sehen sie das Problem darin, wie sie ihre Kinder so erziehen können, daß diese ein gesundes Maß an Selbstbeherrschung entwickeln. Da nur die zum Schluß angeführten Definitionen des Begriffs darauf hinweisen, daß Disziplin auch im Sinn von Strafe gebraucht werden kann, und da selbst diese Bedeutung nur als Unterbegriff eines umfassenderen Begriffs angegeben wird, der soviel wie Zurechtweisung bedeutet, könnte man schon von der Wortgeschichte her die Frage stellen, ob »Bestrafung« oder ähnliches empfehlenswert ist, wenn man einen Menschen bessern will.

Die erste der *Oxforder* Definitionen, die ursprüngliche Bedeutung des Begriffs *discipline,* weist außerdem darauf hin, daß es sich um die Ausbildung von Schülern (englisch *disciples*) handelt. Zugrunde liegt das lateinische *discipulus,* das soviel wie Schüler oder Lernender bedeutet. Im Englischen wird der Begriff *disciple* meist mit Christi Jüngern in Verbindung gebracht, die ihn so liebten und bewunderten und die von seiner Person, seinem Leben und seinen Lehren so beeindruckt waren, daß sie seinem Beispiel nach Kräften zu folgen versuchten. Ihr tiefster Wunsch war, ihm nachzueifern, nicht nur weil sie an seine Lehren glaubten, sondern weil sie ihn liebten, und weil er sie liebte. Ohne diese gegenseitige Liebe hätten die Lehre und das Beispiel des Meisters, so überzeugend sie an sich waren, niemals das ganze Leben und den Glauben der Jünger zu ändern vermocht. Ihre Lebensgeschichte beweist, daß Liebe und Achtung uns dazu inspirieren können, unserem Leben die Werte und Ideen eines anderen Menschen einzuverleiben und seinem Verhalten nachzueifern. Überdies können Belehrung, Beispiel und gegenseitige Liebe besser als alles andere verhüten, daß wir den von solchen Menschen vertretenen Werten zuwiderhandeln. Deshalb dürfte kaum ein Zweifel darüber bestehen, welches die zuverlässigste Methode ist, unseren Kindern erstrebenswerte Wertbegriffe und die Selbstdisziplin beizubringen, die sie zu deren Aufrechterhaltung benötigen.

Zur Selbstdisziplin gehört nicht nur, daß man sich bestimmte Fertigkeiten und ein bestimmtes Faktenwissen aneignet, man muß sie von einem Meister erlernen, den man sich zum Vorbild nimmt, weil man sein Werk und sein Leben bewundert. Hierzu gehört in der Regel ein ständiger enger Kontakt, damit unsere Persönlichkeit sich unter dem Eindruck des anderen formt. Daher dürfte der einfachste und beste Weg der sein, daß man zunächst eine Zeitlang Jünger eines anderen ist, der diese Disziplin bereits meistert. Wenn man aber *disciple* und *discipline* so versteht, wie kann man dann annehmen, daß man einem anderen Menschen Disziplin *aufzwingen* kann? Eine Disziplin, die der Mühe wert ist, kann man nicht in ein Kind hineinprügeln. Das würde dem Sinn dieses Begriffs geradezu widersprechen. Tatsächlich besteht der beste und vermutlich einzige Weg, zu einem disziplinierten Menschen zu werden, darin, daß man jemandem nacheifert, den man bewundert – und zwar nicht in der Befolgung von verbalen Anweisungen, die bestenfalls dazu beitragen können. Denn ganz gewiß erreicht man nichts mit Drohungen. Und wenn wir glauben, der Lieblingsjünger des Meisters zu sein, oder doch wenigstens zu seinen Lieblingsjüngern zu gehören, dann ist das für uns ein weiterer Ansporn, uns nach dem Vorbild des Meisters zu richten, uns – kurz gesagt – mit ihm zu identifizieren.

Je jünger das Kind ist, um so mehr bewundert es seine Eltern. Es kann ja tatsächlich gar nicht anders. Um sich sicher zu fühlen, muß es an ihre Vollkommenheit glauben. Nach wessen Vorbild könnte es sich formen, wenn nicht nach dem der Menschen, die seine Eltern sind? Wer sonst steht ihm so nahe, ist ihm so wichtig? Und wenn alles so ist, wie es sein sollte, erweist ihm niemand soviel Fürsorge wie seine Eltern. Jedes Kind möchte glauben, daß es der Liebling seiner Eltern ist. Die Angst, daß dies nicht der Fall sein könnte, ist die Wurzel der Geschwisterrivalität, deren Intensität anzeigt, wie sehr das Kind sich fürchtet. Natürlich ziehen Eltern manchmal ein Kind dem andern vor, wenn sie sich auch einreden, sie hätten alle ihre Sprößlinge gleich lieb. Wenn das stimmte, dürfte es keine individuellen Unterschiede zwischen den Kindern geben, die nun einmal nicht gleich sind und die daher auch nicht von ein und derselben Person auf die gleiche Weise geliebt werden können. Bestenfalls lieben die Eltern ihre Kinder herzlich – was auf viele Eltern zutrifft –, aber sie werden jedes Kind aus besonderen Gründen auf unterschiedliche Weise liebhaben. Die meisten Eltern lieben eines ihrer Kinder zu einem bestimmten Zeitpunkt mehr und ein anderes zu einer andern Zeit, je nach den verschiedenen Entwicklungsstufen, die sie gerade durchmachen und die bei den Eltern verschiedene emotionale Reaktionen hervorrufen. Jedes Kind leidet, wenn es spürt, daß es nicht der Liebling der Eltern ist. Wenn es jedoch oft genug das berechtigte Gefühl hat, in ihrer besonderen Gunst zu stehen, genügt das gewöhnlich, um ihm den Glauben zu erhalten, daß es zumindest meistens der bevorzugte Liebling der Eltern ist. Auch hier ist genau wie in so vielen anderen Fällen der Wunsch der Vater des Gedankens und der Gedanke der Vater des Glaubens. Natürlich funktioniert das alles nur dann, wenn der Wunsch des Kindes, der *erklärte* Liebling der Eltern zu sein oder doch wenigstens zu ihren Lieblingen zu gehören, nicht zu oft und zu schwer enttäuscht wird.

Wenn das Kind älter wird, wird es seine Eltern nicht mehr so uneingeschränkt bewundern. In dem sich immer mehr erweiternden Kreis seiner Bekannten büßen sie etwas von ihrer Vollkommenheit ein. Sein Wunsch, ihr Liebling zu sein, bleibt aber ungeschmälert bestehen – wenn er möglicherweise auch auf Lehrer und einige Freunde ausgedehnt wird, denn sein ursprüngliches Bedürfnis, seine Eltern uneingeschränkt zu bewundern, ist so stark und so tief verwurzelt, daß es noch lange in seinem Unbewußten wirksam sein wird – gewöhnlich bis zum Erreichen der Reife, wenn nicht noch länger.

Glücklicherweise existiert in den meisten Familien eine solide Basis für den Wunsch des Kindes, »Lieblingsjünger« seiner Eltern zu sein, sie zu lieben und zu bewundern und ihnen, wenn nicht in allem, so doch in einigen sehr wichtigen Aspekten nachzueifern. Es hat diesen Wunsch, wenn nicht bewußt, so doch gewiß unbewußt. Aber wir alle kennen Familien, in denen dies nicht der Fall ist, in denen die Eltern tatsächlich ein Kind nicht besonders mögen, weil sie von ihm enttäuscht sind oder weil sie selbst sich nicht so verhalten, daß sie eine liebende Bewunderung erwecken könnten. Ein Kind, das seine Eltern weder bewundert noch ihnen nacheifern möchte, kann aber sehr wohl einen anderen Menschen finden, zu dem es aufblicken und nach dessen Bild es sich formen kann.

Dieser Wunsch, jemandem nacheifern zu können, ist eine natürliche Folge der Abhängigkeit des Kleinkindes, seines Bedürfnisses, von jemandem versorgt zu werden, der stark genug ist, ihm Sicherheit zu geben, bis es selbst die nötige Reife erlangt hat. Die Gefahr liegt darin, daß ein Kind, das nicht durch die Nachahmung seiner Eltern frühzeitig gelernt hat, sich zu beherrschen, und das zu einem unbeherrschten Jugendlichen herangewachsen ist, auch weiterhin das dringende Bedürfnis hat, einen Meister zu finden, dem es nacheifern kann, und daß der Betreffende nun an einen undisziplinierten Meister gerät. Ein Beispiel dafür ist das Mitglied einer kriminellen Bande, das von dem asozialen Führer so beeindruckt ist, daß es ihn bewundert und nachahmt, mit verheerenden Folgen für den Jugendlichen und für die Gesellschaft im allgemeinen. Die Disziplin, mit der ein Mitglied einer kriminellen Bande die Ziele dieser Bande verfolgt und dem Anführer gehorcht, ist nur ein weiterer Beweis für das Bedürfnis der Jugendlichen, sich an jemanden zu binden, den sie bewundern können, auch wenn dies aus Gründen geschieht, die die meisten von uns für schlecht halten. Irgendwie weiß das der junge Mensch vielleicht, wenn auch nur vage, aber sein Bedürfnis, sich an jemanden zu binden, den er bewundern kann und der ihn dafür scheinbar seinerseits akzeptiert und ihm Sicherheit bietet, ist so groß, daß es die Stimme der Vernunft zum Schweigen bringt.

Es ist Sache der Eltern, das Bedürfnis ihres Kindes nach Liebe zu nutzen, seine Selbstbeherrschung zu fördern und – was noch wichtiger ist – auf Dauer in ihm den Wunsch zu wecken, ein disziplinierter Mensch zu sein oder wenigstens zu werden. Es ist keineswegs leicht für ein Kind, Selbstbeherrschung zu erlangen, selbst dann nicht, wenn es seine Eltern bewundert, sie liebt und sich von ihnen geliebt fühlt und ihnen gleichen möchte, denn viele Eltern besitzen diese Selbstbeherrschung selbst nicht in dem Maß, daß sie für ihre Kinder ein Vorbild sein könnten. Zudem versuchen viele Eltern ihrem Kind Selbstbeherrschung auf eine Weise beizubringen, die eher dessen Widerstand hervorruft, als daß es ihm Freude macht, sie zu erlernen.

Und noch eine weitere Schwierigkeit besteht: Kinder reagieren meist – sowohl positiv als auch negativ – stärker, wenn sie spüren, daß ihre Eltern gefühlsmäßig stark beteiligt sind. Aber ein diszipliniertes Verhalten schließt gewöhnlich aus, daß wir unsere Gefühle offen zeigen, selbst wenn wir innerlich stark beteiligt sind. Den größten Eindruck macht es auf die Kinder, wenn die Eltern ihre Selbstbeherrschung *verlieren,* denn dann empfangen sie stark beeindruckende Signale. Aber wer Selbstbeherrschung lehren will, muß viel Geduld aufbringen. Geduld ist eine stille Tugend und macht nicht den tiefen und unmittelbaren Eindruck, den es macht, wenn wir die Geduld verlieren. Offensichtlich müssen die Eltern unzählige Male Beispiele von Selbstbeherrschung und Geduld geben, damit ihre Kinder den Wert eines solchen Verhaltens begreifen und diese Werte internalisieren.

Das Erlernen von Selbstbeherrschung ist ein fortlaufender, langwieriger Prozeß, der sich so allmählich abspielt, daß man im Rückblick den Eindruck haben könnte, er sei gleichsam unmerklich, »natürlich« und ziemlich schmerzlos vor sich gegangen. Da die Eltern vergessen haben, wie der Prozeß bei ihnen selbst abgelaufen ist, werden sie leicht ungeduldig, wenn ihre Kinder dabei Schwierigkeiten haben. Außerdem dürften sie vergessen haben, ein wie mächtiger Antrieb die Angst vor dem höllischen Feuer und ewiger Verdammnis einst war, und so verlangen sie von ihren Kindern, daß diese auch ohne diesen Ansporn Selbstdisziplin lernen.

Wenn wir uns an unsere eigenen Kämpfe auf diesem Gebiet erinnern könnten – wie unbeherrscht wir selbst oft waren und wie schwer es uns in unserer Kindheit gefallen ist, Disziplin zu wahren; wie wir uns schlecht behandelt, wenn nicht gar mißbraucht fühlten, wenn unsere Eltern uns gezwungen haben, uns gegen unseren Willen zu beherrschen –, dann würden unsere Kinder und wir uns besser verstehen. Goethe, einer der größten Lehrer der Menschheit, warnt uns, daß nur die Fähigkeit, uns an eigene unbeherrschte Tage zu erinnern, es uns ermöglichen wird, das undisziplinierte Verhalten unserer Kinder geduldig hinzunehmen. Eines seiner berühmten Epigramme lautet: »Sag nur, wie trägst du so behaglich / Der tollen Jugend anmaßliches Wesen?« / »Fürwahr, sie wären unerträglich, / Wär' ich nicht auch unerträglich gewesen.« Goethe konnte das mit größter Gemütsruhe sagen und sich darüber lustig machen, weil er selbst zu einer echten inneren Sicherheit gelangt war. Das ermöglichte es ihm, für das andernfalls »unerträgliche« Verhalten der Jugend ein amüsiertes Verständnis aufzubringen. Das gleiche Gefühl innerer Sicherheit erlaubte es ihm, sich freimütig daran zu erinnern, wie schwierig, ja unerträglich er selbst in seinen jungen Jahren gewesen war. Viele von uns vergessen das leicht. Ihre Eigenliebe veranlaßt sie, es zu verdrängen oder abzuleugnen.

Aber wir sollten uns daran erinnern, wie unmöglich wir uns oft als Kinder benommen haben und wie empört wir darüber waren, wenn unsere Eltern dann nicht geduldig und verständnisvoll mit uns umgingen. Brächten wir es fertig, so hätten wir weit mehr Verständnis und Geduld für das Unvermögen unserer Kinder, sich zu beherrschen, wenn sie dafür noch nicht reif sind. Wir würden uns dann wenigstens vor Augen halten, daß sie Selbstbeherrschung nur sehr langsam und oft gegen einen starken inneren Widerstand lernen können.

Trotz aller Schwierigkeiten und Hindernisse ist es logischerweise Aufgabe der Eltern, ihren Kindern die richtige Art von Selbstbeherrschung beizubringen, weil man damit so früh schon anfangen und so lange daran arbeiten muß. Nun sind Eltern zwar meist bereit, diese Verantwortung zu übernehmen, doch sind sie weniger bereit, dabei mit gutem Beispiel voranzugehen. Wir alle kennen den alten Spruch: »Tue, was ich sage, nicht was ich tue.« Bei der Erziehung unserer Kinder geht das aber einfach nicht an. Ob sie unseren Anordnungen gehorchen oder nicht – innerlich reagieren sie weniger auf unsere Befehle als darauf, wie sie unseren Charakter und unser Verhalten wahrnehmen. Unsere Kinder formen sich, indem sie auf uns reagieren: Je mehr sie uns lieben, um so mehr ahmen sie uns nach und um so mehr machen sie sich nicht nur die von uns bewußt vertretenen Werte zu eigen, sondern auch die, deren wir uns selbst nicht bewußt sind, die aber trotzdem unser Verhalten beeinflussen, und je weniger sie uns lieben und bewundern, um so negativer reagieren sie bei der Formung ihrer Persönlichkeit auf uns.

Aus einer schwedischen Untersuchung vom Jahr 1973 geht überzeugend hervor, daß gut disziplinierte Erwachsene, die ihren Wertvorstellungen entsprechend leben, es kaum nötig haben, ihren Kindern Selbstdisziplin zu predigen, und dies auch selten tun. Dagegen haben Eltern, die ihren Kindern sagen, sie müßten sich beherrschen, es aber selbst nicht tun, keinen Erfolg mit ihren Ermahnungen.

Die schwedische Regierung war zunehmend darüber besorgt, daß sie mit ihrem System ihren Bürgern zwar praktisch von der Wiege bis zum Grabe eine gesicherte Existenz geschaffen hatte, daß es ihr aber nicht gelang, eines ihrer Hauptziele zu erreichen: die wachsende Zerrüttung der Gesellschaft zu verhindern. Trotz aller Anstrengungen der Regierung nahmen bei der Jugend Alkoholismus, Drogenmißbrauch, Rowdytum und Kriminalität genauso zu wie in den USA. Wenn auch diese Probleme in Schweden weit weniger gravierend sind als in den Vereinigten Staaten, veranlaßten sie die Regierung dazu, eine sorgfältige Untersuchung sowohl über disziplinierte und gesetzestreue Jugendliche als auch über straffällig gewordene in Auftrag zu geben. Dabei ging man davon aus, daß Jugendliche mit schlecht disziplinierten Eltern mit asozialen Tendenzen ähnliche Tendenzen aufweisen und zu Straftaten neigen würden. Aber wieso wurden auch Kinder aus wohlhabenden Kreisen, wo ein derartiges Verhalten normalerweise nicht dem Milieu entsprach, straffällig, während andere es nicht wurden? Aus dieser Untersuchung ging hervor, daß weder der materielle Hintergrund noch die soziale Schicht einen statistisch signifikanten Einfluß auf das Verhalten ausübten. Entscheidend dafür, ob ein Jugendlicher sich nach der asozialen oder nach der disziplinierten Seite hin entwickelte, war die psychische und emotionale Atmosphäre, die in seiner Familie herrschte.

Eltern, die mit Erfolg disziplinierte Kinder aufzogen, waren selbst verantwortungsbewußte, aufrechte, disziplinierte Menschen, die ein lebendiges Beispiel für die Werte waren, für die sie sich einsetzten, und die offen mit ihren Kindern darüber sprachen, wenn diese diesbezügliche Fragen stellten. Sie hielten es nicht für nötig, ihren Kindern diese Werte aufzunötigen, da sie stillschweigend darauf vertrauten, daß aus ihnen gute Menschen würden. Auch wenn die Jugendlichen im Rahmen der Untersuchung absichtlich in schlechte Gesellschaft gebracht wurden, erwies es sich, daß sie die Wertbegriffe ihrer Eltern so sicher internalisiert hatten, daß sie nicht wirklich gefährdet werden konnten. Wenn die Neugier einen solchen Jugendlichen veranlaßte, sich einer kriminellen oder drogensüchtigen Gruppe anzuschließen, blieb es stets bei einem vorübergehenden Versuch ohne dauernde Folgen. Sie fanden das kriminelle oder sonstwie asoziale Verhalten solcher Banden einfach unattraktiv und für sie ungeeignet. Es entsprach weder ihren Bedürfnissen noch ihren Interessen. Und auch das Umgekehrte traf zu: Wenn man straffällig Gewordene oder Mitglieder der Drogenszene zwang, sich normalen Jugendlichen anzuschließen, kam ebenfalls nichts Wesentliches dabei heraus. Sie gaben nicht einmal vorübergehend ihr asoziales Verhalten auf.

Außerdem stellte sich bei dieser Studie heraus, daß Problemkinder nicht unbedingt aus undisziplinierten oder zerrütteten Familien kamen und daß sie auch keine offensichtlich asozialen Eltern hatten. Kinder, auf die das zutraf, wurden in die Untersuchung nicht einbezogen. Vielmehr fand man, daß die Eltern dieser asozialen Jugendlichen oft in einer gestörten Beziehung lebten, weil sie sich über ihre Wertvorstellungen nicht einig waren, oder daß sie – was noch häufiger vorkam – ihre diesbezügliche Einstellung ständig änderten. Sie lebten nicht nach den von ihnen propagierten Werten, die sie ihren Kindern beizubringen versuchten. Diese Eltern hatten sich zwar bemüht, ihre Kinder Disziplin zu lehren und ihnen die Wertbegriffe, die sie für richtig hielten, einzutrichtern, aber die Kinder konnten sie nicht internalisieren, weil sie sich mit der Unbeständigkeit ihrer Eltern identifizierten. Während die Eltern erwarteten, daß die Kinder sich besser beherrschen konnten als sie selber, stellte sich bei den meisten Kindern heraus, daß sie noch viel undisziplinierter waren als ihre Eltern.

Aus weiteren Untersuchungen ging hervor, daß es in bezug darauf, ob die Kinder gut dagegen geschützt waren, asozial zu werden, kaum eine Rolle spielte, für welche Werte sich die Eltern speziell einsetzten – ob sie konservativ oder fortschrittlich, streng oder nachgiebig waren. Ausschlaggebend war lediglich, wie eng sie sich in ihrem eigenen Leben an die von ihnen propagierten Werte hielten, die sie ihren Kindern beizubringen versuchten.

Diese Feststellungen setzen kaum in Erstaunen, wenn man bedenkt, daß sich die Schulleistungen eines Kindes am besten nach denen seiner Eltern voraussagen lassen. Wenn die Leistungen der Eltern auf die ihrer Kinder einen solchen Einfluß haben, ist es nicht erstaunlich, daß dies – *mutatis mutandis* – auch für die Disziplin gilt, da ja Lernen und Disziplin eng miteinander verwandte Begriffe sind, wie schon aus der Herkunft und den Definitionen des Wortes »Disziplin« hervorgeht. Im Zusammenhang mit dem Lernen haben wir bereits darauf hingewiesen, daß das innere Bedürfnis, die elterlichen Werte abzulehnen, ein Kind gelegentlich dazu verführen kann, sich zu weigern, in der Schule mitzuarbeiten, um damit seinen Eltern einen Streich zu spielen, die sonst stets die Oberhand behalten. Das kann auch in bezug auf diszipliniertes Verhalten vorkommen. Ein Kind kann sich weigern, dem Beispiel seiner Eltern zu folgen, weil dies zu hohe Anforderungen an es stellen würde. Ist dies der Fall, so hängt alles davon ab, wie die Eltern auf eine solche vorübergehende Ablehnung von Vorschriften reagieren, die dem Kind zu schwierig sind. Welchen Eindruck die Einstellung der Eltern auf ihr Kind unter Umständen macht, geht aus dem spontanen Ausbruch eines neunjährigen (amerikanischen) Jungen hervor, der eines Tages seinen Vater zornig anschrie: »Ich weiß schon, weshalb du so schwer arbeitest: du tust es, weil du deinen Kindern ein gutes Beispiel geben willst.« Der Vater war erstaunt darüber – daran hatte er nicht gedacht. Er lebte einfach seinen Grundsätzen gemäß, die ihn veranlaßten, seine Arbeit gut zu verrichten, auch wenn er aus Gründen, die er für der Mühe wert hielt, hart arbeiten mußte. Der Einfluß seines Beispiels war für seine Kinder unausweichlich. Sein Sohn mußte einfach seinem Beispiel folgen und härter arbeiten, als es ihm Freude machte, und er hatte Gewissensbisse, wenn er es nicht tat. Und obwohl er seinem Vater dessen Verhalten übelnahm, war er im Begriff, es zu internalisieren.

Die naive Äußerung des Jungen ist in der Tat recht aufschlußreich. Weil er überzeugt war, daß sein Vater sich nur so verhielt, um seinen Kindern ein Beispiel zu geben, versuchte er zu erreichen, daß er sich diese väterlichen Werte nicht zu eigen zu machen brauchte und sich daher undisziplinierter verhalten konnte. Glücklicherweise hatte der Vater Verständnis dafür und versicherte seinem Sohn, daß er ihm keineswegs ein Beispiel sein wolle; daß er wisse, wie schwierig es oft sei, seinen Grundsätzen entsprechend zu leben, und daß er hoffe, daß sein Sohn, der so viel jünger sei als er, die Dinge leichter nehmen und nicht so hart arbeiten werde, daß er keinen Spaß mehr am Leben habe. Er fügte noch hinzu, auch er habe nicht immer so gewissenhaft gearbeitet – er tue das erst, seitdem er eine sinnvolle und interessante Tätigkeit gefunden habe. Als Kind habe auch er das Leben leichter genommen. Der Junge nahm sich das, was sein Vater sagte, zu Herzen und entkrampfte sich. Als er jedoch älter wurde, verhielt auch er sich disziplinierter. Ohne gezwungen zu werden, sich mit der Lebensweise seines Vaters zu identifizieren, machte er sich dessen Wertbegriffe zu eigen. Hätte man dagegen im Alter von neun Jahren von ihm erwartet, so gewissenhaft wie ein Erwachsener von neunundzwanzig Jahren zu sein, wäre das Ergebnis vermutlich nicht so günstig ausgefallen.

Ein Kind wird vom Verhalten seiner Eltern dann am meisten beeindruckt, wenn sie sich natürlich verhalten, ohne Rücksicht darauf, wie sie auf das Kind wirken. Das Vorbild von Selbstachtung ist so überzeugend, daß ein Kind kaum umhin kann, auch so wie seine Eltern werden zu wollen. Eltern, die Achtung vor sich selbst haben, haben es nicht nötig, ihre Selbstsicherheit noch dadurch zu verstärken, daß sie von ihrem Kind Respekt verlangen. Da sie ihrer selbst sicher sind, werden sie ihre Autorität nicht bedroht fühlen und es hinnehmen, wenn ihr Kind es manchmal an Respekt ihnen gegenüber fehlen läßt, was besonders bei kleinen Kindern gelegentlich vorkommt. Sie wissen, daß es darauf zurückzuführen ist, daß ihr Kind noch nicht über ein reifes Urteilsvermögen verfügt und daß es aus Erfahrung lernen wird. Wenn Eltern andererseits von ihrem Kind Respekt verlangen, so beweist ihm das ihre innere Unsicherheit. Es merkt dann, daß sie nicht davon überzeugt sind, daß ihnen der Respekt natürlicherweise zukommt. Er wird ihnen dann – wenn überhaupt – nur widerstrebend gezollt, wobei bewußt oder unbewußt immer das Gefühl bestehenbleibt, daß jemand, der Respekt verlangt, innerlich unsicher ist. Wer aber möchte sich einen solchen Menschen zum Vorbild nehmen? Leider wird ein Kind unsicherer Eltern oft genauso unsicher wie sie. Selbst wenn es die Haltung der Eltern nicht internalisiert und sich dagegen wehrt, macht mangelndes Selbstvertrauen der Eltern einen unsicheren Menschen aus ihm.

Immer dann, wenn Eltern Dinge predigen, die sie selbst nicht praktizieren, verfehlen sie ihre Wirkung in dem Sinn, daß sie ihren Zweck nur für den Augenblick und nicht auf Dauer erreichen. Je seltener Eltern ausdrückliche Anweisungen geben und je konsequenter sie ihren eigenen Wertvorstellungen entsprechend leben, weil das ihrer Natur entspricht, um so besser ist es.

Zu Anfang dieses Kapitels habe ich eine Bemerkung des französischen Moralisten Joubert zitiert, daß Kinder Vorbilder nötiger brauchen als Kritik. Wahrscheinlich waren damals genau wie heute die Eltern schneller bereit, Kritik zu üben und zu ermahnen, als daß sie sich darauf verließen, ihren Kindern ein gutes Vorbild zu sein. Tatsächlich kann man mit einer Zurechtweisung zunächst Erfolg haben. Aber im Vergleich dazu, was das elterliche Vorbild bewirkt, ist dieser Erfolg nur von kurzer Dauer.

Wenn wir ein Kind zurechtweisen und erst recht wenn wir ihm befehlen, was es zu tun hat, beeinträchtigt das sein Selbstwertgefühl, indem es ihm seine Mängel bewußtmacht. Selbst wenn es gehorcht, bringt ihm die Zurechtweisung keinen Nutzen. Sie ist der Bildung einer unabhängigen Persönlichkeit nicht förderlich. Die seinem Verhalten zugrunde liegenden Grundsätze oder Vorstellungen werden sich nur ändern, wenn es selbst merkt, daß eine Änderung ihm das einbringt, was es im tiefsten Inneren anstrebt: nämlich Selbstachtung.

Wenn man von anderen in Zucht genommen wird und es akzeptiert, nach ihren Regeln zu leben, erübrigt sich die Selbstbeherrschung. Wenn das Wichtigste im Leben eines Kindes von anderen geregelt wird, wird es nicht einsehen, daß es lernen muß, sich unter Kontrolle zu bekommen. Aus demselben Grund kann es auch keine Selbstbeherrschung lernen, bevor es reif genug ist zu begreifen, warum es sich dabei um eine unentbehrliche und vorteilhafte Fähigkeit handelt. Strafe kann uns dazu veranlassen, den Befehlen anderer zu gehorchen, aber sie wird uns bestenfalls Gehorsam gegenüber Autoritäten lehren. Sie wird uns nicht lehren, uns selbst zu beherrschen, was allein unser Selbstwertgefühl erhöht. Erst wenn wir ein Alter erreicht haben, in dem wir fähig sind, unsere eigenen Entscheidungen zu treffen, können wir lernen, uns zu beherrschen. Das kann schon recht früh der Fall sein, jedoch nicht bevor wir selbständig denken können, denn Selbstbeherrschung gründet sich auf den Wunsch, nach eigenem Entschluß zu handeln, zu dem man durch eigene Überlegungen gelangt ist.

Es ist lehrreich, einmal die unterschiedliche Art, wie Japaner und westliche Eltern ihre Kinder erziehen, miteinander zu vergleichen. In unserer Kultur geht es um eine auf elterliche Gebote gegründete Disziplin, in Japan um eine auf eigenen Überlegungen beruhende Selbstbeherrschung. Kürzlich sollte eine Untersuchung klären, weshalb japanische Kinder bessere Schulleistungen aufweisen als amerikanische. Vergleiche von Lehrmethoden und Lehrstoffen usw. gaben keinen Aufschluß. Als sich die Forscher jedoch der Frage der Kontrolle durch die Eltern zuwandten, konnten sie radikale kulturelle Unterschiede feststellen, die offenbar für die unterschiedlichen Schulleistungen verantwortlich waren. Wenn kleine Kinder aus dem Westen in Supermärkten herumsprangen, befahlen ihnen ihre Mütter oft ärgerlich: »Hör endlich auf damit!«, wenn sie sie nicht laut anschrien. Bestenfalls sagte eine solche Mutter: »Ich habe dir doch gesagt, du sollst das nicht!« Eine japanische Mutter dagegen sagt ihrem Kind grundsätzlich nicht, was es tun soll. Statt dessen fragt sie: »Was wird wohl der Ladenbesitzer davon halten, daß du so in seinem Laden herumspringst?« Oder: »Wie glaubst du wohl, daß mir dabei zumute ist?«

Entsprechend wird eine Mutter aus dem Westen ihrem Kind sagen, es solle etwas Bestimmtes essen oder auch nicht essen, weil es gut für es sei, während eine japanische Mutter fragen wird: »Wie, meinst du wohl, wird dem Mann, der dieses Gemüse für dich gezogen hat, zumute sein, wenn du dich weigerst, es zu essen?« Oder: »Wie, meinst du, wird den Karotten zumute sein, die für dich gewachsen sind, wenn du sie nicht ißt?« So bekommt das Kind im Westen schon sehr früh gesagt, was es zu tun hat, während das japanische Kind dazu erzogen wird, auf die Gefühle anderer Rücksicht zu nehmen. Es spielt dies beim Sozialisierungsprozeß

der Japaner eine weit größere Rolle als bei uns im Westen, aber das betrifft uns hier weniger. Wichtig für unser Thema ist eher die Tatsache, daß japanische Kinder lernen, über ihr Verhalten nachzudenken und nicht nur Befehlen zu gehorchen. (Was die Schulleistungen anbelangt, um die es in der erwähnten Untersuchung in erster Linie ging, ist anzunehmen, daß es dem japanischen Kind in der Schule zugute kommt, daß es sich schon früh angewöhnt hat, selbständig nachzudenken. Vom amerikanischen Kind wird dagegen nicht verlangt, daß es selbst darüber entscheidet, was es tun möchte. Man erwartet vielmehr von ihm, daß es tut, was ihm befohlen wird. So wird nicht nur versäumt, es zu ermutigen, in Situationen, die seine Eltern für wichtig halten, selbständig zu entscheiden. Dadurch, daß man von ihm erwartet, daß es das tut, was ihm befohlen wird, kann man ihm auch den Glauben an die Wichtigkeit seiner eigenen Denkprozesse rauben.)
Die japanische Mutter erwartet von ihrem Kind, daß es fähig ist, gute Entscheidungen zu treffen, aber sie bittet es auch, sie nicht in Verlegenheit zu setzen – das Gesicht zu verlieren gehört zum Schlimmsten, was einem in der traditionsgebundenen japanischen Kultur geschehen kann. Mit ihrer Frage: »Wie, meinst du wohl, ist mir – oder dem Ladenbesitzer – zumute, wenn du dich so benimmst?«, gibt sie dem Kind zu verstehen, daß es ihr oder dem Ladenbesitzer einen großen Gefallen tut, wenn es sein Verhalten ändert. Wenn man aufgefordert wird, selbst nachzudenken und nach eigenem Gutdünken zu handeln, und wenn man gesagt bekommt, daß man wichtigen Personen einen großen Gefallen tun könne, dann stärkt das das Selbstwertgefühl, während es destruktiv wirkt, wenn man befohlen bekommt, das Gegenteil von dem zu tun, was man eigentlich tun möchte.
Für die Entwicklung der Selbstbeherrschung – und die Japaner sind ein außerordentlich diszipliniertes Volk – ist es ebenfalls wichtig, daß die Mutter geduldig abwartet, bis ihr Kind sich von selbst zu etwas entschlossen hat. Ihre Geduld ist für das Kind ein wichtiges Vorbild. Sie gibt ihm die Überzeugung, daß es – wenn man ihm nur genügend Zeit läßt – schon ganz von selbst die richtige Entscheidung treffen wird, eine Überzeugung, die seinem Selbstwertgefühl sehr zugute kommt.
Während meines langen Aufenthaltes in Japan habe ich nie erlebt, daß ein Kind gescholten wurde, daß es weinte oder sich mit anderen Kindern prügelte. Es machte mir großen Eindruck, als ich beobachtete, wie eine Mutter ihrem Kind beibrachte, sich die Schuhe auszuziehen, bevor es ein Zimmer betrat. Ich habe nie gesehen, daß eine Mutter ihrem Kind befahl, das zu tun. Typischerweise sagte sie überhaupt nichts, sondern wartete schweigend und geduldig, bis es von selbst darauf kam. Manchmal gab sie ihm allerdings stillschweigend zu verstehen, daß es das Zimmer noch nicht betreten durfte, aber fast immer wurde nicht dabei gesprochen. Die Mutter brauchte weiter nichts zu tun als geduldig abzuwarten. Bei uns im Westen würden Eltern in ähnlichen Situationen keinesfalls soviel Geduld aufbringen. Sie würden dem Kind sofort Anweisungen geben. Es würde dann vielleicht gehorchen, aber sein Groll würde möglicherweise später als Aufsässigkeit

wieder an die Oberfläche kommen. Der springende Punkt dabei ist, daß Eltern, die es eilig haben, Disziplin *verlangen,* während man Zeit und Geduld braucht, um das Kind Selbstbeherrschung zu *lehren* und darauf zu vertrauen, daß es sich schon ganz von selbst richtig verhalten wird.

Eine andere Untersuchung zeigt die unterschiedliche Art, wie amerikanische (oder westeuropäische) Mütter am Ende des Tages ihr Kind vom Kindergarten abholen. (Nebenbei bemerkt, hatte die betreffende japanische Mutter das ganze Jahr über beobachtet, wie die anderen Eltern das machten, da ihr Töchterchen das einzige japanische Kind in diesem Kindergarten war.) Die anderen Eltern hatten kaum den Raum betreten, als sie ihrem Kind schon in aller Eile seinen Mantel anzogen und es ins Freie zerrten. Obgleich die Kinder offensichtlich gern noch ein wenig geblieben wären, waren sie alle innerhalb weniger Minuten draußen. Die japanische Mutter nahm schweigend Platz, ohne zunächst ihre kleine Tochter auf sich aufmerksam zu machen. Schließlich sprach sie die Kleine leise an, aber sie beeilte sich genausowenig wie das Kind, das sich weiter mit den Dingen beschäftigte, die es interessierten. Manchmal dauerte dieser Aufbruch eine Stunde, und erst dann verließen die beiden vergnügt den Kindergarten.

Dieses Kind konnte das Gefühl haben, daß seine Bedürfnisse respektiert wurden, daß seine Mutter nicht ihrem eigenen Wunsch heimzugehen den Vorrang einräumte vor dem Wunsch ihres Töchterchens, sich nur langsam vom Kindergarten zu lösen und dann mit der Mutter heimzugehen. Außerdem gab diese Mutter ihrem Kind ein Beispiel von Selbstbeherrschung, das sich vorteilhaft von dem unterschied, womit die anderen Kinder sich abzufinden hatten, und das ihm besser als alles andere zeigte, wie wohltuend eine solche Selbstbeherrschung ist.

Dieser tiefverwurzelte Respekt vor der langsamen Entwicklung der Selbstbeherrschung beim Kind ist keineswegs nur in der japanischen Kultur zu finden. So äußert sich zum Beispiel die amerikanische Anthropologin Ruth Benedict höchst erstaunt darüber, mit welcher Geduld die amerikanischen Indianer abwarten, daß ihre Kinder sich bequemen, in aller Ruhe das zu tun, wozu sie aufgefordert wurden. Sie sagt, sie selbst habe es sich kaum verkneifen können, ein Kind anzutreiben, das zu tun, was sie ihm aufgetragen habe. Aber als sie sich dazu anschickte, habe sie von seiten der anwesenden Indianer eine solche Mißbilligung zu spüren bekommen, daß sie davon Abstand genommen habe. Sie habe sich geschämt, so wenig Respekt vor dem Bedürfnis des Kindes gehabt zu haben, langsam vorzugehen, so daß es die Überzeugung gewinnen konnte, daß es die lästige Aufgabe ausführte, weil es das selber wollte, und nicht weil man es ihm befohlen hatte.

Die Amerikaner haben es immer eilig – es gehört zu ihrer Kultur. Aber leider läßt sich Selbstbeherrschung nicht in Eile lernen. Man braucht viel Zeit und Geduld dazu. Unsere Kinder werden praktisch von Geburt an zur Eile angetrieben. Eine in einem Entbindungsheim vorgenommene Untersuchung ergab, daß man sogar Neugeborenen nicht Zeit läßt, sich zu etwas zu entschließen, sondern daß ihre

Mütter sie bereits antreiben. Die am häufigsten gebrauchte Aufforderung lautete: »Los, los!«, zusammen mit oft kritischen Formulierungen wie: »Wach doch endlich auf!«, »Beeil dich, du sollst mehr trinken als nur einen einzigen Schluck!«, »Mund auf!«, »Na, mach endlich dein Bäuerchen!«, oder: »Auf! Zeig der Dame, was du kannst!«, womit der winzige Säugling aufgefordert wurde, Eindruck auf die Besucherin zu machen, indem er zeigte, was er konnte.
Hinter dieser Hetzerei steckt nicht nur die Ungeduld der Mutter und ihr Wunsch, mit dem Füttern fertig zu werden, sondern ihre innere Überzeugung, daß man ein Kind zu dem, was ihm guttut, antreiben oder zwingen muß, weil es sonst nicht dazu bereit ist. Dagegen beruht die Geduld der japanischen Mutter auf der Überzeugung, daß es sich ja um *ihr* Kind handelt und daß es deshalb schon das Richtige tun wird, wenn man ihm nur Zeit läßt, selbst darüber nachzudenken. Diese Überlegung erspart es ihr, sich um die Zukunft ihres Kindes sorgen zu müssen, sie veranlaßt das Kind nur dazu, sich Mühe zu geben, ihren Erwartungen zu entsprechen. Dagegen leiden die meisten amerikanischen Kinder praktisch von Geburt an unter der Überzeugung ihrer Mütter, daß sie das, was für sie richtig und gut ist, nicht tun werden, wenn man sie nicht dazu antreibt. Hierdurch verkrampft sich das Kind und wird widerspenstig, was wiederum die Mutter noch mehr beunruhigt, so daß die Situation für beide Teile immer unerfreulicher wird.
Wir können das japanische Beispiel nicht kopieren. Unsere Kultur, Geschichte und Wertbegriffe sind dafür zu verschieden. Aber wir können daraus lernen, daß Eltern an ihre eigenen Werte glauben und Vertrauen zu ihrem Kind haben müssen, wenn sie ihm Selbstbeherrschung und Selbstvertrauen beibringen wollen. Das mangelnde Vertrauen der Eltern und ihre Zweifel, wie sich ihre Kinder entwickeln werden, machen es vielen von ihnen schwer, das Selbstvertrauen zu gewinnen, das die unentbehrliche Grundlage des Selbstwertgefühls ist. Meine Eltern wissen alles am besten, denkt das Kind, und wenn sie kein Vertrauen zu mir haben, haben sie wohl ihre guten Gründe dafür. Sicher haben sie einen schlimmen Makel an mir entdeckt, den ich selbst noch nicht bemerkt habe. Grund genug, an sich zu zweifeln! All das zerstört das Selbstvertrauen und die Selbstachtung, worauf man die Selbstdisziplin aufbauen kann. Echte Selbstdisziplin gründet sich auf die Selbstachtung, die sie uns gibt. Deshalb beeinträchtigen mangelndes Selbstvertrauen und mangelndes Selbstwertgefühl nicht nur die Fähigkeit, Selbstdisziplin zu entwickeln, sie machen es fast unmöglich.

Jede Emotion, die uns in ihrer Gewalt hat, formt uns – wie zum Beispiel die Liebe und Bewunderung eines Kindes für seine Eltern –, daher enthält sie ein Potential zum Guten oder Bösen. Ein kleines Kind kann zwischen dem moralisch Guten und dem moralisch Bösen noch nicht unterscheiden. Es weiß nur, was ihm ein gutes Gefühl gibt und was nicht – was es mag und was es nicht mag. So wird seine kindliche Liebe es veranlassen, seine Eltern nachzuahmen, wie auch immer die moralischen Grundsätze der Eltern beschaffen sein mögen – es wird sich mit ihren guten wie auch mit ihren schlechten Wesenszügen identifizieren.

So werden zum Beispiel Kinder von Alkoholikern, die die Eltern im Rausch mißhandelt haben, später selbst zu Alkoholikern, oder sie heiraten Alkoholiker. Lange bevor das Kind den Zusammenhang zwischen Alkoholkonsum und Alkoholmißbrauch begreift, hat es vielleicht gelernt, die Stärke des Vaters zu bewundern und ihn für das Gute, was es von ihm empfängt, zu lieben. Die Identifikation mit den Eltern vollzieht sich schon sehr früh im Leben, und sie verankert sich so fest in den tiefsten Schichten der sich entwickelnden Persönlichkeit, daß sie sich durch spätere Erfahrungen nur sehr schwer noch beseitigen läßt. Diese frühe Identifikation kann einen Menschen noch als Erwachsenen motivieren, so daß er auch weiterhin daran festhält, besonders wenn starke Emotionen mit im Spiel sind.

Wie dieses extreme Beispiel zeigt, steht es nur wenig in der Macht der Eltern, mit welchem Aspekt ihrer Persönlichkeit ihr Kind sich identifiziert. Es gibt kaum einen Alkoholiker, der den Wunsch hat, daß sein Kind wie er dem Alkoholismus verfällt. Da wir nicht wissen, mit welchem unserer Wesenszüge unser Kind sich identifizieren wird, sollten wir nach Beständigkeit in unserer Persönlichkeit und in unserem Handeln streben. Da niemand von uns vollkommen ist, können wir natürlich nur hoffen, daß die Wesenszüge, die *wir* für wünschenswert halten, deutlich in uns dominieren, und dies nicht deshalb, weil wir möchten, daß unser Kind uns nacheifert, wie jener Neunjährige das von seinem Vater vermutete, sondern weil wir gerne ein Mensch wären, der diese wünschenswerten Wesenszüge besitzt. Und sicher lohnt sich die Mühe, ein solcher Mensch zu sein, wenn dann unsere wünschenswerten Wesenszüge für unser Kind so attraktiv sind, daß es sich aufs Nachdrücklichste damit identifiziert. Im späteren Verlauf seiner Entwicklung wird es dann selbst beurteilen, was es an seinen Eltern für wünschenswert und was es für nicht wünschenswert hält, und es wird sich entscheiden, mit welchen Zügen es sich identifizieren will. Aber diese reifen Entscheidungen sind aufgepfropft auf frühere Identifikationen, die lange zuvor stattfanden, als der Verstand des Kindes noch nicht voll entwickelt war. So können wir die unbewußte Anziehungskraft verstehen, die das Verhalten eines Alkoholikers auf seine Kinder ausübt, die dann später als Erwachsene den Alkoholismus bewußt verabscheuen. Aber wir verstehen auch die unbewußte Anziehung, welche die Selbstbeherrschung der Eltern auf Kinder ausübt, die sich mit einem elterlichen Wesenszug identifizieren, lange bevor sie den Wert eines solchen Verhaltens bewußt beurteilen können.

10. Kapitel

Warum Strafen nichts bewirken

Strafen können zum Schweigen bringen,
aber sie können nicht überzeugen.
Samuel Johnson, *Sermons*

Es besteht ein großer Unterschied zwischen einer durch Identifikation mit einem bewunderten Menschen erworbenen und einer gelegentlich schmerzhaft aufgezwungenen Disziplin. Eine aufgezwungene Disziplin kann das Gegenteil bewirken und das, was die Eltern erreichen möchten, geradezu vereiteln. Mit einer Bestrafung kann man ein Kind zwar im Zaum halten, doch lernt es dadurch noch nicht, sich zu beherrschen. Dafür gibt es weit bessere Mittel und Wege. Eltern, die sich aus Ärger über die Unart ihres Kindes dazu hinreißen lassen, es zu bestrafen, würden vielleicht zögern und hätten ein weniger gutes Gewissen, wenn sie sich eingestehen könnten, daß ihr eigener Ärger der Grund für die Bestrafung ist und nicht der Wunsch, das Kind zu erziehen. Reden sie sich ein, daß sie das Kind mit der Strafe erziehen wollen, machen sie sich nur selbst etwas vor – aber nicht ihrem Kind.

Was Kinder aus Strafen lernen, ist, daß Macht gleich Recht ist. Wenn sie alt und stark genug sind, werden sie versuchen, Vergeltung zu üben. Viele Kinder strafen ihre Eltern damit, daß sie sie durch ihr Verhalten unglücklich machen. Wir täten gut daran, uns an die Worte Shakespeares zu erinnern: »Wer die Macht hat zu verletzen und es nicht tut... dem wird mit Recht des Himmels Gunst zuteil« – wozu ganz gewiß die Gnade gehört, von seinen Kindern geliebt und als Vorbild angesehen zu werden.

Jede Strafe – ob sie körperlicher oder seelischer Art ist – nimmt uns gegen den ein, der sie austeilt. Und dabei sollten wir bedenken, daß eine Verletzung unserer Gefühle auf die Dauer viel schmerzhafter sein kann als körperlicher Schmerz. Ein gutes Beispiel hierfür war die früher übliche Strafe, einem Kind, das ordinäre Schimpfworte gebrauchte, den Mund mit Seife auszuwaschen. Diese Prozedur war kaum schmerzhaft, aber außerordentlich herabsetzend. Unbewußt reagierte das Kind nicht nur auf den deutlichen Hinweis, daß es etwas Ungehöriges gesagt hatte, sondern auch auf die unausgesprochene Andeutung, daß seine Eltern sein durch den Mund symbolisiertes Innere für schmutzig und schlecht hielten. Es hatte nicht nur häßliche Schimpfworte gebraucht, es war selber häßlich und gemein. Die Eltern erreichten mit dieser Strafe nur selten ihr Ziel: den Wortschatz ihres Kindes zu »säubern«. Vielleicht benutzte es künftig die ordinären Ausdrücke nicht mehr offen, aber sicherlich bediente es sich ihrer weiterhin, und zwar entweder heimlich oder in seiner Phantasie. Das Kind merkt, daß seine Eltern seinem sichtbaren Verhalten große Aufmerksamkeit schenken, während sie sich überhaupt nicht dafür zu interessieren scheinen, was es so erzürnt hat, daß es sich gezwungen sah, diese Ausdrücke zu benutzen. Es gewinnt den Eindruck, daß seine Eltern nur für das Interesse aufbringen, was sie selber wollen, und nicht für das, was das Kind will. Warum sollte ein Kind sich dann nicht ebenfalls nur um seine eigenen Wünsche kümmern anstatt um die seiner Eltern?

In der Therapie haben mir Kinder gesagt, daß sie auf diese Strafe hin zwar die Schimpfworte nicht mehr laut äußerten, daß sie sie aber im stillen unaufhörlich wiederholten und auf die geringste Enttäuschung mit einer Flut von unausgesprochenen Schmähungen reagierten. Ihre Einstellung wurde so negativ, daß sie praktisch nicht mehr in der Lage waren, irgendwelche guten Beziehungen anzuknüpfen, was sie nur noch wütender machte und sie veranlaßte, sich noch schlimmere Beschimpfungen auszudenken. In einem besonders extremen Fall erreichte ein Junge, dessen stumme Konzentration auf wütende, aggressive Beschimpfungen jeden positiven Kontakt verhinderte, einen Punkt, an dem er überhaupt nicht mehr normal sprechen konnte. Schließlich sagte er seinem Therapeuten, als man ihm den Mund mit Seife ausgewaschen habe, habe man mit den Schimpfwörtern auch die guten Wörter herausgewaschen, so daß er jetzt *überhaupt keine* Wörter mehr zur Verfügung habe, um sich zu unterhalten.

Natürlich reagiert jedes Kind auf eine Strafe wieder anders. Es hängt von seiner Persönlichkeit und vor allem von der Beziehung ab, die zwischen ihm und seinen Eltern besteht, aber keinem bestraften Kind bleibt das Gefühl der Herabwürdigung erspart. Ich kenne ein kleines Mädchen, das die Bemühungen seiner Eltern, ihm Schimpfwörter abzugewöhnen, dadurch vereitelte, daß es behauptete, es mache ihm überhaupt nichts aus, wenn sein Mund mit Seife ausgewaschen würde. Die Eltern waren ratlos und gaben es auf. Aber die Beziehung war gestört, denn obwohl ihre kleine Tochter behauptete, es mache ihr nichts aus, machte es ihr in Wirklichkeit sehr viel aus. Sie fühlte sich ihren Eltern, die ihre Zuflucht zu so groben Methoden nahmen, überlegen. Das neutralisierte zwar das Gefühl, herabgewürdigt zu werden, aber es schadete gleichzeitig ihrer Liebe zu ihren Eltern und ihrer Achtung vor ihnen.

Sicher habe ich als Junge auch gelegentlich Schimpfwörter gebraucht, aber ich kann mich nur an einen einzigen Fall erinnern. Ich habe vergessen, worüber ich mich geärgert hatte, aber ich habe einmal etwas Kränkendes zu meiner Mutter gesagt. Es bestürzte und verletzte sie, aber sie sagte und unternahm nichts. Als sie es meinem Vater erzählte, war dieser sichtlich empört darüber. Er fragte mich mit großem Nachdruck: »Muß ich dich tatsächlich strafen, damit du in Zukunft darauf achtest, wie du mit deiner Mutter sprichst?« Das war alles, aber es machte tiefen Eindruck auf mich, einen viel tieferen, glaube ich, als es jede Strafe vermocht hätte. Der Gedanke, mich bestrafen zu müssen, betrübte meinen gütigen Vater offensichtlich. Und das quälte mich, nicht die Tatsache, daß ich bestraft werden könnte – was nie vorkam –, sondern daß ich meinen Vater so aufgeregt und betrübt hatte. Trotz seines Ärgers hatte er sich beherrscht. Er hatte mir nur eine einzige Frage gestellt und es dann auf sich beruhen lassen, ohne mich weiter zu schelten. Das genügte – ich habe in Gegenwart meiner Eltern nie wieder Schimpfwörter gebraucht. (Tatsächlich hatte ich auch kaum Ursache dazu, aber ich sah mich auch nicht veranlaßt, sie im Verkehr mit meinen Kameraden zu benutzen.) Die Frage meines Vaters, bei der es sich mehr um eine Warnung als um eine Strafe handelte, genügte, mir das Gefühl zu geben, daß ich etwas Unrechtes getan hatte. Da beide Eltern ihren Ärger über mich herunterspielten, hatte ich das Gefühl, daß auch ich fähig sein sollte, mich ihnen gegenüber zu beherrschen. Eine Bestrafung hätte das nicht bewirkt; vermutlich hätte sie nur meinen Widerstand gereizt, denn selbst wenn ein Kind weiß, daß es etwas Unrechtes getan hat, hat es das Gefühl, daß es eine bessere Möglichkeit geben müßte, dies zu korrigieren, als durch Schmerz oder seelische Quälereien. Die meisten Kinder nehmen es übel, wenn sie bestraft werden, und je mehr sie ihre Eltern lieben, um so mehr fühlen sie sich durch solche Strafen beleidigt und um so enttäuschter sind sie über den, der den Stock schwingt.

Die meisten von uns lernen von selbst, Situationen zu meistern, für die man üblicherweise bestraft wird, insofern ist diese Methode wirksam. Aber die Bestrafung von Kriminellen zeigt, daß sie sich dadurch kaum abschrecken lassen, wenn sie glauben, nicht erwischt zu werden. So lernt auch das Kind, das sich zuvor offen zu seinen Taten bekannt hat, sie jetzt zu verheimlichen. Je strenger es bestraft wird, um so unaufrichtiger wird es.

Es lernt auch, Reue zu zeigen, wenn man es von ihm erwartet, ob es sie fühlt oder nicht. In Wirklichkeit tut es ihm vielleicht nur leid, daß man es erwischt hat und daß es jetzt »die Bescherung hat«. Daher sollten wir uns überlegen, daß eine derartige Äußerung von Bedauern, die unter Druck zustande kam, praktisch wertlos ist, da sie nur bezweckt, uns zu beruhigen oder die Auseinandersetzung zu beenden.

Weit besser ist es, dem Kind zu sagen, wir seien überzeugt, daß es sich nicht so schlecht benommen hätte, wenn es gewußt hätte, daß es im Unrecht sei. Das stimmt fast immer. Vielleicht dachte das Kind: »Wenn meine Eltern es herausbekommen, werden sie sich ärgern«, aber das bedeutet keineswegs, daß es glaubt, etwa Unrechtes zu tun. In dem Augenblick, in dem es etwas tut, glaubt es sich immer im Recht. Ein verbotener Keks kann zum Beispiel so verlockend werden, daß das Verlangen danach es rechtfertigt, daß das Kind ihn sich nimmt. Wenn es die Eltern dann später dafür tadeln oder bestrafen, kann ihm das beweisen, daß der Keks zu teuer erkauft war und daß es ihn besser in der Schale gelassen hätte. Aber das sagt es sich erst hinterher.

Wenn wir unserem Kind sagen, daß wir seine Tat zwar mißbilligen, oder daß wir ihm das, was es vorhat, verbieten – daß wir aber andererseits überzeugt sind, daß es keine bösen Absichten damit verfolgt habe, wird es ihm diese positive Einstellung erleichtern, uns bereitwillig anzuhören. Vielleicht behagen ihm dann unsere Einwände immer noch nicht, aber es wird froh sein, daß wir eine so gute Meinung über es haben, und wird sich diese erhalten wollen, selbst auf die Gefahr hin, auf etwas verzichten zu müssen, was es gern getan hätte.

Ein Kind ist nur selten davon *überzeugt,* daß etwas falsch ist, nur weil seine Eltern es behaupten. Es *wird* erst dadurch falsch für das Kind, weil es von seinen Eltern geliebt werden möchte, weil es möchte, daß sie eine gute Meinung von ihm haben. Da der beste Weg, geliebt zu werden, kurzfristig gesehen für ein Kind darin besteht, das zu tun, was die Eltern gutheißen, und langfristig darin, ihnen ähnlich zu werden, identifiziert es sich mit ihren Wertvorstellungen. Diese Identifikation kommt also durch die Liebe und Bewunderung des Kindes für seine Eltern zustande, und nicht dadurch, daß es von ihnen bestraft wird.

Kritik und Angst vor Strafe können uns zwar davon abhalten, etwas Unrechtes zu tun, aber sie veranlassen uns nicht, das Rechte zu tun. Eltern und Erzieher machen einen großen Fehler, wenn sie diese einfache Tatsache außer acht lassen und sich auf die negativen Strafmaßnahmen verlassen. Die einzig wirksame Disziplin ist die *Selbst*disziplin, die von dem inneren Wunsch motiviert ist, verdienstlich zu handeln, um in den eigenen Augen zu bestehen, den eigenen Wertvorstellungen zu entsprechen, so daß man mit sich selbst zufrieden ist, d. h. ein gutes Gewissen hat. Die Grundlage hierfür sind Werte, die wir verinnerlicht haben, weil wir Menschen, die danach lebten, liebten und bewunderten und ihnen deshalb nacheiferten – denn auf diese Weise hoffen wir, von denen, die uns soviel bedeuten, selbst geachtet zu werden.

Ein Gewissen, das uns sagt, wir sollten kein Unrecht begehen, weil wir dafür bestraft werden könnten, ist nicht viel wert. Wertvoll ist ein Gewissen nur dann, wenn es uns motiviert, richtig zu handeln, weil wir wissen, daß wir sonst unter dem Schmerz und der Niedergeschlagenheit zu leiden haben, die es mit sich bringt, wenn man mit sich selbst nicht zufrieden ist. Letzten Endes werden wir nur deshalb *zuverlässig* das Richtige tun, weil wir uns Gewissensbisse ersparen möchten, weil wir mit uns zufrieden sein möchten, und nicht weil wir es vermeiden möchten, bestraft zu werden.

Daher sollten sich Eltern hinsichtlich der Disziplin zum Ziel setzen, die Selbstachtung ihres Kindes zu fördern und diese so stark und elastisch zu machen, daß sie das Kind beständig davon abhält, etwas Unrechtes zu tun.

Ich erwähnte bereits und kann es nicht ausdrücklich genug betonen, daß ein Kind alles, was es tut, in dem Augenblick, in dem es handelt, richtig findet, wie falsch seine Gründe auch immer sein mögen und wie sehr es sich auch immer in der Beurteilung der Situation täuschen mag. Wenn wir unser Kind daher tadeln, sollten wir ihm gleichzeitig zu erkennen geben, daß wir überzeugt sind, daß es so gehandelt habe, weil es dachte, dies sei richtig so. Diese Methode ist die einzige, die ihm seine Selbstachtung erhält und es ihm erlaubt, uns willig Gehör zu schenken. Wenn wir uns vielleicht auch darüber ärgern, daß es etwas Unrechtes getan hat, sollten wir doch an Freuds Warnung denken: Die Stimme der Vernunft kann sehr beharrlich sein, aber sie ist sehr leise, während der Lärm der Emotionen oft überaus laut ist, so laut, daß er alle anderen Stimmen übertönt, und das gilt besonders in der Kindheit.

Außerdem muß die Stimme der Vernunft sorgfältig gepflegt und Kindern attraktiv gemacht werden, so daß sie – auch wenn sie leise ist – Gehör findet. Ein Kind anzuschreien nutzt wenig. Es kann dann erschreckt gehorchen, aber es weiß genausogut wie wir, daß es damit nicht auf die Stimme der Vernunft hört. Unsere Aufgabe besteht darin, eine Situation zu schaffen, in der es möglich ist, auf die Vernunft zu hören und sie zu beachten. Wenn wir uns aufregen und außer Fassung geraten, werden wir kaum mit der leisen Stimme der Vernunft reden können, und wenn das Kind vor unserem Zorn und vor einer eventuellen Bestrafung Angst bekommt, ist es auch nicht in der Lage, auf sie zu hören.

Leider haben die meisten von uns vergessen, wie unwiderstehlich das Verlangen nach etwas Verbotenem für ein Kind sein kann – und wenn es sich nur um eine solche Kleinigkeit wie einen Keks handelt –, weil wir selbst solche Wünsche nicht mehr haben oder sie leicht unterdrücken oder befriedigen können. Das Verlangen des Kindes ist so stark, daß es alle anderen Erwägungen auslöscht. Wenn wir verstehen wollen, wie ihm zumute ist, müssen wir uns vorstellen, wie uns selbst zumute wäre oder was wir tun würden, wenn wir von dem dringenden Wunsch besessen wären, etwas zu tun, was gegen die Regeln verstößt, was uns aber leicht möglich wäre und niemandem weh täte. Eines der häufigsten Beispiele aus dem Erwachsenenleben ist, Geschwindigkeitsbegrenzungen zu überschreiten, sich sonstwie verkehrswidrig zu verhalten oder falsch zu parken. Das Kind beobachtet das, und es merkt, daß wir uns die Freiheit nehmen, selbst zu beurteilen, ob wir uns die Nichtbeachtung von Vorschriften erlauben können. Es wird nur schwer begreifen, daß ihm eine solche Nichtbeachtung von Vorschriften nicht auch erlaubt sein soll. Hier wie immer hängt alles davon ab, was wir tun, und nicht davon, was wir sagen.

Wenn wir uns klarmachen würden, mit welchen Ausreden wir die Übertretung von Geschwindigkeitsvorschriften vor uns selbst verteidigen, würden wir auch den Gemütszustand unseres Kindes verstehen, wenn es sich einen Keks nimmt. Dann würden wir merken, daß es genau wie wir zahllose Gründe dafür findet, ungehorsam zu sein. Könnten wir seine Unart noch immer so streng verdammen, wenn wir einmal darüber nachdächten? Würden wir nicht mit seiner Tat sympathisieren und die richtigen Worte (und Gefühle) finden, um es davon zu überzeugen, daß das, was es getan hat, nicht zu seinem Besten war? Das würde es ihm das nächste

Mal erleichtern, der Versuchung zu widerstehen, es würde sich an unser liebevolles Verständnis erinnern. Aber das funktioniert nur, wenn wir mit gutem Beispiel vorangehen und zeigen, daß auch wir einer Versuchung zu widerstehen vermögen.

Einen Keks zu stehlen steht hier stellvertretend für viele unterschiedliche und vielleicht schlimmere Überschreitungen von Geboten. Je ernster wir diese nehmen, um so unwahrscheinlicher ist es, daß wir die oben erwähnte Einstellung dazu haben, doch empfiehlt sie sich auch dann. Wenn wir dem Kind sagen, daß wir das, was es getan hat, mißbilligen, ihm aber glauben, daß es meinte, es sei gerechtfertigt, werden wir damit einen Dialog eröffnen. Erwecken wir dagegen den Eindruck, daß wir es nicht für der Mühe wert halten, seine Gründe zu erwägen, welcher Art sie auch immer sein mögen, dann wird es zu der Überzeugung kommen, daß wir nur unsere eigenen Ideen gelten lassen und den seinen grundsätzlich keine Beachtung schenken, wenn sie mit den unseren nicht übereinstimmen. In diesem Fall gibt das Kind vielleicht klein bei, aber es wird sich in Zukunft noch stärker gegen uns und unsere Ideen wehren.

Es liegt nun keineswegs in meiner Absicht, Eltern zu sagen, sie dürften ihr Kind nicht tadeln oder zurechtweisen, wenn es etwas tut, was sie für unrecht halten. Und ich behaupte auch nicht, daß sie sich nie über ihr Kind zu ärgern brauchten. Jeder Vater und jede Mutter, denen ihr Kind am Herzen liegt, werden sich auch manchmal über es aufregen, wenn es sich falsch verhält. Auch den gütigsten und wohlwollendsten Eltern reißt gelegentlich die Geduld. Der Unterschied zwischen guten und weniger guten Eltern ist in solchen Situationen nur der, daß erstere sich sagen, daß sie sich mehr über sich selbst als über das ärgern, was das Kind getan hat, und daß es keinem nützt, wenn sie diesem Ärger nachgeben. Weniger gute Eltern dagegen glauben, an ihrem Ärger sei allein das Kind schuld, und sie seien daher durchaus berechtigt, entsprechende Maßnahmen zu ergreifen. Aber zweifellos ist es für uns alle von Vorteil, wenn wir uns vor Augen halten, daß Ärger unser Urteilsvermögen beeinträchtigt. Wir können dann kein ausgewogenes Urteil fällen, und unser Kind, das mehr auf unsere Emotionen als auf unsere Argumente reagiert, ist nicht in der Lage, uns wirklich zuzuhören. Selbst wenn wir unseren Ärger zu unterdrücken versuchen und verständnisvoll mit ihm reden, wird es trotzdem unsere unterdrückte Erregung spüren und mehr darauf als auf unsere Worte reagieren. Wenn wir so tun, als ob wir ruhig wären, während wir innerlich kochen und nur zu gern unserem Zorn Luft machten, merkt das Kind, daß wir uns selbst gegenüber unaufrichtig sind – und das ist genau das Verhalten, das nach den Ergebnissen der schwedischen Untersuchung dem Bemühen, Disziplin zu lehren, so abträglich ist.

Um noch einmal auf den gestohlenen Keks zurückzukommen: Wieviel leichter könnten wir unserem Kind unseren Standpunkt klarmachen, wenn wir die

Unterhaltung darüber so lange hinausschieben würden, bis es so satt ist, daß ihm jeder Gedanke ans Essen fernliegt. Wenn sein Verlangen nach Süßigkeiten gestillt ist, wird es akzeptieren, daß es nicht gesund ist, wenn man zuviel davon ißt. Es kann jetzt die leise Stimme der Vernunft vernehmen, weil sich keine Emotionen einmischen.

All das ist so einleuchtend, daß man sich fragt, warum man sich nicht immer so verhält. Es gibt viele Gründe dafür, und sie liegen auf der Hand. So möchten wir uns zum Beispiel nicht damit zufriedengeben, daß das Kind etwas lediglich nicht tut: Wir möchten, daß es auch zugibt, daß wir recht haben. Ein Beispiel möge das veranschaulichen:

Eine Mutter, deren Beziehung zu ihrem Sohn normalerweise vorzüglich war, konnte ihm seine Bitte um ein neues Fahrrad mit Zehngangschaltung nicht erfüllen. Darüber war der Junge sehr unglücklich, und er lag ihr ständig damit in den Ohren. So sagte sie ihm, er solle sich zu ihr setzen, und versuchte ihm die finanzielle Lage der Familie zu erklären. Der Junge hörte sich das auch geduldig an, aber hinterher sagte er zu seiner Mutter: »Ich finde es schade, daß ich das Fahrrad nicht bekommen kann, aber ich war bereit, mich damit abzufinden. Aber wenn du von mir auch noch verlangst, daß ich mir einen Vortrag über Volkswirtschaft anhöre, dann ist das einfach zuviel!«

Glücklicherweise sah seine Mutter das ein und entschuldigte sich. Sie begriff, daß sie es ihrem Jungen nur noch schwerer gemacht hatte zu akzeptieren, daß er das Fahrrad nicht bekam, anstatt es ihm zu erleichtern. Statt ihm einfach nur ihre Sympathie für seine Enttäuschung zu bekunden, hatte sie auch noch von ihm verlangt, die Dinge so zu sehen wie sie, was ihm in diesem Augenblick aber nicht möglich war.

Das Schlimme dabei ist, daß wir gerade dann, wenn es uns besonders schwerfällt, unsere Kinder enttäuschen zu müssen, oft nicht nachempfinden können, wie ihnen zumute ist. Wir verlangen von ihnen, daß sie unsere Gründe in einem Augenblick verstehen, wo sie ihre Emotionen daran hindern. Hätte die Mutter zunächst Verständnis für die Enttäuschung ihres Sohnes gezeigt und bis zum nächsten Tag damit gewartet, ihn über die Finanzlage der Familie aufzuklären, hätte er Zeit gehabt, mit seiner Enttäuschung fertigzuwerden. Möglicherweise hätte er sich auch dann kaum dafür interessiert, aber er hätte das Gefühl gehabt, daß seine Mutter sich große Mühe gab, ihm über seine Enttäuschung hinwegzuhelfen. Dadurch, daß sie ihm sofort einen Vortrag hielt, gab sie ihm zu verstehen: »Meine Mutter erwartet von mir, daß ich viel reifer und vernünftiger bin, als ich es sein kann. Sie verlangt zuviel von mir. Ich kann ihren Ansprüchen nicht genügen« – was sein Selbstwertgefühl beeinträchtigte. Hätte sie dagegen ihre Erklärungen noch hinausgeschoben und ihn nur ihr Mitgefühl spüren lassen, als sie ihm den Wunsch abschlug, hätte er gespürt, daß seine Enttäuschung annehmbar und verständlich war, und sein Selbstwertgefühl hätte keinen Schaden erlitten. Wäre sie dann am nächsten Tag wieder darauf zu sprechen gekommen, hätte es ihm gutgetan, daß sie seine Enttäuschung nicht auf die leichte Schulter nahm, sondern seine Gefühle verstand und sie als berechtigt anerkannte.

Führe uns nicht in Versuchung

Vermutlich regen sich Eltern über keine Unart im Kindesalter mehr auf als über das Stehlen. Noch besorgniserregender als die Tat selbst ist für sie der Gedanke, daß ihr Kind später ein Dieb werden könne. Daher entspricht ihre Reaktion oft mehr ihrer Angst in bezug auf die Zukunft als dem tatsächlichen Vergehen. Dem Kind, das keineswegs beabsichtigt, später einmal ein Verbrecher zu werden, wenn es einen kleinen Gegenstand wegnimmt, erscheint diese drastische Reaktion unangebracht, und es ist tief verletzt, daß seine Eltern es jetzt für einen potentiellen Verbrecher halten. An sich weiß es, daß es etwas Unrechtes getan hat, und es ist auch bereit zu akzeptieren, daß seine Eltern mit ihm unzufrieden sind, jedoch nur in bezug darauf, was es hier und jetzt getan hat. Es macht sich noch wenig Gedanken über die Zukunft, zum einen, weil es sich noch nicht recht vorstellen kann, was Zukunft ist, und zweitens, weil es mit den drängenden Problemen der Gegenwart voll beschäftigt ist.

Ich will damit nicht sagen, daß die Eltern das Verhalten ihres Kindes nicht ernst nehmen sollten. Was es auch immer tut – ob etwas Gutes oder Schlechtes –, immer werden ihre positiven oder negativen Reaktionen auf die Bildung seiner Persönlichkeit einen starken Einfluß ausüben. Ein ernster Fehltritt erfordert eine entsprechende Reaktion, damit das Kind aus dem Vorfall etwas lernt. Wenn man den Diebstahl nicht beachtet oder auf die leichte Schulter nimmt, kann es sich hierdurch ermutigt fühlen, ihn zu wiederholen, und das vielleicht in größerem Umfang. Daher sollten die Eltern sich darum kümmern, wenn es zum Beispiel plötzlich etwas von unbekannter Herkunft besitzt. Überflüssig zu sagen, daß ein Diebstahl ernst zu nehmen ist. Aber genauso wichtig ist es, daß die Reaktion der Eltern, um wirksam zu sein, dem tatsächlichen Vergehen, und nicht dem, was sie für die Zukunft befürchten, entsprechen muß. Mit anderen Worten, wir sollten es zwar nicht leichtnehmen, aber wir sollten auch nicht mehr Aufhebens davon machen, als das Kind als gerechtfertigt empfinden kann.

Natürlich dürfen wir ihm nicht erlauben, sich an seinem unrecht erworbenen Gut zu freuen. Das Gestohlene muß dem Eigentümer mit angemessenen Entschuldigungen sofort zurückgegeben werden. Jedes Kind wird das einsehen. Wenn ein Schaden entstanden ist, muß dieser wieder gutgemacht werden. Aber wir sollten kein Verbrechen daraus machen. In unserem Rechtssystem kann ein Kind kein Verbrechen begehen, und wir sollten nicht strenger sein als das Gesetz. Andererseits dürfte es auch nicht die beste Lösung sein, wenn wir das Kind allein gehen lassen, um das zurückzubringen, was es weggenommen hat. Wenn wir es nicht beaufsichtigen, können wir nicht sicher sein, auf welche Weise die Rückgabe erfolgt. Noch wichtiger aber ist meiner Ansicht nach, daß das Kind, wenn wir es begleiten, selbst sieht, in welche Verlegenheit es uns durch seine Tat gebracht hat. Für ein Kind, das seine Eltern liebt, ist die Wahrnehmung, daß es sie in den Augen von Fremden blamiert hat, eine der schlimmsten Erfahrungen, die es machen kann.

Wenn wir es aber darüber hinaus noch bestrafen, kann das die Wirkung seines schlechten Gewissens beträchtlich abschwächen. In unserem Rechtssystem spiegeln sich weitgehend die allen Menschen gemeinsamen Gefühle, und dazu gehört auch, daß die Strafe die Schuld löscht. Außerdem lehren uns unsere Erfahrungen mit unserem System des Strafvollzugs, daß Strafen kaum abschrecken. Der Kriminelle ist über die, welche die Strafe über ihn verhängen, so erbost, daß er den Gedanken, sie verdient zu haben, beiseite schieben kann. Außerdem hat er nach Verbüßung der Strafe viel weniger Ursache, sich auch weiterhin noch schuldig zu fühlen. Weit besser ist es, wenn wir durch unser Verhalten gegenüber den Bestohlenen dem Kind zeigen, in welche Verlegenheit es uns gebracht hat. Es wird sich in Zukunft daran erinnern und Wiederholungen wahrscheinlich vermeiden.

Für uns, die wir uns um die Zukunft unseres Kindes sorgen, mag es kaum einen Unterschied ausmachen, ob der Diebstahl in einem Laden erfolgte oder ob wir selbst bestohlen worden sind. Für das Kind ist es jedoch ein großer Unterschied, ob es einem Familienmitglied oder einem Fremden etwas wegnimmt. Wenn wir zwischen diesen beiden Situationen nicht auf angemessene Weise unterscheiden, können wir hierdurch unsere Bemühungen, die Sache wieder in Ordnung zu bringen, vereiteln.

Es gibt nur wenige Kinder, die nie in Versuchung geraten, Kleingeld, das ihre Eltern offen herumliegen lassen, an sich zu nehmen oder es heimlich aus einem Geldbeutel herauszunehmen, der in greifbarer Nähe herumliegt. Hierfür gibt es viele Gründe: Das Kind möchte sich etwas kaufen, was es gerne haben möchte; es möchte herausfinden, wie gut seine Eltern auf ihr Eigentum und auf ihren Besitz aufpassen, oder es möchte seine Eltern darauf aufmerksam machen, wie sehnlich es sich etwas wünscht. Vielleicht hat es auch das Bedürfnis, es mit seinen Kameraden aufnehmen zu können oder sich deren Freundschaft zu erkaufen, oder es möchte denjenigen, den es bestiehlt, bestrafen. Das ist eine sehr unvollständige Liste der vielen verschiedenartigen Gründe, die ein Kind dazu veranlassen können, etwas wegzunehmen. Viele unbewußte Gründe können noch hinzukommen, die es zu seiner Tat motivieren. So kann ein Kind sich zum Beispiel einbilden, es habe das Geld nur weggenommen, um sich einen ersehnten Gegenstand zu kaufen, doch ist seine Tat in Wirklichkeit überdeterminiert. Die unbewußte Ursache des Diebstahls war vielleicht der Wunsch, Vater oder Mutter in Verlegenheit zu bringen oder sie zu bestrafen, weil sie es nicht genug lieben. Manche Kinder stehlen auch, weil es sie in einen Erregungszustand versetzt, obwohl sie sich in keiner

Weise bewußt sind, daß sie das Verlangen nach Erregung motiviert. Oder ein Kind kann überzeugt sein, daß es nur stiehlt, weil es einen bestimmten Gegenstand unbedingt haben möchte, während es unbewußt von dem zwanghaften Bedürfnis getrieben wird, sich selbst zu beweisen, daß es ein wagemutiger, schlauer Bursche ist, oder weil es prüfen will, ob ihm das Schicksal günstig gesinnt ist.

Wenn das Kind uns selbst Geld wegnimmt, sollten wir uns – noch bevor wir das Kind zur Rede stellen – fragen, ob wir es nicht durch unsere Unordentlichkeit in Versuchung geführt haben. Als Eltern sind wir oft so selbstgerecht, daß wir meinen, *unser* Kind dürfe nicht in Versuchung geraten, so etwas zu tun, obgleich wir wissen, daß die meisten Kinder gelegentlich einmal etwas klauen. Natürlich sollte unser Kind das nicht tun, aber haben wir etwas unternommen, um es vor der Versuchung zu bewahren? Beten wir nicht schließlich: »Führe uns nicht in Versuchung«, weil wir wissen, wie leicht das geschehen kann? Vielleicht hätte unser Kind der Versuchung widerstehen können, wenn wir es gewarnt hätten, wie leicht wir alle in Versuchung geraten können und wie schwer und lobenswert es daher ist, der Versuchung zu widerstehen? Hätten wir das getan, hätte es sich vielleicht für den Weg der »Tugend« anstatt für den der »Sünde« entschieden. Tugend, für die man nicht gelobt wird, dürfte einem kleinen, noch unerfahrenen Kind, das noch keine starken moralischen Hemmungen entwickelt hat, möglicherweise weniger verlockend vorkommen als die Sünde. Es hat vielleicht um so weniger Hemmungen, weil es beobachtet hat, daß seine Eltern sich ohne zu zögern erlauben, alles zu kaufen, was sie haben möchten, oder weil es den Eindruck hat, daß sie das tun. Gewiß hat unser Kind etwas Unrechtes getan, aber ist nicht Heuchelei mit im Spiel, wenn wir eine gerechte Empörung darüber bekunden, daß es uns ein wenig Geld weggenommen hat, um sich etwas zu kaufen, was es unbedingt haben möchte, wo es doch die ganze Zeit beobachtet hat, daß wir uns unbedenklich Kleinigkeiten – oder auch recht teure Dinge – kaufen, die wir besitzen möchten?

Wenn wir so ernsthaft bemüht wären, unser Kind nicht in Versuchung zu führen, wie wir das eigentlich sein sollten, würden wir Dinge, die es nicht haben soll, so sorgfältig verwahren, daß sie ihm unerreichbar sind. Wir machen es uns zu leicht, wenn wir uns sagen: »Ich brauche die Sachen nicht sorgfältig aufzuheben, weil es nichts wegnehmen sollte, was ihm nicht gehört.« Das ist nur eine Entschuldigung für unsere Nachlässigkeit.

Vielleicht bin ich in dieser Beziehung überempfindlich, aber ich bin es aufgrund persönlicher Erfahrung. Als ich zehn Jahre alt war, ließ jemand, der damals bei uns wohnte, etwas Kleingeld herumliegen. Ich erlag der Versuchung, mir etwas davon zu nehmen, obwohl ich weder damals noch später wußte, warum ich es tat oder was ich damit anfangen wollte. Ich behielt das Geld den Tag über, immer voller Angst, der Diebstahl könnte entdeckt werden und es würde herauskommen, daß ich der Missetäter war, während ich gleichzeitig hoffte, daß man es entdecken möge, damit die Sache erledigt wäre. Je länger es dauerte, um so schuldiger fühlte ich mich. Am nächsten Tag, etwa 24 Stunden, nachdem ich das Geld genommen hatte, legte ich es wieder zurück. Ich war sehr erleichtert, aber nun fragte ich mich mehr und mehr, warum ich es überhaupt gestohlen hatte, da ich nicht vorgehabt hatte, es auszugeben. Allmählich ärgerte ich mich darüber, daß ich von jemandem in Versuchung geführt worden war, der noch dazu so nachlässig war, daß er nicht einmal gemerkt hatte, daß das Geld fehlte. Und – so jung ich war – ich spürte doch, daß ich ihn dafür habe bestrafen wollen, daß er mich in Versuchung geführt hatte. Das muß mein Motiv gewesen sein, da ich ja nicht vorgehabt hatte, etwas von dem Geld auszugeben. Innerlich konnte ich dem Betreffenden seine Nachlässigkeit nicht verzeihen, einmal weil er mich in Versuchung geführt hatte, und außerdem, weil er es mir so leicht gemacht hatte, ungestraft davonzukommen.

So weiß ich aus eigener Erfahrung, daß ein Kind zu Hause Dinge wegnimmt, um die zu strafen, die es in Versuchung führen, und weil es herausfinden möchte, ob sie gut genug aufpassen, oder ob es ihnen so wichtig ist, daß sie etwas dagegen unternehmen. Von meinem Fehltritt hat zu meiner großen Erleichterung nie jemand etwas erfahren. Aber ich war so schuldbewußt, daß es mich für den Rest meines Lebens davor bewahrt hat, auch nur daran zu denken, etwas an mich zu nehmen, was mir nicht gehörte.

Hätte man den Diebstahl entdeckt und mich verhört, hätte ich ihn sicher gern gebeichtet, um meine Schuldgefühle zu beschwichtigen. Aber ich bin sicher, daß ich niemandem hätte klarmachen können, daß ich es getan hatte, um denjenigen, der mich in Versuchung geführt hatte, zu bestrafen. Und obwohl meine Eltern sehr verständnisvoll waren und obwohl sie mir gewiß recht gegeben hätten, daß man Geld nicht herumliegen lassen sollte, wäre es ihnen doch sicher nicht in den Sinn gekommen, daß ich es mir aus einem anderen Grund genommen hatte als dem, mir etwas dafür zu kaufen.

Diese Geschichte erzählt, daß Eltern sich nicht so leicht mit der Überzeugung zufriedengeben sollten, daß ihr Kind nur deshalb etwas weggenommen hat, um sich etwas zu gönnen. Man kann sich sehr irren, wenn man in bezug auf sein Motiv so einfache Schlüsse zieht. Wie meine Erfahrung zeigt, spielt die Beziehung des Kindes zu der Person, der es zu Hause etwas wegnimmt, stets eine sehr wichtige Rolle. Daher sollte man das Vergehen des Kindes auch im Zusammenhang mit seiner Beziehung zu der bestohlenen Person beurteilen. Zum Beispiel kann es einem seiner Geschwister etwas wegnehmen, weil es glaubt, sein Bruder oder seine Schwester bekommen von seinen Eltern mehr als es selbst. In diesem Fall hat es das Gefühl, eine unfaire Situation nur korrigiert zu haben. Vielleicht meint es auch, seine Eltern hätten ihm unnötigerweise etwas versagt oder sie hätten es irgendwie benachteiligt, und es versucht das wieder auszugleichen, indem es ihnen etwas wegnimmt. In einem anderen Fall möchte es vielleicht seinen Eltern signalisieren, daß es einen dringenden Wunsch hat, den sie seiner Ansicht nach nicht erfüllen wollen oder den sie nicht bemerkt haben. Das sind nur einige Möglichkeiten. Tatsächlich gibt es die mannigfaltigsten Gründe dafür, daß ein Kind etwas wegnimmt. Für ein Kind der Mittelschicht, dessen Wünsche meist befriedigt werden, ist das Motiv fast nie das Verlangen nach einem materiellen Gewinn. Daher ist es so wichtig, über die vielen Möglichkeiten für seine Motive nachzudenken. Nur anzunehmen, daß es etwas Unrechtes getan hat, um sich einen materiellen Gewinn zu verschaffen, hieße die Sache allzusehr vereinfachen.

Das Kind, das mit jemandem abrechnen oder ein Familienmitglied bestrafen möchte, sucht damit auch etwas für sich zu gewinnen – nämlich Befriedigung. Wenn man in einem solchen Fall einfach fragt, *weshalb* es gerade die Person und nicht eine andere bestohlen habe, dann mag seine Antwort vielleicht ganz aufschlußreich sein. Aber wir können von ihm eine so wichtige Information nur erhalten, wenn wir uns nicht zu aufgeregt gebärden und ihm zeigen, daß wir ein offenes Ohr für es haben. Es wird unserem Kind genauso gehen wie uns allen: Es wird kaum seine innersten Motive entdecken und sie uns offenbaren, wenn es von jemandem dazu gedrängt wird, der sehr zornig auf es ist oder der bereits davon überzeugt zu sein scheint, daß diese Motive unvernünftig waren.

Wenn wir nicht ehrlich versuchen, *sämtliche* Gründe zu verstehen – die offen zutage liegenden wie auch die verborgenen –, wird das Kind überzeugt sein, daß uns nur etwas an dem Geld liegt und daß es selbst uns gleichgültig ist. Natürlich geht es den meisten Eltern um ihr Kind und dessen zukünftige Entwicklung und nicht um den Verlust, der meist relativ gering ist. Aber Kindern fällt es schwer, das zu erkennen, wenn ihnen die Eltern nicht klarmachen, daß ihnen nicht der Diebstahl das Wichtigste ist, und auch nicht das, was er für die Zukunft befürchten läßt, sondern daß sie vor allem sein Motiv verstehen möchten. Nur wenn das Kind sicher ist, daß uns seine Tat und die durch sie verursachten Unannehmlichkeiten nicht so wichtig sind wie es selbst, wird es sich Mühe geben, sich unser Wohlwollen zu erwerben und zu erhalten und unsere gute Meinung nicht zu verlieren.

Wenn Kinder einem Familienmitglied Geld wegnehmen, so ist das stets ein Hinweis darauf, daß sie über den Familienbesitz völlig anderer Ansicht sind als ihre Eltern. So vieles, was zum Haus gehört, steht allen frei zur Verfügung, daß es Kindern schwerfallen dürfte, die Grenze zu ziehen, wenn es ums Geld geht. Da es sieht, daß wir, die Eltern, es uns herausnehmen, so vieles in seinem Leben zu bestimmen, möchte es vielleicht versuchen, auch einmal über uns eine ähnliche Kontrolle auszuüben. Wir entscheiden, was es haben darf oder nicht. Warum sollte es dann nicht auch einmal darüber entscheiden, was es aus unserem Besitz als sein Eigentum betrachten darf? Dabei spielt es in seinen Augen eine große Rolle, ob das Geld herumlag, denn es weiß, daß wir uns berechtigt fühlen, Dinge, die ihm gehören, in die Hand zu nehmen oder sie ihm sogar wegzunehmen, wenn es sie nicht aufgeräumt hat. Und wenn wir es aufgefordert oder gar von ihm verlangt haben, seinen kostbaren Besitz mit anderen zu teilen, sieht es vermutlich nichts Unrechtes darin, wenn es dafür sorgt, daß auch wir etwas aus unserem Besitz mit ihm teilen. Natürlich haben die Eltern, wenn sie ihr Kind auffordern, etwas mit anderen zu teilen, nur eine vorübergehende Mitbenutzung im Sinn. Sie täten besser daran, dem Kind lediglich vorzuschlagen, das Spielzeug einem anderen Kind zu leihen, denn Leihen bedeutet, daß man den betreffenden Gegenstand auch weiterhin besitzt.

Worum es jedoch hier hauptsächlich geht, ist die Tatsache, daß wir uns berechtigt fühlen, unserem Kind vorzuschreiben, was mit seinem Besitz zu geschehen hat, wann andere ihn mitbenutzen dürfen, wie es mit ihm umzugehen hat und wie es ihn aufräumen muß – ja, sogar wann es sich davon zu trennen hat, ganz zu schweigen von den Fällen, in denen wir ihm seine Sachen, aus welchem Grund auch immer, einfach wegnehmen. Weshalb sollte es dann nicht glauben, genauso mit unserem Besitz umgehen zu dürfen? Wenn das seiner Meinung nach so ist, wir ihm aber diese Gleichberechtigung nicht offen einräumen, wird es vielleicht versuchen, sie heimlich herzustellen. Natürlich ist das Kind noch viel zu jung, um all das klar zu durchdenken, aber es fühlt es, und intensive Gefühle, die nicht voll artikuliert werden können, üben häufig einen stärkeren Druck aus als klar formulierte Gedanken.

Wenn ein Kind seine Eltern »bestiehlt«, dürfte seine Einstellung zu seiner Familie dabei die Hauptrolle spielen. Da es selbst seiner Familie – besonders seinen Eltern – gehört, gehören sie dann nicht auch ihm? Über den Ursprung und den Zweck der Familie gibt es viele unterschiedliche Theorien. Ihre Hauptfunktion ist natürlich, die Bedürfnisse der Nachkommen zu befriedigen, solange diese noch nicht für sich selbst sorgen können. Aber es gibt auch eine Theorie, nach der die Familie in ihrer jetzigen Form aus einer Gruppe mit gemeinsamem Besitz hervorgegangen ist. Es gab Zeiten, und es gibt immer noch Gesellschaften, wo alles, was eine Familie besitzt, Gemeinbesitz ist, der von sämtlichen Mitgliedern der Familie entsprechend ihren jeweiligen Bedürfnissen benutzt werden darf. Wenn uns später ein Teil des Familienbesitzes ohnehin zufallen wird, warum können wir ihn uns dann nicht auch schon jetzt zunutze machen?

Durch seine Abhängigkeit hat ein Kind oft ein intensiveres Familiengefühl als seine Eltern – dies wiederum auf einer intuitiven, unbewußten Ebene. Es erlebt die Wirklichkeit auf eine viel primitivere und unmittelbarere Art. Es ist *seine* Familie. Gehört deshalb nicht alles, was der Familie gehört, auch ihm? Wenn es selbst seinen Eltern gehört und sie ihm gehören, weshalb sollten dann rein materielle Dinge wie Geld nur seinen Eltern und nicht auch ihm gehören? Als der gesamte Familienbesitz noch tatsächlich im Besitz der Familie und nicht Privateigentum einzelner Familienmitglieder war, dürfte das Familiengefühl viel stärker und sicherer gewesen sein. Bedenkt man das alles, dann leuchtet es ein, daß man es völlig anders auffassen und behandeln muß, wenn ein Kind innerhalb der Familie etwas wegnimmt, als wenn es sich am Besitz von Fremden vergreift. Wenn ein Kind in der Familie etwas wegnimmt, sollte man das gewiß nicht stillschweigend übergehen. Ganz im Gegenteil wird unser Kind ein viel tieferes Gefühl dafür bekommen, was der Zusammenhalt in der Familie bedeutet, wenn wir ihm klarmachen, daß – innerhalb vernünftiger Grenzen – alles, was die Familie besitzt, von *jedem* benutzt werden darf, daß es aber nichts heimlich wegnehmen darf. Wenn ich »innerhalb vernünftiger Grenzen« sagte, so meine ich damit kleine Geldbeträge oder Dinge von geringem Wert, deren Verausgabung oder sogar Verlust die Zukunft der Familie nicht aufs Spiel setzt. Über derartige Verluste regen sich die Eltern nicht wegen ihres Wertes auf, sondern weil sie das Schreckbild heraufbeschwören, daß aus ihrem Kind ein Verschwender oder Dieb werden könnte. Eine solche Übertreibung ist dem Kind gegenüber unfair. Sie gibt ihm das Gefühl, daß wir zu heftig reagieren. Wenn es diesen Eindruck bekommt, macht das unsere Zurechtweisung nicht wirksamer, sondern weniger effektiv. Noch anders liegen die Dinge, wenn das Kind nicht weiß, weshalb es etwas an sich genommen hat, wenn es von Impulsen getrieben wurde, die aus seinem Unbewußten kamen. Wenn es wiederholt Dinge wegnimmt und nicht weiß, weshalb es das tut, und – was noch signifikanter ist – wenn es das nicht lassen kann, dann leidet es unter seelischen Problemen, die gelöst werden müssen. Dann muß man es von dem inneren Druck befreien, den es nicht kontrollieren kann und der es treibt, Dinge zu tun, die es lieber nicht täte. Auch hier besteht der erste und wichtigste Schritt zur Lösung des Problems darin, daß man herausfindet, welche unbewußten Motive das Kind zu seinem Tun veranlassen.

Sollte man demnach ein Kind nie bestrafen? Was ist von den Erwachsenen zu halten, die – wenn sie über ihre eigene Kindheit nachdenken – überzeugt sind, daß Strafen ihnen recht gut getan haben? Und hatten wir als Kinder, wenn wir bestraft wurden, nicht manchmal das Gefühl, daß es die Luft reinigte und daß es für uns doch einen gewissen Wert hatte, auch wenn es uns noch so sehr mißfiel?

Mein Hauptanliegen ist hier nicht so sehr, *die Strafe an sich* und ihre Funktion bei der Entwicklung moralischer Grundsätze zu diskutieren, sondern ich möchte – psychologisch ausgedrückt – die Bedingungen analysieren, die in einem Kind den Wunsch entstehen lassen, einmal ein moralisch guter und disziplinierter Mensch zu werden. Gelingt es uns, solche Bedingungen zu schaffen, können wir auf Strafen verzichten. Dieses Ziel läßt sich aber nicht mit Prügeln erreichen, und ich möchte noch einen Schritt weitergehen und sagen, daß die Bestrafung eines Kindes nie etwas Wünschenswertes ist, auch wenn sie die Entladung von Zorn und Schuldgefühlen ermöglicht.

Wenn sich ein Kind etwas Ernstes zuschulden kommen ließ und die Eltern sich sehr darüber aufregen, kann eine Strafe gelegentlich ein reinigendes Gewitter sein: Die Eltern können auf diese Weise ihrem Zorn und ihrer Angst Luft machen. Hat sich dann ihre Aufregung gelegt, tut es ihnen vielleicht sogar leid, ihr Kind bestraft zu haben, und sie haben ein schlechtes Gewissen. Aber nach der Entladung ihrer negativen Gefühle sind sie ihrem Kind gegenüber wieder positiv eingestellt. Das Kind seinerseits braucht sich nicht länger schuldig zu fühlen, da es ja sein Bußgeld gezahlt hat, wenn es auch gewöhnlich der Ansicht ist, daß dieses höher ausgefallen ist, als es das Vergehen gerechtfertigt hätte. Nachdem Eltern und Kind auf diese Weise von den Emotionen, die sich zwischen sie drängten, befreit sind, können sie das Gefühl haben, daß der Friede wiederhergestellt ist.

Aber ist dies wirklich der beste Weg zur Erreichung des Ziels, das Kind auf die Dauer zu einem verantwortungsbewußten Erwachsenen zu erziehen? Erzeugt das Erlebnis, Vater oder Mutter unbeherrscht oder selbstgerecht zu sehen, im Kind den Impuls zu lernen, sich selbst zu beherrschen? Und wenn die Eltern dann später ein schlechtes Gewissen haben, weil sie ihr Kind bestraft haben oder es bestrafen *mußten* – wie sie sich vermutlich vor sich selbst rechtfertigen werden –, und wenn die Strafe vielleicht zu streng ausfiel, weil ihr Zorn stärker war, als es durch das Vergehen gerechtfertigt gewesen wäre – wird das das Vertrauen und die Achtung des Kindes vor seinen Eltern vergrößern? Und gibt man ein gutes Beispiel an Selbstbeherrschung, wenn man seinem Zorn Luft macht? Hätte der zornige Vater nicht ein besseres Beispiel gegeben, wenn er es sich nicht gestattet hätte, sich auf eine Weise gehenzulassen, die ihm hinterher Gewissensbisse verursachte? Und sind Eltern, denen es später nicht leid tut, ihr Kind bestraft zu haben – ob sie nun glauben, sie hätten es tun müssen oder nicht –, wirklich gute Eltern? Wäre es für das Kind in bezug auf sein moralisches Wachstum und als Abschreckung nicht besser gewesen, wenn es sich noch etwas länger mit seinen Schuldgefühlen hätte herumschlagen müssen? Sind nicht die Schuldgefühle wegen eines Vergehens und die daraus entspringenden Gewissensbisse auf die Dauer weit wirksamere Abschreckungsmittel als die Angst vor Strafe? Der Stimme des eigenen Gewissens zu folgen ist der Entwicklung einer verantwortungsbewußten, charaktervollen Persönlichkeit gewiß förderlicher, als einem Gewissen zu gehorchen, das sich als Reaktion auf die Furcht vor Strafen herausgebildet hat.

Strafen sind besonders dann, wenn sie weh tun oder beschämend sind, ein höchst traumatisches Erlebnis. Sie sind es sowohl aufgrund dessen, was in direktem Zusammenhang damit steht, als auch, weil sie den Glauben des Kindes an das Wohlwollen seiner Eltern erschüttern, der die wichtigste Grundlage für sein Gefühl von Sicherheit ist. Aus diesem Grund können Strafen genau wie andere traumatische Erlebnisse verdrängt werden. Das Kind kann den Schmerz und den Kummer verdrängen und wird sich vielleicht nur noch an seine Erleichterung erinnern, die es nach der Wiederherstellung positiver Gefühle empfand, als die Strafe überstanden war und es zur Versöhnung kam. Die Erinnerung an die wenigen positiven Aspekte dient dann dazu, die vielen negativen zu verbergen, die zunächst die Oberhand hatten. Kein Kind wird unmittelbar nachdem es bestraft wurde, behaupten, es habe ihm gut getan. Dieser Gedanke entsteht erst später, wenn das Kind die Erinnerungen aus der Vergangenheit in einem anderen Licht sieht. Zweifellos macht die Versöhnung hinterher die Bestrafung erträglicher. Dies kann mit der Zeit durch ein falsches Quidproquo dazu führen zu glauben, das angenehme Gefühl, das die Versöhnung hervorrief, sei das Resultat der Strafe gewesen, was keineswegs zutrifft. Bestenfalls ist die Wahrscheinlichkeit geringer, daß eine körperliche Züchtigung Narben an der Persönlichkeit des Kindes hinterläßt, wenn es zu einer solchen Versöhnung kommt. Aber es ist noch kein Beweis dafür, daß die Strafe der Entwicklung von Selbstbeherrschung oder Rechtschaffenheit förderlich war.

Wenn die Eltern ihr Kind – wenn auch noch so milde – bestrafen, nimmt es ihnen das übel, und je strenger die Strafe ausfällt, um so größer wird seine Empörung darüber sein. Wer wird auch wohl jemandem nacheifern oder sich mit jemandem identifizieren wollen, dem er böse ist, wenn der Betreffende in anderer Hinsicht auch noch so bewundernswert erscheint? Daher ist jede in unseren Augen und sogar in den Augen unseres Kindes noch so gerechtfertigte Strafe ein Hindernis für unser Hauptziel, daß unser Kind uns liebt, daß es unsere Wertvorstellungen akzeptiert und ein Leben führen möchte, das unseren Moralbegriffen entspricht. Eine milde Strafe wird diesem Ziel viel weniger hinderlich sein als eine strenge, aber das ändert nichts an der Tatsache, daß eine Strafe, die von Eltern und Kind als solche aufgefaßt und empfunden wurde, das Kind weniger geneigt macht, seinen Eltern nachzueifern, wodurch sich seine Chance verringert, mit sich selbst und seinem Leben im allgemeinen einverstanden zu sein.

Auch wenn eine körperliche Strafe oder eine Strafe anderer Art keinen dauernden psychischen Schaden anrichtet – was jedoch häufig der Fall ist –, so beweist das nur, daß ansonsten gute Eltern sich eine Menge erlauben können, ohne ihrem Kind ernstlich zu schaden. Wenn man ein guter Vater oder eine gute Mutter ist, so gleicht das vieles aus, was der Persönlichkeit des Kindes sonst schaden würde. Aber daß viele Fehler, die wir bei der Erziehung unserer Kinder machen, hierdurch kompensiert werden, ändert noch nichts daran, daß sie und wir weit besser daran wären, wenn wir diese Fehler von Anfang an hätten vermeiden können.

Ich glaube daher, daß es immer ein Fehler ist, ein Kind zu strafen. Auch wenn es selbst meint, es habe es verdient, hat es, nachdem ihm die Strafe zugemessen wurde, das Gefühl, ungerecht behandelt worden zu sein. Vielleicht ist ihm diese Unterscheidung noch nicht deutlich bewußt, aber es empfindet sie trotzdem sehr stark.

Warum reagiert ein Kind auf diese Weise? Vor allem deshalb, weil eine Strafe seine Sicherheit gefährdet, die darauf beruht, daß es in seinen Eltern seine Beschützer sieht, die es stets mit zärtlicher Fürsorge behandeln werden, und zweitens, weil es zur menschlichen Natur gehört, daß wir jedem grollen, in dessen Macht es steht, uns zu bestrafen. Wir können uns nicht sicher fühlen, wenn unsere Sicherheit von jemandem abhängt, dem wir böse sind. Gewiß ärgert sich jedes Kind häufig über gewisse Dinge, die seine Eltern tun. Sie müssen in zahlreichen Fällen wichtige Dinge in seinem Leben in Ordnung bringen oder wenigstens vorsorgen – neben den weit häufigeren Fällen, wo sie nur glauben, eingreifen zu müssen. Dieser Ärger läßt sich jedoch nicht mit dem Groll gegen die vergleichen, die sich auf verletzende Weise das Recht anmaßen, uns zu bestrafen.

Ein Kind zu veranlassen, sich anständig zu verhalten und bestimmte Dinge in seinem Leben in die Hand zu nehmen oder aber ihm durch Bestrafung »eine Lektion zu erteilen«, macht vielleicht nur einen kleinen oder unbedeutenden Unterschied aus in den Augen von Eltern, die überzeugt sind, daß der Zweck ihrer Strafe darin besteht, ihrem Kind beizubringen, sich in Zukunft besser zu benehmen. Für das Kind jedoch ist es ein enormer Unterschied. Wenn es das Gefühl haben kann, daß seine Eltern die Absicht hatten, eine Angelegenheit für es in Ordnung zu bringen, dann weiß es in seinem tiefsten Inneren, daß sie es gut mit ihm meinen – selbst dann, wenn es mit der Art, wie sie es korrigieren oder an seinem Vorhaben hindern, nicht einverstanden ist. Das hindert es nicht daran, in ihnen seine Hauptbeschützer zu sehen. Eltern, die ihr Kind strafen, weil sie glauben, sie könnten es auf diese Weise davor bewahren, in Zukunft Dinge zu tun, die gefährliche Folgen haben könnten, glauben ebenfalls, das Kind zu schützen. Aber das Kind selbst empfindet es anders, und ein kurzer Blick auf unser Rechtssystem wird uns zeigen, daß es recht hat.

Man denke nur an all die Schutzmaßnahmen, die jedem Angeklagten zustehen, bevor er schuldig gesprochen werden kann. Nicht nur gilt er solange als unschuldig, bis ihm die Schuld nachgewiesen ist. Er muß sich auch nicht selbst verteidigen, sondern das geschieht durch einen Rechtsanwalt, der die gleichen Rechte und Privilegien hat wie der Staatsanwalt, der die Anklage vertritt. Noch wichtiger aber ist, daß der Fall von einem unabhängigen Richter und von Geschworenen beurteilt wird, die den Argumenten des Anklägers und denen des Verteidigers das gleiche Gewicht beimessen. Steht dagegen unser Kind »vor Gericht«, dann muß es sich selbst verteidigen, während wir sowohl die Rolle des Anklägers als auch die des Richters spielen, die an sich miteinander unvereinbar sind – und Geschworene gibt es überhaupt nicht.

Wenn Eltern sich die Schutzmaßnahmen vor Augen hielten, die ihnen selbst zustehen, bevor sie von der Gesellschaft schuldig gesprochen werden können, würden sie sich wohl nicht für berechtigt halten, ihr Kind für irgend etwas zu bestrafen. Sie würden einsehen, wie sehr es ihnen an der emotionalen Distanz und Objektivität fehlt, welche die wichtigsten Attribute eines Rechtsprechenden sind. Und noch eine letzte Bemerkung zu diesem Thema: Der Richter, der das Urteil fällt, vollzieht die Strafe nie selbst. Spricht nicht einiges dagegen, daß wir beides tun?

Was also sollen Eltern tun, um ihr Kind daran zu hindern, sich schlecht zu benehmen? Es wäre ideal, wenn es genügte, das Kind unsere Enttäuschung spüren zu lassen, um es in Zukunft in Schranken zu halten, aber ich zweifle, daß das immer ausreichen wird.

Wie wir bereits ausführlich diskutiert haben, bringt die Erziehung dann die besten Erfolge, wenn der Schüler nicht nur von der Person seines Lehrers tief und positiv beeindruckt ist, sondern sich auch sein Wohlwollen erhalten möchte, weil er ihn liebt und von ihm geliebt werden möchte. Aus diesem Grund wird das Kind, wenn wir ihm auch nur eine kleine Chance geben und es liebevoll und zärtlich aufgezogen haben, alles nur irgend Mögliche tun, um sich die Liebe seiner Eltern zu erhalten, denn es wird nichts mehr fürchten, als sie als seine Beschützer zu verlieren. Wenn wir daher mit Worten allein nichts ausrichten, wenn es nicht genügt, daß wir unserem Kind sagen, es müsse sich bessern, dann ist die Drohung, wir würden ihm vorübergehend unsere Liebe und Zuneigung entziehen, die einzige wirksame Methode, es nachdrücklich darauf hinzuweisen, daß es besser auf uns hören würde, weil wir andernfalls nicht mehr soviel von ihm halten oder es so liebhaben können, wie es sich das wünscht und wie auch wir es gerne wollen. Da manche Eltern sich in ihrem Unterbewußtsein klar darüber sind, welch schlimme Drohung das ist, schwächen sie sie in bester Absicht ab, indem sie dem Kind versichern, daß sie es trotzdem immer liebhaben werden, was auch immer geschehen mag. Das mag zutreffen, aber wenn es das Kind auch für den Augenblick beruhigt, klingt es ihm doch nicht überzeugend, denn es weiß, daß auch es selbst seine Eltern nicht immer gleich liebt. Wie kann es dann ihrer Versicherung, daß sie es lieben, Glauben schenken, wenn es spürt, daß sie mit ihm unzufrieden oder sogar zornig auf es sind? Mit dieser Versicherung geben die Eltern tatsächlich die beste und einzig logische Methode aus der Hand, ihre Kinder zu veranlassen, sich zu bessern. Auch stimmt es nicht, daß die meisten Eltern ihre Kinder bedingungslos lieben. Wenn sie allzu oft und allzu schwer enttäuscht werden, schwindet ihre Liebe. Wenn wir uns daher Mühe geben, einen besseren Eindruck zu machen, und vortäuschen, das Kind mehr zu lieben, als es tatsächlich der Fall ist, so erreichen wir damit das Gegenteil. Allerdings kann ja eine Liebe so tief und fest verankert sein, daß sie auch ernsten Prüfungen standhält. Und das kann auch auf die Liebe zu unseren Kindern zutreffen. Aber in dem Augenblick, in dem wir schwer enttäuscht sind von ihnen, ist es durchaus möglich, daß sie einen Tiefpunkt erreicht, und wenn wir wollen, daß das Kind sein Verhalten ändert, sollten wir es dies ruhig merken lassen.

Auch ohne es sich bewußt klarzumachen, wissen viele Eltern instinktiv, daß die Drohung mit Liebesentzug die beste und wirksamste Methode ist, ihr Kind wieder auf den rechten Weg zu bringen. Wenn sie daher spüren, daß sie ihr Ziel nicht allein dadurch erreichen, daß sie das Kind ihre Enttäuschung spüren lassen, werden sie ihm auf eindrucksvolle Weise zu verstehen geben, daß es tatsächlich

Gefahr läuft, ihre Zuneigung einzubüßen. Wenn wir keinen Erfolg damit haben, daß wir uns an die Vernunft des Kindes wenden und ihm zu verstehen geben, weshalb sein Benehmen falsch war und wie es sich in Zukunft verhalten sollte, und wenn es auch nichts nützt, daß wir es unsere Unzufriedenheit spüren lassen, dann sollten wir das Unbewußte des Kindes ansprechen und es den Ernst der Situation dadurch spüren lassen, daß wir unseren Worten die Tat folgen lassen. Allerdings *muß* diese vorwiegend symbolisch bleiben, aber sie wird dem Kind trotzdem deutlich zu verstehen geben, daß es Gefahr läuft, unsere Liebe zu verlieren. Ein Kind, das diese Botschaft empfängt, wird aus *eigenen* Gründen sein Verhalten ändern, um sich das zu sichern, was es auch in Zukunft besitzen möchte – die immerwährende, uneingeschränkte Liebe seiner Eltern. Wichtig ist dabei, daß das Kind jetzt und in Zukunft sein Verhalten aus *eigenen* Gründen und nicht aus denen seiner Eltern ändert.

Wir erreichen dies, indem wir das Kind für *kurze* Zeit aus unserer Gegenwart verbannen. Wir können es aus dem Zimmer weisen oder – falls möglich – auf sein eigenes Zimmer schicken. Oder wir können uns in unser eigenes Zimmer zurückziehen. Es kommt nicht darauf an, auf welche Weise der Vater oder die Mutter dem Kind klarmachen: »Ich bin so enttäuscht über dich, daß ich dir im Augenblick nicht körperlich nahe sein will und kann.« Dabei steht die körperliche Distanz stellvertretend für die emotionale Distanz, und sie ist ein Symbol, welches gleichermaßen das Bewußtsein und das Unbewußte des Kindes anspricht. Deshalb ist es so wirksam.

Wenn man das Kind aus der körperlichen Nähe seiner Eltern verbannt, so sollte man damit nie bezwecken, es zu bestrafen. Man sollte lediglich damit zu erreichen suchen, daß Eltern und Kind zu dem Geschehenen Distanz gewinnen, daß sie sich beruhigen und noch einmal darüber nachdenken können. All das versteht sich von selbst, und es hilft auch. Aber den tiefsten Eindruck dürfte auf das Kind doch die Angst machen, im Stich gelassen zu werden. Wir erwähnten bereits, daß die Trennungsangst vermutlich die früheste und fundamentalste Angst des Menschen ist. Der Säugling erlebt sie, wenn die Person, die ihn in erster Linie versorgt, sich von ihm entfernt, denn wenn dies auf die Dauer sein sollte und wenn die Wärterin nicht durch eine andere ersetzt würde, bedeutete das für das Kind tatsächlich den Tod. Alles, was diese Angst neu entfacht, wird als Drohung empfunden. Wenn sich daher ein Kind – vielleicht nur vage – sagt, seine Existenz sei in Gefahr, wenn derjenige, der es versorgt, sich entfernt, so reagiert es auf diese reale oder nur implizierte oder eingebildete Bedrohung mit Angstgefühlen. Selbst wenn es alt genug ist, um zu wissen, daß sein Leben nicht in Gefahr ist, wird es tief betrübt reagieren, weil es diese Angst immer noch bis zu einem gewissen Grad spürt. Der einzige Unterschied besteht darin, daß das Kind, wenn es älter ist, nicht mehr vor der körperlichen, sondern vor der emotionalen Deprivation Angst hat.

Wer in seiner Kindheit erlebt hat, daß sich seine Eltern auf diese Weise von ihm distanzierten, wird sich daran erinnern, wie verlassen und einsam er sich fühlte, wenn er aus dem Zimmer geschickt wurde. Diese starke Reaktion wäre nicht zu verstehen, wenn der Betroffene es nicht als einen drohenden Liebesentzug empfunden hätte, was in seinem Unbewußten die Trennungsangst neu belebte. Da er bei anderen Gelegenheiten gern in seinem Zimmer allein war und sich auch ohne die körperliche Anwesenheit seiner Eltern recht wohl fühlte, konnte das Alleinsein nicht der Grund dafür sein, daß er das Gefühl hatte, tatsächlich im Stich gelassen worden zu sein. Dieses Gefühl ist darauf zurückzuführen, daß er begriffen hat, daß der potentielle Verlust der elterlichen Liebe auf dem Spiel steht, was für ein Kind eine ernste Bedrohung darstellt, da es weiß, daß es sein Leben noch nicht allein meistern kann, wenn es seine Eltern als seine Beschützer verliert.

Wenn wir noch Zweifel haben sollten, ob eine solche körperliche Trennung unser Mißfallen am Verhalten unserer Kinder tatsächlich wirksam zum Ausdruck bringt, kann uns deren eigenes Verhalten darüber belehren. Die schlimmste Drohung, die sich ein Kind ausdenken kann, wenn es über seine Eltern bis zum äußersten empört ist, ist die davonzulaufen. Kinder sind überzeugt, daß diese Drohung genügt, uns zu veranlassen, unser Verhalten ihnen gegenüber zu ändern – worin deutlich zum Ausdruck kommt, was es davon hält. So versteht es sehr wohl, daß unsere Drohung, uns von ihm körperlich zu distanzieren, symbolisch für unsere emotionale Distanzierung steht, eine drohende Gefahr, die einen sehr tiefen Eindruck auf das Kind machen dürfte.

Wenn man jedoch eine solche körperliche Distanzierung als Strafmaßnahme *plant*, verliert sie viel von ihrer emotionalen Wirkung, die darauf beruht, daß es sich eben nicht um eine sorgfältig ausgedachte und ausgeführte Aktion, sondern um eine stark emotionale Bekundung handelt. Diese Wirkung hatte auch die Frage meines Vaters, als er hörte, daß ich meine Mutter mit Schimpfwörtern bedacht hatte. Im Augenblick war ihm nichts Wirksameres eingefallen, um mir seine Enttäuschung über mich zu zeigen. (Interessanterweise antwortete ich nicht darauf – weder mit einer Entschuldigung noch mit dem Versprechen, mein Verhalten in Zukunft zu bessern. Dazu war ich zu stark beeindruckt. Ich ging vielmehr auf mein Zimmer, um darüber nachzudenken. Ich mußte mich aus der Gefühlssphäre meines Vaters entfernen. Er brauchte mich nicht auf mein Zimmer zu schicken.)

Daß wir gefühlsmäßig stark reagieren, wenn sich unser Kind eines ernsten Vergehens schuldig gemacht hat, ist nur natürlich. Wenn wir ihm unsere Liebe vorübergehend entziehen, weil es uns so sehr enttäuscht hat, daß wir uns ihm vorübergehend entfremdet fühlen, ist dies nur die logische Folge unserer wahren Gefühle. Daher ist es eine angemessene Reaktion, wenn wir das Kind in einer solchen Situation aus dem Zimmer und uns aus den Augen schicken. Daß es dies als Strafe empfindet, steht auf einem anderen Blatt. Es weist darauf hin, daß es begriffen hat, daß das Schlimmste, was Eltern tun können, die Drohung ist, ihm ihre Liebe zu entziehen. Aber im tiefsten Sinn handelt es sich nicht um eine Strafe, sondern um eine Bekundung von Gefühlen.

Vorübergehend aus der Gegenwart der Eltern verbannt zu sein, entzündet die alte Kinderangst neu, daß ein seiner Eltern beraubter Säugling verloren ist. Die Aktivierung dieser Angst im Unbewußten des Kindes wird ihm deutlich machen, wie sehr es seine Eltern braucht. Dies wird es veranlassen zu versuchen, ihre Liebe zurückzugewinnen. Die emotionale Erleichterung und oft auch das echte Glücksgefühl von Eltern und Kind, wenn sie nach ihrer kurzen Trennung wieder vereinigt sind, kommt ihrer Beziehung zugute.

Aber all das funktioniert nur, wenn die Eltern nicht aus dem Motiv heraus handeln, ihr Kind zu bestrafen, wenn sie über sein Benehmen nicht so erbittert sind, daß ihr Ärger zu einer ernsten Störung ihrer im Grunde liebevollen Beziehung führen könnte.

Eltern, die ihr Kind strafen und verletzen möchten, werden jede Gelegenheit dazu ergreifen. So ist es kaum verwunderlich, daß schlechte Eltern die Methode des Liebesentzugs zu schändlichen Zwecken mißbrauchen. Sie können sich das erlauben, weil es dabei nicht zu einer körperlichen Aggression – wie es etwa eine Züchtigung wäre – kommt. Sie können sich zum Beispiel einreden, sie handelten nicht aus ihrer feindseligen Einstellung heraus, sondern wollten das Kind nur bessern. Solche Eltern bestrafen ihr Kind damit, daß sie tage-, ja wochenlang nicht mit ihm sprechen. Das kann eine solche Angst in ihm erregen, daß nicht nur seine Beziehung zu den Eltern ernsthaft geschädigt wird – was durch die feindselige Einstellung der Eltern vermutlich schon die ganze Zeit über der Fall war –, sondern daß auch die Persönlichkeit des Kindes Schaden nimmt.

Eine Mutter ging mit der Bestrafung ihrer Tochter sogar noch weiter: Wenn diese sich nicht so benahm, wie es ihre Mutter von ihr erwartete, sprach sie monatelang nicht mit ihr, und – was noch schlimmer war – sie erzählte jedem, der es hören wollte, von den angeblichen Vergehen ihrer Tochter. Im Laufe dieser bitteren Beschwerden enthüllte sie unbewußt ihre wahren Gefühle, als sie nämlich nebenbei erwähnte, daß ihre Tochter nicht ihr eigenes Kind sei. Das muß sie innerlich gequält haben, und es dürfte der eigentliche Grund für ihre Ablehnung des Mädchens gewesen sein.

So hängt bei der Eltern-Kind-Beziehung alles davon ab, was Eltern ihrem Kind gegenüber empfinden. Sind es gute Eltern, dann wird es ihnen schwerfallen, ihr Kind aufzufordern, sich für kurze Zeit von ihnen zu trennen, damit beide Seiten ihrer negativen Gefühle Herr werden können und positive Gefühle wieder zu ihrem Recht kommen können. Weniger gute Eltern werden ihr Kind, wenn sie sich über es ärgern, streng bestrafen, wobei es gleichgültig ist, welcher Methode sie sich jeweils bedienen. Vermutlich bestrafen sie das Kind deshalb, weil sie ihm gram sind, daß seine Gegenwart ihnen ihre eigene lieblose Natur vor Augen hält. Ich glaube nicht, daß diese Eltern sich so verhalten, weil es böse Menschen sind –

ich glaube nicht, daß es überhaupt böse Menschen gibt –, sondern weil sie, wie wir alle, ihren inneren Bedürfnissen gehorchen, welchen Ursprungs diese auch immer sein mögen. Eine Mutter, die behauptet, sie sei nicht die Mutter ihres Kindes, tut dies nicht aus Bosheit, wenn auch ihr Verhalten verheerende Folgen für das Kind haben kann, sondern weil sie es nicht erträgt, daß das Kind sie mit der Tatsache konfrontiert, daß sie unfähig ist zu lieben und eine gute Mutter zu sein. So präsentiert sie dem Kind die Rechnung für die innere Verzweiflung, die es in ihr hervorruft, weil sie unbewußt fühlt, was für eine schlechte Mutter sie ist. Sie bestraft das Kind nicht für sein schlechtes Betragen, obwohl sie das als Grund für die Bestrafung vorschiebt, sondern weil es die Ursache dafür ist, daß sie mit sich selbst so wenig einverstanden ist.

Da ich dieses Buch nicht geschrieben habe, um ausführlich zu schildern, welchen Schaden Eltern, die keine guten Eltern sind, bei ihrem Kind anrichten können, sondern weil es für gute Eltern bestimmt ist, die ihr Kind richtig behandeln möchten, brauche ich mich jetzt nicht noch länger darüber auszulassen, wie schlimm es für Eltern und Kind ist, wenn ihre Beziehung zueinander nicht grundsätzlich liebevoll ist.

Gute Eltern werden es zu vermeiden suchen, ihr Kind zu bestrafen, und sie werden sich alle Mühe geben, ihre Kritik an ihm dadurch mehr als auszugleichen, daß sie es bei jeder Gelegenheit loben. Verdientes Lob gibt beiden Teilen ein soviel besseres Gefühl.

Mit Lob läßt sich viel erreichen, weniger deshalb, weil wir unser gutes Urteilsvermögen damit beweisen, sondern weil darin unsere starken positiven Gefühle zum Ausdruck kommen – unsere Freude daran, daß unser Kind in Ordnung ist. Auch unsere Reaktion auf seine Unarten sollte vorwiegend emotionaler Art sein. Es sollten mehr unsere Gefühle darin zum Ausdruck kommen als unser objektives Urteil. So sind Lob – als Symbol unserer wachsenden Liebe und Zuneigung – und ein vorübergehender Liebesentzug die beiden besten Mittel, die Persönlichkeit unseres Kindes zu formen. Wenn wir unser Kind loben, kommen wir ihm gefühlsmäßig und oft auch körperlich nah – wenn wir es zum Beispiel umarmen. Die entgegengesetzte Reaktion entspringt unserer Enttäuschung über unser Kind. Wir sind durchaus berechtigt, enttäuscht zu sein, aber unsere Enttäuschung gibt uns noch nicht das Recht zu strafen. Das Kind weiß das, deshalb nimmt es uns die Strafe übel, wenn es auch sein Verhalten ändert, damit wir nicht länger enttäuscht sind. Wenn es weiß, daß wir es lieben, begreift es unsere Enttäuschung über sein schlechtes Benehmen. Deshalb ist seine Liebe zu uns auch der Grund, weshalb es uns nicht enttäuschen möchte.

Nur wenn wir unseren Kindern in bezug auf unser Verhalten mit gutem Beispiel vorangehen, werden wir sie veranlassen, dieses in ihre Persönlichkeit zu integrieren. Aber das ist nur dann möglich, wenn wir dabei aufrichtig sind und ihnen weder unsere Werte aufzwingen noch von ihnen erwarten, daß sie unserem Beispiel folgen können, bevor sie in ihrer Entwicklung weit genug sind. Wenn sie sich gelegentlich falsch verhalten, sollten wir das als verständlich hinnehmen und nicht enttäuscht über sie sein. Und wir sollten uns jederzeit die Überzeugung bewahren, daß sie einen guten Kern haben, und uns sagen, daß es lange Zeit in Anspruch nimmt, bis ein Beispiel Früchte trägt, wie wir das ja auch in unserem eigenen Leben erfahren haben.

Außerdem sollten wir hinsichtlich unserer Gefühle aufrichtig sein: Wir sollten unsere Kinder durch unser Verhalten erkennen lassen, wie sehr wir sie lieben, ohne ihnen das unbedingt ständig zu sagen, obwohl es gelegentlich angebracht ist. Wir müssen überzeugt sein, daß wir ihnen unsere Liebe am wirksamsten dadurch beweisen können, wie wir auf ihre Bedürfnisse reagieren und ihnen bei ihren Schwierigkeiten helfen. Wenn wir über sie enttäuscht sind, ist es gelegentlich auch richtig, daß wir sie das erkennen lassen, vorausgesetzt, daß wir sie nicht kritisieren oder strafen, sondern ihnen unsere Enttäuschung dadurch bekunden, daß wir Distanz halten oder die Distanz zwischen uns vergrößern, weil wir ihnen nicht wirklich nahe sein können, wenn uns nicht danach zumute ist. All das heißt nur, daß wir wir selbst sein sollten, daß wir nicht vorgeben sollten, besser zu sein, als wir sind, und daß wir ganz gewiß nicht Anspruch darauf erheben sollten, vollkommen zu sein. Wir sollten uns vielmehr nach Kräften bemühen, selbst ein gutes Leben zu führen, so daß unsere Kinder den Eindruck bekommen, daß es sich auszahlt, und daß sie – wenn ihre Zeit gekommen ist – den Wunsch haben, es so zu machen wie wir.

11. Kapitel

Als Erwachsener die Kindheit erforschen

Wir sollen nicht aufhören zu forschen,
Und das Ende all unseres Forschens
Wird sein, daß wir wieder dort ankommen,
Von wo wir ausgegangen sind,
Und uns zum erstenmal zurechtfinden.
T. S. Eliot

Eine der wertvollsten, aber am wenigsten gewürdigten Erfahrungen, die wir als Eltern machen können, besteht darin, daß wir Gelegenheit haben, die eigenen Kindheitsprobleme in unserer Beziehung zu unserem Kind neu zu beleben und zu lösen. Wie T. S. Eliot uns erinnert, können wir nur dadurch *erkennen,* welche Erfahrungen wir in unserer Kindheit wirklich gemacht haben und welche Bedeutung sie für unser Leben hatten, wenn wir immer wieder aufs neue danach forschen: Wenn wir Dinge dieser Art erkennen, werden sie auf unsere Persönlichkeit in neuer Art einwirken. Unsere Einstellung zu unseren Erfahrungen wird sich ebenso ändern wie unsere Einstellung zu ähnlichen Erfahrungen unserer Kinder. Diese wachsende Selbsterkenntnis muß unvermeidlich zu einem besseren Verständnis für unsere Kinder führen, und dies um so mehr, wenn unsere neuen Einsichten sich aus unseren Erfahrungen mit diesen Kindern ergeben.

Leider entziehen sich fast alle unsere Erlebnisse aus der frühen Kindheit unserer bewußten Erinnerung, denn sie haben sich so früh ereignet, daß sie nur sehr undeutliche Spuren in unserem Bewußtsein hinterlassen haben. Wir können sie nicht noch einmal erleben, aber wir können wenigstens einige ihrer Aspekte erforschen, wenn wir beobachten, wie unser Kind auf seine inneren Prozesse, auf uns und damit auf die Welt reagiert.

Wenn wir uns klarmachen, daß die erwachende Welt des Kleinkindes lediglich aus zwei gegensätzlichen Erlebnissen besteht – aus Glück und körperlichem Wohlbefinden und aus Unglücklichsein und Schmerz –, dann kann uns das den Ursprung und den ambivalenten Charakter aller starken Emotionen verstehen helfen. Da es normalerweise seine Eltern sind, die den unglücklichen Zustand ihres Kindes – wie zum Beispiel seinen Hunger oder das durch verschmutzte Windeln verursachte Unbehagen – in Wohlbehagen verwandeln, indem sie es füttern oder trokkenlegen, erlebt es seine Eltern als allmächtig und als Quelle allen Glücks und allen Unglücks, als alles Spendende und als alles Versagende. So ist besonders in bezug auf unsere Eltern die Ambivalenz in unser Unbewußtes eingebaut. Auch später spenden sie oder ihre Stellvertreter als unsere ersten Erzieher weiterhin Lust und Schmerz, indem sie uns etwa loben oder kritisieren und frustrieren. So erhalten die ursprünglichen, so tief in unserem Unbewußten verwurzelten ambivalenten Gefühle neue Nahrung durch die zahllosen Erlebnisse des täglichen Lebens.

Wenn wir begreifen, daß diese besondere Ambivalenz unseren Eltern gegenüber ihren Ursprung in unserer frühesten Kindheit hat, kann uns das helfen, unsere Kinder besser zu verstehen, wenn sie uns gegenüber widersprüchliche Gefühle bekunden. Je mehr wir diese ambivalenten Gefühle zu akzeptieren vermögen, um so größere Chancen werden unsere Kinder im Verlauf ihrer Entwicklung haben, sie zu neutralisieren und zu kontrollieren – und um so weniger werden sie in dem einen Augenblick aufbegehren und im nächsten klein beigeben. Wenn wir akzeptieren, daß sich die Aspekte dieser Ambivalenz gelegentlich Luft machen müssen, reduzieren wir das Bedürfnis unserer Kinder, sie zu verdrängen. Und je weniger sie sie verdrängen, um so zugänglicher werden sie für eine vernünftige Untersuchung und Änderung.

Auch wir waren als Kinder von unseren ambivalenten Gefühlen hin- und hergerissen. Wenn wir jedoch ihre negativen Aspekte ausagierten, waren unsere Eltern gewöhnlich so böse darüber, daß wir diese Gefühle verdrängen mußten, wodurch sie in unserem Unbewußten in voller Stärke weiterlebten. Wenn wir uns als Eltern bei unseren Kindern mit ähnlichen Gefühlen konfrontiert sehen, kann dieses Erlebnis das verdrängte Material teilweise reaktivieren. Wir können es akzeptieren, daß unsere Kinder sich weit weniger beherrschen können als wir, solange ihr Verhalten in uns nicht Gefühle neu erweckt, die wir verdrängt halten möchten. Werden jedoch unsere eigenen Verdrängungen neu mobilisiert, dann können wir auf das negative Verhalten unserer Kinder nicht mehr vernünftig reagieren.

Daß wir die negativen Gefühle für unsere Eltern verdrängen, ist verständlich. Schließlich brauchen wir sie und möchten sie nicht verletzen oder uns entfremden, indem wir unsere feindseligen Gefühle offen zeigen. Schwerer zu verstehen ist, weshalb wir auch unsere Identifikation mit Seiten unserer Eltern verdrängen, die wir als Kinder als negativ empfunden haben. Die meisten unter uns sind sich wohl bewußt, daß sie sich vieles angeeignet haben, was ihnen an ihren Eltern gefiel, aber wir sind uns *nicht* bewußt, daß wir uns auch mit den negativen Aspekten ihrer Einstellung zu uns identifiziert und sie verinnerlicht haben. Das fällt uns – gewöhnlich zu unserer größten Verwunderung – erst auf, wenn wir hören, wie wir unsere Kinder genau im gleichen Tonfall und sogar mit denselben Worten tadeln, die unsere Eltern uns gegenüber benutzten. Und dies, obwohl wir dagegen aufbegehrt und uns vorgenommen hatten, unsere Kinder später niemals so zu behandeln.

Wenn wir dagegen liebevoll mit unseren Kindern reden, sehen wir uns keineswegs gezwungen, die gleichen Worte wie unsere Eltern zu benutzen. In unseren positiven Äußerungen und Verhaltensweisen sind wir ganz wir selbst und sprechen weitgehend mit unserer eigenen Stimme. Der Grund dafür ist auch hier, daß wir keine Ursache hatten, unsere positive Identifikation mit unseren Eltern zu verdrängen, so daß sie nicht in unserem Unbewußten eingekapselt wurde, sondern in dem Maß, wie wir uns weiterentwickelten, modifiziert werden konnte. Dagegen wurde die negative Identifikation verdrängt und blieb daher unverändert erhalten.

Sehr oft sind die Beziehungen des Kindes zum gleichgeschlechtlichen Elternteil mit größerer Ambivalenz besetzt als die zum Elternteil des anderen Geschlechts. Der Grund hierfür ist, daß wir in unserer Beziehung zu dem Kind unseres eigenen Geschlechts dazu neigen, gewisse problematische Aspekte unseres Verhältnisses zu unserem eigenen gleichgeschlechtlichen Elternteil zu reaktivieren. Daher ist es wahrscheinlicher, daß eine Mutter sich dabei ertappt, daß sie wie ihre eigene Mutter spricht, wenn sie ihre Tochter kritisiert, während der Vater merkt, daß er bei seinem Sohn die gleichen negativen Methoden anwendet, die sein Vater bei ihm anwandte.

Das ist nur ein Beispiel für unsere Neigung, unsere eigenen ungelösten Konflikte auf unsere Kinder zu projizieren. Wenn wir in solchen Situationen die Gelegenheit ergreifen, zu überprüfen, was uns veranlaßt, uns so zu verhalten, sind wir vielleicht endlich in der Lage, Kindheitskonflikte zu lösen, die wir bisher nicht lösen konnten. Eine solche Aufgeschlossenheit für unsere eigenen Gefühle wird es uns auch erleichtern zu verstehen, daß gerade unsere enorme Bedeutung für unsere Kinder und deren Liebe zu uns an ihrer gelegentlichen Feindseligkeit schuld sind. Wir werden dann erkennen, daß ihre offen zum Ausbruch kommende Feindseligkeit nur die Kehrseite ihrer großen Zuneigung zu uns ist. Diese Erkenntnis wird unsere Einstellung ändern, und aus unserem Ärger oder unserer Wut wird ein liebevolles Verständnis für die zugrundeliegenden emotionalen Kräfte werden, auch wenn wir dem aggressiven Verhalten unseres Kindes Einhalt gebieten müssen. Wenn wir das tun, kann es vorkommen, daß wir merken, daß wir das Verhalten unserer Eltern in ähnlichen Situationen reproduzieren. Wenn wir uns dabei daran erinnern, für wie unfair wir damals unsere Eltern hielten, wird uns das hindern, auf das Verhalten unseres Kindes übertrieben zu reagieren. Mit Hilfe solcher Überlegungen werden die Dinge ins rechte Licht gerückt, und was uns an unserem Kind ärgert, wird nicht noch dadurch genährt und verschlimmert, daß es mit all den feindseligen Empfindungen, die wir in uns verdrängt hatten, zusammenstößt. Da ja wohl die meisten von uns von sich sagen können, daß aus ihnen trotz ihrer aggressiven Anwandlungen im Kindesalter später friedliche, gesetzestreue Erwachsene geworden sind, werden wir das aggressive Verhalten unserer Kinder nicht aus Angst, sie könnten zu gewalttätigen Erwachsenen heranwachsen, allzu schwer nehmen.

Wenn ein Kind die negative Seite seiner ambivalenten Gefühle für seine Eltern zu stark verdrängt, kann das dazu führen, daß es die positiven Empfindungen, die nur die Kehrseite dieser Ambivalenz sind, nicht zum Ausdruck bringen kann. Ich habe viele Kinder kennengelernt, denen es erst möglich war, ein liebevolles Verhältnis zu ihren Eltern zu gewinnen, nachdem sie sich nicht mehr gezwungen sahen, alle ihre negativen Gefühle für sie zu verdrängen.

Wenn wir durch Einsicht in uns selbst erst einmal erkannt haben, daß auch unsere Gefühle für unsere Kinder nicht ganz ohne Ambivalenz sind, brauchen natürlich auch wir nicht mehr alle negativen Gefühle, die gelegentlich in uns hochkommen, zu verdrängen. Wenn wir uns vormachen, nur unser Kind sei durch seine Unreife und seine mangelnde Selbstbeherrschung ab und zu negativ zu uns eingestellt und wir selbst seien völlig frei von derartigen Gefühlen, dann kann das zu ernsten Problemen in unseren Beziehungen führen.

Verständnis für Alpträume

Was über den Ursprung unserer ambivalenten Gefühle für unsere Eltern gesagt wurde, gilt *mutatis mutandis* für die ganze Kindheit. Unsere frühesten Erfahrungen sind genau wie die unseres Kindes meist unbewußt und daher unserer Erinnerung nicht mehr unmittelbar zugänglich. Aber in seinen späteren Entwicklungsstadien stoßen wir auf gewisse eigene Erfahrungen, die nicht notwendigerweise unbewußt waren und auch nicht verdrängt wurden. Solche Erinnerungen kann man sich leichter ins Gedächtnis zurückrufen, wenn es auch immer noch beträchtliche Mühe kostet.

Nur wenige von uns können sich im einzelnen an die Alpträume erinnern, unter denen sie wie alle Kinder gelitten haben. Selbst wer sich noch bis zu einem gewissen Grad an den angsterregenden Inhalt seiner Alpträume erinnern kann, weiß kaum noch, was sie verursacht hat – abgesehen davon, daß sich ein kleines Kind vor vielen Dingen, die ihm unbegreiflich sind, fürchtet und dieser Angst hilflos ausgeliefert ist. Nur wenige von uns sind sich darüber klar, daß eine Hauptquelle der Alpträume kleiner Kinder ihr sich entwickelndes Überich ist, das sie für ihre »unannehmbaren« oder gar »sündhaften« Neigungen zu bestrafen versucht. Es kann sich dabei um sexuelle Triebe handeln oder auch um das Bedürfnis, gegen eine Autorität aufzubegehren oder sich Vater oder Mutter oder eines der Geschwister vom Hals zu schaffen. Als Vorläufer und Vorstadium eines voll integrierten Gewissens spielt der Alptraum in der Persönlichkeitsentwicklung stets eine wichtige Rolle. Er spielte in unserer eigenen Entwicklung die gleiche Rolle wie jetzt bei unserem Kind.

Wenn wir uns das klarmachen, werden wir die Alpträume unserer Kinder sorgfältiger und respektvoller behandeln, nämlich so, wie es seinem in Entwicklung begriffenen Gewissen zukommt. Je besser wir unsere eigenen Alpträume verstehen (von denen wir ja auch als Erwachsene nicht ganz verschont bleiben), um so besser werden wir imstande sein, unseren Kindern bei den ihren zu helfen. Daß wir unsere eigenen Alpträume so weitgehend vergessen haben, weist darauf hin, daß wir unsere kindlichen Wünsche und Ängste, die in diesen quälenden Träumen zum Ausdruck kamen, verdrängt haben. Daß uns die Erlebnisse aus unserer Kindheit so fremd geworden sind, ist darauf zurückzuführen, daß wir nicht mehr wissen möchten, worum es dabei ging – daß wir vielleicht irgendwie spüren, daß noch ein Überrest jenes damaligen Entsetzens in uns weiterlebt, von dem wir uns nicht ganz befreien konnten. Man denke nur an die unrealistische Angst, unter der viele Erwachsene leiden, wenn sie zum Beispiel einer harmlosen Schlange begegnen. Oft wurzelt diese Angst in vergessenen Alpträumen ihrer Kindheit, in denen Schlangen sie zu verschlingen drohten.

So bieten uns die Alpträume unserer Kinder Gelegenheit, wie T. S. Eliot vorschlägt, das zu erforschen und neu zu überprüfen, was hinter unseren eigenen Alpträumen gesteckt haben könnte und welche Überreste davon wir vielleicht noch immer mit uns herumschleppen. Dann werden wir unsere Alpträume und ihre Bedeutung in unserem Leben zum erstenmal richtig verstehen. Wenn es uns gelingt, wird es ein Segen sowohl für uns als auch für unsere Kinder sein. Indem wir uns selbst verstehen lernen, können wir durch unser persönliches Einfühlungsvermögen auch ihnen bei ihren Alpträumen helfen. Wir können ihnen bei ihren unmittelbaren Ängsten beistehen, und aus der Erkenntnis der Bedeutung solcher Erlebnisse für die Formung der Persönlichkeit entwickeln wir eine Empathie von einer Tiefe, die uns sonst nicht erreichbar wäre.

Während wir uns nur vage an unsere Alpträume erinnern können, haben viele von uns ihre Angst vor dem Schuleintritt nicht vergessen, und mancher glaubt, sich selbst – noch mehr als anderen – sein Leben lang beweisen zu müssen, daß seine kindlichen Ängste, in der Schule und in der Gesellschaft zu versagen, unrealistisch waren. Da wir uns an diese Ängste – wenn auch oft nur bruchstückweise – meist noch erinnern, haben wir Verständnis dafür, daß sich auch unser Kind vor dem Schuleintritt fürchtet. Leider geht dieses Mitgefühl manchen Eltern verloren, wenn ein älteres Kind aus ähnlichen Gründen eine Schulphobie entwickelt. Aber gerade in einem solchen Fall wäre ein auf unsere eigenen Erlebnisse gegründetes Verständnis besonders hilfreich.

Diese Situationen sind beispielhaft für viele andere, zu denen es im Zusammenleben mit unseren Kindern kommen kann. Dabei können wir stets günstige Veränderungen herbeiführen, wenn wir uns zu verstehen bemühen, welche Rolle ähnliche Ereignisse in unserer eigenen Kindheit gespielt haben.

Kinder haben ein sehr feines Gespür dafür, aus welchen Gründen ihre Eltern etwas mit ihnen gemeinsam unternehmen oder etwas für sie tun. Geschieht es, weil sie sich dazu *verpflichtet fühlen,* oder tun sie es, weil es ihnen ehrlich Freude macht? Liest die Mutter eine Geschichte vor, weil sie ihr Kind beruhigen will, oder weil sie meint, es sei ihre Pflicht? Vielleicht glaubt sie auch, das Kind hätte gerade an dieser Geschichte Spaß oder es würde ihm Freude machen, daß sie ihm vorliest – oder auch beides? Zweifellos hat ein Kind mehr davon, wenn es spürt, daß seine Mutter ihm eine Freude machen möchte.

Wenn das Kind etwas vorgelesen bekommt, erlebt es etwas völlig anderes als seine Mutter oder sein Vater, obwohl beide Seiten an dem gleichen Vorgang teilhaben. Wenn die Eltern jedoch selbst an der Geschichte innerlich Anteil nehmen, kommt es zu einem gemeinsamen Erlebnis. Vielleicht rührt die Geschichte die Eltern deshalb, weil sie sie an eigene Kindheitserlebnisse erinnert. Leser meines Buches »Kinder brauchen Märchen« haben mir berichtet, daß sie plötzlich verstanden haben, weshalb eine bestimmte Geschichte in ihrer Kindheit für sie besonders bedeutsam war. Sie hatte sie damals besonders gefesselt, sie hatte Angst oder Freude oder auch beides bei ihnen hervorgerufen. Aber erst jetzt verstanden sie, weshalb das der Fall gewesen war, mit welchen persönlichen Erlebnissen oder Problemen diese Geschichte in Zusammenhang stand, so daß sie eine ganz besondere Bedeutung für sie gewann.

Als Kinder hatten sie ihre Eltern gebeten, ihnen eine bestimmte Geschichte immer und immer wieder vorzulesen, ohne daß sie damals – so wie jetzt – verstanden, daß sie gehofft hatten, sie würde ihren Eltern eine wichtige Botschaft übermitteln. In einem Fall, den ich jetzt schildern möchte, handelte es sich um die *Swiss Family Robinson*. Ein kleines Mädchen ließ sich durch diese Geschichte zu eigenen Phantasien anregen und tröstete sich damit über ihre unglücklichen Familienverhältnisse hinweg. Das gleiche Buch war auch für ein anderes kleines Mädchen, das unter der häufigen langen Abwesenheit seiner Eltern litt, von großer Bedeutung. Es war Verwandten anvertraut worden, die es gut versorgten, die es aber haßte, weil sie die Stelle seiner Eltern einnahmen. Erst als es erwachsen war, begriff es, daß es seine Eltern und Verwandten gequält hatte, ihm immer wieder dieses Buch laut vorzulesen, weil es gehofft hatte, ihnen damit die Botschaft zu übermitteln, daß Kinder ihre Eltern brauchen. Es hatte unbewußt gehofft, die Geschichte würde ihnen zu verstehen geben, wie sehr es sich wünschte, daß seine Eltern entweder nicht immer verreisen oder es auf die Reise mitnehmen würden.

Als dieses Mädchen, nun erwachsen, erkannte, daß Kinder eine bestimmte Geschichte immer wieder hören wollen, weil sie hoffen, daß ihre Eltern die Botschaft verstehen werden, die sie ihrer Ansicht nach enthält, erschien es ihr weit lohnender, ihrem Kind vorzulesen. Außerdem achtete sie jetzt viel aufmerksamer darauf, welche Geschichten ihr Kind verlangte, da sie sich deutlich daran erinnerte, wie enttäuscht sie darüber gewesen war, daß weder ihre Eltern noch ihre Verwandten die Botschaft verstanden hatten, die sie ihnen durch die *Swiss Family Robinson* hatte übermitteln wollen.

Ihrem Sohn Geschichten vorzulesen, gewann jetzt eine ganz neue Bedeutung für sie. Zuvor hatte sie ihm vorgelesen, weil sie sich erinnerte, wie wichtig ihr selbst das gewesen war, und weil sie ihm Freude machen wollte. Jetzt begriff sie, daß ihr kleiner Sohn vielleicht deshalb nach einer bestimmten Geschichte verlangte, weil er ihr damit etwas mitzuteilen versuchte, was ihm besonders wichtig war. Sie betrachtete es als eine Vertrauenskundgebung, daß er ihr, wenn auch auf Umwegen, etwas mitteilen wollte, das für ihn persönlich von Bedeutung war, und sie freute sich darüber.

Diese Mutter sah ihre eigene Kindheit in einem neuen Licht, als sie nun verstand, weshalb ihr die *Swiss Family Robinson* damals so wichtig gewesen war. Wenn sie sich früher daran erinnert hatte, hatte sie geglaubt, es habe sich nur um eine Flucht in die Welt der Phantasie gehandelt, um sich auf diese Weise ihre Wünsche zu erfüllen. Jetzt erkannte sie darin eine sinnvolle, zielgerichtete Aktion, mit der sie sich in einer schmerzlichen, durch die lange und häufige Abwesenheit ihrer Eltern verursachten Situation Erleichterung zu verschaffen versuchte. Zuvor hatte sie sich nur daran erinnert, daß es ihr nicht gelungen war, ihre bedrückende Situation zu ändern. Jetzt erkannte sie, daß sie tatsächlich ihr Bestes getan hatte, um ihre Familie dazu zu überreden, ihr Verhalten zu ändern. Und wenn sie jetzt ihrem Sohn vorlas, erinnerte sie sich stets daran, daß sie durch dieses Vorlesen ein positiveres Bild von sich selbst als Kind und damit auch als Persönlichkeit gewonnen hatte.

Was hier über das Vorlesen gesagt wurde, gilt mit entsprechenden Abwandlungen auch für viele andere Aspekte der Kindererziehung. Wenn man als Erwachsener seine Kindheitserfahrungen verstehen lernt, kann dies wichtige neue Einsichten mit sich bringen. Kommt es dazu, so machen Eltern und Kinder durch die gemeinsame Beschäftigung wichtige Erfahrungen. Sie machen sie zwar auf zwei verschiedenen Ebenen, aber dieser Unterschied ist weniger wichtig als die Tatsache, daß sie es sich gegenseitig verdanken, neue Einsichten gewonnen und die Möglichkeit dafür geschaffen zu haben.

Viele Kindheitserfahrungen mußten notgedrungen während des Entwicklungsprozesses tief im Unbewußten begraben werden. Diese Trennung oder Distanzierung von der eigenen Kindheit muß nicht länger aufrechterhalten werden, wenn die Persönlichkeit des Erwachsenen voll und sicher entwickelt ist. Aber dann ist diese Distanzierung für die meisten bereits zu einem festen Bestandteil ihrer Persönlichkeit geworden. Eine Loslösung von unserer Kindheit ist zeitweise notwendig, wird sie jedoch auf die Dauer beibehalten, beraubt sie uns innerer Erfahrungen, die uns geistig verjüngen, wenn sie uns zurückgegeben werden. Außerdem bringen sie uns unseren Kindern näher.

12. Kapitel

Wenn Eltern aus ihrem Leben erzählen

> Alte düstre Dinge und Kämpfe
> vergangener Zeiten.
> William Wordsworth, *The Solitary Reaper*

Natürlich möchten unsere Kinder etwas über unser Leben, über unsere Kindheit und über frühere Zeiten wissen, in denen sie noch nicht auf der Welt waren. Und die meisten von uns erzählen ihnen auch gern etwas über sich selbst, damit sie in nähere Berührung mit uns kommen und uns besser verstehen, wenn sie erfahren haben, welche Erlebnisse uns zu dem Menschen gemacht haben, der wir heute sind. Die uns bewußten Motive beziehen sich also aufeinander: Wir möchten uns unseren Kindern besser zu erkennen geben, und sie möchten mehr über uns erfahren. Handelt es sich nur darum, so ist alles in bester Ordnung. Aber häufig sind komplexere Gefühle mit im Spiel. Dann kann etwas völlig anderes dabei herauskommen, als ursprünglich beabsichtigt war und gewünscht wurde.

Nehmen wir einmal an, daß der Vater oder die Mutter eine ganz andere Kindheit hatten als ihr Kind, was häufig vorkommt. Um so mehr möchten die Eltern ihrem Kind begreiflich machen, was sie zu dem gemacht hat, was sie heute sind, und um so interessanter wird die Vergangenheit der Eltern für das Kind. Aber es erschwert dem Kind auch andererseits das Verständnis, weil wir alle nur das wirklich begreifen, was wir selbst erfahren haben. Nehmen wir weiter an, daß die Eltern einmal unter schweren Deprivationen gelitten haben, daß es ihnen aber gelungen ist, ihr Kind relativ sorglos und in materiellem Wohlstand aufwachsen zu lassen. Dann können solche Diskussionen unvorhergesehene Folgen haben. Um zu verdeutlichen, was geschehen könnte, möchte ich ein zugegebenermaßen extremes Beispiel anführen: den Holocaust. Dabei sollte man sich vor Augen halten, daß dieser stark vergrößert zeigt, was geschehen kann, wenn das Leben eines Vaters oder einer Mutter wenigstens in bezug auf die äußeren Umstände sehr viel schwerer war als das ihrer Kinder.

Für jemand, der den Holocaust lebend überstanden hat, war er gewiß das dramatischste und traumatischste Erlebnis seines Lebens, das die weitreichendsten Folgen für ihn hatte. Sein Kind wird das schon in sehr frühem Alter merken – lange bevor es die historischen Umstände verstehen kann –, da es im Leben seiner Eltern eine so enorme Rolle spielte. Trotz seiner Neugier wird es zögern, Fragen zu stellen, weil es spürt, welch starke, nur schwer zu bewältigende Gefühle dieses Thema heraufbeschwört.

Den Eltern ihrerseits widerstrebt es vielleicht, über ihre Erlebnisse zu reden, teils weil diese Erinnerungen für sie sehr schmerzlich sind und sie ihnen am liebsten aus dem Weg gehen, teils aber auch weil sie wissen, daß ihr Kind den Holocaust nicht wirklich verstehen könnte. Ihr Hauptgrund ist jedoch, daß sie es nicht mit dem Gedanken belasten wollen, daß seine Eltern so furchtbar gelitten haben und daß das Leben so entsetzlich sein kann. Wenn die Eltern, um ihr Kind zu schützen, mit ihm nicht über den Holocaust reden – über dessen Bedeutung kein Kind eines Überlebenden völlig ahnungslos ist –, interpretiert das Kind dieses Schweigen dahingehend, daß seine Eltern es von der wichtigsten Periode ihres Lebens ausschließen wollen – und es wird sich darüber wundern und sich den Kopf darüber zerbrechen. Vielleicht meint es auch, seine Eltern wollten nicht mit ihm darüber reden, weil sie meinen, es würde es doch nicht verstehen. Das stimmt zwar, aber es gibt dem Kind das Gefühl, daß sie es für nicht kompetent, wenn nicht geradezu für unwürdig halten, daß man ihm soviel Vertrauen schenkt.

So schweigen die Eltern über einen wichtigen Teil ihrer Vergangenheit, um ihr Kind zu schützen, während das Kind wahrscheinlich meint, sie hielten es dieses Vertrauens nicht für würdig. Um sich dafür zu rächen, versucht es dann vielleicht seinerseits, wichtige Aspekte seines Lebens vor ihnen geheimzuhalten. Selbst wenn es ahnt, daß seine Eltern es vor etwas schützen möchten, wird ihre positive Absicht seinem negativen Gefühl, ausgeschlossen, ein Fremdling und minderwertig zu sein, nicht genügend entgegenwirken.

Die Situation ist ebenso schwierig, ja vielleicht noch schwieriger, wenn ein Überlebender seinem Kind tatsächlich etwas über den Holocaust erzählt. Das Furchtbare, das seine Eltern zu erdulden hatten, wird dem Kind auf jeden Fall bewußtmachen, wieviel besser es ihm im Leben geht. Hieraus kann es dann den Schluß ziehen, daß es seinen Eltern, die soviel durchgemacht haben, unter keinen Umständen einen Grund zu weiterem Kummer geben darf. Vielleicht glaubt es sogar, es habe die Pflicht, die Eltern für das Vergangene zu entschädigen, indem es ihnen nur Freude macht, so unmöglich das ist. Wenn ein solches Kind in seinem Entwicklungsprozeß etwas tut, was seine Eltern betrübt oder enttäuscht, wird es sofort ein schlechtes Gewissen haben. Das schadet ihrer Beziehung, weil das Kind den Eltern grollt, die – wenn auch indirekt – die Veranlassung zu seinem schlechten Gewissen sind. Auch hier erreichen die Eltern mit ihren Bemühungen, es richtig zu machen, wieder einmal das Gegenteil.

Durch derartige Schuldgefühle gegenüber den Eltern entstehen für das Kind schon genug Probleme. Außerdem besteht immer die Gefahr, daß die Eltern auf ihre Erlebnisse gerade in einem Augenblick zu sprechen kommen, in dem das Kind etwas getan hat, das es beunruhigt oder mit Zweifeln erfüllt. In einer solchen Situation kann es dann glauben, seine Eltern hätten absichtlich erwähnt, was sie in der Vergangenheit zu erdulden hatten, um bei ihm Schuldgefühle zu wecken oder es zu veranlassen, auf die ältere Generation mehr Rücksicht zu nehmen. Unter

Umständen kann das Kind sogar glauben, es handle sich um eine »emotionale Erpressung«, die es dazu veranlassen soll, sich besser zu benehmen, und daß seine Eltern keineswegs die Absicht hatten, ihm eine sehr wichtige Seite ihrer Vergangenheit mitzuteilen. Aus solchen Erwägungen heraus ärgert es sich womöglich, daß überhaupt darüber gesprochen wurde, und es nimmt es seinen Eltern geradezu übel.

Wenn ein Kind solche Gedanken hegt, handelt es sich unter Umständen nicht um einen bloß subjektiven Verdacht. Es besteht die Möglichkeit, daß Eltern – ohne sich dessen bewußt zu sein – auf ihre Vergangenheit anspielen, um ihr Kind zu veranlassen, sich ihnen gegenüber rücksichtsvoller zu benehmen und dankbarer dafür zu sein, was sie für es getan haben. Und es kann auch vorkommen, daß Eltern – wiederum ohne sich dessen bewußt zu sein – auf ihr Kind neidisch sind, weil es eine viel glücklichere Jugend hat als sie, und daß sie ihm die schweren Entbehrungen, die sie durchmachen mußten, verübeln. Derartige Emotionen bringen den Eltern die eigene Vergangenheit wieder lebhaft zu Bewußtsein und veranlassen sie, darüber zu sprechen.

Während die Eltern sich dieser Gefühle nicht bewußt sind und entsetzt wären, wenn sie von ihrem unterirdischen Dasein erfahren würden, kann das Kind auf das, was es spürt, so reagieren, daß es seinen Eltern eher übelnimmt, daß sie ihm aus ihrer Vergangenheit erzählen, als daß es sich darüber freut. Es kann sich sogar einbilden, nur ein schreckliches Vergehen seinerseits könne seine Eltern bewogen haben, über diese gräßlichen Dinge zu reden.

Kinder sind egozentrischer als Erwachsene und neigen daher natürlicherweise dazu anzunehmen, daß sie die Ursache für alles sind, was ihre Eltern tun. Weshalb haben sie sich ausgerechnet diesen Augenblick ausgesucht, um mir das zu erzählen, und zu welchem Zweck tun sie es? Das Kind kann dann – vielleicht zu Unrecht – glauben, sein schlechtes Benehmen und nicht seine liebevolle Wißbegier habe die Eltern veranlaßt, ihm das Schreckliche aus ihrem Leben mitzuteilen.

Selbst alltägliche Entbehrungen hinterlassen ihre Spuren, und wenn wir deswegen mit dem Schicksal hadern – und nur sehr wenige Erwachsene, die schwere Notzeiten durchgemacht haben, tun das nicht –, so wird diese Einstellung unbewußt in unseren Bericht hineingeraten und ihn färben. Das Kind, das mehr auf unbewußte Prozesse reagiert und den objektiven Inhalt unseres Berichts weniger beachtet, wird unsere Verbitterung spüren und heftig darauf reagieren, handelt es sich doch um Gefühle, mit denen es vertraut ist, während ihm unsere Vergangenheit fremd ist. Durch seine Ichbezogenheit wird es glauben, wir seien neidisch, weil es ein soviel schöneres Leben hat. Weil es unsere Verbitterung spürt, wird es selbst mißmutig, und als nächstes wird es sich dann über die Ursache all dessen ärgern: daß wir ihm aus unserer Vergangenheit erzählt haben.

Wenn Eltern tatsächlich bewußt oder unbewußt erbittert darüber sind, daß ihr Kind die Annehmlichkeiten nicht zu schätzen weiß, die ihnen in ihrer Kindheit versagt blieben, wird es sich seinerseits darüber ärgern, daß man in ihm Schuldgefühle wegen etwas weckt, um das es nicht gebeten hat. Es wird sich vielleicht fragen, ob es ihm ohne diese Wohltaten nicht besser ginge – wenigstens brauchte es nicht dankbar dafür zu sein. Den meisten Eltern fällt es sehr schwer, nicht – bewußt oder unbewußt – neidisch zu sein, daß es ihrem Kind besser geht, als es ihnen ergangen ist. Und den meisten Eltern fällt es sogar noch schwerer, sich klarzumachen, daß es für ein Kind nahezu unmöglich ist, für »Vorteile« dankbar zu sein, für die es gar nichts kann.

Ein Kind, das erzählt bekommt, welche Leiden seine Eltern erdulden und überwinden mußten, wird vielleicht befürchten, es wäre selbst nicht fähig, mit ähnlichen Schwierigkeiten so gut fertigzuwerden wie sie. Das verursacht ihm Minderwertigkeitsgefühle, wenn es nicht gar anfängt, sich untauglich zu fühlen. Wenn es darüber nachdenkt, wie gut seine Eltern mit äußerst schwierigen Umständen fertigwurden, wird es sich möglicherweise geschlagen geben, noch lange, bevor es Gelegenheit hatte, sich zu bewähren, und bevor es herausfinden konnte, ob es sich tatsächlich mit seinen Eltern messen kann. Seine augenblicklichen Gefühle beschäftigen es soviel stärker als alles, was ihm vom Leben seiner Eltern erzählt wird. Das sind Ereignisse aus einer nebelhaften, weit zurückliegenden Vergangenheit, die ihm unwirklich vorkommt und die es sich kaum vorstellen kann.

In Israel bin ich bei den ersten Pionieren und ihren Kindern auf solche Einstellungen gestoßen, typischerweise – wenn auch nicht ausschließlich – bei den Gründern der Kibuzzim und den darauffolgenden Generationen. Diese Jungen gaben offen zu, daß es ihnen nicht paßte, daß alle großen Taten im Zusammenhang mit der Ansiedlung der Juden und der Gründung des Staates Israel bereits von ihren Eltern geleistet worden waren. Sie hatten das Gefühl, daß man ihnen nichts Wichtiges übriggelassen hatte, was sie hätten leisten können. Aber unterschwellig hatten sie auch Bedenken, ob sie es so gut gemacht hätten wie ihre Eltern, wenn sie vor so heroischen Aufgaben gestanden wären. Nach außen hin bewunderten sie zwar die Leistungen der älteren Generation, aber im stillen nahmen sie es übel, daß die Berichte ihrer Eltern, die sie sich mit recht zwiespältigen Gefühlen anhörten, Minderwertigkeitsgefühle in ihnen erweckten. Einige der kleinen Kinder kompensierten das zwar in ihrer Phantasie, indem sie sich ausdachten, welche Heldentaten sie später als Erwachsene vollbringen würden, aber selbst sie konnten diese grandiosen Illusionen nicht länger aufrechterhalten, als sie heranreiften und die Dinge realistischer sehen lernten. Wie hätte es auch anders sein können, wenn man bedenkt, wie relativ wenig leistungsfähig Kinder sind und welch ungeheure Schwierigkeiten diese Pioniere zu überwinden hatten?

Die jungen Israelis pflegten zu sagen: »Ach, unsere Eltern und ihre großen Ideen!«, womit sie sowohl ihre Bewunderung als auch ihre inneren Vorbehalte zum Ausdruck brachten. Die Eltern waren ihrerseits tief enttäuscht darüber, daß ihre Berichte über die Kämpfe der Vergangenheit nicht beifälliger aufgenommen wurden. Wo sie mit großem Interesse, wenn nicht mit Bewunderung gerechnet hatten, erzielten sie nur Langeweile. Da sie sich nicht klarmachten, daß diese Langeweile nicht auf mangelndes Interesse zurückzuführen war, sondern daß es sich um die Abwehr von Angst und Minderwertigkeitsgefühlen handelte, bewirkten ihre Bemühungen, die Vergangenheit mit ihren Nachkommen zu teilen, genau das Gegenteil von dem, was sie beabsichtigt hatten. Sie behielten das enttäuschende Gefühl zurück, daß ihre Kinder ihr Leben nicht wirklich verstehen konnten.

Aber die Minderwertigkeitsgefühle der Kinder sind hierbei nicht das einzige Hindernis. Wenn wir uns die Vergangenheit ins Gedächtnis zurückrufen, werden wir leicht von Gefühlen überwältigt, die durch schmerzliche Erinnerungen geweckt werden. Dadurch sind wir kaum in der Lage, die Wirkung, die unsere Erinnerungen bei unserem Kind hervorrufen können, richtig einzuschätzen. Irgendwie erwarten wir von ihm nicht nur, daß es mit unseren Leiden sympathisiert, sondern auch, daß es sich darüber klar ist und es zu schätzen weiß, wieviel besser es ihm geht. Vielleicht sollte es sich dessen bewußt sein, aber vom Standpunkt des Kindes aus ist sein Leben nur normal und verläuft so, wie es das erwartet und für selbstverständlich hält. Was wir tagtäglich erleben, kann uns nicht anders als normal erscheinen. So kann das Kind zwar mit Worten bestätigen, daß es ihm besser gehe als seinen Eltern, aber es weiß das bestenfalls vom Hörensagen, und was man nur vom Hörensagen weiß, kann kaum überzeugen. In seinem tiefsten Inneren glaubt es nicht, daß es ein ungewöhnlich glückliches Leben führt, wenn es ihm seine Eltern auch einreden möchten.

Wenn Eltern von ihrem Kind erwarten, es solle begreifen, wie gut es ihm gehe, verlangen sie von ihm, sein Leben und das seiner Eltern objektiv zu sehen, obwohl es letzteres nicht selbst miterlebt hat. Eine solche Objektivität überschreitet aber bei weitem die Fähigkeit eines Kindes – ganz zu schweigen davon, daß das, was ein Erwachsener als ein privilegiertes Leben ansieht, vielleicht vom Kind ganz anders erlebt wird. Es versteht unter Mühsal etwas anderes, und der Lebensstandard seiner Eltern kann ihm sehr wohl Belastungen auferlegen, die es sich nicht ausgesucht hätte. Wenn ein Kind zum Beispiel bei schlechtem Wetter Überschuhe anziehen muß, sieht es darin kein Privileg, denn sie lassen sich nur schwer an- und ausziehen, und man muß sie auch noch reinigen, bevor man das Haus betritt. Sich die Hände vorm Essen zu waschen, sich die Zähne zu putzen und sein Zimmer aufräumen zu müssen und die tausenderlei anderen Vorschriften zu erfüllen, die das Leben der Mittelschicht mit sich bringt, sind »Belastungen«, die dem Kind vertraut sind, und es hat keine Ahnung, wie sein Leben aussähe, wenn es sie nicht auf sich nehmen müßte. So kann ihm die Aussicht, keine Überschuhe tragen zu müssen, aber in einer Baracke wohnen zu können, wo man nichts aufräumen und auf nichts achtgeben muß, auf romantische Art verlockend und durchaus nicht als schwere Deprivation erscheinen!

Das geht auch aus einer von Freud mitgeteilten Geschichte hervor: Als sein Vater von einem erniedrigenden Erlebnis mit einem antisemitischen Rüpel erzählte, von einer Mißhandlung, die er, ohne sich wehren zu können, ertragen mußte, hatte sein kleiner Sohn kein Mitgefühl, sondern verachtete ihn, weil er nicht zurückgeschlagen hatte. Von dem privilegierten Standpunkt aus, den sein Vater ihm ermöglicht hatte, fühlte sich das Kind Freud dem alten Mann überlegen. Wenn selbst Freud so auf das reagierte, was ihm sein Vater über seine Mißhandlung erzählte, was können wir dann von unseren Kindern erwarten?

Für uns gilt genau wie für Freuds Vater, daß es zu einer Entfremdung zwischen uns und unseren Kindern kommen kann, wenn wir ihnen in der stillen Hoffnung, sie noch enger an uns zu binden, von unserer Vergangenheit erzählen. Also eine aussichtslose Situation? Soll das heißen, daß wir stets die entgegengesetzte Wirkung als die angestrebte erzielen, wenn wir unserem Kind aus unserer Vergangenheit erzählen? Glücklicherweise ist das keineswegs der Fall. Wenn wir unser Kind aus dem richtigen Gefühl heraus, im rechten Augenblick und im richtigen Kontext mit unserer Lebensgeschichte bekanntmachen, so kann uns das tatsächlich enger zusammenbringen. Ich bin so ausführlich auf die sich möglicherweise ergebenden Probleme eingegangen, um ganz allgemein darauf hinzuweisen, daß es um so wichtiger ist, behutsam vorzugehen, je gefühlsbetonter und signifikanter eine Situation ist. Man sollte die eigenen Gefühle überprüfen und darüber nachdenken, wie dem Kind vermutlich zumute sein dürfte. Alle emotionsgeladenen Situationen können genau wie eine starke Medizin wohltätig oder schädlich sein. Wenn sie richtig gehandhabt und den jeweiligen Bedingungen angepaßt werden, kann eine wohltätige Wirkung davon ausgehen – falsch angewandt können sie mehr schaden als nützen.

Zu einer »vorsichtigen Anwendung« gehört, daß man sich genau überlegt, welche Wirkung unser Bericht auf das Kind mit seinem noch beschränkten Bezugssystem haben könnte. Wenn wir ihm Bewunderung einflößen wollen, besteht die Gefahr, daß dieser Respekt einen Anstrich von Neid und Minderwertigkeitsgefühlen bekommt. Wenn wir uns aber klarmachen, daß das, was wir unserem Kind erzählen wollen, bei ihm Minderwertigkeitsgefühle hervorrufen könnte, werden wir uns ihm zuliebe bei unserer Schilderung zurückhalten. Wenn wir ihm vor Augen halten möchten, wieviel besser es ihm geht, als es uns ging, uns aber klarmachen können, daß wir es in Wirklichkeit zur Dankbarkeit verpflichten wollen, dann sollten wir lieber darauf verzichten. Wir wissen aus eigener Erfahrung, daß wir denen, die sich bemühten, unser Los zu erleichtern, gern freiwillig unseren Dank zollen, daß es uns aber verstimmt, wenn man von uns Dank erwartet, weil wir uns dann unterlegen fühlen. Wir sollten uns bemühen, unserem Kind das zu ersparen.

Ich habe an dem Beispiel, daß wir unserem Kind von wichtigen und schwierigen Erlebnissen aus unserer Vergangenheit erzählen, zu zeigen versucht, daß man in bestimmten Situationen das Gegenteil von dem erreichen kann, was man beabsichtigte, auch wenn zwischen Eltern und Kind kein Mißverständnis und kein Konflikt besteht, sondern im Gegenteil beide Seiten bewußt ein besseres Verständnis füreinander anstreben. So häufig sehen Eltern und Kind ihre Erlebnisse und auch sich gegenseitig verzerrt, weil sie die Dinge nur in ihrem eigenen Bezugsrahmen sehen. Da das Kind nicht anders kann, ist es Aufgabe der Eltern zu versuchen, die Situation von beiden Standpunkten aus zu sehen. Das erfordert unter anderem, daß wir uns aufrichtig Rechenschaft geben über unsere Motive, unsere Gefühle für das Kind. Wir sollten sie sorgfältig prüfen, damit wir sicher sein können, daß wir uns bei dem, was wir tun, vom Interesse unseres Kindes leiten lassen.

Dieses Beispiel kann auch als Hinweis darauf dienen, daß es hier wie bei allen Interaktionen zwischen Eltern und Kind hauptsächlich darum geht, in welchem Kontext sie sich abspielen: wie die Beziehung zwischen Eltern und Kind beschaffen ist, welche Gefühle sie in ihrem tiefsten Inneren füreinander empfinden, wie sehr sie sich auf sich selber und auf den anderen verlassen können, wie wohl ihnen bei dieser Beziehung ist und was sie davon halten und schließlich, wie sie das spezielle Problem angehen. Wenn die Beziehung des jungen Sigmund Freud zu seinem Vater besser gewesen wäre, dann hätte der Sohn sicher Sympathie und nicht Verachtung für seinen Vater empfunden, als dieser ihm von seinem entwürdigenden Erlebnis berichtete.

Das zeigt, wie wichtig es ist, sich immer vor Augen zu halten, daß ein Kind die Dinge nur in seinem eigenen Bezugsrahmen sehen kann, der sich stark von unserem unterscheidet. Wenn wir uns dieser einfachen Tatsache bewußt bleiben, wird alles gut sein, auch wenn es in unserer Beziehung einmal zu einer recht komplizierten Situation kommen sollte. Wir sehen unser Kind und sein Problem dann klar und deutlich und nicht als Zerrbild, das dadurch entsteht, daß wir mitbetroffen sind durch unsere emotionale Bindung an unsere Vergangenheit und durch unsere Angst um die Zukunft.

Teil II

Die Entwicklung des Selbst

13. Kapitel

Die Erlangung der Identität

Auf die Frage, was für den Menschen
das Schwerste sei, antwortete
der griechische Philosoph Thales:
»Sich selbst zu erkennen.«

Schon bei ihrer Geburt weisen alle Säuglinge deutliche Spuren ihrer zukünftigen Persönlichkeit auf, wenn auch eben nur *in statu nascendi.* Es vergehen viele Jahre mit zahllosen Lebenserfahrungen, bis diese ersten Andeutungen späterer Dispositionen als Umrisse einer Persönlichkeit zu erkennen sind, und viele weitere Jahre werden vergehen, bis sich der Charakter so voll und beständig entwickelt hat, daß er den harten Anforderungen des Lebens standhält und seinem Besitzer gute Dienste leisten kann, der alle Prüfungen und Drangsale auf sich genommen hat, die zu überstehen sind, wenn man, wie Shakespeare sagt, »Herr und Eigner seines Gesichts« werden will.

Seine Identität erlangt man oft erst nach schweren Irrtümern, vielen Fehlstarts und Umwegen. Es ist ein Prozeß, bei dem man viele Schritte mehrmals machen muß, ein Weg, bei dem man nicht immer weiß, welche Richtung man einschlagen soll. Bis wir unsere Identität sicher gefunden haben, befallen uns oft tiefe Zweifel, die wir – besonders wenn wir noch jung und unserer selbst noch nicht sicher sind – zu verbergen und abzuleugnen suchen, indem wir Sicherheit vorspiegeln. Aber so schwer es auch für uns ist, wir selbst zu werden, so ist es doch noch schwerer herauszufinden, worin dieses Selbst besteht – zu erkennen, welches die wesentlichen und welches die nur zufälligen Komponenten unserer Persönlichkeit sind. Erst wenn wir das sicher unterscheiden können, haben wir unsere Identität erlangt.

Eben weil wir alle auch Charakterzüge besitzen, die uns nicht gefallen, mit denen wir nicht ganz einverstanden sind oder die uns zweifelhaft vorkommen, fällt es uns so schwer, uns selbst zu erkennen. Unsere Umwege auf der Suche nach unserer Identität können schmerzhaft und gefährlich sein. Wir testen uns – oft ohne es zu wissen – und müssen uns dann hinterher überlegen, was uns diese Tests über uns enthüllen.

Wie auch immer die spezielle Situation beschaffen sein mag und wie alt der betreffende Junge oder das Mädchen ist, die Empathie ihrer Eltern bei dem schwierigen Ringen um Identität ist stets von größter Bedeutung, wenn sie versuchen, sich selbst zu entdecken, sich zu definieren und schließlich zu testen. Sie brauchen diese Sympathie als emotionales Milieu, um in der Lage zu sein, eine lebensfähige, dauerhafte Identität zu erlangen, die es ihnen ermöglicht, mit dem Leben auf ihre eigene, authentische Weise fertigzuwerden. Wir sollten die Entwicklung der Identität unseres Kindes wohlwollend beobachten, auch wenn sein Verhalten im Augenblick noch so beunruhigend ist. Der äußere Eindruck, den diese Suche nach Identität macht, ändert sich notwendigerweise im Verlauf des Reifungsprozesses und nimmt verschiedene Formen an.

Je jünger das Kind noch ist, um so deutlicher muß sich diese positive Einstellung der Eltern in ihrem Verhalten äußern. Sie müssen unmißverständlich erkennen lassen, daß sie ihrem Kind helfen möchten, seine eigene Identität zu entwickeln. So sollten sie zum Beispiel ihren Beifall und ihre Freude offen zeigen, wenn es positive Schritte tut, sich selbst zu behaupten. Sie müssen es darin bestärken, weil seine Identität sich zu Anfang nur im Zusammenspiel mit seinen Eltern entwickelt und nur dann einen positiven Charakter annehmen wird, wenn sie mit der elterlichen Einstellung harmoniert. Sie wird fragmentarisch bleiben, wenn die Einstellung der Eltern zu ihrem Kind teilweise negativ ist.

Wenn Kinder die Erfahrung machen, daß das, was sie sind und tun, ihren Eltern Freude macht, gefällt ihnen das, und es gibt ihnen ein Gefühl von Wichtigkeit, daß *sie* für ihre Eltern eine Quelle der Freude sind. Auf diese Weise spornt der Beifall der Eltern das Kind zur Bildung einer Identität an, denn er ermöglicht es ihnen, sich als ein Selbst zu erkennen, als jemand, der sich von allen anderen unterscheidet. Bereits in den ersten Lebensjahren vollzieht sich eine wichtige Verschiebung. Die Kinder haben nun weniger das Gefühl, daß das, *was sie tun,* Freude bereitet, als daß sie glauben, daß *sie selber* diese Freude machen. Psychologisch gesehen heißt das, daß die Freude der Eltern an ihrem Kind diesem die notwendigen Erfahrungen liefert, um seinen Narzißmus, das heißt seine Eigenliebe zu entwickeln, aus welcher der Wunsch entspringt, die einzigartige Persönlichkeit aufzubauen, die ihm am besten entspricht.

Paradoxerweise beginnt diese Einzigartigkeit dann, wenn das Kind etwas ständig wiederholt, womit es seinen Eltern – und damit auch sich selbst – Freude gemacht hat. Dies kann zu einem permanenten Verhaltensmerkmal werden, weil das Kind auf diese Weise immer wieder den Beifall seiner Eltern zu erlangen sucht. Die Freude an diesem Beifall ist unter anderem der Grund für das Wiederholungsverhalten kleiner Kinder. Es ist äußerst wichtig, daß die Eltern ihm deutlich zu erkennen geben, welche seiner Handlungen und welche Verhaltensweisen ihnen Freude machen, und das Kind dies immer wieder erleben lassen. Es braucht deutliche, immer gleiche Signale, um gewisse Verhaltenstypen so oft zu wiederholen, daß sie zur Gewohnheit werden. Der Beifall der Eltern motiviert es, ein derartiges Verhalten seiner sich entwickelnden Persönlichkeit für dauernd einzuverleiben.

Leider kann der hier in seiner positiven Form geschilderte Prozeß auch negativ verlaufen. Wenn ein Kind vorwiegend oder – noch schlimmer – ausschließlich Mißfallensreaktionen seiner Eltern erlebt, reagiert es zum Zweck der Selbstverteidigung oder als Vergeltungsmaßnahme negativ, und zwar nicht nur auf seine Eltern, sondern auch auf sich selbst. Auch das kann zu einer sich ständig wiederholenden Gewohnheit werden, die einen starken Einfluß auf die Entwicklung der Persönlichkeit des Kindes ausübt. Sie wird es dazu motivieren, die Personen zu ärgern, die es so unzufrieden mit sich machen, aber gleichzeitig wird es sich keine Illusionen mehr über sich selbst machen. Unzufriedenheit und Mißvergnügen können dann zu einem ebenso deutlich ausgeprägten Bestandteil seines Charakters werden wie der Wunsch, mit sich selbst zufrieden zu sein und das zu tun, womit es das erreicht.

Wenn die Eltern dagegen immer wieder ihre Freude an ihren Kindern signalisieren und alles gutgeht, wird der nächste Schritt sein, daß diese anfangen, ihrem Selbstgefühl einen spezifischeren Inhalt zu geben, indem sie sich teilweise mit ihren Eltern identifizieren, wobei sie sich bestimmte Eigenschaften von Vater oder Mutter auswählen und in ihre eigene Persönlichkeit einbauen. Andere Wesenszüge werden sie von älteren Geschwistern oder von anderen wichtigen Personen übernehmen. Diese Einverleibung beginnt – in einer ihrem Alter entsprechenden Weise – damit, daß sie Verhaltensweisen nachahmen, die dann zur Gewohnheit und schließlich zu einer motivierenden Kraft in ihrem Selbst werden.

Zum Mißfallen der Eltern baut das Kind in seine eigene Persönlichkeit die Aspekte ihrer Persönlichkeit ein, die den stärksten Eindruck auf es machen, und nicht die, von denen sie gewünscht hätten, daß sie von ihm internalisiert würden. Oft handelt es sich dabei um Wesenszüge, die die Eltern selbst nicht billigen, die aber gut zu den augenblicklichen Neigungen und Wünschen ihres Kindes passen. Einer der Hauptgründe hierfür ist, daß das Kind stärker von den von seinen Eltern ausgehenden oder in ihm selbst existierenden Emotionen beeindruckt und daher beeinflußt wird als von den bewußten Absichten der Erwachsenen. So kann es zum Beispiel vorkommen, daß ein Vater oder eine Mutter zwar sehr ärgerlich ist, aber sich sagt, daß dieser Ärger unangebracht oder unvernünftig ist, weshalb sie ihn in Schranken halten oder ganz unterdrücken und die Ursache bagatellisieren. Aber das Kind, das mehr auf die unterdrückten Gefühle seiner Eltern als auf ihre Vernunftgründe reagiert, absorbiert den Ärger und nicht die Selbstbeherrschung in seine Persönlichkeit. Sogar die Depression eines Elternteils formt die Persönlichkeit eines kleinen Kindes in starkem Maß, wenn man diesen Zustand auch nicht als eine aktive Kraft ansehen kann. Aber ein Kind erlebt eine solche Depression als etwas, das aktiv in sein Leben eingreift und ihm eine negative Richtung gibt, weil es keine positiven Reaktionen auf sich selbst und auf das, was es tut, erfährt. Es kann dann zu der Überzeugung gelangen, daß das, was die Gefühle seiner Eltern verursachte, von großer Bedeutung sein muß, während es ihm keinen Eindruck macht, daß sie ihren Ärger unterdrückt haben, obwohl sie gerade erreichen wollten, daß ihr Kind die Beherrschung seiner Emotionen zum Bestandteil seiner Persönlichkeit macht. Aber das funktioniert vermutlich deshalb nicht, weil das

Kind auf dieser Entwicklungsstufe viel mehr von den unterdrückten Emotionen seiner Eltern als von ihrem bewußten Entschluß, sie zu unterdrücken, und den Gründen dafür beeindruckt wird. Manchmal kommt es auch dazu, weil das Kind aus eigenen Gründen das Bedürfnis hat, positiv auf Ärger und negativ auf dessen Beherrschung zu reagieren. Außerdem fällt es uns allen – und insbesondere Kindern – leichter, die Abwehrmanöver anderer zu durchschauen als unsere eigenen.

Den Vorläufer dessen, was später zum Selbst eines Menschen werden und seine Identität ausmachen wird, hat man aus guten Gründen als Körper-Ich bezeichnet. Dieses Körper-Ich ist die Basis, auf der alle komplizierteren und spezifischeren Aspekte der Persönlichkeit errichtet werden, und ist weitgehend für den späteren Inhalt und die Struktur der Persönlichkeit maßgebend sowie auch dafür, wie dauerhaft oder wie zerbrechlich diese Struktur sein wird. Das einzige, was ein Kind besitzt, ist sein Körper, deshalb ist es so wichtig, welche Einstellung es zu diesem Körper entwickelt. Ob es ihn als etwas Wunderbares oder als etwas Abstoßendes empfindet oder – was wahrscheinlicher ist – als etwas zwischen diesen beiden Extremen, darin spiegelt sich die Einstellung seiner Eltern und vor allem die der Person, die es hauptsächlich betreut.

Viele stark empfundene Erfahrungen kommen zusammen und bestimmen die Einstellung des Kindes zu seinem Körper. Sie bilden die Basis für sein Selbstwertgefühl. Deshalb ist es zum Beispiel so wichtig, daß das Stillen vom Säugling als angenehm empfunden wird, ob die Mutter es gern und geruhsam an die Brust nimmt oder ob sie es in aller Eile tut, weil sie es hinter sich bringen möchte. Verhält sich die Mutter positiv, so bekommt das Kind das Gefühl, daß sein Körper etwas Gutes ist, daß er gut funktioniert und daß seine Reaktionen voll akzeptiert werden. Ist das Gegenteil der Fall und werden seine Reaktionen negativ aufgenommen, so wird es seinen Körper als etwas Mangelhaftes, wenn nicht gar Schlechtes empfinden. Im ersteren Fall wird sein Körper-Ich mit positiven Empfindungen ausgestattet, im zweiten Fall mit negativen.

Diese grundlegenden Wahrnehmungen werden durch viele andere Erlebnisse der frühen Kindheit intensiv verstärkt – durch die Art, wie das Baby gebadet und trokkengelegt wird, wie es gewickelt, angezogen und ausgezogen und in den Schlaf gewiegt wird. Dabei wird viel davon abhängen, ob die Mutter in diesen Situationen Freude am Körper ihres Kindes hat oder ob sie gewisse Aspekte der Säuglingspflege als eine lästige, wenn nicht gar widerliche Aufgabe empfindet.

Bei allen diesen Interaktionen und noch vielen anderen sind nicht nur die bewußten Gefühle der Mutter von Bedeutung, sondern auch ihre unbewußten Emotionen, vor allem jene, die sie unterdrückt, weil sie sich verpflichtet fühlt, die Bedürfnisse ihres Kindes gut zu befriedigen, welcher Art sie auch immer sein mögen. Diese Überzeugung erlaubt ihr oft nicht, sich ihre wahren Gefühle einzugestehen. So kommt es zum Beispiel vor, daß eine Mutter den Stuhlgang ihres Kindes ekelerregend findet, was mit ihrer eigenen Reinlichkeitserziehung zusammenhängt. Ist dies der Fall, so kann sie sich noch so große Mühe geben, ihn mit positiven Empfindungen zu beseitigen, ihr Ekel davor – dessen sie sich keineswegs bewußt sein muß, weil sie ihn seit ihrer frühen Kindheit verdrängt hat – wird unbewußt von ihr auf ihr Kind übertragen. Natürlich empfängt das Kind diese Botschaft auch nur auf unbewußter Ebene, schon deshalb, weil in seinem Alter das Bewußte und das Unbewußte noch kaum voneinander zu trennen sind. Sie arbeiten nicht getrennt voneinander, es handelt sich um ein einheitliches Gesamterlebnis. Trotzdem reagiert das Kind stark auf die innere Haltung des Erwachsenen, selbst wenn diese sich nur in einem kaum merklichen Gesichtsausdruck, den der Erwachsene selbst überhaupt nicht wahrnimmt, oder in der Art und Weise, wie sich dessen Körper versteift, mitteilt, oder etwa darin, daß alles hastig geschieht. Auch sind es nicht sosehr die Worte, mit denen der Erwachsene sein Tun begleitet, als der Ton, in dem er sie vorbringt. Das Kind spürt die Gefühle der Mutter an der Art und Weise, wie sie seinen Körper behandelt, und an zahllosen anderen Signalen.

So beginnt die Entwicklung der Identität tatsächlich bereits im Säuglingsalter, wenn sich im Verhalten der Eltern ihr Interesse am Körper ihres Kindes und an dem, was es schon tun kann, ausdrückt oder nicht, wenn ihnen sein Körper wertvoll und ihrer Liebe und Fürsorge wert ist. Solche Signale werden täglich gegeben, zum Beispiel, wenn ein Kind Gegenstände aus seinem Bettchen wirft und erwartet, daß wir sie ihm wiedergeben, damit es sie wieder hinauswerfen kann. Damit testet es, ob es tatsächlich schon in der Welt agieren kann, wenn es auch noch daran zweifelt.

Ein paar Jahre später fällt es uns weit schwerer, uns in unser Kind einzufühlen, wenn es nämlich Wutanfälle bekommt und Zeter und Mordio schreit anstatt beglückt zu lachen, wie es das getan hat, wenn wir ihm seine Babyrassel zurückgaben. Dann bringen uns seine Unvernunft, sein Mangel an Selbstbeherrschung und seine Verzweiflung so außer Fassung, daß wir uns nicht mehr klarmachen, daß es schließlich damit im wesentlichen das gleiche erreichen möchte wie damals, als es in seinem Kinderbettchen spielte: nämlich herausfinden, was es kann und welche Folgen sein Verhalten haben wird.

In einem solchen Wutanfall kommt die Verzweiflung des Kindes zum Ausdruck, daß es noch kein Selbst besitzt, das für es wirkt. Das Schlimme ist, daß das Kind, wenn es erst einmal so außer sich ist oder – besser gesagt – wenn seine Verzweiflung es außer sich geraten läßt, gewöhnlich so von seinen Gefühlen überwältigt ist, daß es alles andere darüber vergißt – einschließlich dem, was es ursprünglich gewollt und nicht bekommen hat. Der Wutanfall ist die Reaktion auf seine Unfähigkeit, sich das zu verschaffen, was es haben möchte, aber er demonstriert ihm auch die Unzulänglichkeit seines Selbsts. Das Kind erlebt ihn als einen völligen Zusammenbruch, und in seiner hilflosen Wut braucht es unsere Hilfe mehr denn je.

Daß seine Eltern als reife Menschen wissen, daß ihr Kind *noch nicht* fähig ist, das zu tun, was es tun möchte, hilft ihm nichts, da es nur in der Gegenwart lebt. Es glaubt, daß es das, was es jetzt nicht tun kann, *niemals* wird tun können. Das ist der Grund für seine abgrundtiefe, selbstzerstörerische Verzweiflung. Diese Verzweiflung ist nicht etwa deshalb selbstzerstörerisch, weil das Kind sich verletzen könnte, wenn es sich auf den Boden wirft und wild um sich schlägt, sondern weil es, wenn es seine Gefühle so überwältigen, nicht nur das nicht bekommt, was es haben möchte, sondern auch die Kontrolle über den eigenen Körper verloren hat.

Da diese Konstellation von Emotionen dem Wutanfall zugrunde liegt, wird es dem Kind nur im Anfangsstadium seiner Verzweiflung helfen, wenn wir ihm den Gegenstand geben, den es haben wollte, bevor seine Verzweiflung es vergessen ließ, was ihm ursprünglich vorenthalten wurde. Wenn es derart von seiner Wut überwältigt ist, daß es nicht mehr weiß, was sie verursacht hat, ist es viel wirksamer, es abzulenken und ihm zum Beispiel einen Gegenstand zu zeigen, der ihm lieb ist, und es aufzufordern, herzukommen und ihn sich zu holen. Sobald das Kind wieder imstande ist, sich zu bewegen und sich den betreffenden Gegenstand zu holen, ist auch der Wutanfall vorüber, wenn es vielleicht auch noch eine Zeitlang unglücklich darüber ist, daß es so die Beherrschung verloren hat. Es gibt keine bessere Möglichkeit, ihm zu zeigen, daß sein Ich nicht aufgehört hat zu existieren. Es handelt sich in diesem Alter noch weitgehend um ein Körper-Ich, das sich auf die Fähigkeit gründet, sich auf ein bestimmtes Ziel zubewegen zu können. So erfährt das Kind, daß es seinen Körper tatsächlich noch nach Belieben bewegen kann und daß es Dinge, die es haben möchte, holen kann.

Kinder haben zur Entwicklung ihrer Identität einen ungeheuer weiten Weg zurückzulegen. Auf die ersten Bemühungen, ein Ich zu sein, indem das Kind Gegenstände aus dem Bettchen wirft – das heißt, indem es sich beweist, daß *es etwas tun kann* –, folgen Wutanfälle, die dadurch hervorgerufen werden, daß es ihm *nicht gelingt,* sich zu beweisen, daß *es schon etwas allein tun kann.*

Im ersteren Fall besitzt das Kind noch kein Ich; seine Handlungen sind lediglich Versuche, sich ein Ich zu bilden. Wenn es ausprobiert, ob es schon in seiner Macht steht, etwas zu tun, oder wenn es sich zu überzeugen versucht, daß es das bereits kann, befindet sich sein »Ich« auf der ersten von mehreren frühen Stufen des Wegs, *ein echtes Ich* zu werden. Einige Jahre später gerät es in Wut, nicht mehr, weil es ein Ich *zu sein* versucht, sondern weil es auszuprobieren versucht, was dieses Ich *bereits erreichen kann.* Seine Wut und seine Verzweiflung entstehen dann dadurch, daß es sich entgegen seiner Hoffnung sagen muß, daß sein Ich noch nicht tun kann, was es vollbringen möchte.

Wenn ich sage, daß es ihm darum gehe, ein Ich zu sein oder ein Ich zu haben, beziehe ich mich auf die Gefühle des Kindes, denn mit seinem Verstand kann es noch nicht begreifen, was dazu gehört, ein einmaliges Ganzes zu sein und eine persönliche Identität zu besitzen. In diesem Stadium erkennt das Kind sein

»Ich«, wenn es fühlt, daß es etwas von den anderen Abgesondertes ist – wenn es sich zum Beispiel in einem Spiegel sieht oder beobachtet, daß seine Glieder von ihm bewegt werden. Daß das Kind nun ein Ich besitzt, kennzeichnet ein höheres Stadium des Ichbewußtseins, in dem es sich zu etwas entschließen und es dann auch tun kann, ohne daß es jedoch schon erkennt, daß all sein Wünschen, Tun, Denken und Fühlen zu einer eigenen unverwechselbaren Identität verschmelzen.

Die Scherben auflesen

Die Probleme, die die Entwicklung der Identität mit sich bringen, sind wohlbekannt und oft diskutiert worden. Aber es ist nicht immer leicht, dieses Wissen auch auf die eigenen Kinder anzuwenden, wenn sie zum Beispiel als Teenager überzeugt sind, daß es der Sinn des Lebens ist, die törichten Unternehmungen ihrer Altersgenossen mitzumachen, oder wenn sie als Adoleszenten unsere Lebensweise in Frage stellen oder rundheraus ablehnen und dabei gleichzeitig erwarten, daß wir sie mit allem versehen, was zu einem angenehmen, sorglosen Leben gehört. Wenn sie unsere Wertvorstellungen verachten, obwohl gerade diese es ihnen ermöglichen, ungehindert ein solches Leben zu führen, und uns eben diese Werte daran hindern, ihnen unseren Willen aufzuzwingen und sie dazu zu veranlassen, sich unseren Wünschen zu fügen. Wenn das Verhalten unserer Kinder, wenn sie zu sich selbst zu finden versuchen, nicht in jedem Entwicklungsstadium eine so andere Form annähme, wenn es nicht oft fast von einem Augenblick zum andern sich änderte, würde es uns leichter fallen, die Kontinuität des Prozesses zu erkennen, der zur Erlangung der Identität führt. Aber diese plötzlichen, chamäleonartigen Veränderungen machen es uns sehr schwer zu erkennen, daß sich in ihrem Verhalten ihre Suche nach ihrem Ich und später nach ihrer persönlichen Identität und Einzigartigkeit spiegelt.

Zum Beispiel kann sie »der Hafer stechen«, wenn sie vorgeben, viel gescheiter und reifer zu sein, als sie in Wirklichkeit sind, und so tun, als ob ihnen nichts gleichgültiger wäre als unsere Mißbilligung ihres Benehmens, aber schon wenige Minuten später – wenn nicht gleichzeitig – von uns erwarten, daß wir beglückt ihre Bedürfnisse befriedigen, so als ob sie noch kleine Kinder wären.

Es wird viel von uns verlangt, wenn unser adoleszenter Sprößling, der größer und stärker ist als wir, sich wie ein kleines Kind benimmt, das darauf besteht: »Ich kann das selbst!« oder »Laß mich das tun!«, während er von uns erwartet, daß wir es für ihn tun – genau wie damals, als er seine Schuhe binden und seinen Skianzug anziehen lernte. Aber unsere Kinder müssen in jedem Alter ihre Unabhängigkeit und ihre Selbständigkeit geltend machen, daher können sie es sich auch erlauben, sich von uns verwöhnen zu lassen, ohne etwas von ihrer Selbstachtung einzubüßen.

Um wirklich wir selbst zu werden, müssen wir viele Erfahrungen sammeln – wohlabgewogen zwischen Zurückgezogenheit und einem aktiven Leben mit allen seinen Wechselfällen. Leider nur stimmen wir nicht immer mit unseren Kindern darin überein, in welchem Augenblick und unter welchen Bedingungen und in welchem Ausmaß sie gerade Einsamkeit oder geselligen Umgang nötig haben. Oft glauben wir, sie würden sich am besten ruhig einer bestimmten Aufgabe widmen, während sie selbst das Bedürfnis nach hektischer Aktivität haben; und wenn wir meinen, sie sollten sich nicht so sehr isolieren, haben sie das Gefühl, sie müßten sich aus bestimmten Gründen in sich selbst zurückziehen.

Aber dieses Hin und Her ist immer noch leichter hinzunehmen als der abrupte Wechsel zwischen progressivem und regressivem Verhalten, wenn alles, was sie an Reife gewonnen zu haben schienen, plötzlich wieder verlorengeht und durch ein höchst kindisches Verhalten ersetzt wird. Es fällt uns schwer, wenn unser gepflegtes, nettes Kind plötzlich zu einem liederlichen Individuum wird, wenn der vorzügliche Schüler plötzlich jedes Interesse an seiner Arbeit verliert und seine Zeit mit Tagträumen verbringt. Derartige plötzliche Veränderungen weisen gewöhnlich darauf hin, daß sich unter der Oberfläche, ohne daß wir oder das Kind es merken, wichtige innere Entwicklungen der Adoleszenz vollziehen – Entwicklungen, die sämtliche Energie beanspruchen, die der Jugendliche aufbringen kann.

Psychoanalytisch gesehen bedeutet das, daß eine höhere Entwicklungsstufe nur dann ganz erreicht werden kann, wenn auf jedem neuen Niveau frühere Probleme wieder neu aufgearbeitet werden. So erlebt ein Kind, das sich in bezug auf seinen Körper bereits sicher fühlte, zum Beispiel beim Eintritt in die Pubertät, daß es die meisten seiner alten Unsicherheiten noch einmal durchmachen muß und daß viele neue hinzukommen. Das pubertäre schnelle Wachsen verursacht ihm ein unbehagliches Gefühl im Körper, was die Neuaufarbeitung alter körperlicher Probleme noch schwieriger und gleichzeitig noch dringender macht.

Orale Fixierungen, die bereits im frühen Kindesalter gelöst schienen, emotionale Schwierigkeiten, die während der Reinlichkeitserziehung auftraten, und Fragen der Körperhygiene, die bereits im Kindergartenalter – wenn nicht schon früher – erledigt waren, treten jetzt, nachdem sie viele Jahre lang kein Problem mehr waren, plötzlich akut in den alten Formen oder auch in neuer Verkleidung wieder auf. Der schlampige Teenager ist jetzt stark genug, sein Aufbegehren gegen das Gebot, sich ordentlich anzuziehen, auszuagieren, das er als Kind unterdrücken mußte. Diese Gefühle werden reaktiviert, weil der junge Mensch sich aus der alten Bevormundung befreien muß, damit diese ihn nicht länger hindern kann, ein Individuum zu werden, das selbst über sich bestimmt. Deshalb müssen die alten Probleme jetzt auf einer höheren Ebene neu bearbeitet werden, um bei der Charakterbildung eine völlig neue Bedeutung zu gewinnen. Erreichen sie diese neue, höhere Integration, so bereichern sie unseren Charakter, bleiben sie dagegen unberührt von der sich entwickelnden Persönlichkeit, so werden sie auf der alten, unreifen

Ebene festgenagelt. Wenn sie nicht tatsächlich neu erfahren und verarbeitet werden, bleiben sie archaische Blöcke, die in eine fortgeschrittene Matrix eingebettet sind als fremde und entfremdende Elemente in der neuen Persönlichkeit. Hierdurch entstehen Risse, und sie wird so brüchig, daß sie in kritischen Augenblicken zerbrechen kann.

Daher sollten alle Erfahrungen während des ganzen Lebens, aber insbesondere in Perioden deutlichen Wachstums in der Charakterentwicklung unbedingt neu durchlebt und neu durchgearbeitet werden. Aber es fällt schwer, sich an all das zu erinnern, wenn unser Adoleszent sich plötzlich und scheinbar ohne Grund wie ein kleines Kind anstellt – wenn er wieder so unsauber und unordentlich wird wie Jahre zuvor, wenn er sich beim Essen vollstopft oder sich weigert zu essen –, so als ob die Rückkehr zu solch kindischem Benehmen die einzige Möglichkeit für ihn wäre, etwas von uns zu bekommen oder sich uns zu widersetzen. Aber der Adoleszent muß jetzt die alten Konflikte auf einer anderen Basis neu lösen und ihnen eine ganz andere Bedeutung bei der Formung seiner Persönlichkeit verleihen. Das nimmt viel Zeit und sehr viel Energie in Anspruch, die dann für Ziele und Verhaltensweisen nicht zur Verfügung steht, die nach Ansicht seiner Eltern seinem Alter entsprechen würden. Tatsächlich ist jedoch nichts wichtiger, als daß alte, noch vorhandene Traumen, Fixierungen und Probleme überwunden werden, wie zum Beispiel die Einstellung zum eigenen Körper, die Beziehung zu den Eltern, die Beurteilung der eigenen Person und die Ziele für die Zukunft.

Für die Eltern ist das Schwierigste bei diesem Prozeß der Selbstentdeckung durch Regression und Progression, daß sie ihn jederzeit innerlich akzeptieren, daß sie aber in den verschiedenen Altersstufen und Situationen immer wieder anders darauf reagieren müssen.

Es ist nicht so schwierig, sich klarzumachen und zu akzeptieren, daß der Säugling, dem es Spaß macht, sein Fläschchen oder seine Rassel aus dem Bett zu werfen, damit versucht, sich ein Ich zu erwerben, und wir können gewöhnlich richtig darauf reagieren. Eine größere Herausforderung bedeutet es, wenn ein Heranwachsender unsere sämtlichen Wertvorstellungen über den Haufen wirft oder sie uns in der unbewußten Hoffnung ins Gesicht schleudert, daß wir bereit und – was noch wichtiger ist – ebenso beglückt darüber sein werden, für ihn die Scherben wieder aufzulesen, wie wir es waren, als er seinen Ball auf die Erde warf. Aber Eltern müssen, wenn sich ihr Kind in jedem Alter gut entwickeln soll, »die Scherben für es auflesen«. Was dies speziell bedeutet, ändert sich jedoch je nach dem Alter und der relativen Reife des Kindes und der Art seiner Beziehung zu seinen Eltern.

Die Achtung beginnt beim Körper-Ich

Da alle späteren Entwicklungen der Persönlichkeit sich auf das Körper-Ich gründen, können die Eltern kaum etwas Besseres für ihr Kind tun, als ihm im Kleinkindalter zu helfen, eine gesunde und positive Einstellung zu seinem Körper zu entwickeln: ihm zu ermöglichen, sich darüber zu freuen, wenn es etwas fertigbringt, und ihm gleichzeitig zu verstehen zu geben, wie sehr sie es lieben und schätzen. Gelingt es den Eltern, ihrem Kind diese Einstellung beizubringen, so ist das später ein ausgezeichneter Schutz gegen die Gefahr, daß es in der Adoleszenz in bezug auf sein körperliches, persönliches und soziales Wohlergehen ernste Risiken eingeht. Wenn der Körper des Kindes – und natürlich auch alles andere an ihm – mit Liebe und Fürsorge behandelt wurde, so wird es, wenn es beim Heranwachsen sein Ich entdeckt, diese seinem Körper zuteilgewordene Liebe und Fürsorge als Achtung vor diesem Körper und vor sich selbst als Person internalisieren. Die liebevolle Einstellung der Eltern zum Körper ihres Kindes und zu dem, was es damit anfangen kann und unternimmt, verwandelt sich schließlich in seine Wertschätzung des eigenen Körpers und in Achtung vor diesem. Was in dem Wunsch zum Ausdruck kommt, ihn vor Gefahren zu schützen, die es mit sich bringt, wenn es bei der Eroberung der Welt zu riskanten Abenteuern kommt, oder wenn der Heranwachsende den inneren Drang verspürt, sich wie bei der Anorexie auszuhungern oder sich wie bei der Bulimie zu überfressen, Drogen zu nehmen oder sich sexuellen Ausschweifungen hinzugeben.

Es war für die Eltern leichter, eine solche Einstellung überzeugend zu vertreten, als man auch schwerkranke Kinder noch stets im Elternhaus pflegte. Und in einer Gesellschaft, in der es knapp zuging, konnten sie schon dadurch, daß sie dem Kind etwas Gutes zu essen gaben, zeigen, daß ihnen sein Wohlergehen am Herzen lag. Auch in dieser Beziehung müssen wir heute Einstellungen, die man in der Vergangenheit durch direktes Handeln bekunden konnte, in einer subtileren psychologischen Form zu verstehen geben. Aber noch immer wurzelt die Achtung vor dem eigenen Körper und dem Ich darin, wie der Betreffende als Kind die Einstellung seiner Eltern zu ihm und seinem Körper empfunden hat.

Daher können bei dem langwierigen Prozeß, der zur Erlangung einer persönlichen Identität führt und der erst in der Adoleszenz in seiner frühesten internalisierten Form ein vorläufiges Ziel erreicht, die Eltern mit ihrer Einstellung und ihrem Verhalten eine ungeheure Hilfe oder auch Behinderung sein. Um jeden Schritt hin zur Entwicklung eines Ichs und einer später sicher begründeten Identität wirklich zu unterstützen, müssen sie deutlich zu erkennen geben, daß diese Entwicklung zur Unabhängigkeit in ihrem Sinn ist. Ohne das ist jedes erreichte Niveau leicht zu erschüttern und ein schlechter Unterbau für weitere Entwicklungen.

Natürlich gibt es viele Probleme, wenn das Kind damit experimentiert, was es schon allein tun kann, und anfängt, seine Umgebung zu meistern. Kleinkinder setzen sich allen möglichen Gefahren aus, wenn sie versuchen, die Welt zu erforschen und zu begreifen. Hierbei ist es wie bei vielen anderen Situationen in der Kindererziehung praktisch unmöglich, alles gutzuheißen, was das Kind unternimmt, seinen Spaß daran zu haben, es anzufeuern und jedes Verbot zu vermeiden. Eltern können nicht *immer* positiv reagieren. Sie müssen ganz einfach auch einmal: »Laß das!« zusätzlich zu »Tu das!« sagen, und selbst letzteres ist für ein Kind oft unannehmbar und ihm ebenso schädlich wie das »Laß das!«.

Wesentlich dafür, daß das Kind Freude an sich hat – und daß es sein Ich entwikkelt –, ist in allererster Linie, daß es weit öfter erlebt, daß die Eltern mit ihm zufrieden sind, als daß sie das, was es tut, mißbilligen. Außerdem sollten sie ihren Beifall und ihre Freude über ihr Kind durch Lob offen zum Ausdruck bringen (was später auch für andere Erwachsene gilt, die im Leben des Kindes eine wichtige Rolle spielen). Bei passender Gelegenheit sollte es eine entsprechende Belohnung geben, während jede Mißbilligung so freundlich wie möglich geäußert werden sollte, um möglichst wenig Angst und Entmutigung hervorzurufen.

Hierzu ist es nötig, daß die Eltern Angst und Ärger im Zusammenhang mit dem, was ihr Kind tut, möglichst vermeiden oder – falls ihnen das nicht möglich ist – daß derartige Gefühle der tatsächlichen Situation angemessen sind. Oft gehen die Reaktionen von Eltern weit über das hinaus, was ihrer Angst vor der Zukunft aufgrund der jeweiligen Situation angemessen wäre, und eine solche Angst kann sie zu unangebrachter Strenge und zu allzu rigiden Verboten verleiten. Das ist deshalb doppelt schlimm, weil das Kind nur an die gegenwärtige Situation denkt und von seinen Eltern dasselbe erwartet. Wenn die Besorgtheit der Eltern sich auf das gegenwärtige Problem beschränkt und nicht durch Befürchtungen für die Zukunft noch verschlimmert wird, fällt es ihnen viel leichter, sich zu überlegen, welche alternative Möglichkeit sie dem Kind vorschlagen könnten. Ich brauche kaum zu erwähnen, daß eine negative Bewertung des Verhaltens oder der Pläne des Kindes sich nie auf das Kind selbst und seinen Wunsch, aktiv die Welt zu erforschen, erstrecken sollte, weil es nur dann sein Ich, seine Intelligenz und seine Urteilsfähigkeit entwickeln kann.

Behinderung des Wachstums

Wenn Eltern aus irgendeinem Grund die Entwicklung der Individualität ihres Kindes nicht fördern, sondern behindern, kann es vorkommen, daß das Kind sein sich entwickelndes Ich aufgibt und versucht, sich durch eine Verschmelzung mit der Mutter oder mit jemandem, der in der Realität oder in der Phantasie des Kindes deren Stelle einnimmt, eine Pseudo-Sicherheit zu erwerben. Auch wenn das Kind die Aufgabe, ein eigenes Ich zu entwickeln, zu gefährlich findet, kann es sich unter Umständen mit einem Pseudo-Ich zufriedengeben, was typischerweise im späteren Leben zu einer psychotischen Existenz führt, die durch Entpersönlichung gekennzeichnet ist. In seltenen Fällen sind daran nicht die Eltern schuld, sondern es ist auf Ereignisse zurückzuführen, die zu einem ungünstigen Zeitpunkt eintreten.

Ein Beispiel hierfür war ein Kind, das eben Krabbeln gelernt hatte und auf einem Tisch herumkroch. Es fiel auf einen Steinboden und zog sich komplizierte Knochenbrüche zu, die lange Zeit eingegipst werden mußten, was ihm jede spontane Bewegung seiner Arme und Beine unmöglich machte. Als dann die Gipsverbände wieder entfernt wurden, lernte es schließlich laufen, wenn auch nur sehr ängstlich und unsicher. Aber es blieb in seiner intellektuellen Entwicklung zurück. Obgleich es während seiner Rekonvaleszenz sprechen gelernt hatte, war es nicht in der Lage, eigene Ideen auszudrücken. Seine intellektuelle Entwicklung war so schwer blockiert, daß es mit sieben Jahren für schwachsinnig gehalten wurde. Es war nicht direkt autistisch, wies aber viele Symptome des Autismus auf. Zum Beispiel fehlte in seinem Wortschatz das Wort »Ich«. Eine jahrelange Therapie war nötig, um diesen Zustand zu beheben, und es brauchte weitere Jahre, bis es sich herausstellte, daß dieses Kind glaubte, es sei mit den jede Bewegung unterbindenden Gipsverbänden dafür bestraft worden, daß es versucht hatte herumzukrabbeln, und daß man es damit davor warnen wollte, Unabhängigkeit – das heißt ein Ich – zu entwickeln.

Wie gewöhnlich war eine Kombination äußerer und innerer Umstände an einer so vollständigen Verhinderung der Entwicklung des Ichs schuld. Die hinderlichen, schmerzhaften Gipsverbände bildeten den Hintergrund der Tragödie dieses Jungen, aber die wahre Ursache dafür war seine überängstliche Mutter. Als der Junge nach der Entfernung der Gipsverbände wieder anfing, sich zu bewegen, konnte sie sich nicht darüber freuen, denn sie fürchtete, die Tragödie, an der sie sich die Schuld gab, könne sich wiederholen. So reagierte sie auf die Bemühungen des Kindes, sich wieder zu bewegen, mit heftiger Angst, die sich in ärgerlichen Warnungen äußerte oder in einem noch eindrucksvolleren Schweigen. Damit signalisierte sie dem Kind die Allgegenwart unbekannter Gefahren, die so groß waren, daß man keine Worte dafür finden konnte. So bekam der Junge das Gefühl, daß es das einzig Sichere sei, jede Initiative, sich körperlich und vor allem intellektuell zu bewegen, aufzugeben, weil sich beide nur dann, wenn er sein Ich dem seiner Mutter völlig unterordnete, relativ sicher fühlen konnten, und er nur dann das Gefühl bekam, daß sie ihn akzeptierte. Die Freude des Jungen an seiner neugewonnenen, aber noch begrenzten Bewegungsfähigkeit und die schreckliche Angst, die er damit bei seiner Mutter erregte, ergaben eine frustrierende Kombination, die das Kind so widersprüchlichen Signalen aussetzte, daß es nicht wagte, ein Ich zu entwickeln.

Seine Erfahrung, daß es einerseits vorteilhaft war, wenn man sich bewegen konnte, und seine Erkenntnis, daß seine Bewegungsfähigkeit bei seiner Mutter, von der er, solange er die Gipsverbände hatte, völlig abhängig gewesen war, schwere Angst- und Schuldgefühle hervorrief, stürzten ihn in eine ausweglose Verwirrung. In der Kombination mit seiner bestenfalls nur noch vagen Erinnerung an den Unfall, der ihn unbeweglich gemacht hatte und den er als Strafe für seine Selbständigkeit (d. h. seine Bewegungsfähigkeit) empfunden hatte, erzeugte dieses Paradoxon in dem Jungen unüberwindliche Zweifel, ob er ein Ich entwikkeln solle oder nicht. Die Folge war, daß er sich nur bewegte, wenn man ihn dazu aufforderte oder wenn er absolut sicher war, daß seine Mutter diese Bewegung billigte. Aber durch die Ambivalenz und Angst der Mutter erhielt er nur selten deutlich das Signal, daß sie einverstanden war. Er konnte seine Glieder zwar bewegen, jedoch nur so steif wie ein Automat, dessen Funktionen von außen kontrolliert werden. Seine Bewegungen schienen nicht seinem eigenen Willen zu entspringen und waren nie spontan.

So erwarb er sich zwar eine Bewegungsfähigkeit, aber ohne je das Gefühl zu haben, daß die Bewegungen seines Körpers ein akzeptables Verhalten waren. Er konnte kein Körper-Ich entwickeln, das sich auf die Fähigkeit gründete, darüber zu entscheiden, wann und wie man sich bewegen möchte, worauf sich jedes spätere Identitätsgefühl gründet. Die Angst seiner Mutter, die jede seiner Bewegungen begleitete – selbst die, mit denen sie bewußt einverstanden war –, und ihre Schuldgefühle wegen seiner Ungeschicklichkeit, an der sie sich ebenfalls die Schuld gab, verhinderten, daß es ihm Freude machte, sich wieder bewegen zu können; die Spontaneität in bezug auf die Aktionen seines Körper-Ichs war zerstört. Aber während wir uns ohne Spontaneität bewegen können, können wir ohne sie keine eigenen Gedanken entwickeln. Unsere Gedanken bleiben stereotyp, ohne Verbindung mit der Außenwelt, und unser inneres Ich kommt nicht darin zum Ausdruck.

Es handelt sich hier zweifellos um ein extremes Beispiel. Es kommt fast nie zu einer so starken Abweichung von der normalen Entwicklung – auch dann nicht, wenn in einem kritischen Augenblick eine Krankheit oder ein anderes Mißgeschick die Entwicklung des Körper-Ichs unterbricht. Aber selbst in diesem Extremfall hätte das ursprüngliche Trauma (die Anlegung der Gipsverbände) weniger starke Auswirkungen gehabt, wenn die Mutter nicht so starke Angst und keine so intensiven Schuldgefühle gehabt hätte und wenn sie sich mehr über die wiedergewonnene Bewegungsfreiheit ihres Sohnes gefreut und dies deutlicher gezeigt hätte.

Möglicherweise wäre es auch anders ausgegangen, wenn die Reaktionen anderer wichtiger Personen der Angst der Mutter entgegengewirkt hätten. Vor allem gilt dies für den Vater des Jungen, der nicht zugegen war, als das Kind vom Tisch fiel, und der daher keine Schuldgefühle zu haben brauchte. Seine Freude über die wiedergewonnene Beweglichkeit seines Sohnes wäre für diesen kein ambivalentes Signal gewesen. Außerdem neigt ein heranwachsender Junge von Natur aus dazu, sich mit seinem Vater zu identifizieren, wenn dessen Reaktionen mit dem Bestreben des Kindes, ein unabhängiges Ich zu entwickeln, in Einklang stehen. Unglücklicherweise war dieser Vater aber kaum je zu Hause, wenn der Junge wach war. Auch hatte er während der langen Rekonvaleszenz sein Interesse an dem Jungen verloren.

Dies zeigt wieder einmal, wie wichtig es ist, daß beide Eltern zur Stelle sind, so daß das Kind, wenn die Beziehung zum einen Elternteil getrübt ist, sich mit den positiven Reaktionen des anderen trösten und sie als Ausgleich benutzen kann.

Wenn beide Eltern einfühlend an den kleinen Ereignissen im Leben ihres Kindes teilnehmen, so geschieht dies bei jedem Elternteil auf eigene Weise, da es sich ja um verschiedene Personen mit unterschiedlichen Reaktionen handelt. Deshalb braucht für das Kind kein Erlebnis so völlig niederschmetternd zu sein, wie es das sein könnte, wenn die Reaktionen des einen Elternteils nicht durch die des anderen ausgeglichen würden. Auch leidet das Kind in solchen Situationen weniger, wenn der eine Elternteil mit seiner Angst und Enttäuschung beim anderen Trost und Erleichterung findet.

Die Geschichte dieses Jungen ist ungewöhnlich, aber mir sind auch noch andere Fälle bekannt, bei denen eine Bewegungsbehinderung im frühen Kindesalter die Ausbildung des Ich-Gefühls stark beeinträchtigt hat. Seine Geschichte zeigt, welchen Schaden die Angst der Eltern – so verständlich sie in vielen Fällen auch sein mag – in einer Entwicklungsphase anrichten kann, in der das Kleinkind herauszufinden versucht, was es schon allein tun kann. Dann werden sie seine Bemühungen vereiteln, anstatt sie zu unterstützen, sich nicht darüber freuen, daß ihr Kind die Welt für sich zu erobern versucht und anfängt, sich ein rudimentäres Ich aufzubauen.

Die »Adoleszenten-Rebellion«

Heranwachsende brauchen ihre Eltern zur Bekräftigung ihrer Werte, doch sollten diese dabei keine allzu aktive Rolle spielen. Der Grund für diesen scheinbaren Widerspruch ist, daß junge Menschen sich nicht nur anhand ihrer Eltern und auf der Grundlage elterlicher Billigung definieren, sondern daß sie sich auch *gegen* sie abgrenzen müssen, weil sie befürchten, die Eltern würden ihnen ihre Persönlichkeit diktieren, anstatt sie ihnen selbst zu überlassen. Um sicherzustellen, daß sie das sind, was *sie* sein möchten, versuchen sie, bis zu einem gewissen Grad auch das zu sein, was ihre Eltern *nicht* wünschen, und gehen dabei von der Annahme aus, daß dies allein ihnen die eigene Unabhängigkeit gewährleistet. Dieser ambivalente und oft widersprüchliche Wunsch ist es, der das Leben für den Heranwachsenden so verworren und schwierig macht und der auch das Zusammenleben mit seinen Eltern so erschwert. Und als ob das noch nicht genügte, innere Konflikte und Auseinandersetzungen mit seinen Eltern hervorzurufen, muß er sich noch darüber hinaus positiv oder negativ als Teil der größeren Welt, in die er nun eintritt, definieren. Wenn seine Eltern ihn zu eifrig dazu ermutigen, faßt er das nicht als Beistand oder Hilfe auf, sondern er meint, sie wollten ihn aus dem Nest werfen.

Um sich in die Welt hinauszuwagen, muß ein Adoleszent das Gefühl haben, daß sein Elternhaus ihm immer noch genauso gehört wie damals, als er noch am Schürzenband seiner Mutter hing oder als er sich später mit Hilfe anderer

Objekte, wie etwa seines Teddybären, vorübergehend ein Gefühl der Sicherheit verschaffte, wenn er sich aus seinem Kinderställchen herauswagte. Während ein Kleinkind einen Gegenstand braucht, an dem es sich festhalten kann, braucht der Adoleszent das Gefühl, daß ihm die Sicherheit des Elternhauses jederzeit verfügbar ist. Dort kann er sich so kindisch benehmen, wie er will, während er in der großen Welt versucht erwachsener aufzutreten. Wenn seine Eltern ihn zu diesem Zeitpunkt ermutigen, sich hinauszuwagen, kann er den Eindruck gewinnen, daß sie ihn lossein wollen und daß es für ihn nun keinen schützenden Hafen mehr gibt, in dem er Zuflucht suchen kann, wenn er das Gefühl hat, daß die Stürme des Lebens ihn hilflos umhertreiben.

Tatsächlich können die Eltern dem Adoleszenten Unabhängigkeit nicht aufdrängen. Wenn sie es versuchen, beeinträchtigen sie nur den Prozeß, in dem er sie sich erobert. Aktiv zu versuchen, die Ausbildung seiner Identität zu lenken, ist nicht zu empfehlen, weil es nicht zum Ziel führt. Den Schritt zur Erreichung eines deutlicheren Ichgefühls und damit zur Erlangung einer Identität muß jeder selbst tun. Wenn die Bedingungen dabei so sind, daß dem Adoleszenten Zweifel kommen, ob er ihn ganz allein unternommen hat, empfindet er ihn nicht als eine Bewegung hin zur Identität, sondern er fühlt sich nur noch abhängiger.

Deshalb ist es am besten, wenn die Eltern in dieser turbulenten Periode das merkwürdige, feindselige oder sonstwie unangenehme Verhalten des Adoleszenten *akzeptieren, ohne es zu billigen.* Sie sollten ihrem adoleszenten Kind genügend Spielraum zum Experimentieren lassen, ohne seine einzelnen Handlungen zu ernst zu nehmen und ohne sich darüber aufzuregen. Wenn dann der Adoleszent merkt, daß sein Verhalten seine Bedürfnisse nicht erfüllt, kann er annehmen, daß er nicht auf den Druck der Eltern hin, sondern aus eigenem Entschluß seine feindselige Haltung aufgibt. Nur wenn er dieses Gefühl hat, wird er sein unerwünschtes Verhalten auf die Dauer bleibenlassen. Eltern sollten daher zwar sicherstellen, daß der Jugendliche keinen Schaden nimmt, aber sich im übrigen möglichst nicht in das einmischen, was er tut. Sie sollten jedoch vorbehaltlos die Möglichkeit offen lassen, daß er stets als willkommenes Kind ins Elternhaus zurückkehren kann, so wie es war, bevor er sich mit seinen noch unreifen und daher oft schlecht geplanten Streifzügen in die große Welt hinauswagte.

Während der Heranwachsende auf diese Weise experimentiert, tun seine Eltern gut daran, ihre eigene Lebensweise nicht zu sehr hervorzukehren oder zu verteidigen. Aber andererseits sollten sie auch den Attacken des Jugendlichen nicht zu sehr nachgeben. Am besten halten sie unerschütterlich an ihren eigenen Werten fest und führen ihr Leben entsprechend weiter, ohne zu sehr zu betonen, daß dies der bessere Weg sei, und ohne offen Kritik an den Werten zu üben, nach denen der Adoleszent im Augenblick zu leben versucht. In dieser Haltung sollte ihre Überzeugung zum Ausdruck kommen, daß ihr Kind einen guten Kern hat, auch wenn dieser im Augenblick vielleicht nicht zum Vorschein kommt, und ihre Hoffnung, ihm mit ihrer Beharrlichkeit die eigene Lebensweise doch noch attraktiver machen zu können. Sie sollten das jedoch nicht offen aussprechen, wenn sie wollen, daß aus dieser Hoffnung Wirklichkeit wird.

Diese unausgesprochene Überzeugung der Eltern, daß ihre Lebensweise die richtige für sie ist, und ihren Verzicht, zu dokumentieren, daß sie es deshalb auch für das Kind sein sollte, braucht der Adoleszent, um nicht von seinen widersprüchlichen Emotionen überwältigt zu werden und um einigermaßen unbeschadet mit anderen Lebensstilen experimentieren zu können. Wenn ihm das Beispiel seiner Eltern nicht dadurch verleidet wird, daß er sich durch deren antagonistische Haltung dagegen auflehnen muß – was noch schlimmer wäre –, dann kann er dieses Beispiel seiner Persönlichkeit und seinem Leben anpassen. Aber das ist nur möglich, wenn er nicht mehr befürchten muß, damit zu einem Abklatsch seiner Eltern zu werden.

In einer Periode tiefer Verwirrung über sich selbst und die Welt und in seiner Verzweiflung über die offenbare Gleichgültigkeit seiner Eltern gegenüber seinem Ringen, sich selbst zu finden, hat einmal ein Adoleszent ausgerufen: »Ihr braucht ja jemanden, an dem ihr euch reiben könnt, um zu wissen, daß ihr wer seid!« Damit hat er das Problem seiner Altersstufe genau ausgedrückt, das darin besteht, daß man, da man noch nicht fähig ist, aus innerer Kraft und aufgrund einer gefestigten Persönlichkeit »wer« zu sein, dieses Ichgefühl am besten dadurch entwickeln kann, daß man sich gegen die Macht einer anderen Instanz – die der elterlichen Werte – auflehnt, die aber nicht zu einem Gegenstoß übergeht. Wenn die Eltern dieser Entwicklung gegenüber feindlich eingestellt sind, so bedeutet das für den Adoleszenten, daß sie nicht wollen, daß er seine Persönlichkeit auf seine Weise entwickelt, und daß sie ihm nicht zutrauen, daß er sich schließlich zu Werten bekennen wird, mit denen sie einverstanden sein können. Aber diese imaginäre Mauer aus elterlichen Werten sollte auch dem Ansturm nicht nachgeben, denn das würde dem Adoleszenten alles rauben, was ihm das Gefühl geben kann, er selbst zu sein und sich von allen anderen zu unterscheiden. Sie darf unter seinem Ansturm nicht einstürzen, denn wenn die elterlichen Werte zusammenbrächen, würden ihre Trümmer ihn unter sich begraben und seine beginnende Persönlichkeit zerstören.

Risiken eingehen

Nur wenige von uns finden heraus, wer sie sind, ohne sich gleichzeitig darüber klarzuwerden, was und wieviel sie im Leben erreichen können – nicht weil andere es ihnen vorschreiben, sondern weil es in ihnen selbst angelegt ist. Bereits sehr früh haben Kinder das Bedürfnis, herauszufinden, was sie mit ihrem Körper im allgemeinen und speziell für sich selbst fertigbringen. Der Wunsch und das Bedürfnis, uns selbst vor Augen zu führen, daß unser Körper uns gute Dienste leistet und sich vorteilhaft von dem anderer Personen unterscheidet, ist einer der Hauptgründe dafür,

weshalb viele von uns soviel Freude am Sport, an Körperübungen und an einem guten Aussehen haben. Mit körperlicher Betätigung sind immer gewisse Risiken verbunden, die in dem Maß größer werden, wie das Kind älter und stärker wird.
In der Adoleszenz, in der das Hauptentwicklungsproblem darin besteht, die eigene Identität zu entdecken und zu festigen, haben die Jugendlichen besonders das Bedürfnis, ihren Körper zu testen, weil ihnen die Ergebnisse unmittelbar zugänglich, meßbar und sichtbar sind. Unsere übrigen Leistungen zu bewerten, ist keineswegs so einfach und auf so direkte Weise kaum möglich. Es ist für den Adoleszenten viel schwieriger, sein Selbstgefühl auf nicht-körperliche Eigenschaften zu gründen. Wenn ein Kind zum Beispiel glauben möchte, daß es etwas viel Besseres ist als seine Altersgenossen oder sogar als seine Eltern, wird ihm das nicht leichtfallen.
Eltern und Erzieher sind der Meinung, daß gute Schulleistungen einem Adoleszenten das Gefühl geben sollten, etwas wert zu sein, sich Verdienste erworben zu haben und stolz darauf sein zu können. Aber während das bei jüngeren Kindern weitgehend zutrifft und auch später bei reifen Erwachsenen wieder der Fall sein mag, gilt es nur selten für den Heranwachsenden. Der Grund ist, daß dieser, um er selbst zu werden und zu sein, sich von der Herrschaft der Erwachsenen befreien muß, die ihm ihre Werte aufzwingen wollen. Während es für das jüngere Kind noch einigermaßen annehmbar ist, sich von den Erwachsenen bevormunden zu lassen, weil sie ihm entsprechende Sicherheit gewähren, schadet das dem Adoleszenten. Je mehr sein Selbstwertgefühl von der Wertschätzung durch Erwachsene abhängt, um so weniger fühlt er sich als eigenständige Person. Daher würde es ihm nichts einbringen, wenn er dieses Selbstwertgefühl von dem Werturteil der Erwachsenen abhängig machte; es würde ihn in Haltungen seiner Kindheit zurücktreiben, von denen er sich verzweifelt versucht freizumachen.
Beim Bemühen, sich die Überlegenheit ihres Körpers – und damit die ihres Selbsts – zu beweisen, kann es vorkommen, daß Heranwachsende, die sich über ihren Wert auf anderen Gebieten im Zweifel sind, in Versuchung geraten, sich auf gefährliche Wagnisse einzulassen. Sie rasen mit dem Auto oder gehen beim Bergsteigen oder Skifahren Risiken ein. Wenn sie keine positiveren Möglichkeiten finden, sich ihren Wert zu bestätigen, lassen sie sich gelegentlich auch zu gesetzwidrigen oder gar kriminellen Handlungen verleiten. Auf diese Weise demonstrieren sie einer Gesellschaft, deren Maßstäbe sie ablehnen, ihre Überlegenheit, denn sie sind überzeugt, daß die Gesellschaft sie ablehnt, was in gewisser Weise auch zutreffen mag. So verbindet sich in ihrem Fall der Wunsch, mit den anderen abzurechnen, mit dem Bedürfnis, sich irgendwie hervorzutun, was sie zu immer gewagteren Unternehmungen verleitet. Ich habe mehr als einen jugendlichen Delinquenten sagen hören: »Wenn ich mich nicht dadurch auszeichnen kann, daß ich der Beste bin, dann kann ich es wenigstens, indem ich der Schlimmste bin.« Die Anführer von kriminellen Banden geben zu, daß sie noch gewalttätiger sein müs-

sen als die übrigen, um diese unter ihre Macht zu bringen oder um an der Macht zu bleiben.

Das Bedürfnis, den Eltern oder der Gesellschaft die Stirn zu bieten, spielt bei der Entstehung der kriminellen Persönlichkeit eine wichtige Rolle, doch ist es letzten Endes der Mangel an Selbstachtung, der zu einem kriminellen Verhalten führt. Das Abgleiten in die Kriminalität oder in die Drogenabhängigkeit, oder auch beides zusammen, stellt zweifellos den Versuch dar, dem Gefühl der Wertlosigkeit zu entgehen, die innere Stimme zum Schweigen zu bringen, die dem Betreffenden sagt, er sei ein Niemand und nichts wert. Das ist eine Auffassung, die oft auf Kindheitserfahrungen zurückgeht, als man dem Kind das Gefühl gab, daß man seinen Körper und damit es selbst nicht als etwas Wertvolles einschätzte.

14. Kapitel

Spiel als Brücke zur Wirklichkeit

Der Mensch ... ist nur da ganz Mensch,
wo er spielt.

Friedrich Schiller

»Das Spielen der Kinder sollte man als ihre ernsthafteste Tätigkeit betrachten«, schrieb Montaigne. Wenn wir unser Kind verstehen wollen, müssen wir sein Spiel verstehen lernen. Deshalb wurde dem Spiel und Sport in diesem und den folgenden Kapiteln soviel Platz eingeräumt. Die meisten Eltern sind sich über die Bedeutung des Spiels klar und würden zustimmen, daß es nicht nur eine lustvolle, sondern auch eine ernst zu nehmende und wichtige Tätigkeit ihrer Kinder ist. Sie versorgen ihre Kinder mit Spielzeug und Spielmaterialien und sorgen dafür, daß es mit anderen Kindern spielen kann. In dem Maß, wie die Kinder verständiger werden, ändert sich die Art ihres Spiels, und sie beschäftigen sich mit anderen Problemen. Durch das Spiel beginnen sie zu begreifen, wie die Dinge funktionieren: was man mit den einzelnen Gegenständen anfangen kann und was nicht; wie man mit ihnen umgeht oder weshalb man unter Umständen besser die Finger davon läßt. Aus dem Spielen mit anderen lernen die Kinder, daß es in bezug auf Zufall und Wahrscheinlichkeit bestimmte Gesetze gibt und daß sie bestimmte Verhaltensregeln beachten müssen, wenn sie wollen, daß die anderen mit ihnen spielen.

Das Wertvollste, was Kinder aus dem Spiel lernen, ist aber, daß die Welt nicht untergeht, wenn sie verlieren. Wenn man das eine Spiel verliert, kann man das nächste oder übernächste gewinnen. Dadurch, daß sie beim Spiel und Sport verlieren und dann die Partie wiederholen und gewinnen können, erkennen sie allmählich, daß sie trotz zeitweiliger Rückschläge im Leben zum Schluß doch gewinnen können, sogar in derselben Situation, in der sie die Niederlage erlitten haben. Wenn das Kind dies lernen soll, müssen die Eltern natürlich nicht das Gewinnen, sondern die Freude am Spiel in den Vordergrund stellen. Sie müssen ihm begreiflich machen, daß das Verlieren ebensowenig ein Hinweis auf persönliche Unterlegenheit wie das Gewinnen ein Beweis von Überlegenheit ist. Die Engländer, die als Nation für ihren Sportsgeist berühmt sind, bewundern den guten Verlierer sehr. Sie wissen, daß es leicht ist, ein guter Gewinner zu sein, dem die Welt zulächelt und der den Gewinn einsteckt. Aber das Verlieren mit Fassung hinzunehmen und sich davon nicht unterkriegen zu lassen – einzuräumen, daß es nach den Spielregeln gerechtfertigt war –, ist nicht nur lobenswert, es schützt den Verlierer auch davor, daß seine Selbstachtung unterminiert wird.

Freud hat darauf hingewiesen, daß das Kind mit seinem Spiel die ersten großen kulturellen und psychologischen Leistungen vollbringt und daß es sich im Spiel ausdrückt. Das trifft auf den Säugling zu, dessen Spiel einzig darin besteht, daß er seine Mutter anlächelt, wenn sie ihm zulächelt. Freud machte auch darauf aufmerksam, wie häufig und wie gut Kinder ihre Gedanken und Gefühle im Spiel zum Ausdruck bringen. Dabei handelt es sich manchmal um Gefühle, die den Kindern selbst nicht bewußt sind oder die sie überwältigen würden, wenn sie sie nicht in ihren Spielphantasien ausagieren könnten.

Kinderanalytiker haben Freuds Einsichten noch weiter ergänzt, indem sie auf die mannigfachen Probleme und Emotionen hinwiesen, die Kinder im Spiel ausdrükken; andere haben gezeigt, wie Kinder das Spiel dazu benutzen, recht komplexe psychische Schwierigkeiten aus Vergangenheit und Gegenwart auszuagieren und zu meistern. Das Spiel ist in diesem Zusammenhang so wichtig, daß die »Spieltherapie« zur wichtigsten Methode geworden ist, kleinen Kindern bei ihren emotionalen Schwierigkeiten zu helfen. Freud sagte, der Traum sei der »Königsweg« zum Unbewußten, und das gilt für Erwachsene wie für Kinder. Aber das Spiel ist der »Königsweg« zum bewußten und unbewußten Innenleben des Kindes. Wenn wir seine innere Welt verstehen und ihm weiterhelfen wollen, müssen wir lernen, mit ihm diesen Weg zu gehen.

Am Spiel eines Kindes können wir verstehen lernen, wie es die Welt sieht und auslegt – was es gerne wäre, was ihm wichtig ist, welche Probleme es quälen. Im Spiel drückt es aus, was es kaum in Worte kleiden könnte. Kein Kind spielt spontan zum bloßen Zeitvertreib, wenn es das selbst auch glaubt – genau wie die Erwachsenen, die es beobachten. Selbst wenn es teilweise spielt, um die Langeweile zu vertreiben, ist doch das Spiel, das es sich aussucht, von inneren Prozessen, Wünschen, Problemen und Ängsten motiviert. Was im Kopf des Kindes vor sich geht, bestimmt das, was es spielt. Das Spiel ist seine Geheimsprache, die wir auch dann respektieren müssen, wenn wir sie nicht verstehen.

Auch das normalste und begabteste Kind begegnet vielen Schwierigkeiten, die es im Leben vor scheinbar unüberwindliche Probleme stellen. Aber dadurch, daß es einen Aspekt des Problems nach dem anderen nach eigenem Gutdünken beim Spielen ausagiert, vermag es schließlich auch mit sehr komplexen Problemen Schritt für Schritt fertigzuwerden. Meist geschieht das auf symbolische Weise, die es oft selbst kaum begreift, da es dabei auf innere Prozesse reagiert, die ihm selbst nicht bewußt sind, auf Prozesse, deren Ursprung tief in seinem Unbewußten begraben sein können. Das kann zu Spielen führen, die uns im Augenblick wenig sinnvoll oder sogar unangebracht erscheinen, weil wir ihren Zweck nicht kennen oder nicht wissen, wie sie ausgehen werden. Deshalb sollten wir das Kind, falls es sich mit seinem Spielen nicht unmittelbar gefährdet, ruhig gewähren lassen, ohne uns einzumischen: aus dem einfachen Grund, weil es so ganz in sein Spiel vertieft ist. Wenn wir uns in der besten Absicht bemühen, ihm zu helfen, kann es das davon ablenken, die Lösung, mit der ihm am besten gedient ist, zu suchen und schließlich auch zu finden. Unsere Einmischung wird es nur von seinem Ziel ablenken. Unsere Vorschläge mögen auf bewußter Ebene einleuchtend sein und aus diesem Grund das Kind überzeugen, weil es leicht beeinflußbar und sich dessen nicht bewußt ist, was es innerlich bedrückt und womit es fertigzuwerden versucht. Aber mit diesen vernünftigen Ratschlägen können wir es unter Umständen geradezu daran hindern, die psychischen Schwierigkeiten, die es bedrängen, zu meistern.

Ein vierjähriges Mädchen reagierte auf die Schwangerschaft seiner Mutter mit einer Regression. Obwohl es bereits sauber war, näßte es wieder ein. Es bestand darauf, nur aus einer Babyflasche zu trinken, und krabbelte wieder auf dem Fußboden herum. All das machte seine Mutter sehr besorgt, die durch das zu erwartende Baby neue Aufgaben auf sich zukommen sah und gehofft hatte, ihr schon relativ vernünftiges Töchterchen würde ihr dabei helfen. Glücklicherweise machte sie keinen Versuch, diese Regressionen zu verhindern, was sicher schwierig gewesen wäre, weil das Kind nicht nur Baby spielte, sondern sich wie ein Baby benahm. Nach ein paar Monaten gab das kleine Mädchen dieses regressive Verhalten auf und spielte ein viel reiferes Spiel. Es spielte jetzt »gute Mutter«. Es behandelte sein Puppenbaby sehr liebevoll und versorgte es auf verschiedenste Weise und viel ernsthafter als je zuvor. Nachdem es sich im regressiven Stadium mit dem zu erwartenden Baby identifiziert hatte, handelte es sich jetzt unverkennbar um ein Spiel, bei dem es sich mit seiner Mutter identifizierte. Als dann das Geschwisterchen geboren wurde, hatte die Kleine schon vieles hinter sich gebracht, was notwendig war, um mit der Veränderung in der Familie und mit ihrer neuen Stellung in ihr fertigzuwerden. Sie paßte sich dem Baby viel leichter an, als ihre Mutter erwartet und gefürchtet hatte.

Im Rückblick ist deutlich zu erkennen, daß das Kind, als es erfuhr, daß seine Mutter schwanger war und ein neues Baby in die Familie kommen würde, Angst bekam, dieses würde es seiner kindlichen Befriedigungen berauben, und daß es deshalb versuchte, sich diese zu verschaffen. Vielleicht dachte es, seine Mutter wünsche sich ein Baby, weil es selbst kein Baby mehr war. So faßte es vielleicht den Entschluß – wenn man eine unbewußte Reaktion als Entschluß bezeichnen kann –, selbst wieder ein Baby zu werden. Dann brauchte seine Mutter sich kein anderes zu beschaffen.

Nachdem man das kleine Mädchen eine Zeitlang hatte gewähren lassen, muß es eingesehen haben, daß Bettnässen doch nicht so angenehm war, wie es sich das vorgestellt hatte, daß viele verschiedene Dinge essen zu können entschieden vorteilhafter war, als immer nur aus einer Flasche zu trinken, und daß Laufen und Herumspringen mehr Spaß machte als das Krabbeln. Diese Erfahrungen brachten die Kleine zu der Überzeugung, daß es schöner war, etwas erwachsener als noch ein Baby zu sein. So gab sie es auf, so zu tun, als ob sie noch ein Baby wäre, und beschloß, lieber so zu sein wie ihre Mutter. Sie wollte ihr jetzt im Spiel ähnlich sein und sich vorstellen, daß sie später einmal selbst eine richtige Mutter sein würde. Das Spiel lieferte dem Kind und seiner Mutter eine glückliche Lösung in einer Situation, die sonst leicht in eine Sackgasse hätte führen können.

Mit seinen vier Jahren war das kleine Mädchen in einem Alter, in dem es sowohl Baby als auch Mutter spielen konnte. Ältere Kinder können nicht so leicht und drastisch regredieren, und sie können selbst im Spiel nicht wirklich glauben, daß sie tatsächlich ein Vater oder eine Mutter sind. Für viele, die es nicht mehr fertigbringen, etwas vorzutäuschen, was sie nicht mehr sind, wäre es eine gute Lösung, diese Rollen als Schauspieler in einem Theaterstück oder in einem Marionettenspiel auszuagieren. Als Schauspieler oder Puppenspieler könnten sie die Dinge so ausagieren, daß ihre schwer errungene Reife nicht gefährdet wäre, während sie gleichzeitig so kindisch sein könnten, wie sie es für nötig halten, oder auch reifer, als sie es in Wirklichkeit sind. So finden Kinder, wenn man sie sich selbst überläßt, oft Lösungen für die sie bedrängenden Probleme. Allerdings wird es ihnen nicht gelingen, wenn wir meinen, wir wüßten besser, was und wie sie spielen sollten, und uns aus unseren Gründen in etwas einmischen, was das Kind aus seinen eigenen Gründen zu tun versucht.

Kinder versuchen im Spiel nicht nur Probleme ihres eigenen Lebens zu meistern. Oft versuchen sie auch spielend die Welt verstehen zu lernen. Das kleine Mädchen, das seine Puppen so versorgt, wie seine Mutter das mit ihm tut, und Kinder, die im Spiel nachahmen, wie ihre Eltern arbeiten, versuchen nicht nur ihre Eltern als Personen, sondern auch deren Tätigkeit zu verstehen, indem sie diese nachahmen. Das kleine Kind, das im Spiel seine älteren Geschwister nachahmt, versucht, diese zu verstehen und gleichzeitig herauszufinden, was es bedeutet, älter zu werden.

Das Spiel von Kindern kann sich auch heilsam für sie selbst auswirken, wenn sie beispielsweise ihre Puppen oder Stofftiere oder lebendige Tiere so liebevoll behandeln, wie sie wünschten, daß ihre Eltern sie selbst behandeln würden. Auf diese Weise versuchen sie, sich für das zu entschädigen, was ihnen vorenthalten wird. Leider verstehen die Erwachsenen oft die Bedeutung der Spiele ihrer Kinder nicht und mischen sich deshalb bedenkenlos ein. Da sie kein Gefühl dafür haben, welche tiefe Bedeutung scheinbar unsinnige, ständig wiederholte Spiele für Kinder haben können, berauben sie diese möglicherweise der Chance, endlose Stunden damit zu verbringen, immer wieder das scheinbar Gleiche zu wiederholen. Tatsächlich kommt es nur selten vor, daß Kinder ein Spiel in allen Einzelheiten wiederholen. Bei sorgfältiger Beobachtung kann man winzige Veränderungen im Spielablauf erkennen, in denen sich immer neue Entwicklungen andeuten, die das Spiel nimmt, wenn man es sich selbst überläßt. Und wenn keine Varianten auftreten – wenn sich das Spiel von einem Tag zum anderen und von einer Stunde zur anderen vollkommen gleichbleibt –, dann ist daraus eine wichtige Botschaft zu entnehmen. Eine echte Wiederholung der Spielstruktur ist ein Signal dafür, daß das Kind sich mit Dingen herumquält, die ihm sehr wichtig sind, und daß es noch keine Lösung seines Problems gefunden hat, aber weiter danach sucht.

Der Wert des Spiels

Kinder spielen in allererster Linie deshalb, weil es ihnen Spaß macht. Das liegt so klar auf der Hand, daß man es kaum zu erwähnen braucht. Die Freude daran, daß man etwas kann, gehört zu den reinsten und wichtigsten Freuden überhaupt. Wir freuen uns, daß unser Körper gut funktioniert. Pawlow spricht in diesem Zusammenhang von »einer muskularen Freude«, und vor ihm hat Harvey darauf hingewiesen, daß es eine »stille Musik des Körpers« gibt. Bei Kindern ruft die Bewegung ihres Körpers so überschwengliche Lustgefühle hervor, daß sie oft den Mund nicht halten können, sondern ihre Freude darüber, was ihr Körper zu tun vermag, laut herausschreien, ohne zu wissen, weshalb sie das tun. Besonders kleine Kinder haben das Bedürfnis danach. Auch junge Tiere – besonders junge Säugetiere – üben im Spiel ihren Körper. Während wir bei Tieren nicht sicher sein können, ob und in welchem Maß sie beim Spielen nicht nur ihren Körper, sondern auch ihren Verstand üben, besteht kein Zweifel daran, daß beim Menschen in jedem Alter beides im Spiel ist. Psychologen sprechen von der »Funktionslust«, worunter sie das Lustgefühl verstehen, das wir empfinden, wenn unser Körper und unser Geist gut funktionieren und uns gute Dienste leisten. Einem Wohlbehagen liegt stets dieses Gefühl zugrunde. Wenn wir allein spielen, verschafft es uns das befriedigende Erlebnis, gut zu funktionieren. Spielen wir mit anderen, so kann uns das die andere große Befriedigung unseres Lebens verschaffen – mit anderen gut auszukommen. Dieses Erlebnis beruht zunächst darauf, daß das Baby mit seinen Eltern spielt und darüber beglückt ist. Auf die Dauer kann es jedoch nur dann Freude daran haben, wenn seine Eltern sich mit ihm freuen.

Das Wichtigste am Spiel ist, daß das Kind unmittelbar seine Freude daran hat, und daß diese sich zu einer Freude am Leben schlechthin ausweitet. Aber das Spiel hat noch zwei weitere Gesichter. Wie beim römischen Gott Janus ist das eine der Vergangenheit und das andere der Zukunft zugewandt. Das Spiel ermöglicht es dem Kind, in symbolischer Form ungelöste Probleme der Vergangenheit zu lösen und sich unmittelbar oder symbolisch mit gegenwärtigen Belangen zu befassen. Auch ist es ein wichtiges Mittel, sich auf die Zukunft vorzubereiten. Schon lange bevor diese psychologischen Bedeutungen und unbewußten Aspekte des Spiels entdeckt wurden, war man sich bereits allgemein darüber klar, daß sich das Kind mit seinem Spiel auf seine zukünftigen Aufgaben vorbereitet. Diese Vorbereitungsfunktion kann man auch beim Spielverhalten junger Tiere beobachten. Sie erwerben sich damit die Fähigkeit, ihren Körper gewandt für bestimmte Zwecke einzusetzen, wie zum Beispiel beim Jagen und auf der Flucht. Die Funktion des

Spiels, kognitive und motorische Fähigkeiten zu entwickeln, hat Groos als erster Wissenschaftler systematisch untersucht, während wir Piaget vor allem unser Verständnis dafür verdanken, was das Kind verstandesmäßig beim Spielen lernt.

Viele Kinder, die nur wenig Möglichkeiten zum Spielen haben und mit denen nur selten gespielt wird, leiden unter schweren intellektuellen Entwicklungshemmungen oder Rückschlägen, denn im Spiel und durch das Spiel übt das Kind seine Denkprozesse. Ohne diese Übung kann sein Denken oberflächlich und unterentwickelt bleiben. Förderlich für die Sprachentwicklung ist es auch, wenn der Erwachsene sich beim Spielen längere Zeit mit dem Kind auf einem entsprechenden Niveau unterhält. Durch das Spielen mit der Sprache erforscht das Kleinkind, was man damit anfangen kann. Aus diesem Grund kann es die Freude am kreativen Umgang mit Wörtern beeinträchtigen, wenn Eltern zu früh auf ihrer korrekten Anwendung bestehen. (Lehrer von kulturell benachteiligten Kindern haben herausgefunden, daß es von großem Nutzen für deren intellektuelle Entwicklung war, wenn sie sie ermutigten, Gedichte zu verfassen, weil sie dabei mit der Sprache spielen und sie auf kreative Weise anwenden konnten. Die Kinder wurden durch diese Erfahrung oft optimistischer in bezug darauf, was sie mit den Wörtern anfangen und im allgemeinen auf der Welt erreichen konnten.)

Das Spiel ist deshalb von so ausschlaggebender Wichtigkeit, weil es die intellektuelle Entwicklung des Kindes anspornt und es sich dabei – ohne es selber zu merken – Dinge angewöhnt, die für sein Wachstum unentbehrlich sind, zum Beispiel die für das Lernen so wichtige Ausdauer. Man erwirbt sie sich am leichtesten bei Tätigkeiten, die Spaß machen, zum Beispiel bei einem Spiel, das man sich selbst ausgesucht hat. Wenn man sich nicht in dieser Weise an Ausdauer gewöhnt hat, erwirbt man sie bei schwierigeren Aufgaben wie den Schularbeiten nur schwer. Am besten lernt man sie in der frühen Kindheit, in der sich die Gewohnheiten herausbilden und wo das Kind ziemlich schmerzlos lernen kann, daß nur selten etwas so leicht und schnell gelingt, wie wir uns das wünschen. Durch das Spiel lernt das Kind zuerst, daß es nicht sofort entmutigt aufzugeben braucht, wenn ein Baustein nicht beim erstenmal ruhig auf dem anderen bleibt. Fasziniert von der Aufgabe, einen Turm zu bauen, lernt es allmählich, daß Ausdauer zum Erfolg führen kann, selbst wenn ihm beim erstenmal etwas nicht gelingt. Es lernt, nicht sofort aufzugeben und sich auch nach dem fünften oder zehnten Mal nicht enttäuscht etwas anderem zuzuwenden, sondern es immer wieder zu versuchen. Das Kind wird das jedoch nicht lernen, wenn die Eltern nur der Erfolg interessiert und wenn sie es nur dafür loben und nicht auch für sein beharrliches Bemühen.

Kinder reagieren sehr empfindlich auf unsere Gefühle. Sie lassen sich nicht leicht durch bloße Worte irreführen. Daher bleibt unser Lob wirkungslos, wenn wir innerlich darüber enttäuscht sind, wie lange sie gebraucht haben, um ihr Ziel zu erreichen, oder wie ungeschickt sie sich dabei angestellt haben. Auch sollten wir ihnen nicht *unsere* Ziele aufnötigen, weder mit Worten noch in Taten. Bateson und andere haben gezeigt, wie schädlich es für ein Kind ist, wenn es von seinen Eltern Signale empfängt, die sich widersprechen. Wenn ihm mit Worten eine bestimmte Botschaft übermittelt wird, die im Widerspruch steht zu einem unterschwelligen Signal (von dem der Sprecher vielleicht gar nichts merkt), wird das Kind völlig verwirrt, denn was ihm da gesagt wird, ist das Gegenteil von dem, was es als wahr herausspürt. Das wird es ebensosehr daran hindern, angesichts von Schwierigkeiten nicht aufzugeben, wie wenn an seinem Versagen Kritik geübt oder es nur für seinen Erfolg gelobt wird. Der verständliche Ehrgeiz der Eltern für ihr Kind und ihr Wunsch, daß es Erfolg haben werde, können oft verhindern, daß es angesichts von Schwierigkeiten Ausdauer entwickelt.

Auch hier, wie in so vielen anderen Situationen, bewahrt die Eltern ihre innere Überzeugung, daß ihr Kind es schließlich doch richtig machen wird, auch wenn es noch so lange dazu braucht, vor dem Bedürfnis, es anzutreiben. Und sie wird sie auch vor der Enttäuschung bewahren, wenn ihm etwas nicht gelingt, und sie wird sie daran hindern, es zu loben, wenn sie das Gefühl haben, daß es dieses Lob eigentlich nicht verdient. Das Kind weiß selbst sehr genau, ob seine Bemühungen, auch wenn es schließlich keinen Erfolg damit hat, lobenswert waren oder nicht, und wenn wir ihm Lob spenden, von dem es weiß, daß es unverdient ist, dann sagt ihm das, daß wir eine geringe Meinung von ihm haben und denken, es könne es nicht besser machen. Der Glaube der Eltern an ihr Kind und an das, was es tut, kann Berge versetzen, wozu auch die Zweifel des Kindes an sich selbst gehören. Beruhigt man diese, so kann es immer neue Versuche machen, ohne dabei das destruktive Gefühl einer Niederlage zu erleben.

Viele heranwachsende junge Menschen (und auch ältere Personen) weigern sich, an Aufgaben weiterzumachen, die ihnen nicht leichtfallen. Sie halten sich für Versager, weil sie keinen Erfolg haben. Tatsächlich tun sie nur so, als ob sie sich weigerten. In Wirklichkeit sind sie gar nicht in der Lage, bei schwierigen Aufgaben durchzuhalten, vor allem deshalb, weil sie es in ihrer frühen Kindheit beim Spielen nicht gelernt haben. Sie hatten als Kleinkind nicht genügend Chancen zu lernen, daß man natürlich immer wieder neue Anstrengungen machen muß, wenn man Erfolg haben will. Wahrscheinlich kommt das daher, daß ihre Eltern im stillen vor allem an ihrem Erfolg interessiert waren, und nicht an ihren oft ungeschickten Versuchen, zum Ziel zu kommen. Vielleicht hielten die Eltern auch zu wenig von dem, was ihr Kind wollte, im Vergleich zu dem, was sie mit ihm vorhatten. Diese Einstellung spürt das Kind – ganz gleich, ob man sie ihm mitteilt oder nicht.

Es heißt, Einstein habe mit drei Jahren noch nicht sprechen können. Er zog es vor, sich mit Bausteinen und Puzzlespielen zu beschäftigen und auch mit Erwachsenen

– falls sie dafür aufnahmebereit waren – auf diese Weise in Verbindung zu treten. Es ist anzunehmen, daß seine Gedanken bereits in diesem Alter so beschaffen waren, daß sie mit der Sprache eines Dreijährigen anderen nicht mitzuteilen oder verständlich zu machen waren. Gegen Ende seines Lebens stellte er zwei Behauptungen auf, die beweisen, für wie wertvoll er Kombinationsspiele (wie zum Beispiel Puzzlespiele) für die geistige Entwicklung hielt. »Der Mensch«, schrieb er, »sucht sich jeweils auf seine Weise ein vereinfachtes und durchsichtiges Bild der Welt zu formen und die Welt der Erfahrung dadurch zu überwinden, daß er sich bemüht, sie bis zu einem gewissen Grad durch dieses Bild zu ersetzen.« Er wollte damit wohl sagen, daß Kinder ihre entmutigende Erfahrung, in einer Welt zu leben, die sie nicht bewältigen können, dadurch überwinden, daß sie sich eine verständlichere Welt schaffen, die sie begreifen *können,* und daß sie dies auf eine Weise tun, die ihnen *entspricht,* und daß nur sie allein wissen können, welche Weise das ist.

An anderer Stelle schrieb Einstein: »Vom psychologischen Standpunkt aus scheint dieses Kombinationsspiel das wesentliche Merkmal produktiven Denkens zu sein, bevor noch irgendeine Verbindung mit einer logischen Konstruktion aus Wörtern oder anderen Zeichen vorhanden ist, die man anderen mitteilen könnte. So ist es klar, daß Kinder sich an ›produktives Denken‹ gewöhnen und Freude daran gewinnen, wenn sie mit wertlosem Material, mit Baukästen oder allen möglichen anderen (am besten von ihnen selbst ausgewählten) Spielsachen, oder mit Puzzlespielen spielen. Wenn sie sich auf diese Weise beschäftigen, bringen sie logische Konstruktionen in einem Alter zustande, in dem ihnen dies mit Worten noch nicht möglich ist. An einem Puzzlespiel können Kinder – lange bevor sie diese Idee in Worte fassen können – lernen, daß man durch die richtige Anordnung von scheinbar zusammenhanglosen Teilen ein Gesamtbild herstellen kann, das weit mehr ist als seine Einzelteile.«

Wiederholte Bemühungen, von denen zwar einige fehlschlagen, die aber schließlich doch noch zum Erfolg führen, zeigen Kindern nicht nur, wie notwendig Ausdauer ist, sie lehren sie auch, darauf zu vertrauen, daß sie fähig sind, Erfolg zu haben. Haben sie dieses Zutrauen einmal erworben, so ermöglicht es ihnen, sich so lange mit einer Aufgabe zu beschäftigen, bis sie sie bewältigt haben. Ein solches Vertrauen gibt uns die Überzeugung, daß wir mit Ausdauer vieles erreichen können, was uns lange unerreichbar schien. Bei diesem Prozeß wächst die Geschicklichkeit des Kindes im Denken und im Umgang mit Dingen, und es gewöhnt sich die Ausdauer, Geduld und Hingabe an, die ein komplexeres Lernen ermöglichen. Kein Fernsehprogramm kann Kinder veranlassen, so ausdauernd gegen Hindernisse anzugehen, und genausowenig kann es sie davon überzeugen, daß es ihnen möglich ist, aus scheinbar unzusammenhängenden Teilen ein Ganzes zu schaffen. Fernsehserien wie die *Sesamstraße* faszinieren Kinder zwar und lehren sie Dinge, die keine besondere Anstrengung erfordern, aber im allgemeinen bietet das Fernsehen wenig Material, auf das später aufgebaut werden kann, wenn es gilt, sich anzustrengen, um kompliziertere Aufgaben zu lösen.

Ein Genie wie Einstein konnte ohne fremde Hilfe aus unzusammenhängenden Einzelteilen ein »durchsichtiges Bild der Welt« schaffen und »logische Konstruktionen« zustande bringen, aber selbst ein Durchschnittskind kann das, wenn man ihm die Möglichkeit gibt zu lernen, wie man aus Bausteinen etwas bauen oder wie man die Einzelteile eines Puzzlespiels zusammensetzen kann. Wenn es dem Kind und dem Erwachsenen Spaß macht, sich zusammenzutun, wird das Kind bald seine eigenen Konstruktionen machen, die ihm ein durchsichtiges Bild der Welt sein werden. Aber um ihre volle Bedeutung zu gewinnen, müssen es seine eigenen Erfindungen sein. Unsere Rolle kann dabei nur darin bestehen, ihm Vorschläge zu machen, wie es vorgehen könnte. Deshalb beschränken wir uns am besten darauf, ihm die Einzelteile zuzureichen oder ihm zu helfen, wenn es uns darum bittet. Die meisten von uns bringen nicht die Geduld auf abzuwarten, bis das Kind zurechtkommt. Dazu haben sie zu sehr das Ziel und zu wenig die endlosen Umwege im Auge, die das Kind braucht, um zum Ziel zu kommen.

Meist brauchen Kinder viel Zeit und Muße, um sich auf ihr Spiel konzentrieren zu können, und wir müssen ihnen Gelegenheit geben und sie ermutigen, auf ihre Weise vorzugehen. Wenn wir zu unbedingt darauf aus sind, daß unserem Kind gelingt, was es versucht, verliert es den Mut, weil es nicht schneller und ganz allein zum Ziel kam. Wenn wir versuchen, es bei seiner Konstruktion anzuleiten, wird bestenfalls ein Kompromiß zwischen seinem »vereinfachten und durchsichtigen Bild der Welt« und dem Weltbild des Erwachsenen dabei herauskommen, aber das ist für das Fassungsvermögen eines Kindes viel zu kompliziert, auch wenn wir uns noch so große Mühe geben »zu vereinfachen«. Daher ist es sehr wichtig, daß wir – wenn wir mit Kindern spielen – Geduld haben und den richtigen Zeitpunkt erkennen, an dem sie allein zurechtkommen. Entscheidend für die Motivation des Kindes sind unser Lob und unsere Freude an seinem Tun, ob wir nun dessen Bedeutung und Zweck verstehen oder nicht.

Manche Eltern sind – meist aus Gründen, die ihnen völlig unbewußt sind – mit der Art, wie ihr Kind spielt, nicht zufrieden. Deshalb sagen sie ihm, wie es mit seinem Spielzeug umgehen sollte, und wenn es sich trotzdem weiter von seiner eigenen Phantasie leiten läßt, »korrigieren« sie es und verlangen von ihm, daß es das Spielzeug seinem ursprünglichen Zweck entsprechend benutzt oder so, wie man ihrer Ansicht nach damit spielen sollte. Bestehen sie darauf, so wird das Kind wahrscheinlich sein Interesse an dem Spielzeug – und bis zu einem gewissen Grad auch am Spielen im allgemeinen – verlieren, weil sein Plan jetzt zu dem seiner Eltern wurde und nicht mehr sein Eigentum ist.

Das ist an sich schon schlimm genug, aber es kann auch später noch ernste Folgen haben. Wahrscheinlich werden solche Eltern auch künftig das, was ihr Kind tut, zu lenken und zu beherrschen versuchen. Sie tun es aus den gleichen inneren

Beweggründen heraus, die es ihnen nicht erlauben, sich an dem Spiel, wie *das Kind* es gestaltet, aufrichtig zu freuen. Aber nun spielt sich alles auf einer komplexeren intellektuellen Ebene ab. Die Eltern versuchen dann möglicherweise, die Schularbeiten ihres Kindes dadurch zu verbessern, daß sie ihm Ideen suggerieren, die viel zu kompliziert und jedenfalls nicht seine eigenen sind. Die Folge kann sein, daß das Kind nicht mehr daran interessiert ist, eigene Ideen zu entwickeln, die im Vergleich zu denen seiner Eltern ja verblassen würden. Wenn es mit seinen Eltern über seine Schularbeiten sprach, wollte es von ihnen gelobt und ermutigt werden, es wollte gesagt bekommen, daß sie seine Ideen für wertvoll hielten, und nicht, daß sie nicht gut genug waren. Solche Eltern wären höchst erstaunt, wenn man ihnen sagte, daß ihre Bemühungen zu helfen die Ursache dafür sind, daß sich ihr Kind nicht mehr für seine Schularbeiten interessiert und sich vielleicht sogar weigert, sie überhaupt zu machen. Das kommt dabei heraus, wenn das Kind bei seinen eigenen Versuchen wiederholt dadurch enttäuscht wird, daß die Ideen seiner Eltern soviel besser sind als seine eigenen.

Als Einstein auf die Wichtigkeit des Spiels bei der Entwicklung der Fähigkeit zu logischem Denken und zur Schaffung eines eigenen Weltbildes hinwies, dachte er wohl auch an die Voraussetzung dafür: daß nämlich das Kind, genau wie der Erwachsene, reichlich Spielraum braucht. Spielraum ist ja nicht nur ein Raum zum Spielen, obwohl das Wort auch diese Bedeutung hat, es bedeutet in erster Linie genügend Raum, um die eigenen Ellenbogen gebrauchen zu können, aber auch geistige Bewegungsfreiheit, um mit Dingen und Ideen nach Belieben experimentieren zu können. In der Umgangssprache heißt das »mit Ideen spielen«. Hierin kommt richtig zum Ausdruck, daß der schöpferische Geist mit Ideen spielt, wie es ein Kind mit seinen Spielsachen tut. Das ist allgemein bekannt. Weniger bekannt ist, daß ein Kind, wenn es mit seinen Spielsachen spielt, die Welt erforscht und Ideen entwickelt, wenn es auch noch nicht in der Lage ist, diese in Worte zu fassen. So wie der kreative Erwachsene mit Ideen spielen muß, braucht das Kind, um sich seine Ideen zu bilden, Spielsachen – und viel Muße und Spielraum, um ganz nach Belieben damit spielen zu können und nicht nur so, wie die Erwachsenen das für richtig halten. Deshalb muß man ihm diesen Freiraum für sein Spiel lassen, wenn es wirklich einen Nutzen davon haben soll.

Mit Spielsachen »Erwachsene« spielen

Spielsachen standen schon immer symbolisch für die technischen Errungenschaften der betreffenden Gesellschaft. Heute spielen Autos, Lastwagen, Flugzeuge und Raumschiffe beim Spiel unserer Kinder die gleiche Rolle wie einst Streitwagen im alten Indien oder Griechenland. Die Beliebtheit von Baukästen, Flugzeugen, Walkie-talkies, Mondfähren und dergleichen zeugt vom Interesse der Kinder an Gegenständen, die im Leben der Erwachsenen eine Rolle spielen. Es ist den Kindern sehr wichtig, daß ihre Eltern ihre Begeisterung für diese Spielsachen teilen. Ihre Freude daran kommt vor allem daher, daß sie sich in ihrer Phantasie vorstellen, sie wären schon jetzt große Piloten, Musiker, Maler, Forscher, Erfinder, Tänzer oder Lastwagenfahrer, während der Enthusiasmus der Eltern sich mehr auf ihre Zukunftshoffnungen für ihre Kinder gründet.

Leider ist es solchen gemeinsamen Phantasien abträglich, wenn Eltern sich nicht spontan an den Berufsspielen ihrer Kinder freuen können, weil sie sich bereits entschieden haben, wie die Zukunft der Kinder auszusehen hat. In diesem Fall kann sich ihre Identifikation mit ihrem Kind schädlich auswirken, weil sie ihm die Freiheit der Wahl einschränkt. Meist kommt das daher, daß die Eltern möchten, daß ihre unerfüllt gebliebenen Wünsche nun stellvertretend bei ihrem Kind in Erfüllung gehen. Zum Teil liegt es auch daran, daß sie sich nicht vorstellen können, daß ihr Kind sich etwas anderes wünschen könnte als das, was ihnen am wünschenswertesten erscheint.

Viele Kinder aus dem gehobenen Mittelstand sind in dieser Beziehung weit schlechter dran als weniger privilegierte. Wenn ein Feuerwehrmann sein Kind mit einem Feuerwehrauto spielen sieht oder wenn ein Schreiner zusieht, wie sein Sprößling ein paar Bretter zusammennagelt, können sie an der Betätigung ihres Kindes eine unmittelbare Freude haben, weil es sie befriedigt, daß es ihnen nacheifert – und dies, obwohl auch sie wünschten, daß ihr Kind es einmal weiterbringt als sie. Ihre Hoffnung auf eine bessere Zukunft für ihr Kind beeinträchtigt dann nicht die Freude daran, daß die Tätigkeit, mit der sie ihren Lebensunterhalt verdienen, ihm wichtig ist. Ist dies der Fall, so kann die Freude des Kindes darüber, daß es die gleiche Arbeit wie sein Vater verrichtet, und die des Vaters, daß sein Kind offensichtlich seine Arbeit hoch einschätzt, zu einem ganz besonderen emotionalen Band zwischen beiden werden.

Obgleich dasselbe auch für das Kind des Arztes gilt, das »Doktor« spielt, und für das des Wissenschaftlers, das Experimente macht, dürfte die Situation doch einfacher gewesen sein, als ein Kind noch automatisch den Beruf seines Vaters ergriff (was für das Mädchen natürlich bedeutete, daß es Hausfrau und Mutter wurde). Das Spiel der Kinder gründete sich damals auf Beobachtung und Nachahmung der Eltern als Vorbereitung für den späteren eigenen Beruf. Wenn das Kind dem Vater oder der Mutter dann später bei der Arbeit half, fiel es ihm leichter, seine Sache gut zu machen, weil es sich durch sein Spiel bereits darauf vorbereitet hatte. Das war so augenfällig, daß viele Forscher, die sich mit dem Spiel befaßten, daraus schlossen, daß seine hauptsächliche Funktion darin liege, spätere Rollen zu erlernen. Diese Interpretation ist jedoch zu eng; das Spiel hat mannigfache Bedeutung, wenn es sich hierbei auch um eine wichtige Dimension handelt. Heutzutage sieht man den Hauptwert des Spiels nicht mehr in der Vorbereitung auf spezifische Erwachsenenrollen, sondern man faßt es ganz allgemein als Vorwegnahme des Erwachsenseins auf.

Wie in vergangenen Zeiten hilft das Spiel noch immer, kognitive Fähigkeiten und soziale und körperliche Fertigkeiten zu entwickeln, wie zum Beispiel die Körperkoordination und die Handhabung von Werkzeugen. Noch immer werden im Spiel spätere Tätigkeiten vorweggenommen, doch handelt es sich nicht mehr um *den* streng abgegrenzten, isolierten Beruf, der das Leben des Kindes, wenn es erwachsen sein wird, ganz ausfüllen wird, wie zum Beispiel der eines Landwirts oder einer Hausfrau. Heute ist es vielmehr so, daß das Spiel auf die große Vielfalt von Möglichkeiten hinweist, die dem Kind offenstehen. Wenn Kinder mit Tieren und Puppen, mit Lastwagen und Flugzeugen, mit der Ausrüstung eines Arztes oder einer Krankenschwester oder auch mit Baukästen spielen, dann lassen sie dabei ihrer Phantasie freien Lauf, und sie suchen herauszufinden, welches Gefühl es wohl sein mag, wenn man Briefträger, Arzt, Erfinder oder Astronaut ist. Sie experimentieren in ihrer Phantasie mit den verschiedensten Erwachsenenrollen. Das ist heute besonders wichtig, weil so viele Berufsmöglichkeiten winken und es schwerfällt, die richtige Wahl zu treffen. Wenn das Kind sich alle Möglichkeiten sozusagen »anprobiert« hat, wird es besser in der Lage sein, die richtige Berufswahl zu treffen.

All das funktioniert jedoch nur dann, wenn wir uns nicht zu sehr einmischen. Wir könnten in Versuchung kommen, gewisse Möglichkeiten, mit denen unser Kind experimentiert, herabzusetzen, weil wir selbst nichts dafür übrighaben. Aber auch das umgekehrte Verfahren – daß wir gewisse Möglichkeiten überbewerten, weil sie uns besonders gut gefallen – kann schädlich sein. In beiden Fällen ist es ein Fehler, auf die versuchsweise Beschäftigung eines Kindes mit einem Beruf so zu reagieren, als ob es sich bereits um eine definitive Berufswahl handle. Die Mutter, die zu dem Schluß kommt, daß ihre Tochter *bestimmt* einmal Tiere züchten oder Tierärztin werden wird, weil sie Tiere so gern hat, erweist dem Kind damit keinen Gefallen. Alle Kinder brauchen die Bestätigung ihrer Eltern, daß sie sich auf ein gutes Leben vorbereiten, ob sie sich nun ausschließlich damit beschäftigen, Hamster zu züchten, oder ob sie ihre Lieblinge plötzlich leid werden und sich nun ebenso einseitig dem Tanz oder dem Sport widmen.

Phantasie und Spiel

Durch das Spiel seiner Phantasie kann das Kind bis zu einem gewissen Grad die Bedrängnisse ausgleichen, die das Leben mit sich bringt oder die in seinem Unbewußten ihren Ursprung haben. Durch seine Phantasien wird es mit dem Inhalt seines Wunschdenkens und mit gewissen sozialen Wünschen besser vertraut. Wenn es zornige und feindselige Phantasien in Kriegsspielen ausagiert oder wenn es sich seine grandiosen Wünsche erfüllt, indem es sich vorstellt, es sei Superman, der Riese Goliath oder ein König, sucht es nicht nur eine Ersatzbefriedigung in unrealistischen Tagträumen, sondern es versucht auch, andere unter seine Kontrolle zu bekommen, als Ausgleich dafür, daß es selbst so weitgehend der Kontrolle Erwachsener, besonders der seiner Eltern, unterworfen ist.

Hier läßt sich ein bedeutsamer Unterschied zwischen Phantasie und Spiel feststellen. In seiner Phantasie kann das Kind ein absoluter Despot sein, dessen Macht keine Grenzen hat. Wenn es dagegen beginnt, seine Phantasien im Spiel umzusetzen, merkt es sehr bald, daß die Realität der Macht selbst absoluter Herrscher Grenzen setzt. Wenn so ein Despot zum Beispiel ein Gesetz erlassen hat, muß er es auch einhalten – die anderen Kinder werden darauf bestehen. Wenn der angebliche König zu launenhaft ist, wird es mit dem Spiel aus sein, und es wird für Seine Majestät ein böses Erwachen geben. Der Junge wird bald merken, daß selbst der in seiner Phantasie mächtigste Kaiser seinen Thron nur so lange behaupten kann, wie er das Wohlwollen seiner Untertanen besitzt, und daß er seinen Spielkameraden gegenüber nur dann den Herrscher spielen kann, wenn er das Spiel für sie attraktiv macht. Derartige Einschränkungen gibt es für eine frei flutende Phantasie nicht.

Wenn ich hier von den kindlichen Phantasien spreche, denke ich nicht nur an das Kleinkind, sondern auch an beträchtlich ältere Jugendliche. In den Lebensbeschreibungen schöpferischer Menschen finden sich viele Berichte darüber, daß sie als Teenager lange Stunden am Ufer eines Flusses saßen und sich Gedanken machten, daß sie mit einem treuen Hund durch die Wälder streiften oder ihre Träume träumten. Wer hat heute für so etwas noch Zeit und Möglichkeit? Wenn ein Jugendlicher das versucht, werden sich seine Eltern höchstwahrscheinlich Gedanken darüber machen, daß er seine Zeit nicht konstruktiv verwendet, daß er beim Tagträumen kostbare Stunden verschwendet, die er dem Ernst des Lebens widmen sollte. Und dies, obwohl die Entwicklung des Innenlebens, einschließlich der Phantasien und Tagträume, zu den konstruktivsten Dingen gehört, die ein heranwachsender Mensch tun kann.

Die Tage der meisten Kinder unserer Mittelschicht sind mit vorgeplanten Aktivitäten ausgefüllt – mit Pfadfindertreffen, Musik- und Tanzstunden und Sportveranstaltungen –, so daß ihnen kaum noch Zeit für sich selber bleibt. Tatsächlich werden sie dauernd von der Aufgabe, sich selbst zu entdecken, abgelenkt, da sie gezwungen werden, ihre Talente und ihre Persönlichkeit so zu entwickeln, wie es die für richtig halten, die diese verschiedenen Aktivitäten verwalten. Hierher gehört auch die Schule, die heute schon in einem Alter beginnt, das man früher für verfrüht gehalten hätte. Das Fernsehen liefert den Kleinen heute vorgefertigte Phantasien. Noch gefährlicher ist, daß diese Jugendlichen nicht mehr die notwendige Muße haben, ein reiches persönliches Leben zu entwickeln – das nur entstehen und wachsen kann, wenn viel Zeit dafür zur Verfügung steht –, und daß sie deshalb auf die Medien zurückgreifen müssen, damit diese ein Bedürfnis erfüllen, das sie nicht mehr selbst befriedigen können, weil man ihnen keine Gelegenheit gibt, sich mit ihren eigenen Impulsen zu befassen und sich eine eigene Welt zu erträumen. Die modernen Lebensbedingungen und die Einstellung ihrer Eltern berauben die Kinder jener langen Stunden und Tage der Muße, in denen sie ihren eigenen Gedanken nachhängen könnten, was für die Entwicklung der Kreativität unbedingt notwendig wäre. Man kann sich diese Kreativität nicht einfach dadurch erwerben, daß man sich für eine halbe Stunde von anderen Dingen wegstiehlt, die von denen, die unser Leben lenken, für wichtiger gehalten werden.

Goethe hat gesagt, daß ein Talent sich in der Stille bildet. Er sprach dabei von Torquato Tasso, einem anderen großen Dichter, doch meinte er damit auch sich selbst. Er wußte und wollte auch uns erkennen lassen, daß die poetische Imagination, genau wie jedes andere bedeutsame und reiche Phantasieleben, nur nach langen Stunden einer mehr oder weniger spielerischen Konzentration auf unser Innenleben in Erscheinung treten kann.

Wenn ein Kind heute den Eindruck macht, daß es sich in Tagträume verliert, werden viele besorgte Eltern ihm vorschlagen (oder darauf bestehen), daß es seine Zeit nutzbringender verwende, und sie werden ihm sagen, was es zu tun habe. Das ist jedoch nicht ratsam. Diese Eltern machen sich nicht klar, wie wichtig es für das Kind ist, sein Innenleben selbst zu gestalten, um einmal eine echte Individualität zu entwickeln – wozu viel Energie nötig ist, auch wenn diese nicht sichtbar in Erscheinung tritt. Es gibt dem Jugendlichen außerdem das Gefühl, daß solche Träumereien etwas Unrechtes sind. Die Eltern können zwar den Wunsch aussprechen, daß ihr Kind eine Persönlichkeit werden soll, aber wenn sie ihm nicht die Möglichkeit geben, seine Energie – die dann für andere Dinge nicht zur Verfügung steht – auf dieses wichtige Unterfangen zu konzentrieren, wird es ihnen diesen Wunsch nicht erfüllen können.

Daß das Kind nicht genug Muße hat, ein reiches Innenleben zu entwickeln, ist weitgehend der Grund dafür, daß es seine Eltern quält, ihm Unterhaltung zu verschaffen, oder daß es den Fernseher anstellt. Es geht nicht darum, daß die schlechte Münze eines derartigen Massenprodukts der Unterhaltungsindustrie die wertvolle Münze inneren Reichtums verdrängt. Es geht darum, daß man dem Kind erst gar keine Chance gibt, die wertvolle Münze eines eigenen reichen Innenlebens anzustreben. So kommt es zu einem Teufelskreis, bei dem die nicht vorhandene Möglichkeit, seine Energien großenteils auf sein Innenleben zu verwenden, und der Mangel an Zeit das Kind veranlassen, sich leicht erreichbaren Reizen zuzuwenden, um die innere Leere auszufüllen, und diese Reize es wiederum daran hindern, sein Innenleben zu entwickeln. Da es nicht genug Gelegenheit hatte, die Voraussetzungen dafür zu erwerben, daß es sich einen eigenen, schön angelegten »heimlichen Garten« erträumen konnte, nimmt es zu der leeren Geschäftigkeit seine Zuflucht, die ihm seine Eltern ermöglichen oder aufzwingen – oder zu noch inhaltsleereren Unterhaltungsmöglichkeiten, die es daran hindern, diesen »heimlichen Garten« mit den schönen Blumen seiner eigenen Phantasie anzulegen, in dem dann für das heranwachsende Kind die reiferen Bilder gedeihen könnten, die seinem Leben eine tiefere Bedeutung geben würden.

Natürlich ist es für das Kind viel bequemer, es anderen zu überlassen, seine Zeit – ob es ihm so gefällt oder nicht – einzuteilen, als in einem langsamen und schwierigen Prozeß von Versuch und Irrtum die eigene Initiative zu entwickeln, sein Leben selbst zu gestalten. Eine solche Initiative kann sich bei Kindern kaum entwickeln, die sich bei der Gestaltung ihres Lebens auf andere verlassen müssen.

Wenn dem Kind bei der Gestaltung seines Lebens viele Fehlstarts und Fehlschläge unterlaufen, geraten die Eltern häufig in Panik. Sie nehmen dem Kind dann jede Gelegenheit zu einer eigenen Entwicklung, und – was noch schlimmer ist – sie machen es überflüssig, daß es sich noch selbst darum bemüht. Wenn Gelegenheit und Notwendigkeit dazu fehlen, entwickeln die meisten Kinder keine eigene Initiative zur Gestaltung ihres Lebens, und die unausgesprochene Überzeugung der Eltern, daß sie dazu nicht in der Lage sind, wird zu einer Prophezeiung, die sich ganz von selbst erfüllt. Nicht zu vergessen ist auch, daß die eigene Initiative nicht entwickelt und getestet werden kann, wenn das Kind nicht hin und wieder einmal Gelegenheit hat, wirklich für kurze Zeit es selbst zu sein, besonders dann nicht, wenn eine von anderen organisierte und befohlene Betätigung schon im Hintergrund wartet. Initiative gedeiht nicht auf unfruchtbarem Boden, wenn es auch gelegentlich einmal ein Kind gibt, das eine solche Initiative besitzt und trotz aller Hindernisse sein eigenes Leben lebt. Es kostet viel Mühe zu lernen, aus eigener Initiative zu leben, und es erfordert viel Mut und Entschlußkraft, die viele Kinder nur aufbringen, wenn ihnen nichts anderes übrigbleibt. Andernfalls werden sie es anderen überlassen, sich darum zu kümmern, gleichzeitig aber wird ihnen das nicht recht sein, und sie werden schließlich über sich selbst, über ihre Eltern und über ihr ganzes Leben tief enttäuscht sein.

Natürlich bringt es gewisse Gefahren mit sich, wenn man ein Kind eigene Initiative entwickeln läßt. Es nützt auch nichts, ein Kind dazu anzuspornen, was manche Eltern versuchen. Unter solchen Umständen kann das Tun und Treiben des Kindes den Anschein erwecken, als geschähe es aus eigener Initiative, aber es selbst weiß, daß dies nicht der Fall ist und daß es nur das tut, was seine Eltern von ihm verlangen. Deshalb können Eltern nichts weiter tun, als sich der Gefahren bewußt sein, wenn ihr Kind in wichtigen Bereichen seines Lebens eigene Initiative zu entwickeln beginnt. Sie können nur nach Kräften versuchen, schlimme Folgen einer solchen Initiative so klein wie möglich zu halten. Wenn ein Kind, solange es noch klein ist, eigene Initiative entwickelt, sind die damit verbundenen Gefahren noch relativ gering, und man kann es leicht vor üblen Konsequenzen bewahren. Aber es kommt auch vor, daß ein Heranwachsender plötzlich sein Leben in die eigenen Hände nimmt und sich dabei gereizt, abwehrend und aggressiv verhält. In solchen Fällen hatte der Betreffende meist keine Gelegenheit, eine echte Initiative zu entwickeln. Dann ist die Wahrscheinlichkeit oft recht groß, daß er schwere Fehler macht und daß ihm ernste Gefahren drohen.

Wenn man Kindern Gelegenheit gibt, ihren eigenen Gedanken nachzuhängen, fangen sie meist schon bald damit an, mit Hilfe von Phantasiespielen Ordnung in ihr chaotisches Innenleben zu bringen oder sich von seinen unerwünschten Auswüchsen zu befreien. Hierdurch wächst ihre Fähigkeit, mit der Realität fertigzuwerden. Alle Kinder versuchen, in eine Phantasiewelt zu entfliehen, wenn ihnen die Realität unerträglich wird, doch versuchen nur emotional schwer gestörte Kinder, auf die Dauer dahin auszuweichen. Bei normalen Kindern dienen Phantasiespiele dazu, ihr inneres Leben in der Phantasie und ihr äußeres Leben in der Realität voneinander zu trennen und auf diese Weise beides zu meistern.

Mehr als alles andere baut das Phantasiespiel – im Gegensatz zur reinen Phantasie – eine Brücke zwischen der Welt des Unbewußten und der äußeren Wirklichkeit. Durch das Spiel wird die Phantasie soweit abgeändert, daß die Grenzen der Wirklichkeit durch die Spielhandlungen sichtbar werden. Gleichzeitig wird die Wirklichkeit reicher, humaner und persönlicher, weil unbewußte Elemente in sie eindringen, die aus den letzten Tiefen unseres Innenlebens stammen. In der Phantasie, in Träumen, im Unbewußten ist alles möglich. Nichts muß eine bestimmte Reihenfolge einhalten, nichts steht im Widerspruch zu etwas anderem. Bleibt jedoch das Unbewußte von der Wirklichkeit unbeeinflußt, so bleibt es asozial und chaotisch. Andererseits bleibt die Realität, wenn sie frei von Phantasieelementen ist, herb, kalt und emotional unbefriedigend, selbst wenn sie unseren Bedürfnissen zu entsprechen scheint. Es ist klar, daß unsere Innenwelt und die Außenwelt miteinander in Einklang gebracht werden müssen, wenn uns ein zufriedenes Leben beschieden sein soll.

Heute leiden viele Menschen darunter, daß die Welt der Phantasie und die Außenwelt in ihrem Leben voneinander getrennt bleiben, während sie einander durchdringen müssen, wenn wir uns wirklich wohl fühlen wollen. In früheren Zeiten, als noch Mythos, Religion und ein weiter Bereich magischer Vorstellungen im Leben eine wichtige Rolle spielten (was sie in großen Teilen der Welt noch heute tun), existierte diese Dichotomie noch nicht in einem so verheerenden Ausmaß.

Unsere Kinder von heute haben nicht weniger Phantasie als die früherer Generationen. Unser Problem ist, daß persönlichen Phantasien nicht genügend Raum gewährt wird, um sich entwickeln zu können, und daß sie ständig von den unpersönlichen Phantasieprodukten der Massenmedien verdrängt werden. Hierdurch können die einzigartigen persönlichen Phantasien und Spekulationen unserer Kinder ihr »wirkliches« Leben nicht mehr bereichern. Dadurch, daß wir so großen Wert auf das Praktische und Reale legen, verringern wir die Chance unserer Kinder, sich daheim oder in der Schule mit selbsterfundenen Phantasiespielen zu beschäftigen. Und auch dann, wenn wir sie dazu ermutigen, fordern wir sie gewöhnlich viel zu rasch dazu auf, über ihre Phantasien zu reden oder sie in einer anderen Form zum Ausdruck zu bringen – lange bevor der Zeitpunkt dafür gekommen ist. Wenn ein Kind seine Phantasien Erwachsenen mitteilt, sind diese oft zu eifrig bemüht, es dadurch zu beeinflussen, daß sie ihm Fragen stellen oder ihrem Beifall oder ihrer Freude Ausdruck verleihen, wodurch sie das Kind daran hindern, sich selbst darüber klarzuwerden. Jedenfalls wird die Phantasie auf diese Weise im Keim erstickt, bevor sie zu voller Blüte gelangt. Geschieht dies wiederholt, dann werden manche Kinder an ihren eigenen Phantasien irre, und dies nicht, weil die Erwachsenen sich nicht dafür interessieren, sondern weil sie ihr Interesse zu intensiv und zu früh äußern. Wenn man sich bemüht, die Phantasien der Kinder noch zu verbessern, bekommen sie das Gefühl, es wären nicht mehr ihre eigenen.

Leider ist es in gewissen Kreisen Mode geworden, fast jede unstrukturierte Betätigung eines Kindes als »kreativ« zu bezeichnen. Diese unkritische Einstellung zur Phantasie als einer Realität verhindert es, daß sie zu einer Brücke zwischen zwei Welten werden kann. Kinder testen die Grenzen der Realität, indem sie ihre Phantasie spielen lassen. Wenn ein Kind sich zum Beispiel über jemand ärgert, stellt es sich vor, daß es ihm den Kopf abreißt. In der Phantasie richtet das keinen Schaden an, weil man den Kopf im nächsten Augenblick wieder festmachen kann. Dann ist alles wieder in Ordnung. In der Realität liegen die Dinge natürlich anders.

Ein bekanntes Märchen erzählt von einer Frau, die drei Wünsche äußern darf und einen davon vergeudet, indem sie sich ein paar Würste wünscht. Der Mann, der sich über einen so törichten Wunsch ärgert, überlegt nicht lange und wünscht seiner Frau die Würste an die Nase. Als sie dort hängen, merkt er, wie sorgfältig man mit seinen Wünschen umgehen sollte und was geschehen kann, wenn sie Wirklichkeit werden. Es bleibt ihm nichts anderes übrig, als auch noch den letzten Wunsch zu vergeuden und sich zu wünschen, daß die Würste von der Nase seiner Frau wieder verschwinden. Auf diese Weise lernt das Ehepaar, was geschieht, wenn die Phantasie an der Wirklichkeit überprüft und an ihr gemessen wird.

Das Kind lernt diese wichtige Lektion, wenn es nicht mehr nur in seiner Phantasie jemand den Kopf abreißt, sondern das in Wirklichkeit mit seinem Spieltier macht. Dann überprüft es seine Phantasie an den begrenzten Möglichkeiten der Wirklichkeit und merkt, was es sich da gewünscht hat – etwas, das ihm nicht möglich ist, solange alles reine Phantasie bleibt. Es begreift schnell, daß sich ein Kopf nicht so leicht wieder am Körper befestigen läßt. Durch derartige Erfahrungen ändert sich allmählich seine rachsüchtige Phantasie: »Ich reiße ihm den Kopf ab!« Es sagt sich: »Im Augenblick möchte ich etwas ganz Drastisches tun, aber im Grund will ich es ja gar nicht, weil ich gelernt habe, daß das nicht wiedergutzumachende Folgen hätte.« So werden die Wünsche des Unbewußten durch die begrenzten Möglichkeiten der Realität gemildert, die das Kind beim Spielen kennengelernt hat. Die extremen Ideen junger Leute, von denen sie glaubten, sie seien binnen kurzem realisierbar, zeigen, wie wenig Gelegenheit sie als Kind hatten, im Spiel die Grenzen respektieren zu lernen, welche die Realität der Verwirklichung von Phantasien setzt.

Die Integration innerer und äußerer Welten

Für viele menschliche Erfahrungen gibt es eine optimale Periode, in der sie unserer Entwicklung am förderlichsten sind. Wenn wir sie zu einem solchen Zeitpunkt nicht machen, kann es sein, daß sie nie mehr einen so konstruktiven Einfluß auf die Formung unserer Persönlichkeit haben können. Das Spielalter ist die richtige Zeit, um die Brücke zwischen der Welt des Unbewußten und der realen Welt zu errichten. Tatsächlich handelt es sich dabei um die wichtigste Entwicklungsaufgabe dieser Altersstufe. Bleiben die beiden Welten allzu lange voneinander getrennt, so besteht die Möglichkeit, daß sie im späteren Leben nicht mehr integriert werden können – oder wenigstens ist es nicht mehr so gut möglich. Aus diesem Grund flüchten sich manche, die diese Integration nicht erreichen konnten, in die Welt der Drogen, während andere energische intellektuelle Anstrengungen machen, um eine derartige Integration zum Beispiel durch eine Psychoanalyse nachzuholen. Aber das ist nicht einmal der zweitbeste Weg, die Integration zu erreichen, trotzdem, wenn er nicht beschritten wird, kann es sein, daß das Leben selbst als tief unbefriedigend empfunden wird.

Phantasiespiele sind deshalb so außerordentlich wichtig, weil sie die beste Möglichkeit bieten, Innenwelt und Außenwelt zu integrieren. Durch sie baut sich das Kind eine Brücke, über die es von der symbolischen Bedeutung der Dinge zu einer aktiven Erforschung ihrer realen Eigenschaften und Funktionen gelangt. Ein Beispiel möge das veranschaulichen: Wenn ein Kind sich einen Turm aus Bauklötzchen baut und ihn dann wieder umwirft, handelt es sich nicht einfach darum, daß es sich eine Zeitlang »konstruktiv« beschäftigt hat und daß dann seine destruktiven Triebe die Oberhand gewonnen haben und zum Ausdruck gekommen sind. Sein Tun hat eine viel tiefere Bedeutung: Beim Erbauen des Turms mußte es sich den seiner Phantasie – seiner Innenwelt – von der Realität gesetzten Grenzen fügen. Während es seine Macht über die Bauklötzchen dadurch geltend machte, daß es sie zwang, sich nach *seinem* Plan zu richten, mußte es doch auch die Eigenart des Materials, das Gesetz der Schwerkraft und die Gesetze von Gleichgewicht und Statik berücksichtigen. Aus Protest gegen diese Beschränkungen wirft das Kind den Turm um – nicht so sehr, um seinen destruktiven Trieben freien Lauf zu lassen, als um seine Macht über ein widerspenstiges Medium erneut zu dokumentieren. Was dabei vorgeht, ist weit bedeutsamer als ein bloßes Hinüberwechseln von einem konstruktiven zu einem destruktiven Verhalten. Vielmehr spiegelt sich darin eine Lernerfahrung von entscheidender Bedeutung über die innere und die äußere Realität und ihre Beherrschung.

Das Kind lernt aus seinen Erfahrungen beim Spiel, daß es ein absoluter Herrscher sein kann – jedoch nur in einer chaotischen Welt. Wenn es seine Herrschaft über eine strukturierte und organisierte Welt wenigstens bis zu einem gewissen Grad behaupten will, muß es auf seinen »infantilen« Wunsch nach totaler Herrschaft verzichten und sich auf einen Kompromiß zwischen solchen Wünschen und den harten Tatsachen der Realität einlassen. Das heißt, es muß die Grenzen anerkennen, die dem Bauen mit Klötzchen gesetzt sind. Es lernt, daß der Wunsch, eine totale Herrschaft auszuüben, ins Chaos führt (wenn es den Turm umwirft). Das lernt es schließlich, nachdem es unzählige Male diese Erfahrung gemacht hat. Schließlich liegen ihm die Vorteile eines Kompromisses, bei dem die innere Realität das Wesen der äußeren Realität zur Kenntnis nimmt, so klar vor Augen, daß es diesen Kompromiß als die richtige Ordnung der Dinge akzeptiert – zuerst nur zögernd, bis es schließlich endgültig dazu bereit ist. Nur durch derartige Erfahrungen lernt es, seine inneren Ansprüche zurückzuschrauben und sich danach zu richten, was in der Welt, in der es lebt, machbar ist. Das Spiel ist der Prozeß, durch den es sich mit den beiden Arten von Realität – mit der inneren und der äußeren – bekannt macht und durch den es sich allmählich mit den legitimen Ansprüchen beider abfindet, während es gleichzeitig lernt, ihnen zu seinem eigenen Vorteil und zum Vorteil anderer gerecht zu werden.

15. KAPITEL

DIE WICHTIGKEIT DES SPIELS VERSTEHEN LERNEN

> Sollten wir die ersten Spuren dichterischer Betätigung nicht schon beim Kinde suchen? Die liebste und intensivste Beschäftigung des Kindes ist das Spiel. Vielleicht dürfen wir sagen: Jedes spielende Kind benimmt sich wie ein Dichter, indem es sich eine eigene Welt erschafft oder, richtiger gesagt, die Dinge seiner Welt in eine neue, ihm gefällige Ordnung versetzt.
>
> Freud, *Der Dichter und das Phantasieren*

Die meisten Eltern möchten ihre Kinder gut erziehen, und sie geben sich die größte Mühe, jene Talente und Verhaltensweisen zu fördern, von denen sie glauben, daß sie zur persönlichen Zufriedenheit und zum Erfolg führen. Auf manchen Gebieten gelingt es ihnen ohne besondere Mühe. So fällt es zum Beispiel vielen Eltern leicht, ihren Kindern ein Interesse am Lesen, am Sport oder an Musik schon durch ihre eigene Lebensweise und die Art ihrer Interessen einzupflanzen. Aber wenn es um die frühere und grundlegendere Fähigkeit geht, sich einer Aufgabe auch dann mit Ausdauer zu widmen, wenn sie Anforderungen stellt oder Verzicht verlangt, dürften sich manche Eltern nicht darüber klar sein, daß es für die Entwicklung dieser Wesenszüge äußerst wichtig ist, daß sie mit ihrem Kind spielen. Der Grund dafür liegt auf der Hand: Eltern lesen, weil es ihnen Freude macht, und das gleiche gilt für Musik und Sport. Wenn daher Eltern ihren Kindern vorlesen, wenn sie mit ihnen gemeinsam Musik hören oder wenn sie mit ihnen Ball spielen, fördern sie deren Interesse am Lesen, an der Musik oder dem Sport durch ihre eigene spontane und weitgehend unbewußte Einstellung. Aber als Erwachsene haben sie kaum ein persönliches Interesse daran, mit den Spielsachen ihrer Kinder zu spielen. Daher werden diese bei ihrem Spiel meist nicht automatisch dadurch gefördert, daß auch ihre Eltern sich gern auf diese Weise beschäftigen.

Die innere Einstellung der Eltern übt stets einen starken Einfluß auf ihre Kinder aus. Kinder spüren sehr wohl, wie ihre Eltern zum Spielen stehen, ob sie ihm Bedeutung beimessen oder sich nicht dafür interessieren. Nur dann, wenn die Eltern das Spiel nicht nur respektieren und tolerieren, sondern sich auch persönlich dafür interessieren, werden die Spielerfahrungen ihres Kindes eine solide Basis bilden, auf der es seine Beziehung zu ihnen und dann auch zur Welt aufbauen kann. Das ist leicht zu verstehen. Trotzdem bringen es Eltern oft nicht fertig, sich wirklich für das Spiel ihrer Kinder zu engagieren, auch wenn sie ihm gegenüber ihr Interesse bekunden oder ihm Spielsachen kaufen.

Zum Beispiel sagen wir gelegentlich von einer Aufgabe, für die wir uns nicht interessieren, es handele sich »ja nur um ein Kinderspiel«. Diese Redensart weist auf den Abgrund hin, der die Welt der Erwachsenen von der des Kindes trennt, und zeugt von einer gewissen unausgesprochenen Verachtung für das Spiel. Nur allzuoft sehen Eltern im Spiel nur einen »kindischen« Zeitvertreib – und dies, obwohl sie begriffen haben, welch wichtige Rolle es im Leben des Kindes spielt.

Das war jedoch nicht immer so. Die Trennung der Welt des Kindes von der der Erwachsenen ist eine verhältnismäßig junge Entwicklung in der Menschheitsgeschichte und ist nur allmählich entstanden. Bis zum achtzehnten Jahrhundert und darüber hinaus haben Kinder und Erwachsene in großen Teilen der Welt dieselben Spiele – oft miteinander – gespielt. So kam ein unmittelbares Verständnis zwischen Kindern und Erwachsenen zustande, und das nicht nur dadurch, daß sie miteinander spielten, sondern auch dadurch, daß sie sich gegenseitig beobachteten, während sie sich mit etwas beschäftigten, das ihnen beiden wichtig war.

Allein spielen, mit anderen spielen (*Play* und *Game*)

Den meisten Erwachsenen fällt es leichter, bei komplizierteren Spielen und Spielen für Erwachsene, wie zum Beispiel Schach und Baseball, mitzuspielen, als bei Spielen auf einem niedrigeren Niveau, etwa beim Spiel mit Bausteinen, beim Steckenpferdreiten oder beim Fahren in einem Kinderauto. Für diese beiden Arten von Spiel gibt es im Englischen zwei Ausdrücke, nämlich *play* und *game,* die zwar oft gegeneinander ausgetauscht werden, aber nicht die gleiche Bedeutung haben. Sie beziehen sich vielmehr auf unterschiedliche Entwicklungsstufen des Spiels, wobei *play* die frühere und *game* die reifere Stufe bezeichnet. Mit *play* bezeichnet man im allgemeinen das Spiel von Kleinkindern, bei dem es noch keine Spielregeln gibt außer den vom Kind selbst aufgestellten, welche es – falls es nicht unter einer Zwangsneurose leidet – nach Belieben ändern kann. Es kann dabei seiner Phantasie freien Lauf lassen, und es verfolgt kein anderes Ziel, als einfach zu spielen. Dagegen versteht man unter *games* gewöhnlich Wettspiele oder Gesellschaftsspiele, die dadurch gekennzeichnet sind, daß bestimmte vorgegebene Regeln, über die man sich geeinigt hat, einzuhalten sind. Man muß dabei das Zubehör wie vorgeschrieben, und nicht nach eigenem Gutdünken benutzen, und oft geht es nicht um das Spielen an sich, sondern um die Erreichung eines Ziels, zum Beispiel das Spiel zu gewinnen. Kinder merken schon früh, daß es meist viel mehr Spaß macht, einfach nur zu spielen, während man sich bei einem *Wettspiel* oder *Gesellschaftsspiel* oft beträchtlich anstrengen muß. So fragte zum Beispiel ein Vierjähriger, als er bei einem ihm noch unbekannten Spiel mitmachen sollte: »Ist das ein Spiel zum Spaß oder im Ernst?« Seine Einstellung dazu hing dann davon ab, welche Antwort man ihm gab.

Diese Beispiele zeigen, daß beide Arten von Spiel leicht voneinander zu unterscheiden sind. Es ist etwas ganz anderes, wenn ein kleiner Junge sein Spielzeugauto durch die Luft schleudert, um auf diese Weise seine Häuser aus Bausteinen umzuwerfen und dann seinem Auto flüsternd seine Geheimnisse anzuvertrauen, oder wenn *Monopoly* gespielt wird, bei dem jeder eine *Spielmarke* hat, deren sämtliche Bewegungen von ausgeklügelten Spielregeln bestimmt werden, in denen alle Möglichkeiten berücksichtigt sind, ein bestimmtes Ziel zu erreichen – nämlich zu gewinnen. Hierbei ist es sinnvoll, von »Spielregeln« zu sprechen, während es beim kindlichen Spiel *(play)* höchstens die Regeln gibt, die das Kind sich selbst gesetzt hat und die es von einem Augenblick zum anderen nach Belieben ändern kann. Die spontane Phantasie des Kindes, die in seinem Spiel zum Ausdruck kommt, bestimmt, was als nächstes zu geschehen hat. Das Spiel richtet sich nicht nach der objektiven Realität oder der logischen Aufeinanderfolge von Ereignissen, sondern danach, wie es den freien Assoziationen des Augenblicks entspricht. Natürlich gibt es einen fließenden Übergang vom freien zum nach genauen Spielregeln strukturierten Spiel, und manchmal ist auch beides mit im Spiel.

Wie das Deutsche besitzen viele Sprachen nur ein Wort für die beiden englischen Bezeichnungen *play* und *game,* und selbst das Englische hat für beides nur ein Verb, nämlich *to play* = spielen. In beiden Fällen spielen wir, und doch besteht ein Unterschied. Wie bereits erwähnt, läuft das Spiel des Kleinkindes auf einer primitiveren Ebene ab, während die Gesellschaftsspiele *(games)* ein reiferes intellektuelles Niveau voraussetzen. Durch ihre genau festgelegte Struktur und ihren Wettbewerbscharakter entsprechen sie der Art, wie wir Erwachsenen uns gern die Zeit vertreiben, weit mehr, weshalb sie unmittelbarer unsere Empathie wecken. Wir begreifen ihre Bedeutung und Wichtigkeit. Wenn wir uns ebenso in ein kindliches Spiel einfühlen könnten wie in die Gesellschaftsspiele, die wir auch als Erwachsene spielen, würden wir herausfühlen, daß es eine wichtige emotionale Brücke zwischen verschiedenen Altersgruppen ist.

Vermutlich waren die Beziehungen zwischen Kindern und Erwachsenen in vieler Hinsicht für beide Teile bedeutsamer und erfreulicher, als sie noch die gleichen Spiele spielten, wenn sie für Kinder und Erwachsene auch nicht die gleiche innere Bedeutung hatten. Das gleiche Spiel konnte beispielsweise für das Kind bedeuten, daß es sich damit seine eigene Welt erforschte oder aufbaute, während der Erwachsene sich dabei hauptsächlich erholen wollte. Das wichtigste am gemeinsamen Spiel von Kindern und Erwachsenen war jedoch – auch wenn es für sie eine unterschiedliche innere Bedeutung hatte –, daß sie beide ernsthaft engagiert waren in der Überzeugung, daß es ihr Leben bereicherte. Daß sie beide auf gleiche Weise spielten, verlieh dem Spiel in den Augen der Kinder eine besondere Bedeutung, während es den Erwachsenen die Möglichkeit gab, an dem Tun und Treiben ihrer Kinder teilzunehmen, was ein besonderes Band zwischen ihnen schuf.

Heute gibt es nur noch verhältnismäßig wenige Spiele, die den Erwachsenen ebensoviel Freude machen wie den Kindern. Meist werden Kinder als lästig empfunden, wenn Erwachsene sich verpflichtet fühlen, sie zusehen oder gar mitspielen zu lassen. Als ich noch ein Kind in Wien war, lagen die Dinge ganz anders. Zum verbreitetsten und beliebtesten Zeitvertreib der Erwachsenen gehörte das Kartenspielen. (Es war zum Beispiel das ganze Jahr über Freuds Haupterholung von seiner Arbeit.) Mein Vater verbrachte einen großen Teil seiner relativ wenigen Mußestunden damit, daß er mit Verwandten und Freunden Karten spielte. Ich sah ihnen stundenlang zu, was sie sich gerne gefallen ließen, weil ich mich nicht in ihr Spiel einmischte – dafür war es für sie und für mich zu wichtig. Daß ich ihnen zuschaute, änderte nichts an der Art, wie sie spielten und miteinander umgingen. Sie spielten mit niedrigen Einsätzen, aber wenn mein Vater gewann, gab er mir meinen Anteil am Gewinn. Obwohl es wenig war, erhöhte es doch mein Interesse am Spiel und verstärkte meine Wachsamkeit. Daß diese Erwachsenen ein Spiel, das ich ebenfalls mit meinen Freunden spielte, so ernst nahmen, war mir genauso wichtig wie die Tatsache, daß es ihnen ebensoviel Spaß machte wie mir. Natürlich ahmten meine Freunde und ich bewußt und vermutlich noch öfter unbewußt das Verhalten der Erwachsenen beim Kartenspielen nach. Wir rissen die gleichen Witze und machten auch andere Verhaltensweisen nach, die wir bei ihnen beobachtet hatten. Dadurch, daß ich dasselbe Kartenspiel spielte wie mein Vater, verstand ich spontan, welche Bedeutung es für ihn hatte, und auch er besaß volles Verständnis dafür, was dieses Spiel für mich und meine Freunde bedeutete. Dieses gemeinsame Interesse und unsere gemeinsame Freude am Kartenspielen vorausgesetzt, war es nur natürlich, daß mein Vater bei passender Gelegenheit, etwa an einem regnerischen Tag, mit uns Kindern stundenlang Karten spielte, und zwar oft die gleichen Spiele, die er mit seinen Freunden spielte. Das war für uns ein völlig anderes Erlebnis, obwohl es sich um das gleiche Spiel handelte. Wenn mein Vater mit uns spielte, spielte er die Rolle des Vaters, der Spaß am Spielen hat, weil es seinen Kindern Freude macht. Das war für mich ein ganz anderes Erlebnis, als wenn ich beobachtete, wie er das gleiche Spiel mit seinen Freunden spielte – dann war es ihm genauso ernst damit, wie es mir war, wenn ich es mit *meinen* Freunden spielte.

Aus derartigen Erfahrungen lernte ich, daß es etwas anderes ist, wenn ein Vater mit seinem Kind spielt – so wichtig und erfreulich das auch für beide Teile sein mag, wenn dabei alles gut geht – oder wenn ein Vater und sein Kind unabhängig voneinander das gleiche Spiel mit ihren Altersgenossen spielen. Wenn Vater und Kind – beide aus eigenen Gründen – sich für das gleiche Spiel begeistern, kann das ihre Beziehung intensiver und reicher machen.

Das Blindekuh-Spiel

Noch vor nicht allzu langer Zeit verstanden die Erwachsenen noch instinktiv die Spiele ihrer Kinder und hatten selbst Freude daran. Noch vor hundert Jahren waren »Blindekuh« und andere Gesellschaftsspiele für alle Altersstufen ein beliebter Zeitvertreib. »Blindekuh« wurde schon vor 600 Jahren im *Alexanderroman* als ein Spiel erwähnt, das sowohl Kindern als auch Erwachsenen Spaß machte. Shakespeare erwähnt es im *Hamlet,* Goldsmith in seinem *Vicar of Wakefield* und Dickens in den *Pickwick Papers.* Basile berichtet im *Pentamerone,* es sei am Königshof gespielt worden. Viele Künstler, darunter Goya, haben es gemalt. Pepys berichtet, daß er am 26. Dezember 1664 schließlich zu Bett ging, während seine Frau und Mitglieder seines Haushalts noch bis vier Uhr morgens weiter »Blindekuh« spielten. Aus neuerer Zeit berichtet Mrs. Tennyson in einem Brief, daß ihr Gatte, der *Poeta laureatus,* dieses Spiel an Weihnachten 1855 mit seinen Freunden spielte.

Daß »Blindekuh« und ähnliche Spiele soviel Spaß machen, liegt zum Teil daran, daß man dabei die Orientierung verliert und in eine Welt der Dunkelheit – nicht der Blindheit – gerät. Es gab das Spiel in vielen Formen, von primitiven bis zu kompliziert ausgedachten, so daß es für alt und jung attraktiv war. Bei gewissen Variationen mußten die Mitspieler völliges Stillschweigen wahren, aber an ihrem Platz bleiben, und die »Blinde Kuh« mußte sie suchen und berühren. Bei anderen Spielarten liefen die Mitspielenden herum, so daß die »Blinde Kuh« nicht wissen konnte, wo sie sich gerade befanden, auch wenn man ihr mit Zurufen zu Hilfe kam. Es gab auch Versionen, bei denen nichts geändert werden durfte, bei denen Gegenstände und Mitspielende an ihrem Platz bleiben mußten, bei denen aber die »Blinde Kuh« mehrmals um sich selbst gedreht wurde und sich dann wieder orientieren und etwas finden mußte, das sie sich vorher fest eingeprägt hatte (wie bei dem Spiel *Pin the Tail on the Donkey* »Steck den Schwanz am Esel fest«). Aber wie die einzelnen Variationen des Spiels auch immer aussehen mochten, heute würden die meisten Erwachsenen es für unter ihrer Würde halten mitzuspielen. In früheren Zeiten machte es ihnen großen Spaß, während sie heute nichts mehr für Spiele übrig haben, bei denen ihrer Ansicht nach nichts herausspringt und die sie daher für »kindisch« halten.

Aber springt wirklich nichts dabei heraus? Vielleicht erscheinen uns solche Spiele heute deshalb sinnlos, weil wir das spontane Verständnis für die ihnen innewohnende Bedeutung dadurch verloren haben, daß wir ihnen aus dem Weg gehen. Nur dadurch, daß wir empathisch an ihnen teilnehmen, werden uns viele Spiele verständlich. Wenn wir nicht aus eigener Erfahrung als Zuschauer oder Mitspielende wüßten, worum es beim Fußball oder Baseball geht, käme es uns wohl auch als eine sinnlose Betätigung vor, einen Ball über ein Feld zu schlagen oder über einen Platz zu kicken. Das gleiche trifft aber auch für das Umherrücken von Figuren auf einem Brett und sogar auf das Würfelspiel zu, das eines der ältesten Spiele überhaupt ist und auf der ganzen Welt von alt und jung gespielt wird. Erst wenn wir uns selbst mit diesen Spielen intensiv beschäftigt haben, gewinnen sie für uns einen Sinn.

Das gleiche gilt auch weitgehend für das Spiel unseres Kindes. Wenn wir von ganzem Herzen mit ihm spielen würden, würden wir bald merken, wie sinnvoll so ein Spiel für den sein kann, der es ernst nimmt. Aber solange wir uns als Außenseiter fühlen, kommt es uns töricht und sinnlos vor. Tatsächlich jedoch haben es Spiele wie »Blindekuh« und viele andere mit höchst wichtigen Erfahrungen zu tun, und aus diesem Grund haben sie Kinder und Erwachsene jahrhundertelang mit Vergnügen gespielt.

Auf einfachster Ebene stellen Spiele wie »Blindekuh« oder »Steck den Schwanz am Esel fest« Versuche dar, sich zurechtzufinden, auch ohne sehen zu können, wobei der Spieler testet, bis zu welchem Grad er sich auf seinen Richtungssinn verlassen kann. Beim Blindekuhspiel tastet sich der Spieler, dem man die Augen verbunden hat, von einem Gegenstand zum anderen und fühlt sich für kurze Zeit verloren, wenn er sich gerade in einem leeren Zwischenraum befindet. Das ist die gleiche Erfahrung, die wir machen, wenn wir uns nachts in einem dunklen Raum herumtasten. Die Furcht vor der Dunkelheit ist eine der ältesten und weitverbreitetsten Ängste des Menschen, und bestimmt war diese Angst in den Jahrhunderten, in denen noch kein künstliches Licht jederzeit zur Verfügung stand, auch bei Erwachsenen noch intensiver. Aber selbst heute noch haben alle Kinder Angst, im Dunkeln »verlorenzugehen« oder ihren Weg nicht finden zu können. Spiele wie »Blindekuh« wiederholen dieses Erlebnis auf spielerische Weise und geben dem Kind das Gefühl, daß es seine Angst vor der Dunkelheit meistern kann. Im Jubel, der laut wird, wenn die »Blindekuh« einen Mitspieler berührt, kommt die Erleichterung zum Ausdruck, die das angstvolle Kind fühlt, wenn es in der Dunkelheit der Nacht endlich wieder mit seinen Eltern in Berührung kommt. Das Spiel gibt ihm die Gewißheit, daß es sich darauf verlassen kann, daß ihm dies möglich sein wird.

Als Erwachsene scheinen wir über diese Angst Herr geworden zu sein. Meist können wir der Dunkelheit dadurch entrinnen, daß wir einfach das Licht anknipsen. Vielleicht haben wir unser Interesse am Blindekuhspiel aus diesem Grund verloren und können uns deshalb nicht mehr in das kleine Kind einfühlen, das seinen nächtlichen Ängsten und vielleicht auch den Schrecken der Dunkelheit noch immer ausgeliefert ist und dem ein solches Spiel viel zu bieten hat.

Wenn wir ein Spiel mit verbundenen Augen spielen, testen wir auch die guten Absichten der anderen. Wir müssen sicher sein, daß die Mitspielenden es sich nicht auf unsere Kosten zunutze machen, wenn wir nicht sehen können, was sie tun. So gibt uns das Spiel Sicherheit in bezug auf unsere Umgebung: auf die Vertrauenswürdigkeit der Mitspieler und den Fortbestand der Dinge. Es stellt und beantwortet die Frage, die von grundlegender Bedeutung dafür ist, daß wir uns in der Welt sicher fühlen: Müssen wir immerzu auf der Hut sein und Ausschau halten, oder dürfen wir sicher sein, daß sich die Dinge im wesentlichen gleich bleiben und voraussagbar sind?

Eine Hauptregel solcher Blindekuhspiele ist, daß die Gegenstände an ihrem Platz bleiben, auch wenn die Mitspieler herumlaufen. Dafür gibt es einen guten Grund. Diese Spielregel lehrt uns fürs ganze Leben, daß unsere Sicherheit in der physischen Welt weitgehend von der Beständigkeit der Dinge abhängt. Wir finden uns zurecht, weil physische Objekte wie Türen, Treppen, Tische und Stühle für das Kleinkind und Straßen und Häuser, Berge und Bäume für das ältere Kind verläßliche Orientierungspunkte sind. Andererseits sind die Menschen nicht an ihren Standort gebunden. Man kann ihrer nicht so leicht sicher sein. Welche andere Erfahrung könnte eine solche Lektion so direkt, einfach und überzeugend erteilen?

Die Lektion, die ein Spiel wie »Blindekuh« erteilt, muß jedes Kind lernen, um seine Primärangst, die Angst vor dem Verlassenwerden und vor der Dunkelheit, zu überwinden. Lange Zeit möchte das Kleinkind seine Mutter immer um sich haben: nur ihre körperliche Gegenwart – wie die eines physischen Objekts – gewährt ihm Sicherheit. Später genügt dem Kind die liebevolle Fürsorge der Mutter als Sicherheit. Es genügt ihm, das Gefühl zu haben, daß sie immer wieder zu ihm zurückkommen wird, wenn es sie nötig hat. Das ermöglicht es ihm, sich auch dann sicher zu fühlen, wenn sie nicht ständig körperlich anwesend ist.

Auch die Angst, sich zu verirren, ist eine Grundangst des Kindes. Bei einem Spiel wie dem Blindekuhspiel verlieren wir tatsächlich die Orientierung, aber es ist keine destruktive Erfahrung, sondern es macht Spaß, weil sich die Dinge noch an ihrem alten Platz befinden, sowie die Augenbinde entfernt wird. Und die allgemeine Heiterkeit nimmt uns unsere vorübergehende Angst, wenn wir merken, daß wir doch recht blind durch die Gegend getappt sind.

Spiele wie das Blindekuhspiel helfen Kindern, mit Problemen fertigzuwerden, die von zentraler Bedeutung sind, wenn sie die Welt kennenlernen. Tatsächlich haben sie diese Probleme zu dem Zeitpunkt, an dem sie ihnen in dem relativ komplizierten Kontext einer organisierten Spielerfahrung begegnen, bereits unzählige Male unter primitiveren Umständen untersucht. Zum Beispiel versuchen praktisch alle Kinder früher oder später mit geschlossenen Augen im Zimmer herumzulaufen, um herauszufinden, ob die Gegenstände auch dann an ihrem Platz bleiben, wenn man sie nicht genau beobachtet, und um außerdem zu lernen, welche Dinge an ihrem Platz bleiben und welche vielleicht nicht. Zu diesem Experiment gibt es zahllose Abwandlungen. Bei einer schließt das Kind die Augen und bittet einen Erwachsenen, es an der Hand zu halten, während es herumläuft. Die Frage lautet hier: Kann ich darauf vertrauen, daß du auf mich aufpaßt, oder muß ich ständig auf der Hut sein? Manchmal schließt das Kind auch die Augen, öffnet sie aber im entscheidenden Augenblick ein wenig und guckt heimlich nach, indem es sich fragt: Muß ich die ganze Zeit aufpassen, oder kann ich auch einmal nicht aufpassen und meinen Instinkten vertrauen, daß sie mir den richtigen Augenblick verraten, an dem ich wieder genau aufpassen muß?

Bei einer anderen Abwandlung dieses Experiments läuft das Kind mit geschlossenen Augen umher und bittet einen Erwachsenen, es zu warnen, wenn es Gefahr läuft, an ein Hindernis zu stoßen. Hier lautet die Frage: Werde ich gut genug beschützt, um mich ins Unbekannte wagen zu können, das hier durch das repräsentiert wird, was ich nicht sehen kann? Die Freude des Kindes, wenn wir es stets rechtzeitig warnen, zeigt, wie wichtig ihm diese Rückversicherung ist. Es kommt zu der Erkenntnis: Selbst wenn ich eine Gefahr nicht erkenne, passen meine Eltern wie Schutzengel auf mich auf. Ein Kind, das von nächtlichen Alpträumen geplagt wurde, die es nicht schlafen ließen, überwand seine Angst, indem es speziell dieses Spiel immer wieder spielte. Tagsüber überprüfte es wiederholt, ob seine Eltern für seine Sicherheit sorgen würden, wenn es die Gefahren selbst nicht erkennen konnte. Da sie ihm diese wichtige Rückversicherung gaben, konnte es seine nächtliche Schlaflosigkeit überwinden.

Destruktive Spiele: Sind sie in Wirklichkeit konstruktiv?

Wenn Eltern spontan verstehen, welche besondere Bedeutung ein Spiel für ihr Kind hat, dann bedeutet das schon an und für sich für ihre gegenseitige Beziehung sehr viel – selbst dann, wenn die Erwachsenen dem Spiel nur eine begrenzte Zeit widmen. Das wichtigste für das Kind ist, daß die Eltern emotional an seinem Spiel beteiligt sind. Nur dann kann es seine volle Bedeutung für es gewinnen. Daß es uns so häufig bittet, mit ihm zu spielen, beweist, daß es durch unsere aktive Beteiligung an seinem Spiel das Gefühl bekommt, daß dieses auch für uns wichtig ist. Wenn es diese emotionale Botschaft empfängt – wenn unser bewußtes und unser unbewußtes Interesse an seinem Spiel und unser Respekt davor ihm seine Zweifel nehmen –, wird es, auch wenn wir nicht mitspielen, die Überzeugung gewinnen, daß wir sein Tun und Treiben wirklich für wichtig halten.

Ein berühmtes Beispiel aus der Literatur, das sich auf die Mitte des achtzehnten Jahrhunderts bezieht, zeigt, daß Erwachsene sich nicht unmittelbar am Spiel eines Kindes zu beteiligen brauchen, damit es an Bedeutung gewinnt, wenn sie nur ihren Spaß daran haben, ihm Beifall spenden und es respektieren. Goethes früheste Erinnerung, die er für wichtig genug hielt, sie allen anderen Erinnerungen voran an den Anfang seiner berühmten Lebensbeschreibung *Aus meinem Leben – Dichtung und Wahrheit* zu stellen, war, daß er zuerst sein eigenes Spielgeschirr und dann das Geschirr seiner Mutter aus dem Fenster warf. Er schreibt darüber: »An einem schönen Nachmittag, da alles ruhig im Hause war, trieb ich im Geräms mit meinen Schüsseln und Töpfen mein Wesen, und da weiter nichts dabei herauskommen wollte, warf ich ein Geschirr auf die Straße und freute mich, daß es so lustig zerbrach. Die von Ochsenstein, welche sahen, wie ich mich daran ergetzte, daß ich so gar fröhlich in die Händchen patschte, riefen: Noch mehr!« Und das tat Goethe. Er schleuderte zuerst seine sämtlichen Schüsselchen, Tiegelchen und Kännchen aufs Pflaster, und als keine mehr übrig waren, warf er das Geschirr seiner Mutter hinterher.

Freud meint in seiner Abhandlung »Eine Kindheitserinnerung aus ›Dichtung und Wahrheit‹«, Goethe habe symbolisch seinen Kummer über sein Schwesterchen und seinen Wunsch ausgelebt, daß man den verhaßten Eindringling aus dem Haus jage. Das ist sicher richtig, aber ich glaube, daß man aus dieser frühesten Erinnerung eines der größten Genies der Welt noch weit mehr über das Spiel im allgemeinen lernen kann.

Zunächst betont Goethe, daß beim Spielen mit seinem Geschirr nichts herauskommen wollte, ein Hinweis darauf, daß sein Tun anfangs den inneren Druck nicht beheben konnte, mit dem er sich damals herumplagte. Erst als er auf die Idee kam, eine irdene Schüssel aufs Pflaster hinunterzuwerfen, bekam sein Spiel einen Sinn. Es ist ein typisches Beispiel für die Art, wie Kinder anfangs ohne rechtes Ziel spielen und noch nicht recht wissen, weshalb sie sich gerade mit einem speziellen Gegenstand beschäftigen. Es zeigt auch, wie selbst die einfachsten Gegenstände des täglichen Lebens dem Kind helfen können, gewisse sehr tiefreichende und dringliche Probleme auszuagieren und – wenn es Glück hat – sogar zu lösen, wenn man ihm nur reichlich Spielraum läßt, diese Gegenstände ganz nach Belieben zu verwenden, ohne Rücksicht darauf, wozu sie *eigentlich* dienen sollten. Und es zeigt auch, daß Kinder aus einem anfangs ziellosen Spiel etwas höchst Bedeutsames machen können. Genau wie der kleine Goethe in diesem Beispiel wissen auch andere Kinder, wenn wirklich wichtige Dinge mit im Spiel sind, nicht von vornherein, was sie beim Spielen loswerden wollen oder weshalb sie es tun. Sie haben keinen bewußten Plan. Hätten sie einen solchen, würde ihr Spiel nur bewußten und keinen unbewußten Bedürfnissen dienen, und da diese unbewußten Bedürfnisse dem Kind unbekannt sind, wissen gewöhnlich auch seine Eltern nichts davon. Daher können diese für ihr Kind kein Spiel *planen,* das seinen dringendsten Bedürfnissen entgegenkommt.

Erst in dem Augenblick, als das erste Geschirr auf die Straße fiel und zerbrach, dürfte der kleine Goethe blitzartig erkannt haben: »Das ist es, was ich spielen wollte!«, und er klatschte *fröhlich* in die Hände, weil er mit einem Mal erkannte, daß dies seinen Bedürfnissen entsprach, daß es ihn erleichterte, indem es den Druck beseitigte, der sein Gefühlsleben zu ersticken drohte, und daß es ihn von seiner bekümmerten Niedergeschlagenheit befreite. Wenn jemand versucht hätte, dem kleinen Jungen das alles zu erklären, hätte er es nicht verstanden. Zu einem anderen Zeitpunkt und in einem anderen Kontext hätte er vielleicht begriffen, daß er sich über seine kleine Schwester ärgerte, von der er befürchtete, daß sie ihn verdrängte, und daß er den Eindringling gern losgeworden wäre. (Manches Kind sagt zu seinen Eltern, man solle das Baby am besten wieder dorthin zurückbringen, wo es hergekommen sei.) Obwohl er diese Wünsche im Spiel ausagierte, wäre er sicher erstaunt gewesen, hätte man ihn auf die unbewußten Quellen seines Spiels aufmerksam gemacht. Noch schlimmer aber wäre gewesen, daß dies mit einem Schlag alles zerstört hätte, was er zu erreichen versuchte. Wahrscheinlich wäre er verzweifelt in Tränen ausgebrochen und hätte alles abgestritten, was man ihm da erzählte. Das Endergebnis wäre vermutlich gewesen, daß er seine unbewußten Gefühle noch tiefer verdrängt hätte, so daß sie völlig unerreichbar geworden wären und keinen symbolischen Ausdruck und keine Erleichterung mehr hätten finden können. Dann hätte seine emotionale Entwicklung dauernden Schaden nehmen können.

Nach Freuds Analyse dieser Geschichte dürfen wir annehmen, daß das ursprüngliche Motiv von Goethes Spiel es war, seine kleine Schwester symbolisch hinauszuwerfen, indem er das Geschirr aus dem Haus auf die Straße warf. Aber da die meisten wichtigen psychischen Probleme überdeterminiert sind, ist anzunehmen, daß das Hinauswerfen des Geschirrs (das ja als sein Besitz in gewisser Weise auch ihn selbst symbolisierte) sein Gefühl repräsentierte, von dem Schwesterchen aus seinem Elternhaus vertrieben worden zu sein, wodurch seine Sicherheit genau wie das Geschirr zerbrochen war.

Der Beifall der Brüder von Ochsenstein, die prominente Bürger seiner Vaterstadt und geschätzte Freunde seiner ebenfalls prominenten Familie waren, mag es dem Kind Goethe ermöglicht haben, bei seinem Spiel noch weiter zu gehen und auch das Geschirr seiner Mutter hinauszuwerfen. Auf diese Weise bestrafte er sie symbolisch als die Ursache seines Kummers und wurde so seinen Ärger über sie los. Der ständige Beifall dieser wichtigen Erwachsenen und ihre Freude an seinem Tun und Treiben stellten sein Zutrauen wieder her. Er schien immer noch etwas wert zu sein, und seine Angst, daß man ihn im Stich gelassen hatte, war nicht so berechtigt, wie er das gefürchtet hatte. Er hatte ein über seine Eltern hinausgehendes Publikum gefunden. Das gab ihm die Überzeugung, daß die Art und Weise, wie er gegen seinen Kummer anging, nämlich symbolisch mit dem fertigzuwerden, was ihn so sehr bedrückte, der richtige Weg war. Nachdem er sich auf diese Weise von dem, was ihn gequält hatte, großenteils befreit hatte, konnte er das Vergnügen seiner Nachbarn teilen. Und er konnte, mit Hilfe dieser Unterstützung von außen, sein Leben erfolgreich weiterführen. Es war dies die erste von vielen Erfahrungen, die Goethe zeigten, daß er die innere Kraft besaß, selbst mit den schwierigsten und schmerzlichsten Wechselfällen des Lebens fertigzuwerden – ein berechtigtes Selbstvertrauen, das ein Bestandteil seiner Größe war. Aber zu alldem wäre es nicht gekommen, wenn diese Erwachsenen ihm nicht in einem Augenblick, in dem er es besonders nötig hatte, diesen Auftrieb gegeben hätten.

Goethe schreibt: »Meine Nachbarn fuhren fort, ihren Beifall zu bezeigen, und ich war höchlich froh, ihnen Vergnügen zu machen.« Wie es für jene Zeit typisch war, waren diese Nachbarn eher bereit, ein unartiges Kind zu akzeptieren, als wir das heute sind. Ihr Verständnis und ihr Beifall – nicht ihre unmittelbare Beteiligung – ermöglichten es Goethe, durch ein symbolisches Spiel eine Erfahrung zu meistern, die zu überwältigend war, als daß er unmittelbar hätte damit fertigwerden können. Ihr Beifall verwandelte das Spiel aus einem Verzweiflungsschrei – »man hat mich hinausgeworfen« – in eine Handlung, die ihm die Gewißheit gab: »Was ich da tue, wird anerkannt.« Als das Geschirr seiner Mutter auf der Straße zerschellte, gaben der Beifall und das Vergnügen seiner Nachbarn Goethe das Gefühl: »Ich kann meine Mutter dafür bestrafen, daß sie mir eine Rivalin gegeben hat; und wenn ich ihr Geschirr kaputtmache, kann sie sie nicht mehr füttern. Dafür haben andere Leute Verständnis! Was ich auch immer tue, oder vielleicht auch gerade weil ich es tue, zollen mir wichtige Erwachsene Beifall.« Das war genau die Zusicherung, die Goethe in einem kritischen Augenblick seines Lebens brauchte.

Wie die meisten selbsterfundenen symbolischen Spiele hatte auch Goethes Verhalten – wie bereits erwähnt – auf mehreren unterschiedlichen Ebenen seine Bedeutung. Dagegen kann ein von anderen Personen beigesteuertes Spielzeug nur selten die ständig wechselnden Anforderungen des Augenblicks so gut erfüllen. Hinter Goethes Spiel stand sein Gefühl, daß man ihn hinausgeworfen hatte, und er brachte damit seinen Wunsch zum Ausdruck, seine Schwester hinauszuwerfen und seine Mutter durch die Zerstörung des Geschirrs zu bestrafen. Aber auf einer anderen Ebene hatte Goethe vermutlich auch den Wunsch, *alles* Geschirr loszuwerden, so daß man nicht mehr daraus essen konnte. Seine kleine Schwester wurde gestillt, und so brachte er in seinem Spiel zum Ausdruck, daß auch er wieder gestillt werden wollte, was jetzt das Privileg seiner kleinen Schwester war, um das er sie beneidete.

Heute wären viele Eltern über ein so »destruktives« Verhalten entsetzt. Sie würden befürchten, daß ihr Kind, wenn sie es weitermachen ließen, ohne ihm Einhalt zu gebieten oder es wenigstens zurechtzuweisen, zu einem unbeherrschten, vielleicht sogar destruktiven und gewalttätigen Menschen heranwachsen würde. Bekanntlich trat bei Goethe genau das Gegenteil ein. Glücklicherweise waren seine Eltern so überzeugt davon, daß aus ihrem Sohn einmal eine hervorragende Persönlichkeit werden würde, daß sie gar nicht auf eine solche Idee kamen. Und auch die Nachbarn dachten nicht an dergleichen, sonst hätten sie Goethe nicht noch zu seinem Spiel angespornt, das ohne ihren Beifall nicht zu einem solchen Erfolg geworden wäre. Da Goethe die Möglichkeit hatte, seinen Kummer auf eigene Art und unter ihrer Zustimmung drastisch auszuagieren, konnte er sich effektiv und symbolisch bis zu einem gewissen Grad von ihm befreien, und dies in einem Augenblick, als der Kummer einen Höhepunkt erreicht hatte. Nachdem er all das hinter sich gebracht hatte, konnte er später zu seiner Schwester eine sehr positive Beziehung aufbauen und ein mit Recht vielbewundertes Leben führen.

Die Nachbarn und seine Familie ermutigten Goethes »destruktives« Verhalten, weil sie irgendwie gefühlt und verstanden haben müssen, was es bedeutete. Tatsächlich erinnerten sie sich später noch oft mit Vergnügen daran. Goethe schreibt am Schluß seines Berichts: »... man hatte für so viel zerbrochene Töpferware wenigstens eine lustige Geschichte, an der sich besonders die ... Urheber bis an ihr Lebensende ergetzten.«

So als wolle er betonen, wie wichtig es für Kinder ist, daß die Erwachsenen empathisch auf ihr Spiel reagieren, weil es nur dann seine volle positive Bedeutung gewinnen kann, beschreibt Goethe unmittelbar anschließend, wie er und seine Schwester zu Füßen der Großmutter oder – wenn sie krank war – neben oder auf ihrem Bett spielten und wie wichtig es für beide war, daß sie immer Freude am Spiel der Kinder hatte und sie dazu auf eine sanfte, freundliche und wohlwollende Weise ermunterte. Wie groß ist die Wahrscheinlichkeit, daß Kinder auch heute noch solche Erfahrungen machen? Wir behaupten zwar, uns zu bemühen, ihnen aus ernsten emotionalen Engpässen herauszuhelfen. Wenn aber dann ein solcher Fall wirklich eintritt, wird uns vermutlich etwas mehr am zerbrochenen Geschirr als an unserem Kind liegen, und wir werden uns sorgen, daß ein so destruktives Verhalten gewiß schreckliche Folgen haben wird, wenn wir ihm nicht Einhalt gebieten.

Goethes Geschichte legt die Vermutung nahe, daß die Menschen vergangener Zeiten wußten, daß Kinder manches »loswerden müssen« und daß spontanes Spielen der beste Weg dazu ist, wenn das damals auch niemand so formuliert hat. Heute wird vielleicht allgemein akzeptiert, daß Erwachsene »etwas loswerden müssen«, aber wenn Kinder das versuchen und in Zorn geraten – was oft deshalb geschieht, weil man sie hindert, die Dinge nach eigenem Gutdünken zu gestalten oder etwas Bestimmtes zu tun –, dann werden sie von den Erwachsenen zurechtgewiesen. Destruktive Ausbrüche wie der des kleinen Goethe amüsieren uns heute nicht mehr, wir begegnen ihnen ganz im Gegenteil mit innerer Ablehnung, wenn nicht gar mit offener Mißbilligung.

Die Folge ist, daß solche Ereignisse nicht mehr zu fröhlichen Erinnerungen werden, an denen Kinder und Erwachsene ihr ganzes Leben lang ihren Spaß haben und die ein starkes Band zwischen ihnen bilden, da der Beifall der Erwachsenen für das Tun und Treiben des Kindes dessen Selbstwertgefühl und Wohlbefinden erhöhte. Heute werden höchstwahrscheinlich schuldbeladene Erinnerungen daraus, die Eltern und Kinder einander entfremden. Wenn ein Kind heute absichtlich und systematisch Geschirr aus dem Fenster werfen würde, dann würde man ein solches Verhalten höchstwahrscheinlich mißbilligen, und es würde strenge Kritik und Strafmaßnahmen nach sich ziehen. Man würde ihm Einhalt gebieten, schon lange bevor das Kind damit fertig wäre und meist ohne daß die Erwachsenen auch nur den Versuch gemacht hätten, die Motive des Kindes zu verstehen. Da unsere Kinder in bezug auf ihre unbewußten Absichten frustriert werden und wegen ihres Verhaltens Vorwürfe bekommen, lernen sie gewöhnlich, alle Gefühle, die destruktive Impulse hervorrufen, zu verdrängen, und sie vergessen den Vorfall. Aber ihr Zorn ist damit nicht aus der Welt geschafft. Sie suchen sich in einem noch abwegigeren Verhalten ein Ventil, dessen Bedeutung dann nicht mehr so leicht zu verstehen ist. Auch ist es dann so weit von der Ursache entfernt, daß es kaum noch Erleichterung bringt, aber der Zorn, der verdrängt wird, wirkt im Unbewußten weiter. In Fällen von Geschwisterrivalität, die Goethe damit abreagierte, daß er das Geschirr zerbrach, kann die Verdrängung zu einer lebenslangen Feindseligkeit zwischen Bruder und Schwester führen, weil der kindliche Haß nicht in einer Zornreaktion aufgelöst werden konnte. Da Goethe sich in einem sehr schwierigen Augenblick seines Lebens verstanden wußte, wurde er in seiner Überzeugung bestärkt, daß das Leben selbst in schlimmen Situationen noch seine guten Seiten hat.

Ich habe viele Kinder und viele Erwachsene kennengelernt, die schwer darunter gelitten haben, daß ihre Eltern ihre Spiele oder irgendwelche anderen Beschäftigungen für töricht hielten. Da sie es nicht besser wußten, übernahmen sie das Urteil ihrer Eltern, obwohl sie es ihnen fast immer übelnahmen. Die Folge war, daß sie selbst sich in gewisser Beziehung – und in einigen extremen Fällen auch ganz und gar – für recht töricht hielten. Aber auch wenn sie die diesbezüglichen Ansichten ihrer Eltern übernommen hatten, verargten sie es ihnen stets, daß sie ihnen in ihrer Kindheit das Gefühl gegeben hatten, nicht viel von ihnen zu halten. Als Erwachsene schämten sie sich oft, wenn sie sich an ihre Kinderzeit erinnerten: Wie töricht sie doch damals gewesen waren! Mit dieser Überlegenheitshaltung versuchten sie die tiefen Minderwertigkeitsgefühle zu kompensieren, die ihnen die Ansichten ihrer Eltern über sie eingeflößt hatten.

Wenn sie Gelegenheit hatten, die Bedeutung des Verhaltens, das ihre Eltern als so töricht angesehen hatten, zu analysieren, enthüllte ihnen die Analyse, wie sinnvoll es gewesen war. Sie erkannten dann zu ihrer großen Erleichterung, daß das, was sie getan hatten, keineswegs töricht gewesen war. Das genügte jedoch noch nicht, sie ganz von ihren Minderwertigkeitsgefühlen zu befreien, die ja durch die abfällige Einstellung der Eltern verursacht worden waren. Schließlich erinnerten sie sich, wie zornig und tief verletzt sie gewesen waren – nicht so sehr darüber, daß die Eltern sie so gründlich mißverstanden hatten, als darüber, daß sich in ihrem mangelnden Verständnis deutlich die geringe Meinung über das eigene Kind gespiegelt hatte.

Wir sollten immer davon ausgehen, daß ein Kind für alles, was es tut, seine guten Gründe hat, auch wenn es dem oberflächlichen Betrachter noch so befremdend und töricht erscheinen mag. Wenn wir das von vornherein annehmen, werden wir uns Gedanken machen, welche Bedeutung sein Verhalten hatte, und je unverständlicher es uns vorkommt, um so mehr bemühen wir uns, es zu verstehen. Auch wenn uns das nicht sofort oder ganz gelingt, gibt es uns doch eine viel größere Chance, ihm gerecht zu werden. Wenn Erwachsene dagegen wichtige Beschäftigungen ihrer Kinder als dumme Kinderstreiche abtun oder wenn sie sie daran hindern oder dafür bestrafen, sollten sie sich nicht wundern, wenn Jugendliche, die so erzogen wurden, auf dem Standpunkt stehen, daß niemand über dreißig vernünftige Ansichten hat.

Wieviel haben wir alle – Kinder wie Erwachsene – seit Goethes Zeit durch diese andere Einstellung zum Spiel verloren!

16. Kapitel

Spiel als Problemlösung

So sind die wenigen schwachen Impulse,
die den kindlichen Spielen entsteigen,
oft das einzige, was wir vollbringen,
und der Rest des Lebens ist Schweigen.
Robert Browning

Als Eltern und Kinder noch dieselben Spiele spielten, verstanden sie sozusagen von selbst den Zweck des Spielens: Bedeutung zu haben und Spaß zu machen. Das gilt noch heute für das primitivste, früheste und daher wichtigste Spiel – für das Spiel des Kleinkinds –, und wehe dem Kind, dem es vorenthalten wird.

Wenn ein Baby seine Rassel aus dem Bettchen wirft und seine Mutter sie ihm wiedergibt, macht das beiden soviel Spaß, daß die Mutter in diesem Augenblick kaum bedenkt, daß ihr Kind dabei eine Antwort auf sehr wichtige Fragen sucht: Kann ich einen Einfluß auf meine objektive Umgebung ausüben, ohne daß das üble Folgen hat für mich? Kann ich meinen Willen durchsetzen und Gegenstände manipulieren, ohne daß ich es büßen muß? Kann ich etwas loswerden, was mich ärgert? Kann ich vorübergehend die Kontrolle über meinen Besitz aufgeben, ohne ihn ganz zu verlieren?

Die Mutter wird auf diese Fragen positiv reagieren, wenn sie sich über die neu erworbene Geschicklichkeit ihres Kindes freut. Dann wird sie es loben und zur Wiederholung anspornen, indem sie ihm die Rassel zurückgibt. Dagegen wird ihre Reaktion negativ sein, wenn sie ungeduldig und ärgerlich wird, und sie wird dadurch dem Kind das Gefühl geben, daß es unartig ist, wenn es versucht, Gegenstände zu manipulieren. Und wenn sie sich weigert, ihm sein Spielzeug zurückzugeben, lehrt sie es, daß man Gegenstände nicht manipulieren sollte, weil das zu ihrem Verlust führen könnte – zu dem objektiven Verlust, daß die Rassel weg ist, und zu dem subjektiven Verlust, daß eine zwischenmenschliche Befriedigung durch eine zwischenmenschliche Frustration ersetzt wird.

Was das Kind bei seinem Spiel zu lernen versucht, ist von so ausschlaggebender Bedeutung, daß es bestimmte Fragen immer wieder neu stellen muß, um sich der Antwort sicher zu sein. Aus diesem Grund wiederholt es das Spiel mit solcher Ausdauer. Ohne sich dessen im geringsten bewußt zu sein, sucht es Antworten auf einige der tiefgründigsten philosophischen Fragen des Menschen: Gibt es so etwas wie »mich«? Wie kann ich mir meiner Existenz sicher sein? Kann *ich* etwas bewirken? Kann ich mich darauf verlassen, daß es in bezug auf die Welt und meine Person etwas wie Regelmäßigkeit, Dauer und Voraussagbarkeit gibt? Was hat die Welt mit mir vor? Alle diese Fragen werden gestellt und teilweise auch auf der Ebene beantwortet, die dem wachsenden Verständnis des Kindes für die Welt entspricht, das es sich durch sein Spiel und durch die Reaktion anderer auf dieses Spiel und auf sich selbst erwirbt.

Einige dieser Fragen hat es schon zuvor erforscht, wenn es die Augen schloß oder den Kopf wegdrehte und entdeckte, daß es Dinge unsichtbar machen konnte. Dies dürfte der erste Hinweis auf den grundsätzlichen Unterschied zwischen dem Ich und dem Nicht-Ich gewesen sein: Wenn es die Augen schloß oder den Kopf wegdrehte, veränderte es sich selbst nicht, aber das, was sich in seinem Blickfeld befunden hatte, verschwand. Deshalb besaß das keine Dauer, während es selbst sie besaß. Die Augen zu schließen und den Kopf wegzudrehen sind daher wichtige Stufen auf dem Weg zur Trennung des »Ichs« vom »Nicht-Ich« und zur Formung des Ichs.

Da das Kind durch das Wegdrehen des Kopfes Dinge zum Verschwinden bringen kann, lernt es, den Kopf wegzudrehen, wenn es etwas Unangenehmes sieht und dessen Existenz nicht wahrhaben möchte. Wenn sich später die Sprache entwikkelt, bildet sich aus dieser Reaktion der Begriff *Nein*. Daß dieses Wegdrehen des Kopfs der Vorläufer von *Nein* ist, erkennt man daran, daß in unserer Kultur Kopfschütteln stets gleichbedeutend mit Neinsagen ist.

In seiner frühesten Form besteht das *Guck-Guck-Spiel* darin, daß jemand ins Gesichtsfeld eines anderen gerät und wieder daraus verschwindet, daß er in kurzen Abständen seine Augen bedeckt und wieder aufdeckt. Das Baby hat deshalb soviel Spaß daran, weil es entdeckt, daß der Mitspielende nicht verschwunden ist, auch wenn er zeitweise unsichtbar war. Auf einer fortgeschritteneren Stufe kommt das Sichnähern und Sichentfernen hinzu, und es entsteht das *Versteckspiel*. Bei diesem Spiel entdeckt das Kind das Wesen menschlicher Beziehungen: noch bevor es in der Lage ist, es in Worte zu fassen, begreift es, daß – obwohl die anderen konstant und dieselben bleiben – wir uns ihnen nähern oder uns auch von ihnen entfernen können. Die Entdeckung, daß nicht nur das Kind selbst einen anderen verschwinden lassen kann, indem es den Kopf abwendet oder die Augen schließt, sondern daß auch der andere sich nach Belieben entfernen kann, ist eine der größten Enttäuschungen der frühen Kindheit, die das Kind durch eine Reihe von Spielen zu überwinden versucht.

Freud hat beschrieben, wie ein kleines Kind ein Spielzeug unters Bett schob, um es dann wieder hervorzuholen, und dies immer wieder in scheinbar endlosen Wiederholungen, wobei es ihm darum ging, sich zu überzeugen, daß Dinge, die verschwinden, nicht unbedingt für immer weg sind, sondern daß sie zurückkommen können, ja, daß das Kind sie selbst zurückholen kann. Diese spezielle Kindheitsangst ist durch die Abwesenheit der Mutter entstanden. Durch sein Spiel erwirbt sich das Kind die Gewißheit, daß auch die Mutter – genauso, wie sein Spielzeug verschwinden und dann wieder auftauchen kann – eine Zeitlang weggehen und dann wieder zu ihm zurückkommen kann. Ausschlaggebend bei diesem Spiel ist, daß das Kind einmal versucht, sich davon zu überzeugen, daß seine Mutter nicht für immer verschwunden ist, auch wenn es sie nicht sehen kann, und zum zweiten, daß es zwar das, was die anderen machen, nicht unter Kontrolle hat, daß dies aber nicht so verheerende Folgen haben muß, wie es zunächst befürchtete. Außerdem lernt es, daß es Ereignisse, die es selbst herbeigeführt hat, tatsächlich unter Kontrolle behalten kann und – was ebenso wichtig ist – daß ein Unterschied besteht zwischen Ereignissen, die es selbst herbeiführen konnte, und solchen, die außerhalb seiner unmittelbaren Einflußsphäre lagen. Wenn es auf erstere Einfluß nehmen konnte, nimmt das letzteren großenteils den Stachel. Noch viele andere selbsterfundene Spiele dienen ebenfalls der Erkundung und Rückversicherung.

Von diesen selbsterfundenen Spielen, die das Kind mit sich allein spielt, unterscheiden sich Spiele, die eine Mutter mit ihrem Baby spielt. Es ist dies die erste Einführung des Kleinkinds in seine Kultur und in den Prozeß der Kommunikation. Wenn die Mutter mit ihrem Baby *Guck-Guck* und *Wo ist das Baby* spielt, kommt der Augenblick, in dem das Kind anfängt zu begreifen, daß das Spiel der Kommunikation dient, und es spielt nun selber in diesem Sinn mit. Begeistert darüber, daß die Mutter das Spiel mit *ihm* spielt, weil sie *ihr Baby* liebt und möchte, daß es mitspielt, tut es das. Damit beginnt der Kommunikationsprozeß, durch den das Kind den anderen – seine Mutter – und gleichzeitig sich selbst entdeckt. Diese Entdeckung bildet die Grundlage für unsere bewußten Interaktionen, wenn auch in ihrer rudimentärsten Form. Es ist die wesentliche Basis, auf der sich jede spätere Kommunikation aufbaut, da es die Beobachtung voraussetzt, daß eine Person sinnvoll mit einer anderen interagieren kann. Diese Gegenseitigkeit nimmt zwar bereits in der Still-Situation ihren Anfang, doch ist das, was sich dabei abspielt, noch weitgehend unbewußt. Beim *Guck-Guck-Spiel* und ähnlichen Spielen zwischen Mutter und Kind wird die Gegenseitigkeit zum bewußten Erlebnis. Der glückliche Gesichtsausdruck des Babys und die fröhlichen Laute, die es von sich gibt, machen der Mutter zusätzlichen Spaß und motivieren sie, das Spiel mit noch größerer Begeisterung fortzusetzen. Das Kind merkt, daß sein Verhalten die Ursache ist und daß es seiner Mutter etwas mitgeteilt hat – etwas, worauf sie geantwortet hat, und zwar so, wie es sich das wünscht.

Wie wichtig ein solches Spiel für die Ausbildung des Selbstwertgefühls ist, erkannte ich bei einem achtjährigen autistischen Mädchen. Wie so oft, ermöglichte die schwere Pathologie ihres Falls, ein Phänomen zu beobachten, das man auch bei normalem Verhalten feststellen kann, jedoch hier wie unter einem Mikroskop oder unter grellem Scheinwerferlicht. Das Mädchen hatte praktisch sein ganzes Leben lang nicht gesprochen. So sehr man sich um sie bemühte, ließ sie niemanden körperlich oder mit Worten an sich herankommen und reagierte überhaupt nicht auf ihre Umwelt. Sie wies alle Bemühungen zurück, mit ihr in Kontakt

zu kommen. Wenn sich ihr jemand näherte, war ihre Reaktion ein zorniges, erschrecktes Zurückweichen.
Es dauerte länger als ein Jahr, in dem wir ihren Wunsch, in Ruhe gelassen zu werden, sorgsam respektierten, während wir uns die ganze Zeit Mühe gaben, sie zärtlich und liebevoll zu umsorgen, bis sie endlich ihre völlige Isolierung ein wenig aufgab und gelegentlich eine Annäherung zuließ, wenn sie auch immer noch nicht sichtbar darauf reagierte. Unter all den vielen verschiedenen Annäherungsversuchen, mit denen wir an sie heranzukommen versuchten, reagierte sie schließlich nur auf einen: auf ein einfaches Spiel, das Merkmale des *Versteckspiels* und des Spiels *Wo ist das Baby* enthielt, und bei dem ich eifrig »suchte« und meiner Freude Ausdruck verlieh, wenn ich sie fand. Obwohl sie die ganze Zeit über sichtbar war, gab ich eine Zeitlang vor, sie nicht zu sehen, so daß ich mich freuen konnte, wenn ich sie »entdeckt« hatte. Schließlich versteckte sie sich tatsächlich hinter einem Vorhang und lugte sogar hervor, wobei sie das nachahmte, was ich unzählige Male bei meinem Suchspiel getan hatte. Als wir dieses Spiel eine Zeitlang gespielt hatten, erlaubte sie mir, sie zärtlich an mich zu drücken. Daraufhin gab ich meiner Freude, sie gefunden zu haben, noch lauteren Ausdruck – und meine Freude darüber war ja auch groß und echt, besonders darüber, daß sie den engen körperlichen Kontakt zugelassen hatte, ohne sofort zurückzuschrecken. Wir spielten dieses Spiel immer wilder, und sie ließ sich auch weiterhin umarmen. Als ich sie eines Tages so in den Armen hielt, sprach sie zum erstenmal einen ganzen Satz – den ersten Satz ihres Lebens –, sie sagte nur, was sie von mir wollte.
Dieses kleine amerikanische Mädchen, das zur psychoanalytischen Behandlung zu uns nach Wien gebracht worden war, hatte bis zu dem Zeitpunkt bereits anderthalb Jahre mit uns zusammengelebt. Da sie nicht sprach, hätte es keinen Sinn gehabt, mit ihr und in ihrer Gegenwart Englisch zu reden. So kam es, daß sie, seit sie in Wien war, nur deutsch angeredet worden war und nur Deutsch gehört hatte. Trotzdem sagte sie ihren ersten Satz in perfektem Englisch: *»Give me the skeleton of Washington«* (Geben Sie mir Washingtons Leiche). Die Tragödie ihres Lebens bestand darin, daß der Vater unbekannt war, und zwar nicht nur ihr, sondern aufgrund sehr seltsamer Umstände auch ihrer Mutter. Diese hatte aus diesem Grund das Kind abzutreiben versucht, und zwar im vierten Monat, weil sie erst da bemerkte, daß sie schwanger war.
Nach der Geburt wünschte sie, das Kind wäre nie geboren worden, damit es nicht – so sah sie es in dieser Zeit – ihr Leben zerstöre. Erst als das Mädchen fünf Jahre alt war, bekam sie ein schlechtes Gewissen und versuchte alles, ihrem Kind zu helfen. Ihre verzweifelten Bemühungen, sie von den besten Fachkräften der Vereinigten Staaten behandeln zu lassen, scheiterten, und der Fall wurde für hoffnungslos erklärt. So kam sie schließlich nach Wien, und Anna Freud sagte ihr, nur in einer psychoanalytisch orientierten Umgebung bestünde noch Hoffnung für ihre kleine Tochter. Meine Frau und ich boten ihr diese Umgebung. Es bleibt ein Rätsel, wie

das Kind es erfahren hat, daß ihre Schwierigkeiten daher rührten, daß es nicht wußte, wer sein Vater war. Aber in ihrem ersten Satz sagte sie, daß sie einen Vater brauche, und da sie ein amerikanisches Kind war, das keinen eigenen Vater hatte, konnte sie als Lösung ihres Problems nur an die Vaterfigur ihres Heimatlandes denken. Da ihr unbekannter Vater das streng gehütete Familiengeheimnis war, das man im Englischen als *»skeleton in the cupboard«* (auf deutsch: Leiche im Keller) bezeichnet, bat sie um Washingtons Leiche.

Zu beachten ist dabei, daß die Kleine, als sie mir sagte, was sie von mir haben wollte, nicht nur zum erstenmal in ihrem Leben sprach, sondern daß sie es in einem vollständigen Satz tat, daß sie dabei das Personalpronomen »mir« benutzte und mich mit meinem Namen ansprach. Das ist deshalb bemerkenswert, weil autistische Kinder, selbst nachdem sie zu sprechen anfangen, keine Personalpronomen benutzen. Danach gab sie das Sprechen nie mehr ganz auf, wenn sie sich auch noch geraume Zeit nur selten der Sprache bediente.

Dieses Mädchen, das bis dahin jeden Kontakt mit der Außenwelt verweigert hatte, gelangte dadurch zu einem rudimentären Ich, daß es *Guck-Guck* spielte, dabei den Mitspieler erkannte und ihm etwas mitteilte, was von größter Bedeutung für es war. Durch das *Guck-Guck*-Spielen und das andere Spiel, bei dem ich sie »suchte«, merkte sie, daß *sie* es war, die sich versteckte, daß *sie* es war, die gesucht und gefunden wurde. Diese Spiele ermöglichten es ihr, sich selbst und gleichzeitig die Welt anderer Menschen zu finden. Durch das Spiel hatte sie Anschluß an die Welt gefunden. Und durch das Spiel konnte sie auch hoffen, das zu bekommen, was sie so verzweifelt brauchte.

Man erwirbt dieses Selbstwertgefühl, und man erlebt, daß man mit anderen Menschen in Verbindung treten kann, durch das Spielen so einfacher Spiele, aber diese dienen außerdem noch einem anderen wichtigen Zweck. Sie lehren das Kind, daß selbst dann, wenn es seine Mutter vorübergehend aus den Augen verliert, diese Unterbrechung des visuellen Kontakts noch nicht bedeutet, daß auch der emotionale Kontakt unterbrochen ist. Das verzweifelte Suchen der Mutter beim Spiel *Wo ist das Baby* und ihr Entzücken darüber, es gefunden zu haben, zeigen deutlich, daß »aus den Augen« keinen Augenblick lang »aus dem Sinn« bedeutet, sondern daß ganz im Gegenteil die Sehnsucht nach dem Kind bei der Mutter noch größer wird, wenn sie es aus den Augen verloren hat. Es liefert ihm die dringend benötigte Sicherheit, daß der Kontakt nicht verlorengehen wird, was auch immer geschehen mag. Kraft dieses Wissens lernt das Kind, daß es sich nicht immer an Mutters Schürzenband hängen muß, daß es sie ohne Gefahr auch eine Zeitlang aus den Augen verlieren kann. Und die Freude der Mutter, wenn sie ihr Kind findet, und dessen Freude, gefunden zu werden, geben dem Wagnis, sie zu verlassen oder ihr zu erlauben, einen Augenblick unsichtbar zu bleiben, eine positive Dimension.

Wie das *Guck-Guck-Spiel* dem Kind die Sicherheit gibt, daß es nicht verlorengehen und vergessen werden wird, so werden auch noch andere Ängste durch Spiele gemildert, die ihm die Integrität und Wichtigkeit aller Teile seines Körpers demonstrieren. Hierher gehören zum Beispiel Spiele, bei denen man die Zehen oder Finger berühren und benennen muß (Beispiel im Deutschen: »Daumen: Dieses ist das große Schwein, dick und fett und ganz allein. (Zeigefinger): Dieses ist das stolze Pferd, groß und stark und sehr begehrt.« Usw.) Diese Spiele zeigen dem Kind, daß sein Körper intakt ist, daß nichts daran fehlt oder übersehen werden könnte. Noch wichtiger ist, daß sie ihm die Sicherheit geben, daß die verschiedenen Teile seines Körpers für seine Mutter von emotionaler Bedeutung sind. Spiele, bei denen das Kind – wie zum Beispiel beim *Versteckspiel* – eine aktivere Rolle spielt, beschwichtigen nicht nur die Angst vor dem Verschwinden, sie helfen ihm auch, sich selbst und die Welt zu meistern. Das *Versteckspiel* ist eines der ältesten und verbreitetsten Spiele der Menschheit. Dabei geht es darum, den Mitspieler zu suchen. Das überzeugt diesen davon, daß er nicht vergessen wird, auch wenn er nicht zu sehen ist, und daß es für alle Beteiligten wichtig ist, ihn zu finden, weil das Spiel – und im übertragenen Sinn das Leben – ohne ihn nicht weitergehen könnte. Eine solche Würde und Sicherheit kann ein »simples« Spiel den Teilnehmern verleihen.

Bei dem primitiven Suchspiel *Wo ist das Baby* wartet das Kind darauf, gefunden zu werden, obwohl es dabei helfen könnte, wenn es rufen würde: »Da bin ich!« Beim *Versteckspiel* und seinen Varianten kommt es darauf an, sich selbst an einem Ort, der im Englischen *Home, Home-Base* oder *House* genannt wird (im Deutschen variiert das, es gibt regionale Unterschiede), in Sicherheit zu bringen. Bei diesem fortgeschritteneren Spiel lernt das Kind, daß es sich allein in die Welt hinauswagen und sich ihren Gefahren (in Gestalt des Verfolgers und der ihm fremden Verstecke) aussetzen kann, um dann an einen Ort zurückzukehren, wo es sicher ist. Es kann seine Geschicklichkeit, sein Glück und seinen Wagemut draußen auf die Probe stellen im Vertrauen darauf, daß es ihm irgendwie gelingen wird, sich wieder in Sicherheit zu bringen. Das Spiel hat sogar einen Trostpreis anzubieten: Wenn man gefangen wird, hat man nicht verloren und muß nicht ausscheiden, sondern man wird sogar in der nächsten Runde zum mächtigen, aktiven Verfolger.

Wachsende Meisterschaft

Mehr als durch irgendeine andere Beschäftigung lernt das Kind durch das Spiel, die äußere Welt zu meistern. Wenn es mit seinen Bausteinen spielt, lernt es Gegenstände zu manipulieren und zu kontrollieren. Wenn es hüpft, hopst und springt, lernt es seinen eigenen Körper zu beherrschen. Es beschäftigt sich mit seelischen Problemen, wenn es Schwierigkeiten, denen es in der Realität begegnet ist, im Spiel neu in Angriff nimmt, wenn es zum Beispiel einem Stofftier einen Schmerz zufügt, den es selbst erlitten hat, und es lernt auch etwas über soziale Beziehungen, wenn es allmählich merkt, daß es sich anderen anpassen muß, wenn das Spiel einen befriedigenden Verlauf nehmen soll.

Viele Erfahrungen, die für einen Erwachsenen Alltäglichkeiten wären, bringen das Kind völlig außer Fassung. Erwachsene haben diese Erfahrungen bereits gemacht, sie haben gelernt, sie hinzunehmen und sogar vorauszusehen. All das gilt für Kinder nicht. Für sie ist vieles völlig neu und unerwartet. Selbst Ereignisse, die ein etwas älteres Kind bereits gut kennt, sind für das Kleinkind durch seine Unerfahrenheit aufregend und überwältigend. Der Erwachsene begegnet nur selten einem ungewöhnlichen, außerordentlich aufregenden, bedrohlichen und unerwarteten Ereignis. Für das Kleinkind dagegen sind derartige Vorkommnisse eher die Regel als die Ausnahme, auch wenn der Erwachsene sie als alltäglich, ungefährlich, ja sogar als erfreulich empfindet.

Wenn wir älter werden, dienen uns schwierige Erlebnisse in der Vergangenheit als Vorbereitung auf das, was sich in der Gegenwart ereignet. Hierdurch wird die Gegenwart voraussehbarer, erträglicher und weniger aufregend. Wenn wir bestimmte Erfahrungen immer wieder machen, lernen wir sie meistern, so überwältigend sie auch zu Anfang gewesen sein mögen. Deshalb wiederholt das Kind im Spiel immer wieder die gleiche Erfahrung, die einen so überwältigenden Eindruck auf es gemacht hat. Durch die Wiederholung versucht es, damit vertraut zu werden und jene Widerstandsfähigkeit zu entwickeln, die man sich erwirbt, wenn man eine bestimmte Aufeinanderfolge von Ereignissen wiederholt erlebt. Es strebt damit nach jener Herrschaft über die Dinge, die davon kommt, daß man sie selbst in die Hand nimmt, anstatt sich passiv von anderen beherrschen zu lassen.

Ein Kind kann bei wirklich aufregenden und bedrohlichen Ereignissen außer Fassung geraten, aber es kann dies auch bei Erlebnissen, die für Erwachsene neutral oder positiv sind, wie zum Beispiel beim Besuch eines Zoos. Die Beobachtung der Tiere ist für den Erwachsenen genau wie für das Kind etwas Interessantes und Erfreuliches, aber das Kind stellt sich dabei gewisse Fragen, wie z. B.: Worin sind sich Tier und Mensch ähnlich, und worin bestehen die Unterschiede? Was ist in uns animalisch und was spezifisch menschlich? Für das Kind, das sich in vieler Hinsicht Tieren viel näher fühlt als Erwachsene, sind das schwierige Probleme, die es voll in Anspruch nehmen. Wenn es die Möglichkeit hat, mit jungen Tieren zu spielen, kann es dazu angeregt werden, über diese höchst wichtigen Probleme nachzudenken. Es ist aber nicht so, daß das Kind solche Fragen bewußt formuliert und analysiert. Wenn es das tun würde, fände es ja eine Antwort, und Wiederholungen erübrigten sich. Aber in seinem Alter und bei seiner Art zu denken, stellt es sich solche Fragen bruchstückweise, wie der Zufall es will und wenn seine Beobachtungen es gerade dazu anregen. Trotzdem beschäftigt es sich damit, und dies regt es zu weiteren Beobachtungen an, wenn es auch noch keine Vorstellung davon hat, was schließlich dabei herauskommen wird. Diese Fragen werden ihm, wie gesagt, nicht zu eindeutigen Antworten verhelfen. Aber daß man ein Problem im Moment nicht lösen kann, ist noch kein Grund dafür, sich nicht weiter darum zu bemühen. Es gehört zu den Härten der Kindheit, daß dieses Ringen um Lösungen nicht zu vermeiden ist, obwohl das Kind nur selten eine Lösung finden kann.

Oft ist es nicht so sehr die Komplexität des Erlebnisses, was das Kind verwirrt, als die Weiterungen, die es nach sich zieht. Diese versucht das Kind in den Griff zu bekommen – sowohl in der Realität (durch erneute Besuche des Zoos) als auch durch sein Spiel, wenn es das Erlebte daheim mit seinen Stofftieren wiederholt. Stofftiere sind bei Kindern deshalb so beliebt, weil sie ihnen Gelegenheit geben, Probleme in Sicherheit und Muße spielend auszuagieren und darüber nachzudenken, nicht nur deshalb, weil sie sie unter Kontrolle haben und beherrschen können, während sie sich vor ihnen fürchten würden, wenn sie lebendig wären. Ein wirklicher Bär stellt eine potentielle Bedrohung dar, mit seinem Teddy kann das Kind dagegen tun, was es will. Daher hat es auf diese Weise die Macht des Bären unter Kontrolle. Der Teddybär beschützt es und bedroht seine Feinde, der richtige Bär würde das Kind bedrohen. Zoobesuche sind auch deshalb für das Kind wichtig, weil sie ihm die Macht jener Tiere vor Augen führen, die durch seine Stofftiere repräsentiert werden, wodurch letztere an Bedeutung gewinnen. Teddybären sind eine Erfindung unseres Jahrhunderts. Man könnte sich die Frage stellen, ob die Stofftiere für die Kinder in früheren Zeiten, bevor man in zoologischen Gärten Tiere aller Art betrachten konnte, für Kinder die gleiche Bedeutung hatten wie heute.

Durch das Spiel, das mit der Wirklichkeit nicht in allen Einzelheiten übereinstimmen muß, wird ein komplexes Erlebnis in handliche Segmente aufgeteilt, von denen jedes noch einmal erlebt und auf diese Weise ohne Angst verstanden und gemeistert werden kann. Handelte es sich um eine schlechte Erfahrung, so kann sie durch das Spiel neutralisiert werden; war es ein Erlebnis, bei dem sich das Kind auf unangenehme Weise bevormundet fühlte, kann es in ein Erlebnis umgeformt werden, bei dem es selbst das Kommando führt.

Zum Beispiel kommt es vor, daß ein Kind Bausteine, Spielzeugfiguren oder andere kleine Gegenstände immer wieder in einen Lastwagen oder eine Schachtel lädt, nur um sie wieder auszuleeren, sie wieder einzuladen und wieder auszuleeren. Möglicherweise schlägt es sich dabei in symbolischer Form mit einem Problem herum, das im Zusammenhang mit seinem Stuhlgang steht: »Wie kommt es, daß etwas Eßbares in meinen Körper hineingebracht wird und dann wieder herauskommt, und das oft in kleinen Brocken? Bedeutet das, daß ich immerzu etwas aus meinem Körper verliere?« Wenn es die Bausteine in einen Lastwagen lädt und sie wieder auslädt, zeigt ihm das, daß – im Gegensatz zu seiner Befürchtung – nichts bei diesem Vorgang verlorengeht. Ein Lastwagen eignet sich deshalb für dieses Spiel, weil er genau wie das Kind leicht beweglich ist und weil er die Bausteine aufnimmt, die dann wieder ausgeleert werden, so wie das Kind die Nahrung in seinen Körper aufnimmt, nur um den Inhalt seines Darms dann auf der Toilette wieder von sich zu geben.

Dieses Spiel ist deshalb so wichtig, weil das Kind während seiner Reinlichkeitserziehung und auch später, wenn es auf die Toilette geschickt wird, das Gefühl hat, ein passives Objekt zu sein, das sich so zu verhalten hat, wie seine Eltern es ihm vorschreiben. Dagegen bleibt ihm beim Spielen alles selbst überlassen: *Es selbst* entscheidet darüber, wann etwas in den Lastwagen zu laden ist, und auch darüber, wann und wo es wieder auszuschütten ist. Das ist nur ein Beispiel für viele andere Betätigungen, durch die das Kind im Spiel die zahllosen frustrierenden und seine Selbständigkeit beeinträchtigenden Situationen zu kompensieren versucht, in denen es sich von seinen Eltern kontrolliert und manipuliert fühlt. Diese Kompensierung kann es nur in einem von ihm selbst frei gewählten Spiel erreichen, und nicht in einem Spiel, das ihm die Erwachsenen vorschlagen oder bei dem sie ihm Anweisungen erteilen, durch die es sich wiederum manipuliert fühlen würde.

Es kann sein, daß das Kind dieses Ein- und Ausladen oft wiederholen muß, bevor es in symbolischer Form mit der quälenden Frage fertig wird, ob es beim Stuhlgang wertvolle Körperinhalte verliert oder nicht. Dieses Suchen nach Lösungen ist der Grund, weshalb das Kind immer wieder derartige Spiele spielt. Dabei ist es sich keineswegs bewußt, daß es ein Problem zu lösen versucht. Es weiß nur, daß ihm das Spiel sehr wichtig und bedeutungsvoll ist. Wenn wir jedoch versuchten, ihm begreiflich zu machen, daß es damit auf symbolische Weise Probleme ausagiert und zu lösen versucht, würde es kaum verstehen, was wir da reden. Für die meisten Kinder ist der Gedanke, sie könnten im Spiel Gefühle im Zusammenhang mit der Reinlichkeitserziehung bewältigen, so unannehmbar, daß er ihnen unglaubwürdig erscheint; aber sie würden daraufhin ihr Spiel mit dem Lastwagen angeekelt aufgeben. Andere Kinder, die das Interesse an ihren Ausscheidungen nicht so tief verdrängt haben, würden die Erklärung recht gut verstehen, aber auch sie wären nicht mehr imstande, dieses Spiel zur Lösung eines Problems zu benutzen, das sie so doch sehr beschäftigt. Der Grund hierfür wäre in beiden Fällen derselbe: Das Kind hat das Verbot der Eltern, mit seinem Stuhlgang zu spielen, akzeptiert und kann deshalb mit dem Stuhlgang verbundene Probleme nur noch in symbolischer Form lösen. Die Erklärung zerstört aber den symbolischen Charakter des Spiels, und das Kind ist dann überhaupt nicht mehr imstande, sich mit dem beunruhigenden Problem auseinanderzusetzen.

So kommt es vor, daß die beiden eng zusammenhängenden Probleme, mit denen das Kind sich bei seinem Spiel symbolisch auseinandersetzt – nämlich: »Verliere ich beim Stuhlgang etwas Wertvolles?« und »Kann ich über meinen Stuhlgang selbst bestimmen?« –, ungelöst bleiben und daß sie es noch lange in seinem Unbewußten quälen, da es auf der symbolischen Ebene keine Lösung finden konnte. Natürlich kommt es auch vor, daß Kinder sich in einer anderen symbolischen Form mit Hilfe anderer Spiele weiter bemühen, mit diesen Problemen fertigzuwerden, aber oft ist dieser Ersatz nicht halb so wirksam wie das ursprüngliche Spiel.

Zusammenfassend ist zu sagen: Das Spiel ist eine Tätigkeit mit symbolischem Inhalt, die Kinder dazu benutzen, Probleme auf unbewußter Ebene zu lösen, die sie in der Wirklichkeit nicht lösen können. Das Spiel verschafft ihnen das Gefühl, die Dinge unter Kontrolle zu haben, was in Wirklichkeit keineswegs der Fall ist. Das Kind weiß nur, daß es spielt, weil es ihm Spaß macht. Es ist sich nicht bewußt, daß es spielen *muß,* und daß dieses Bedürfnis darauf zurückzuführen ist, daß es unbewußte Probleme bedrücken. Es weiß auch nicht, daß seine Freude am Spielen einem tiefen Wohlgefühl entstammt, das aus dem Gefühl kommt, etwas unter Kontrolle zu haben, während sein Leben im übrigen von seinen Eltern oder von anderen Erwachsenen bestimmt wird. Die Freude des Kindes ist dann besonders groß, wenn das Spiel es ihm ermöglicht, etwas zu kontrollieren, das eine Betätigung symbolisiert, bei dem es sich nur sehr ungern kontrollieren läßt.

Schwierige Probleme meistern

Es ist wichtig, daß ein Kind sich die Wirklichkeit durch sein Spiel erobern kann. Noch entscheidender für seine Entwicklung ist jedoch, daß es ihm freisteht, ein Ereignis, dessen passives Objekt es war, in eines zu verwandeln, bei dem es der aktive Initiator und Kontrolleur ist. Für sein Selbstwertgefühl und sein Wohlbefinden braucht jeder die Überzeugung, daß er bis zu einem gewissen Grad Herr seines Schicksals ist. Dies gilt für Kinder noch mehr als für Erwachsene, weil so viele Entscheidungen in ihrem Leben für sie von anderen getroffen werden. Diese Überzeugung ist eine wichtige Voraussetzung dafür, daß das Kind zu dem Glauben gelangt, daß es in der Welt eine Rolle spielt und daß es bis zu einem gewissen Grad sein Leben in dieser Welt selbst gestalten kann. Über sich selbst zu bestimmen ist einem kleinen Kind in Wirklichkeit kaum möglich, aber im Spiel kann es Anspruch darauf erheben. Und da die Trennungslinie zwischen Phantasie und Wirklichkeit bei ihm noch nicht klar und endgültig gezogen ist, arbeitet das Spiel für das Kind und stärkt seine Fähigkeiten und sein Verständnis. Was für den Erwachsenen eine regressive Flucht in die Phantasie wäre, ist für das Kind ein kräfteverleihendes Erlebnis, wenn es im richtigen Alter ist, sich durch sein Spiel und seine Phantasie die Dinge untertan zu machen.

Da das Kind oft nicht wissen kann, was man mit ihm vorhat, hat es auch vor Ereignissen Angst, die ihm in Wirklichkeit nicht weh tun. Nach einem solchen Erlebnis sucht es dieses typischerweise im Spiel zu bewältigen. So wird es zum Beispiel nach einem Besuch beim Zahnarzt mit einem anderen Kind »Zahnarzt« spielen und ihm sagen, es solle den Mund weit aufmachen, so wie man es ihm selbst befohlen hatte, und es wird ihm kleine Pappestückchen zum Röntgen einlegen. Steht kein anderer »Patient« zur Verfügung, tut es auch ein Stofftier. Daß das Kind dieses Spiel stundenlang spielt, ist ein Zeichen dafür, wieviel Zeit es tatsächlich auf dem Stuhl des Zahnarzts gebraucht hätte, um richtig zu verstehen, was man da mit ihm vornahm und weshalb man es tat, und um mit allen Emotionen fertigzuwerden, die dieses Erlebnis in ihm weckte. So wie wir uns Ereignisse, die sich zu schnell abspielten, als daß wir sie begreifen, verstehen und analysieren konnten, uns hinterher noch einmal in einer Zeitlupenaufnahme ansehen, lernt das Kind durch stundenlanges Wiederholen Ereignisse zu verstehen und zu analysieren, die zunächst über sein Begriffsvermögen gingen.

Ältere Kinder, die einen weit größeren Schatz an Erfahrung besitzen, können bis zu einem gewissen Grad Ereignisse schon im voraus meistern. So besitzt zum Beispiel ein zehnjähriges Kind bereits genügend Erfahrungen, um zu verstehen, was geschehen wird, wenn ihm ein Zahn gezogen wird, wenn man es ihm erklärt, und es kann anfangen, sich damit auseinanderzusetzen, bevor es dazu kommt. Das überschreitet aber bei weitem die Fähigkeit eines noch sehr kleinen Kindes, das erst *nach* dem Ereignis durch sein Spiel Verständnis für das Erlebnis gewinnen und damit fertigwerden kann. Es ist auch nicht möglich, ein ganz kleines Kind auf einen Krankenhausaufenthalt vorzubereiten. Selbst wenn es die Erklärung dem Wortlaut nach versteht, hat sie doch keine konkrete Bedeutung, da es mit Krankenhäusern noch keine Erfahrungen gemacht hat, auf die es zurückgreifen könnte. Wenn es ins Krankenhaus muß, ist das ein überwältigendes Erlebnis, das es hinterher im Spiel zuerst im Detail und später als Gesamterlebnis wiederholen muß, um damit fertigzuwerden.

Die meisten Eltern versuchen trotzdem, ihre Kinder auf traumatische Erlebnisse wie einen Krankenhausaufenthalt vorzubereiten. Leider erreichen sie mit ihren verbalen Vorbereitungen aber nur, ihre eigene Angst etwas zu beschwichtigen. Sie täten ihrem Kind einen weit größeren Gefallen, wenn sie mit ihm vorher »Krankenhaus« spielen würden. Dann hat das Kind das Ereignis zwar auch nicht unter Kontrolle, aber es wird über einiges weniger verwundert und unglücklich sein.

Nach dem Aufenthalt im Krankenhaus muß das Kind die dort gemachten Erfahrungen immer und immer wieder im Spiel durcharbeiten. Nur dann wird es allmählich imstande sein, das ganze Erlebnis zu meistern. Es kann damit beginnen, daß es seinem Teddybären Injektionen gibt und sich so sehr auf dieses Detail konzentriert, daß seine Eltern den falschen Eindruck bekommen, es könne sich nur an die Injektionen erinnern. Aber nachdem es diesen einen Aspekt in den Griff bekommen hat, gewinnt es soviel an innerer Sicherheit, daß es zu etwas anderem übergehen kann. Dann kann es etwa die Pflege durch die Krankenschwestern im Spiel nachahmen, und zwar immer nur ein bestimmtes Detail, das es ständig wiederholt, bis es die damit verbundene Angst überwunden hat. So bekommt es schließlich das Gefühl: »Ich verstehe es jetzt. Jetzt weiß ich, wozu das alles gut war.« Wenn es im Spiel alle Einzelheiten des Erlebnisses nacheinander ausagiert und verstanden hat, kann es schließlich auch das Gesamterlebnis erfassen, das anfangs viel zu komplex war, als daß es ein Kind hätte verstehen können. Und indem es aktiv seinen Stofftieren das zufügt, worunter es selbst als passives Objekt zu leiden hatte, erkennt es allmählich, daß es nicht nur das hilflose Opfer sein muß, sondern anderen das antun kann, was man ihm angetan hat. So verwandelt sich durch das Spiel das passive Leiden des Kindes in eine aktive Bewältigung.

Insbesondere traumatische Erlebnisse können am besten durch das Spiel überwunden werden. Beispielsweise kann ein kleines Kind nicht begreifen, daß es operiert werden muß, damit seine Gesundheit wiederhergestellt wird und es am Leben bleibt. Es ist für ein Kind äußerst beängstigend, auch nur in Erwägung zu ziehen, daß sein Leben in Gefahr sein könnte oder daß es einen Gipsverband bekommen muß, der sein Bein lange Zeit bewegungsunfähig machen wird, und das alles, damit es später wieder gut laufen kann. Daß ein Kind so etwas erlebt, ohne daß es zu Zwischenfällen kommt, bedeutet nicht, daß es das Erlebnis verarbeitet hat, und noch viel weniger, daß es akzeptiert, daß dies für sein künftiges Wohlergehen unerläßlich war. Es kann das alles in dieser Situation nicht akzeptieren, denn das würde bedeuten, daß dies sich wiederholen könnte, ein Gedanke, der viel zu angsterregend ist, als daß es ihn sich leisten könnte. Es fällt ihm viel leichter, derartige Ereignisse auf andere, z. B. auf seine Stofftiere abzuschieben, weil es dann nicht unmittelbar betroffen ist. Ein Kind kann spielen, daß sein Stoffhund ein Bein gebrochen hat, und daß das arme Tier nie mehr schnell laufen kann, wenn man ihm nicht einen dicken Verband macht. Oder es kann spielen, daß sein Affe nicht mehr in einen harten Apfel beißen kann und daß er von Brei und weichen Bananen leben muß, wenn man ihm nicht die Zähne richtet. Dadurch, daß es die eigenen Traumen mit Hilfe seines Spiels verarbeitet, löst sich langsam die massive Angst auf, die verhindert, daß es das Erlebte begreift. Wenn es erst einmal zur Überzeugung gelangt ist, daß die ärztliche Behandlung für den Stoffhund oder den Spielzeugaffen unvermeidlich und letzten Endes gut ist, wird es ganz von selbst diese Erkenntnis auch auf sich selbst anwenden.

So wird das Kind sein Trauma unzählige Male in seinen Spielen darstellen, indem es dem Stofftier immer wieder versichert, daß die Behandlung es wieder gesund machen wird. Wenn es seine eigene tröstende Stimme hört, überzeugt es sich schließlich selbst. Aber zuvor ist der tröstliche Zuspruch seiner Eltern unbedingt notwendig, da das Kind nur dann sein Stofftier trösten kann, wenn es die Stimme seiner Eltern im Ohr hat. Wie bei vielen anderen Spielen sind es die Eltern, die sich darum kümmern müssen, daß ihr Kind Bedrohliches verarbeitet und bewältigt.

Die Vorrangstellung des Spiels

Je mehr ein Kind Gelegenheit hat, sich an seiner reichen, frei flutenden Phantasie in all ihren verschiedenen Formen zu erfreuen, um so sicherer wird es in seiner Entwicklung vorankommen. Später werden seine Erlebnisse beim Lernen, bei Gemeinschaftsspielen und beim Sport seine Kenntnis der Welt und deren Beherrschung fördern. Aber wenn Spiel und Sport und selbst das Lernen voll zur Wirkung kommen sollen, müssen frühere Erfahrungen, die das Kleinkind beim Spielen gemacht hat, bereits eine solide Grundlage dafür geschaffen haben. Deshalb haben kulturell benachteiligte Kinder, die wenig Gelegenheit zum Spielen hatten, weil ihre Eltern nur selten mit ihnen gespielt haben, solche Schwierigkeiten in der Schule. Da sie den Erfolg beim Spielen nicht erlebt haben, trauen sie sich auch keinen Erfolg in der Schule zu. Daher genügt es auch nicht, wenn Eltern erst dann mit ihren Kindern spielen, wenn diese Spiele ihrer Ansicht nach sinnvoll sind. Die Spiele älterer Kinder mögen die Eltern mehr interessieren, aber dann kann es schon zu spät sein. Beide Arten von Spiel – das frühkindliche Herumspielen und die Gemeinschaftsspiele – braucht das Kind zum Gedeihen. Es geht ihm viel verloren, wenn das Fernsehen oder sogar das Lernen für die Schule es daran hindern, allein oder mit anderen ausgiebig zu spielen. Es wird später nur dann Freude an Gemeinschaftsspielen und am Sport haben, wenn es zuvor als Kleinkind unbehindert gespielt hat.

Zum Beispiel ist gegen ein Spiel wie *»Klassenprimus werden« (Go to the Head of the Class)* nichts einzuwenden. Es ist unterhaltsam und hat pädagogischen Wert. Aber es hilft dem Kind nicht, mit der Schule zurechtzukommen. Es wiederholt und formalisiert nur seine Schulerfahrungen. Mit der Schule wirklich zurechtkommen kann es nur, wenn es an seine phantasievollen Spiele in seiner frühen Kindheit anknüpfen kann. Das Kind, das gerade in den Kindergarten gekommen ist, wird vielleicht seine Stofftiere in Reih und Glied aufstellen und ihnen »Unterricht« erteilen. Oder es wird mit seinen Geschwistern im Vorschulalter »Schule« spielen. Auf diese Weise kann es aktiv lernen, ein Erlebnis zu meistern, das es während des Schultags passiv über sich ergehen lassen muß. Es ahmt die Rolle der Lehrerin nach, wodurch ihm diese als Person, als Lehrerin und Pädagogin annehmbarer und verständlicher wird. Wenn das Kind »Lehrerin« spielen kann, wird es ihm leichterfallen, die Lehrer-Schüler-Beziehung zu tolerieren, wodurch es die meisten Erfahrungen mit der Schule positiv verwerten kann.

Wie wertvoll es ist, schwierige, in der Wirklichkeit gemachte Erfahrungen im Phantasiespiel zu wiederholen, zeigt sich nirgends deutlicher als beim »Schulespielen«. Hier können Vater und Mutter, wenn sie den eifrigen Schüler spielen, ihrem Kind sehr helfen. Eltern sind die idealen »Pseudoschüler«, weil sie dem Kind vor Augen führen können, daß selbst Erwachsene das passive Lernen akzeptieren können, ohne ihr Gesicht zu verlieren. Stehen jedoch die Eltern nicht als

Schüler zur Verfügung, ist es vermutlich besser, wenn das Kind seine Puppen oder Stofftiere unterrichtet, als daß es das mit seinen jüngeren Geschwistern versucht. Es besteht sonst die Gefahr, daß das Kind, welches den Lehrer spielt, das Gefühl bekommt, versagt zu haben, wenn seine jüngeren Geschwister nichts lernen. Und wenn sie sich gegen sein anmaßendes und ungeduldiges Benehmen wehren, wird es ihm schwerfallen, im Spiel Dinge loszuwerden, die es vielleicht in Wirklichkeit erlebt hat.

Auch hier sollten die Eltern vermeiden, sich bewußt als Erzieher zu betätigen. Vielleicht möchten sie ihrem Kind helfen, das Einmaleins zu lernen, was manchen Kindern schwerfällt: »Was ist sechs mal sieben?« Wenn das Kind nicht gleich die richtige Antwort findet, korrigieren sie es und geben ihm damit das Gefühl, ein Versager zu sein. Dagegen sähe es für das Kind ganz anders aus, wenn die Eltern die Rolle mit ihm tauschten und es aufforderten, ihnen eine Aufgabe zu stellen. Wenn das Kind die Fragen stellt, besteht keine Gefahr, daß es versagt. Wenn die Eltern die richtige Antwort so oft gegeben haben, daß sie sicher sind, daß das Kind sie sich fest eingeprägt hat, ist der Zeitpunkt gekommen, an dem sie auch gelegentlich einen »Fehler« machen sollten. Je unglaublicher der Fehler ist, um so mehr wird sich das Kind darüber freuen, denn es wird nicht einen Augenblick glauben, daß 6742 die richtige Lösung für sechs mal sieben sein kann, obgleich es in der Zahl die Rechenaufgabe wie auch die richtige Lösung entdecken könnte.

Durch ein solches Spiel übernimmt das Kind die handelnde Rolle. Es bekommt eine viel aktivere Einstellung zum Lernen, und so sollte es sein. Es ist nicht mehr der passive Lieferant richtiger Antworten. Statt dessen ist das Fragenstellen ein lustiges Spiel geworden. Gelegentlich kann man es dann auch dahingehend abändern, daß Eltern und Kind abwechselnd die Fragen stellen. Jedoch sollte man das nur mit Aufgaben tun, die das Kind völlig beherrscht, damit es nicht das Gefühl bekommt zu versagen.

Ein Kind, das sich die Aufgaben selbst ausdenkt, die es seinen Eltern stellt, konzentriert sich viel stärker – es muß ja aufpassen, ob seine Eltern die richtige Antwort geben – als ein Kind, das unter dem Vorwand, man wolle ihm beim Erlernen des Einmaleins helfen, examiniert wird. Wie die Situation im einzelnen auch beschaffen sein mag, Eltern, die ihrem Kind helfen, seine realen oder auch nur eingebildeten Schulerlebnisse im Spiel zu verarbeiten, anstatt ihm etwas beizubringen, werden erheblich zu seinen Fortschritten in der Schule beitragen.

Rituelle Spiele

Praktisch jede menschliche Betätigung kann im Dienst einer pathologischen Abwehr oder einer Zwangsneurose mißbraucht werden. Aber daß dies geschehen *kann*, besagt kaum etwas über ihr wahres Wesen. Wir wissen, daß stark neurotische Kinder Spielrituale entwickeln, um sich gegen schreckliche Gefahren abzuschirmen, die sie sonst heimsuchen könnten. Es wäre jedoch ein Irrtum, daraus schließen zu wollen, daß rituelle Spiele nur aus diesem Grund gespielt werden. So erinnern wir uns vermutlich alle an die rituellen Laufspiele unserer Kindheit. Wir gingen Randsteine entlang, durften nur auf bestimmte Vierecke des Pflasters treten, oder wir gingen so dicht wie möglich an den Häusermauern. Vielleicht kam es auch darauf an, auf alle Ritzen des Bürgersteigs oder auf keine Ritze zu treten. Oder wir mußten bei jedem Schritt einen Fuß genau vor den anderen setzen oder uns nach soundso viel Schritten einmal um uns selber drehen, wobei wir uns nach einer geheimen Vorschrift zu richten hatten. Laufspiele dieser Art sind uralt und so allgemein verbreitet, daß sie Weltreiche, Gesellschaftsordnungen und Religionen überdauert haben. Trotzdem hat man diese spontanen Kindheitsrituale bisher kaum untersucht.

Es sieht so aus, als ob man sich in bezug auf die wahre Bedeutung dieser Laufrituale oft geirrt hat. Psychoanalytiker neigen dazu, sie als Zwangshandlungen zu deuten, die dazu dienen, Angst zu binden, doch dürfte diese Interpretation – wenn sie auch auf bestimmte Fälle zutrifft – der Bedeutung dieses Spiels nicht gerecht werden. Laufrituale scheinen ein normales, allgemein verbreitetes Phänomen zu sein, auch wenn sie gelegentlich neurotischen Charakter haben können. Sie erscheinen auf den ersten Blick einfach, doch haben sie einige bemerkenswerte Aspekte. Einer davon ist ihre weite Verbreitung bei einer bestimmten Altersstufe, ohne daß ein sozialer Druck dahinterstünde oder daß sie von Erwachsenen gefördert würden. Interessant ist auch, daß sie die meisten Kinder, nachdem sie ein bestimmtes Alter erreicht haben, spontan aufgeben: mit der bemerkenswerten Ausnahme von Kindern mit pathologisch zwanghaften Verhaltensweisen, die sie bisweilen bis ins Erwachsenenalter beibehalten.

Man versteht die Laufrituale besser, wenn man sie als Erprobung und Demonstration der Selbstbeherrschung ansieht, als Beweis dafür, daß man in der Lage ist, sich sein eigenes Verhalten vorzuschreiben. Das Kind lernt dabei, daß es bereits eine gewisse Kontrolle, nicht über die Außenwelt, aber wenigstens über seine eigene Betätigung in dieser Außenwelt besitzt. Solche Rituale sind ausschließlich die eigene spontane Erfindung des Kindes. Ihr wesentliches Merkmal besteht darin, daß es sich die Regeln selbst aufstellen und vorschreiben muß. Es kann sich Einzelheiten von anderen Kindern abschauen, und es kann sie ganz nach Belieben jeden Augenblick abändern. Unveränderlich bestehen bleibt jedoch, daß das Kind sich die Regeln selbst vorschreiben und daß es überzeugt sein muß, daß es »magische« Wirkungen erzielen wird, wenn es sie befolgt. Vorschläge anderer Personen in bezug auf die Spielregeln werden abgelehnt. Wenn die Regel darin besteht, daß das Kind auf keine Ritze im Bürgersteig treten darf, wird jemand, der ihm vorschlägt, auf sämtliche Ritzen zu treten, nur ungläubig angestarrt werden.

Die »magische« Dimension des Spiels besteht darin, daß das Kind dabei das Gefühl bekommt, es sei plötzlich sein eigener Herr, obwohl es nur ein Kind und den Restriktionen der Erwachsenenwelt unterworfen ist. Es selbst hat sich die Aufgabe gestellt, und es führt sie ohne fremde Hilfe aus. Was könnte zauberkräftiger sein, als daß man ein einfaches Vorhaben ausführt, das für niemand anderes einen Sinn hat und das einen aus Sklaverei in ein Leben in Freiheit versetzt? Es ist ein wunderbares Geheimnis und um so aufregender, weil niemand sonst dahinterkommt, vor allem kein Erwachsener.

In der Welt eines Kindes ist ein solches Tun nicht kindisch, es ist vielmehr besonders reif, weil es ihm erlaubt, Lenker seines Schicksals zu sein. Das Gefühl der Macht, die es dem Kind verleiht, überzeugt es, daß es in gewisser Weise Herr seiner scheinbaren Herren, der Erwachsenen, ist, die nicht ahnen, was es in Wirklichkeit tut. Daher der Kindervers: »Tritt auf den Ritz, brich der Mutter das Genick« *(»Step on a crack, break my mother's neck«).* Was dem Kind magische Macht über sich selbst verleiht, gibt ihm gleichzeitig auch Macht über seine Eltern.

17. Kapitel

Spiel und Wirklichkeit: ein empfindliches Gleichgewicht

> Unter allen Menschen haben Kinder die meiste Phantasie.
> Sie geben sich rückhaltlos jeder Illusion hin.
>
> Thomas B. Macaulay, *Milton*

Das Spiel ist für Kinder von großer Bedeutung. Trotzdem werden kluge Eltern nicht versuchen, ein sorgfältig aufgebautes Spielprogramm für ihr Kind zusammenzustellen. Das Spiel muß unbedingt spontan sein und von innen her kommen, sonst geht ein großer Teil seines Wertes verloren. Ich möchte das deshalb so besonders betonen, weil die unbewußte Bedeutung des Spiels so oft mißverstanden wurde und gewisse, aus der Verwendung des Spiels in der Kindertherapie gewonnene Einsichten falsch angewandt wurden, so daß es für Erwachsene nur noch schwieriger geworden ist, das Spiel so ernst zu nehmen, wie man es nehmen muß, wenn man das Kind von seinem eigenen Standpunkt aus verstehen will. So kann es zum Beispiel bei der psychotherapeutischen Behandlung eines Kindes vorkommen, daß es aufgefordert wird, eine Spielzeugpistole auf eine Figur abzuschießen. Dies geschieht entweder, um seinen Aggressionen ein Ventil zu verschaffen, oder um deren Ursache und Ziel zu entdecken. Aber das spielt sich in Gegenwart eines Erwachsenen ab, der als Therapeut tätig ist, und es handelt sich um eine therapeutische »Als-ob«-Situation. Wenn dagegen ein Vater oder eine Mutter ihr Kind in einer normalen Spielsituation auffordert, auf jemand anders oder gar auf sie selbst zu schießen, so ist das ein Fehler, weil sie dann das Spiel des Kindes nicht ernst genug nehmen. Wenn sie es ernst nehmen würden, anstatt nur so zu tun, ohne sich Gedanken darüber zu machen, worum es bei dem Spiel geht, könnten sie kaum eine so eindeutige Demonstration von Aggressionen gegen andere oder gar gegen sich selbst ermutigen.

Aber diese Warnung bezieht sich nur darauf, daß wir das Kind nicht dazu ermutigen sollen. Wir können ihm ruhig eine Spielzeugpistole geben, die *es selbst* nach eigenem Belieben oder Gutdünken benutzen kann, sei es zu seinem Schutz oder bei einem aggressiven Spiel. Wenn wir ihm die Pistole geben, erteilen wir ihm damit die Erlaubnis, sie nach Gutdünken zu benutzen, wann und wie es sich das wünscht und es für notwendig hält – mehr aber auch nicht. Noch wichtiger ist jedoch, daß wir ihm damit unser Vertrauen bekunden, daß es sie auf zweckmäßige Weise, ja, sogar vernünftig benutzen wird, so wie es das von seinem Standpunkt aus beurteilt.

Übrigens gilt das für alle Spielsachen, die wir dem Kind in die Hand geben. Damit, daß wir sie ihm schenken, sollten wir lediglich dokumentieren, daß wir einverstanden sind, daß es damit spielt. Wir sollten sie ihm niemals deshalb schenken, weil wir möchten, daß es damit spielt oder daß es damit so spielt, wie es der Hersteller vorgesehen hat. Eine solche Einstellung würde dem Spiel nicht nur seine Spontaneität rauben, was schon schlimm genug wäre, wir würden damit das unter Kontrolle halten, was dem Kind die Möglichkeit geben soll, sich seiner Freiheit zu versichern und etwas selbst in die Hand zu nehmen.

Kinder haben das Bedürfnis, sich von ihren Aggressionen wenigstens im Spiel symbolisch zu befreien, und dazu genügt es, daß wir ihnen Spielsachen in die Hand geben, die sich dazu eignen. Wenn wir ein Kind anspornen, aggressiv zu spielen, üben wir damit – wenn auch auf subtile Weise – eine Kontrolle aus, womit wir höchstwahrscheinlich seine Frustration oder seine Aggression und damit auch sein Bedürfnis nach einer Entladung noch vergrößern, anstatt es davon zu befreien. Wenn sich sein aggressives Spiel andererseits gegen uns richtet – was immerhin möglich ist, wenn auch vielleicht aus keinem anderen Grund, als daß es herausfinden möchte, wie wir darauf reagieren, und nicht, weil es uns verletzen will, nicht einmal im Spiel – und wenn wir nicht richtig darauf reagieren, dann geben wir ihm zu verstehen, daß wir weder es selbst noch seine Aggression wirklich ernst nehmen. Wenn wir uns dagegen von Anfang an sagen: »Es soll ruhig seine Aggressionen abreagieren« und dann versuchen, sein Vorgehen als harmlos hinzustellen (»Auch wenn du mich gerade totgeschossen hast, macht das nichts«), dann zerstören wir mit dieser Einstellung die ernsten Aspekte, die das Spiel für das Kind hat.

Aber sollten die Eltern »zurückschießen«, wenn das Kind auf sie »schießt«? Ganz gewiß nicht! Die Gegenaggression eines Erwachsenen – im Spiel oder im Ernst – hat sich noch nie für das Kind als gut erwiesen. Trotzdem hilft es ihm auch nicht weiter, wenn wir zulassen, daß es uns »totschießt«, ohne entsprechend darauf zu reagieren. Natürlich sollten wir nicht auf das, was das Kind tut, sondern auf seine Absichten reagieren. Nur wenn wir unverzüglich feststellen, was sein Motiv war, können wir entscheiden, ob es die beste Reaktion wäre, sein tapferes Vorgehen zu bewundern – was es für ein tapferer Krieger ist! – oder uns auf dramatische Weise auf den Boden fallen zu lassen oder Angst zu bekunden oder auch das Kind zu fragen, wie es wohl zurechtkommen wolle, wenn wir nicht mehr vorhanden sind. Übrigens kann eine Frage wie diese, wenn sie im richtigen Moment gestellt wird, das Kind viel besser davon überzeugen, daß Schießen und Töten sein Wohlergehen gefährden würde, als theoretische Diskussionen über das Unheil von Krieg und Gewalt. Das kommt daher, daß das Kind in der unmittelbaren Gegenwart und innerhalb des arg begrenzten Bereichs seiner direkten Erfahrung lebt. Kriege, selbst die, welche es im Fernsehen sieht, spielen sich in weiter Ferne ab und haben für das Kind keine Bedeutung, die es begreifen könnte. Und wenn es uns gelingen sollte, ihm die tragischen Folgen eines Krieges klarzumachen, wäre die unmittelbare Wirkung ein überwältigendes Gefühl der Hilflosigkeit. Schließlich ist das Kind ja klug genug, um sich ausrechnen zu können, daß es selbst keinen Einfluß darauf hat, was irgendwo in der Welt vorgeht. Aber auf seine Eltern zu schießen, ist etwas, was das Kind unter seiner Kontrolle hat und was es effektiv beeinflussen kann. Fast jedes Kind ist sich, auch wenn es noch so zornig auf Vater oder Mutter ist und sie im Augenblick noch so gerne los wäre, doch darüber klar, daß es sie nicht für immer verlieren möchte. Kinder wissen sehr gut, wie notwendig sie die Fürsorge und den Schutz ihrer Eltern brauchen und wie schwer sie darunter zu leiden hätten, wenn die Eltern es ihnen heimzahlten oder wenn sie für immer verschwinden würden.

Die Nächstenliebe beginnt zu Hause, und das gilt auch für das Erlernen der Folgen der Aggression. Ein Kind lernt, daß es falsch ist, auf andere Leute zu schießen und sie zu töten, wenn es im Spiel auf seinen Vater oder seine Mutter geschossen hat und hinterher von ihnen gefragt wird, wer ihm nun wohl seine Milch einschenken oder im Laden ein Eis kaufen wird. Eine solche Frage kann ein Kind besser von der Notwendigkeit überzeugen, seine Aggressionen im eigenen Interesse unter Kontrolle zu halten, als eine abstrakte Schilderung der Greuel des Krieges es tun könnte. Wenn man ihm sagt, sein Vorhaben – mit einer Pistole zu schießen – sei unrecht, dann ärgert und frustriert es das, und es gerät in die Defensive. Beim Lernen kommt aber dann etwas Positives heraus, wenn es sich auf die eigenen Erfahrungen gründet und das Kind einsieht, daß Eltern, die es totgeschossen hat, ihm bestimmt nichts mehr nützen können.

Aber wie Eltern auf das »Totgeschossenwerden« auch immer reagieren, sie müssen das Spiel ernst nehmen und dürfen nicht mit guten Ermahnungen oder Gegenaggression darauf reagieren. Wenn Kinder andererseits im Spiel aufeinander schießen, ist die Gegenaggression eine ihrem Alter entsprechende Reaktion, die kaum Schaden anrichtet und vielleicht sogar in gewisser Weise gut ist. Während das Kind seinen Aggressionen Luft machen kann, wenn es auf seine Spielkameraden schießt, sammeln sich in ihm neue Ängste an, wenn die andern Kinder auf es schießen. So kann es schließlich zur Einsicht gelangen, daß jeder verliert, wenn alles erlaubt ist, weil dann der Schütze auch die Zielscheibe ist. Diese wichtige Lektion verfehlt jedoch ihre Wirkung, wenn Erwachsene, im Bestreben, »kein Spielverderber« zu sein, sich von den imaginären Kugeln ihres Kindes durchlöchern lassen, ohne entsprechend darauf zu reagieren.

Es gibt Erwachsene, die auf derartige Schießspiele übertrieben reagieren. Eltern, die diesen Fehler machen, haben meist eher Schwierigkeiten mit ihren eigenen Aggressionen, als daß sie sich Gedanken darüber machen, wie sie ihrem Kind helfen könnten, im Spiel seine Aggressionen loszuwerden, ohne sie lediglich zu verdrängen. Dies gilt auch für die Sexualangst oder für andere Arten von Ängsten, mit denen Kinder durch Schießspiele fertigzuwerden versuchen. Wenn man sie ihnen verbietet, blockiert man damit ein sicheres und notwendiges Ventil. Außerdem erhält das Kind dann nicht die wertvolle Lektion, daß die andern zurückschießen, wenn man sie zu erschießen versucht, und daß deshalb keiner einen Gewinn davon hat.

Es gibt Eltern, die Krieg und Gewalttätigkeiten so sehr verabscheuen, daß sie ihren Kindern jedes Spiel mit Pistolen, Soldaten, Panzern und überhaupt allen Spielsachen, die Kriegsgeräte darstellen, am liebsten ganz verbieten würden. Dieser Abscheu vor der Gewalt ist zwar durchaus verständlich, aber wenn Eltern die Schießspiele ihres Kindes – ohne Rücksicht darauf, aus welchem Grund es sich damit beschäftigt – verbieten oder scharf kritisieren, dann haben sie dabei nicht das Wohl des Kindes im Auge, sondern allein ihre eigenen Bedenken und Ängste. Manche Eltern fürchten sogar, ihr Kind könnte später ein Killer werden, wenn es Freude an solchen Spielen hat. Solche Gedanken sind völlig abwegig und nicht ungefährlich.

Erstens sagt das Schießen mit Spielzeugpistolen genausowenig darüber aus, was aus dem Kind später einmal werden wird, wie das Spielen mit Bauklötzchen ein Hinweis darauf ist, daß ein Architekt aus ihm wird. Zweitens ist vernünftigerweise zu erwarten, daß das Kind durch seine Schießspiele das Gefühl bekommt, daß es sich selbst schützen kann und es auf diese Weise einen großen Teil seiner Aggressionen los wird, die später weniger Anlaß zu dann gefährlicheren Entladungen geben könnten. Schießspiele liefern Ventile für angehäufte Frustrationen und können sie daher reduzieren. Das Kind kann seine aggressiven und feindseligen Gefühle auf diese Weise leichter unter Kontrolle bekommen, als wenn seine Eltern ihre Entladung verhindern und ihre auf symbolische Weise bewirkte Reduzierung unmöglich machen.

Da es bei Gewalttätigkeit darum geht, Aggressionen entweder unter Kontrolle zu halten oder zu entladen, sollten Eltern – ganz gleich, ob Gewalt für sie ein Problem ist oder nicht – alles in ihrer Macht Stehende tun, um zu verhindern, daß ihr Kind sich frustriert fühlt oder feindselige Gefühle sich in ihm aufstauen. Da es nicht möglich ist, Kinder vollständig davor zu schützen – denn das ganze Leben, insbesondere das von Kindern, ist voller Frustrationen –, kann man nur versuchen, nicht dadurch noch neue hinzuzufügen, daß man dem Kind ein Spiel verbietet, das es gern spielen möchte.

Drittens ist das bei weitem folgenschwerere Problem die Einstellung der Eltern, deren offen ausgesprochene oder unausgesprochene Angst, ihr Kind könne ein gewalttätiger Mensch werden. Dieser Gedanke ist für das emotionale Wohlbefinden des Kindes und für sein Selbstwertgefühl weit schädlicher, als das Spielen mit Pistolen es je sein kann. Das kommt vor allem daher, daß es für das Kind so außerordentlich wichtig ist, was seine Eltern von ihm halten. Schließlich gewinnt es in erster Linie durch sie eine bestimmte Meinung über sich selbst. Ihre schlechte Meinung kann einen heftigen Zorn auf sie und die ganze Welt in ihm entfachen,

wodurch seine Neigung, seinen Zorn auszuagieren, noch verstärkt wird, und zwar nicht nur im symbolischen Spiel, sondern in der Realität, nachdem der Betreffende der elterlichen Kontrolle entwachsen ist. Das Kind weiß, daß es mit Pistolen spielen möchte, und wenn seine Eltern meinen, das ließe auf einen künftigen Verbrecher schließen, kann das dazu führen, daß das Bild, das sich das Kind jetzt oder in Zukunft von sich selber macht, schwer verzerrt wird. Wie uns das Beispiel Goethes zeigt, hat das Bedürfnis des Kindes, seine Aggressionen loszuwerden, wenig mit Krieg oder auch nur mit Gewalt auf der Straße zu tun. Meist geht es um Familienprobleme, wie Eifersucht auf seine Geschwister oder Zorn auf die Eltern. Deshalb ist es viel besser, einem Kind die Möglichkeit zu geben, seinen Zorn symbolisch auf Dritte zu entladen – etwa auf andere Kinder, mit denen es *Räuber und Gendarm* spielt –, als daß man es zwingt, seinen Zorn zu verdrängen. Wenn man ihm kein Ventil dafür läßt, wird er weiter in ihm schwelen.
Auch Mädchen leiden, genau wie Jungen, unter allen möglichen Frustrationen, deshalb würde es auch ihnen guttun, wenn sie diesem Zorn im symbolischen Spiel, wie zum Beispiel mit Pistolen, Luft machen könnten. Außerdem würden sie sich nicht auch noch dadurch frustriert fühlen, daß ihnen eine wichtige Art von Spiel vorenthalten wird, während Jungen sich damit beschäftigen dürfen. Wenn auch sie mit Pistolen spielen dürften, würden auch sie sich damit Luft machen. Sie hätten nicht das Gefühl, daß Jungen in dieser Beziehung Mädchen gegenüber im Vorteil sind.
Oft möchte ein Kind hauptsächlich deshalb mit Spielzeugpistolen spielen, weil es sich symbolisch damit schützen möchte. Wenn seine Eltern es daran hindern, bekommt es das Gefühl, daß gerade die, die seine natürlichen Beschützer sein sollten, es einer Bedrohung aussetzen. Und wenn die Eltern ernsthaft befürchten, es könnte ein Verbrecher aus ihm werden, weil es sich so normale Dinge wünscht, wie am Leben zu bleiben, seine feindseligen Gefühle loszuwerden und seine Aggressionen im Spiel auszutoben, wenn solche Eltern ihm dann nicht nur solche Spiele, sondern sogar den Wunsch danach verbieten, dann wird dieses Verbot zu einem verheerenden Angriff auf die Persönlichkeit des Kindes.
Nachdem bereits soviel darüber gesagt wurde, daß Eltern symbolische Spiele, die in der Auseinandersetzung des Kindes mit seinen inneren Nöten eine so wichtige Rolle spielen, nicht verbieten sollten, möchte ich noch einmal betonen, daß es keinen Zweck hat, Kindern irgendein Spiel aufzudrängen oder sie gar aufzufordern, etwa mit einer Spielzeugpistole oder anderem Kriegsgerät zu spielen. Ob und wann sie damit spielen wollen, sollte man Mädchen wie Jungen völlig selbst überlassen. Wenn sie jedoch damit spielen wollen, sollten wir das als ein Spiel akzeptieren, das ihnen in diesem Augenblick wichtig ist und das über ihre Zukunft nichts sagt. Wie stets ist es auch in diesem Fall das Wichtigste für das gegenwärtige und zukünftige Wohlbefinden des Kindes, daß seine Eltern fest überzeugt sind, es sei – was es auch immer im Augenblick spielen mag – ein wertvoller Mensch, und

es werde dies auch als Erwachsener sein. Das wird das Kind mehr als alles andere innerlich so sicher machen, daß es kaum den Drang verspüren wird, sich gegen andere aggressiv zu verhalten.

Wie das Spiel in die Zukunft führt

Je ernsthafter Kinder *alle* Möglichkeiten, die sie interessieren, untersuchen, und je mehr ihre Eltern sie bei *allen* ihren Anstrengungen darin unterstützen, um so besser werden sie später in der Lage sein zu entscheiden, welcher Beruf sich für sie am besten eignet. Viele Kinder beschränken ihr Spiel eine Zeitlang oder sogar jahrelang auf ein bestimmtes Gebiet oder auf einige verwandte Bereiche. Das kann sie später bei ihrer Berufswahl beeinflussen, und dann können glückliche Erinnerungen an ihre Kinderspiele ihrer Arbeit einen zusätzlichen Reiz verleihen. Häufiger jedoch beschäftigt sich das Kind mit bestimmten Spielen, weil es das Bedürfnis hat, sich mit irgendeinem Problem auseinanderzusetzen. Wenn dieses Problem schließlich gelöst ist, verliert es das Interesse an dem Spiel. Es hat dann seinen Zweck erfüllt. Dadurch, daß das Kind sich ganz dieser speziellen Beschäftigung hingegeben hat, scheint es das Problem »losgeworden« zu sein. Wenn es dann später einen völlig anderen Beruf ergreift, als man nach seinen kindlichen Spielen hätte annehmen können, wird es das nicht bedauern, weil es sich jener anderen Tätigkeit bereits ausgiebig gewidmet hat.

Man kann sich oft kaum vorstellen, und man kann es unmöglich voraussagen, inwieweit die anhaltende Konzentration eines Kindes auf gewisse Spiele eine Vorbereitung auf einen späteren, völlig anderen Beruf sein kann. Erst nachher kann man erkennen, wie zielgerichtet die Betätigung des Kindes in Wirklichkeit war. So hatte sich zum Beispiel ein Mädchen von klein auf mit den verschiedensten Stofftieren umgeben. Sie waren unzertrennlich, und sie verbrachte ihre ganze Zeit damit, ausschließlich mit ihnen zu spielen. Als sie in die Schule kam, konnte sie für das Lernen kein Interesse aufbringen – selbst dann nicht, wenn sie dabei etwas über Tiere gelernt hätte. Als Teenager hob sie alle Stofftiere sorgsam auf, doch galt ihr Interesse jetzt der Pflege lebendiger Tiere. Sie verbrachte ihre gesamte Freizeit – und auch die Stunden, die sie eigentlich der Schule oder ihren Hausarbeiten hätte widmen sollen – damit, daß sie sich in Tierheimen aufhielt, wo sie bald zu einer willkommenen Hilfskraft wurde. Sie säuberte die Tierkäfige und verrichtete andere Handreichungen, zu denen sie sich zu Hause nie bequemt hätte, sie spielte mit den Tieren und versorgte sie ausgezeichnet. In dieser Zeit war sie genau wie ihre Eltern davon überzeugt, daß sie einmal Tierärztin werden würde. Die Eltern unterstützten sie in ihrem Vorhaben, denn sie freuten sich darüber, daß ihre Tochter ihre Zeit endlich nutzbringend verwandte und sich auf einen Beruf vorbereitete, mit dem sie – wenn auch mit gewissen Vorbehalten – einverstanden sein konnten. So besuchte das Mädchen das College, um Tierärztin zu werden. Als sie jedoch das Studium fast beendet hatte, verließ sie plötzlich das College und gab sich wieder mit Tieren ab. Aber sie tat es auf eine unsystematische, unwissenschaftliche Weise, es ging ihr darum, sie zu pflegen und zu versorgen. Im Alter von dreißig Jahren erlosch ihre Begeisterung für Tiere, sie hatte plötzlich endgültig genug von ihnen. Sie ging auf die Universität zurück, um Sozialarbeiterin zu werden, und konzentrierte sich nun darauf, mit schwerkranken Menschen zu arbeiten. Erst jetzt begriff sie, daß ihre Hingabe an Tiere nur eine Verlagerung gewesen war, denn bisher hatte sie es sich nicht zugetraut, Menschen pflegen und versorgen zu können. Mit den Tieren hatte sie ihre Angst überwunden, Menschen nicht gut genug betreuen zu können.

Jetzt wurde ihr selbst und allen, die ihre Entwicklung verfolgt hatten, klar, daß sie von ihrer Vernarrtheit in Stofftiere und über ihre Liebe zu richtigen Tieren zur Fürsorge für Menschen fortgeschritten war. Was jetzt so klar auf der Hand lag, war jedoch vorher keineswegs so deutlich zu erkennen gewesen. Unbewußt hatte sie sich mit Tieren vorbereitet und an ihnen getestet, ob sie imstande war, sie zu versorgen, bevor sie das tun konnte, was schon immer ihr unbewußter Wunsch gewesen war: sich um Menschen zu kümmern.

Es ist nicht immer so deutlich zu erkennen, daß das Spiel des Kindes und die Lieblingsbeschäftigung des Heranwachsenden die Vorbereitung auf einen Beruf sein können. Aber im Leben der Menschen, die die Möglichkeit hatten, es selbst zu gestalten, waren die Kinderspiele irgendwie signifikant und bildeten die Grundlage für das, was später zu einem Hauptinteresse wurde.

Solange Kinder noch klein sind, liegt die Frage, für welchen Beruf sie sich einmal entscheiden werden, noch in weiter Ferne. Wichtig ist, ob das kleine Kind an seinem Spiel Spaß hat – nicht als Vorbereitung auf spätere Rollen, sondern weil es ihm im Augenblick etwas bedeutet. Wenn es in der Lage ist, eine seinem Alter entsprechende volle Befriedigung in seiner Tätigkeit zu finden, ist das eine Verheißung dafür, daß es auch in seinem späteren Leben das gern tun wird, was es tut.

Spielsachen als Symbole

Vieles, was zum Spiel der Kinder gehört, können sie nur von ihren Eltern bekommen. Zum Beispiel kann kein Lehrer – und ganz gewiß kein Altersgenosse – einen so tiefen und persönlichen Anteil an ihrem Spiel nehmen wie ihre Eltern. Das Spiel ist in der Gegenwart verankert, aber es greift Probleme aus der Vergangenheit auf und versucht sie zu lösen; auch ist es häufig zukunftsorientiert. So nimmt das Puppenspiel beim kleinen Mädchen seine eventuelle Mutterschaft vorweg und hilft ihm außerdem, mit seinen augenblicklichen Bedürfnissen fertigzuwerden. Wenn es vielleicht eifersüchtig auf ein Geschwister ist, weil dieses von der Mutter umsorgt wird, ermöglicht ihm das Spiel mit seinen Puppen, seine ambivalenten Gefühle auszuleben und zu meistern. Es setzt sich mit den negativen Aspekten auseinander, indem es seine Puppe mißhandelt. So kann es auf symbolische Weise sein Geschwister für die Eifersuchtsqualen bestrafen, deren unschuldige Ursache es ist. Andererseits kann das kleine Mädchen seine negative Einstellung zum Geschwister wiedergutmachen und auch die positiven Elemente seiner Ambivalenz zur Geltung bringen, indem es die Puppe genauso gut versorgt, wie seine Mutter das bei seiner Schwester oder seinem Bruder tut. Auf diese Weise wird es seine Schuldgefühle los und identifiziert sich mit der Mutter. Außerdem identifiziert es sich auch mit der Puppe, wodurch es stellvertretend die Fürsorge empfängt, die seine Mutter dem anderen Kind zuteil werden läßt. So steht das Puppenspielen des kleinen Mädchens auf die vielfältigste Weise mit seiner Beziehung zur Mutter in einem engen Zusammenhang.

Es ist sehr schade, daß kleinen Jungen nur so selten Gelegenheit gegeben wird, mit Puppen zu spielen, und daß es noch seltener vorkommt, daß man es ihnen nahelegt. Viele Eltern haben das Gefühl, daß es nichts für Jungen sei, mit Puppen zu spielen. Aus diesem Grund hindern sie sie gewöhnlich daran, sich auf diese einfache symbolische Weise mit Fragen wie der Geschwisterrivalität und mit Problemen der Familienkonstellation (neben vielen anderen) auseinanderzusetzen. Wenn Eltern sehen könnten, wie eifrig kleine Jungen in der psychoanalytischen Behandlung mit Puppen und Puppenhäusern spielen – bestimmt genauso eifrig und ausdauernd, wie kleine Mädchen das tun –, um ihre Familienprobleme und ihre Ängste durchzuarbeiten, dann würden sie vielleicht eher einsehen, welchen Wert das Spielen mit Puppen für beide Geschlechter hat. Beim Spiel mit einem Puppenhaus werfen zum Beispiel Jungen genauso eifrig wie Mädchen eine Figur, die ein Geschwister repräsentiert, aus dem Haus. Sie stellen eine Figur, die Vater oder Mutter repräsentiert, aufs Dach oder schließen sie im Keller ein. Sie legen beide zusammen ins Bett und setzen eine Figur, die sie selbst repräsentiert, auf die Toilette oder lassen sie das Haus in Unordnung bringen. So führen sie auf mannigfache Art dringende Familienprobleme vor Augen. Sie agieren sie aus und können sie auf diese Weise besser bewältigen.

Wenn man sie gewähren läßt, benutzen Jungen wie Mädchen Puppen mit großem Erfolg dazu, ungelöste Probleme durchzuarbeiten. Sie inszenieren ihre Erfahrungen aus der jüngsten Vergangenheit oder aus ihrer frühen Kindheit. Sie setzen Phantasieerlebnisse in Szene, die sie gern in Wirklichkeit erlebt hätten, oder sie greifen Überreste aus der Vergangenheit auf, die sie noch bewältigen müssen. Manche Eltern, besonders Väter, stehen auf dem Standpunkt, mit Puppen zu spielen sei unmännlich, was aber nicht stimmt. In der Vergangenheit des Jungen gibt es genau wie in der des Mädchens vieles, was am besten durch das Spielen mit Puppen oder mit der Einrichtung von Puppenhäusern, zum Beispiel mit Badewannen oder Klosettschüsseln, zu bewältigen ist – etwa wie sie selbst als Baby gefüttert, gehalten, gebadet und zur Reinlichkeit erzogen wurden. Und es gibt auch für den Jungen aktuelle Probleme wie etwa die Geschwisterrivalität. Und obwohl die

Kinderpflege in seinem späteren Leben wahrscheinlich keine so zentrale Rolle spielen wird wie beim Mädchen, kann sie doch für den zukünftigen Vater recht wichtig sein.

Wenn Eltern sich Gedanken darüber machen, ob ihr Junge durch das Spielen mit Puppen am Ende unmännlich werden könnte, sollten sie einmal zusehen, wie Jungen mit Puppen spielen. Sie spielen nämlich ganz anders mit ihnen als die Mädchen. Wenn ein Junge nicht durch eine schwere Neurose weibliche Wesenszüge angenommen hat, behandelt er Puppen nicht so, wie kleine Mädchen das tun. Er macht das auf eine ausgeprägt männliche Art, er faßt sie aggressiver und weniger rücksichtsvoll an.

Es stimmt zwar, daß Jungen nicht so lange mit Puppen spielen wie Mädchen, auch ist es für sie kein so bedeutsames Erlebnis. Das ist jedoch kein Grund dafür, daß sie sich das, was es ihnen zu bieten hat, ganz entgehen lassen müssen. Tatsächlich bieten Spielsachen, die als typisch für Jungen angesehen werden, diesen vielleicht eine Chance, gegenwärtige Probleme zu bewältigen und Zukünftiges vorwegzunehmen, aber für die Bewältigung von Schwierigkeiten aus der Vergangenheit eignen sie sich weit weniger als Puppen. Wenn die Eltern keine Bedenken haben, daß ihr Sohn mit Puppen spielt, werden sie ihm eine zusätzliche wertvolle Möglichkeit geben, sein Spiel zu bereichern. Dazu genügt es nicht, daß sie solche Spiele nicht verächtlich machen. Da immer noch die Ansicht vorherrscht, daß das Spielen mit Puppen nur etwas für Mädchen sei, müssen beide Eltern positiv dazu stehen, daß ihr Junge mit Puppen spielt, wenn er den vollen Nutzen daraus ziehen soll.

Heute, wo es relativ selten geworden ist, daß Eltern mit einer ebensolchen Begeisterung spielen wie ihre Kinder, gibt es trotzdem noch Spielsachen, die auch in ihnen tiefe Emotionen wecken. Puppen sind wohl das beste Beispiel.

Ganz gleich, ob eine Mutter ihrer Tochter beim Spielen mit Puppen zusieht, ob sie sie dazu ansporn oder aktiv mitspielt, sie wird vermutlich auf mehreren verschiedenen Ebenen tiefen Anteil nehmen. Es erwachen vielleicht Erinnerungen an die eigene Kindheit, in der sie selbst mit Puppen spielte und ihre Mutter mitspielte. Gleichzeitig wird sie fühlen, was es bedeutet, jetzt selbst die Mutter eines kleinen Mädchens zu sein, das mit Puppen spielt. Beim Spielen mit seiner Puppe spürt das Kind irgendwie die bewußten und die unbewußten starken Emotionen seiner Mutter, und es fühlt sich ihr besonders nah, was darauf beruht, daß *beide* innerlich stark beteiligt sind. Dies verleiht dem Spiel eine besonders tiefe Bedeutung, die es ohne die innere Beteiligung der Mutter nicht erreichen könnte. Die Mutter braucht dazu nicht die ganze Zeit körperlich anwesend zu sein, und sie braucht auch nicht immer so unmittelbar mitzuspielen. Es genügt, daß das Kind ihre Anteilnahme stets innerlich vor Augen hat. Ein einziges derartiges Erlebnis mit seiner Mutter kann auf ein kleines Mädchen einen so tiefen Eindruck machen, daß es dieses Bild immer mit sich trägt und es jedesmal reaktiviert, wenn es mit seiner Puppe spielt. Das Kind wird auch weiterhin auf die emotionalen Signale reagieren, die es von seiner Mutter empfangen hat, und es wird sein Puppenspiel mit Gefühlen ausstatten, die aus früheren und gegenwärtigen Erfahrungen mit dem Bemuttertwerden und Mutterspielen stammen. So wichtig die Gefühle des kleinen Mädchens im Zusammenhang mit dem Bemuttertwerden und der Aussicht, selbst später einmal Mutter zu werden, sind – sein Spiel mit den Puppen könnte niemals eine so große Bedeutung für es gewinnen, wenn seine Mutter nicht gelegentlich tiefen Anteil daran genommen hätte, weil es sie an ihre eigene Kindheit erinnerte.

Elterliche Identifikation

Nur wenige Spiele lösen eine so tief persönliche Anteilnahme der Eltern aus wie das Spielen mit Puppen, doch gibt es noch viele andere Aspekte des kindlichen Spiels, die Eltern tief beeindrucken, weil sie in ihnen Erinnerungen und Gefühle aktivieren – besonders dann, wenn das Spiel ihres Kindes sie daran erinnert, daß sie mit dem gleichen Spielzeug oder auf ähnliche Art gespielt haben. Und je älter das Kind wird, um so leichter erinnern seine Spiele die Eltern an ihre eigene Kindheit und um so mehr spiegeln sich darin die elterlichen Vorlieben und Freizeitbeschäftigungen. So macht der Teenager, der ernsthaft Schach spielt, dabei sehr ähnliche Erfahrungen wie sein Vater oder seine Mutter. In der Regel sympathisieren die Eltern mit den Freuden und Sorgen ihres Kindes in der Schule oder auf dem Sportplatz, wobei die Erinnerung an eigene Erlebnisse in ihnen neu erwacht, und das trifft auch zu, wenn ihr Kind nur wenige Jahre später die Schmerzen und Wonnen der ersten Liebe durchlebt. Aber dann hat sich die Persönlichkeit des Jugendlichen bereits weitgehend geformt, und er versucht die Bevormundung durch die Eltern abzuschütteln. Im Teenager-Alter ist der junge Mensch schon allzu deutlich zu einer eigenen Persönlichkeit geworden, als daß seine Eltern viel von sich selbst und ihrer Vergangenheit in sein Spiel hineinsehen oder hineinprojizieren sollten – wenigstens wäre das zu wünschen. Die Spiele von Teenagern können die Eltern zwar an ähnliche Erfahrungen aus dem eigenen Leben erinnern, aber sie können sich nicht mehr so mit ihrem Kind identifizieren, wie sie das noch wenige Jahre zuvor konnten.

Nur im ersten Stadium der Persönlichkeitsbildung, die typischerweise in das Alter fällt, in dem am intensivsten mit Puppen gespielt wird, kann eine Mutter sich einbilden, ihre Tochter sei genauso, wie sie als Kind war, und es werde sich genauso entwickeln, wie sie es erhofft, und werde die Irrtümer und Gefahren vermeiden, denen sie vielleicht selbst nicht ausweichen konnte. Eltern wissen recht gut, daß ihre Kinder höchstwahrscheinlich ein ganz anderes Leben führen werden als sie selbst, und daß sie sich nur, solange sie noch klein sind, ganz mit ihnen identifizieren und Erlebnisse aus ihrer eigenen Kindheit im Spiel ihrer Kinder neu erleben können.

Aber solange wir uns noch mit unseren Kindern durch derartige Erinnerungen identifizieren können, gewinnt das Spiel für beide Teile eine einzigartige Bedeutung, und solange unsere Kinder noch klein sind, können wir uns vorstellen, sie könnten bei ihrer künftigen Entwicklung unseren Weg einschlagen.

Bei älteren Kindern liegen die Dinge etwas anders. Wenn Eltern ihren Sprößling beobachten, wie er am Computer sitzt oder ein Musikinstrument spielt, können sie sich angenehmen Phantasien über seine Zukunft hingeben. Aber es sind die Schulleistungen, die nach Meinung der meisten Eltern am meisten auf künftige Erfolge schließen lassen. Aus diesem Grund verlangen viele Eltern – ohne sich über ihre Motive klar zu sein –, viel zu früh – bereits im Kindergarten oder noch früher – von ihren Kindern entsprechende Fertigkeiten. Sie meinen, das Kind werde dann später, in den höheren Klassen, schnellere Fortschritte machen, aber es gibt für alles im Leben einen richtigen und einen falschen Zeitpunkt. Wenn wir ein Kind vorzeitig zu Leistungen oder zum Erfolg antreiben, erreichen wir damit oft nur das Gegenteil. Kinder lesen oder rechnen zu lehren, bevor sie sechs oder sieben Jahre alt sind, bekommt ihnen meist schlecht. Man kann den Intellekt zwar schon früher stimulieren, doch tut dem Kind das nur gut, wenn es auf eine seinem Alter angepaßte Weise geschieht.

Wenn Eltern ihre Kinder zu früh zu Schulleistungen anspornen, tun sie das oft unbewußt aus dem Wunsch heraus, zukünftige Erfolge vorwegzunehmen. Das macht ihnen Vergnügen, und sie beschwichtigen damit Ängste, die sie vielleicht in dieser Hinsicht bedrücken. Das Hauptübel dabei ist, daß es zu früh geschieht und daher nachteilige Folgen hat. Die meisten Kinder können zwar bereits in frühem Alter lesen, schreiben, zählen und einfache Rechenaufgaben lösen, aber diese Dinge besitzen noch keinen eigentlichen Wert für sie – abgesehen davon, daß ihre Eltern Freude daran haben. Da Dinge, die man in der Schule lernt, für die meisten Kinder noch keine eigentliche Bedeutung besitzen, wenn sie zu früh damit in Berührung kommen, kann das dazu führen, daß sie ihnen auch später keine Bedeutung beimessen können. Aber nur wenn das Kind den inneren Wert dessen erkennt, was es in der Grundschule oder später in der höheren Schule lernen soll, wird es sich eifrig damit befassen. Spornt man ein kleines Kind allzu früh zu Schulfertigkeiten an, macht es diese nur seinen Eltern zuliebe. Wenn es dann später zu Auseinandersetzungen mit ihnen kommt, kann es versucht sein, ihnen damit weh zu tun, daß es in der Schule versagt. Je weniger die Schule einem Kind bedeutet, wenn es zum erstenmal mit ihr in Berührung kommt, um so wahrscheinlicher wird es ihr später den Rücken kehren. Weit besser ist es, daß man es so lange hinausschiebt, dem Kind verstandesmäßiges Lernen zuzumuten, bis es reif genug und sein Intellekt genügend entwickelt ist, daß die Dinge, die es lernen soll, innere Bedeutung für es gewonnen haben.

Viele Eltern, die ihren Kindern schon früh Schulwissen beibringen möchten, versuchen dies auf spielerische Weise, aber für das Kind ist es kein Spiel, wenn es sich vielleicht auch darüber freut, daß die Eltern ihm ihre Aufmerksamkeit widmen.

Manche Eltern betrachten ihr Kind unbewußt so sehr als einen Teil ihrer selbst, daß sie sich nicht vorstellen können, daß das, was sie freut – wie zum Beispiel erfolgreiches Lernen – das Kind nicht freuen könnte. Das ist auch die Erklärung dafür, weshalb viele Eltern ihre Kinder zu sportlichen Leistungen anfeuern. Sie haben echte Freude daran und können deshalb nicht verstehen, daß ihr Kind ihnen zwar Freude bereiten möchte, daß aber mit dem Sport für seinen Geschmack zuviel Druck, Spannung, Anstrengung und Angst vorm Versagen verbunden sind, daß er ihm einfach zuviel abverlangt. Das Kind befindet sich dann in einem Dilemma: Es möchte nicht unter Druck stehen, aber es ist ihm andererseits so wichtig, seinen Eltern Freude zu machen, daß es sich nicht leisten kann, ihnen seine wahren Gefühle zu erkennen zu geben.

Eltern, die sich nicht überlegen, daß ihrem Kind etwas nicht soviel Freude machen könnte wie ihnen, können es damit vor ernste Probleme stellen. Das kann man zum Beispiel beobachten, wenn Eltern mit ihren Kindern herumtoben. Das macht den Kindern Spaß, jedoch nur bis zu einem bestimmten Punkt. Die meisten Babys und Kleinkinder haben Spaß daran, wenn sie in die Luft geworfen und wieder aufgefangen werden, falls dies mit Maßen, sehr vorsichtig und nicht zu lange hintereinander geschieht. Ein solches Spiel in Grenzen gibt ihnen die Gewißheit, daß sie einen Augenblick lang gefahrlos den Kontakt mit ihren Eltern verlieren können; außerdem lernen sie es, darauf zu vertrauen, daß ihre Eltern scheinbar gefährliche Situationen in ungefährliche verwandeln können. Aber manche Eltern lassen sich von *ihrer* Freude an solchen rauhen Spielen fortreißen. Sie können sich nicht vorstellen, daß etwas, das ihnen soviel Spaß macht, dem Kind Angst einjagen könnte, und so gehen sie weit über das hinaus, was auch das Kind erfreut. Wenn etwas aber für ein Kind zu aufregend wird, kann die Aufregung es überwältigen und in Angst umschlagen.

Bei Ringkämpfen, bei denen der Vater sein Kind niederringt, oder beim Schattenboxen hat der Vater Freude an seiner eigenen Kraft und seinen überlegenen athletischen Fähigkeiten. Oft ist er fest davon überzeugt, daß das, was ihn freut, auch dem Kind Spaß machen muß. Aber die Freude des Kindes wird bald durch das Erlebnis seiner Unzulänglichkeit im Vergleich zu seinem Vater getrübt. Es bekommt Angst, weil es soviel schwächer als der Vater und daher vollkommen von ihm abhängig ist und dieser seine Überlegenheit auf bedrohliche Weise ausnützen könnte. So endet das, was so erfreulich begonnen hat, damit, daß das Kind von seiner Angst und seinen Minderwertigkeitsgefühlen überwältigt wird. Der Vater weiß genau, daß er seine überlegene Kraft auf keinen Fall mißbrauchen wird, und meint, sein Kind wisse das auch. Das ist jedoch nicht der Fall. Das Kind weiß nur, daß es ihm zuviel wird.

Daher ist es für Eltern und Kind viel sicherer und lohnender, wenn die Eltern sich an Spielen beteiligen, die das Kind ganz allein ausgewählt hat. Wenn dann noch hinzukommt, daß solche Spiele bei den Eltern die Erinnerung an ähnliche Spiele in ihrer Kindheit wecken und ihnen zuversichtliche Phantasien für die Zukunft ihrer Kinder erlauben, dann kommt es für alle Beteiligten zu einem außerordentlich konstruktiven und beglückenden Erlebnis.

Eltern, die positiv am Spiel ihrer Kinder teilnehmen, flößen ihnen das sichere Gefühl ein, daß diese – wenn sie einmal erwachsen sein werden – die Aufgaben, die das Leben einem Erwachsenen stellt, bewältigen werden. Dieses Vertrauen entsteht in dem Augenblick, in dem das Kind spürt, daß es gut spielt, wobei der Beifall der Eltern wichtig ist. Er trägt mit dazu bei, daß das Spiel als Vorbereitung auf die Zukunft eine wichtige Rolle spielt.

Bis vor kurzem noch stand ein kleines Mädchen, wenn es mit seinen Puppen spielte oder im Haus und in der Familie half, der Tätigkeit seiner Mutter und dem, was sich seine beiden Eltern für seine Zukunft erhofften, sehr viel näher. Heute, wo die Arbeit außerhalb des Hauses für die meisten modernen Frauen eine zentrale Rolle spielt, trifft das nicht mehr zu, und noch weniger gilt es für Jungen, die mit Soldaten, Lastwagen und Eisenbahnen spielen.

Typischerweise spielen die meisten Jungen am liebsten mit Spielsachen, die, wie Autos oder Flugzeuge, etwas Bestimmtes repräsentieren, und sie tun es auf aggressive Weise. Mädchen dagegen spielen lieber mit Spielsachen, die Menschen repräsentieren und die sie versorgen können. Ein Junge dürfte deshalb mehr dazu neigen, sich in Abstraktionen zu verlieren und in eine aggressive, statt in eine fürsorgliche Beziehung zur Welt zu treten. Aber das muß nicht so sein. Wenn seine Eltern sich auch um die aggressiven Spiele ihres Sohnes liebevoll kümmern und sich nicht kritisch dazu einstellen, wird diese fürsorgliche Haltung bei dem Jungen eine ähnliche Einstellung hervorrufen. Und mancher kleine Junge benimmt sich ebenso zärtlich wie seine Schwester, wenn er seine Stofftiere an- und auszieht, wenn er sie badet und schlafen legt.

Deshalb glaube ich, daß diese Wesenszüge nicht ganz, nicht einmal hauptsächlich, geschlechtsbezogen sind, sondern daß es sich im Grunde um eine kulturelle Konditionierung handelt. Die Tatsache, daß es seine Mutter nachahmt, bringt es mit sich, daß das Spiel des kleinen Mädchens mehr auf die Fürsorge für andere Menschen ausgerichtet ist; unser tägliches Leben wird heute großenteils durch diese ganz persönlichen Interaktionen bestimmt. Und Mädchen haben unter unseren modernen Lebensbedingungen eben mehr Gelegenheit, der weiblichen Bezugsperson, d. h. der Mutter, bei deren Mutterpflichten und bei der Hausarbeit zuzusehen und zu helfen, und das selbst dann, wenn die Mutter spät von der Arbeit nach Hause kommt. Dagegen hat der kleine Junge viel weniger Gelegenheit, seinen Vater zu beobachten und an seiner beruflichen Tätigkeit teilzunehmen. Wenn er seinem Vater am Wochenende bei der Arbeit rings ums Haus hilft oder mit ihm angeln geht, läßt sich das in Intensität und Bedeutsamkeit nicht damit vergleichen, daß das kleine Mädchen seine Mutter täglich – wenigstens jeden Abend – bei ihrer Hausarbeit beobachtet und ihr dabei hilft. Auch wenn die Mutter den größten Teil des Tages außer Haus ist, hat das Mädchen Gelegenheit, die meist weibliche Person zu beobachten, die den Haushalt versorgt. Dadurch, daß es im Spiel die Mutter nachahmt und ihr auch tatsächlich bei der Hausarbeit hilft, erwirbt es eine Reihe weiterer Erfahrungen, die es in der Wirklichkeit des Alltags fest verankern und es darauf vorbereiten, später mit dessen Anforderungen fertigzuwerden.

Je mehr ein Kind die Beschäftigungen seiner Eltern als sinnvoll begreift und diese auf einer ihm verständlichen Ebene – am besten aus täglicher Erfahrung – kennenlernt, um so mehr wird es im Spiel das nachahmen, was es bei den Eltern für wichtig hält. Kinder wissen aus eigener Erfahrung, wie wichtig die Arbeit mancher Erwachsener ist, wie zum Beispiel die von Lehrern, Geistlichen, Ärzten oder Krankenschwestern. Kinder, deren Eltern keinen solchen Beruf haben, spielen trotzdem »Doktor« und »Krankenschwester«, einmal weil es ihnen die Möglichkeit gibt, sich gegenseitig zu berühren, und zum anderen weil sie – wenn sie krank sind – selbst erleben, wie wichtig diese Berufe sind.

Wenn auch alle Kinder diese Berufe spielen, wird doch ein solches Spiel für Eltern und Kinder wichtiger, wenn Vater oder Mutter oder beide Eltern eine solche begreifbare Tätigkeit ausüben, weil das die gegenseitige Identifikation erleichtert.

Das Kind eines Künstlers, sagen wir eines Malers, kann beobachten, was sein Vater malt, und wenn es dann selber malt, kann es glauben, wirklich etwas davon zu verstehen. Und ein solcher Vater wird sich mehr als andere Väter dafür interessieren, wenn sein Kind mit Fingerfarben oder einem Pinsel herumkleckst. Da die Computertechnologie es vielleicht bald ermöglichen wird, daß mehr Eltern zu Hause arbeiten, darf man hoffen, daß der Schaden, den die Industrialisierung dem Intimleben von Eltern und Kindern zugefügt hat, teilweise behoben werden kann. Wenn es auch für das kleine Kind ein Buch mit sieben Siegeln sein wird, was sein Vater da mit dem Computer macht, wird es doch, wenn es älter wird, dessen Arbeit viel besser begreifen lernen.

Es steht zu hoffen, daß die gesellschaftliche Entwicklung und die Technologie der Zukunft es den Eltern ermöglichen, mehr zu Hause zu sein. Wenn das einträfe, würde ihre Arbeit, die die meisten Kinder nur vom Hörensagen kennen, viel realer werden. Noch wichtiger wäre, daß die Eltern dann, was ihren Beruf anbelangt, für ihre Kinder etwas genauso Reales würden, wie sie es für sie heute nur zu Hause oder in ihrer Freizeit sind. Damit würde das Leben von Eltern und Kindern in seiner Gesamtheit für beide Seiten erheblich an Wirklichkeit gewinnen. Und dann wäre zu hoffen, daß dies den Eltern hilft, zu verstehen und zu akzeptieren, daß die Welt des Spiels für ihr Kind ebenso real und wichtig ist wie für sie die Welt der Arbeit, und daß man deshalb beiden Welten den gleichen Rang einräumen sollte.

18. Kapitel

Eltern und Spiel: Zweierlei Ansichten

Im Anfang lieben Kinder ihre Eltern;
nach einiger Zeit kritisieren sie sie;
nur selten verzeihen sie ihnen.
Oscar Wilde, *Eine Frau ohne Bedeutung*

Natürlich sind Eltern froh, wenn ihre Kinder in ihr Spiel vertieft sind. Aber freut es sie genauso, wenn sie ins Spiel mit einbezogen werden? Wenn Vater oder Mutter hauptsächlich zufrieden sind, daß ihr Kind spielt, weil sie dann ohne schlechtes Gewissen ihrer Beschäftigung nachgehen können, merkt es das Kind bald. Es erkennt, daß sein Spiel den Eltern nicht sehr wichtig ist, daß sie es aus dem Weg haben wollen. Das mindert sein Selbstwertgefühl und verringert seine Freude am Spiel, und das heißt, daß dieses wenig dazu beitragen wird, seine Intelligenz und seine Persönlichkeit zu entwickeln.

Was die Eltern wirklich vom Spielen halten, spiegelt sich nicht in ihren Worten, sondern in ihrem Verhalten. Oft ist dieses recht wechselhaft. Manchmal geht alles gut: Die Eltern haben gerade nichts zu tun, und das Kind bittet sie, mit ihm zu spielen. Es bekommt wenigstens eine Zeitlang seinen Wunsch erfüllt. Es möchte, daß sein Werk bewundert wird, und auch das geschieht. Aber wenn die Eltern mit etwas beschäftigt sind, was ihre ganze Aufmerksamkeit in Anspruch nimmt, dann lautet die Antwort auf die Bitte des Kindes gewöhnlich: »Jetzt nicht; jetzt habe ich keine Zeit.« Sind die Eltern gut gelaunt, entschuldigen sie sich, bevor sie dem Kind seine Bitte abschlagen, oder sie versprechen ihm, es später zu entschädigen, ein Versprechen, das nicht immer gehalten wird. Sie neigen zu der Ansicht, daß das Kind, wenn es seine Bitte nicht wiederholt, sein Problem entweder gelöst oder vergessen hat. Aber viele Kinder fassen die Antwort: »In ein paar Minuten!« als Abfuhr auf und haben nicht die geringste Lust, sich eine zweite Abfuhr zu holen, wenn sie ihre Bitte wiederholen.

Ein solches Verhalten der Eltern legt den Kindern den Gedanken nahe, daß ihre Betätigung diesen nur selten *genauso* wichtig ist wie ihre eigene und kaum jemals wichtiger. Dagegen ist nicht viel einzuwenden, wenn beide Teile gleich ernsthaft beschäftigt sind. Weshalb sollten die Eltern dann ihre Arbeit liegen lassen und mit ihrem Kind spielen?

Die Situation ist natürlich anders, wenn es sich um einen Notfall handelt – aber in solchen Fällen wenden wir dem Kind natürlich automatisch unsere Aufmerksamkeit zu. Das ist sehr wichtig, wenn ein Kind sich sicher fühlen soll, und es gibt schlaue Kinder, die testen, wie zuverlässig sie sich auf ihre Eltern verlassen können. Andere schützen einen Notfall vor, damit die Eltern zu ihnen kommen, wenn sie ihnen unbedingt etwas sagen oder etwas Wichtiges zeigen wollen. Aber das funktioniert nur einige Male; danach reagieren die Eltern nicht mehr darauf und machen keinen Hehl aus ihrem Ärger, daß sie so hinters Licht geführt wurden – genau wie in der Fabel, in der das Kind einmal zu oft »der Wolf!« gerufen hat. Das ist verständlich. Aber wird ein Vater oder eine Mutter tatsächlich hinters Licht geführt, wenn ein Kind ihnen signalisiert, wie wichtig es ist, daß sie zu ihm kommen – ob es sich nun um einen Notfall handelt oder nicht? Oder – anders gesagt – ist nur das, was *wir* für einen Notfall halten – wie etwa eine Gefahr oder ein Unfall – ein echter Notfall? Oder ist das Bedürfnis des Kindes, sich zu versichern, wie wichtig es selbst und seine Beschäftigung für uns sind, nicht auch ein Notfall?

Wenn die Eltern nur ein wenig mehr Geduld aufbrächten, wenn ihr Kind behauptet, es handle sich um einen Notfall, während es nur sichergehen möchte, daß sie alles liegen und stehen lassen, um zu ihm zu eilen, wenn es das Bedürfnis danach hat – auch wenn sie vielleicht nicht glauben, daß diese dringende Bitte durch die Situation gerechtfertigt ist –, würden sie ihm die Sicherheit geben, daß es ihnen wirklich wichtig ist. Mit dieser größeren inneren Sicherheit des Kindes würde seine Beziehung zu seinen Eltern wesentlich besser. Dieses Resultat dürfte die Unannehmlichkeiten wert sein, positiv darauf zu reagieren, wenn das Kind etwas als Notfall hinstellt, was von unserem Standpunkt aus keiner ist.

Kinder schätzen es sehr, wenn wir im Notfall prompt reagieren, aber sie wissen auch, daß uns meist nur ein Notfall schnell an ihre Seite bringt und nicht unser Interesse an ihrem Spiel. Es wäre ihnen viel lieber, wenn wir um ihretwillen alles stehen und liegen ließen, aber wenn sie größer und reifer werden, sollten sie lernen, daß man vernünftigerweise nicht erwarten kann, daß von zwei intensiv beschäftigten Personen immer der eine seine Tätigkeit unterbrechen und zum andern hineilen soll.

Aber was geschieht, wenn ein Kind ganz in sein Spiel vertieft ist und die Eltern ausgehen wollen? Sie rufen dann, es solle kommen und sich umziehen. Oder vielleicht wollen sie, daß es einen Besucher begrüßt oder zu Tisch kommt. Seine Antwort lautet dann genauso wie unsere in einer analogen Situation: »Jetzt nicht; ich habe jetzt keine Zeit!« Sind wir dann bereit, diese Antwort zu akzeptieren, wie wir das von ihm erwarten? Oder bleiben wir dabei: »Du kommst jetzt, *und zwar sofort!*« Tun wir das, dann ist es uns wieder einmal gelungen, bei ihm den Eindruck zu erwecken, daß wir seine Beschäftigung nicht so ernst nehmen wie die unsere. Noch schlimmer ist es, daß wir ihm dabei gezeigt haben, daß wir sein Tun und Treiben überhaupt nicht ernst nehmen, wenn es uns nicht in unseren Kram paßt.

Obwohl es kein ideales Kriterium ist, messen doch viele den Wert anderer und auch den eigenen daran, was sie tun. Wird ihre Tätigkeit für wichtig gehalten, fühlen sie sich auch selbst wichtig. Das kann unfair sein, und man kann dabei vieles übersehen: Man sollte jemanden danach beurteilen, was für ein Mensch er ist, und nicht nach seinem Beruf oder seinem Status. Aber wenn so viele Erwachsene sich selbst und andere so beurteilen, wie kann man da von einem Kind erwarten, daß es das anders macht? Es mag eine unreife Art sein, einen Menschen so einzuschätzen, aber das Kind *ist* noch unreif. Es hat noch kein deutliches Gefühl für »Was bin ich?« im Unterschied zu »Was tue ich?« entwickelt, und es fühlt sich in dieser Beziehung äußerst unsicher. Wenn das, was ein Kind tut, nicht als wichtig angesehen wird, bekommt es oft das Gefühl, daß man es auch persönlich für unwichtig hält. Daher wird die Einstellung der Eltern zum Spiel ihres Kindes von starkem Einfluß darauf sein, ob es sich später für fähig halten wird, eine Persönlichkeit zu sein und wichtige Dinge zu tun.

Wenn wir das Spiel unseres Kindes wirklich so ernst nehmen würden wie unsere eigenen Aufgaben, würde es uns ebenso widerstreben, es dabei zu unterbrechen, wie wir uns nur ungern bei unserer Arbeit stören lassen. Das gebieten Konsequenz und Fairneß, und wenn wir das Spiel eines Kindes respektieren, wird das unter anderem bewirken, daß es selbst sein Spiel als einen wichtigen Beitrag zum Familienleben auffassen wird.

Ich will damit nicht sagen, daß die meisten Eltern das Spiel ihrer Kinder auf die leichte Schulter nehmen. Schließlich wollen sie, daß ihre Kinder glücklich sind. Sie kaufen ihnen Spielsachen, bringen sie auf den Spielplatz und bemühen sich, ihnen Gelegenheit zum Spielen zu verschaffen. Aber sie kümmern sich leider meistens nur um gewisse Aspekte dieser Spiele, und oft suchen sie Spiele für sie aus, die sie erst spielen wollen, wenn sie erheblich älter sind. Ein Beispiel mag die verbreitete »doppelte Moral« veranschaulichen: Wenn ein Vater und sein Kind miteinander Schach spielen und mitten in einer guten Partie sind, oder wenn ein Vater seinem Sohn bei seiner Tätigkeit für die Pfadfinder behilflich ist, wird der Ruf »Zu Tisch!« kaum je prompt befolgt.

Denn wenn Vater oder Mutter sich am Tun ihres Kindes selbst beteiligen, haben sie volles Verständnis dafür, wie wichtig es ist. Als Mitspieler nehmen sie eine völlig andere Haltung dazu ein wie als Eltern. Im ersten Fall wird der Vater in den Protest seines Kindes einstimmen, daß das Spiel unmöglich einfach unterbrochen werden könne. Im zweiten Fall wird er darauf bestehen, daß das Kind das, was es gerade tut, unterbricht und dem Ruf zu Tisch unverzüglich gehorcht. Das Kind registriert diesen Unterschied und sagt sich niedergeschlagen, daß wir sein Spiel nicht wirklich ernst nehmen – oder nur dann, wenn es auch uns wichtig ist, ohne Rücksicht darauf, was es ihm bedeutet.

Gemeinsam ins Spiel investieren

Was ein Kind bei seinen verschiedenen Spielen zu lernen versucht – zum Beispiel beim erwähnten Blindekuhspiel, in dem es zeitweise die Orientierung verliert –, ist natürlich für Erwachsene nicht mehr so wichtig, denn sie verfügen sicher über diese Fähigkeiten. Deshalb können wir die tiefe Befriedigung nicht nachempfinden, die unser Kind erlebt, wenn es im Spiel bedrängende Probleme seines Lebens lösen kann. Aber wenn wir wirklich verstehen, was ihm solche Spiele bedeuten, können wir seine Freude zumindest begreifen. Wir können uns dann mit ihm darüber freuen, daß es ihm gelingt, wesentliche Erfahrungen zu sammeln, und wir können Respekt vor seinen Versuchen haben, auf diese Weise Antworten auf die existentiellen Fragen zu finden, die es quälen. Fragen nach der Beständigkeit der Dinge oder nach den Absichten anderer Personen gehören zu den im Spielalter zu lösenden Rätseln, die keineswegs auf die frühe Kindheit beschränkt bleiben.

Obwohl es zweifellos wichtig ist, daß wir Kinder zum Spielen motivieren, tun wir ihnen doch keinen Gefallen damit, wenn wir nur aus Pflichtgefühl mit ihnen spielen. Wenn wir nur mit ihnen spielen, weil wir das *eigentlich sollten,* ist das einfach nicht dasselbe, wie wenn wir innerlich beteiligt sind oder auch nur die Wichtigkeit seines Spiels anerkennen. Diese Unsicherheit in bezug auf die Absichten der Eltern verdirbt den Kindern oft die Freude am Spiel. Viele Erwachsene – Eltern wie Lehrer – neigen dazu, mit Kindern aus Gründen zu spielen, die außerhalb des Spiels liegen. Sie wollen sie zerstreuen, unterhalten, erziehen, psychologisch untersuchen oder lenken. Aber das ist nichtdas, was das Kind will. Wenn es nicht allein ums Spielen geht, verliert das Spiel für das Kind viel von seiner Bedeutung, und es empfindet die Beteiligung der Erwachsenen als bedrückend. Es spürt den Zweck, den der Erwachsene verfolgt, und ärgert sich darüber, daß dieser vorgibt, spielen zu wollen.

Die pädagogischen Spiele, die vielen Eltern so sehr am Herzen liegen, sind ein gutes Beispiel dafür. An sich ist nichts gegen sie einzuwenden, wenn der Nachdruck ganz auf der Freude am Spiel und nicht auf der pädagogischen Absicht liegt. Solche Spiele werden erst problematisch, wenn die Eltern das in den Vordergrund stellen, was das Kind angeblich dabei lernen soll, anstatt es mit dem Material so spielen zu lassen, wie es das möchte. Pädagogische Spiele werden zu einem Unfug, wenn man von einem Kind verlangt, das zu lernen, was das Spiel bezweckt, und es nicht lernen läßt, was es gerade lernen möchte. Es muß jedes Spiel so benutzen dürfen, wie es möchte, und nicht so, wie Eltern, Lehrer oder Hersteller es für angebracht halten.

Es ist erstaunlich, was ein Kind lernen kann, wenn es mit einer Papprolle spielt, um die einstmals Toilettenpapier gewickelt war, und wie konstruktiv, phantasievoll und lehrreich das Spielen mit leeren Schachteln sein kann. Früher, als der Zwirn noch auf Holzspulen aufgewickelt war, benutzten kleine Kinder diese Spulen als Bauklötze, hatten ebensoviel Freude daran und lernten auch genausoviel dabei wie heute mit speziell angefertigten Bausteinen. Tatsächlich dürften sie sogar noch mehr profitiert haben, da sie wußten, daß diese beim Nähen eine Funktion hatten. Daher war die Spule für Kind und Mutter etwas Wichtiges, während Baukästen nur dem Kind etwas bedeuten.

Manche Eltern spüren instinktiv, wie wertvoll es für Kinder ist, wenn man mit ihnen zusammen Spielsachen bastelt, auch wenn sich Kinder nicht immer bewußt sind, warum sie dies motiviert. Durch die Gemeinsamkeit erhöhen sie die Freude ihres Kindes am Spiel. Da Eltern heute mehr Freizeit und mehr Freude am Basteln haben, können sie sich die Zeit nehmen, zu ihrem eigenen Vergnügen Spielzeug für ihre Kinder herzustellen, etwas, was bereits ihre Eltern und Großeltern, wenn auch notgedrungen, getan haben. Solche Eltern erleben dann, daß ihnen das Spielzeug, das sie mit eigenen Händen geschaffen haben, ans Herz wächst. Nicht nur die Arbeit, sondern auch die Vorstellung, daß ihr Kind mit diesem Spielzeug spielen wird, macht ihnen Spaß. Damit investieren sie etwas, was weiterwirken wird, wenn sie mit ihrem Kind spielen oder ihm beim Spielen zusehen.

Andere Eltern stellen mit ihren Kindern zusammen Spielzeug her. Sie sammeln zum Beispiel gemeinsam Holzabfälle und überlegen sich dabei, welche Form sie ihnen geben wollen. Dann wird das Holz bearbeitet, und vielleicht fordert das Kind ein paar Freunde auf, dabei zu helfen und sich auch später am Anmalen und Lackieren zu beteiligen. Kein im Laden gekaufter Baukasten ist auch nur annähernd so bedeutungsvoll wie diese sichtbaren und greifbaren Beweise für das, was Eltern und Kinder gemeinsam an Zeit, Einfallsreichtum und Gefühlen investiert haben.

Und dieses Gemeinsame ist ein so wichtiges Band, daß es demgegenüber kaum eine Rolle spielt, daß das Interesse der Eltern, mit dem Produkt ihrer Arbeit zu spielen, nachher nicht ganz so groß ist wie das ihrer Kinder.

Wenn Eltern zu bewußten Erziehern werden

Solche gemeinsamen Beschäftigungen können eine Zeitlang ausgezeichnet funktionieren, dann aber sehr problematisch werden. Ein Beispiel dafür ist folgende Geschichte, in der glückliche, aber weit mehr unglückliche Erinnerungen einen sehr erfolgreichen Mann sein ganzes Leben lang verfolgten. Der Vater dieses Mannes war ein passionierter Briefmarkensammler. Daher brauchte man seinen Sprößling kaum dazu anzuspornen, auch seinerseits eifrig Briefmarken zu sammeln. Als er noch ein kleiner Junge war, imponierte es ihm natürlich, daß sich sein Vater so hingebungsvoll damit beschäftigte, und der Vater förderte das Interesse seines Sohnes. Eine Zeitlang machte es dem Kleinen ein ungeheures Vergnügen, auf dem Boden kauernd mit *seinen* Briefmarken herumzuspielen, während sein Vater an seinem Schreibtisch mit seinen eigenen Briefmarken beschäftigt war. Der Kleine hing seinen Phantasien nach, die er um die Briefmarken herumspann. Er war überzeugt davon, daß er etwas genauso Wichtiges machte wie sein Vater, wenn nicht genau das gleiche. Es machte ihn glücklich, so zu sein wie sein Vater und dasselbe zu tun wie er. Das waren die glücklichen Erinnerungen. Vater und Kind gingen derselben Beschäftigung nach – jeder seinem Alter entsprechend.

Dann aber fing der Vater an, darauf zu bestehen, daß sein Sohn sich ernsthaft mit Briefmarken beschäftige und alles lerne, was man beim Briefmarkensammeln wissen muß. Das war für den Jungen ein schlimmer Schock und eine große Enttäuschung, denn er hatte bis zu diesem Augenblick geglaubt, daß das, was er mache, bereits eine ernste Beschäftigung sei. Jetzt durfte er beim Briefmarkenordnen nicht mehr seinen Phantasien nachhängen, sondern er sollte systematisch sammeln wie die Großen – wie sein Vater. Was zuvor ein starkes Band zwischen Vater und Sohn gewesen war, wurde schnell zu einer Ursache ständigen Ärgers, da der Vater darauf bestand, daß der Junge »richtig« mit den Briefmarken umging. Das begriff der Kleine nicht, denn es verlangte zuviel Geduld von ihm und viel mehr Kenntnisse, als er besaß.

Solange er seinen Tagträumen hatte nachhängen dürfen und der Vater ebenfalls mit seinen Gedanken beschäftigt über seinen eigenen Briefmarken saß, machte das Sammeln beiden Spaß. Aber als der Vater sich als Erzieher gebärdete und seinen Sohn nicht mehr nur durch das Beispiel seines eigenen Engagements zu belehren versuchte – wodurch er zunächst das Interesse des Jungen gewonnen hatte –, sondern ihn dazu antrieb, Briefmarken so wie Erwachsene zu sammeln, kam es zu ständigen Streitereien. Der Junge fühlte (mit Recht), daß er die Anforderungen seines Vaters nie würde erfüllen können, und der Vater hatte das Gefühl, daß sein Sohn nicht alles aus dem Briefmarkensammeln »herausholte«, was möglich gewesen wäre. Noch Jahrzehnte später, als der Junge längst erwachsen war, war er immer noch traurig, daß eine gemeinsame Beschäftigung, die sie eine Zeitlang so innig miteinander verbunden hatte, zu einer Quelle tiefer Enttäuschungen geworden war.

Viele Eltern lassen sich, wie dieser Vater, von den Fragen ihres Kindes, wie es etwas machen soll, oder von ihrem Wunsch, daß ihr Kind etwas besonders gut machen soll, fortreißen. Sie beantworten diese Fragen dann in allen technischen Einzelheiten und machen den von vornherein zum Scheitern verurteilten Versuch, dem Kind schwierige Kunstgriffe und Einzelheiten beizubringen, anstatt ihm auf eine seinem Alter entsprechende Weise weiterzuhelfen. Das Kind möchte schon Sachkenntnisse erwerben, aber es kann das nur Schritt für Schritt auf seine Art, und es braucht seine Zeit dazu. Wenn man Kindern vorzeitig einen Professionalismus aufdrängt, kann er ihnen die Lust verderben, so daß aus ihrem ursprünglichen Engagement ein bloßer Zeitvertreib wird.

Das Tragische dabei ist – eine Tragödie, die sich im Leben von Kindern übrigens weit häufiger ereignet, als Eltern ahnen –, daß die Absichten des Vaters gut waren:

Er wollte das Briefmarkensammeln für sich und seinen Sohn zu einer gemeinsamen Beschäftigung machen. Auch der Junge hatte den Wunsch, etwas zu tun, was ihn noch enger mit seinem Vater verbinden würde. Aber als der Vater ihm den Eindruck vermittelte, daß das, was er tat, den Maßstäben des Vaters nicht gerecht wurde, wurde er nicht nur in bezug auf das Briefmarkensammeln und das, was es ihm bieten konnte, enttäuscht, sondern auch in bezug auf sich selbst.

Sie sammelten weiter gemeinsam Briefmarken, jedoch nur noch eine kurze Zeitlang. Der Vater war enttäuscht darüber, daß seine Bemühungen nichts fruchteten und nur zu gegenseitigem Ärger führten. Der Junge war noch enttäuschter, weil ihm das, was sein größtes Vergnügen gewesen war, jetzt keinen Spaß mehr machte. Noch schlimmer aber war seine Enttäuschung über sich selbst. Bis zu dem Augenblick, in dem sein Vater beschlossen hatte, daß sein Sohn von jetzt ab »ernsthaft« Briefmarken sammeln solle, war der Junge auf sich selbst stolz gewesen. Jetzt fühlte er sich minderwertig, unfähig, das zu leisten, was man von ihm erwartete.

Jahre später, nach dem Tod seines Vaters, wurde der Sohn weit erfolgreicher in seinem Beruf, als es sein Vater je gewesen war. Aber immer noch mußte er gegen seine Minderwertigkeitsgefühle ankämpfen, die seiner Ansicht nach auf dieses niederschmetternde Erlebnis zurückzuführen waren. Später traute er sich selbst nicht, wenn er glaubte, etwas gut gemacht zu haben. Die meisten Erinnerungen an seinen Vater waren ein Gemisch seiner nostalgischen Sehnsucht nach dem Paradies, in dem er gelebt hatte, bevor sein Vater glaubte, ihm beibringen zu müssen, wie man als Erwachsener Briefmarken sammelt, und seinem Kummer darüber, daß er plötzlich kritisiert wurde und sich minderwertig fühlte. Er konnte dieses Gefühl gerade darum nicht loswerden, weil er bis zu dem Zeitpunkt, an dem sein Vater in ihm den Eindruck erweckt hatte, daß er seine Sache nicht gut genug machte, so glücklich gewesen war.

Wir alle möchten gern glauben, daß unsere Kinder sich später im Leben daran erinnern werden, daß wir uns Mühe gaben, ihnen zu helfen, ihre Sache gut zu machen. Diese Hoffnung ist oft das Motiv dafür, daß Eltern, wie jener Vater, sich wie gewissenhafte Pädagogen benehmen. Aber bei der Unsicherheit vieler Kinder ist es leider wahrscheinlicher, daß die Kritik ihrer Eltern einen viel stärkeren und nachhaltigeren Eindruck auf sie macht als deren bewußtes Bemühen, ihnen beizubringen, wie »man es macht«. Die Kinder nehmen eine solche elterliche Kritik stets persönlich, da sie noch nicht die Objektivität von Erwachsenen besitzen.

Was in unserem Beispiel vom Briefmarkensammeln geschah, kann sich auch in zahllosen anderen Situationen ereignen, zum Beispiel wenn Eltern versuchen, ihr Kind zu einem Star in der Jugendfußballmannschaft zu machen. Bei einem ernsthaften, zielorientierten Training geht wahrscheinlich einiges verloren – zum mindesten die Lust am Spiel. Und paradoxerweise kann eine falsch orientierte intensive Förderung durch die Eltern die Ursache für eine spätere unheilvolle Entwicklung sein. Die einander widerstreitenden Motive von Eltern und Kind, die beim Spiel beginnen, wenn die Eltern ehrgeiziger sind als ihr Kind, können später zu der sogenannten Kluft zwischen den Generationen führen. Und das kann gerade bei Eltern geschehen, die überzeugt sind, daß zwischen ihnen und ihren Kindern niemals eine Kluft entstehen wird, weil sie ihnen immer das beigebracht haben, was sie zu lernen wünschten. Natürlich möchten Kinder lernen, aber sie wollen ihr eigenes Tempo bestimmen. In ihrer Phantasie möchten sie alles genauso machen wie ihre Mütter und Väter – aber ihre Phantasien über das, was die Eltern tun, unterscheiden sich stark von der Wirklichkeit. Kinder können das nicht begreifen, aber Eltern sollten es verstehen. Wenn man glaubt, die Phantasien über eine bestimmte Tätigkeit oder die Tätigkeit selbst könnten für Eltern und Kind identisch sein, so läßt man den in Wirklichkeit vorhandenen Altersunterschied unberücksichtigt.

So hat es schon immer Spielsituationen gegeben, in denen ein Erwachsener die Freude des Kindes an dieser Betätigung nicht ganz teilen kann – und das wird auch in Zukunft so sein. Wir können nicht wie ein Kleinkind begeistert jubeln, wenn es unzählige Male kleine Plastikkugeln in eine Milchflasche fallen läßt oder ein Spielzeug mit all der Aufmerksamkeit im Haus herumzieht, die eine so wichtige Tätigkeit in seinen Augen verdient. Es sind dies Situationen, bei denen nur unser Verständnis für die Bedeutung, die das Spiel für das Kind besitzt, und unsere Freude an seinem Vergnügen eine Brücke zwischen uns bauen können.

In gewisser Hinsicht ist aber der Unterschied zwischen dem Spiel des Kindes mit seinen endlosen Wiederholungen und der Beschäftigung eines Erwachsenen, wenn er eine Angel (auf eine für einen Uneingeweihten kaum verständliche Weise) immer wieder auswirft, nicht so groß. Inwiefern unterscheidet sich das Auswerfen der Angel, das für den Angler eine höchst interessante, sinnvolle Tätigkeit ist, vom Spiel des Kindes mit seinen endlosen Wiederholungen? Natürlich muß der Erwachsene bei seinem Zeitvertreib besonders geschickt sein und über das Angeln im allgemeinen gut Bescheid wissen, aber auch das Kind hat bei seinem Spiel seine Erfahrungen gemacht, und die winzigen Abänderungen beim Schieben und Ziehen des Lastautos nehmen seine Aufmerksamkeit nicht weniger in Anspruch als den Angler die verschiedenen Möglichkeiten, die Angelschnur auszuwerfen.

Vielleicht sollten wir das bedenken, wenn wir dem Kind bei seinem scheinbar monotonen Spiel zusehen. Es könnte uns daran erinnern, wie sinnvoll gewisse sich immerzu wiederholende Verhaltensweisen für Erwachsene sind, wenn wir dann auch eher von »Sport« als von »Spiel« sprechen. Jedenfalls können wir, wenn wir unseren Kindern bei ihrem Spiel zuschauen, uns an ihrer Freude, ihrer Intelligenz, ihrer Ausdauer, ihrer Geschicklichkeit, ihrem netten Aussehen und ihrem Charme freuen. Solange wir an unsern Kindern, aus welchem Grund auch immer, Spaß haben, werden sie das als Freude an ihrem Spiel auffassen, denn sie selbst haben Freude daran – und dies um so mehr, wenn wir sie und ihre Bemühungen loben. Wenn Eltern und Kinder auch verschiedener Auffassung darüber sind, entsteht doch ein gemeinsames emotionales Erlebnis, das – wenn es sich oft genug wiederholt – zu einer lebenslangen Bindung führt.

Das gemeinsame Spiel

Trotz allem bisher Gesagten liegt es auf der Hand, daß Eltern nicht immer unmittelbar nachempfinden *können,* was Kinder beim Spielen erleben. Aber es wird ihnen helfen, die verschiedenen Bedürfnisse, Befürchtungen und Wünsche zu erkennen, die ihr Kind in das Spiel einbringt, wenn sie sich klarmachen und es akzeptieren, daß diese Unterschiede vorhanden sind.

Fast jede Mutter wird sich mit Vergnügen an die Phantasien erinnern, die sie als Kind mit ihren Puppen durchspielte: wie zärtlich sie sie versorgte und wie zornig sie sie gelegentlich verhauen hat. Eine solche Mutter wird ihre eigenen Kinder mit Puppen versorgen; sie wird ihnen vielleicht sogar hübsche Puppenkleider nähen. Aber wie viele Stunden lang ist diese Mutter auch bereit, gemeinsam mit ihrem Kind mit Puppen zu spielen?

Heutzutage meinen Mütter, sie hätten Wichtigeres zu tun, als sich mit solchen Spielen abzugeben. Wenn sie sich auf diesen Standpunkt stellen, bringen sie sich selbst um Erlebnisse, die sich als beträchtlich bedeutungsvoller erweisen könnten, als sie sich das vorstellen. Wenn sich eine Mutter zum Beispiel die Zeit nehmen würde, geruhsam mit ihrem Töchterchen zu spielen, wäre sie sicher fasziniert von den Geschichten, die ihr Kind für seine Puppen erfindet, und über das, was es seine Puppen erleben läßt. Es würde ihr vielleicht Geschichten ins Gedächtnis zurückrufen, die sie sich als Kind für ihre Puppen ausgedacht hat, und sie würde möglicherweise Aspekte in ihrer Kindheit entdecken, die ihr bisher noch unbekannt waren oder die sie längst vergessen hatte. In diesem Fall werden Parallelen und Unterschiede in bezug auf ihre eigenen Phantasien als Kind und die ihres Töchterchens ihr vieles klarwerden lassen, und sie wird ein unmittelbares Gefühl dafür bekommen, wie ihr Kind sich selbst erlebt. Es ist schade, daß so viele Mütter völlig vergessen haben, wie ihnen zumute war, als sie *ihre* Mutter baten, mit ihnen zu spielen, wie sie sich freuten, wenn sie es tat, und wie enttäuscht sie waren, wenn sie nicht mitspielen wollte.

Wir haben es hier mit einem wichtigen Aspekt des Spiels zu tun, der oft übersehen wird: Für das Kind und sein Spiel ist es bedeutsam, ob es dabei seine Erfahrungen mit einem Erwachsenen austauschen kann, der sich an seine Kindheitserlebnisse bei diesem Spiel erinnert. Die meisten Kinder haben ausreichend Gelegenheit, mit anderen Kindern zu spielen – sowohl spontan als auch bei organisierten Spielen im Kindergarten oder auf Spielplätzen –, und sie hätten auch Zeit genug, daheim zu spielen, wenn es das Fernsehen nicht gäbe. Aber Eltern, selbst solche, denen das

Fernsehen Sorge bereitet, denken oft nicht gründlich genug darüber nach, weshalb ihr Kind so davon hypnotisiert ist. Der häufigste Grund ist, daß das Kind seiner Einsamkeit entrinnen möchte und wenigstens mit imaginären Personen auf dem Bildschirm in Kontakt kommen möchte, wenn ihm schon wirkliche Personen nicht erreichbar sind. Wenn seine Beziehungen zu seinen Eltern nicht ernsthaft gestört sind oder seine Fähigkeit, andere Beziehungen anzuknüpfen, schwer beeinträchtigt ist – wobei es sich in beiden Fällen um emotionale Störungen handelt –, wird jedes Kind sehr viel lieber mit richtigen Menschen in einer realen Umwelt zusammen sein als mit Phantasiegestalten auf dem Bildschirm. Für sich allein zu spielen, was ihm seine Eltern oft anstelle des Fernsehens vorschlagen, kann dieses Bedürfnis nicht befriedigen, und es kann andere Menschen nicht ersetzen – selbst imaginäre nicht, wenn wirkliche nicht zur Verfügung stehen.

Wenn Menschen, die in einer Zeit aufwuchsen, als das Fernsehen zu Hause noch nicht allgegenwärtig war, sich zurückerinnern, fällt ihnen ein, daß sie sich die Zeit mit Spielen zu vertreiben wußten, und sie fragen sich, weshalb moderne Kinder offenbar nicht mehr spielen können und sich lieber vor den Fernseher setzen. Aber sie vergessen meist, sich zu fragen, was sie selbst wohl getan hätten, wenn ihnen ein Fernseher zur Verfügung gestanden hätte. Aller Wahrscheinlichkeit nach hatten auch sie oft das Bedürfnis nach einem Austausch mit anderen Menschen, und wenn sie keine Gelegenheit dazu hatten, suchten sie einen Ersatz in ihrer Phantasie. Sie spielten dann mit Puppen, Soldaten oder anderen Figuren, weil ihnen imaginäre Interaktionen mit Personen wie im Fernsehen noch nicht zur Verfügung standen. Möglich ist auch, daß diese Kinder, bevor es das Fernsehen als Ausweg für diese Bedürfnisse gab, nachdrücklicher darauf bestanden, daß ihre Eltern oder ihre Geschwister mit ihnen spielten, so daß sich ihr wahrer Wunsch doch noch erfüllte.

Viele Kinder, die von ihren Eltern im Stich gelassen werden, bestehen heute nicht mehr darauf, daß diese mit ihnen spielen, sondern wenden sich niedergeschlagen dem Fernseher als der zweitbesten Gelegenheit zu, wenigstens mit imaginären Personen Kontakt zu haben. Schade ist nur, daß diese Kinder nicht mehr die Möglichkeit haben, intime Bindungen mit den wichtigsten Personen ihres Lebens – ihren Eltern – durch gemeinsames Spielen einzugehen, was für Eltern und Kinder gleich interessant und bedeutungsvoll wäre.

Da heutzutage viele Kinder bereits viel früher in den Kindergarten gehen und dort Gelegenheit zum Spielen haben, fragt es sich, weshalb das kein Ersatz dafür sein kann, daß sie mit ihren Eltern spielen. Die Antwort auf diese Frage ist sehr einfach: weil diese Spielkameraden keine Eltern sind. Nichts, was jemand anderes sagt oder tut, läßt sich für das Kind an Bedeutung mit dem vergleichen, was seine Eltern sagen oder tun. Das kleine Kind braucht unbedingt das Lob seiner Eltern – nichts stärkt sein Selbstwertgefühl mehr und nichts stürzt es in tiefere Verzweiflung als ihr mangelndes Interesse oder ihre Kritik. Das gilt um so mehr, je jünger das Kind noch ist. Deshalb erlebt es sein Spiel nur dann als wirklich wichtig und der Mühe wert, wenn die Eltern Anteil daran nehmen. Ohne das ist das Spiel nur eine »Kinderei« ohne Relevanz – etwas, was eine Kindergärtnerin oder ein Babysitter tut, weil es ihr Job ist und weil es die Kinder ruhighält.

Ein Kind will aber nicht »ruhiggehalten werden«. Es fühlt die Notwendigkeit und hat den Wunsch, Dinge zu tun, die ihm wichtig sind. So ist es zum Beispiel für ein kleines Kind immer interessant, den Inhalt einer Tasche durchzustöbern – und nichts ist so interessant, wie die Tasche der Mutter umzustülpen. So faszinierend die Geheimnisse der Erwachsenen im allgemeinen sind, gibt es doch keine interessanteren als die der Eltern. Das Kind ist schon neugierig, was andere Leute in ihren Schränken und Schubladen haben, aber viel neugieriger ist es auf das, was die Schubladen seiner Eltern enthalten. Was andere Leute tun und haben, wie sie ihr Leben gestalten – all das wird wichtig, wenn das Kind anfängt, sich für die Unterschiede der Lebensgestaltung in seiner Familie und in anderen Familien zu interessieren. Aber zunächst möchte es wissen, was bei ihm zu Hause geschieht.

Der Inhalt der mütterlichen Tasche kann noch so harmlos sein, für das Kind ist es aufregend und wichtig, damit zu spielen. In seinen Augen ist ihre Tasche bedeutungsvoll, weil sie sie immer bei sich hat und fest an sich drückt, um sie nicht zu verlieren. Wenn wir es von diesem Standpunkt aus betrachten, wird es uns Freude machen, wenn unser Kind sich unbedingt über unseren Besitz informieren möchte. Und wir können darüber hinaus die tiefere, symbolische Bedeutung zu verstehen suchen, die dieses Stöbern für es hat. Kinder sind sich nicht bewußt, aus welchem Motiv heraus sie die Tasche der Mutter durchsuchen, aber es gibt Hinweise darauf, welche verborgene Bedeutung hinter diesem dringenden und natürlichen Wunsch steckt, den Inhalt von Mutters Tasche und der elterlichen Kommode zu erforschen. Psychoanalytische Untersuchungen haben ergeben, daß dieses Durchsuchen – insbesondere von Mutters Tasche – sehr viel mit der sexuellen Neugier des Kleinkindes zu tun hat. Aber es handelt sich dabei um Sexualität auf seiner kindlichen Ebene – nicht um Sexualität in unserem Sinn.

Es ist in diesem Zusammenhang erwähnenswert, daß auch das Spielen mit Pistolen, insbesondere mit Wasserpistolen, oft mit den Bemühungen des Kindes, die Funktion der männlichen Genitalien zu verstehen, im Zusammenhang steht. (Dies gilt hauptsächlich für Jungen – unter anderem deshalb, weil man Mädchen – sehr zu ihrem Nachteil – nur selten Gelegenheit zu solchen Spielen gibt.) Es geht dem Kind dabei nicht darum, was Erwachsene unter Sexualität verstehen, sondern darum, was kleine Jungen und Mädchen unmittelbar über die Funktion des Penis wissen – das Urinieren. Denn das ist ungefähr alles, was das kleine Kind darüber weiß. Da kleine Mädchen sich genauso dafür interessieren wie kleine Jungen, sind Spielsachen, aus denen Wasser spritzt (einschließlich Wasserpistolen), für beide Geschlechter höchst interessant. Das intensive Interesse von Jungen und Mädchen an der Handtasche ihrer Mutter steht in unbewußtem Zusammenhang mit ihrer Neugier, was wohl in der Vagina versteckt sein könnte und welche Geheimnisse es da zu entdecken gibt. Kinder reimen sich zusammen, daß *sie* auf geheimnisvolle Weise darin waren – wer weiß, was für andere Geheimnisse noch zu entdecken sind? Auch in diesem Fall wird das Sexualorgan nicht im Sinn der Erwachsenen verstanden, sondern auf kindliche Weise. Alle Kinder möchten gern wissen, wozu die Sexualorgane gut sind und wie es wohl zu den beiden interessanten Varianten gekommen ist. Das möchten sie gern herausbekommen, und darüber möchten sie aufgeklärt werden – und nicht darüber, was die Erwachsenen beim Geschlechtsverkehr machen.

Wenn wir es stillschweigend zulassen, daß Kinder Schubladen und Handtaschen durchstöbern und daß sie mit Spielsachen spielen, aus denen Wasser spritzt, befriedigen wir damit auch die ihrem Alter entsprechende sexuelle Neugier. Wir geben ihnen zu verstehen, daß Sexualität etwas ist, wofür sie sich mit Recht interessieren. Steht man dagegen einem solchen Verhalten ablehnend gegenüber und reißt ihnen zum Beispiel ärgerlich die Tasche aus der Hand, damit der Inhalt nicht herausfällt, oder verbietet man ihnen, mit einer Wasserpistole oder einem anderen Spielzeug, aus dem Wasser spritzt, zu spielen, dann kann das zu sexuellen Hemmungen führen, und das ausgerechnet in einem Alter, in dem es besonders wichtig wäre, sie diese Dinge ruhig untersuchen zu lassen. Wenn es ein Unrecht ist, Mutters Handtasche oder die Schubladen zu durchstöbern, wie kann es dann recht sein, daß man die Funktion der Vagina zu begreifen versucht? Derartige Verbote werden unerwünschte Folgen haben, auch wenn die Eltern ihren Kindern noch so eindringlich sagen, Sexualität sei etwas »Normales« oder »Angenehmes« oder wie sie sich immer ausdrücken mögen, um künftige Schwierigkeiten zu verhindern. Dem Kind zu sagen, sein späteres sexuelles Verhalten werde etwas Beglükkendes oder Erlaubtes sein, hilft ihm wenig, wenn man ihm Schuldgefühle wegen seiner gegenwärtigen symbolischen Untersuchungen der Sexualität einflößt. Für das Kind können solche Verbote nur bedeuten, daß es unrecht ist, wenn man Sexualität zu verstehen oder sexuelle Probleme auf der Spielebene zu meistern versucht. Hieraus folgt (seiner Ansicht nach),daß jede Art von Sexualität etwas Unrechtes ist – ganz gleich, was die Eltern sagen, wenn sie sich bewußt bemühen, ihm »korrekte« Informationen darüber zu geben. Nur eine Information, die dem jeweiligen Alter entsprechend gegeben wird, ist dem Kind verständlich. Was für den Erwachsenen eine wirkliche Information wäre, ist nicht altersgerecht, wenn man sie einem Kind gibt.

Wenn wir dagegen dem Kind durch unsere Haltung seinen symbolischen Untersuchungen gegenüber zu verstehen geben, daß wir nichts dagegen haben, gibt ihm dies das Gefühl, daß Sexualität ein selbstverständlicher Teil im menschlichen Leben ist. Wenn wir positiv dazu stehen, wenn das Kind ihn zu erforschen sucht, wird es zwar anfangs nur eine höchst nebelhafte Vorstellung davon haben, was

Sexualität im allgemeinen ist, aber es wird sie allmählich besser verstehen lernen. Das Gefühl, daß Sexualität »in Ordnung« ist, wird es unserer positiven Einstellung zu seinen kindlichen sexuellen Handlungen und symbolischen Erkundungen zu verdanken haben, und das wird seinen Ansichten über Sexualität auf jeder neuen, seinem Alter entsprechenden Ebene zugute kommen.

19. Kapitel

Wettbewerb: Das Ich auf dem Prüfstand

»Jetzt wollen wir einmal sehen, wer der Stärkere ist, ich oder ich.«
Holofernes in Nestroys *Judith und Holofernes*

Ein Kind macht sich mit materiellen Dingen und ihren Eigenschaften bekannt, indem es mit ihnen spielt. Dadurch lernt es, die Dinge so zu meistern, daß es damit umgehen kann. Deshalb ist es für das Baby wichtig, mit seinem Essen zu spielen, und deshalb versucht es, die Person, die es füttert, ebenfalls zu füttern. Dadurch, daß es mit dem Essen spielt, wird es damit vertraut – es wird zu *seinem* Essen. Je mehr es darin herumpatscht, um so sicherer kommt es ihm vor, und um so besser schmeckt es ihm. Wenn es seine Mutter füttert, beweist es sich damit, daß es nicht nur ein passiver Nahrungsempfänger, sondern ein aktiver Spender ist. Wenn es selbst imstande ist, jemanden zu füttern, findet es das Essen viel erfreulicher.

Wer wen füttert, ist einer der ersten Wettkämpfe, die das Kind ausficht. Dabei hat es die zärtlichsten, glücklichsten Empfindungen. Ein Kind, das zum Essen oder zu der Person, die es füttert, negativ eingestellt ist (anfangs kann es beides kaum unterscheiden), wird sich dagegen wehren und auf die einhauen, die es zu füttern versuchen. Es wird auch keine Lust haben, andere zu füttern.

Im Zusammenhang mit der ersten Beziehung des Kindes, nämlich zu der Person, die es versorgt, und mit seiner ersten Erfahrung, nämlich der, gefüttert zu werden, kann es zu einem ganz besonders positiven, aber auch zu einem ganz besonders negativen Wettstreit kommen. Dieser Wettstreit kann so weit gehen, daß das Kind sich dagegen wehrt, gefüttert zu werden. Der positive, spielerische Wettstreit ist wünschenswert und von Nutzen, dagegen ist der negative destruktiv, wenn auch beide dem Kind dazu dienen, sich durchzusetzen. Wenn es bei einem solchen Wettstreit nicht unterliegt, können beide Arten sein Selbstwertgefühl erhöhen. Unterliegt es dagegen bei einem solchen frühen Wettkampf, wird diese Erfahrung schwere schädliche Folgen für sein Selbstwertgefühl und seine Fähigkeit haben, mit anderen Beziehungen anzuknüpfen.

Wenn eine Erhöhung des Selbstwertgefühls das Resultat eines Wettstreits ist, bei dem die beiden Partner in einer positiven Beziehung zueinander stehen, gibt es dabei keinen Verlierer, sondern nur Gewinner. Wenn das Kind, weil ihm das Gefüttertwerden soviel Spaß macht, seiner Mutter dieses Erlebnis auch verschaffen möchte, sind beide Gewinner, und der Wettstreit hat nur positive Auswirkungen. Er bildet dann die Grundlage für gute wechselseitige Beziehungen. Dagegen kann man nur sehr schwer ein Selbstwertgefühl entwickeln, indem man sich gegen unerwünschte Erfahrungen wehrt, selbst wenn man sich dabei durchsetzt – wenn das Kind zum Beispiel das Essen wieder ausspuckt, weil ihm die Art, wie es gefüttert wird, nicht paßt. Wenn es sich auf diese negative Weise durchsetzt, ist das dabei gewonnene Selbstwertgefühl bestenfalls defensiver Art, und wenn es sich auf dieser Basis weiterentwickelt, wird dies in die Isolation führen, statt daß sich gute Beziehungen zu anderen Menschen herausbilden.

Eine weitere wichtige Quelle des Selbstwertgefühls ist die Erfahrung des kleinen Kindes, daß es selbst etwas zustande bringen kann, daß es mit Gegenständen umgehen und sie dazu bringen kann, daß diese so funktionieren, wie es das will, und daß es seinen Körper veranlassen kann, etwas zu tun, was es gern tun möchte – zum Beispiel, wenn es krabbeln lernt.

Hierbei sind – wie in der gesamten Kindheit – der Beifall, die Bewunderung und die Liebe der Menschen, die dem Kind am wichtigsten sind, von fundamentaler Bedeutung für sein Selbstwertgefühl. Später lernt es durch sein Spiel die Dinge besser kennen und beherrschen, und es weiß dann, was es zu tun vermag. Es interessiert sich dann immer mehr für Gemeinschaftsspiele mit ihren komplizierteren Möglichkeiten zu gewinnen, die es im Wettstreit mit anderen kennenlernt. Es spielt dann abwechselnd allein oder mit anderen, je nach den sich bietenden Gelegenheiten oder wonach es gerade Lust hat.

Je älter das Kind wird, um so mehr hängt die Entwicklung seines Selbstwertgefühls davon ab, daß es in diesem Wettstreit – ob im Spiel oder Ernst – gewinnt, besonders auch dann, wenn es sich an seinen eigenen Leistungen aus der Vergangenheit mißt oder wenn ein bestimmter Aspekt seiner Persönlichkeit mit anderen Aspekten im Wettstreit steht. Dann werden solche Wettspiele, die dem Sammeln von Erfahrungen und der Entwicklung seiner Persönlichkeit dienen, für das Kind immer wichtiger. Bei Wettspielen kann es sich selbst und anderen beweisen, was es mit seinem Verstand und seinem Körper leisten kann. Wenn es gewinnt, erntet es Bewunderung – oder hofft es wenigstens –, wodurch sein Selbstwertgefühl wächst.

Während die Spiele der frühen Kindheit oft allein gespielt werden, setzt das Wettspiel Gemeinschaft voraus, wie schon aus dem altsächsischen und gotischen Wort *gaman* hervorgeht, das soviel wie Kameradschaft bedeutet und von dem das englische *game* abstammt. Das moderne Wort *game* kann sich auf Spiele jeder Art beziehen, doch hat es nach *Webster's Dictionary* speziell die Bedeutung: »Jede Art von Unterhaltung oder Sport, wobei der körperliche oder geistige Wettstreit nach speziellen Regeln ausgetragen wird.« Und wie um noch einmal zu betonen, daß es sich dabei um sehr unterschiedliche Arten von Wettstreit handelt, wird in Klammer hinzugefügt: »Fußball und Schach sind solche Wettspiele *(games)*.« Das *Oxford English Dictionary* bietet folgende Definition an: »Eine spezielle Art des Wettkampfes, bei dem nach bestimmten Regeln gespielt wird und bei dem überlegene Geschicklichkeit, Kraft und Glück den Sieg davontragen.« Der Wettkampf macht demnach das Wesen solcher Spiele aus, und das Gewinnen ist das anzustrebende Ziel. Soviel ist klar. Das Kind sucht zu gewinnen und seine Kompetenz zu beweisen, indem es mit anderen in Wettstreit tritt (englisch: *to compete*). *Compete* und *competence* sind von dem lateinischen Verbum *competere* abgeleitet, das soviel bedeutet wie »im Wettstreit mit anderen ein bestimmtes Ziel anstreben«. Nicht so offenkundig wie dieser Zusammenhang ist, daß das Wichtigste bei einem solchen Wettstreit oft der innere Kampf zwischen verschiedenen Aspekten der eigenen Persönlichkeit ist. Wenn man bei Wettspielen in erster Linie Selbstbeherrschung und das daraus entspringende Selbstwertgefühl erlangen möchte, wird dieses Ziel durch den Wettstreit mit anderen verdeckt, weil diese als Maßstab dienen, an dem der Betreffende sich selbst mißt. Dieses Selbstwertgefühl, das man bei Wettspielen dadurch gewinnt, daß man gut gespielt hat, ist meist viel wichtiger als der Sieg über den Gegner und ist oft der Hauptanreiz, sich an einem Wettspiel zu beteiligen.

Sehen wir uns zunächst die Wettspiele an, die kleine Kinder spielen. Sie starren sich gegenseitig an, und wer zuerst mit den Augen blinzelt oder lacht, hat verloren. Sie wetteifern, wer am längsten den Atem anhalten kann, oder sie drücken sich gegenseitig die Hand, um herauszufinden, wer den Schmerz am längsten aushalten kann, ohne zurückzuschrecken. Oberflächlich betrachtet, sieht es so aus, als ob es der Zweck solcher Wettspiele wäre, den anderen zu besiegen. Aber noch wichtiger ist, daß das Kind testen möchte, wieweit es sich selbst beherrscht, daß es sein Durchhaltevermögen erproben und anderen beweisen möchte und daß es seine unwillkürlichen emotionalen und seine körperlichen Reaktionen kontrollieren kann. Viel wichtiger, als die Überlegenheit über den Gegner unter Beweis zu stellen, ist das Selbstwertgefühl, das man durch eine solche Selbstbeherrschung gewinnt.

Es gibt Kinder, die eine Liste führen, wie weit sie es in dieser Art von Selbstbeherrschung bereits gebracht haben, und sie wissen sehr gut, daß es ihnen dabei darum geht, mit ihrem Verstand und ihrem Willen bewußt die spontanen Reaktionen ihres Körpers zu beherrschen. Diese Wettspiele sind so verbreitet, daß man annehmen darf, daß alle Kinder früher oder später einmal versuchen, mit ihrer Hilfe sich selbst und ihre Leistung zu testen. Ich habe einen Sechsjährigen gekannt, der sich eine Liste angelegt hatte, die zwei Spalten mit den Überschriften enthielt: »Ich« und »Meine Absicht«, und der beide Spalten entsprechend abhakte. Woran vielleicht zu erkennen ist, daß es ihm nicht darum ging, ob er oder sein Partner gewonnen hatte, sondern darum, wie gut er sich und seinen Körper beherrschen konnte.

Die Definition des »Ich«

Es ist ein ungeheurer Unterschied, ob man dem Befehl eines anderen gehorcht oder sich selbst beherrscht. Man kann dies am besten an der Reinlichkeitserziehung veranschaulichen, weil es sich dabei um einen so fundamentalen Sozialisierungsprozeß handelt. Oberflächlich gesehen scheint das Kind sich an Reinlichkeit zu gewöhnen, weil seine Eltern es wünschen, aber in Wirklichkeit geht es anders vor sich. Die Eltern mögen sich noch so große Mühe geben, das Kind an Reinlichkeit zu gewöhnen, es wird ihnen nicht gelingen, wenn das Kind sich weigert. Wenn die Erziehung zur Reinlichkeit als Resultat eines Pakts mit den Eltern geschieht: »Ich gehorche, und ihr werdet mich liebhaben«, dann ist sie höchst problematisch. Viele Kinder, die sich schließlich dem elterlichen Druck fügen, entwickeln neurotische Züge.

Am erfolgversprechendsten ist die Reinlichkeitserziehung dann, wenn sie sich aus einem Pakt des Kindes mit sich selbst ergibt: »Ich werde mich beherrschen, damit meine Eltern mich noch lieber haben und ich stolz auf mich sein kann.« Diese Einstellung ist die einzig wirklich erfolgversprechende. Die Aufforderung: »Tu es Mutter zuliebe«, ist zwar der unvermeidliche Ausgangspunkt für die Selbstbeherrschung, es wird jedoch schließlich zu einer Beeinträchtigung der Persönlichkeitsentwicklung führen, wenn sie nicht in den Pakt des Kindes mit sich selbst einmündet: »Ich will mich selbst an Reinlichkeit gewöhnen«, was schließlich zu dem Selbstwertgefühl führt, das sich auf die Überzeugung gründet: »Ich habe das ganz allein geschafft!« Piaget vertritt mit Recht die Auffassung, daß der Pakt mit sich selbst auf andere zurückgeht, auf deren Wünsche und den eigenen Wunsch, von ihnen geliebt zu werden, aber es ist meiner Meinung nach nur ein Ausgangspunkt.

Die Psychoanalyse ist der Meinung, daß das Ich des Kindes sich in ständiger Beziehung zu der Person entwickelt, die es versorgt, was zweifellos richtig ist. Sehr viel zweifelhafter ist dagegen die leichthin vertretene Auffassung, daß ein Kind in erster Linie dadurch sozialisiert wird, daß es seiner Mutter einen Gefallen tun möchte. Zu einer normalen menschlichen Entwicklung gehört die Integration zweier Erfahrungen: sich selbst einen Gefallen zu tun *und* anderen einen Gefallen zu tun. Das läßt bereits das Verhalten noch sehr kleiner Kinder erkennen. Sie plappern, gurgeln und strecken die Zunge heraus, um sich selbst zu unterhalten und um herauszufinden, was ihr Mund für sie tun kann. Diese Erfahrung, daß etwas funktioniert, macht dem Kind viel Freude und zielt – wie jedes Spiel – darauf ab, noch mehr Dinge unter Kontrolle zu bekommen und zu meistern.

Die Freude der Mutter, wenn sie beobachtet, wie ihr Kind sich freut, und die Art, wie sie auf sein Gurgeln und Plappern mit ensprechenden Lauten antwortet, verwandelt das Spiel des Kindes mit sich selbst in ein gemeinsames Tun, bei dem jeder Partner die Reaktion des anderen anspornt. Hierin spiegelt sich die Dynamik der meisten Gemeinschaftsspiele. Aber es gibt – genau wie wenn das Baby seine Mutter füttert – keinen Verlierer, sondern beide gewinnen. Und wenn Mutter und Kind dieses Erlebnis unermüdlich wiederholen und dabei das Zusammenspiel von eigener Freude und Freudebereiten immer wieder neu erleben, dann erwirbt das Kind die feste Überzeugung, daß die eigene Freude und die Freude der anderen in einer wechselseitigen Beziehung stehen und keine unvereinbaren Aspekte des Lebens sind.

Im Wettstreit mit dem eigenen Ich

Wettspiele, die das Kind mit sich selbst spielt und bei denen es sich selbst strenge Regeln auferlegt, sind immer die Vorläufer anderer Spiele, bei denen das Kind darauf besteht, daß die andern sich nach Regeln richten. Solche Spiele sind als Vorbereitung für das Spielen mit anderen von großer Bedeutung. Nicht alle Spiele, die das Kind mit sich selbst spielt, fallen unter diese Kategorie, doch dienen viele genau diesem Zweck. Dies gilt für das bereits erwähnte Spiel, bei dem man sich nicht vom Fleck rühren oder zurückzucken darf, oder auch für die, bei denen man ein Gefühl des Ekels überwinden muß. Es besteht eine auffallende Ähnlichkeit zwischen diesen Spielen und rituellen Spielen, bei denen man sich befiehlt, nicht auf die Fugen im Straßenpflaster zu treten oder eine selbstbestimmte Strecke nur auf einem Bein zu hüpfen, wenn es auch bei diesen Spielen weniger darum geht, sich seine Selbstbeherrschung zu beweisen, als über ein Hindernis zu triumphieren. Das Wesentliche an solchen Spielen ist, daß man sich die Schwierigkeit selbst auferlegt und daß man dabei sein Selbstwertgefühl stärkt.

Ein psychologischer Vergleich zwischen Spielen, bei denen man sich Regeln selbst auferlegt oder die Hindernisse selbst wählt, und anderen, bei denen die Regeln von außen gegeben sind, weist auf einen zweistufigen Prozeß in der Persönlichkeitsentwicklung hin. Das individuelle Ich entwickelt sich vergleichsweise isoliert, während sich der Charakter oder die soziale Persönlichkeit nur durch die Interaktion mit anderen bildet. Wenn man bei einem Blinzel-Wettkampf oder einer ähnlichen Herausforderung einer Regel folgt, die man sich selbst gegeben hat, fördert das die Entwicklung des Selbstwertgefühls und der Selbstbeherrschung. Wenn man die vorgegebenen Regeln eines organisierten Spiels befolgt, fördert das die Entwicklung des Individuums zu einem sozialen menschlichen Wesen. Goethe hat diese zur Entfaltung einer vollen Menschlichkeit notwendige zweifache Entwicklung – wie bereits erwähnt – wunderbar so beschrieben: »Es bildet ein Talent sich in der Stille, sich ein Charakter in dem Strom der Welt.«

Vielen Spielen – besonders solchen, bei denen es zu körperlichem Kontakt kommt – liegt die Absicht zugrunde, sich beherrschen zu lernen und gleichzeitig Aggression freizusetzen. Bei allen mit körperlichem Kontakt verbundenen Sportarten muß die Aggression durch die jeweiligen Spielregeln in Grenzen gehalten werden, obgleich diese Aggression sowohl durch den zum Spiel gehörenden Wettstreit als auch durch die Notwendigkeit entfacht wird, sich gegen die Aggression des Gegners zu wehren. Auch dieser muß sich seinerseits auf das beschränken, was nach den Regeln erlaubt ist. Nichtsdestoweniger werden seine Aktionen als körperliche Bedrohung und als Gefährdung des Gefühls der eigenen Kompetenz empfunden. Daher verstärken sie die eigenen aggressiven Tendenzen, was die Selbstbeherrschung um so schwieriger, aber auch um so notwendiger macht.

Es gibt viele Spiele, die man sowohl allein als auch mit anderen spielen kann. Aber ob es nun zu einem Wettkampf mit anderen kommt oder nicht, man steht dabei stets im Wettstreit mit sich selbst, und das eigene Selbstwertgefühl steht immer auf dem Spiel. Wenn man einen Ball gegen die Wand wirft und ihn wieder fängt, wenn man in einen Korb zu schießen versucht und dies zum Vergnügen oder auch zur Übung tut, können dabei trotzdem recht zornige und aggressive Gefühle geweckt werden, wenn es mißlingt. Das gilt z. B. ganz sicher für das Golfspiel, bei dem man sich vor sich selbst bewähren und vielleicht darüber hinaus auch wirklichen oder eingebildeten Zuschauern imponieren möchte. Auch das Seilhüpfen dient häufig dazu, sich hervorzutun und Geschicklichkeit zu zeigen und außerdem mit anderen in Wettbewerb zu treten. Aber es gibt auch viele Arten des aktiven Sports, bei denen es zu keinem körperlichen Kontakt kommen darf und die trotzdem ganz auf Wettkampf angelegt sind – wie etwa Tennis oder Basketball. Und natürlich sind Spiele mit Körperkontakt wie Rugby und Ringen stark auf Wettkampf ausgerichtet. Trotzdem kommt es auch bei diesen Spielen, bei denen es deutlich um den Sieg über den Gegner geht, häufig nicht so sehr darauf an zu gewinnen, als mit sich selbst in Wettstreit zu treten und sich gegenüber sich selbst zu bewähren und Eindruck auf andere – auf Anwesende und Nichtanwesende – zu machen, deren Bewunderung und Beifall das Selbstwertgefühl erhöhen.

Die Bedeutung des Siegs

An mittelalterlichen Höfen war es Tradition, daß der Ritter vor Beginn eines Turniers erklärte, daß er vor allem kämpfen werde, um die Gunst und Bewunderung seiner Dame zu erringen und um ihr seine Mannhaftigkeit zu beweisen. Gleichzeitig bewies er sich selbst und andern seine Tapferkeit, so daß er sich seiner selbst sicher sein konnte. Erst in zweiter Linie ging es ihm darum, seinen Gegner zu besiegen. Ähnlich liegt auch heute der Hauptwert einer im Wettkampf gewonnenen Trophäe darin, daß man sie vorzeigt, um die Bewunderung anderer zu erregen und auf diese Weise das eigene Selbstwertgefühl zu stärken. In der Hitze des Kampfes möchte man zwar seine Gegner besiegen, aber wenn dann der Sieg errungen ist, werden die Gegner vergleichsweise unwichtig, wenn nicht zufällig eine persönliche Feindschaft mit im Spiel war. Ob offen zugegeben oder uneingestanden, ob es sich um einen geistigen oder um einen körperlichen Erfolg handelt – in jedem Fall erlebt ein Kind seinen Sieg als Bestätigung seiner selbst, als ein Geschenk für seine Eltern oder für andere, und es möchte samt seinem Geschenk gebührend geschätzt werden. So bieten Wettkämpfe Kindern Gelegenheit zu zeigen, was sie wert sind, indem sie ihre Überlegenheit über andere demonstrieren.

Bei psychoanalytischen Forschungen hat sich immer wieder herausgestellt, daß der Wetteifer eines Kindes beim Spiel eine Projektion seines Wettkampfes um die Liebe seiner Eltern oder anderer Personen ist, die stellvertretend für seine Eltern stehen. Der Wetteifer in der Schule ist besonders in den ersten Schuljahren nicht Selbstzweck, es geht um das Lob des Lehrers, welches das Selbstwertgefühl stärkt. Hinter den anderen Kindern verbirgt sich das wirkliche Objekt, dem der Wettkampf gilt. In diesem Alter werden Lehrer in vieler Hinsicht unbewußt als Stellvertreter der Eltern empfunden, und das Kind möchte dadurch, daß es besser ist als die anderen, vor allem den Beifall und die Liebe der Eltern gewinnen.

Es gibt keine Rummelplätze ohne Geschicklichkeits- und Glücksspiele. Bei ersteren wetteifert man mit sich selbst in bezug auf ein bestimmtes Talent. Zum Beispiel gilt es, einen Ball nach einem bestimmten Ziel zu werfen, es umzuwerfen oder zu zerstören. Und Glücksspiele üben auf Kinder deshalb eine so unheimliche Anziehungskraft aus, weil sie sich noch so unsicher sind, ob sie vom Schicksal geliebt und auserwählt sind, wobei auch hier das Schicksal stellvertretend für die Eltern steht. Daher ist es für Kinder so wichtig, daß der Kaugummi-Automat, in den sie eine Münze hineingeworfen haben, ihnen etwas Wunderbares zurückgibt. Für Erwachsene mag der von dem Automaten ausgespuckte Gegenstand einen sehr geringen Wert besitzen, für das Kind ist er von größter Bedeutung als Beweis dafür, daß es ein Liebling des Schicksals ist.

Die heute so beliebten Videospiele und die Spielautomaten, die inzwischen von jenen weitgehend aus dem Feld geschlagen wurden, verdanken ihre Beliebtheit dem Umstand, daß sie eine Kombination von Geschicklichkeits- und Glücksspiel sind. Man möchte dabei gewinnen oder wenigstens gut abschneiden, um seine Geschicklichkeit zu demonstrieren (die stillschweigend mit dem persönlichen Wert gleichgesetzt wird). Aber es wird auch als Beweis aufgefaßt, daß man einem wirklichen oder eingebildeten Gegner überlegen ist. Unbewußt wird das Gewinnen auch als Beweis dafür angesehen, daß man vom Schicksal begünstigt wird, was das Selbstvertrauen erheblich stärkt. Kein Wunder also, daß diese Spiele mit großer Hingabe und Ausdauer von unsicheren Personen und Altersgruppen wie Teenagern und Adoleszenten gespielt werden, die ihre Minderwertigkeitsgefühle zu kompensieren und ihre inneren Zweifel durch eine Demonstration ihrer Geschicklichkeit und ihres Glücks zu beschwichtigen versuchen.

Schach, das königliche Spiel

Im ersten Kapitel diente uns das Schachspiel als Metapher für menschliche Beziehungen. Hier möchte ich herausstellen, daß dieses geistvollste, komplizierteste und königlichste aller Spiele, bei dem der Zufall völlig ausgeschlossen ist, im wesentlichen ein Kampfspiel ist. Beim Schach muß der Kampfgeist, ohne den kein Erfolg möglich ist, im höchsten Grad sublimiert werden, weil er sonst die äußerste Konzentration, das Planen und Voraussehen, die stets unbedingt notwendig sind, beeinträchtigen würde. Wenn seine Eltern Schach spielen, ahmt das kleine Kind nach, was es beobachtet. Die Kompliziertheit des Spiels überschreitet bei weitem seinen Horizont, aber es spielt mit den Schachfiguren schon lange, bevor es richtig Schach spielen kann. Kinder schieben die Figuren hin und her, stellen sie hierhin und dorthin, wie es ihnen ihre Phantasien über den König, den Springer oder die Dame gerade eingeben. Wenn das Kind älter wird, geht es von dem Spiel, in dem seine Phantasien zum Ausdruck kommen und das von diesen beherrscht wird, zum richtigen Schachspielen nach genau festgelegten Regeln über. Wenn ein älteres Kind beim Schachspielen auch weiterhin seinen Phantasien nachhängt – wenn es sich zum Beispiel überlegt, in welcher Beziehung der König zur Dame steht oder welchen Status der Bauer im Königreich des Schachspiels hat, der seinem eigenen Status in der Familie so ähnlich ist –, dann wird es sich nicht genügend auf das Spiel konzentrieren können, um wirklich gut zu spielen. Hieraus wird es lernen, daß man in einem vorgegebenen Rahmen nur dann Erfolg haben kann, wenn man den jeweils gestellten Anforderungen entspricht.

Wenn das Kind dann richtig Schach spielen lernt, wird es die Figuren so aufstellen und bewegen, wie es die Regeln und die Strategie – seine eigenen und die seines Gegners – erfordern. Man erkennt hier wieder den Unterschied zwischen *play* und *game:* Das Kind versuchte bei seinen frühen Spielen nur mit sich selbst in Einklang zu kommen, bei Wettspielen dagegen versucht es den Erfordernissen des Spiels und dem, was die Strategie seines Gegners verlangt, gerecht zu werden. Im ersteren Fall strebt es nach innerer Ordnung, im zweiten Fall akzeptiert und befolgt es äußere Regeln, um seine Ziele zu erreichen.

Schach ist wohl das bekannteste Beispiel für ein rein geistiges Spiel. Der Schachmeister Richard Reti ging sogar so weit zu sagen, das Schachspiel symbolisiere den Sieg des Geistes über die Materie, weil man sich meist genötigt sehe, Figuren zu opfern (Materie aufzugeben), um ein höheres Ziel zu erreichen. Das weist darauf hin, daß, zumindest nach Ansicht Retis, die mit dem Schachspiel verknüpften Assoziationen zu einem sublimierteren Weltbild führen.

Noch wichtiger ist, was das Schachspiel zur Persönlichkeitsentwicklung beitragen kann.

Das Schachspiel enthält ein starkes wettkämpferisches und daher aggressives Element, durch seine Struktur und seine Regeln zwingt es jedoch den Spieler, seinen aggressiven Tendenzen nicht freien Lauf zu lassen, sondern sie weitgehend zu sublimieren und Erfindungsgabe, Hingabe und Geduld einzubringen. Das heißt, er lernt nicht nur, seine Aggressionen zu beherrschen und zu meistern, sondern auch, sie in den Dienst eines sozial erstrebenswerten Unterfangens zu stellen.

Jeder, der einmal erlebt hat, wieviel Freude es macht, eine gute Partie Schach zu spielen, weiß, welche tiefe Befriedigung uns eine solche Sublimierung des Wunsches, einen Gegner zu besiegen, geben kann. Diese Befriedigung, gut gespielt zu haben, wird kaum dadurch beeinträchtigt, daß man verloren hat – vorausgesetzt, daß es eine gute Partie war. Die Regeln des Schachspiels tragen dazu bei, das Spiel für beide Partner interessant zu machen, denn sie lassen es zu, daß dem schwächeren Spieler eine oder mehrere Figuren vorgegeben werden. Auf diese Weise wird dem stärkeren Spieler die Langeweile erspart, die bei einem Routinespiel mit sicherem Sieg auftreten könnte. Der schwächere Spieler kann gewinnen, weil die unterschiedliche Geschicklichkeit durch die Vorgabe ausgeglichen wurde.

Die in diesem Spiel zu ihrer höchsten Vollendung entwickelten Eigenschaften sind bei allen Gesellschaftsspielen *(games)* zu finden. Sie machen diese Spiele für das Wachsen der kindlichen Persönlichkeit so wertvoll. Solche Spiele fördern die Selbstbeherrschung, da sie die symbolische Entladung aggressiver oder negativer Emotionen ermöglichen, während sie deren Sublimierung ermutigen und belohnen. Aber jedes Spiel hat auch seine eigene spezifische psychologische oder symbolische Bedeutung.

Obwohl das Schachspiel an den Verstand des Spielers die höchsten Anforderungen stellt, würde es nicht eine solche Faszination ausüben, wenn es nicht auch voller symbolischer Bedeutungen wäre, die das Unbewußte der Spieler beeinflussen, wenn auch die meisten keine Ahnung haben, weshalb sie von dem Spiel so fasziniert sind.

Man hat schon viele Spekulationen über die psychologische Bedeutung angestellt, die dem Schachspiel zugrunde liegt. Man vermutet z. B., daß es die Möglichkeit gibt, ödipale und familienbedingte Konflikte zu erforschen. In diesem Zusammenhang ist erwähnenswert, daß die am wenigsten wertvolle Figur – der Bauer –, die das Kind in der Familie symbolisiert, nicht nur jede andere Figur schlagen kann (hierzu sind sämtliche Figuren in der Lage), sondern daß er sich auch in die mächtigste Figur des Spiels verwandeln kann – ein Vorrecht, das nur ihm zusteht. Genau wie der Bauer zur Dame oder zum Läufer werden kann, nachdem er sein Ziel erreicht hat, kann auch das Kind den Tag voraussehen, an dem es an seinem Ziel angelangt sein wird und in seine Rechte als Erwachsener, als Vater oder Mutter mit voller Machtbefugnis, eingesetzt werden wird.

König und Dame können die Eltern symbolisieren, aber erst im fünfzehnten Jahrhundert mit seinem religiösen Marienkult wurde die mächtigste Figur in Königin (bzw. Dame) umbenannt. Bis dahin hieß sie Wesir, wie der tatsächliche Regent in einigen orientalischen Ländern hieß, in denen der König nur eine Repräsentationsfigur war. Die anderen Figuren, zum Beispiel Springer und Turm, sind ebenfalls mit wichtigen Erwachsenen vergleichbar, die zwar in der Familie und in ihrer Beziehung zum Kind etwas zu sagen haben, die aber den Eltern untergeordnet sind.

Aber diese recht offenkundige Symbolik der Figuren ist unwesentlich im Vergleich zum Grundprinzip des Schachspiels, daß man seine Regeln und die unendliche Vielfalt der Züge und Gegenzüge verstehen muß. Jede Figur bewegt sich auf die für sie allein charakteristische Weise, und man muß die Vorteile und Nachteile der einzelnen Züge kennen. So lehrt das Spiel auf symbolische Weise, wie man seine speziellen Talente und seinen Platz in der Gesellschaft kennen und nutzen muß, um seine besonderen Möglichkeiten optimal wahrnehmen zu können – und dies mit dem schuldigen Respekt vor der komplizierten Matrix, innerhalb derer sich dieses Spiel, welches das Leben repräsentiert, entfaltet. Man muß in der Lage sein, die wahrscheinlichen Gegenzüge des Gegners abzuschätzen, so wie wir im Leben die wahrscheinlichen Reaktionen auf das, was wir tun und lassen, erwägen und voraussehen müssen – eine Fähigkeit, die für ein erfolgreiches Zusammenleben mit anderen von größter Wichtigkeit ist.

Schach ist ein Musterbeispiel dafür, daß uns Spiele die Fähigkeiten, die wir im Leben brauchen, lehren können, so daß sie sowohl unseren bewußten als auch unseren unbewußten Bedürfnissen entsprechen. Ohne Rücksicht auf ihre Kompliziertheit und auf ihre spezielle Eigenart lehren uns alle Spiele, daß man die Spielregeln kennen und befolgen muß. Und nach bestimmten Regeln – im Idealfall nach moralischen, selbstgewählten und auf die jeweilige Gesellschaft abgestimmten Regeln – zu leben, ist es, was den Menschen als ein soziales Wesen kennzeichnet. Es ist die Voraussetzung, unter der er aus seiner Isolation zu einem erfolgreichen Zusammenleben mit anderen gelangen kann.

20. Kapitel

Unbewußte Quellen – reale Leistungen

> Es kann keine Erholung ohne Freude geben,
> die wir häufiger unserer Phantasie
> als unserer Vernunft verdanken.
> Man sollte daher Kindern nicht nur erlauben,
> sich zu vergnügen, sondern sie dies auch
> auf ihre eigene Weise tun lassen.
>
> John Locke

Spiele dienen allen möglichen Bedürfnissen; je jünger das Kind noch ist, um so weniger weiß es über sein Innenleben Bescheid. Es ist sich vieler seiner komplexeren Bedürfnisse nicht bewußt, auch wenn diese vielleicht in bestimmten Tätigkeiten Ausdruck finden. In dem Maß, in dem das Kind selbständiger wird, werden seine Bedürfnisse seltener von anderen Personen befriedigt, und es selbst befriedigt sie auch nicht mehr vorwiegend in seiner Phantasie. Es fängt an, seine Wünsche auf die Realität zu richten. Dies erfordert, daß es die Art ihrer Befriedigung ändert und der Wirklichkeit anpaßt, wodurch das, worum es geht, sichtbarer und greifbarer wird. Dies ermöglicht es dem Kind, wenigstens bis zu einem gewissen Grad bewußt zu begreifen, welcher Art ein bestimmtes Bedürfnis ist und wie es sich befriedigen läßt.

So kommt ein Prozeß in Gang, der schließlich über den Erfolg oder Mißerfolg im Leben entscheidet: ob (und bis zu welchem Grad) wir einen inneren Drang modifizieren und sublimieren können, um ihm Luft zu machen und unser Bedürfnis in der Realität zu befriedigen – und dies nicht nur für den Augenblick, sondern auf Dauer. Je mehr wir lernen, uns dauerhafte Befriedigungen zu verschaffen, um so mehr leben wir nicht mehr nach dem Lustprinzip, sondern nach dem Realitätsprinzip. In dem Maß, wie uns dies gelingt, können wir mit unseren aus dem Unbewußten stammenden Energien haushälterisch umgehen und sie konstruktiv der Realität entsprechend verwenden, um so unser Leben besser zu meistern. Durch Gemeinschaftsspiele wird diese Fähigkeit gefördert, sie erhält eine soziale Dimension.

In seinem Spiel versucht das Kind, einen inneren Drang loszuwerden, sich Lust zu verschaffen und Unlustgefühlen zu entrinnen. Ist dies in der Realität nicht möglich, rettet es sich in die Phantasie und versucht in seiner Einbildung das zu erreichen, was die Wirklichkeit ihm versagt. In dem Maß, wie es reifer wird, werden seine zahlreichen Aktivitäten immer mehr zu Kompromissen zwischen dem, was seinen Wünschen und Bedürfnissen entspricht, und dem, was in der Realität gegeben und daher möglich und erlaubt ist. Das betrifft mehr und mehr nicht nur die physische, sondern auch die soziale Wirklichkeit. Kurz gesagt, wenn man in unserer Welt aufwachsen und mit dem Leben fertigwerden will, muß man lernen, mit der Wirklichkeit in allen ihren Aspekten umzugehen. Gemeinschaftsspiele ermöglichen es dem Kind, diese Fähigkeit Schritt für Schritt zu erwerben, und zwar oft auf angenehme Weise, was nicht nur zum Lernen ansporn, sondern es auch psychologisch möglich macht, weil die Freude am Spiel mit den dabei ebenfalls vorkommenden Enttäuschungen, wie dem Verlieren, versöhnt. Es wäre unerträglich, wenn nicht das Spiel selbst und die sozialen Interaktionen während des Spiels dafür entschädigen würden.

Wie bereits erwähnt, testet das Kind beim Spiel seine Fähigkeit, seine inneren Bedürfnisse in der Realität zu befriedigen. Macht die Realität dies jedoch unmöglich oder verlangt sie zuviel Anpassung, dann hört das Kind auf zu spielen und zieht sich in die Phantasie zurück. Zwar machen imaginäre Befriedigungen die von der Realität auferlegten Frustrationen etwas erträglicher, aber es macht doch einen großen Unterschied aus, ob das Kind sich mit reinen Phantasien beschäftigt, wobei es nichts lernt, oder ob es seine Phantasien bis zu einem gewissen Grad auch in die Wirklichkeit umsetzt, während es mit Bausteinen und Puppen oder einem Puppenhaus spielt. Im ersten Fall macht es der Realität keine Zugeständnisse. Im zweiten Fall lernt es einzelne Merkmale der Realität in seinen Phantasien mitzuverwenden. Je größere Fortschritte ein Kind beim Spiel macht, um so mehr eignen sich die Elemente der Realität dazu. Wir alle müssen uns darin üben, wenn wir unsere Ziele auf realistische Weise erreichen wollen. Das Kind lernt es jedoch nicht, wenn es sich in einsame Phantasien zurückzieht, ohne diese im Spiel zu äußern. Eine solche Flucht in die Phantasie und damit in die potentiell gefährliche (weil isolierende) Beschäftigung mit sich selbst ist beim Gemeinschaftsspiel nicht möglich, weil der soziale Kontext, in dem ein solches Spiel sich vollzieht, die Selbstbezogenheit des Kindes stark mildert. Ein Beispiel möge diesen Prozeß veranschaulichen.

Wenn die äußeren Lebensumstände – das heißt das Alltagsleben im Elternhaus – ein Kind unglücklich machen (was durch unsere heutigen Lebensbedingungen häufig der Fall ist), dann versucht es das mit Hilfe von Phantasien zu kompensieren. Es stellt sich ein ganz anderes Leben vor, in dem man keine Ansprüche an es stellt und alle seine Wünsche erfüllt. Dieses Phantasieleben muß sich ebenfalls in einer Familie abspielen, da das Kind sich nicht vorstellen kann, wie seine Bedürfnisse und Wünsche anders befriedigt werden könnten. So stellt es sich in seiner Phantasie ein anderes Zuhause vor, in dem nicht nur seine Bedürfnisse sofort befriedigt werden, sondern in dem es auch seinem Zorn freien Lauf lassen kann, wenn dies nicht immer geschieht. Auf der nächsten Stufe genügt die Phantasie allein nicht mehr. Das Kind möchte sich diese Phantasiewelt, in der es alles unter Kontrolle hat, selbst aufbauen. Einige Utensilien, eine Pappschachtel, ein paar

Bausteine genügen, dieses Zuhause anzudeuten. In dem Maß, wie die Fähigkeit des Kindes, mit Gegenständen umzugehen, wächst, baut es aus den Bausteinen ein Haus, in das es Puppen hineinsetzt und das es mit Puppenmöbeln ausstattet, so daß es einem richtigen Zuhause immer ähnlicher wird. In dieser Spielszenerie werden nun auch komplizierte Ereignisse im Leben nachgespielt, wie zum Beispiel Parties für Puppen und Stofftiere, wobei in Puppengeschirr scheinbares oder richtiges Essen serviert wird. Das Kind lernt das zu benutzen, was ihm die Wirklichkeit in Form seiner Spielsachen bietet, und es weiß diese immer geschickter zu verwenden und anzuordnen.

Aber alles bleibt ein Spiel, weil das Kind die Dinge von einem Augenblick zum andern ändern kann, indem es eine Puppe jetzt Vater oder Mutter und im nächsten Augenblick eines seiner Geschwister und dann wieder es selbst sein läßt. All das ändert sich, wenn die gleiche Sehnsucht nach einem idealen Zuhause und nach einem Leben, das es selbst völlig unter Kontrolle hat, als Gemeinschaftsspiel, das heißt mit anderen Personen, ausgelebt wird. Dann genügt es nicht mehr, so zu tun, als ob ein Baustein ein Bett und dann ein Ofen und schließlich ein Auto wäre. Statt dessen sammelt das Kind zusammen mit seinen Freunden jetzt Material, aus dem sich ein Holzhäuschen mit einem richtigen Tisch und richtigen Stühlen oder etwas Ähnliches bauen läßt. Oder das Kind und seine Spielgefährten richten sich in einer Ecke der Wohnung ein Versteck ein, vorzugsweise möglichst weit weg von den Eltern und ihrem Lebensbereich, an einem heimlichen Platz im Keller oder auf dem Speicher. Dort führen sie ein Leben nach eigenem Geschmack, da sie ja nun ein eigenes Heim besitzen. Aber bei diesem heimlichen Zuhause, das sie sich eingerichtet haben, mußten sie sich nicht nur nach dem richten, was sie sich zusammensuchen konnten, sie mußten es auch so planen und einrichten, daß alle Mitspielenden einverstanden waren. So wird die Rücksicht auf die Ideen und Wünsche anderer zu einem Bestandteil des Planens: Das Kind muß beim gemeinsamen Spiel mit anderen lernen zu kooperieren, wenn das Spiel ein Erfolg werden soll. Wenn alles gutgeht, werden immer mehr Elemente der Wirklichkeit in dieses Pseudo-Haus eingebracht. Die Kinder geben sich nicht mehr damit zufrieden, Parties für sich selbst oder für ihre Puppen und Stofftiere zu arrangieren, bei denen es Lehmbrocken zu essen gibt und aus leeren Tassen getrunken wird. Statt dessen gehen sie jetzt an den Kühlschrank und holen sich belegte Brote und Kekse. Sie trinken richtige Getränke in ihrer privaten Behausung, die jetzt der Wirklichkeit immer ähnlicher wird. Mehr und mehr Aspekte der Realität finden Eingang in ihr Spiel, bis die inzwischen älter gewordenen Kinder anfangen, richtige Parties für ihre Freunde zu veranstalten. Bei diesem Prozeß lernt das Kind, die Regeln der »Gesellschaftsspiele« zu befolgen. Es untersucht und lernt, welche seiner Freunde zueinander passen und weshalb sie das tun oder weshalb nicht. Auch lernt es gewisse gesellschaftliche Formen, daß man zum Beispiel seine Freunde anruft, um sie einzuladen, oder daß man ihnen schreibt und die Einladungen rechtzeitig abschickt. Es lernt, das, was es ihnen vorsetzen will, einzukaufen und vorzubereiten, vielleicht sogar das Geld dafür zu sparen oder zu verdienen, den Tisch zu decken und Gesellschaftsspiele zu planen und vorzubereiten. Kurz gesagt, es lernt, Gastgeber zu spielen, und zwar gut, und hinterher sogar wieder aufzuräumen.

Die hier skizzierte Entwicklung kommt *mutatis mutandis* auch im Zusammenhang mit anderen Kinderspielen vor. Von Spielen wie Mensch-ärgere-dich-nicht oder Halma, einfachen Spielen, bei denen man aber bereits zählen können und abwarten muß, bis man an der Reihe ist, um dann nur so weit vorzurücken, wie die Spielkarten oder Würfel es erlauben, schreitet das Kind fort zum Damespiel und schließlich zum Monopoly, bei dem es unter vielen möglichen Strategien seine Entscheidungen treffen und auch die Pläne seines Gegners mit berücksichtigen muß. Dann kommen die noch schwierigeren, komplexeren Spiele wie etwa Schach, die noch mehr Planung, Erfindungsgabe und Voraussicht verlangen.

Dieses Weiterschreiten von der Phantasie hin zum Respekt vor der Wirklichkeit – von sehr einfachen Spielen zu immer komplizierteren und stärker wirklichkeitsorientierten Gesellschaftsspielen – ist für das frühe Lernen auch in anderer Form charakteristisch. Bei diesem Prozeß macht das Kind wichtige Fortschritte in seiner Sozialisierung und eignet sich signifikante Aspekte seines kulturellen Erbes an. So ist Schach zum Beispiel eine sehr sublimierte Form des Kampfes, und *Monopoly* ein wenig sublimiertes Abbild kapitalistischen Unternehmertums. Andere Spiele wie Räuber und Gendarm ahmen historische Ereignisse nach, während wieder andere das mit Reisen, Entdeckungen und dergleichen machen.

Bei seinem spontanen Spiel, wenn es zum Beispiel eine Papprolle des Toilettenpapiers hin und her rollt, entdeckt das Kind das Rad neu. Wenn es beim Bauen mit Bauklötzchen auch nicht gerade das Gesetz der Schwerkraft entdeckt, so findet es doch dessen Wirkung heraus und lernt ihm dadurch entgegenzuwirken, daß es die Klötzchen so aufeinandersetzt, daß sie nicht sofort wieder einstürzen. So wiederholt es bei seinem Spiel die großen kulturellen Errungenschaften des Menschen. Das gleiche gilt, wenn es die größte kulturelle Leistung der Menschheit meistert – das Lesen und Schreiben. Im Leben der Menschheit war das zu Anfang keine Fertigkeit, die nützlichen Zwecken diente, und das sollte es auch im Leben des Kindes nicht sein.

Viele Spiele, die nicht dazu bestimmt sind, daß das Kind etwas dabei lernt, haben trotzdem diese Wirkung. Häufig muß man zählen und die Spielregeln lesen können. Andere Spiele laufen dem, was man in der Schule lernt, parallel, wie zum Beispiel Scrabble, ein Buchstabierspiel, bei dem man lesen können muß und bei dem man die Rechtschreibung auf eine viel lustigere Weise lernt als in der Schule. Und wenn man es sich auch häufig nicht klarmacht, ist es doch kaum verwunderlich, daß sich auch beim Lernen in der Schule eine Entwicklung aufzeigen läßt, die schon für das Spielen charakteristisch war.

Magische Dimensionen

Das für alle akademischen Leistungen grundlegende Lesenlernen weist nicht nur diese Parallelen auf, es zeigt auch, wie wichtig sie sind, wenn intellektuelle Kenntnisse erworben und für den Betreffenden eine tiefe persönliche Bedeutung erlangen sollen. Einem Kind, das durch das Spielen von immer komplizierteren Spielen gelernt hat, die weitgehend chaotischen Tendenzen seines Unbewußten unter Kontrolle zu bekommen und seine Energien für vorwiegend bewußte und realitätsbezogene Zwecke einzuspannen, wird es relativ leichtfallen, diese Fähigkeiten auch aufs Lesenlernen anzuwenden. Wenn es dies dagegen beim Spiel nicht gelernt und immer weiter vervollkommnet hat, wird es beim Lesenlernen nicht davon profitieren können. Das Lesen kann ihm dann trocken und unbefriedigend, wenn nicht gar unmöglich vorkommen, und vielleicht wird es ihm so langweilig sein, daß es ihm am liebsten ganz aus dem Weg gehen möchte. Ganz gleich, ob es sich um ein Spiel oder um das Lernen in der Schule handelt, muß das Unbewußte – wenn man Erfolg haben will – bereit, fähig und willens sein, seine Energien dabei einzusetzen. Das ist besonders zu Beginn und während der Anfangsstufen intellektueller Bemühungen notwendig, wenn das Kind noch nicht eingesehen hat, wozu dieses Lernen gut ist, doch gilt es auch für alle späteren Stufen. Was auch immer bei einer intellektuellen Betätigung an »praktischem« Nutzen herauskommen mag, wenn der Betreffende wirklich Freude daran haben und ihren Wert erkennen soll, muß sie Spaß machen oder Befriedigungen anderer Art mit sich bringen. Darunter fallen besonders auch imaginäre Befriedigungen, selbst solche scheinbar magischer Art, die unser Unbewußtes ansprechen und Bedürfnisse erfüllen, die dort ihren Ursprung haben.

Erwachsene sind sich meist nicht darüber klar, daß das Lesenlernen, das sie als eine rationale Betätigung und als typische Ego-Leistung ansehen, nur gut bewältigt werden kann, wenn das Kind von Anfang an und noch geraume Zeit das Lesen als eine Befriedigung seiner Phantasie und – ähnlich wie im Spiel – als einen mächtigen Zauber empfindet. Es macht ihm großen Spaß, sich Geschichten vorlesen zu lassen, die seine Phantasie anregen und befriedigen, und es hat den Wunsch, diese fesselnden Geschichten auch selbst lesen zu können, wenn gerade niemand zur Verfügung steht, der sie ihm vorlesen könnte. Aber wenn es das Vergnügen, vorgelesen zu bekommen, nicht erlebt hat, wird es auch kaum daran interessiert sein, selbst lesen zu lernen. Da ihm diese Erfahrung fehlt, wird es bezweifeln, daß das Lesen etwas ist, was es können möchte, und es wird ihm nicht der großen Mühe wert scheinen, die es dafür aufbringen muß.

Aber selbst wenn die Kinder Geschichten vorgelesen bekommen, was den meisten unter ihnen viel Freude macht, wird sie das zunächst nicht dazu motivieren, sich freiwillig und eifrig an die schwere Aufgabe zu machen, lesen und schreiben zu lernen. Hierzu ist es auch notwendig oder doch wenigstens sehr hilfreich, wenn die Eltern gern lesen und dem Kind als gutes Beispiel vor Augen stehen. Wenn sie selbst am Lesen Interesse haben und es ihnen viel bedeutet, wird das für das Kind ein starker Ansporn sein, ihnen nachzueifern. Wenn das Lesen den Eltern wichtig ist, wird es das auch für ihre Kinder sein, von den seltenen Ausnahmefällen abgesehen, auf die wir bereits hingewiesen haben, wo das Lesen- und Schreibenlernen zur Arena geworden ist, auf der das Kind den Sieg über seine Eltern davonzutragen sucht. In den meisten Fällen möchten die Kinder das, was ein wichtiger Aspekt im Leben ihrer Eltern ist, auch verstehen und daran teilnehmen. Wenn ihnen aber ihre Eltern in bezug auf das Lesen kein Vorbild sind, besteht die Gefahr, daß sie kein Interesse daran gewinnen.

Das Lesen- und Schreibenkönnen erscheint zunächst als reine Magie ohne jeden praktischen Nutzen. Das gilt für das kleine Kind ebensosehr wie für die gesamte Menschheit. Ursprünglich diente das Lesen und Schreiben religiösen und magischen Zwecken. So wissen wir zum Beispiel, daß Homer vom Schreiben gehört hatte, obwohl die Griechen zu der Zeit, als er sein mündlich überliefertes Epos, die *Ilias,* verfaßte, noch nicht des Lesens und Schreibens kundig waren. Es kam ihm einfach nicht in den Sinn, daß dieses Schreiben für praktische Zwecke benutzt werden könnte. Er berichtet, wie Zeichen auf Täfelchen eingeritzt und im wesentlichen zu magischen Zwecken wieder entziffert wurden. Wenn Homer sich über das Schreiben Gedanken machte, dann faßte er es als etwas auf, das geheime Kräfte verlieh und nicht nur der Information diente. Der Grund hierfür war nicht nur, daß in der homerischen Ära die mündliche Überlieferung, bei der man sich auf sein Gedächtnis verließ, die schriftliche Überlieferung praktisch überflüssig machte. Es war auch darauf zurückzuführen, daß in Gesellschaften, die der Kunst des Lesens und Schreibens noch nicht kundig waren, dem geschriebenen Wort allgemein magische Kräfte zugesprochen wurden, was sich auch in der biblischen Verkündigung spiegelt: »Am Anfang war das Wort, und das Wort war bei Gott, und Gott war das Wort.«

Jahrhundertelang blieb die Macht des geschriebenen Wortes ein Geheimnis, das den wenigen Auserwählten besondere Privilegien verlieh. Man denke nur an die lange Debatte darüber, ob der einfache Mann die Bibel lesen dürfe oder nicht, und man erinnere sich, daß man an der Bibel lesen lernte, als das Lesen und Schreiben weitere Kreise erreichte. Die erste Bibel, die in Amerika gedruckt wurde, beginnt: »In Adams Fall / sündigten wir all' / Dein Leben zu bessern / sollst du dies Buch lesen.« Der wahre Wert des Lesenkönnens lag für unsere Vorfahren in seiner einzigartigen – fast magischen – Macht, denen, die es beherrschten, zur ewigen Seligkeit zu verhelfen.

Zum Glück für unsere Kinder befassen sich die ersten Bücher, aus denen ihnen vorgelesen wird, zwar nicht mehr mit dem größten aller Wunder, dem ewigen Leben und der Erlösung, enthalten aber doch noch genug magische Ereignisse, um sie zu überzeugen, daß sie, wenn sie lesen lernen, auch mehr über übernatürliche

Dinge erfahren werden. Geschichten, die die Phantasie anregen, gewähren imaginäre Befriedigungen, die zeigen, wie wertvoll es ist, lesen zu können.

Die Zeit ist lange vorüber, wo man beim Lesenlernen unmittelbar etwas über übernatürliche und magische Dinge – über die Gefahren der Sünde und die Hoffnung auf Erlösung – erfuhr. Deshalb lernen es viele Kinder nicht richtig, obwohl sie die dafür notwendige Intelligenz besitzen. Und selbst wenn sie lesen lernen, spricht es ihr Gefühl nicht an. Das ist auch der Grund dafür, daß viel zu viele Kinder nicht aus eigenem Antrieb lesen. Das Lesen regt ihre Phantasie nicht an, und es verhilft ihnen nicht dazu, mit drängenden Problemen fertigzuwerden, und da es für sie keine magische Bedeutung besitzt, spricht es auch ihr Es nicht an. Wenn das Lesen in den entscheidenden frühen Entwicklungsjahren für das Kind nicht attraktiv geworden ist, kann es sein, daß es nie etwas dafür übrig haben wird, selbst dann nicht, wenn es seinen praktischen Wert einsieht. Wenn ein Kind dagegen von einer höchst attraktiven unbewußten Basis aus gut lesen gelernt hat, kann es sich allmählich von dieser Basis lösen, wenn es sich aus eigener Erfahrung davon überzeugt, daß lesen zu können viele reale Vorteile hat, daß es nicht nur die Phantasie anregt und es ermöglicht, sich in der Phantasie Ersatzbefriedigungen zu verschaffen. Wenn dem Lesen jedoch zu bald und zu radikal seine magische Bedeutung genommen wird – oder wenn es eine solche Bedeutung nie hatte –, wird es nicht fest verankert sein.

Aber selbst die Magie des Lesens würde auf viele Kinder keinen genügend starken Eindruck machen, wenn seine Eltern nicht großen Wert auf das »Lernen aus Büchern« legten. Wenn die Eltern eine starke emotionale Beziehung zu Büchern haben, üben diese auch auf die Kinder eine starke Anziehung aus, und das Lesen bildet dann ein weiteres Band zwischen Eltern und Kindern. Ich glaube sicher, daß jüdische Kinder dadurch leichter lesen lernten, daß es üblich war, daß der Vater an dem Tag, an dem sein Sohn in eine Talmudschule kam, ihn auf dem Arm in die Schule trug, obwohl er gut hätte laufen können. Dies war für das Kind ein Symbol dafür, daß das Lernen in der Schule nicht bedeutete, daß es damit seine enge Beziehung zu seinem Vater oder frühkindliche Befriedigungen, wie das Liebkostwerden, aufgeben mußte.

Es würde allen Kindern guttun, wenn Schule und Eltern – wie jene orthodoxen jüdischen Väter – durch symbolische Gesten und durch ihr Verhalten und ihre Einstellung klar erkennen ließen, daß man auch dann, wenn man sich nun in der Schule – und in der Welt überhaupt – mehr wie ein Erwachsener benehmen muß, deshalb noch nicht jedes kindliche Verhalten aufgeben und auf entsprechende Befriedigungen verzichten muß; daß das Lernen in der Schule ihnen genügend Zeit lassen wird, nach Herzenslust zu spielen, und daß sie auf das Vorlesen von Geschichten nicht verzichten müssen, weil sie selbst lesen können. Die Angst davor ist häufig der Grund für das Versagen in der Schule. Das Kind meint dann, wenn es sich weigere, in der Schule zu lernen, müsse es nicht auf seine kindlichen Freuden verzichten. Deshalb sollte man lieber nicht versuchen, Kinder dadurch anzuspornen, daß man ihnen sagt, sie seien jetzt »zu groß«, um etwas zu tun. Jedes Kind hört zwar gern, daß es »schon groß« ist, aber es möchte keinen zu hohen Preis dafür bezahlen, und wenn ihm der Preis zu hoch vorkommt, wird es womöglich nichts davon wissen wollen. Wir sollten ganz im Gegenteil unseren Kindern vor Augen halten, daß sie jetzt einen doppelten Vorteil haben: sie können Dinge wie die Erwachsenen tun und kindliche Befriedigungen nur um so mehr genießen. Natürlich hat es keinen Zweck, daß wir dem Kind das sagen, wenn unser eigenes Verhalten ihm nicht beweist, daß wir es auch meinen. Wir müssen dafür sorgen, daß unsere Kinder auch weiterhin ihre kindlichen Vergnügen haben, auch wenn sie jetzt auf einer höheren Ebene etwas leisten können. Wenn wir uns so verhalten, werden kindlichere Verhaltensweisen mehr und mehr in den Hintergrund treten und nur in besonders angespannten Augenblicken wieder zum Vorschein kommen, wo sie dem Kind die Erleichterung verschaffen, die es unbedingt braucht. Aber wenn es darauf verzichten muß, weil es jetzt älter ist und mehr Dinge wie ein Erwachsener tun kann, werden ihm diese neuen Betätigungen nicht so gut gefallen, wie das möglich gewesen wäre, und die Sehnsucht nach früheren Freuden wird ihm die Lust an höheren Leistungen verderben.

Durch Spielen lernen

Nach diesem Exkurs, mit dem ich zu zeigen versuchte, daß Spielen für *jede Art* von Lernen beispielhaft ist und daß Lernen, wenn es wirklich Erfolg haben soll, unbewußte Bedürfnisse in Einklang mit den Erfordernissen der Realität befriedigen muß, wollen wir noch etwas näher darauf eingehen, was man beim Spielen alles lernen kann. Es ist dies ein fast unerschöpfliches Thema, da Kinder unaufhörlich neue Spiele erfinden und die alten von Generation zu Generation weitergegeben werden. Jedes Alter erfindet seine eigenen Spiele und erfindet die alten neu. Der Kern psychologischer Weisheit, der selbst in einfachen traditionellen Spielen steckt, kommt in der Frage: »Mutter, darf ich?« zum Ausdruck, woraufhin »die Mutter« dem »Kind« sagt, wie weit und wie schnell es vorankommen darf, während das »Kind« versucht, die »Mutter« hereinzulegen, sobald sie ihm den Rükken kehrt. Es ist kaum zu überschätzen, wie sehr dieses Spiel es überflüssig macht, die wirkliche Mutter hinters Licht zu führen. Es macht das Gehorchen in der Wirklichkeit annehmbarer, weil man im Spiel dagegen aufbegehren darf und sogar noch dafür belohnt wird.

Dieses Spiel ritualisiert darüber hinaus den Verdacht, den jedes Kind hegt, daß seine Mutter nämlich nicht will, daß es so schnelle Fortschritte macht, wie es selbst das gern möchte. Andererseits erlebt das Kind, wenn es die Rolle der Mutter spielt, wenigstens im Spiel, wie es der Mutter zumute sein mag, wenn ihre Kinder sie zu hintergehen versuchen, sobald sie ihnen den Rücken kehrt. Aber trotz all dieses »Ungehorsams« leugnet das Spiel keinen Augenblick, daß die Mutter für das Kind eine ausschlaggebende emotionale Bedeutung besitzt. Das eigentliche Ziel des Spiels ist ja, so schnell wie möglich zu ihr zu gelangen: Sie ist das letzte Ziel, der Mittelpunkt im Leben des Kindes. In allen Gruppenspielen, die Kinder spontan spielen, lassen sich bei näherem Zusehen ebenso tiefe psychologische Bedeutungen erkennen.

Das zwanglose Geben und Nehmen in solchen Spielen lehrt die Kinder, sich in ihre jeweiligen Rollen leicht hineinzufinden, wie es die verschiedenen Situationen eben erfordern. Es macht ihnen Spaß, jetzt der Anführer und im nächsten Augenblick Mitglied der Gruppe zu sein. Sie lernen abzuwarten, bis sie an der Reihe sind, und die Initiative zu ergreifen, wenn sich Gelegenheit dazu bietet. Vor allem können sie lernen, was in unserer Gesellschaft leider nur allzu viele Kinder nicht lernen – nämlich was es heißt, ein guter Verlierer zu sein. Sie lernen es, im Wettkampf eine Niederlage hinzunehmen, ohne darüber außer sich zu geraten, weil sie erkennen, daß wir beim Spiel – wie auch später im Leben – nicht immer der erste sein können. Dazu kommt es jedoch nur, wenn sie sich spontan und nicht unter äußerem Druck am Spiel beteiligen.

Wenn man dem Kind sagt, daß eigentlich nur das Mitspielen wichtig sei, macht ihm das nicht genügend Eindruck. Niemand macht sich eine bestimmte Einstellung zu eigen, nur weil man ihm *sagt,* sie sei wünschenswert. Ein Kind kann sich derartige Einstellungen nur dann für sein ganzes Leben aneignen, wenn es an Situationen beteiligt war, bei denen sie selbstverständlich waren und es ihre Vorteile erkennen konnte.

So fällt es einem Kind zum Beispiel leicht, in einem Spiel, bei dem der Verlierer im Augenblick seiner Niederlage automatisch zum Anführer wird, das Verlieren zu erlernen und zu akzeptieren. Das ist zum Beispiel bei vielen Fangspielen der Fall, bei denen das Kind, das gefangen wird, sofort zu demjenigen wird, der jetzt die Macht und das Recht hat, die anderen zu fangen. Die Angst, gefangen zu werden, verwandelt sich augenblicklich in das machtvolle Gefühl, zum Verfolger zu werden, den alle anderen fürchten. Und wenn man nicht gefangen wird, hat man das befriedigende Gefühl, den Verfolger überlistet zu haben. Geduldig abzuwarten, daß man an der Reihe ist, ist ebenfalls etwas, das Kinder nur sehr schwer lernen. Aber wenn das wartende Kind bei bestimmten Spielen sieht, wie das Vorrücken eines jeden anderen Spielers es näher an den ersten Platz heranbringt, wo es dann selbst an die Reihe kommt, dann wird das Warten sinnvoll. Wenn man derartige Möglichkeiten zum Rollenwechsel begriffen hat, kann man abwarten, bis man an der Reihe ist, und man kann die Spielregeln einhalten, weil diese ja garantieren, daß man selbst bald die führende Rolle übernehmen wird. Etwas völlig anderes ist das Warten, das das Kind in der Schule lernen soll, bei dem es keinen Rollenwechsel gibt und wo nicht stillschweigend vorausgesetzt wird, daß es sich lohnt abzuwarten, bis man an der Reihe ist. Beim Spiel lernt man auf viel wirksamere und lustigere Weise, das zu tun, was die jeweilige Situation erfordert. Viele Kinder ärgern sich – meist im stillen – über die wortreichen Belehrungen und Predigten über Kooperation und soziales Verantwortungsgefühl, mit denen sie bombardiert werden. Die Moralpredigten ihrer Eltern und Lehrer hängen ihnen zum Hals heraus. Es nützt nichts, einem Kind zu sagen, es seien wünschenswerte Tugenden, denn es hat das Gefühl, daß es weit vorteilhafter für es wäre, seinen egoistischen Neigungen zu folgen. Aber wenn es das beim Spiel tut, ist es mit dem Spiel aus – deshalb lernt es dabei, sich zu beherrschen.

Die Fähigkeiten, aufmerksam zu beobachten, was vor sich geht, und sich zu beherrschen, bilden die Grundlage für alles spätere Lernen in der Schule und im Leben. Ohne diese Fähigkeiten kann man weder mit anderen zusammenarbeiten, noch bei einer Aufgabe bleiben, Resultate abwarten oder es noch einmal versuchen, wenn man zunächst der Verlierer war. Diese Fähigkeiten sind untereinander recht verschieden und schwer zu erlernen, aber bei Wettspielen erlernt man sie auf angenehme, ja, sogar spannende Weise. Praktisch bei allen aktiven Gruppenspielen lernt das Kind aufzupassen. Bei vielen Spielen lernt es Selbstbeherrschung – vor allem lernt es, seine Aggressionen zu zügeln und die in Grenzen gehaltenen Aggressionen der anderen hinzunehmen. Es lernt dies bei den Fangspielen, wo man die anderen nicht zu hart anfassen darf, und noch unmittelbarer bei den Spielen, bei denen es zu spezifischen, genau definierten Aggressionen kommt. So muß zum Beispiel beim *»Battle Royal« (Königskampfspiel)* ein Spieler dem andern eine Papiertüte vom Kopf schlagen, aber er ist »raus«, wenn er dabei den Kopf des andern berührt. Solche Spiele lehren, daß eine kontrollierte Entladung von Aggressionen vorteilhafter ist, weil man gewinnt, wenn man sich beherrscht, während man verliert, wenn man es nicht tut.

Bei vielen Spielen, und nicht nur bei Kriegs- und Kampfspielen, ist das Gewinnen an sich viel weniger wichtig, als daß man durch ein faires Spiel gewinnt. Bei Brettspielen – genau wie bei Wettspielen im Freien – dienen die Spielregeln dazu, dieses Fairplay zu gewährleisten. Manche Spiele sprechen auf geschickte Weise unbewußte Schwierigkeiten an und verdanken ihre Beliebtheit dem Umstand, daß sie positive Lösungen anbieten. So gewinnt man beim *Karrierespiel (Careers)* zum Beispiel, wenn man die für Geld, Ruhm und Liebe zu gewinnenden Punkte richtig kombiniert. Auf welche dieser drei Punkte das Kind sich konzentrieren sollte, ist in dem Alter, in dem es sich für dieses Spiel interessiert, ein wichtiges Problem. Es zerbricht sich ehrlich den Kopf darüber, was es sich am meisten wünscht: den Beifall anderer, materiellen Besitz oder geliebt zu werden. Das Spiel erlaubt es ihm, diese Möglichkeiten zu erforschen. So gibt es zum Beispiel einem Kind, das sich ungeliebt glaubt, eine Chance, auch ohne geliebt zu werden zu gewinnen; in einer anderen Stimmung kann es versuchen, soviel Punkte wie möglich für die Liebe zu gewinnen und auf diese Weise das Spiel dazu zu benutzen, seine Befürchtungen in bezug auf seine Situation im wirklichen Leben zu beschwichtigen. »Werde ich meine Konkurrenten besiegen, indem ich geschickter als sie zu kombinieren verstehe, was das Leben mir zu bieten hat?« »Wird das Ansammeln von Geld mir die Möglichkeit geben, mir das zu verschaffen, was mir das Leben nicht aus freien Stücken gibt?« Das sind nur einige der Fragen, auf die das Kind beim Spiel unbewußt eine Antwort zu finden sucht.

Die Spielregeln erlernen

Piaget betont, wie wichtig es ist, daß ein Kind im Sozialisierungsprozeß die Spielregeln erlernt, weil es, um seine Ziele zu erreichen, imstande sein muß, fast alle seine aggressiven Tendenzen zu beherrschen. Nur dann kann es an dem ständigen Vor- und Zurückrücken bei Gesellschaftsspielen seine Freude haben, bei denen der Partner gleichzeitig der Gegner ist. So entwickelt sich aus der Beherrschung von Gegenständen, die das Kleinkind im Spiel erwarb, bei Gesellschaftsspielen allmählich seine Selbstbeherrschung und – was am wichtigsten ist – die Beherrschung von Aggressionen. Das Kind geht von seinen frühkindlichen Spielen (die durch Spontaneität, Phantasie und das plötzliche Umschalten von der Realität auf die Phantasie gekennzeichnet waren) allmählich zu Gesellschaftsspielen über, die weit mehr Selbstbeherrschung erfordern, bei denen man abwarten muß, bis man an der Reihe ist, und bei denen man sich selbst dann an die Spielregeln halten muß, wenn das dazu führt, daß man verliert.
Sich an Spielregeln zu halten und seine egoistischen und aggressiven Tendenzen zu beherrschen, lernt man nicht über Nacht. Es ist das Endresultat einer langen Entwicklung. Wenn ein Kind anfängt, sich an Gesellschaftsspielen zu beteiligen, versucht es zunächst, sich so zu benehmen, wie es sich das bei seinen früheren Spielen erlauben konnte: Es verändert die Spielregeln nach Belieben – aber damit ist es mit dem Spiel aus. Auf einer späteren Stufe gewinnt es dann die Überzeugung, daß die Spielregeln etwas Unveränderliches sind. Es behandelt sie, als ob es sich um Gesetze handele, die seit undenklichen Zeiten weitergereicht wurden und die unter keinen Umständen verletzt werden dürfen. Sie nicht zu befolgen, wird als schlimmes Verbrechen angesehen. Erst nachdem das Kind auf diese Weise gelernt hat, die Regeln zu befolgen, und nachdem es seine egoistischen und aggressiven Tendenzen so zu beherrschen weiß, daß es jetzt vermeiden kann, Gesetze zu verletzen oder zu mißachten, ist es in der Lage, zu begreifen und zu akzeptieren, daß die Regeln nicht aus irgendwelchen abstrakten Gründen befolgt werden, sondern weil nur dann das Spiel einen geordneten Verlauf nehmen kann. Erst dann – und zwar gewöhnlich recht spät in seiner Entwicklung, oft erst als Teenager oder manchmal sogar noch später – kann es verstehen, daß Spielregeln etwas sind, worauf man sich freiwillig geeinigt hat, um das Spiel überhaupt spielen zu können, und daß man sie auch abändern kann, wenn alle Mitspielenden damit einverstanden sind. Die Demokratie, die auf der Idee eines frei ausgehandelten Konsen-

sus beruht, der erst dadurch verbindlich wird, daß er formuliert und freiwillig akzeptiert wurde, ist eine sehr späte Errungenschaft in der Entwicklung der Menschheit – selbst beim Gesellschaftsspiel.

Aus diesem Grund betont Piaget, daß nach Regeln spielen zu lernen einer der wichtigsten Schritte bei der Sozialisierung des Kindes sei. Wenn Kinder beim Spielen tun können, was sie wollen, und dabei von Erwachsenen nicht überwacht werden, nimmt der Streit darüber, welches Spiel gespielt werden soll und welche Spielregeln befolgt werden sollen, oft die meiste Zeit in Anspruch, so daß kaum noch Zeit zum Spielen bleibt. Wenn sie sich selbst überlassen bleiben, überlegen Kinder oft stundenlang, bis sie sich über die Spielregeln und das, was damit zusammenhängt, einig werden, zum Beispiel darüber, wer das Spiel beginnt und welche Rolle jedes Kind dabei zu übernehmen hat. Das sollte auch so sein, wenn die sozialen Fähigkeiten trainiert werden sollen. Nur dadurch, daß sie lange über die Vorteile und Nachteile verschiedener Möglichkeiten nachdenken und erwägen, welches Spiel der jeweiligen Situation (der Größe der Gruppe, des Zustandes des Spielplatzes und so weiter) am besten entspricht und welche Spielregeln man deshalb befolgen sollte, werden sie Fortschritte machen in bezug auf ihre Fähigkeit, beurteilen zu können, was angebracht ist und was nicht. Sie werden lernen, Argumente gegeneinander abzuwägen und herauszufinden, wie ein Konsens zu erreichen ist und wie überaus wichtig ein solcher Konsens ist, wenn man das Spiel in Gang bringen will. All das zu lernen hat viel größere Bedeutung für die Entwicklung des Kindes zu einem sozialen menschlichen Wesen, als daß es dabei gewisse Geschicklichkeiten erwirbt. Die Entwicklung dieser sozialen Fähigkeiten wird behindert, wenn die Erwachsenen darüber bestimmen, welche Spiele gespielt werden sollen, oder wenn sie verhindern, daß Kinder mit den Spielregeln experimentieren, weil sie, die Erwachsenen, befürchten, es könne zu chaotischen Zuständen führen, oder wenn sie ungeduldig darauf drängen, mit dem Spiel endlich anzufangen.

Wenn die Erwachsenen sich ins Spiel der Kinder einmischen, verhindern sie, daß diese durch diese spannenden Präliminarien in ihrer persönlichen Entwicklung Fortschritte machen. Nur allzuoft übersehen Erwachsene, daß die Planung eines Spiels und seine Durchführung zwei völlig unterschiedliche soziale Situationen sind. Solange die Kinder darüber diskutieren, was sie spielen wollen und warum und wie dabei vorgegangen werden soll, sind sie gleichberechtigte Partner beim Prozeß der Beschlußfassung, und sie fühlen sich wohl in dieser ungezwungenen Atmosphäre von Geben und Nehmen. In diesem Fall kooperieren sie miteinander, und es herrscht ein höchst erfreulicher Geist der Kameradschaft. Sie fühlen sich akzeptiert und sind sich der anderen sicher, weil sie Freunde sind, die ihr Los miteinander teilen.

All das ändert sich in dem Augenblick, wenn das Spiel beginnt. Da werden die Freunde und Mitwirkenden zu Konkurrenten, die das Gefühl haben, sie müßten ihre Überlegenheit über die zeigen, die noch einen Augenblick zuvor ihresgleichen waren. Das macht sie unsicher und aufgeregt, während sie zuvor sicher und entspannt waren. Jetzt möchten sie die, die noch vor so kurzer Zeit ihre Kameraden und Freunde waren, besiegen, und sogar die Mitglieder des eigenen Teams werden ärgerlich, wenn ein Spieler die in ihn gesetzten Erwartungen nicht erfüllt (die im übrigen oft ungerechtfertigt hoch sind, weil sie mit ihrer Mannschaft unbedingt gewinnen möchten). Während die Diskussionen vor dem Spiel so freundschaftlich waren, sind sie hinterher voller Nörgeleien und bissiger Kritik, und die Gewinner äußern sich manchmal sogar schadenfroh. Die Stimmung ist der vor dem Spiel genau entgegengesetzt.

Während die Gewinner im Augenblick des Siegs vermutlich in gehobener Stimmung sind, wissen sie recht gut, daß die Besiegten über ihre Niederlage und über sie verärgert sein werden. So wird die innere Sicherheit, die ihnen der Sieg einbrachte, dadurch beeinträchtigt, daß sie sich die, welche noch kurz zuvor ihre Freunde waren, nun entfremdet haben. Die freundschaftlichen Gefühle, die während der Diskussion vor dem Spiel entstanden und herrschten, schwinden schnell, sobald der Wettkampf beginnt. Kinder wissen das gut, und aus diesem Grund verwenden sie – wenn man sie sich selbst überläßt – lieber mehr Zeit auf die gemeinsame Planung des Spiels als auf den Wettkampf selbst. Solange das Spiel noch nicht begonnen hat, kann jeder sich vorstellen, er werde gewinnen, aber wenn es im Gange ist, ist das nicht mehr möglich. Wenn Erwachsene dieser Freude kurzerhand ein Ende machen und darauf bestehen, daß das Spiel nach *ihren* Regeln gespielt wird, feuern sie die Kinder damit nur zu einem erbitterten Wettkampf an. Dann überlegen sie es sich anders und erwarten von den Kindern – die sie dazu gedrängt haben zu spielen, um zu gewinnen –, daß diese es akzeptieren, daß »alles ja nur ein Spiel ist« und daß der Verlierer nicht niedergeschlagen sein sollte und der Gewinner sich nicht überlegen fühlen darf. Oft sind solche Erwachsene trotz ihrer größeren Erfahrung selbst nicht fähig, eine Niederlage gleichmütig und ohne Beeinträchtigung ihres Selbstwertgefühls hinzunehmen. Trotzdem erwarten sie von ihren Kindern eine größere Reife, als sie selbst sie besitzen. Kinder können ihre Emotionen noch nicht so gut beherrschen wie Erwachsene, und man sollte es auch nicht von ihnen erwarten, besonders dann nicht, wenn das Eingreifen von Erwachsenen ihre Gefühle derart angeheizt hat.

Eltern müssen sich entscheiden, was ihnen wichtiger ist: daß ihre Kinder sich schnell daran machen, nach den Spielregeln der Erwachsenen zu spielen, oder daß sie daran arbeiten, durch die Planung des Spiels zu bedachtsamen, über sich selbst entscheidenden Menschen zu werden, auch wenn sie einen großen Teil der ihnen zur Verfügung stehenden Zeit auf diesen schwierigen Prozeß verwenden. Kinder brauchen die Erfahrung, durch viele Wiederholungen und ohne Zeitdruck darüber bestimmen zu lernen, wie sie ihre Zeit verbringen wollen und welche Regeln ihr Verhalten bestimmen sollten. Sie müssen auch das Gefühl gewinnen, daß derartige Entscheidungen ernst zu nehmen sind und daß man sie gut bedenken und ausprobieren muß. Durch die Kombination all dieser Elemente entsteht echte Selbstachtung. Nur ein Sklave muß Vorschriften gehorchen, die ihm auferlegt werden, ohne daß er die Möglichkeit hat, sie in Frage zu stellen.

Natürlich ist es einfacher, sich sagen zu lassen, was man zu tun hat, und Anordnungen zu gehorchen, als sich die Mühe zu machen, einen eigenen Entschluß zu fassen. Wenn man gehorcht, braucht man die Dinge nicht abzuwägen, um aus freien Stücken zu einem Übereinkommen mit seinen Mitmenschen zu gelangen und um die Brauchbarkeit von Regeln zu erproben, über die man sich theoretisch einig geworden ist. Ein Kind, das so spielt, wie man es ihm gesagt hat, kann vielleicht seine Geschicklichkeit bei einem bestimmten Spiel verbessern, aber es wird nicht dabei lernen, mit seinen Altersgenossen zu kooperieren und in der Praxis zu testen, was es heißt, gemeinschaftlich mit anderen Regeln für das eigene Verhalten auszuarbeiten. Das Kind kann ein Spiel perfekt erlernen, aber es wird nicht dadurch sozialisiert, daß es das Spiel spielt.

Die zivilisierende Funktion des Spiels

Während allerlei Befürchtungen die Eltern oft dazu veranlassen, ihre Kinder bei ihren Spielen zu überwachen und zu lenken, haben während der Kindheit selbst aggressive Spiele oft sehr wichtige Funktionen im Prozeß der Sozialisierung. Das gilt vor allem dann, wenn man die Kinder sich selbst überläßt, wobei es nur selten zu Unfällen kommt. Iona und Peter Opie, denen wir die einfühlsamste und verständnisvollste Studie über die Spiele moderner englischer Kinder verdanken, meinen dazu: »Wenn Kinder auf dem Spielplatz eingepfercht werden, wo sich Pädagogen und Psychologen und Sozialwissenschaftler zu versammeln pflegen, um sie zu beobachten, ist ihr Spiel deutlich aggressiver, als wenn sie auf der Straße spielen ... In der Schule spielen sie *Schlagball, Wolf und Schafe* und messen sich in Duellen wie dem *Fingerhakeln*. Der Spaß bei solchen Spielen – wenn nicht ihr Zweck – besteht darin, die Oberhand zu behalten und Schmerz zuzufügen ... Auf der Straße würde ein solches Verhalten von den Mitspielern nicht geduldet.«

Als die Opies Kinder fragten, was für Spiele sie denn auf den von Erwachsenen überwachten Spielplätzen spielten, erhielten sie oft die Antwort: »Wir laufen halt herum und ärgern die Leute.« Wenn Kinder nicht selbst über ihr Spiel bestimmen dürfen und Erwachsene darauf bestehen, was und wie sie zu spielen haben, wird ihr Spiel bösartiger und weniger befriedigend für sie. Als das spontane Schlagballspiel, das Kinder auf der Straße und auf freien Plätzen spielten, zu dem von Erwachsenen organisierten und von Trainern überwachten Jugend-Baseball wurde, wurde aus einem Spiel, das einfach Freude machte, eine ernste Angelegenheit. Beim Wettkampf zu gewinnen wurde wichtiger als die Freude am Spiel.

Bei Organisationen wie diesem Jugend-Baseball sollten wir nicht vergessen, daß die wichtigste Funktion des Spiels darin besteht, dem Wohlbefinden des Kindes zu dienen, indem es ihm die Möglichkeit gibt, ungelöste Probleme aus der Vergangenheit zu verarbeiten, mit augenblicklichen Bedrängnissen fertigzuwerden und mit verschiedenen Rollen und Formen der sozialen Interaktion zu experimentieren, um herauszufinden, welche zu ihm passen. All diese Ziele werden nicht erreicht, wenn Erwachsene ihren Maßstab der »Ernsthaftigkeit« an das Spiel der Kinder anlegen. Wir haben die schädlichen Auswirkungen solcher von Erwachsenen auferlegten Kriterien schon im Zusammenhang mit dem Briefmarkenbeispiel beschrieben. In diesem Fall meinte der Junge es genauso ernst wie sein Vater, der Unterschied lag nur in den Absichten, die sie mit ihrem Hobby verfolgten.

Wenn man, wie bei den Wettkämpfen der Jugend-Baseballmannschaften, den größten Wert darauf legt, daß die Kinder »richtig« spielen und gewinnen, bringt man den Ernst von Erwachsenen in das Baseballspiel hinein, und zwar auf Kosten dessen, worin sein eigentlicher Wert für das Kind besteht. Man merkt den Unterschied deutlich, wenn man beobachtet, was geschieht, wenn eine Gruppe von Kindern zu einem spontanen Baseballspiel zusammenkommt. Dann geht es vermutlich recht ungeordnet zu, weil plötzlich etwas geändert wird, wenn ein Kind irgendeine Phantasie ausagiert und das Spiel dazu benutzt, mit einem emotionalen Problem fertigzuwerden.

Ein zwanglos organisiertes Baseballspiel macht einen sehr ungepflegten Eindruck, und es ist auch ungepflegt. Die Kinder benutzen es zu ihren eigenen Zwecken und richten sich nach den Bedürfnissen der Gruppe. So kommt es dabei zu Unterbrechungen durch Zornausbrüche oder weil zwischendurch über den Spielverlauf diskutiert oder die Spielweise geändert wird. Man kann sogar erstaunliche Bekundungen von Mitgefühl antreffen: »Gebt doch den Kleinen auch mal 'ne Chance!« – All das kommt in dem Spielprotokoll der Erwachsenen nicht vor. Doch wenn diese ein nach gedruckten Spielregeln gespieltes Baseballspiel sehen wollen, brauchen sie sich nur vor den Fernseher zu setzen.

So kommt es, daß die meisten Kinder lieber auf der Straße spielen als auf einem von Erwachsenen überwachten Spielplatz. Es sind nicht nur die Bedingungen unseres modernen Lebens in Großstädten, die die Kinder zwingen, auf der Straße zu spielen. Über die Zeit nach der Ankunft des Messias lesen wir beim Propheten Sacharja: »Die Straßen der Stadt werden voll Knaben und Mädchen sein, die auf den Straßen Jerusalems spielen.« Der Prophet konnte sich kein besseres Bild ausdenken, um zu veranschaulichen, welche Freiheit und welche Freude in der Stadt des Herrn herrschen werden – obwohl die Kinder selbst zu seinen Lebzeiten sicher nicht nur ordentlich und leise gespielt haben dürften. Während wir keinen Bericht darüber besitzen, daß die Kinder auf den Straßen des biblischen Jerusalems ungehindert gespielt haben, besitzen wir solche Berichte aus mittelalterlichen Städten. Um die Opies nochmals zu zitieren: »Im Jahre 1332 wurde es für nötig befunden, Knaben zu verbieten, im Bezirk vor dem Westminsterpalast zu spielen, während das Parlament tagte. 1385 sah sich der Bischof von London gezwungen, das Ballspielen im Bezirk um die St. Paul's Kathedrale zu untersagen … 1447 beklagte sich in Devonshire der Bischof von Exeter darüber, daß junge Leute sogar während des Gottesdienstes im Kloster Spiele wie *the toppe, queke and most atte tenys* spielten, wodurch die Wände besagten Klosters beschädigt und die Fenster zerbrochen würden.«

Solche Verbote wurden zwar damals erlassen, aber die Menschen kamen nicht auf den Gedanken, daß die Kinder nicht auf der Straße spielen und sich auf ihre Weise vergnügen dürften.

Was macht die Straße oder den freien Platz soviel attraktiver als den Spielplatz? Auf solchen freien Plätzen können sich die Kinder ihre eigene Welt schaffen – was sehr wichtig für sie ist, da sie ja den Rest des Tages in einer von Erwachsenen geschaffenen Umwelt verbringen müssen. In dieser Hinsicht war die Nachkriegszeit für eine ganze Generation von Kindern fast ein Paradies. Noch 1955 schrieb ein Londoner Kind: »Es gibt viele Plätze, wo die Hitler-Bomben gefallen sind, und die größeren Bezirke, wo viele Trümmer herumliegen, eignen sich sehr gut zum Versteckspielen und zu *Tin Can Tommy.*« Und ein anderes Kind schrieb: »Unser Park ist prima – es gibt darin immer noch wilde Stellen.«

Wenn Kinder nach eigenem Gutdünken vorgehen können, lernen sie beim Spielen Selbstbeherrschung. Das war 1834 allgemein bekannt, wo es in *The Boy's Weekend Book* (Wochenendbuch für Knaben) hieß: »Es ist ein erfreulicher Anblick, die Jungen mit ihren Altersgenossen spielen zu sehen … Bei diesen Spielen können Knaben viel Selbstverleugnung und Wohlwollen anderen gegenüber üben.« Schon früher bemerkte John Locke: »Es kann keine Erholung ohne Freude geben, die wir häufiger unserer Phantasie als unserer Vernunft verdanken. Man sollte daher Kindern nicht nur erlauben, sich zu vergnügen, sondern sie dies auch auf ihre eigene Weise tun lassen.« Wie gut wäre es für unsere Kinder, wenn wir Erwachsenen den Rat dieses großen Philosophen befolgen würden!

Unbewußte Motive

Der Läufer, der seine Geschwindigkeit stoppt oder seinen Abstand und sein Tempo zu vergrößern versucht, übt zwar bewußt für seine Gesundheit, versucht jedoch eigentlich, sich seine Tüchtigkeit zu beweisen, und unbewußt seinen Eltern oder denen, die in seinem Unbewußten deren Stelle eingenommen haben, zu zeigen, was er wert ist. Mit gutem Grund waren die ersten athletischen Wettkämpfe religiöse Feste oder mit solchen eng verbunden. Der Sinn der Olympischen Spiele im klassischen Griechenland war anfangs nicht, die Jugend zur Körperertüchtigung anzuspornen oder die Tüchtigkeit der Athleten im Wettkampf zu erproben, es handelte sich bei den Spielen vor allem um eine religiöse Zeremonie zu Ehren der olympischen Götter, die dem Wettkampf ihren Namen verliehen. Ein Athlet unterwarf sich den strengen Regeln der Olympischen Wettkämpfe aus dem Gefühl heraus, daß seine Teilnahme religiösen, magischen Zwecken diente. Die Götter interessierten sich speziell für den Sieger im fairen Wettkampf, oder sie zeigten – je nachdem, wie man Pindars Ode versteht –, an welchen Kämpfern sie ein spezielles Interesse hatten, indem sie diese gewinnen ließen. Jedenfalls symbolisierte der Lorbeerkranz des Siegers weit mehr als nur den Sieg im athletischen Wettkampf.

Wenn auch die einzelnen Sportarten heute säkularisiert sind, haben sie doch ihre wichtigen »magischen« Dimensionen nicht verloren, die unausgesprochene, unbewußte Bedürfnisse befriedigen. Die modernen Olympischen Spiele betonen mit gutem Grund ihren Zusammenhang mit den religiösen Spielen des antiken Griechenlands, wo die Entscheidung der Götter ein Zeichen dafür war, welchem Volk und welcher Stadt ihre besondere Gunst gehörte. Heute leben wir nicht mehr in Stadtstaaten, aber all das wurde auf die Nationen ausgeweitet. Die Athleten treten bei unseren Olympischen Spielen nicht nur als Individuen miteinander in Wettbewerb, sondern auch als Vertreter ihrer Nation. Individuelle Siege werden gefeiert, indem man die Fahne des Siegerlandes hißt, wodurch man deutlich sichtbar deren Überlegenheit über andere Nationen demonstriert. Es geht dabei unverkennbar um eine symbolische Überlegenheit, doch ist es ein Hinweis darauf, daß wir uns noch gar nicht so weit von dem Gefühl (und vielleicht auch von der Idee) entfernt haben, daß der Sieg bei diesen Wettkämpfen weit mehr bedeutet als nur das, was sich in Wirklichkeit ereignet hat, daß er zeigt, daß einige Nationen aus welchen Gründen auch immer anderen Nationen überlegen oder vom Glück begünstigt sind. Diese Bedeutung besitzen heute offenbar alle internationalen Wettkämpfe, wie es z. B. die Schachweltmeisterschaften beweisen, die jetzt von weiten Kreisen als Ereignisse von politischer Relevanz angesehen werden.

Wenn die Erwachsenen dem Sieg bei Wettkämpfen eine so weitreichende symbolische Bedeutung beimessen, wie könnte es dann bei Kindern anders sein, die noch leichter bereit sind, in fast allem eine magische Bedeutung und magische Zusammenhänge zu vermuten? Psychoanalytische Untersuchungen der Bedeutung von Sportwettkämpfen haben gezeigt, daß diese häufig dazu benutzt werden, innere Konflikte nach außen zu projizieren. Wenn man solche Konflikte ins Spiel hineinprojiziert, braucht man sie nicht länger zu verdrängen oder sich von ihnen hinreißen zu lassen. Man kann sie dann mehr oder weniger direkt als Teilnehmer oder stellvertretend als Zuschauer ausagieren. Die von innen – durch innere Konflikte – drohende Gefahr wird durch das Spiel in die Außenwelt verlagert. Die neurotische Angst wird in bewußte Angst vor einer Niederlage im Spiel verwandelt, wodurch sie leichter zu akzeptieren ist und wodurch man leichter mit ihr leben kann.

Daß wir es hier mit unbewußten Konflikten zu tun haben, zeigt sich an der hochgradigen Spannung und Erregung, die Sportereignisse sowohl bei den Teilnehmern als auch bei den Zuschauern hervorrufen, und daran, daß alle an dem, was angeblich nur ein Spiel ist, einen so starken persönlichen Anteil nehmen. Man denke zum Beispiel an die heftige Erregung, die bei den Zuschauern entsteht, obwohl sie durch die Größe des Spielfeldes oft gar nicht richtig sehen können, was vorgeht. Oder man denke daran, wie stolz auch Leute, die sich für Sport im allgemeinen überhaupt nicht interessieren, über den Sieg ihrer lokalen oder nationalen Mannschaft sind, und an ihre Wut und Enttäuschung, wenn sie verliert, an die Gewalttätigkeiten, die gelegentlich am Ende eines hitzig ausgefochtenen Spiels zum Ausbruch kommen. Und wie ist das mit den Millionen, die ihre Sonntage damit verbringen, daß sie am Fernseher Fußballspiele oder andere Wettkämpfe verfolgen? Ihre Hingabe ist nur ein neuer Beweis dafür, daß bei solchen Spielen unbewußt weit mehr auf dem Spiel steht als die Entscheidung darüber, welche Mannschaft die bessere ist.

Das Kind, das Verstecken spielt, untersucht dabei lebenswichtige Dinge, wie etwa, ob es sicher ist, auch wenn es von zu Hause weggeht, und ob es in die sichere Obhut seiner Familie zurückkehren kann, wenn es sie verlassen hat. Der Heranwachsende hat ein ähnliches Problem, sich nämlich von der Beherrschung durch seine Eltern zu befreien, sich zu beweisen, daß man ein ganzer Kerl ist und die Chance hat, sich in der großen weiten Welt unter seinesgleichen zu bewähren. Um dieses Ziel zu erreichen, greift er oft das an, was sein Zuhause repräsentiert, während er gleichzeitig die häusliche Geborgenheit noch braucht, wenn er in der Welt Erfolg haben will. So hegt er in bezug auf sein Heim und seine Eltern stark ambivalente Gefühle. Während der Adoleszent nicht mehr Verstecken spielt oder nur noch selten, spielt er begeistert Ballspiele. Bei vielen, wie zum Beispiel beim Fußball, kommt es darauf an, anzugreifen und in das Feld oder Tor der anderen Mannschaft vorzudringen sowie das eigene Territorium um jeden Preis gegen diese Gefahren zu verteidigen.

Grundsätzlich geht es beim Fußball um Angriff und Verteidigung, aber im besonderen gilt es, die Heimatbasis (das eigene Tor) zu verteidigen und Angriffe darauf abzuwehren. Nur ein einziger Spieler – der Torwart – bleibt am Tor, und für ihn gelten besondere Verhaltensregeln. Als der einzige, der im heimischen Bezirk bleibt und ihn direkt verteidigen muß, dürfte er den Vater oder die Eltern symbolisieren. Alle anderen Spieler, Angreifer wie Verteidiger, müssen draußen auf dem Feld, fern vom heimischen Bezirk, bleiben. Die Mannschaften sind wie zwei Gruppen von Brüdern, die nicht mehr im Elternhaus leben. Wie die Jugendlichen im wirklichen Leben greifen sie das Zuhause und den Vater (der anderen Mannschaft) an und verteidigen gleichzeitig das eigene Zuhause. So ist ihnen beim Spiel beides möglich – genauso, wie der Adoleszent in der Realität oft beides haben möchte: ein Zuhause und die Möglichkeit, einen symbolischen Vater anzugreifen.

Die siegreiche Mannschaft erntet den Beifall des Publikums sowohl für ihren Angriff als auch für ihre Verteidigung, was ihnen die Gewißheit gibt, daß es in Ordnung ist, wenn man einigen seiner Aggressionen innerhalb festgesteckter Grenzen freien Lauf läßt. Der Sieg stärkt das Selbstwertgefühl, was Jugendliche noch notwendiger brauchen als andere Altersgruppen. Es darf zwar bezweifelt werden, daß die Schlacht von Waterloo auf den Spielfeldern von Eton gewonnen wurde, aber es besteht Grund zur Annahme, daß dieser ewige adoleszente Kampf immer und überall symbolisch auf Spielfeldern aller Art ausagiert wird.

Ob wir aktive Spieler oder lediglich Zuschauer sind, die Mannschaften besitzen für uns in vieler Hinsicht psychologische und symbolische Bedeutung, und das ist der Grund, daß wir uns so sehr für solche Wettkämpfe interessieren. So gibt es zum Beispiel einige erfolgreiche Athleten, die plötzlich das Interesse am Wettkampf verlieren, obwohl ihnen ihr Sport auch weiterhin Freude macht. Wenn man diese Fälle genauer untersucht, stellt sich etwas Interessantes heraus: Der Athlet scheint den magischen Glauben gehabt zu haben, daß ihm sein Sieg etwas in bezug auf sich selbst beweisen oder für seine Zukunft voraussagen würde (was sich jedoch nicht auf die realen Konsequenzen seines Siegs oder seiner Niederlage bezog). Verliert er diesen Glauben, so geht ihm ein starkes Motiv verloren, sich der Härte und den Gefahren des Wettkampfs auch weiterhin auszusetzen. Eines der häufigsten Beispiele dieses magischen Glaubens ist der Glaube an die Unzerstörbarkeit des Körpers. Der Wunsch, daran zu glauben und es sich durch wiederholte Tests zu beweisen, liegt häufig dem wagemutigen Einsatz von Athleten zugrunde. Fallen diese irrationalen Motive weg, so sind weder der Beifall des Publikums noch finanzielle Vorteile zwingende Gründe, sich weiterhin an Wettkämpfen zu beteiligen.

Glücksspiele

Vom Glücksspiel glauben wir unbewußt, daß das Schicksal uns dabei ein Zeichen geben wird, ob wir zu seinen Lieblingen gehören und ob uns die Götter – jene höchsten Stellvertreter unserer Eltern – lächeln werden. Die Spielsucht ist gewöhnlich die Folge davon, daß jemand das Schicksal zwingen will, ihm seinen Wert zu bestätigen. Andererseits ist es eine Form der Selbstbestrafung, wenn man immer weiterspielt, obwohl man ständig verliert. Unbewußt hat dann der Verlierer das Gefühl, daß er es nicht verdient, Glück zu haben, und daß er aufgrund irgendeiner Schuld immerzu verliert. Es gibt Spieler, die glauben, wenn sie gewinnen, sei das ein Beweis dafür, daß ihnen eine alte Sünde endlich vergeben worden sei und daß sie sich wieder im Stande der Gnade befänden. Andere verfallen der Sucht, magische Methoden anzuwenden, um ihr Schicksal im realen Leben zu korrigieren.

Wenn ein Kind sich den Regeln eines Spiels unterordnet, tut es das nicht nur, um zu gewinnen. Tatsächlich würden sich auch viele Erwachsene nicht so leidenschaftlich dem Spiel hingeben, wenn es ihnen nur um den realen Gewinn ginge. Immer und überall ist ein unbewußtes Element mit im Spiel. Aus diesem Grund können wir miteinander wetteifern, »als ob unser Leben auf dem Spiel stünde« – was nur möglich ist, wenn wir das tatsächlich irgendwie glauben. So spielen Kinder oft mit sich allein unter strenger Beachtung der Spielregeln, und sie tun dies nicht nur, um sich zu üben oder die Zeit totzuschlagen oder um besser aufpassen zu lernen. Sie spielen, weil sie glauben, der Ausgang des Spiels werde ihnen auf magische Weise offenbaren oder voraussagen, ob sie zum Beispiel ein Examen bestehen oder einen ersehnten Freund gewinnen werden oder ob ihnen irgendein geheimer Wunsch in Erfüllung gehen wird.

Durch derartige Erfahrungen lernt das Kind, seine mächtigen unbewußten und irrationalen Energiequellen für die Aufgaben zu entwickeln, die ihm dann die Wirklichkeit stellen wird. Eine der wichtigsten Lernerfahrungen, die es beim Spiel machen kann, besteht darin, aus unbewußten Bedrängnissen und Wünschen die Kraft zu gewinnen, mit realen Aufgaben fertigzuwerden. Aber das ist noch nicht alles. Durch das Spiel lernt das Kind nicht nur, die irrationalen Kräfte seines Unbewußten in reale Betätigungen einzuschleusen – wenn es zum Beispiel mit sich allein spielt, damit ein Wunsch in Erfüllung geht –, es lernt dabei auch, daß es diese Kräfte unter Kontrolle bekommen muß, um sein Ziel zu erreichen. Es darf sich nicht dazu hinreißen lassen zu betrügen, wenn es mit sich allein spielt, denn sonst sagt ihm das Spiel überhaupt nichts voraus. Deshalb ist das Spielen solcher Spiele ein so wichtiger, ja fast unentbehrlicher Schritt auf dem Weg, ein zivilisierter Mensch zu werden. Denn das ist man nur, wenn man gelernt hat, seine unbewußten Energien für reale Ziele einzusetzen und sie gleichzeitig auf angemessene Weise unter Kontrolle zu halten. Wenn das Kind gelernt hat, sein Unbewußtes in den Dienst der Erfordernisse der Realität zu stellen, kann es seine Energien für andere Aufgaben verwenden.

21. Kapitel

Jenseits von Gewinnen und Verlieren

Der Mensch ist ein Tier, das spielt.
Charles Lamb, *Mrs. Battle's Opinion on Whist*

Im Laufe seiner Entwicklung bewegt sich das Kind zwischen den vielen Anforderungen, die Spiele an es stellen, vor und zurück. Wie bereits erwähnt, versucht es zunächst, die Spielregeln zu seinen Gunsten zu verändern; dann glaubt es, daß eine Autorität es dazu zwingt, sich den Spielregeln zu unterwerfen; schließlich erkennt es, daß es zum eigenen Vorteil der Spieler ist, wenn sie die Spielregeln freiwillig akzeptieren.
Geht alles gut, so kann das Kind alles, was Spielregeln von ihm fordern, auch erfüllen. Wird ihm jedoch die Situation psychologisch zu verwirrend oder zu frustrierend, besteht die Möglichkeit, daß es sich wieder dem spontanen Spielen zuwendet. Wenn es die Spielregeln auch weiterhin versteht – und vielleicht sogar darauf besteht, daß die andern sie befolgen –, selbst aber außerstande ist, ihnen zu gehorchen, wird es vielleicht behaupten, sie gingen es nichts an. So weiß ein kleines Kind unter Umständen recht gut, *wie* man Dame spielt. Dann geht alles reibungslos, bis es merkt oder meint, daß es verlieren wird. Dann macht es vielleicht plötzlich den Vorschlag: »Wir wollen noch einmal von vorne anfangen!« Wenn der andere Spieler damit einverstanden ist und das zweite Spiel für das Kind günstiger verläuft, ist wieder alles in Ordnung, und es kann weitergespielt werden. Sieht es aber auch beim zweiten Mal trübe aus, wird es vielleicht wieder vorschlagen, noch einmal von vorne zu beginnen, und das immer wieder. Das kann für einen Erwachsenen eine rechte Geduldsprobe sein, und er kann sich auf den Standpunkt stellen, das Kind müsse lernen, ein Spiel zu Ende zu spielen, nachdem es einmal angefangen wurde, und dies auch, wenn es im Begriff ist zu verlieren. Aber wenn der Erwachsene es fertigbringt, die Geduld nicht zu verlieren, und wenn er damit einverstanden ist, daß immer wieder von vorne angefangen wird, auch wenn das Damespiel ewig dauert, dann wird das Kind schließlich lernen, besser zu spielen.
Besteht der Erwachsene dagegen darauf, daß das Kind weiterspielt, auch wenn es vermutlich verlieren wird, stellt er zu große Anforderungen an seine noch schwache Selbstbeherrschung. Wenn es seine Situation formulieren könnte, würde es vielleicht sagen: »Es ist zu viel von mir verlangt, die Spielregeln einzuhalten, wenn es so aussieht, als ob ich verlieren würde. Wenn du darauf bestehst, daß ich weiterspiele, werde ich solche Spiele überhaupt nicht mehr spielen und mich wieder den

Phantasiespielen zuwenden, bei denen ich nicht verlieren kann.« Dann wird es den Damestein, der – wie es wohl weiß – nur nach bestimmten Regeln hin und her bewegt werden darf, plötzlich so rücken, wie es ihm gerade einfällt, oder so, wie es glaubt, damit gewinnen zu können. Wird dies nicht akzeptiert, kommt es vor, daß der Stein zum Wurfgeschoß wird, daß das Kind ihn vom Brett schleudert oder sogar dem gewinnenden Gegner an den Kopf wirft.

Weshalb das Kind sich so verhält, ist unschwer zu verstehen. Es fühlt sich im Augenblick niedergeschmettert von den komplizierten und schmerzlichen Realitäten des Spiels – es ist im Begriff zu verlieren, wodurch sein noch höchst empfindliches Selbstwertgefühl Schaden erleiden würde, etwas, das um jeden Preis vermieden werden muß. Daher kehrt es zu einem Spielniveau zurück, bei dem keine Regeln mehr beachtet werden müssen, um auf diese Weise sein gefährdetes Kompetenzgefühl unversehrt zu erhalten. Ist sein Gegner ebenfalls ein Kind, wird es intuitiv das Verhalten seines Gegners verstehen, wenn es dessen Verhalten auch nicht gutheißen kann. Es sagt dann vielleicht: »Komm, benimm dich nicht wie ein Baby!«, so als ob es – vielleicht aus eigener Erfahrung in ähnlichen Situationen – verstanden hätte, daß das, was da geschieht, eine Regression in ein früheres Entwicklungsstadium ist. Oder es schlägt vielleicht vor: »Komm, wir spielen etwas anderes!«, weil es merkt, daß das Damespiel dem anderen zu unangenehm geworden ist.

Ist der Gegner ein Erwachsener, geht diesem unter Umständen dieses intuitive Verständnis ab. Leider sind manche Eltern zu sehr darauf bedacht, daß ihr Kind sich schon wie ein Erwachsener benimmt, bevor es reif dafür ist. Daher macht es sie unglücklich, wenn es wieder zu einfachen, unstrukturierten Spielen zurückkehrt. Aber wenn sie das Kind ausgerechnet in dem Augenblick, in dem es sich schwer bedroht fühlt, kritisieren und zu einem reiferen Verhalten auffordern, verstärkt sich nur sein Gefühl, eine Niederlage erlitten zu haben. Wir sollten uns klar darüber sein, daß ein Kind sich durch inneren Druck, den es noch nicht unter Kontrolle hat, veranlaßt sehen kann, vorübergehend die Spielregeln zu mißachten oder sogar zu verdrehen, und daß es zwingende Gründe dafür hat.

Außerdem sollten wir bedenken, daß ein Spiel für das Kind nicht »nur ein Spiel« ist, das es zu seinem Vergnügen oder zur Ablenkung von ernsteren Dingen spielt. Für das Kind ist das Spielen eines Spiels häufig ein ernstes Unterfangen, von dessen Ausgang sein Selbstwertgefühl und sein Kompetenzgefühl abhängen. Wir haben bereits in verschiedenem Kontext diskutiert, welch hohen Wert das Spiel für das Kind hat, und es wurde dargelegt, daß die Welt des Spiels in vieler Hinsicht seine reale Welt ist. In der Sprache der Erwachsenen heißt das, daß das Spiel die wahre Realität des Kindes ist. Das Verlieren gehört meist nicht wie beim Erwachsenen mit zum Spiel, sondern ist etwas, was das Kompetenzgefühl des Kindes in Frage stellt und unterminiert. Das Verlieren ist dann nicht mehr nur ein Bestandteil des Spiels, es ist nicht nur eine Beleidigung, es gefährdet das Selbstwertgefühl und damit die Integrität der Persönlichkeit des Kindes, ja, es stellt seine ganze

Existenz in Frage, und das gilt es um jeden Preis zu verhindern. Wenn man in dem Kind die Angst weckt, daß es sein Selbstwertgefühl verlieren könnte, kann das Verlieren es derart außer Fassung bringen, daß es plötzlich die Wirklichkeit des Spiels nicht mehr von der des Lebens unterscheiden kann.

Deshalb wird das gleiche Kind, das die Spielregeln kennt und – solange es selbst gewinnt – darauf besteht, daß sein Partner sie befolgt, diese Spielregeln absichtlich mißachten, wenn es glaubt, es werde verlieren. Das können Erwachsene oft nicht verstehen, und sie fragen sich: »Wieso kann es so gut nach den Spielregeln spielen, wenn es gewinnt, und weshalb kann es das nicht mehr, wenn es verliert?« Für den Erwachsenen handelt es sich in beiden Fällen um Spielsituationen; für das Kind dagegen sind sie Wirklichkeit. Gewinnt es, dann ist es übertrieben stolz darauf in Anbetracht dessen, daß es »nur ein Spiel« war. Verliert es, fühlt es sich vernichtet und reagiert entsprechend. Es benimmt sich dann nicht mehr wie ein reifer Mensch – genau so, wie es vielen Erwachsenen in Situationen geht, in denen ihnen die völlige Vernichtung droht.

Das Ganze wird um so verwirrender, als das Kind ab und zu leicht in der Lage ist, ein Spiel zu Ende zu spielen, obwohl es merkt, daß es verlieren wird. Wenn es also eine Niederlage in gewissen Fällen hinnehmen kann, weshalb kann es dann das nicht immer? Weil es etwas gestern konnte, erwarten die Erwachsenen von ihm, daß es auch heute dieselbe Reife besitzt, und tadeln es, wenn es nicht dazu imstande ist. Sie übersehen dabei, daß auch sie sich im wirklichen Leben oft nicht viel anders verhalten. Sie können eine Niederlage relativ gleichmütig hinnehmen, wenn sie sich in anderer Hinsicht sicher fühlen; ein anders Mal bringt sie eine Niederlage vorübergehend außer Fassung, und sie sind so deprimiert, daß sie zu nichts mehr fähig sind. Wie sie jeweils reagieren, hängt von der Situation ab, in der sie sich im Augenblick der Niederlage befinden – wie sicher sie ihrer selbst waren, wie sicher sie sich anderen gegenüber fühlten und wie gut sie ihre Niederlage durch Erfolge auf anderen wichtigen Gebieten ausgleichen konnten. Das trifft im wirklichen Leben auf die meisten Erwachsenen zu. Da das Spielen für das Kind eine reale Lebenserfahrung ist, benimmt es sich dementsprechend. Wenn es sich relativ stark und sicher fühlt, kann es eine Niederlage beim Spiel hinnehmen, ohne völlig außer Fassung zu geraten; wenn es dagegen unsicher ist, kann es das nicht. Da die Unfähigkeit des Kindes, eine Niederlage im Spiel hinzunehmen, ein Zeichen dafür ist, daß es in diesem Augenblick sehr unsicher ist, ist es um so wichtiger, daß wir es nicht durch unsere Kritik noch mehr verunsichern.

Taktischer Rückzug: Das Bedürfnis des Kindes zu gewinnen

Manche Kinder – und fast alle Kinder auf gewissen Entwicklungsstufen – können einfach nicht verlieren. Deshalb mogeln sie, um zu gewinnen. Es wäre dann falsch, sie zu ermahnen, sich an die Spielregeln zu halten, weil sie dann vielleicht das Spiel ganz aufgeben würden und überaus niedergeschlagen und enttäuscht wären. Wenn wir, statt Einwände gegen ihr Mogeln zu erheben, es stillschweigend übergehen und ihnen auf diese Weise ermöglichen zu gewinnen, haben sie wieder Freude am Spiel und spielen weiter. Wenn sie tatsächlich weiterspielen – und auch weitermogeln –, gewinnen sie allmählich mehr Erfahrung bei diesem Spiel und brauchen nur noch seltener und nicht mehr so unverfroren zu mogeln. Deshalb ist es besonders wichtig, daß Eltern selbst mit ihrem Kind solche Spiele spielen, denn andere Personen sind nicht so leicht bereit, es mogeln zu lassen – wenigstens nicht, ohne Bemerkungen darüber zu machen. Aber das Mogeln kann notwendig sein, damit das Kind das Spiel so oft spielen kann, daß es genügend Erfahrungen dabei sammelt, um es ohne Mogeln spielen zu können. Durch das Gewinnen wird es immer sicherer, beim Spiel seinen Mann stellen zu können, und so wird es das Mogeln bald ganz aufgeben, auch wenn es keineswegs immer gewinnt. Daß es jetzt auch ohne zu mogeln gewinnen kann, gibt ihm beim Spielen so viel Sicherheit, daß es auch ein gelegentlichen Verlieren nicht mehr als eine so schwere Niederlage empfindet, daß es das Spielen ganz aufgeben muß. Aber es verlangt von den Eltern Zeit und Geduld, bis ihr Kind ein so guter Spieler wird, daß es nicht mehr niedergeschmettert ist, wenn es verliert.

Wenn wir beobachten, auf welche Weise das Kind zu mogeln versucht, werden wir merken, welche schreckliche Angst es vor dem Verlieren hat. Oft genügt es nicht, mit dem Spiel einfach aufzuhören, manchmal reicht es nicht einmal aus, das Glück dadurch ein wenig zu korrigieren, daß man die Steine zu seinem Vorteil gegen die Spielregeln verrückt. Das Kind kann sich einbilden, daß alle seine Steine Könige wären und alle Steine seines Gegners überspringen könnten. Werden derartige Phantasien gutmütig akzeptiert, kann sich das Zutrauen des Kindes wiederherstellen, und es kann dann versuchen, nach den Spielregeln weiterzuspielen. Hindert man es dagegen daran, sich vom Spiel in die Phantasie zu flüchten, um sein bedrohtes Kompetenzgefühl etwas zu stützen, kann es jedes Interesse an solchen Spielen verlieren. Geschieht dies, so wird das Kind um die Chance gebracht, durch Spielen einen höheren Grad der Sozialisierung zu erreichen.

Am Verhalten des Kindes beim Spielen kann man seinen seelischen Zustand erkennen. Solange es glaubt, es werde gewinnen, ist es völlig vom Spiel in Anspruch genommen und vergißt alles, was um es herum vorgeht. Es ist »ganz Ego«, ganz zielgerichtet, voll konzentriert auf die gegenwärtige Aufgabe und entspricht auf intelligente Weise allen Anforderungen. All das ändert sich augenblicklich, wenn es fürchtet, es werde verlieren. Dann verzerrt sich sein Gesicht, seine Stimme wird schrill, es kann sich nicht mehr auf das Spiel konzentrieren, und es geht ihm nur noch darum, die Niederlage zu vermeiden, auch wenn dies nur auf unverfrorene Weise möglich ist. Noch einen Augenblick zuvor ging es ihm nur um das Spiel und die Spielregeln, jetzt zählen diese nicht mehr. Vor seinem Ärger

räumt die Realität das Feld, und seine Enttäuschung verdrängt alle anderen Gefühle. Kurz, sein Ego, das es voll unter Kontrolle hatte, verliert seine zerbrechliche Integrität, sein ganzes Wesen wird von Angst und Bestürzung überflutet.
Wenn man es einem Kind in einer solchen Situation ermöglicht, sich seinen Gefühlen einen Augenblick lang hinzugeben – das heißt, Dampf abzulassen und seinem Zorn über das Spiel Luft zu machen, das es derart frustriert und aus der Fassung bringt –, dann läßt sich die Situation fast ebenso schnell wieder retten, wie sie aus den Fugen geraten ist, und das Ego kann wieder unter Kontrolle gebracht werden. Wenn die andern den Ausbruch des Kindes gutmütig als legitim akzeptieren und sagen: »Das Spiel zählt nicht – komm, wir fangen noch einmal von vorne an!«, setzen sie es damit in die Lage, sich an einem weiteren ernsthaften Spiel zu beteiligen und dabei geschickter zu spielen, ja, sogar mit kleinen Enttäuschungen fertigzuwerden. Macht das Kind wiederholt diese Erfahrung, so ist das eine höchst wichtige Lektion. Es lernt, daß man sich wieder beruhigen kann, auch wenn man vorübergehend die Selbstbeherrschung verloren hatte und von dem Druck eines instinktiven Dranges überwältigt wurde.
Das Verlieren oder die Angst davor sind keineswegs die einzigen Situationen, bei denen das Kind das Spiel nicht mehr als solches betrachten und sich nach den Spielregeln richten kann. Jede Spielsituation kann einen so starken emotionalen Druck erzeugen, daß das Ich ihn nicht mehr kontrollieren kann.
Wenn ein Kind bei einem Ballspiel von einem Ball getroffen wird, kann das bei ihm eine solche Wut oder eine solche Angst auslösen, daß es dies als eine persönliche Beleidigung und als absichtlichen Angriff empfindet. Es kann so wütend werden, daß es im Ernst zurückschlägt – überzeugt, daß der Treffer nicht zum Spiel gehörte oder zufällig erfolgte, sondern daß es Absicht war. Dann ist es gelegentlich nicht mehr in der Lage, nach den Spielregeln weiterzuspielen. Es kann sogar auf eine frühere Entwicklungsstufe regredieren, auf der es glaubte, Gegenstände handelten absichtlich und versuchten ihm etwas anzutun. Der Ball ist dann nicht länger ein Spielzeug, sondern ein gefährliches Wurfgeschoß. Wenn man das Kind fragt, weshalb es so heftig reagiert hat, daß es zufällig getroffen worden sei, könnte es, wenn es dazu fähig wäre, seine Auffassung so formulieren: »Er hat das aus Versehen, aber mit Absicht getan«, wobei es unsere Ansicht, daß es Zufall war, zwar bestätigt, aber gleichzeitig auf seiner Meinung beharrt, daß es Absicht war.
Wenn wir von einem Ball getroffen werden, können wir das so lange als Teil des Spiels ansehen, wie wir akzeptieren, daß es in einer »Als-ob-Situation« geschah, für die die Spielregeln gelten, die nicht mit den Regeln identisch sind, die für den Rest des Lebens Gültigkeit haben. »Als-ob-Situationen« als solche zu erkennen und zu akzeptieren, daß sie sich vom wirklichen Leben unterscheiden, erfordert einen relativ hohen Grad von Intelligenz und Reife. Wenn Emotionen das Kind überwältigen, kann es diese Reife nicht mehr aufbringen, und die »Als-ob-Situa-

tion« bricht für es zusammen. Wenn es dann von einem Ball getroffen wird, empfindet es das als eine Aggression gegen sich, gegen die es sich wehren muß. Es reagiert dann genauso, wie viele von uns es tun würden, wenn wir absichtlich beschimpft und angegriffen würden.

Aber wenn wir das Kind nicht kritisieren, wenn es reagiert, als ob der Angriff absichtlich gewesen sei, wenn wir seine mißliche Lage zugeben und bestätigen, daß es das Gefühl haben muß, es sei ihm großes Unrecht geschehen – weil es ja nur ein Spiel spielen wollte und sich plötzlich in einer Situation befand, die seine körperliche Integrität zu bedrohen schien –, dann wird ihm unser Verständnis helfen, sich wieder sicherer zu fühlen. Es wird dann gewöhnlich bald weiterspielen können. Wenn wir es dagegen kritisieren, vergrößert das nur noch seine Unsicherheit, und es kann sein, daß es dann nicht mehr in der Lage ist weiterzuspielen und vielleicht überhaupt nicht mehr mitmachen will.

Wenn wir seine Auffassung gelten lassen, obwohl sie (von unserem Standpunkt aus) falsch ist, geben wir dem Kind das Gefühl, daß es in seiner Not einen mitfühlenden Freund gefunden hat, der die Dinge so sieht wie es selbst. Das hilft ihm mehr als alles andere, seine Sicherheit zurückzugewinnen. Es schafft einen fruchtbaren Boden für seine Bemühungen, die Dinge auf unsere Weise zu beurteilen, weil wir so bereit waren, sie von seinem Standpunkt aus zu sehen. Es wird dann eher auf uns hören, wenn wir ihm erklären, daß das, was geschehen ist, ein unglücklicher Zufall war und daß es nicht die lebensbedrohende Sache war, für die das Kind es hielt. Wenn wir uns seine Auffassung von der Situation voller Sympathie und Verständnis anhören und sie als berechtigt anerkennen, geben wir ihm damit die Möglichkeit, zur »Als-ob-Situation« des Spiels zurückzukehren. Je öfter es solche Erfahrungen macht, um so besser nimmt es die Lektion in sich auf, daß es sich wieder beherrschen kann, auch wenn es sich vorübergehend von seinem Zorn und seiner Angst überwältigen ließ. Es wird allmählich lernen, die »Als-ob-Situation« als solche zu behandeln. Die Fähigkeit hierzu ist ein wichtiger Schritt zur Erreichung eines höheren Grades von Einsicht und Reife.

Das Element des Zufalls

Um welche Art von Spiel es sich auch handeln mag, es wird immer einige Jugendliche geben, die nicht fähig sind, die durch die Spielregeln symbolisierten Anforderungen an die Realität zu akzeptieren und sich entsprechend zu verhalten. Das ist der Grund, weshalb manche Kinder mogeln oder nicht mehr mitspielen, denn sie können nicht verlieren, ohne einen erheblichen Teil ihrer Selbstachtung einzubüßen. Sie sind nur mit sich zufrieden, wenn sie ihre Allmachtsphantasien aufrechterhalten können. Der Grund hierfür ist gewöhnlich, daß sie sich nur zwei Möglichkeiten vorstellen können: entweder Macht und Kontrolle über alles oder totale Hilflosigkeit.

Die gleichen psychischen Mechanismen kann man auch beim Lernen beobachten, wenn ein Kind entweder vorgibt, Kenntnisse zu besitzen, die es in Wirklichkeit nicht hat, oder wenn es voller Angst und Widerstand ans Lernen geht – überzeugt, daß es niemals Erfolg dabei haben wird. Für ein solches Kind kann das Schummeln ein Kompromiß sein zwischen seinem emotionalen Bedürfnis nach Allmacht und seiner wachsenden Erkenntnis der Grenzen, die ihm von der Realität gesetzt sind.

Durch Glücksspiele lernt das Kind zuerst die »Spielregeln« kennen. Diese Spiele bieten eine Gelegenheit, die man ihm nicht vorenthalten sollte: daß es ältere Gegner trotz ihrer größeren Kraft und Geschicklichkeit schlagen kann. Aber auch wenn allein der blinde Zufall bestimmt, wer gewinnt, muß das Kind doch die Spielregeln beachten: Es kann nicht weiter vorrücken, als es ihm die gewürfelten Punkte gestatten. Wenn es auf einer Stelle landet, wo es zur Strafe ein paar Punkte zurückrücken muß, muß es das tun. Natürlich wehrt sich ein kleines Kind oft dagegen und versucht durch Mogeln sein Glück zu korrigieren, indem es noch einmal würfelt oder falsch zählt.

Bei solchen Glücksspielen kann selbst ein kleines Kind seine älteren Mitspieler einschließlich seiner Eltern besiegen. Bei allen anderen menschlichen Bemühungen kann es nur gewinnen, wenn die Älteren Zugeständnisse machen: wenn sie sich geschlagen geben, sich zurückhalten oder so tun als ob. Auf diese Weise lernt das Kind, die Spielregeln einzuhalten, weil es auch gewinnen kann, wenn es sie beachtet. Wenn es erst einmal gelernt hat, ordentlich zu spielen, weil das Glücksspiel ihm diese einzigartige Gelegenheit bietet, wird es ihm leichter fallen, sich auch bei Geschicklichkeitsspielen, bei denen es im Nachteil ist, an die Regeln zu halten.

Viele Kinder wehren sich lange Zeit, sich an der Realität zu messen. Sie wollen nur bei Spielen mitspielen, bei denen der reine Zufall regiert. Sich auf den Zufall zu verlassen, repräsentiert eine sehr primitive Ansicht darüber, wie es in der Welt zugeht, so als ob alles, was bei unserem Tun herauskommt, nur Glückssache wäre. Aber allmählich beginnt das Kind einzusehen, daß bei Spielen, die Geschicklichkeit mit dem »reinen« Zufall kombinieren, auch Können und Kenntnisse einen gewissen Einfluß ausüben können. Das ermutigt es, höheres Wissen anzustreben und seine primitiven Triebe zu sublimieren.

Heute werden in den Sozialwissenschaften und in den Naturwissenschaften die kompliziertesten Probleme mit Hilfe der statistischen Analyse gelöst. Da der Vergleich der Wahrscheinlichkeit eines Ereignisses mit dem, was wirklich geschieht, uns gewisse Phänomene verstehen hilft, ist das, was das Kind über statistische Wahrscheinlichkeit aus Glücksspielen lernt, von großem Wert. In weiten Lebensbereichen hängen Erfolg und Mißlingen von unserer Fähigkeit ab, die Regeln der Wahrscheinlichkeit realistisch einzuschätzen, und Kinder können aus Glücksspielen in dieser Beziehung wichtige Lehren erhalten.

Stärker strukturierte Spiele, bei denen sowohl der Zufall als auch die Geschicklichkeit eine Rolle spielen, geben Gelegenheit zum offenen Wettbewerb innerhalb eines sicheren Rahmens in einer Umgebung, in der Wohlwollen neben offenem Wettstreit herrscht. Je mehr bei einem solchen Spiel die Geschicklichkeit eine Rolle spielt, um so mehr herrschen hinsichtlich der Wettbewerbsbedingungen die Regeln und nicht der Zufall, und um so wahrscheinlicher wird es, daß der »beste Mann« gewinnt. Aber das Element des Zufalls, das noch eine wichtige Rolle spielt, mindert die Spannung, die der bewußte Wettbewerb mit sich bringt, und sorgt für Ausgeglichenheit.

Auch wenn der Gewinner innerlich auf seine Geschicklichkeit stolz ist, muß er das doch nach außen hin nicht zeigen und kann bescheiden zum Verlierer sagen: »Ach, ich hab' halt Glück gehabt.« Auf diese Weise kann er seinen Freund schlagen, ohne sich ihm zu entfremden. Andererseits kann der Verlierer sich damit trösten, daß sein »Pech« beträchtlich zu seiner Niederlage beigetragen hat, so daß er auf seinen siegreichen Gegner nicht böse zu sein braucht. So muß das Kind kein schlechtes Gewissen haben, wenn es gewinnt, und es braucht keine Minderwertigkeitsgefühle zu haben, wenn es verliert. Auf dieser Stufe der Anpassung an die Realität kann es beim Spiel vorkommen, daß Kinder sich ärgern, weil sie den anderen im Verdacht haben, daß er sich nicht genug angestrengt hat oder daß er sich unsportlich benimmt, wenn er gewinnt oder verliert. Beides vermindert für den engagierten Spieler den Wert des Spiels – ersteres, weil der andere das Spiel offenbar nicht ernst nahm, und letzteres, weil er sich nicht freundschaftlich dabei benommen hat.

Monopoly, das Finanztransaktionen nachspielt, kann als Beispiel dafür dienen, was ein Kind bei einem Spiel lernen kann. Der Neuling hält vielleicht anfangs sein Kapital zurück, er hortet es ängstlich und weigert sich, etwas davon in Häuser oder Hotels zu investieren. Aber er lernt bald, daß diese Methode nicht die richtige ist, daß man verliert, wenn man sich nur von seiner Angst leiten läßt. Andererseits bringt eine unüberlegte Kapitalanlage nichts ein. Das wird dem Kind schließlich klar, wenn es sein ganzes Geld in einen kostspieligen Besitz investiert, in der falschen Hoffnung, daß die Mitspieler alle unfehlbar dort landen werden. Auch das führt zum Bankrott.

Auf diese Weise zwingen diese Gesellschaftsspiele (im Unterschied zu freien Phantasiespielen) das Kind, das gewinnen will, dazu, sein Wunschdenken und seine Angst im Zaum zu halten und gangbare Kompromisse zwischen dem Druck seiner bewußten und unbewußten Wünsche und den Anforderungen der Realität zu suchen. Sich an die Regeln von Brettspielen zu halten, entspricht dem Bestreben, in der Welt dadurch voranzukommen, daß man die Befriedigung seiner Wünsche innerhalb der Grenzen zu erreichen versucht, die die Gesellschaft sich gesetzt hat. Keine Strategie führt immer zum Erfolg, weil unser Glück und unsere Gegner wechseln, aber das Kind lernt, seine Chancen besser wahrzunehmen.

Der Symbolismus des Gewinnens

Die Bedrohung durch einen scheinbar persönlichen Angriff oder eine bevorstehende Niederlage sind nicht die einzigen Situationen, bei denen eine bereits erreichte reifere Integration zusammenbricht und es zu einer vorübergehenden Regression kommt. Kinder fühlen sich manchmal aus ganz bestimmten Gründen gezwungen, auf eine bessere Leistung zu verzichten. Ein kleines Mädchen, das schon recht gut Schach spielen konnte, schlug seine Mutter regelmäßig und freute sich dann über seinen Erfolg. Dann wurde es schwer krank. Zur Unterhaltung spielte es eines Tages mit seiner Mutter Schach, wie es das früher oft getan hatte. Aber diesmal machte das kleine Mädchen offenbar absichtlich Fehler, gewann aber trotzdem. Anstatt sich nun wie früher über seinen Sieg zu freuen, brach es in Tränen aus und machte seiner Mutter Vorwürfe, sie habe es gewinnen lassen.

Die arme Mutter, die tatsächlich so gut gespielt hatte, wie es ihr angesichts ihrer mangelhaften Begabung möglich war, war wie vor den Kopf geschlagen. Weshalb war ihre kleine Tochter, die doch sonst immer gewinnen wollte, plötzlich wegen eines Siegs so traurig und so böse auf sie? In diesem Fall war das Kind durch seine Krankheit verängstigt und wollte nicht zu seiner Unterhaltung oder als Beweis für seine eigene Kompetenz Schach spielen. In diesem Augenblick brauchte es den Beweis für *die Kompetenz seiner Mutter*. Durch seine Krankheit verängstigt, brauchte es eine Bestätigung, daß sein Schicksal in den Händen von jemand lag, der kompetenter und klüger war als es selbst. Wie alle Kinder mußte es sich auf die Person, die sein Leben beschützte, verlassen können. So wünschte es sich in diesem Fall, daß seine Mutter im Kampf gegen die Krankheit Sieger blieb, und es wollte, daß sie durch ihren Sieg bei der Schachpartie ihre überlegenen Fähigkeiten unter Beweis stellte.

Als die Mutter dann verlor und sich als weniger kompetent als ihre Tochter erwies, erreichte diese nicht, was sie in diesem Augenblick mit dem Spiel erreichen wollte. Sie wußte, daß sie unter normalen Umständen ihre Mutter beim Schachspielen besiegen konnte. Aber gerade jetzt brauchte sie auf einer magischen Ebene einen Beweis für die überlegene Macht der Mutter. Dieser Beweis wurde nicht erbracht, obwohl das Kind absichtlich schlecht gespielt hatte. Daher fühlte es sich durch seinen Sieg im Stich gelassen. Es war böse auf seine Mutter, weil diese sich nicht als mächtiger erwiesen hatte. Unter den außergewöhnlichen Umständen seiner Krankheit versuchte das kleine Mädchen das Schachspiel dazu zu benutzen, sich auf kindliche Weise zu versichern, daß es von höheren, wohlgesinnten Mächten beschützt wurde.

Die Geschichte dieses kleinen Mädchens veranschaulicht – wenn man sie zusammen mit der früher erwähnten Geschichte des Kindes, das sich nicht damit abfinden konnte, das Damespiel zu verlieren, betrachtet –, warum ein Kind in bestimmten Spielsituationen einfach gewinnen muß, und weshalb es in anderen (weit selteneren) Situationen verlieren muß. Zusammengenommen weisen diese Beispiele darauf hin, daß es falsch wäre, Eltern Regeln vorzuschlagen, wie sie sich verhalten sollten, wenn sie mit ihren Sprößlingen Gesellschaftsspiele spielen. Was in einer bestimmten Situation richtig ist, kann in einer anderen falsch sein, oder es kann sich an einem anderen Tag in der gleichen Situation als unangebracht herausstellen. Wir müssen das herausfühlen und uns auf den Augenblick einstellen. Doch selbst Eltern, die auf ihr Kind gut abgestimmt sind, werden nicht immer von vornherein wissen, welchen Weg sie am besten einschlagen. Aber wir können darauf vertrauen, daß das Kind uns bald zu verstehen geben wird, was es braucht, und es wird dies um so unverkennbarer tun, je weniger wir es zwingen, sich so zu benehmen, wie wir es für richtig halten. Wir sollten dem Kind seinen Willen lassen, und sein Verhalten wird uns zeigen, worum es ihm geht.

Beim Damespiel konnte jenes Kind nicht ertragen zu verlieren, und es zeigte das durch sein Verhalten. Wenn wir das Signal verstehen, können wir uns danach richten. Andererseits ging es dem kranken Mädchen nicht wirklich darum, beim Schachspielen zu verlieren. Es brauchte Sicherheit in anderer Beziehung: es brauchte die Sicherheit, daß seine Mutter tüchtig und stark und klug war, als das Mädchen selbst sich so verwundbar fühlte, und daß sie bereit war, es als das kleine hilflose Kind zu behandeln, als das es sich in diesem Augenblick fühlte. Wenn die Mutter das Signal verstanden hätte, das ihr ihr Töchterchen mit seinem Verhalten gab, hätte sie das Spiel ruhig verlieren können, aber sie hätte die Angst, die bei ihrem Kind durch die Krankheit entstanden war, direkt angehen müssen, um ihm die Sicherheit zu geben, die es in diesem Augenblick so dringend brauchte. Glücklicherweise begriff die Mutter bald, was sich da abspielte, und konnte ihre kleine Tochter in bezug auf ihre Angst vor der Krankheit beruhigen.

22. Kapitel

Ein zivilisierter Mensch werden

Das Explosive nicht nur unschädlich entladen,
sondern womöglich seiner Entladung vorbeugen:
Grundinstinkt aller zivilisierten Gesellschaft.
Nietzsche

Die Theorien, die es über die Entwicklung der Persönlichkeit gibt, stimmen in einem überein, daß nämlich das Kind durch das Spiel von einer niederen Entwicklungsstufe zu einer höheren fortschreitet, obwohl die Erklärungen, weshalb und wie das geschieht, sich von Theorie zu Theorie unterscheiden. Das Kind wird früher oder später in Schwierigkeiten geraten, wenn man es bei seiner Entwicklung daran hindert, *irgendeine* der wichtigen Stufen zu meistern, die in ihrer Gesamtheit zur vollen menschlichen Reife führen. Diese Stufen scheinen den Stadien, welche die menschliche Rasse durchlaufen hat, um ihren gegenwärtigen Stand zu erreichen, zu entsprechen und in mannigfacher Weise damit in Beziehung zu stehen.

Forscher, die untersucht haben, welche Rolle Spielen bei der menschlichen Entwicklung zufällt, haben zwei unterschiedliche Theorien darüber aufgestellt. Karl Groos sieht – entsprechend dem zielgerichteten Rationalismus, der zu Beginn unseres Jahrhunderts herrschte – im Spiel die Vorbereitung des Kindes auf seine Tätigkeit im späteren Leben. Jean Piaget sieht in ähnlicher Weise im Spiel die verschiedenen Stufen der kognitiven Entwicklung von niedrigeren zu höheren Stufen des Verstehens und der intellektuellen Leistung. Freud hat das Spiel zwar nicht systematisch diskutiert, doch war er tief beeindruckt davon, wieviel wir von unserem archaischen Erbe immer noch in uns tragen. Er hat wiederholt die Überzeugung vertreten, daß die Ontogenie die Phylogenie wiederhole, daß der einzelne in vieler Hinsicht die Entwicklung der Art rekapituliere. So sah er im Spiel weniger eine Vorbereitung auf die Zukunft als einen Beweis dafür, daß wir unserer kollektiven Vergangenheit noch stark verpflichtet sind. Die Wutausbrüche eines kleinen Kindes, die Art, wie es in seinem Zorn und seiner Frustration Gegenstände in die Gegend schleudert, unterscheiden sich vermutlich nicht sehr vom Verhalten des Urmenschen. Bertrand Russell meinte dazu: »Es ist biologisch nur natürlich, daß Kinder in ihrer Phantasie das Leben unserer fernen wilden Vorfahren noch einmal durchleben.«

Der Prozeß unserer biologischen, intellektuellen, sozialen und emotionalen Entwicklung gestattet uns nicht, eine wichtige Stufe ganz auszulassen. Jede Stufe des individuellen Reifungsprozesses muß zum richtigen Zeitpunkt bewältigt werden. Geschieht dies nicht oder wird es aufgegeben, bevor man die betreffende Stufe befriedigend hinter sich bringen konnte, so kommt es zu einer schlechten Anpassung. Das ist zum Beispiel auch der Grund dafür, weshalb manche jungen Leute versuchen, eine Zeitlang »das Leben von Wilden« zu führen – ob es sich nun um Hippies, um Revolutionäre oder nur um »Aussteiger« handelt –, wenn sie in ihrer Kindheit nicht genug Gelegenheit dazu hatten. In der Adoleszenz versuchen sie das Joch ihrer Eltern abzuschütteln, die versucht hatten, sie zu erziehen, ohne zu erkennen, daß zu diesem Prozeß auch gehört, das »wilde Stadium« zum richtigen Zeitpunkt in Spiel und Arbeit auszuleben, um es überwinden zu können. Wenn man ihnen nicht als Kind Gelegenheit gibt, sich in wichtigen Entwicklungsstadien auszutoben, können sie es später nicht mehr auf die Weise tun, wie sie es in ihrer Kindheit getan hätten, weil sie als Heranwachsende weit mehr in der Welt der Realität leben. So pflegen sie aktuelle Ereignisse als äußeren Rahmen zu benutzen, um einen inneren Drang zu verarbeiten und zu meistern, indem sie sich zum Beispiel einer extremistischen Ideologie anschließen. Dabei setzen sie sich gelegentlich für eine an sich durchaus gute Sache ein, jedoch aus Gründen, die mit dieser Sache nicht das geringste zu tun haben. Welche inneren Probleme sie auf diese Weise loszuwerden versuchen, zeigt sich an der »wilden« Art und Weise, mit der sie vorgehen, obwohl dies häufig ganz und gar nicht zu der betreffenden Ideologie paßt.

Einer der größten Fortschritte der Menschheitsentwicklung war die Zähmung wilder Tiere. Daher sollten wir uns nicht wundern, wenn Kinder diese Erfahrung wiederholen, indem sie einen Hund oder eine Katze »zähmen« und zu ihrem Kameraden machen. Ältere Kinder pflegen und reiten gern Pferde. Sie würden auch größere Tiere gern zu ihren Gefährten machen, wenn sich das verwirklichen ließe. Je größer das Tier, je wilder es von Natur aus ist, um so mehr hat das Kind den Wunsch, es zu zähmen und zum Freund zu gewinnen. Ein großer Teil der Kinderliteratur (und eine beträchtliche Anzahl von Fabeln und Parabeln für Erwachsene) beruhen auf der (unbewußten) Erkenntnis dieser Tatsache.

Die Anthropologen sagen uns, daß der Mensch einen riesigen Schritt zur Zivilisation hin getan habe, als er in einem bestimmten Territorium seßhaft wurde, das er sich selbst abgesteckt hatte. Wir können diesen Prozeß nachvollziehen und in seiner Bedeutung verstehen, wenn unsere Kinder darauf bestehen, daß ein bestimmtes Territorium – ihr Schlupfwinkel, ihr Schlafzimmer, ihr Hinterhof, ihr Platz auf der Straße oder in der Nachbarschaft – nur ihnen allein gehört und daß dort niemand ohne ihre Erlaubnis Zutritt hat. Wenn man es ihnen streitig zu machen versucht, schließen sie sich zu einer Bande zusammen, um ihr »Terrain« zu verteidigen. Selbst kleine Kinder spielen solche Spiele, bei denen es um das Territorium geht. Das *Ich-erkläre-den-Krieg-Spiel* ist ein typisches Beispiel dafür. Die Urmenschen schlossen sich zu Gruppen zusammen und lernten auf diese Weise, miteinander umzugehen und zum Zweck eines erfolgreicheren und angenehmeren Lebens zusammenzuarbeiten. Kinder bilden aus ähnlichen Gründen Banden.

Einige Historiker vertreten den Standpunkt, daß das Hauptziel der griechischen Stadtstaaten die Kriegsführung gewesen sei und daß sie zu diesem Zweck höhere gesellschaftliche und politische Organisationen gegründet hätten. Aus dem homerischen Mythos erfahren wir, daß die Griechen ihre Identität als Volk durch das gemeinsame Kriegsabenteuer gegen Troja entdeckten. Dieser Mythos bildete die Grundlage für ihre Zivilisation. Die Stadtstaaten vollbrachten ihre höchsten Leistungen, als sie sich vorübergehend zu einer Art Nation zusammenschlossen, um ihr Territorium gegen die persischen Eindringlinge zu verteidigen. Wir können eine parallele Entwicklung beobachten, wenn rivalisierende Banden von Jugendlichen einen vorübergehenden Waffenstillstand schließen und sich zusammentun, um sich gegen einen gemeinsamen Feind zu verteidigen. Und damit ist die Analogie noch nicht zu Ende.

Wir sollten nicht übersehen, in welchem Maß der politische und technische Fortschritt, einschließlich der Bildung von Nationalstaaten, die aus Sprachgruppen bestehen (wie zum Beispiel Italien), und der Entwicklung von so raffinierten Technologien wie der Kernspaltung und der Kernfusion, dem Krieg zu verdanken sind oder etwas mit ihm zu tun haben.

Da ich zutiefst davon überzeugt bin, daß es höchste Zeit ist, unser archaisches Erbe, das Kriegführen, endgültig aufzugeben, glaube ich, daß wir nicht nur als Rasse (an dieser Front scheinen wir keinen allzu großen Erfolg zu haben), sondern auch als Individuen alle diese primitiven Überreste in uns ausleben sollten, um sie endlich loszuwerden. Und genau das können Kriegsspiele bei unseren Kindern bewirken.

Alles hat seine Zeit. Wenn Erwachsene Kriege führen, so tun sie es nicht zum richtigen Zeitpunkt und wider alle Vernunft. Die Kindheit ist die Zeit, in der wir die Möglichkeit haben sollten, dieses archaische Erbe auszuspielen und endgültig zu begraben, und wir sollten es durch symbolische Handlungen tun, so wie Kinder Krieg spielen, wobei ihre Aggressionen, Unsicherheiten und Ängste auf eine Weise ein Ventil finden, die keinen ernsten Schaden anrichtet und bestimmt niemandem auf die Dauer weh tut.

Das Kind entwickelt einen Moralkodex, indem es seine Aggressionen ausagiert und gleichzeitig von dem wahllosen Herumschießen und dem Bedürfnis, über andere zu dominieren – koste es, was es wolle –, zum Kampf des Guten gegen das Böse nach bestimmten festgelegten Regeln übergeht. Dieser Fortschritt erfolgt nach einem Plan, nach dem das Kind Schritt für Schritt seine chaotischen, destruktiven Strebungen unter Kontrolle bekommt, sie erzieht und sublimiert, bis sie so gezähmt sind, daß ihre Energie in den Dienst sozialer Ziele gestellt werden kann. Es ist ein Plan, den Kinder spontan immer wieder neu aufstellen, wenn man ihnen Gelegenheit dazu gibt.

Kriegsspiele

Kriegsspiele sind etwas anderes als das bereits erwähnte einfache Spielen mit Kinderpistolen. Sie erlauben es, eine ganze Reihe von Gefühlen zum Ausdruck zu bringen, die von einem tyrannischen Geltungsbedürfnis bis zur emotionalen Entladung von Frustrationen und Feindseligkeiten reichen. Durch solche Kriegsspiele verwandelt sich das Bedürfnis, sich aufzuspielen, in ein dem Alter entsprechendes konstruktives Spiel. In der frühesten Form des Kriegsspiels sieht sich ein Junge als mächtiger Krieger, der jede Schlacht gewinnen wird. In diesen Phantasien spielt die Wirklichkeit kaum eine Rolle. Wenn das Kind dann zu Cowboy- und Indianer-Spielen übergeht, die es mit anderen gemeinsam spielt, kommen gewisse historische Elemente mit ins Spiel, und gewöhnlich werden gewisse Seiten des Lebens eines Cowboys oder Indianers dabei beachtet. Aber immer noch kann das Spiel leicht dahingehend ausarten, daß jeder das tut, was ihm gerade einfällt.

Erst wenn das Kind mit Spielzeugsoldaten spielt, distanziert es sich von seiner Aggression. Es kämpft dann nicht mehr mit anderen Kindern, sondern seine Konflikte finden nun einen symbolischen Ausdruck in historischen Ereignissen. Bei diesen Spielen wird es zu einem großen General, und es wird sich vielleicht mit bestimmten Kriegshelden identifizieren. Wenn es große Schlachten nachspielt, stellt es seine Soldaten entsprechend dem jeweiligen historischen Vorbild auf. Es kann dann nicht länger nur seinen Wunschphantasien folgen. Bei diesen komplizierten Spielen muß es viele Faktoren, zum Beispiel die geographischen Gegebenheiten berücksichtigen. Wenn das Kind die gegnerischen Streitkräfte aufstellt, lernt es ein und dieselbe Situation von den verschiedenen Standpunkten zweier feindlicher Streitkräfte mit ihren relativen Stärken und Schwächen zu sehen. Dann beginnen rationale Erwägungen über aggressive Wünsche die Oberhand zu gewinnen. Eine so komplizierte Schlachtordnung mit Spielzeugsoldaten aufzustellen, erfordert viel Ausdauer und Geduld – Eigenschaften, die dem Kind noch schwerfallen, die aber für seinen Erfolg im späteren Leben von unschätzbarem Wert sind.

Besucher von Blenheim Castle können dort die komplizierten Schlachtenszenen bewundern, die der junge Winston Churchill mit seinen Spielzeugsoldaten aufgestellt hat. Wenn man das sieht, erkennt man, wie der große Staatsmann sich unbewußt auf seine künftigen Aufgaben vorbereitete und wie das Spiel des Kindes den späteren Leistungen des Erwachsenen zugute kam. Bei seinen Spielen als Kind begann Churchill jene Ausdauer und jenes Interesse am Detail zu entwickeln, die ihn und die britische Nation zur Zeit der schlimmsten Heimsuchung durchhalten ließen.

Aggressive Tendenzen und das Bestreben, sich unter allen Umständen durchzusetzen, werden durch Kriegsspiele im Zaum gehalten und entwickeln sich auf diese Weise zu einer ernsten Hingabe. Gleichzeitig beginnt der Wunsch, eine machtvolle Persönlichkeit zu werden und sich unbedingt durchzusetzen, sich durch Ego- und Überich-Identifikationen mit historischen Persönlichkeiten wie Washington, Napoleon, Grant, Lee und wem auch immer zu ändern. Das Kind studiert dann wohl auch die Lebensgeschichte eines berühmten Generals oder Kriegshelden, dem es nacheifern möchte. Geschichtliche Kenntnisse kommen dann seinen Kriegsspielen zugute. Bei dem Kampf geht es dem Kind nun nicht mehr darum zu beweisen, wer der Überlegene ist. Es möchte nicht mehr nur seine Aggressionen loswerden oder Niederlagen, die es bereits erlitten hat, kompensieren. Das Spiel wird jetzt zu einem Kampf um ein bestimmtes Ziel: Das Kind möchte, wie im amerikanischen Unabhängigkeitskrieg, seine eigene Unabhängigkeit gewinnen, oder es möchte eine andere Nation besiegen, um damit seiner eigenen einen Dienst zu erweisen. Je komplizierter solche Spiele werden, um so mehr Wissen wird in sie eingebracht: Historische Fakten beherrschen nun in wachsendem Maß das Spiel. Bei globalen Spielen wie *Risk (Risiko)* werden – je nachdem, was der Spieler für vorteilhaft hält – Allianzen geschlossen oder gebrochen. Jetzt können Eigenschaften wie Geschicklichkeit, Planungsvermögen und Voraussicht Resultate ändern, die zuvor vom reinen Zufall abhingen.

Bei einigen Brettspielen, in denen historische Schlachten ausgefochten werden, geht die Identifizierung des Spielers mit einem General so weit, daß er in seiner Phantasie bestimmte Kriegsereignisse noch einmal durchlebt. Historische und strategische Kenntnisse verstärken das Kompetenzgefühl des Kindes. Die Identifikation mit großen historischen Gestalten befriedigt Bedürfnisse des Ich und des Überich. Auf diese Weise beginnt das Kind, das zu erleben, was Freud für den wesentlichen Prozeß bei der Entwicklung der Humanität hielt: daß dort, wo das Es war, immer mehr Ich entsteht. Wenn man es geschehen läßt, daß das Spiel sich von seinem aggressiven und chaotischen Start zu einem sich immer komplizierteren Vorhaben entwickelt, liefern die Es-Elemente zwar immer wieder die motivierende Energie, aber die einzelnen Handlungen werden mehr und mehr vom Ich kontrolliert, während die Soldaten in immer komplizierteren Formationen aufgestellt und nur nach einer sorgfältigen Planung bewegt werden.

Darüber hinaus aber haben Kriegsspiele wie alle Kinderspiele noch andere wichtige Dimensionen. Sie dienen dem Kind dazu, sich mit seinen augenblicklichen emotionalen Problemen auseinanderzusetzen und sie zu lösen. Aber das ist noch nicht alles. Der amerikanische Sezessionskrieg bietet sich zum Beispiel geradezu an, entscheidende Probleme im Zusammenhang mit der eigenen Unabhängigkeit zu lösen. Ein solches Spiel kann Kenntnisse über Dinge vermitteln, mit denen das Kind sich auseinandersetzen und die es begreifen muß. Da der Sezessionskrieg ein »Bruderkrieg« war, bietet er sich für das Problem der Rivalität unter

Geschwistern an. Darüber hinaus kann es in der Phantasie des Kindes auch noch andere Streitigkeiten in der Familie repräsentieren, wie etwa die zwischen Vater und Mutter oder zwischen Eltern und Kindern.

Natürlich ging es im Sezessionskrieg um die Sklaverei, und er endete damit, daß bisherige Sklaven ihre Freiheit erhielten. Ein Kind fühlt sich mehr oder weniger versklavt, da seine Eltern sein Leben unter ihrer Kontrolle haben. Daher repräsentiert jeder Befreiungskrieg auch die Sehnsucht und den Kampf des Kindes um seine Befreiung aus der Kontrolle der Eltern. Im Vor und Zurück der Schlachten spiegeln sich Fortschritt und Rückschlag in seinem eigenen Kampf um seine Selbstbestimmung, während das Endergebnis des Sezessionskriegs – die Freiheit der schwarzen Amerikaner – auch dem Kind seinen Sieg zu versprechen scheint. Da derartige Ideen und Identifikationen Kriegsspielen zugrunde liegen, ist es kein Wunder, daß viele Kinder sie mit solcher Hingabe spielen. »Sezessionskrieg« können Kinder auch auf einer primitiveren Ebene spielen, um sich mit ihren Ängsten und Aggressionen auseinanderzusetzen. Dann rücken sie die Soldaten vor und zurück, sie werfen sie um oder schießen sie tot. Andererseits kann ein Kind, bei dem es im Augenblick keine besonderen Familienprobleme gibt, das Spiel hauptsächlich zur Übung seines historischen Denkens nutzen und um seine geistige Beweglichkeit und seine sozialen Fähigkeiten daran zu messen, ob es die Spielregeln gut befolgen kann. Auch Kinder mit unterschiedlichen Motivationen können bei einem Kriegsspiel recht freundschaftlich miteinander spielen, indem jedes sich die Aspekte des Spiels zunutze macht, die seinen eigenen Bedürfnissen und Zielen entsprechen. Die einen bemühen sich zu gewinnen, die anderen wollen verlieren, je nach dem, was ihre Selbstwert-, Schuld- oder Minderwertigkeitsgefühle ihnen diktieren.

Ein spezieller Aspekt solcher Bürgerkriegsspiele veranschaulicht gut die Wechselbeziehung zwischen Realität und Phantasie. Wie bereits erwähnt, war der Sezessionskrieg ein Krieg innerhalb der Familie, ein Krieg unter Brüdern. Innerhalb seiner eigenen Familie erlebt das Kind Geschwisterrivalität und Streitereien – wenn nicht gar tätliche Auseinandersetzungen, von denen es fürchtet, sie könnten seine Existenz bedrohen, so wie der Bürgerkrieg die Existenz der Nation bedrohte. Solche Auseinandersetzungen in der Familie gefährden das Wohlbefinden des Kindes mehr als alles andere, denn wenn es innerhalb der Familie keine Sicherheit gibt, wo ist sie dann sonst zu finden?

Hier greift die Realität in ihrer beruhigendsten Form ein, denn heute sind die Verwüstungen des Sezessionskriegs geheilt, und die Vereinigten Staaten scheinen mächtiger denn je zuvor. Tatsächlich hat die Nation trotz des Bürgerkrieges – der seinerzeit eine Katastrophe war – überlebt und ist zu einer mächtigen Großmacht geworden. So geben die historischen Fakten dem Kind das beruhigende Gefühl, das es bitter nötig hat: Trotz aller Kämpfe und obwohl wir uns gegenseitig Schlimmes zugefügt haben, sind wir darum nicht endgültig auseinandergegangen.

Schließlich werden wir zusammenhalten, und es wird uns bessergehen denn je zuvor.

Auch wenn ein solches Bürgerkriegsspiel auf eine sehr intellektuelle, »pädagogische« Weise strukturiert sein mag, spricht es trotzdem unsere tiefsten Gefühle an. Es wendet sich an unsere größten Ängste, und es fesselt uns, weil es uns unbewußt Sicherheit gibt. So sagt Aristoteles von der Tragödie, die wir zu Recht als »Theaterspiel« bezeichnen, sie erziehe unseren Geist, da sie unsere Emotionen einer Katharsis unterziehe. In gewissem Sinn gilt das für alle konstruktiven menschlichen Aktivitäten.

Viele friedliebende Eltern haben etwas dagegen, daß ihre Kinder mit Spielzeugsoldaten spielen. Es scheint mir daher angebracht zu zitieren, was George Orwell, der ganz gewiß gegen Gewalttätigkeit war, dazu zu sagen hatte: »Der Sozialist, der seine Kinder mit Soldaten spielen sieht, regt sich gewöhnlich darüber auf; aber er wird keinen Ersatz für Zinnsoldaten finden; Zinnpazifisten tun es irgendwie nicht.« Und das stimmt tatsächlich. Während Kinder spontan Krankenschwester und Doktor spielen, spielen sie nie Pazifist, so gern ihre Eltern das auch hätten. Pazifist ist ein hochintellektueller Begriff der Erwachsenen. Beim Spiel sollten wir immer daran denken, daß die Motive, die Kinderspielen zugrunde liegen, innere Konflikte sind, die dringend nach Ausdruck und Lösung verlangen. Spielzeugfiguren, die Pazifisten vorstellen, eignen sich – selbst wenn sie erhältlich wären – nicht dazu, innere Konflikte auszudrücken und zu lösen. Deshalb erfüllen sie, wie Orwell sagt, diesen Zweck nicht, während Spielzeugsoldaten sich ausgezeichnet für diese Art von Spielen eignen.

Da viele verantwortungsbewußte Eltern zwar an sich nichts gegen Brettspiele haben, auf denen die Schlachten von Waterloo oder Gettysburg dargestellt sind, aber Schießspiele verbieten, dürfte es sich empfehlen, nochmals auf letztere einzugehen. Wer solche direkten Kampfspiele ohne weiteres als Übungen in Gewalttätigkeit oder Unvernunft verurteilt, bedenkt nicht die Dualität unserer menschlichen und animalischen Natur. Gewiß ist im Menschen noch viel vom Tier – und damit auch von Gewalttätigkeit – zurückgeblieben, und manchmal kommen diese irrationalen Kräfte im Spiel unserer Kinder zum Ausdruck und beunruhigen viele Eltern. Aber noch häufiger wird das Kind gerade von dem in Entwicklung begriffenen Humanitätsgefühl zu etwas veranlaßt, was nicht darüber aufgeklärte Eltern als »Brutalität« empfinden. Seit alten Zeiten spielen Kinder Kriegsspiele, bei denen sie den Feind bekämpfen, der gerade aktuell ist. Kenner des klassischen Altertums teilen uns mit, daß im Griechenland des fünften Jahrhunderts Kinder die *Ilias* studierten. Ich möchte vermuten, daß sie in ihren Kriegsspielen auch den Trojanischen Krieg gespielt haben, so wie meine Freunde und ich das in unserer Kindheit getan haben, wobei uns unsere halb aufgezwungene, halb freiwillig geschluckte klassische Bildung zu Hilfe kam.

Aber bei diesen barbarischen Kriegsspielen mit unseren aus Pappe oder Holz gefertigten Schwertern, Schilden und Helmen wurde das in der Schule Gelernte für uns lebendig. Achilles und Hektor gewannen Leben, und das tat auch Odysseus, dessen Prüfungen und Irrfahrten wir ebenfalls nachspielten. Dadurch, daß wir den Krieg der Sieben gegen Theben nachspielten, lernten wir die griechische Tragödie und später auch die griechische Kunst und Kultur würdigen, verstehen und sogar lieben. In diesem Alter hätte das alles uns kaum etwas bedeutet, wenn wir es nicht im Spiel ausgelebt hätten. Indem wir dies mit den griechischen Mythen taten, nahmen wir das griechische Erbe in uns auf, und es machte uns zu zivilisierten Menschen.

Bestimmt haben Kinder im Mittelalter Ritter und Ungläubige gespielt, so wie unsere Kinder heute Räuber und Gendarm spielen. Elisabeth I. soll sich erkundigt haben, weshalb die Knaben nicht mehr den Krieg der Engländer gegen die Schotten spielten. In Europa wurden zu Anfang unseres Jahrhunderts häufig Spiele gespielt, in denen die Kämpfe der Fremdenlegion gegen die Araber vorkamen, und als die Mauer errichtet wurde, die West-Berlin von Ost-Berlin trennt, fingen deutsche Kinder prompt damit an, über Miniaturmauern aufeinander zu schießen. Der wichtige gemeinsame Nenner solcher Kampfspiele ist, daß sie stets den Kampf des Guten und Bösen in für die Kinder leichtfaßlichen Begriffen und Bildern enthalten.

Die Guten und die Bösen

In Spielen wie Räuber und Gendarm erforscht ein Kind moralische Typen und experimentiert mit ihnen. Solche Spiele ermöglichen es ihm, sich seine Phantasien zu vergegenwärtigen und ihnen »Gestalt« zu verleihen. Dadurch, daß es diese Rollen einnimmt, kommt es der Wirklichkeit dieser Charaktere näher, es merkt, wie ihnen zumute ist, was Lesen oder Fernsehen dem Kind nicht vermitteln kann. Eine passive, rezeptive Rolle ist kein Ersatz für aktive Begegnungen mit der selbst ausprobierten Wirklichkeit.

Von Spielen, die den Konflikt zwischen Gut und Böse darstellen, ist kaum zu erwarten, daß sie dem Kind zu einer Anpassung an die Realität und Moral verhelfen, wenn die Bedingungen, unter denen es aufwächst, ihm keine Möglichkeit geben, in den »Gendarmen« »die Guten« zu sehen. Das ist so in den Slums, wo die, welche die Polizei überlisten, zwar nicht als »gut«, aber doch wenigstens als schlau eingeschätzt werden. Unter derartigen realen Bedingungen wird das Kind Schwierigkeiten haben, eine klare moralische Identität zu entwickeln. Aber selbst ein solches Kind wird es später im Leben leichter haben, wenn es sich schließlich mit denen identifiziert, die die moralische Ordnung aufrechterhalten. Wer die »Guten« auch immer sein werden, das Kind muß sich schließlich mit ihnen identifizieren.

Psychoanalytisch gesehen repräsentieren derartige Konflikte zwischen »Gut und Böse« den Kampf zwischen den asozialen Tendenzen des Es und den diametral entgegengesetzten des Überich. Solche Kämpfe – die entweder in zwei gegeneinander kämpfenden Gruppen von Kindern dramatisch ausgelebt werden oder die von einem oder mehreren mit Spielzeugsoldaten spielenden Kindern dargestellt werden – ermöglichen es ihnen, Aggressionen auf reale oder symbolische Weise zur Entladung zu bringen. Erst nach einer solchen Entladung von Zorn und Gewalttätigkeit können die Kräfte des Überich die Oberhand gewinnen und die des Es unter Kontrolle gebracht werden. Dann kann das Ich wieder richtig funktionieren.

In der Entwicklung des aggressiven Verhaltens unseres Kindes können wir erkennen, wie ein allmählicher Fortschritt stattfindet vom freien Spiel, welches es erlaubt, dem Es ungehinderten Ausdruck zu verleihen und es voll zu befriedigen (bei der wilden Schießerei von allen auf alle, bei der Aggressionen hemmungslos entladen werden), hin zu strukturierteren Spielen, bei denen nicht nur Aggressionen entladen werden, sondern eine höhere Integration – der Sieg des Guten über das Böse – das Ziel ist. Auf diese Weise vernichten *in uns* die Griechen die schurkischen trojanischen Übeltäter, die Kreuzritter vernichten die Ungläubigen, die Gendarmen vernichten die Räuber, und die Cowboys bringen die wilden Indianer um.

Vielleicht sind wir uns als objektive Erwachsene darüber klar, daß die trojanische Kultur womöglich der Kultur der Griechen der Bronzezeit überlegen war oder daß der Indianer mindestens ebenso im Recht war wie der Cowboy. Aber eine derartige Objektivität ist das Endergebnis eines langen intellektuellen und moralischen Kampfes, eines langen Prozesses der Läuterung, Mäßigung und Verfeinerung unserer Emotionen. Dem Kind ist eine solche Objektivität nicht schnell und leicht erreichbar, weil es in seiner frühen Kindheit von Emotionen und nicht vom Intellekt beherrscht wird. Unsere Kinder *möchten* glauben, daß das Gute siegt, und sie *müssen* um ihres eigenen Wohlbefindens willen daran glauben, um ein guter Mensch zu werden. Es kommt ihrer sich entwickelnden Humanität zugute, wenn sie in einer primitiven, ihnen verständlichen Form den ewigen Konflikt zwischen Gut und Böse wiederholen und sehen, daß das Gute schließlich den Sieg davonträgt.

Wenn sich das Kind beim Spiel den Sieg des Guten fest eingeprägt hat, so daß der Ausgang des Kampfes nicht mehr zweifelhaft ist, kann es sich anderen, humaneren Zielen des ursprünglichen Kriegsspiels zuwenden. Es geht jetzt um mehr: nicht mehr nur um den Konflikt zwischen Ordnung und Chaos, zwischen Gut und Böse, sondern um die Sublimierung gewalttätiger Emotionen.

Nun besteht das Problem nicht mehr darin, ob der Ritter gegen den Ungläubigen gewinnt (natürlich wird er das), sondern ob er es mit Eleganz nach den Kampfregeln tut und ob er den ritterlichen Tugenden entsprechend den Sieg erringt. Das Problem, um das es jetzt im Spiel geht und worüber entschieden wird, ist nicht nur festzustellen, wer der Stärkere ist – das Es oder das Überich, mein primitives oder mein sozialisiertes Ich –, sondern ob das Ich den Sieg des Überich auf eine Weise sicherstellen kann, die die Selbstachtung erhöht. Das Gute muß nicht nur über das Böse triumphieren, es muß dies auch auf eine Weise tun, die den Wert unserer größeren Humanität demonstriert. Der fahrende Ritter tötet nicht nur den Drachen, er tut es, um die gefangene Jungfrau zu befreien. Das Gute hat gesiegt, aber es verfolgt damit auch den Zweck, eine erotische Befriedigung (des Es) zu erlangen. So tun sich das Ich und das Überich zusammen und versprechen dem Es eine Belohnung, wenn es ihnen gehorcht. Sich in den Dienst des Guten zu stellen, erscheint lohnender durch die Aussicht auf die Erreichung eines höheren Zieles. Das Kind erschließt sich so eine Erkenntnis, die man ihm auf eine rein didaktische Weise nicht überzeugend beibringen kann: daß es nicht genügt, das Böse nur zu bekämpfen, sondern daß man es um einer höheren Sache willen mit ritterlicher Bravour tun muß – das heißt, daß man sich an die Spielregeln halten muß, die auf ein tapferes, ritterliches Verhalten abzielen. Das wird wiederum dem Selbstwertgefühl zugute kommen, und es wird das Kind dazu anspornen, das Es, das Ich und das Überich noch stärker zu integrieren, das heißt, ein zivilisierter Mensch zu werden.

Teil III

Familie, Kind, Gemeinschaft

23. Kapitel

Ideal und Wirklichkeit

Keine Familie kann das Schild vor die Türe hängen: »Hier ist alles in Ordnung.«
Chinesisches Sprichwort

Wie auch immer die juristische Definition der Familie lauten mag, der allgemeine Sprachgebrauch stimmt jedenfalls mit *Webster's Dictionary* darin überein, daß sie »eine soziale Einheit ist, die aus den Eltern und den Kindern, die sie aufziehen, besteht«. Wenn ein Mann und eine Frau keine Kinder haben, sind sie ein Ehepaar, aber sie bilden kaum eine Familie. Diese Tatsache wird dadurch bestätigt, daß man im Englischen von einem jungen Paar, das sein erstes Kind erwartet, sagt: *»They are starting a family«*, was soviel heißt wie: Sie gründen eine Familie. Da jedes Familienmitglied eine andere Mischung von Genen besitzt und da die Erbanlage, mit der wir geboren werden, unveränderlich ist und außerdem jeder eine andere Geschichte hat, besteht die soziale Einheit, die jede Familie darstellt, trotz ihrer vielen gemeinsamen Erlebnisse aus ganz verschiedenen Komponenten. Tolstoi hat keineswegs recht, wenn er sagt, alle glücklichen Familien seien gleich. Die Verschiedenheit der Mitglieder bringt es mit sich, daß es für eine Familie ein auf Dauer gestelltes Problem ist, als Einheit zu funktionieren.

Es hängt weitgehend davon ab, wie feinfühlig die Eltern sich selbst und ihre Kindererziehung den spezifischen Begabungen ihrer Kinder, ihren persönlichen Eigenheiten und ihren unterschiedlichen Lebenserfahrungen anzupassen verstehen. Zum Beispiel macht es für das Kind einen großen Unterschied aus, ob seine Eltern wirklich akzeptieren können, daß es körperlich erheblich stärker – oder auch schwächer – ist als sein Vater oder seine Mutter, oder daß das eine Kind sehr schnell begreift, während das andere langsam und bedächtig ist. Die glücklichste Familie ist die, in welcher jedes ihrer Mitglieder seinem Alter und seinem Reifegrad entsprechend Rücksicht auf die anderen nimmt und Respekt vor ihrer individuellen Eigenart hat.

Familie im psychologischen Sinn entsteht durch die Interaktionen aller ihrer Mitglieder, durch die Gefühle, die sie füreinander hegen, und die Art und Weise, wie diese ins tägliche Leben integriert sind. Da Bücher über Kindererziehung (wie auch das vorliegende) sich an Eltern und nicht an Kinder wenden, beschäftigen sie sich vorwiegend damit, was Eltern in bezug auf ihre Kinder denken und fühlen und wie sie auf sie reagieren. Dabei wird häufig vergessen, welch großen Einfluß Kinder – und insbesondere erstgeborene Kinder – auf die Entwicklung ihrer

Eltern haben. Dieser Einfluß erstreckt sich sowohl auf deren Rolle als Eltern als auch als miteinander verheiratete Personen. Da eine Familie eine *soziale Einheit* ist, beeinflussen sich alle ihre Mitglieder gegenseitig.

Die Ankunft des ersten Kindes ist eine Art Wasserscheide selbst für Eltern, welche ein Gefühl dafür haben, was es bedeutet, Vater oder Mutter zu werden. Die Veränderung ist oft größer, als sie es voraussahen oder zunächst merkten. Recht oft versuchen moderne Eltern anfangs ihr Leben genauso weiterzuführen wie bisher, aber bald merken sie, wie sehr sich ihr Tagesablauf verändert hat. Diese neuen äußeren Bedingungen spiegeln wichtige innere Veränderungen in ihren Ansichten über sich selbst und ihre Lebensziele. So übt das Kind von Anfang an einen wichtigen Einfluß auf seine Eltern und damit auf die ganze Familie aus. Zunächst tut es das rein passiv, einfach durch seine Ankunft und seine Gegenwart, aber bald geschieht es auch durch sein Verhalten, durch die Art, wie es auf das reagiert, was seine Eltern mit ihm machen.

Zu Anfang bestimmen die Eltern, was in der Familie geschieht; sie treffen alle Entscheidungen, ob es sich um bewußte Entschlüsse oder um Manifestationen ihres Unbewußten handelt. Ihre Ansichten – insbesondere hinsichtlich des Familienlebens – werden stark von ihren Gefühlen für ihr Kind und von ihrer Auffassung von sich selbst als Eltern beeinflußt. Gewöhnlich gründen sich ihre Ideen und ihre Gefühle vor der Ankunft des Kindes auf glückliche und zugleich angstvolle Phantasien. Aber nur ganz ausnahmsweise treffen die Phantasien der Eltern zu. Solche Phantasien haben ihren Ursprung in der eigenen Kindheit der Eltern; daher haben sie mit der aktuellen Wirklichkeit nur wenig zu tun, sehr viel dagegen damit, wie sie sich gewünscht hätten, daß ihre eigenen Eltern sich ihnen gegenüber benommen hätten. Wenn man ein Kind bekommt und es versorgt, weckt das Erinnerungen an die eigenen Kindheitserlebnisse und -gefühle, die lange im Unbewußten begraben waren. Die Eltern müssen sich nun erneut damit befassen – allerdings in einer stark veränderten Form, wie sie dem Unterschied zwischen nicht überprüften Phantasien und der Wirklichkeit entspricht. Bevor es soweit ist, schwelgen manche Eltern in Phantasien, wie wundervoll alles sein wird, wie sie und ihr Kind immer vorzüglich miteinander auskommen werden, wie nichts ihr gemeinsames Glück stören wird. Selbst wenn vernünftige Zweifel in uns aufkommen sollten, ob wir das auch verwirklichen können, wird das unserem Wunsch, daß sich die Dinge so entwickeln werden, keinen Abbruch tun.

Die Wirklichkeit straft solche Illusionen Lügen, ohne sie ganz auszurotten. Wenn wir zugeben müssen, daß wir uns keineswegs so sehr von unseren eigenen Eltern unterscheiden und daß wir auch nicht besser sind als sie – trotz aller Gelübde und aller guten Absichten –, dann versetzt uns das gewöhnlich einen Schock, und wir sind bestürzt. Mit einer solchen Erkenntnis wird man nicht leicht fertig. Wir fühlen uns hin- und hergerissen zwischen unseren idealisierenden Phantasien, wie wir uns eigentlich verhalten sollten, und unserem wirklichen Verhalten als Eltern; beides unterscheidet sich oft beträchtlich.

Die Situation wird auch dadurch nicht einfacher, daß widersprüchliche Hoffnungen oder Wertvorstellungen in diesen Phantasien friedlich nebeneinander existieren. Dies war der Fall bei einer hochbegabten Frau, einer Professorin, die, so lange sie sich erinnern konnte, davon überzeugt war, daß sie eine wunderbare Mutter abgeben würde und daß ihr Kind das sofort und für immer merken und sie lieben würde. Überdies war sie – vermutlich seit ihrer frühen Adoleszenz – sicher gewesen, daß auch ihr Kind eine einzigartige, starke Persönlichkeit sein und sich unbedingt durchsetzen würde.

Alle ihre Wunschträume über ein vollkommenes Familienglück wurden während ihrer ersten Schwangerschaft stark aktiviert. Als ihr ihr neugeborenes Töchterchen in die Arme gelegt wurde, nahm sie es liebevoll an die Brust, in der Erwartung, daß das Baby sich glücklich an sie kuscheln und zu saugen beginnen würde. Statt dessen wehrte sich das Baby zu ihrer großen Enttäuschung gegen sie. Es versuchte sich strampelnd aus ihren Armen zu befreien und fühlte sich offensichtlich unbehaglich. Die unmittelbare, spontane Reaktion dieser Mutter, die sich selbst gegenüber immer sehr aufrichtig war, bestand darin, daß sie sich, als sie das Baby zum erstenmal in den Armen hielt, sagte: »Darauf war ich nicht gefaßt!« Glücklicherweise überlegte sie sich die Situation noch einmal gründlich und sagte sich: »Ich habe mir immer ein Kind mit einem eigenen Willen gewünscht, das die Dinge nach eigenem Ermessen in die Hand nehmen und eine einzigartige Persönlichkeit werden sollte. Und jetzt, wenn meine kleine Tochter mir von ihrer Geburt an zu verstehen gibt, daß sie die Dinge auf ihre Weise anfassen will – die nicht unbedingt auch die meine ist –, bin ich enttäuscht.« Da sie diesen Widerspruch einsah, konnte sie es ohne Groll akzeptieren, daß ihre Tochter eine Persönlichkeit werden würde, die sich nicht nach den Wünschen ihrer Mutter richtete, besonders dann nicht, wenn diese Wünsche nicht mit ihren eigenen vereinbar waren. Klugerweise ließ diese Mutter ihren Wunsch nach einer unabhängigen Tochter die Oberhand gewinnen über ihre Phantasien von einer vollkommenen, ungetrübten Einheit von Mutter und Kind. Als das Mädchen dann zu einer völlig anderen Persönlichkeit als seine Mutter heranwuchs, waren sie beide – jedes auf seine Weise – glücklich miteinander. Persönlich und beruflich fand die Mutter ihre erste Erfahrung mit ihrer Tochter so typisch, amüsant und lehrreich, daß sie sie später in ihren Vorlesungen erwähnte.

Es kommt keineswegs selten vor, daß eine Mutter sich ähnlich widerspruchsvollen Phantasien hingibt, wenn sie ihr Kind erwartet. Zahlreiche Mütter erschrekken, wenn sie ihr Kind zum erstenmal sehen, und zwar darüber, daß es nicht ihr Ebenbild ist, sondern schon bei seiner Geburt ein völlig anderer Mensch und in vieler Hinsicht fremd. Die meisten Mütter sind dann schon bald beglückt darüber, wie schön ihr Baby ist. Sie sind glücklich darüber, daß es gesund und wohlgestaltet ist. Leider nur gibt es auch andere Mütter, die enttäuscht darüber sind, daß ihr Kind nicht ihren Ideen von kindlicher Vollkommenheit entspricht. Eine solche anfängliche Enttäuschung kann einen Schatten auf die Beziehung zwischen Mutter und Kind werfen.

Jedes Kind wird in dieser Welt von seinen Eltern mit den vielfältigsten Gefühlen empfangen, von denen einige sehr komplexer Natur sind. Die Gefühle der Mutter können von besonders schicksalhafter Bedeutung sein. Im Märchen vom Dornröschen schenken viele weise Frauen (oder Feen), die sich darüber freuen, daß sie zur Taufe eingeladen wurden, der kleinen Prinzessin ihre magischen Gaben von Schönheit, Glück und allen guten Dingen des Lebens. Aber zur Taufe erscheint auch ein ungebetener Gast, eine böse Frau oder Fee, deren destruktiver Wunsch das Leben des Kindes bedroht. In allen Versionen des Märchens sind diese Figuren, die über die Zukunft des Kindes entscheiden, immer weiblichen Geschlechts. Diese Tatsache symbolisiert die alte Weisheit, daß das Schicksal des Kindes weitgehend von Mutterfiguren, d. h. von der eigenen Mutter des Kindes bestimmt wird.

Was Dornröschen nach Märchenart in symbolischer Form erzählt, ist nur allzu wahr. Jedes Kind wird in dieser Welt von vielen Geistern, von guten und bösen, willkommen geheißen. Leider werden Kinder von Geburt an von solchen bösen Geistern heimgesucht, aber in den meisten Fällen gewinnen doch die guten Geister – das Glück der Eltern über ihr Kind, ihre Liebe und zärtliche Fürsorge – die Oberhand. Diese guten Geister spüren die Eltern sehr wohl, wenn sie auch oft nicht wissen, woher sie stammen. Aber sie können auf jeden Fall das Kind mit allen guten Dingen des Lebens überschütten. Sowohl die guten als auch die bösen Geister stammen aus der Vergangenheit der Eltern. Unglücklicherweise verdrängen die Eltern jedes Wissen um die Existenz der bösen Geister, was es ihnen unmöglich macht, gegen sie anzugehen, sie zu neutralisieren, so daß das Kind nicht unter ihrem destruktiven Einfluß zu leiden hat.

Diese »Geister« sind die Überreste aus der eigenen Kindheit der Eltern, und sie bestimmen durch den großen Einfluß, den Vater und Mutter auf ihr Kind haben, dessen späteres Leben. Die entscheidende Eigenschaft dieser Geister – der Geist, in dem das Kind von seinen Eltern aufgezogen wird – hängt nicht so sehr davon ab, ob die eigene Kindheit der Eltern glücklich oder unglücklich war, obwohl die guten Geister sehr viel leichter bei einer glücklichen Kindheit der Eltern auftauchen. Die rettende Gabe der guten Fee ist, daß Eltern, die eine unglückliche Kindheit hatten, sich dessen bewußt sind und ihre diesbezüglichen Gefühle gemeistert haben, nun bestrebt sein werden, ihre Kinder vor einem ähnlichen Schicksal zu bewahren. Sie werden sich nach Kräften bemühen, es nicht zuzulassen, daß das, was ihnen in ihrer Kindheit abging, nun das Glück ihres Kindes beeinträchtigt. Vielleicht werden sie des Guten sogar etwas zuviel tun, um nachträglich und stellvertretend auszugleichen, was sie selbst vermißt haben, aber das ist auch alles, und es muß nicht unbedingt schädlich sein. Ihrem Kind eine glückliche Kindheit zu ermöglichen, kann für solche Eltern etwas schwieriger sein, aber es lohnt sich, daß sie sich darum bemühen. Eltern, die selbst eine glückliche Kindheit hatten und sich voll Freude daran erinnern, haben es leichter, ihren Kindern eine ähnliche Kindheit zu bereiten. Aber in beiden Fällen kann alles gutgehen.

Schlecht ausgehen kann es dagegen bei Eltern, die mit ihren schlimmen Kindheitserfahrungen nicht vertraut sind oder sie ganz beiseite geschoben haben, sogar wenn sie sich an Einzelheiten daraus erinnern können. Sie haben ihre Gefühle und ihre Reaktionen so tief verdrängt, daß sie von ihrem Zorn und ihrer Niedergeschlagenheit nichts mehr wissen. Das ist die »böse Fee«, die deshalb solches Unheil anrichtet, weil sie die Beziehung der Eltern zu ihren Kindern verdirbt. Da sie sich an ihre Gefühle aus jener Zeit nicht mehr erinnern, weil sie sie völlig verdrängt haben, bleiben sie in ihrem Unbewußten eingekapselt und wirken sich aus wie ein böser Inkubus, der sie zu Dingen veranlaßt, die sie niemals tun würden, wenn sie sich ihrer Gefühle bewußt wären. Selbst wenn solche Eltern sich ihrem Kind zuwenden möchten, hindert sie etwas daran und verwandelt die positive Absicht in eine negative, ohne daß sie wissen weshalb und wieso. Der lange unterdrückte Zorn und Kummer über ihre eigene Kindheit beeinträchtigen ihre Fähigkeit, eine positive Beziehung zu ihrem Kind anzuknüpfen, weil diese alten, unterdrückten Gefühle sich dazwischendrängen, ohne daß sie es wissen oder kontrollieren können. Sie möchten ja gute Eltern sein, aber sie können es nicht, und das deprimiert sie ungemein. An dieser Frustration geben sie oft dem Kind die Schuld, was die Situation nur noch verschlimmert.

Wenn solchen Eltern die Möglichkeit gegeben wird, sich an diese verdrängten Kindheitsmartern zu erinnern und sie noch einmal zu durchleben, ist es ihnen fast immer möglich, die alten bösen Geister zu begraben und zu ihrem Kind gute Beziehungen anzuknüpfen. Diese guten Beziehungen helfen ihnen schließlich auch, die bösen Überreste ihrer destruktiven Kindheitserfahrungen zu überwinden, die dann ihren Einfluß auf das Kind nicht länger ausüben können. Geht alles gut, kann der Besitz eines Kindes die Eltern für ihre eigene schlimme Kindheit entschädigen, aber erst dann, wenn sie sich nicht nur das objektiv Schlimme in ihrer Kindheit ins Gedächtnis zurückrufen können, sondern wenn sie auch ihre zornigen, verzweifelten Reaktionen überwinden können.

Wenn sich zum Beispiel eine Mutter daran erinnert, wie unglücklich sie darüber war, daß sie als Kind keine Spielsachen besaß und daß niemand mit ihr spielte, und wie böse sie auf ihre Eltern war, weil sie ihr keine Spielsachen gaben und keine Lust hatten, mit ihr zu spielen – dann wird sie höchstwahrscheinlich als Mutter große Freude daran haben, ihr Kind glücklich mit Spielsachen spielen zu sehen, und es wird ihr großen Spaß machen, mit ihm zu spielen. Wenn sie so stellvertretend an der Freude ihres Kindes, mit Spielsachen zu spielen, teilnimmt und es genießt, mit ihm zu spielen, dann wird sie sich auf diese Weise weitgehend für

ihren eigenen früheren Kummer entschädigen. So können Erinnerungen an frühere Entbehrungen und entsprechende Gefühle zu guten Geistern werden, die dem Kind wohlwollen und sich an seinem Glück freuen.
Völlig anders liegen die Dinge bei einer Mutter, die sich zwar noch undeutlich an einzelne Entbehrungen ihrer Kindheit erinnert, die es aber verdrängt hat, wie zornig und unglücklich sie darüber war. Eine solche Mutter fürchtet unbewußt, daß das glückliche Spielen ihres Kindes ihre verdrängten unglücklichen und zornigen Gefühle wieder neu beleben würde, so daß sie nicht länger imstande wäre, sie zu verdrängen, und daß sie mit möglicherweise verheerenden Folgen wieder zum Ausbruch kämen. Um solche Emotionen auch weiterhin unterdrücken zu können, muß sie entweder dafür sorgen, daß ihr Kind nicht zu glücklich ist, weil es dadurch ihre Eifersucht wecken würde, oder sie muß sich gefühlsmäßig von ihm distanzieren, so daß sein Tun und Treiben keinen so starken Eindruck auf sie macht, daß ihre Verdrängungen darunter zusammenbrechen würden. So kann das in *Vergessenheit geratene* Gespenst einer unglücklichen Kindheit zur bösen Fee werden, die einen Schatten auf die Kindheit wirft, die eine solche Mutter ihrem Kind bereitet.
In den relativ seltenen Fällen, in denen es möglich war, eine solche Mutter mit den zornigen und depressiven Gefühlen ihrer Kindheit wieder in Berührung zu bringen, war es, als ob der Fluch der Gefühllosigkeit von ihr genommen wäre. Sie konnte sich plötzlich am Glück ihres Kindes freuen und es bis zu einem gewissen Grad als Entschädigung für ihr eigenes Elend erleben, an das sie sich jetzt nicht mehr nur als Tatsache, sondern auch gefühlsmäßig erinnern konnte. Bisher hatte sie auf ihr Kind nicht emotional reagieren können. Sie hatte ihm so lange gleichgültig gegenübergestanden, wie sie auch den Gefühlen in ihrer Kindheit gegenüber gleichgültig bleiben mußte, die sie völlig verdrängt hatte, weil sie sie sonst zu sehr deprimiert hätten. Glücklich ist das Kind, dessen Eltern die bösen Geister ihrer Vergangenheit ausgraben und endgültig beerdigen können, um ihrem Kind die Kindheit zu bereiten, nach der sie selbst sich vergeblich gesehnt hatten!
Es gibt zahllose Erfahrungen im Zusammenhang mit der Kindererziehung, die Überreste unserer eigenen Kindheitserfahrungen, die wir großenteils vergessen oder verdrängt hatten, unerwartet aktivieren. Bei der Reinlichkeitserziehung ihres Kindes merken zum Beispiel nur wenige Mütter, daß sie dabei vergessene, aber ungelöste Konflikte aus der Zeit reaktivieren, als sie selbst zur Sauberkeit erzogen wurden. Und wenn ein Baby frisch gewickelt wird, nachdem es seine Windeln beschmutzt hat, ist nicht zu verhindern, daß eigene Reaktionen auf das Windelbeschmutzen und Frisch-gewickelt-Werden reaktiviert werden, ob man sich dessen bewußt wird oder nicht.
Alle Kinder wehren sich innerlich gegen die Reinlichkeitserziehung. Sie sind böse darüber, ob sie es offen zeigen oder nicht. Eltern, die sich daran erinnern können, daß auch sie sich in ihrer Kindheit darüber geärgert haben, werden Mitgefühl mit ihren Kindern haben und es mit Humor nehmen, wenn sie sich wehren. In

diesem Fall geht alles glatt. Eltern, die ihren Zorn über ihre eigene Reinlichkeitserziehung verdrängt haben, werden jedoch mit Ärger darauf reagieren, daß ihr Kind sich dagegen zur Wehr setzt, weil der Zorn ihres Kindes die Verdrängung ihrer diesbezüglichen Kindheitsgefühle aufzuheben droht. Das wird unbewußt als Gefahr und bewußt als Ärger über den Widerstand des Kindes erlebt. Bei derartigen Gefühlen wird die Reinlichkeitserziehung sowohl für die Eltern als auch für das Kind schwierig.

Eltern zu sein zwingt dazu, viele Erlebnisse und Probleme der eigenen Kindheit – teils bewußte, aber größtenteils unbewußte – noch einmal zu durchleben, und es veranlaßt zu dem Versuch, sie dadurch zu lösen, daß man sich seinem Kind gegenüber auf eine bestimmte Weise verhält. Das kann sich segensreich auswirken, aber es kann auch zu zahlreichen Problemen führen. Je weniger wir uns bewußt sind, daß dies in uns vorgeht, während wir unser Kind versorgen, um so mehr neigen wir dazu, alte, ungelöste Probleme in unserer Beziehung zu unserem Kind auszuagieren. Tatsächlich handelt es sich um eine Herausforderung, die zum Elternsein gehört, sich irgendwie auf bewußter, aber noch weit mehr auf unbewußter Ebene mit den eigenen Kindheitserlebnissen auseinanderzusetzen, und hierin unterscheidet sich das Familienleben von allen anderen menschlichen Erfahrungen. Schon allein die Anwesenheit des Kindes und die Notwendigkeit, es zu versorgen, zwingen die Eltern, sich mit diesen Problemen zu befassen. Das Zusammenleben mit unserem Kind bringt daher weit mehr mit sich, als daß wir unsere Phantasien an der Wirklichkeit überprüfen müssen: wie gute Eltern wir z. B. sein könnten, wie wundervoll oder wie anstrengend unser Kind sein wird oder was für ein Vater oder was für eine Mutter unser Ehepartner sein wird. Am wichtigsten ist wohl, daß wir unsere Phantasievorstellungen darüber, was eine Familie sein könnte und sollte, an der alltäglichen Wirklichkeit des Familienlebens überprüfen.

Sobald das erste Kind ankommt, sehen und erleben wir unseren Ehepartner nicht länger nur als Partner, sondern gleichzeitig auch als Vater oder Mutter des Kindes. Es würde zu weit führen, hier alles aufzuzählen, was an täglichen Verrichtungen in der Familie im einzelnen davon betroffen ist, auch ist es kaum notwendig, da viele dieser Veränderungen nicht zu übersehen sind. Hierher gehört zum Beispiel, daß der Mann die Erfahrung macht, daß er in seiner Frau jetzt auch eine Mutter sehen muß, die ihr Kind stillt und die das Ehebett verläßt, um sich um das schreiende Baby zu kümmern. Das weckt unvermeidlich neue, andersartige Gefühle in ihm. Es kann aber auch die entgegengesetzte Wirkung haben und seinen Groll oder gar seine Eifersucht erregen. Auch hier wieder kommt es in erster Linie darauf an, ob er sich solche Gefühle bewußtmacht oder ob er sie verdrängt. Falls diese Gefühle ausgelebt werden, spielt es auch eine Rolle, ob der Vater und die Mutter sich dessen bewußt sind, was vorgeht (was nur selten vorkommt), oder ob der Vater mehr oder weniger unbewußt etwas ausagiert, dessen Ursache er nicht weiß. Und es ist ein großer Unterschied, ob sich diese Gefühle auf seine Frau oder auf das Kind beziehen.

Zusammen mit inneren Entwicklungen durch die Reaktivierung von Kindheitserlebnissen bewirkt all dies, daß sich die Persönlichkeit der Eltern stark verändert, und das meist ohne daß es ihnen bewußt wird. Ob sie diese inneren Entwicklungen bei sich und ihrem Partner willkommen heißen oder ablehnen oder ob sie – wie das natürlicherweise meist der Fall ist – sich einigem widersetzen und anderes begrüßen, in jedem Fall müssen sie sich in bezug auf ihre Persönlichkeit und ihre gegenseitigen Beziehungen um neue Anpassungen bemühen. Es kann Jahre in Anspruch nehmen, bis diese Anpassung vollzogen, erkannt und akzeptiert ist. Für das Kind wie für seine Eltern hängt viel davon ab, ob die Veränderungen von den Eltern als eine so große Bereicherung ihres Lebens empfunden werden, daß ihnen die dafür notwendigen Opfer unwesentlich erscheinen, oder ob die neue Situation von ihnen verlangt, etwas aufzugeben, was sie – trotz ihrer Freude darüber, Eltern geworden zu sein – als großen Verlust empfinden.

Es können viele Jahre vergehen, bis ein Kind sich bewußt zu fragen beginnt, was es wohl für seine Eltern bedeutete, Vater oder Mutter zu werden – und vielleicht stellt es sich diese Frage nie. Die meisten von uns nehmen ihre Eltern als gegeben hin. Praktisch von der Geburt an hängt jedoch das Selbstwertgefühl und das emotionale Wohlbefinden des Kindes von der Überzeugung seiner Eltern ab, daß die Bereicherung, die es ihnen einbrachte, die Eltern eines Kindes zu sein, bei weitem das aufwiegt, was sie dafür aufgeben mußten. Die frühe Kindheit ist das narzißtische Entwicklungsstadium, in dem das Kind glaubt, die ganze Welt müsse sich um es drehen. Aus diesem Grund könnte man einwenden, daß jedes Kleinkind von seiner Wichtigkeit überzeugt sei. Das ist durchaus richtig, aber für das kleine Kind ist es von großer Bedeutung, ob seine Eltern im Alltag derartige narzißtische Gefühle Lügen strafen oder ob sie sie dadurch bestätigen, daß sie ihm zu erkennen geben, daß sie gern seine Eltern sind.

Von der natürlichen Begabung als einziger Ausnahme abgesehen, formt nichts so sehr die Persönlichkeit eines Kindes wie die Erfahrungen, die es in der Familie macht, welche Gefühle das Familienleben in ihm weckt und welche Einstellung es daraus gewinnt. Auch seine Meinung über sich selbst und seine Beziehungen zu anderen sowie die Erwartungen, die es in bezug auf die Welt im allgemeinen hegt, werden hiervon beeinflußt. Die Art, wie die einzelnen Familienmitglieder – insbesondere seine Eltern – miteinander leben und wie es diese Beobachtungen interpretiert, entscheiden darüber, ob es in seinem späteren Leben fähig sein wird, intime Beziehungen zu andern anzuknüpfen, oder ob es Angst davor haben wird. Wenn seine Eltern – abgesehen von gelegentlichem Ärger über einander und den unvermeidlichen Schwierigkeiten, die in unser aller Leben vorkommen – im wesentlichen mit ihrer Ehe einverstanden sind, wird ihre Zufriedenheit eine feste Basis für eine befriedigende Beziehung zu ihrem Kind sein, das sie als Symbol ihrer Einheit empfinden. In dem Maß, wie seine Eltern sich gemeinsam über sein Wohlbefinden freuen oder wie sie gemeinsam ihre diesbezüglichen Sorgen tragen, gewinnt das Kind die Überzeugung, daß es ihnen wichtig und von großem Wert ist, und auf dieser Grundlage entwickelt sich sein Selbstwertgefühl.

Wenn Eltern andererseits unglücklich miteinander sind, wirft das einen Schatten auf ihre Beziehungen zu ihrem Kind, wenn sie auch vielleicht ihre Unzufriedenheit vor anderen verbergen. Selbst wenn Vater oder Mutter oder beide Eltern das Kind innig lieben und versuchen, es nicht in ihre Konflikte einzubeziehen, wird es trotzdem unter ihrem Kummer leiden. Wenn sie in der Beziehung zu ihrem Kind einen Ersatz dafür suchen, was sie in ihrer Ehe vermissen, so nützt das niemand. In solchen Situationen versucht die Mutter oder der Vater zu viele oder falsche Befriedigungen aus dem Kind herauszuholen. Das überfordert das Kind, oder es führt zu einer ungesunden Beziehung zwischen Eltern und Kind. Ein bekanntes Beispiel dafür ist der Vater oder die Mutter, die über irgendeinen Aspekt ihres Lebens enttäuscht sind – etwa über ihre wirtschaftliche Lage oder ihre gesellschaftliche Stellung – und die möchten, daß es ihrem Kind einmal besser geht, und es entsprechend anspornen. Solche Wünsche sind nur zu verständlich, aber sie bürden dem Kind eine schwere Last auf, das nun die Ziele seiner Eltern verfolgen muß, anstatt selbst über sein Leben zu bestimmen.

Einer der unglückseligen Widersprüche des Lebens besteht darin, daß ein Vater oder eine Mutter, die in ihrer Ehe Kameradschaft und Liebe vermissen und eine Ersatzbefriedigung bei ihrem Kind suchen, diese Befriedigung tatsächlich weniger finden werden als Eltern, die eine glückliche Ehe führen. Kein Kind kann in irgendeinem Alter seiner Mutter oder seinem Vater die Liebe oder Kameradschaft eines Erwachsenen bieten, und wenn Eltern (bewußt oder viel wahrscheinlicher unbewußt) diese unangebrachte Forderung stellen, gerät das Kind in große Verwirrung, und es fühlt sich in seinen Bemühungen gehemmt, seinen Eltern seine kindliche Liebe zu beweisen. Außerdem wird es mit Recht das Gefühl haben, daß mehr von ihm verlangt wird, als es geben kann, und es wird es der Mutter oder dem Vater übelnehmen, wodurch das gegenseitige Verhältnis getrübt wird.

Eltern können auch nicht in dem Maß, wie das heute viele wünschten, Freunde ihrer Kinder werden. Freundschaft erfordert eine andere Art von Beziehung als die zwischen Eltern und ihren Kindern. Wenn Eltern hoffen, enge Freunde ihrer Kinder zu werden, so kommt dabei eine relativ unreife Beziehung heraus. Der Vater oder die Mutter suchen dann die Freundschaft eines Menschen, der im Vergleich zu ihnen noch unfertig ist. Das Kind seinerseits wird dazu verführt, die Freundschaft eines Menschen zu suchen, der kaum in der Lage ist, sie ihm auf eine befriedigende Weise zu bieten. Dem steht die Konstellation der emotionalen Erfahrungen in der Eltern-Kind-Beziehung während der frühen Entwicklungsjahre im Weg.

Selbst unter den besten Bedingungen ist der einzige Platz, den ein Kind im Leben seiner Eltern gut und beglückt ausfüllen kann, der eines Kindes. Es kann seinen Vater oder seine Mutter darüber hinaus nicht für etwas entschädigen, das diesen vielleicht in ihrem Leben versagt blieb, und wenn sie es sich noch so leidenschaftlich wünschen. Auch Eltern können ihrem Kind nur eines sein, nämlich zärtliche und auf sein Wohl bedachte Eltern, das heißt reife Menschen, die liebevoll und fürsorglich das oft noch unreife Verhalten ihres Kindes akzeptieren, die dafür sorgen, daß es sich deswegen keine Gewissensbisse zu machen braucht und daß es keine üblen Folgen nach sich zieht. Gleichzeitig sollten sie ihm durch ihr Beispiel zeigen, was Reife ist, und ihm so bei seiner Entwicklung ein Leitbild sein.

Wirklichkeit und Mythos

Die menschliche Familie entwickelte sich aus der Notwendigkeit heraus, daß Menschen sich gegenseitig versorgten und zunächst vor den Unbilden der Natur und vor wilden Tieren und später vor Gefahren schützten, die von der übrigen Gesellschaft drohten.

Die von den Eltern geschaffene Sicherheit verlängerte die Periode der Kindheit, während welcher der junge Mensch sich nicht selbst zu versorgen brauchte. Während dieser Zeit lernte er von seinen Eltern, was er wissen und tun mußte, um zu einem selbständigen, sich selbst erhaltenden und schließlich seine Familie versorgenden Erwachsenen heranzureifen. Alles, was die Familie an Liebe und Zuneigung bot, ergab sich aus dem notwendigen Zusammenwirken der Mitglieder dieser grundlegenden sozialen Einheit zum Zweck des Überlebens und der Aufzucht der Kinder.

Auch heute noch haben die Eltern für das körperliche Wohlergehen ihrer Kinder zu sorgen, doch hat diese Verpflichtung in bezug auf den Zusammenhalt der Familie an Bedeutung verloren. Zum Teil beruht das darauf, daß die Gesellschaft (wenigstens theoretisch) die Verpflichtung übernommen hat, Kindern zu helfen, deren Eltern sie nicht richtig versorgen. Durch den wachsenden Wohlstand müssen Eltern aus der Mittelschicht sich heute nur noch wenig Sorgen darüber machen, ob sie ihre Kinder ordentlich ernähren und kleiden können, und wenn diese gesund sind, ist ihr Leben kaum noch bedroht. An die Stelle dieser Hauptängste der Vergangenheit ist nun die Sorge um die seelische und emotionale Gesundheit der Kinder getreten. Im Mittelpunkt der elterlichen Angst stehen heute Drogenmißbrauch, Kriminalität und sexuell abartiges Verhalten sowie das Versagen in Schule und Gesellschaft. Diese Verschiebung hat zur Folge, daß heute nicht mehr die nackte Not die Familie zusammenhält, sondern das Bedürfnis nach emotionaler Befriedigung. Was früher nur ein Nebenprodukt eines gesellschaftlichen Prozesses war, der das Weiterleben sicherte, nimmt heute bei den Eltern die erste Stelle ein. Sie neigen zu der Ansicht, ihre Hauptaufgabe bestehe darin, für das seelische Wohlbefinden der Familie zu sorgen. Das hatte für das Familienleben die weitreichendsten Folgen.

Eine der Folgen dieser radikalen Verschiebung ist, daß beim Auftauchen emotionaler Probleme in der Familie Mann und Frau dazu neigen, sich entweder gegenseitig oder den Kindern die Schuld an den Schwierigkeiten zuzuschieben, so als ob sich Probleme jederzeit vermeiden ließen. Wir sollten uns statt dessen darüber klar sein, daß heutzutage viele Schwierigkeiten im Familienleben darauf zurückzuführen sind, daß es weniger dem Überleben dient, als daß es auf emotionalem Gebiet Hilfestellung leisten soll. Unsere moderne Überzeugung, daß Probleme erst gar nicht aufkommen sollten und daß jemand daran schuld ist, wenn dies doch der Fall ist, ist falsch. Sie verursacht unsäglichen Kummer in der Familie, vergrößert die ursprünglichen Schwierigkeiten und gefährdet gelegentlich sogar die Ehe und die ganze Familie.

Eine alte Weisheit besagt: »Kummer sucht Gesellschaft«, weil wir erwarten, es würde uns erleichtern, wenn wir unsere Schwierigkeiten mit anderen teilen könnten. Aber der, den wir für die Ursache unseres Kummers halten, kann nicht gleichzeitig unser Vertrauter und Gefährte sein. Eine Familie, deren Mitglieder sich gegenseitig für ihre Schwierigkeiten verantwortlich machen, kann keine Stütze und keine Quelle des Trostes sein. Andererseits ist die Überzeugung, daß die Mitglieder einer Familie sich in der Not gegenseitig beistehen werden, ebendas, was eine glückliche Familie ausmacht. In einer solchen Familie haben die einzelnen Mitglieder das Gefühl, daß sie bei allem, was auch immer geschehen mag, die nötige emotionale Stütze finden werden. Wenn man dagegen überzeugt ist, daß es in einer Familie überhaupt keine Schwierigkeiten geben dürfe und daß jemand schuld ist, wenn sie doch auftreten, wird eine solche heuchlerische Einstellung die zur Struktur der Familie gehörende gegenseitige Hilfeleistung unterminieren. In gewisser Weise war das Leben einfacher, als die Menschen noch glaubten, Schwierigkeiten im Leben seien Gottes Wille, man müsse sie hinnehmen und keine Fragen stellen. Das veranlaßte die Familie dazu, im Notfall zusammenzustehen.

Ein altes chinesisches Sprichwort besagt, keine Familie könne das Schild vor die Türe hängen: »Hier ist alles in Ordnung.« Hierin spiegelt sich die Tatsache, daß das Familienleben unausweichlich seine Schwierigkeiten mit sich bringt. Einige davon sind auf spezielle Eigenarten von Familienmitgliedern zurückzuführen oder auf die Art und Weise, wie sie miteinander umgehen. Andere Probleme entstehen einfach dadurch, daß mehrere Menschen unter einem Dach wohnen. Viele Familienprobleme lassen sich nicht vermeiden, wie zum Beispiel die Konflikte, welche dadurch entstehen, daß ein Kind gleichzeitig eine uneingeschränkte Befriedigung seiner Wünsche und Unabhängigkeit fordert, oder die sich daraus ergeben, daß beide Eltern ein eigenes Leben führen möchten und gleichzeitig den vielen Anforderungen gerecht werden wollen, die die Familie an sie stellt. Wenn man besser unterscheiden lernt, welche Erwartungen an Ehe und Familie gerechtfertigt und welche ungerechtfertigt sind, kann das die Schwierigkeiten erheblich vermindern. Es kann uns hindern, die Schuld dort zu suchen, wo sie nicht zu finden ist – sei es bei uns selbst oder bei anderen Familienmitgliedern. Auch kann es die Enttäuschung darüber mildern, daß jemand aus der Familie unrealistische Phantasien, wie schön alles sein könnte oder sein sollte, nicht erfüllt.

Diese übertriebenen Erwartungen, daß alle Wünsche im Familienleben unbegrenzt und ständig befriedigt werden könnten, bilden sich im Säuglingsalter und der Kindheit heraus, solange noch keine realistische Einsicht in das wirklich Machbare diesen Glauben korrigiert. Während die spätere Bekanntschaft mit der rauhen Wirklichkeit einige dieser kindlichen Erwartungen ändert, bleiben doch noch immer erstaunlich viele wenigstens im Unterbewußtsein lebendig. Das erklärt, weshalb sich manche tiefe Unzufriedenheit hält, die sich bei einer realistischeren Analyse als ungerechtfertigt herausstellen würde.

Der Mythos von der »guten alten Zeit«, von einem Goldenen Zeitalter oder Paradies, der in so vielen Kulturen zu finden ist, lebt auch in unserer Gesellschaft weiter, obgleich uns eine einfache Überlegung sagen müßte, daß das Leben für Eltern und Kinder in allen vergangenen Epochen im Vergleich zu heute viel härter war. Der naive Glaube an ein Goldenes Zeitalter stammt bei uns allen aus der frühen Kindheit, wo wir noch erwarteten, daß alle unsere Bedürfnisse mühelos und problemlos erfüllt würden. Natürlich müssen wir dem kleinen Kind sehr vieles geben, um sein Überleben zu sichern, ohne von ihm erwarten zu können, daß es uns seinerseits etwas dafür gibt. Da es demnach offenbar in unser aller Leben ein solches Goldenes Zeitalter gegeben hat, ist es verständlich, daß wir in unserem tiefsten Inneren an den Mythos vom Goldenen Zeitalter glauben und daß wir im stillen hoffen, daß es wiederkommen wird. Da es außerdem im Rückblick so aussieht, als ob wir in unserer frühen Kindheit in unserer Familie ein scheinbar problemloses Leben geführt hätten, glauben wir unbewußt, wir könnten eine solche Utopie in unserer gegenwärtigen Familie verwirklichen. Natürlich machen sich die meisten Eltern diesen weitverbreiteten kindlichen Wunsch nicht bewußt klar, aber er besteht in ihrem Unbewußten weiter. Die gleiche Erwartung hegen Kinder bewußt und unbewußt in noch stärkerem Maß, und das hindert sie daran, in der Wirklichkeit des Familienlebens eine echte Befriedigung zu finden. In der heute weitverbreiteten Tendenz, letzte Befriedigung in Freizeitbeschäftigungen anstatt in den ernsthaften Betätigungen des erwachsenen Menschen zu suchen, kommt ebenfalls dieses Gefühl zum Ausdruck, daß nur kindliche Vergnügungen wirklich der Mühe wert sind.

Ein anderer Aspekt dieses Mythos ist die Auffassung, daß in vergangenen Zeiten das Familienleben weit befriedigender war als heute. Für diese imaginäre, nebelhafte Vergangenheit nimmt man von der Familie an, daß sie sämtliche emotionalen und seelischen Bedürfnisse ihrer Mitglieder reibungslos befriedigte. Da man bis in jüngste Zeit hinein geglaubt hat, das sei die Norm gewesen, liegt es auf der Hand, daß in den heutigen Familien, einschließlich unserer eigenen, etwas sehr falsch laufen müsse.

Alle furchtbaren Heimsuchungen, die unsere Vorfahren im Lauf der Geschichte erleiden mußten, werden diesem Mythos zuliebe einfach vergessen, weil sie ihn Lügen strafen würden. Die schrecklichen Härten, die das Leben so lange kennzeichneten, werden übersehen, weil wir sie heute nicht mehr erdulden müssen. Außerdem vergessen wir, daß die größte seelische Befriedigung der Familie darauf zurückzuführen war, daß sie nur durch die Zusammenarbeit und gegenseitige Hilfsbereitschaft aller ihrer Mitglieder überhaupt existieren konnte. Wir übersehen auch, wie kurz damals das Leben war – weniger als halb so lang wie das unsere heute – und wie wenige unserer Vorfahren das Erwachsenenalter erreichten. Selbst in zivilisierten Ländern war das Leben von allgegenwärtigen Gefahren bedroht: von häufigen Epidemien, für die es keine Medikamente gab, mit denen man sich hätte schützen oder heilen können, von immer wieder auftretenden Hungersnöten, bei denen sehr viele starben oder so geschwächt wurden, daß sie der nächsten Krankheit zum Opfer fielen. Zu vergessen ist auch nicht, wie viele Frauen im Kindbett und wie viele Kinder bei der Geburt oder im Kleinkindalter starben.

Schließlich mußten die meisten auf jeden materiellen Komfort und auf jede Behaglichkeit in ihrem Leben verzichten. Von Kind auf war zermürbende Arbeit ihr Los. Kein Wunder also, daß unter solchen Bedingungen, die wir als unerträglich empfinden würden, auch die kleinsten Erleichterungen, die sich die Familienmitglieder gegenseitig verschaffen konnten, hoch geschätzt wurden. Sie waren das einzig Positive, was das Leben zu bieten hatte, um die fast ununterbrochene, unerträgliche Not wenigstens etwas zu mildern.

In den letzten Generationen hat der technische, soziale, medizinische und wissenschaftliche Fortschritt viele Ursachen der Leiden beseitigt, die die Menschheit während ihrer gesamten Geschichte erdulden mußte. Die alten Heimsuchungen betreffen uns heute nur noch so wenig, daß uns kaum bewußt ist, wie leicht unser Leben im Vergleich zu früher geworden ist. Statt dessen konzentrieren wir unsere Aufmerksamkeit jetzt ganz auf die seelischen Nöte, die an die Stelle der körperlichen getreten sind, von denen unser Leben befreit wurde. Und diese nur schwer faßbaren emotionalen und psychischen Probleme erscheinen uns jetzt ebenso schwer zu ertragen und ebenso verhängnisvoll für unsere Hoffnung auf ein schönes Leben, wie es früher die greifbaren körperlichen Nöte und die sozialen Mißstände waren. Dennoch gibt es einen sehr wichtigen Unterschied: Während man früher die Härten des Lebens für unausweichlich hielt und den Familienmitgliedern *nicht* die Schuld daran zuschob, hält man diese neuen Probleme heute für vermeidbar, weshalb wir entweder andere Familienmitglieder oder uns selbst dafür verantwortlich machen. Überzeugt davon, greifen wir die Institution an, die uns genährt und beschützt hat.

Ich will damit nicht sagen, daß wir uns ständig klarmachen sollten, wie gut wir es haben und daß wir glücklich darüber sein sollten, daß wir unter den Problemen, mit denen sich unsere Vorfahren abquälten und die ihre Existenz bedrohten, nicht mehr zu leiden haben. Das wäre zwar vernünftig, aber es wird kaum jemanden veranlassen, seine Lebensauffassung zu ändern. Auf jeden Fall entspricht es nicht den Tatsachen, daß das Familienleben in der Vergangenheit so viel befriedigender war und daß es deshalb heute auch so sein sollte. Das Schlimmste an diesem Märchen ist, daß es uns auf eine irrationale Weise veranlaßt, mit der Gegenwart unzufrieden zu sein. Ich stehe nicht auf dem Standpunkt, daß wir die vielen seelischen Probleme, die sich heute in unserem Familienleben auftürmen, auf die leichte Schulter nehmen sollten. Wir sollten jedoch versuchen, sie von einem vernünftigen Standpunkt aus zu beurteilen.

Da heute die Einheit der Familie – wenn nicht gar ihre Daseinsberechtigung – auf den emotionalen Bindungen ihrer Mitglieder beruht, stellt man viel höhere emotionale Anforderungen aneinander. Auch sind unsere Erwartungen an die psychischen Befriedigungen, die uns das Familienleben bescheren sollte, weit größer geworden. Diese weit höher gespannten und gleichzeitig weniger greifbaren Forderungen und Erwartungen sind es, die die Familienbeziehungen so prekär machen und die uns ernste Schwierigkeiten bereiten. Wenn wir dies als Tatsache hinnehmen und uns klar darüber sind, wie es dazu gekommen ist und was es impliziert, können wir mit der Zeit vielleicht die richtigen Lösungen für diese Probleme finden, oder wir werden toleranter und richten weniger Unheil an.

24. Kapitel

Was uns verbindet

Das silberne Glied, das silberne Band,
Das Herz an Herz und Geist an Geist
In Körper und Seele kann binden.
Sir Walter Scott

Um darauf vertrauen zu können, daß wir unsere Sache als Eltern einigermaßen gut machen, dürfte es sich empfehlen, einmal darüber nachzudenken, was der Familie früher Halt gab und was sich in dieser Beziehung geändert hat. Noch vor zweihundert Jahren betrug die durchschnittliche Lebenserwartung in der westlichen Welt etwas über dreißig Jahre. In der übrigen Welt war sie noch viel kürzer und ist das heute noch. Im Durchschnitt lebte ein Ehepaar nicht mehr als siebzehn Jahre lang zusammen – aus dem einfachen Grund, weil entweder die Frau oder der Mann früh starb. Heute dauert eine Ehe trotz aller Trennungen und Scheidungen im Durchschnitt länger, was auch mehr Gelegenheit zu gelegentlichen ernsten Zerwürfnissen gibt. Außerdem haben früher wirtschaftliche Schwierigkeiten und das kirchliche Scheidungsverbot ein Ehepaar meist veranlaßt, die Ehe auch dann weiterzuführen, wenn sie nicht miteinander auskamen. Da sie überzeugt waren, daß sie irgendwie zurechtkommen mußten, weil eine Scheidung undenkbar war, ging es auch. Heute ist es recht einfach, dem Zusammenleben durch eine Scheidung ein Ende zu machen, und die Gesellschaft akzeptiert es.

Aber das ist keineswegs alles. Durch die weit längere Lebensdauer bleiben den Ehepaaren noch viele Jahre, nachdem die Kinder erwachsen sind. Dann stehen einer Scheidung nicht mehr die Notwendigkeit, die Kinder zu versorgen, und der Wunsch, sich nicht von ihnen trennen zu müssen, im Weg. Tatsächlich haben viele Ehepaare, die sich heute scheiden lassen, bereits ebenso viele Ehejahre hinter sich wie die Menschen in früheren Zeiten. Wir sind uns bewußt, daß die Scheidung oft das Familienleben zerstört und die guten Beziehungen zwischen Eltern und Kindern schwer gefährdet. Wie man sich auch immer juristisch einigen mag, das Kind wird auf jeden Fall darunter leiden, daß es sich für Vater oder Mutter entscheiden muß. Es kann nicht umhin, sich zu fragen, ob bei seinen Eltern etwas nicht in Ordnung ist, daß sie nicht einträchtig miteinander leben konnten. Außerdem hat das Kind oft das Gefühl, daß ihm etwas genommen wird, wenn sein Vater oder seine Mutter sich entschieden haben, nicht weiter mit ihm zusammenzuleben. Durch den wachsenden Wohlstand und die Tatsache, daß Männer wie Frauen unabhängig sind und für ihren Lebensunterhalt und den ihrer Kinder selbst sorgen können, ist das Leben für alle von uns einfacher geworden. Unter anderem erlaubt es uns, unsere Kinder länger in die Schule gehen und studieren zu lassen, und es hat uns viele neue Möglichkeiten der Berufswahl eröffnet, wobei die Entscheidung oft sehr schwer fällt.

Da sich die großen Ereignisse im Leben eines Menschen zu Hause abspielen und dort gemeinsam mit der Familie gefeiert werden, bindet dies die einzelnen Familienmitglieder symbolisch innig an die Familie. Das ist in so starkem Maß der Fall, daß die Begriffe »zu Hause«, »daheim« und »in der Familie« praktisch als identisch empfunden werden. Nur wenige von uns haben es erlebt, welche Sicherheit und Stabilität es verleiht, wenn man sein ganzes Leben in dem Haus verbringt, in dem bereits mehrere Generationen von Vorfahren gelebt haben. Obwohl es manchen hart angekommen sein mag, ermöglichte ihm doch die innere Sicherheit und Stabilität, die er in einer solchen Kindheit erlebte, mit der Last seiner Ahnen fertigzuwerden. Heute verbringt nur eine kleine, vom Glück begünstigte Minderheit ihre ganze Kindheit und Jugend im gleichen Haus. Die meisten von uns müssen mehrmals umziehen, was uns jedesmal bis zu einem gewissen Grad entwurzelt.

In meiner Familie war ich das letzte Kind, das daheim auf die Welt kam. Meiner Mutter stand eine Hebamme bei, wie das auch bei der Geburt meiner älteren Schwester der Fall gewesen war. Meines Wissens erblickten nach mir alle Kinder unserer Familie in einer Klinik das Licht der Welt. Meine Großeltern väterlicherseits waren die letzten Mitglieder unserer Familie, die daheim in ihrem Bett, umgeben von allen ihren Kindern, starben. Meine anderen Verwandten starben entweder in einer Klinik oder zu Hause, doch waren weder ihre Kinder noch ihre Enkel anwesend. Die Familie traf sich nach ihrem Tod bei der Beerdigung. Anstatt eines Übergangsritus, bei dem die Familie den Tod eines lieben Angehörigen tatsächlich miterlebte, handelte es sich jetzt bei der Trauerfeier darum, die Hinterbliebenen zu trösten.

Traditionellerweise waren in vielen Ländern des alten Europas Begräbnisse komplizierte zeremonielle Ereignisse, selbst in Familien, die die oft erheblichen Kosten nur schwer aufbringen konnten. Der Leichnam wurde nicht einbalsamiert und in einer Trauerhalle zur Schau gestellt, sondern er wurde im besten Zimmer des Hauses aufgebahrt und besucht, das – genau wie der Hauseingang und unter Umständen das ganze Haus – schwarz umflort war. Dann wurde der Tote von einem genau geordneten Zug aus Familienangehörigen und Freunden zu einer religiösen Andachtsstätte begleitet, bevor die eigentliche Beerdigung auf dem Friedhof stattfand. Nach der Beerdigung begann eine traditionelle Trauerzeit, während der die nächsten Familienangehörigen viele Monate lang Trauerkleidung trugen. Noch tagelang nach dem Begräbnis besuchten weitläufige Verwandte die nächsten Angehörigen, um sie zu trösten – womit die Familie ihre Anteilnahme in Zeiten der Not bekundete. Das Haus des Toten war der Ort, an dem man das Beileid entgegennahm. Die irische Sitte der Totenwache *(wake)* und das jüdische *Shiva-Sitzen* sind traditionelle Beispiele dafür, wie den unmittelbar Betroffenen von einem größeren Kreis von Verwandten und Freunden geholfen wurde, ihren Schmerz zu tragen.

In meiner Kindheit waren Geburt und Tod nicht die einzigen Ereignisse, bei denen das Heim und die Familie im Mittelpunkt standen. So wurde zum Beispiel der Geburtstag meiner Großmutter väterlicherseits in ihrem Haus mit einer Aufführung gefeiert, die ihre vielen Enkel für sie und die Familie veranstalteten. Meine Beteiligung an einer dieser Festaufführungen ist eine meiner frühesten Erinnerungen. Tatsächlich spielten sich noch vor ganz kurzer Zeit *alle* großen Ereignisse im Leben jedes einzelnen – Geburt, Heirat, Feiern aller Art und Tod – in seinem Heim und im Schoß seiner Familie ab. Man hatte das Gefühl, daß man als Teil einer Familie auf die Welt kam und die wichtigsten Ereignisse seines Lebens in dieser Familie erlebte; und wenn jemand aus dem Leben schied, dann geschah es zu Hause, umgeben und gepflegt und getröstet von denen, die das Werk dessen, der die Welt verlassen mußte weiterführen würden.

So war es in früheren Zeiten, als die Lebensbedingungen die Mitglieder einer Durchschnittsfamilie noch zwangen, den größten Teil ihres Lebens in enger körperlicher Nähe zu verbringen, vielleicht in einem einzigen Raum oder bestenfalls in wenigen Räumen eines kleinen Hauses. Außerdem arbeiteten die Mitglieder der Familie häufig tagsüber bei den eng miteinander verbundenen Tätigkeiten auf einem Bauernhof oder in einem Laden zusammen. Sie waren in kranken, aber auch in gesunden Tagen aufeinander angewiesen – in guten und in schlechten Zeiten. Natürlich stritten sie auch gelegentlich miteinander, aber man war in bezug auf Information und Unterhaltung aufeinander angewiesen. Es bot sich wenig Gelegenheit, und die Versuchungen waren seltener, sich außerhalb der Familie nach Befriedigungen umzusehen. Fast das ganze Leben spielte sich in einem viel engeren Kreise ab, in dessen Mittelpunkt das Heim und die Kirche standen, welche die Familie gemeinsam besuchte.

Heute, wo der Hauptwert der Familie für ihre einzelnen Mitglieder in der Befriedigung seelischer und nicht mehr körperlicher Grundbedürfnisse besteht, sind leider viele gemeinsame Familienerlebnisse, die dem Leben tiefere Bedeutung verliehen, verlorengegangen. So hat beispielsweise früher die Religion die einzelnen Familienmitglieder eng miteinander verbunden, wenn sie gemeinsam Feste feierten oder regelmäßig in die Kirche gingen. Das gilt heute noch für einige Familien, zum Beispiel für die strenggläubigen Mormonen und Mennoniten. Es verlieh der Familie Festigkeit und gab den Gläubigen innere Sicherheit. Heute dagegen haben für viele der Kirchgang und die Familienfeiern, in denen die wichtigsten Ereignisse des Lebens symbolischen Ausdruck fanden, einen großen Teil ihrer Bedeutung verloren. Auch finden Familienfeiern häufig außer Haus statt. Eltern können das dadurch etwas ausgleichen, daß sie die symbolische Bedeutung von wichtigen Familienereignissen wie Geburtstagen stärker betonen. Auf diese Weise können sie ihrem Kind ein Gefühl der Sicherheit geben, wie es ihm die Familie und nur die Familie bereiten kann.

Unsere Kinder sind heute viel gesünder, und sie reifen viel schneller als die Kinder früherer Generationen. Durch rechtzeitige Impfungen und medizinische Versorgung hat man die meisten schweren Kinderkrankheiten ausgemerzt oder unter Kontrolle gebracht. So hatte ich zum Beispiel als kleines Kind Durchfall, Scharlach, Diphtherie, Masern, Mumps und andere Krankheiten, die häufigen Anfälle von Grippe und Angina nicht zu erwähnen, und ich mußte oft wochenlang das Bett hüten. Durch die Schutzimpfungen und dadurch, daß uns Medikamente wie die Sulfonamide und Antibiotika zur Verfügung stehen, hat sich das alles geändert.

Obwohl ich als Kind häufig schwer und lange krank war, habe ich doch nicht einen einzigen Tag in einem Krankenhaus verbracht. Ich wurde zu Hause von unserem Arzt behandelt, wie das bei allen Mitgliedern unserer Familie der Fall war. Besuche in der ärztlichen Sprechstunde kamen erst nach dem Ersten Weltkrieg in Mode. Es gibt kaum etwas, das besser zeigen könnte, wie die Dinge sich geändert haben, als die Tatsache, daß Freud zu Anfang seiner Praxis regelmäßig Hausbesuche machte. Wenn man heute ärztlich gut versorgt sein will, muß man zum Arzt in die Sprechstunde und notfalls ins Krankenhaus gehen. Dort werden jetzt viele Krankheiten behandelt, die man früher zu Hause kurierte. Dadurch hat das Heim einige seiner Funktionen (und seine Identität) als bester und sicherster Hafen verloren, den man bei ernsten Problemen wie einer Krankheit oder einer Geburt aufsuchen kann.

In meiner Kinderzeit wurde ich gewöhnlich tagsüber meiner Amme und später einem Kindermädchen oder einer Gouvernante anvertraut. Aber wenn ich krank war, versorgte mich ausschließlich meine Mutter. Sie beschäftigte sich stundenlang mit mir, sorgte für meine Unterhaltung und fütterte mich bei allen Mahlzeiten. Wenn ich schwer krank war, saß sie viele Nächte lang an meinem Bett, wusch meinen fieberheißen Körper ab und wechselte die kalten Kompressen, um mir Erleichterung zu verschaffen. In solchen Augenblicken begriff ich dankbar, daß eine Mutter durch nichts auf der Welt zu ersetzen ist, wenn man in Not ist, starke Schmerzen hat und voller Angst oder gar verzweifelt ist.

Ich will damit keineswegs sagen, daß wir irgendeinen der großen Fortschritte, die seit meiner Kindheit in der Medizin gemacht wurden, oder die Vorteile einer Krankenhausbehandlung in Notfällen wieder aufgeben sollten. Durch unsere Kliniken sind wir mit den Komplikationen bei Geburten großenteils fertiggeworden, wir haben bei der Behandlung der Kinderkrankheiten wichtige Fortschritte gemacht. Die Krankenhausbehandlung hat vielen bei schweren Erkrankungen das Leben verlängert und gerettet. Die moderne Medizin bewahrt Kinder vor vielen der schweren Kinderkrankheiten, die mich so viele Wochen ans Bett fesselten. Trotzdem glaube ich, daß es nur wenig andere Gelegenheiten gibt, bei denen Kinder sich so gut versorgt fühlen und sich der liebe-

vollen Fürsorge ihrer Eltern so bewußt werden, wie wenn sie krank im Bett liegen.
Dies gilt nicht nur in Krankheitsfällen. Wenn ich als Kind nicht schlafen konnte, hielt mich meine Mutter – und manchmal auch mein Vater – solange in den Armen, bis ich eingeschlafen war. Wenn ich durch einen Alptraum zu Tode erschrocken aufwachte, setzte sich meine Mutter oder mein Vater an mein Bett und redete und spielte mit mir. Sie beruhigten und trösteten mich und lasen mir eine Geschichte vor. Ich glaube sicher, daß bei solchen Gelegenheiten die engen Bande zwischen meinen Eltern und mir geknüpft wurden, die uns ein Leben lang Halt und Stütze waren. Meine Eltern wußten, vielleicht aus eigener Erfahrung, daß es nichts Ungewöhnliches ist, wenn Kinder Alpträume haben, obgleich damals noch keine Psychoanalyse herausgefunden hatte, weshalb Kinder Alpträume haben und weshalb sie in bestimmten Altersstufen so häufig sind. Selbst heute, wo wir über all das Bescheid wissen, meinen manche Eltern aus irgendwelchen Gründen, *ihre* Kinder dürften keine Alpträume haben. Und wenn sie Schwierigkeiten mit dem Einschlafen haben, nehmen nur allzu viele Eltern – oft auf Rat ihres Kinderarztes (der ihren Wünschen nachkommen möchte oder auch die einfachste Lösung darin sieht) – ihre Zuflucht zu Beruhigungspillen, anstatt das Kind durch ihre Gegenwart zu beruhigen oder ihm eine Geschichte vorzulesen und ihm etwas Warmes zu trinken zu geben. Drogen helfen, aber wenn man sie auf diese Weise benutzt, lernt das Kind schon früh, zu Drogen seine Zuflucht zu nehmen, anstatt in menschlichen Beziehungen Trost zu suchen. Es ist kein Wunder, daß viele Jugendliche ihre Ängste mit Drogen zu beschwichtigen suchen, wie sie das in ihrer Kindheit gelernt haben. Es hat dann keinen Zweck, ihnen Vorträge über die Gefahren der Drogen zu halten, weil sie aus frühen Kindheitserfahrungen wissen, daß Drogen das einfachste Mittel sind, Beruhigung zu finden. Solche modernen »Abkürzungsverfahren« sind zwar bequem und nehmen die Zeit der Eltern weniger in Anspruch, aber sie berauben das Kind der Gelegenheit, menschlichen Trost in einer Situation zu finden, in der es sie am nötigsten braucht und ersehnt. Auch die Eltern beraubt es der Gelegenheit zu erleben, wie verzweifelt ihr Kind sie braucht und wie dankbar es ihnen ist, wenn sie sich um es kümmern. Es bedeutet für die Eltern eine große Befriedigung, wenn sie merken, daß sie mit ihren Bemühungen erreicht haben, daß ihr Kind sich nun sicher fühlt, daß es jetzt einschläft und mit der Welt wieder einverstanden ist.

Das Stillen – ein erstes menschliches Band

Das Stillen ist sowohl körperlich als auch seelisch ein inniges Band zwischen Mutter und Kind. Vielleicht kann eine persönliche Erfahrung das veranschaulichen: Ich wurde bis weit in mein drittes Lebensjahr hinein gestillt, allerdings nicht von meiner Mutter. Sie war für eine solche Rolle eine viel zu puritanische Dame.

Aber das Wohl ihrer Kinder lag ihr sehr am Herzen, und sie wählte sehr sorgfältig Ammen für uns aus, denen es Freude machte, sich um unser körperliches und seelisches Wohl zu kümmern. Auch wenn ich von meiner Mutter nicht jene körperliche Befriedigung erhielt, die mit dem Gestilltwerden Hand in Hand geht, wurde ich doch gut betreut. Solange meine Amme bei uns wohnte, gehörte sie mit zur Familie, daher band mich meine Beziehung zu ihr eng an mein Zuhause und seine Sicherheit, die sie mit ihrer liebevollen Fürsorge repräsentierte. Der Respekt, den meine Amme vor meinen Eltern hatte, und ihre Freude darüber, daß sie zu unserer Familie gehörte, trugen wesentlich dazu bei, daß ich glücklich darüber war, dieses Zuhause zu haben. (Für meine Eltern war es sehr wichtig, daß meine Amme gesund war und sich bei uns wohl fühlte, damit sie viel gute Milch für mich hatte und es ihr Freude machte, mich zu versorgen – weshalb sie besonders gut behandelt wurde.)

Im Rückblick gesehen dürfte es auch Eindruck auf mich gemacht haben, daß meine Eltern sich dazu entschlossen hatten, mir eine Person zur Verfügung zu stellen, die sich ausschließlich um mein Wohlergehen kümmerte und die keine andere Aufgabe hatte, die sie davon hätte ablenken können. Es war damals Sitte, daß eine Amme keine anderen Verpflichtungen hatte, als sich um das Baby zu kümmern. Die übrige Hausarbeit wurde von einem Dienstmädchen und einer Köchin verrichtet. So konnte die Amme sich ausschließlich mir widmen. Wenn meine Mutter mich selbst gestillt hätte, hätte sie nebenher auch ihren anderen gesellschaftlichen Verpflichtungen nachkommen müssen, und sie hätte mir nicht ihre ganze Zeit widmen können wie meine Amme. Es war auch üblich, daß eine Amme, die ein Kind gut versorgt hatte, zu ihrem bescheidenen Lohn hinterher eine großzügige Mitgift bekam, damit sie heiraten und wieder ihr eigenes Leben führen konnte. Meist lief das darauf hinaus, daß sie für ihr eigenes Kind, das sie in ihrem Dorf zurückgelassen hatte, als sie in die Stadt ging, um sich eine Beschäftigung als Amme zu suchen, ein Zuhause schuf. Daher hatte sie ein starkes persönliches Interesse daran, daß es mir gut ging. Selbstverständlich blieb meine Amme, auch nachdem sie unser Haus verlassen und geheiratet hatte, noch viele Jahre lang eine wichtige Person in meinem Leben. Trotzdem habe ich manchmal gedacht, es wäre mir doch lieber gewesen, wenn meine Mutter mich selbst gestillt hätte.

Das Stillen ist ein archetypisches Beispiel für das, was uns gleichzeitig an einen anderen Menschen und an das Leben selbst bindet. Bis vor relativ kurzer Zeit, bevor die Ernährung mit der Flasche durch die moderne Hygiene und die Sterilisierung der Milch zu einer sicheren Methode wurde, war das Stillen die einzige Möglichkeit, ein Baby so zu ernähren, daß es am Leben blieb und groß wurde. Es hat natürlich noch den weiteren Vorteil – was vor den Impfungen noch wichtiger war –, daß eine gewisse Immunität und Resistenz gegen Krankheiten, die die Mutter sich während ihres Lebens erworben hat, auf das Kind übertragen werden. Das

Stillen gibt dem Kind viel mehr als nur die Nahrung, die es braucht: Gestillt zu werden ist ein zentrales Erlebnis; es wirft sein Licht auf all die übrigen Erlebnisse und verleiht ihnen eine besondere Bedeutung. Gestillt zu werden ist das Kernerlebnis im Leben des Säuglings. Geht alles gut, bildet es die solide Basis, auf der sich später sein Selbstvertrauen und sein Vertrauen zu wichtigen Personen in seinem Leben und zur Welt im allgemeinen aufbauen werden. Geht es dagegen für den Säugling schlecht aus – ist das Stillen für ihn ein unangenehmes, frustrierendes Erlebnis –, so wird das ein tiefes Mißtrauen gegen sich selbst und die Welt bei ihm erzeugen.

Was Mutter und Kind beim Stillen so innig aneinander bindet, ist die Tatsache, daß beide vom anderen etwas bekommen und ihm gleichzeitig etwas geben: die Befriedigung körperlicher Bedürfnisse, die Lösung von Spannungen und emotionale Befriedigung. Bei dieser Interaktion sind Mutter und Kind gleichzeitig aktiv und passiv. Sie sind ganz sie selbst und erweisen sich selbst einen Dienst, aber sie sind gleichzeitig eng miteinander verbunden und dienen einander. Die Mutter ist insofern aktiv, als sie ihrem Kind ihre Brust anbietet, als sie es in den Armen hält, mit ihm spricht oder beruhigende, ermutigende Laute und Gesten beisteuert und den Säugling anlächelt; aber sie verhält sich auch passiv, indem sie das Kind aus ihrer Brust trinken läßt. Der Säugling verhält sich aktiv, indem er die Brustwarze sucht und daran saugt, indem er seinen Körper der Art anpaßt, wie seine Mutter ihn hält, indem er seine Mutter anschaut und sie anlächelt und ihr Bild in sich aufnimmt. Er verhält sich passiv, indem er sich halten und liebkosen läßt. Während der Säugling trinkt, stillt er aktiv seinen Hunger und befriedigt damit ein drängendes körperliches Bedürfnis, während seine Mutter vom Druck der Milch in ihrer Brust befreit wird. Die Freude, die beide auf diese Weise sich selbst und dem anderen bereiten, ist das Band, das »Herz an Herz und Geist an Geist in Körper und Seele kann binden«, wie der Dichter es ausdrückt.

Nachdem ich soviel zugunsten des Stillens gesagt habe, möchte ich, da heute viele Mütter aus diesem oder jenem Grund ihr Kind nicht stillen können, darauf hinweisen, daß das Trinken aus der Flasche, wenn es richtig gehandhabt wird, ein recht guter Ersatz für das Stillen sein kann, und daß Kinder, die mit der Flasche aufgezogen wurden, im Leben genausogut zurechtkommen wie Kinder, die gestillt worden sind. Der Grund dafür ist, daß das Selbstvertrauen des Kindes und sein Vertrauen auf die Welt sich auf die Liebe seiner Mutter gründen. Wenn sie es liebhat, lernt es auch, sich selbst und damit auch sie und die Welt, die sie für ihr Kind repräsentiert, zu lieben. Die Botschaften, die das Baby dadurch empfängt, daß es liebevoll und zum richtigen Zeitpunkt gefüttert wird, daß es die richtige Nahrung erhält, die lange genug vorhalten wird, daß es bequem, aber sicher gehalten wird und einen angenehmen Kontakt zur Haut seiner Mutter hat – all das überzeugt in seiner Kombination und Interaktion das Kind, daß es ihm gutgeht und daß die Welt in Ordnung ist. Wenn das Kind den regelmäßigen Herzschlag seiner Mutter hört, während es an ihrer Brust liegt – so wie es ihn auch vor seiner Geburt im Mutterleib hörte –, ist dies ein Bindeglied zwischen seiner vor- und postnatalen Existenz. Es gibt ihm das Gefühl – so vage und unbestimmt es auch immer sein mag –, daß das Herz seiner Mutter auch weiterhin mit ihm und für es schlägt. All diese Elemente, die das Kind noch nicht auseinanderhalten oder als solche wahrnehmen kann, bilden eine Welt von Erfahrungen, die ihm einen unauslöschlich tiefen Eindruck hinterlassen und die auf alle seine späteren Erfahrungen einen starken Einfluß ausüben werden.

Damit das funktioniert und gut funktioniert, darf die Mutter das Stillen nicht als eine zeitlich begrenzte, aufgabenorientierte Tätigkeit ansehen, deren Hauptzweck darin besteht, dem Kind Nahrung zu spenden (die das Kind dann lediglich zu verdauen hat) – als eine Tätigkeit also, die beendet ist, sobald ihr Zweck erreicht ist, wie das bei uns nur allzuoft der Fall sein dürfte. In vielen anderen Ländern, wie zum Beispiel in Japan, wird der Hautkontakt noch lange über das Füttern hinaus aufrechterhalten. Der Säugling darf an der Brust der Mutter mit der Brustwarze im Mund einschlafen, und seine Mutter freut sich darüber. All das wird sehr viel einfacher, wenn das Kind mit der Mutter oder mit beiden Eltern in einem Bett schläft, wie das bei vielen Kulturen üblich ist.

Die Umstände, unter denen das Kind mit der Flasche großgezogen wird, sollten den oben beschriebenen Bedingungen möglichst nahekommen. Zum Beispiel sollte die Milch nicht zu leicht und zu rasch aus der Flasche fließen, weil das dem Kind das Erlebnis nimmt, sich aktiv an seiner Ernährung zu beteiligen. Es sollte für sein Essen sozusagen arbeiten, wobei es zum erstenmal erlebt, daß es durch seine eigene Anstrengung etwas Wichtiges erwirbt. Der Säugling sollte bequem und sicher an der Brust gehalten werden – ganz gleich, ob er gestillt wird oder die Flasche bekommt. Man braucht das Kind nicht der Lust zu berauben, die warme Haut der mütterlichen Brust zu spüren und den Herzschlag seiner Mutter zu hören. Als die Flaschenaufzucht in Japan eingeführt wurde, entblößten die Mütter ganz allgemein ihren Oberkörper und nahmen das nackte Kind an die Brust, während sie ihm die Flasche gaben, genauso wie sie beim Stillen seinen nackten Körper an ihre nackte Brust nahmen. Was diese Mütter instinktiv taten, kann auch die europäische Mutter machen, wenn sie ihrem Kind die Flasche gibt. Sie braucht nur zu verstehen, daß sie ihre Liebe ihrem Kind durch diesen engen Körperkontakt am besten übermitteln kann.

Da ich Japan erwähnt habe, möchte ich noch hinzufügen, daß dort, wie auch in einigen anderen Kulturen, die enge Verbundenheit des Kleinkindes mit seiner Mutter in symbolischer Form zum Ausdruck gebracht wird. Nach einer altehrwürdigen Sitte erhält die Mutter des Neugeborenen ein Stück der Nabelschnur, die Mutter und Kind miteinander verbunden hatte, zum Geschenk. Japanische Mütter pflegten die Nabelschnüre ihrer sämtlichen Kinder in einem Schmuckkästchen an einem Ehrenplatz im Haus aufzubewahren. In einigen Gebieten durfte das Kind, wenn es heiratete, seine Nabelschnur in sein neues Heim mitnehmen, ein Symbol dafür, daß die Bindung an die Mutter auch weiterhin bestehenblieb.

Wie schon erwähnt, bleiben die Kinder heute nicht mehr deshalb mit ihrer Familie verbunden, weil die Not sie dazu zwingt, und ihr Elternhaus ist auch nicht mehr der einzig sichere Hafen in einer fremden Welt. An die Stelle der alten zentripetalen Kräfte, die das Kind eng an die Familie banden, sind zahllose zentrifugale Kräfte getreten, wie etwa die verlockenden Reize der Außenwelt, die Bedeutung der Schule (die schon in sehr frühen Jahren mit der Betreuung in der Kinderkrippe und im Kindergarten beginnt, wo die Kinder der Obhut von Personen anvertraut werden, die nicht zur Familie gehören) sowie der Einfluß von Altersgenossen. Jetzt müssen vorwiegend emotionale Bindungen das Kind in seiner Familie verankern. Daher ist es besonders wichtig, daß es, noch bevor die übrige Welt sich einmischt und seine Erfahrungen beeinflußt, in einen intimen körperlichen und emotionalen Kontakt zu den Personen kommt, die ihm am nächsten stehen, so daß die so gewonnene Sicherheit den entfremdenden Kräften entgegenwirkt, die in unserem Leben selbst innerhalb der Familie nur allzu zahlreich sind. So sollte das Stillen genau wie alle anderen Aspekte der Säuglingspflege – wie Wickeln, Baden und Spielen – stets mit den richtigen Empfindungen vorgenommen werden, damit das Kind es so erlebt, daß ihm damit Vertrauen und das Gefühl der Zugehörigkeit eingeflößt werden. Nur so wird es lernen, daß wir für es sorgen und daß es zu uns gehört. Es ist für unser emotionales Wohlbefinden unbedingt notwendig, daß wir das Gefühl haben dazuzugehören und daß die, zu denen wir gehören, ebenfalls *wollen*, daß wir zu ihnen und sie zu uns gehören. Wenn wir dies nicht erleben – und zwar in frühem Alter –, werden wir uns inmitten des Überflusses verloren fühlen.

Die Entstehung der Adoleszenz

Bessere Gesundheit und Ernährung haben uns eine längere Lebensdauer beschert. Wir leben nicht nur weit länger, wir leben auch viel länger in der Familie. Das ist an sich ein Segen, aber es stellt an Eltern und Kinder höhere Anforderungen. Daß sie jetzt viel länger zusammenleben, erzeugt Probleme, denn das Zusammenleben geht weiter, nachdem die Kinder längst den Kinderschuhen entwachsen sind. Das führt zu ernsten Spannungen. Die Verbesserungen auf dem Gesundheitssektor haben bei jeder neuen Generation zu größerer Körperstärke und zu einer früheren psychischen und sexuellen Reife geführt. Gleichzeitig ermöglicht der Wohlstand den jungen Menschen eine viel längere Lern- und Ausbildungsperiode, die die wachsende Kompliziertheit der modernen Technik im übrigen unumgänglich macht. Folglich müssen sich unsere Kinder, obwohl sie früher als je zuvor reifen, damit abfinden, daß sie viele Jahre länger zur Schule gehen müssen, als man das je für möglich gehalten hätte. Dadurch bleiben sie viel länger wirtschaftlich und weitgehend auch gesellschaftlich von ihren Eltern abhängig. Das führt zu Span-

nungen zwischen Eltern und Kindern: Die Eltern müssen heute für ihre Sprößlinge noch sorgen, nachdem diese schon längst ihre Kinderzeit hinter sich haben und aufgehört haben, sich als Kinder zu fühlen und sich wie Kinder zu verhalten. Das kindliche Verhalten hatte es den Eltern relativ leicht gemacht, sie zu versorgen, und war emotional viel lohnender für sie. Adoleszenten versorgen zu müssen, die sich über ihre Abhängigkeit von den Eltern ärgern, weil sie sich schon erwachsen fühlen, stellt psychisch weit größere Anforderungen und ist weit mühsamer.
Vor der Adoleszenz kommt es in den Beziehungen zwischen Eltern und Kindern nur selten zu ernsten Schwierigkeiten. Vor zweihundert Jahren und sogar bis vor relativ kurzer Zeit war ein Kind, wenn es seinen Vater oder seine Mutter verlor, im Durchschnitt vierzehn Jahre alt, das heißt, es war in einem Alter, in dem bei unseren Kindern und ihren Eltern gewöhnlich die wirklichen Schwierigkeiten anfangen. Durch den Tod eines Elternteils entstanden zwar auch damals ernste Schwierigkeiten für das Kind, doch waren diese anderer Art als die, welche wir und unsere Kinder heute gewöhnlich miteinander haben.
Tatsächlich ist die Adoleszenz weder eine gottgegebene noch eine von der Natur eingerichtete Entwicklungsstufe, sondern sie ist die Folge neuer gesellschaftlicher Bedingungen. Wie neu sie noch ist, kann man Lebensbeschreibungen entnehmen, die vom Ende des vorigen Jahrhunderts selbst aus den fortschrittlichsten Ländern der Welt stammen. In einer Schilderung des Landlebens jener Zeit (als noch weit mehr Menschen als heute auf dem Lande lebten) berichtet uns Flora Thompson in ihrem Buch *Lark Rise to Candleford,* wie in dem englischen Dorf, in dem sie aufwuchs, »ein Fremder vergebens nach den gewohnten süßen Bauernmädchen mit Sonnenhut und Heurechen Ausschau gehalten hätte ... Kein Mädchen über zwölf oder dreizehn Jahre lebte mehr beständig zu Hause. Manche mußten ihre erste Stelle (als Dienstmädchen) bereits mit elf Jahren antreten. Daß sie in diesem zarten Alter in die Welt hinausgestoßen wurden, mag einem zufälligen Beobachter herzlos vorgekommen sein. Sobald der Schulabgang eines Mädchens bevorstand (das war mit etwa dreizehn Jahren der Fall, doch mußten viele Kinder aus wirtschaftlichen Gründen schon bevor sie dieses Alter erreicht hatten, die Schule verlassen), pflegte seine Mutter zu sagen: ›Es wird langsam Zeit, daß du deinen Lebensunterhalt selbst verdienst, mein Kind‹ ... Sobald ihre Brüder die Schule hinter sich hatten, begannen sie, wöchentlich ein paar Schillinge heimzubringen ...«, die sie als Taglöhner verdient hatten. In anderen Fällen wurden die Kinder zu Hause zu irgendeiner Arbeit oder einem Handwerk angelernt, wenn sie nicht schon im Bergwerk oder in einer Fabrik arbeiteten. Adoleszenten, wie wir sie heute kennen, gab es nur in den Familien der Oberschicht, die es sich leisten konnten, ihre Nachkommen noch über die Kindheit hinaus zu versorgen, und es gibt sie auch heute als allgemein übliches Entwicklungsstadium nur in den fortschrittlichsten Ländern der Welt, in denen Wohlstand und hohe Lebenserwartung es möglich machen, daß die Jugendlichen lange zur Schule gehen und studieren.

Es liegt auf der Hand, daß es, als die Lebenserwartung noch unter dreißig Jahren lag, für die allermeisten unmöglich war, sich längere Zeit von anderen versorgen zu lassen. Damit der Wirtschaftsprozeß in technisch fortgeschrittenen Ländern funktioniert, ist es auch heute noch notwendig, daß sich die meisten beträchtlich länger als die Hälfte ihres Lebens aktiv daran beteiligen. So ermöglichen es nur der Wohlstand und die viel längere Lebensdauer unseren Kindern, ihre ersten zwanzig Jahre ihrer Ausbildung zu widmen. Philippe Ariès, der Experte in Sachen Familie und Kindheit unter den französischen Historikern, schreibt in seiner *Geschichte der Kindheit:* »Die Menschen hatten keine Ahnung von dem, was wir heute als Adoleszenz bezeichnen, und die Idee nahm erst langsam Gestalt an. Sie taucht zuerst flüchtig im achtzehnten Jahrhundert auf«, und »... das Bewußtsein der Jugend (d. h. der Adoleszenz) wurde jedoch (erst) nach dem Ende des Ersten Weltkriegs zu einem allgemeinen Phänomen.«

Während die Adoleszenz eine durch die gesellschaftlichen Verhältnisse geschaffene Entwicklungsphase ist, ist die Pubertät ein natürliches Entwicklungsphänomen, die Folge der körperlichen Veränderungen, die sich im Körper abspielen, sobald die sexuelle Reife erreicht ist. Exakte Daten über den Beginn der Pubertät in vergangenen Zeiten sind nur schwer zu erhalten, doch gibt es zuverlässige Berichte, daß im Europa des siebzehnten Jahrhunderts die erste Menstruation etwa mit siebzehn Jahren eintrat. Noch 1890 war das Durchschnittsalter dafür etwa vierzehn Jahre und drei Monate, während es heute im Durchschnitt bei zwölf Jahren liegt. Seit dem Beginn unseres Jahrhunderts trat die Menarche jedes Jahrzehnt fast drei Monate früher ein, und das gleiche gilt für das Alter, in dem männliche Jugendliche die sexuelle Reife erreichen. So reifen unsere Kinder heute sexuell viel früher, als es die jungen Menschen noch zu Beginn unseres Jahrhunderts taten, und gleichzeitig gehen die meisten Jugendlichen mindestens ebenso viele Jahre länger in die Schule.

Die frühere körperliche und sexuelle Reife führt – im Verein mit der viel längeren Periode der Abhängigkeit – unvermeidlich zu Spannungen im Jugendlichen selbst und zwischen ihm und seiner Familie. Bei der frühen sexuellen Reife ist es kein Wunder, daß sich nicht wenige unserer Kinder schon früh sexuell betätigen – und man kann sich die Frage stellen, ob man diese reifen Jugendlichen überhaupt noch als Kinder bezeichnen kann. In diesem Zusammenhang ist es interessant, daß im Römischen Recht (im *Corpus iuris civilis* des Justitian aus dem fünften Jahrhundert) die Jugendlichen in dem Alter juristisch volljährig wurden, in dem sie ihre sexuelle Reife erreichten, eine Auffassung, die über tausend Jahre später vom Tridentinischen Konzil bestätigt wurde.

Nach jüdischer Tradition wird der Eintritt ins Erwachsenenalter mit dreizehn Jahren gefeiert. In diesem Alter werden die Knaben (und neuerdings auch die Mädchen) wenigstens im religiösen Bereich feierlich in die Gemeinschaft der Erwachsenen aufgenommen. In vielen katholischen Ländern findet die Erste Kommunion etwa im gleichen Alter statt. Bis zum Zweiten Weltkrieg endete die Schulpflicht in den meisten westlichen Ländern zwischen dem dreizehnten und vierzehnten Jahr. Wenn die Kinder in diesem Alter die Schule verließen, wurden sie zwar noch nicht als voll erwachsen angesehen, aber sie wurden zu werktätigen Mitgliedern der Gesellschaft, die in vielen Fällen mehr oder weniger unabhängig von ihren Eltern lebten. Nur eine relativ kleine Minderheit, meist Kinder aus der Oberschicht und der oberen Mittelschicht, die die Universität besuchten, befanden sich noch nach ihrem vierzehnten Lebensjahr in Ausbildung.

Kürzlich wurde eine Gruppe von intelligenten, feinfühligen Mädchen aus der zwölften Klasse einer High School gefragt, ob sie gern ein Baby hätten. Praktisch alle hoben sofort die Hand, was soviel wie »ja« bedeutete. Als sie gefragt wurden, ob sie auch Kinder im Alter von Teenagern haben wollten, ließen die meisten die Hand sinken. Auf die Frage, ob sie Adoleszenten wollten, hob sich keine Hand. Schließlich fragte man sie noch, ob sie später gern erwachsene Kinder hätten, woraufhin die meisten Hände wieder hoch gingen. Da sie selbst Adoleszenten waren, wußten diese jungen Mädchen aus ihrer eigenen Erfahrung, daß Eltern es mit Teenagern, die um ihre Individualität kämpfen, nicht leicht haben. Trotzdem hofften sie, daß später einmal die Erfahrungen, die sie insgesamt bei der Kinderaufzucht machen würden, sie für die Schwierigkeiten während der Jahre der Adoleszenz ausreichend entschädigen würden.

Wenn man vor etwa hundertfünfzig Jahren jungen Mädchen die gleiche Frage gestellt hätte, wäre bei der Abstimmung sicher etwas anderes herausgekommen. Sosehr sie sich Kinder gewünscht hätten, hätten sie damals doch Angst davor gehabt, was bei der Geburt passieren würde, bei der so viele Frauen sterben mußten. Auch hätte sie ihre berechtigte Besorgnis vor der Säuglingssterblichkeit wohl dazu veranlaßt, nur zögernd zu sagen, sie wollten ein Baby haben. Nachdem das Säuglingsalter einmal überstanden war, war die Überlebenschance weit größer, weshalb die jungen Mädchen damals vermutlich lieber größere Kinder gehabt hätten. In jenen Tagen sah man in der Adoleszenz noch keine besondere Entwicklungsstufe, da die meisten im Alter von dreizehn Jahren bereits ganztags an der Seite der Erwachsenen arbeiteten. Aber alle hätten sich erwachsene Kinder gewünscht, weil die Menschen damals im Alter fast ganz auf deren Hilfe und Unterstützung angewiesen waren.

Wenn demnach die Kinder später als Erwachsene ihren Eltern ihrerseits die Fürsorge angedeihen ließen, die sie während ihrer Kindheit von ihnen empfangen hatten, so war das eine auf Gegenseitigkeit beruhende Beziehung, welche die Generationen psychologisch aneinander band, so wie ihre wirtschaftliche Abhängigkeit sie wirksam aneinander fesselte. Aber in Amerika und Europa haben wir uns an eine Familienstruktur gewöhnt, bei der die Eltern ihre Kinder viel länger als früher versorgen müssen, während man von den Kindern nicht mehr erwartet, daß sie ihre alten Eltern versorgen, was sie meist auch nicht mehr wollen und was auch nicht mehr notwendig ist. Das System der sozialen Sicherheit wurde Mitte der dreißiger Jahre eingeführt, aber unsere Gesellschaft vergißt leicht, wie neuen Datums diese Wende noch ist. Erst in unserem Jahrhundert haben es unser Wohlstand und unsere Fortschritte in der Medizin zum erstenmal in der Geschichte einem großen Teil der Bevölkerung in den Industrieländern ermöglicht, sich in den Jahren ihrer Berufstätigkeit soviel Geld zurückzulegen, daß sie bei Krankheiten und im Alter für sich selbst sorgen können.

Noch vor wenigen Generationen gab die gegenseitige Abhängigkeit den Eltern ein Gefühl der Sicherheit in bezug auf ihre Zukunft, das sie ihren Kindern verdankten, während diese ihrerseits ihre Sicherheit während ihrer Kindheit den Eltern verdankten. Hierdurch entstand ein tiefes gegenseitiges Vertrauen, das aber oft nicht auf die Probe gestellt wurde. Hierzu war die Lebensdauer zu kurz. Aber solange die Eltern lebten, glaubten die Kinder, daß sie sie später für das Empfangene entschädigen würden, und die Eltern erwarteten es von ihnen. Da die Kinder vorhatten, ihre Eltern später zu versorgen, hatten sie damals kaum Ursache, Schuldgefühle zu empfinden, weil die Eltern soviel für sie getan hatten.

Das ist heute nicht mehr der Fall. Unsere Adoleszenten sind zwar jederzeit bereit, sich darüber zu beschweren, daß sie so lange von ihren Eltern abhängig sind, doch äußern sie keine Schuldgefühle darüber, daß ihre Eltern so viele Opfer für sie brachten und bringen. Viele sind sich solcher Schuldgefühle nicht bewußt, weil sie sie verdrängen, besonders deshalb, weil sie ja die Situation, die sie verursacht hat, nicht ändern können. Das bedeutet jedoch nicht, daß diese Schuldgefühle nicht in ihrem Inneren arbeiten. Wenn junge Leute heute ihre Eltern (oder deren Lebensstil) ablehnen, so ist das weitgehend auf diese verdrängten Schuldgefühle zurückzuführen, die unbewußt bleiben und oft nach außen hin verleugnet werden, indem der Jugendliche sich seinen Eltern widersetzt oder an ihnen und ihrer Lebensweise Kritik übt. Einen eklatanten Ausdruck findet dieses Schuldgefühl, wenn das Kind glaubt oder behauptet, das viele Geld, das seine Eltern für es ausgeben, hätten sie auf unredliche Weise erworben. Diese Behauptung besagt unausgesprochen, daß man kein schlechtes Gewissen zu haben braucht, wenn man das Geld der Eltern ausgibt.

Zu diesem Unbehagen und diesen Schuldgefühlen darüber, daß ihre Ausbildung so kostspielig und aufwendig war und auch weiterhin ist, kommt noch hinzu, daß es den Kindern unangenehm ist, von ihren Eltern soviel annehmen zu müssen, ohne sich im geringsten dafür revanchieren zu können. Das ist jedoch bei unserer Sozialstruktur und unseren Gewohnheiten unvermeidlich. Vielfach hindert es die Kinder daran, sich für das, was die Eltern für sie getan haben, dankbar zu erweisen. Täten sie es, müßten sie zugeben, wieviel sie von ihnen empfangen haben, und das wäre von einem Kind zuviel verlangt, das nichts tun kann, was ihm diese Last merklich erleichtern würde. Daß die Kinder sich ihnen gegenüber nicht dankbar erweisen, ärgert die Eltern gelegentlich mehr, als daß sie ständig Geld für sie ausgeben und etwas für sie tun müssen. Dieses Gefühl wird jedoch schnell wieder verdrängt. Sie wissen ja, daß ihr Kind sie um das, was sie für es tun, meist gar nicht gebeten hat, sondern daß es einfach zum Lebensstandard gehört. Die meisten Eltern sind froh und sogar stolz darauf, daß sie so viel für ihre Kinder tun können. Aber manchmal verstimmt es sie doch, wenn diese alles als selbstverständlich ansehen oder wenn sie sogar ihre Eltern noch deswegen kritisieren. (Dies kann – wie bereits erwähnt – während der Adoleszenz vorkommen, wenn die Schuldgefühle allzu drückend werden.) So sind es merkwürdigerweise die Schuldgefühle ihrer Kinder – oder vielmehr deren Verdrängung und Leugnung –, was die Eltern um deren (unbewußt erhoffte) Dankbarkeit bringt.

Noch vor kurzem stellte die Erwartung der Eltern, von ihren Kindern im Alter gut versorgt zu werden, bei Eltern und Kindern das Gleichgewicht zwischen Geben und Nehmen her. Hierdurch entstand ein festes Band, das auf Gegenseitigkeit beruhte, die von beiden Teilen anerkannt wurde. Dieses Band existiert nicht mehr, und an seine Stelle ist eine Interaktion von nicht zugegebenen Schuldgefühlen beim Kind und einer gleichfalls nicht zugegebenen Verstimmung bei den Eltern getreten. Das enge Band, das gegenseitige soziale und wirtschaftliche Sicherheit – und daher psychische Befriedigung für Kinder und Eltern – gewährte, ist zu einer Quelle des Ärgers, wenn nicht gar der Unzufriedenheit geworden, weil die Dienstleistung so einseitig ist. Diese negativen Reaktionen bleiben zwar meist unbewußt, doch schaden sie trotzdem der liebevollen Beziehung zwischen Eltern und Kindern.

Heute ist die Adoleszenz eine viel zu lange Periode sozialer und wirtschaftlicher Abhängigkeit für die Jugendlichen, die sowohl körperlich als auch sexuell früher reifen als je zuvor und die höchstwahrscheinlich auch intellektuell viel weiter sind, als es gleichaltrige Jugendliche in früheren Zeiten waren. Diese Widersprüche erzeugen so viele Spannungen zwischen den Adoleszenten und ihren Eltern, daß es für die Eltern besonders wichtig ist, ein genügend starkes Band zu knüpfen, das »Herz an Herz und Geist an Geist in Körper und Seele binden« kann, um noch einmal den Dichter zu zitieren. In seiner großen inneren Unsicherheit wünscht sich das Kind nichts mehr, als daß seine Eltern derart starke Bande zwischen ihnen knüpfen. Eltern, die ihrer Aufgabe gerecht werden, können sich darauf verlassen, daß dieses Band auch weiterhin fest und elastisch bleiben wird. Ist dies der Fall, wird die ganze Familie die Stürme der Adoleszenz gut überstehen.

25. Kapitel

Seinen Platz finden

»belong«: Wenn im englischen Sprachgebrauch auf das Wort to »belong« (gehören) eine Präposition folgt, dann ist es die Präposition »to« (zu). Im amerikanischen Sprachgebrauch behält »belong« seine Grundbedeutung von »sich am richtigen Platz befinden« bei, doch erlaubt es jede Präposition, die eine Ortsangabe ist.

A Dictionary of Contemporary American Usage

Das Gefühl der Zugehörigkeit entwickelt sich zuerst und vor allem in unserer Familie und in unserem Zuhause, und nur auf der Basis dieser frühen Erfahrung wird es sich später auf die Nachbarschaft, auf die Nation, die ethnische Gruppe und die Religion unserer Eltern ausdehnen. Wir schlagen unsere ersten und tiefsten Wurzeln in unserer Familie und unserem Zuhause. Starke positive Gefühle für uns selbst und dauerhafte emotionale Bindungen an andere geben uns im Leben einen festen Halt. Sie verleihen uns Sicherheit und ermöglichen es uns, den Unbilden des Lebens erfolgreich zu trotzen.

Leider spiegelt sich die Entfremdung vieler moderner Menschen darin, daß sie ihre »Wurzeln« in einer fernen, weit abliegenden Vergangenheit und selbst in überseeischen Ländern suchen. Die Samen eines Baumes können zwar von dem Platz, an dem er gewachsen ist, weit weggetragen werden, aber die Bäume, die aus diesen Samen wachsen, brauchen einen festen Standort, um Wurzeln zu schlagen. Das gleiche gilt für den Menschen. Unsere Wurzeln befinden sich zuerst und vor allem in unserer Familie. Dahin gehören wir im tiefsten Sinn – in die Familie, die uns von Kindheit an aufgezogen hat, und später auch in die Familie, die wir für uns selbst und unsere Kinder gründen.

Dem Wörterbuch nach bedeutet *to belong,* sich am richtigen Platz zu befinden. Der uns zustehende Platz ist uns nicht von irgendeiner Macht – und seien es unsere Eltern – zugewiesen worden. Ein solcher Platz wäre zu leicht zu erschüttern, um uns ein echtes Zugehörigkeitsgefühl zu geben. Der uns zustehende Platz ist der Platz, den wir uns selbst erobern, zunächst dadurch, daß wir auf die richtige Art lieben und geliebt werden, und später dadurch, daß wir uns selbst darum bemühen. Das allein macht den Platz sicher und zu unserem Eigentum.

Im Verlauf der menschlichen Geschichte war die Familie für das Überleben aller ihrer Mitglieder eine Notwendigkeit. Wenn nicht jeder in der Familie lange und hart arbeitete, drohten ihnen allen schwere Entbehrungen. Solange genügend Nahrung, Unterkünfte, Kleidung und ein wenigstens rudimentäres Wissen vorhanden waren, ging in der Familie alles gut, und jeder wußte, welcher Platz ihm darin zustand. Daß die Familie mit den Lebensnotwendigkeiten versorgt werden mußte, genügte als Beweis für ihre Daseinsberechtigung – insbesondere in bezug auf die Eltern. Um zu überleben, mußten Eltern und Kinder sich ernsthaft ihren Aufgaben widmen. Sie waren mit Recht stolz auf ihre Leistung, die sie voll befriedigte. Die Kinder arbeiteten von klein auf mit, um den wirtschaftlichen Wohlstand der Familie sichern zu helfen. Worin auch immer ihr Beitrag bestand, es kam kein Zweifel auf, daß ihr Leben Sinn und Zweck hatte. Sie hatten das Gefühl, gute Menschen zu sein, weil sie sich an wichtigen Arbeiten beteiligten. Nach langen, harten Arbeitsstunden auf dem Feld, im Laden und im Haus – Arbeitsstunden, die in den meisten Familien viel zu lang und hart waren – war das Kind überzeugt, daß es alles in seinen Kräften Stehende getan hatte und daß man nicht mehr von ihm erwarten konnte. Es wußte, welcher Platz ihm in der Familie zustand und daß es ihn sich täglich aufs neue verdiente. Das verschaffte ihm ein starkes Gefühl der Zugehörigkeit und ein hohes Selbstwertgefühl. Und wenn die Eltern seinen Beitrag nicht zu schätzen wußten – was auch damals gelegentlich vorkam –, wußte das Kind, daß es nicht seine Schuld war und sie ihm unrecht taten.

Das Kind heute, von dem keine körperliche Arbeit mehr verlangt wird und dessen Belastung mit Arbeit soviel geringer scheint, kann sich seiner selbst nie so sicher fühlen. Es hat immer mehr Schularbeiten zu machen, als es erledigen kann. Es ist immer einer da, mit dem es den Vergleich nicht aushält. Die von ihm in der Schule verlangten Leistungen sind keineswegs klar umrissen, und das Schulziel liegt in so weiter Ferne, daß es ihm im Augenblick nichts sagt. So weiß das Kind nie mit Sicherheit, ob es alle seine Aufgaben erfüllt und seine Sache gut gemacht hat. Es kann sich seines Werts nicht sicher sein, wenn dieser davon abhängt, wie sein Lehrer seine Leistungen beurteilt, oder ob es seine Eltern gefühlsmäßig zufriedenstellt, indem es sich so entwickelt, wie es ihrem Geschmack entspricht, anstatt sich nach seinen eigenen Neigungen und seinen persönlichen Talenten und Erfahrungen zu richten. Daher fehlt es ihm an Selbstvertrauen. Es weiß nie, ob es seine Sache recht macht, und ist unsicher in bezug auf seine Arbeits- und Lebensbedingungen. Es merkt nicht, daß nicht seine eigenen Mängel daran schuld sind, sondern daß unsere modernen Lebensbedingungen ihm keine Sicherheit darüber geben, wie gut es seine Sache macht oder was es mit Recht von sich erwarten kann. Es weiß nur, was die andern von ihm erwarten, und oft wird ihm auch das nicht klargemacht. Wenn man ihm genau erklärt, was von ihm erwartet wird, kann es das überdies oft nicht begreifen. Objektiv könnte es so aussehen, als ob im Vergleich zu früheren Zeiten an das Kind aus unserer Mittelschicht heute weniger Ansprüche gestellt würden, aber oft sind diese Kinder mit sich und der Welt höchst unzufrieden, ohne recht zu wissen warum, und das macht solche Gefühle nur noch beunruhigender.

Eltern und Lehrer können dem Kind wohl sagen, fleißig in der Schule zu lernen sei deshalb sinnvoll, weil es nach vielen Jahren einen besseren Job bekommen und wichtige Tätigkeiten ausüben könne, aber das ist für das Kind wenig überzeugend, weil ein Jahr oder zwei ihm wie eine Ewigkeit vorkommen. In der Vergangenheit sah das Kind, wenn es beim Bestellen der Felder half, auf denen die Nahrung für die Familie wuchs, einen Sinn in seiner Tätigkeit, und das gleiche war auch der Fall, wenn es Gegenstände herstellen durfte, die Gestalt annahmen und vor seinen Augen fertiggestellt wurden. Wenn ein Kind damals seine Aufgaben erledigte, war ihm das ein Beweis dafür, daß es etwas wert war. Heute dagegen sind die Erfolge seiner Bemühungen bestenfalls kaum greifbar und so unsicher wie alles Ungreifbare. Die Überzeugung, etwas wert zu sein, gewinnt man nur, wenn man das Gefühl hat, daß man seine Arbeit gut gemacht hat, und wenn die Arbeit *zu dem Zeitpunkt,* an dem wir daran arbeiten, einen Sinn hat. Es ist nicht nur Langeweile, und es sind nicht nur unsere gesellschaftlichen Mißstände, die einen Jugendlichen verleiten, Zerstreuung und Vergessen in einer Musik zu suchen, die so laut ist, daß sie keinen klaren Gedanken aufkommen läßt, oder daß sie – was noch schlimmer ist – ihre Zuflucht zu Drogen nehmen; es ist ein alles beherrschendes Gefühl der Unsicherheit, das so weh tut, daß sie sich verzweifelt bemühen, es wenigstens für den Augenblick loszuwerden, was es sie auch immer kosten mag.

Manche Eltern erwarten von ihrem Kind, daß es in Haus und Garten hilft, aber selbst wenn es dabei seine Sache gut macht, kann das dem Kind aus der Mittelschicht nicht die Sicherheit geben, die sich ein Kind früher dadurch erwarb, daß es seinen Beitrag zum Wohlergehen der Familie leistete. Wenn es heute im Garten hilft, so bedeutet das eine Erleichterung für die Eltern, doch trägt es nicht wesentlich zum Wohlergehen der Familie und – was in diesem Zusammenhang noch wichtiger ist – zum Wohlergehen des Kindes bei. Es sieht nicht ein, in welcher Beziehung diese Arbeiten ums Haus herum *ihm* das Leben erleichtern könnten. Noch schlimmer ist, daß es weiß, daß diese Arbeiten von seinen Eltern nicht hoch bewertet werden, weil sie kein wichtiger Beitrag zum Einkommen und zur Sicherheit der Familie sind. Arbeiten, die man nur ungern verrichtet – und dem Kind machen derartige Haus- und Gartenarbeiten in der Regel keinen Spaß –, steigern nicht das Selbstwertgefühl und die Selbstachtung.

Wir alle müssen zwar gewisse unangenehme Arbeiten und Routineaufgaben erledigen, aber wir finden uns damit ab, wenn sie mit wichtigeren Betätigungen in Zusammenhang stehen. So wird in vielen Familien von den Kindern verlangt, daß sie abwechselnd das Geschirr spülen. Das Geschirr muß abgewaschen werden, nachdem das Essen zubereitet und verzehrt worden ist. Das Planen und Zubereiten des Essens kann man als eine kreative Betätigung ansehen: Man muß Entscheidungen treffen, und es gehört auch Geschick dazu. Wenn jemand diese Entscheidungen zu treffen hat, ist das Abwaschen des Geschirrs hinterher nur die logische Folge von allem, was voranging. Aber fast immer hat das Kind mit den zu treffenden Entscheidungen wenig oder nichts zu tun, und es erlebt daher auch nicht das befriedigende Gefühl, eine schmackhafte Mahlzeit zubereitet zu haben. Deshalb ist auch das Abwaschen hinterher kein integrierender Bestandteil eines Prozesses, sondern nur eine lästige Arbeit. Wenn wir die schmutzige Arbeit tun müssen, nachdem ein anderer die kreative Arbeit verrichtet hat, haben wir das Gefühl, daß man uns eine Dienstmädchenarbeit tun läßt, die selbst dann, wenn wir sie gut machen, unseren Status in der Gesellschaft eher heruntersetzt als erhöht. Nur wenn wir auch am schöpferischen Teil der Arbeit beteiligt sind, wächst unser Selbstwertgefühl bei dem, was wir tun. Auch daß wir gesagt bekommen, daß wir etwas tun müßten und wann und wie wir es zu tun haben, vermindert das Vergnügen und die Befriedigung, die es uns einbringt. Im Zusammenhang mit dem Spiel wurde bereits erwähnt, daß ein Kind, dem freigestellt wird, wann es etwas tun will und wie es vorgehen möchte, viel eher auf sein Werk stolz ist, als ein Kind, dem man kaum erlaubt, wenigstens in dieser Beziehung eigene Entscheidungen zu treffen. Das gleiche gilt für alle Arbeiten, mit denen das Kind zu Hause als Beitrag zum Familienleben beauftragt wird.

Manche Eltern meinen, sie brächten ihrem Kind Verantwortungsgefühl bei, wenn sie es Haus- und Gartenarbeiten verrichten lassen. Leider erwerben wir aber dadurch, daß man uns sagt, wir wären für etwas verantwortlich, noch kein Verantwortungsgefühl, und zwar auch dann nicht, wenn die Eltern dem Kind einschärfen, daß es für bestimmte Arbeiten verantwortlich sei und sie auszuführen habe. Ein Kind lernt Verantwortungsgefühl nicht dadurch, daß es Anweisungen gehorcht, sondern nur dadurch, daß seine Selbstachtung ihm befiehlt, gewisse Pflichten zu übernehmen und seine Sache gut zu machen. Wenn ein Kind diese Einstellung hat, braucht man ihm kaum zu sagen, welche Pflichten es hat oder wofür es die Verantwortung zu übernehmen hat – es wird es von selbst wissen. *Sagt* man ihm dagegen, es sei seine Pflicht, etwas zu tun, dann riskiert man nur, daß es negativ darauf reagiert. Das Kind gehorcht dann einem Befehl, während man ihm die freie Entscheidung überlassen müßte, wenn es seinem Selbstwertgefühl zugute kommen soll. Und wenn Vater oder Mutter – die Hauptautoritäten im Leben eines Kindes – an sein Verantwortungsgefühl appellieren oder wenn sie – was noch schlimmer ist – es zwingen, das zu tun, wovon sie behaupten, daß es dafür verantwortlich sei, dann hört das Kind heraus, daß sie ihm nicht zutrauen, daß es etwas aus eigener Überzeugung tut oder die nötige Selbstachtung dafür besitzt.

So sagen zum Beispiel viele Eltern ihrem Kind, es habe die Pflicht, sein Zimmer aufzuräumen, weil es *sein* Zimmer sei, und sie erreichen es auch bis zu einem gewissen Grad, weil sie das Kind so beschämen, daß es gehorcht. Trotzdem erreichen sie im Grunde mit diesem Argument nicht ihr Ziel, weil sie ihr Kind nicht davon überzeugen können, daß es richtig und fair ist, das von ihm zu verlangen. Überzeugt haben sie es nicht, selbst wenn sie ihm ihren Willen aufgezwungen haben, weil das Kind von klein auf weiß, daß ein Besitz vor allem dadurch gekennzeichnet ist, daß man mit ihm machen kann, was man will, mit der einen Ausnahme, daß man anderen keinen Schaden zufügen darf. Wenn die Eltern aber behaupten, das unaufgeräumte Zimmer gefährde das Wohlbefinden der Familie, dann geht das zu weit. Die Behauptung, das Kind sei für den Zustand seines Zimmers verantwortlich, d. h. es müsse es in einem Zustand erhalten, der der Auffassung seiner Eltern von Ordnung und Sauberkeit entspricht, widerspricht dem Begriff des Eigentums, weil es sich ja um das *Zimmer des Kindes* handelt. Wenn man einem Kind sagt, was es mit seinem Zimmer zu tun hat, negiert man damit, daß es wirklich *sein* Zimmer ist, weil es sonst damit machen könnte, was es möchte. Wenn das Kind sich vielleicht auch nicht bewußt ist, daß beim Argument seiner Eltern etwas nicht stimmt, fühlt es das doch, und das beeinträchtigt sein Vertrauen in die Fairneß seiner Eltern. Damit lernt es aber noch kein Verantwortungsgefühl.

Wenn die Eltern andererseits ihrem Kind klarmachen, daß die ganze Wohnung einschließlich des Zimmers, welches das Kind benutzt, Eigentum der Familie ist, dann haben sie als Haupt der Familie darüber zu bestimmen, wie alle Zimmer zu bewohnen und in welchem Zustand sie zu halten sind. Wenn jedoch alle Zimmer der Familie gehören, gibt es keinen Grund dafür, daß das Kind für seinen speziellen Raum speziell verantwortlich sein soll. Die Pflege der ganzen Wohnung ist dann etwas, wofür die ganze Familie zu sorgen hat. Wenn das eigene Zimmer des Kindes geputzt oder aufgeräumt werden muß, hat nicht das Kind allein die Verantwortung dafür, sondern seine Eltern sind mitverantwortlich. Und weil sie meist den größten Wert darauf legen, daß etwas mit dem Zimmer geschieht, sollten sie auch die Hauptarbeit übernehmen. Natürlich sollte das Kind sich an der Arbeit beteiligen. Da es vermutlich die Unordnung gemacht hat, kann man von ihm erwarten, daß es mithilft. Meiner Erfahrung nach sieht das Kind das auch ein, wenn es eine gute Beziehung zu seinen Eltern hat. Und wenn die Eltern mit gutem Beispiel vorangehen, ist es im allgemeinen bereit zu helfen, und es macht ihm sogar Spaß, besonders wenn es nach seiner Meinung gefragt wird, wie man vorgehen sollte. Es freut sich dann, wenn seine Ideen befolgt werden. Wenn das Zimmer auf diese Weise in Ordnung kommt, hat das Kind dabei zwar noch kein Verantwortungsgefühl gelernt, aber das Aufräumen des Zimmers wird dann wenigstens kein Streitpunkt mehr zwischen Eltern und Kind sein.

Beim Lebensstil moderner Familien der Mittelschicht gibt es unter den üblicherweise anfallenden Arbeiten kaum noch eine, die dem Kind so sinnvoll vorkommt, daß es sich verpflichtet fühlt, sie zu übernehmen, und daß sie seinem Selbstwertgefühl zugute kommt. Ausgenommen sind außergewöhnliche Situationen wie besondere Notfälle, wenn Vater oder Mutter krank sind oder wenn ein älteres Kind sich für das Wohlbefinden eines jüngeren Geschwisterchens verantwortlich fühlt. Aber im großen und ganzen kommt es selten zu derartigen Situationen, und sie dauern meist nicht lange. Daher können die Eltern nicht viel mehr tun, als sich klarzumachen, wieviel schwerer es für unsere Kinder geworden ist, jene innere Sicherheit zu entwickeln, die durch das Gefühl entsteht, daß man gebraucht wird und zum Wohlergehen der Familie einen wichtigen Beitrag leistet. Dieses Gefühl muß man jetzt durch weit weniger greifbare Erfahrungen erwerben. Es ist ein Gefühl, das aus der Überzeugung entsteht, daß eine Aufgabe so wichtig ist, daß sie einfach getan werden muß, und zwar von dem Kind getan werden muß, weil sonst niemand dafür zur Verfügung steht oder sie gut erledigen könnte.

Allein in der Familie

In früheren Zeiten hatte das Kind nicht nur von klein auf das Gefühl, daß es in der Familie gebraucht wurde und deshalb einen berechtigten Platz in ihr einnahm – was ihm ein echtes Gefühl der Zugehörigkeit gab –, es war auch nie allein, weil es ja tagaus, tagein, jahraus, jahrein mit anderen zusammenarbeiten mußte. Die Einsamkeit, das Gefühl, daß man nirgends verwurzelt ist, ist der Fluch des modernen Menschen. Früher waren Blut, Schweiß und Tränen und ein kurzes, primitives Leben mit zermürbender Arbeit das harte Los, das unsere Vorfahren und ihre Kinder zu tragen hatten. Aber sie mußten diese Lasten nicht ohne den Beistand ihrer nächsten Angehörigen tragen. Die moderne Familie genießt ihr Zusammensein gewöhnlich nur beim Essen oder abends, abgesehen von den Wochenenden und Ferien, wobei nichts Lebensnotwendiges zu tun ist. Man bedenke nur, wieviel Zeit unsere Vorstadtbewohner in ihrem Auto verbringen und wie passiv die Kinder während der Fahrt im Wagen sitzen müssen. Selbst wenn der Zweck der Fahrt ist, das Kind dahin zu bringen, wo es hin möchte, bedeutet doch die Tatsache, daß ein Erwachsener es hinfahren muß, daß der Vater oder die Mutter darüber entscheidet, ob und wann es das tun kann, was es tun möchte. Es hängt vom guten Willen seiner Eltern ab, und während der Autofahrt hat es still zu sitzen. Es kann nur zusehen, wie der Vater oder die Mutter die wichtige Tätigkeit des Autofahrens ausübt, ohne die es das, was es vorhat, nicht tun könnte. Eltern und Kind sind während der Autofahrt auf engem Raum zusammengedrängt, wobei es kaum oder nur selten zu einem wohltuenden Gefühl der Zusammengehörigkeit kommt. Ganz im Gegenteil ist das Kind bei langen Autofahrten oft gereizt, nervös oder auch gelangweilt, während der Vater oder die Mutter vom Fahren meist voll in Anspruch genommen sind.

Wenn sie dann am Bestimmungsort angekommen sind, mag das recht erfreulich sein, aber eine solche fröhliche Freizeitbeschäftigung ist – was ihre Bedeutung anbelangt – nicht mit einer Tätigkeit zu vergleichen, die dem Überleben dient. Wissenschaftler, die sich mit der Familie beschäftigen, formulieren das etwa so: In der Vergangenheit gründete sich der Zusammenhalt der Familie auf die gemeinsame Herstellung von Dingen, die dem Wohlergehen der Familie dienten. Heute dagegen besteht die wichtigste Tätigkeit der Familie darin, gemeinsam zu konsumieren. Aber zu einem Zusammengehörigkeitsgefühl gehört mehr als das. So wichtig Konsum ist, er verleiht nicht die Überzeugung, daß wir in der Ordnung der Dinge den Platz einnehmen, der uns zukommt. Wir alle wissen, daß wir ein bequemes Leben haben, wenn alles glatt geht. Dann brauchen wir unsere Familie nicht, um unser Leben genießen zu können. Selbst völlig Fremde amüsieren sich mit uns. Es gibt Schönwetter-Freunde in Menge. Was wir brauchen, um uns sicher zu fühlen, ist, zu spüren und zu wissen, daß jemand da ist, der zu uns halten und mit uns zusammenarbeiten oder für uns arbeiten wird und der unsere Sorgen und Nöte mit uns teilen wird, wenn wir in Schwierigkeiten sind. Aber das wird man kaum im Urlaub erleben.

Bis zum Beginn unseres Jahrhunderts konnte ein Kind mit eigenen Augen sehen, daß seine Eltern schwer arbeiteten, um den Lebensunterhalt für die Familie zu verdienen, und es hatte Respekt vor ihrer Mühe und Tüchtigkeit. Kein Kind konnte, ohne sehr beeindruckt zu sein, zusehen, wie seine Mutter ein Kind zur Welt brachte und wie sie es stillte und versorgte. Ihre Kinder konnten nicht umhin mitzuerleben, wie gut sie für Heim und Familie und oft auch noch für viele andere, wie zum Beispiel die Dienstboten und Lehrlinge, sorgte. All das erforderte großes Geschick und war eine harte Arbeit, da es die Arbeit einsparenden Maschinen, Fertigkleidung und Büchsennahrung noch nicht gab. Darüber hinaus leistete die Mutter der Familie meist noch viele andere Dienste. Sie pflegte die Kranken und stand häufig auch den Tieren bei, wenn sie Junge bekamen. Sie arbeitete auf dem Hof und im Gemüsegarten und half oft auch auf dem Acker. Meist war sie es auch, die in die Stadt ging, um ihre Erzeugnisse auf dem Markt zu verkaufen, und sie war es, die den Erlös mit nach Hause brachte. Dem Kind machte es großen Eindruck, wieviel seine Mutter leistete.

Von klein auf konnte ein Bauernkind nicht umhin, seinen Vater zu bewundern, wenn er starke Ochsen vor den Pflug spannte und eine schnurgerade Furche zog. Bald bewunderte es auch andere Geschicklichkeiten des Vaters, wenn dieser zum Beispiel das Haus reparierte oder Geräte ausbesserte. Die Kinder des Schmieds beobachteten voller Ehrfurcht, wie ihr Vater ein Stück Eisen nahm, es in der heißen roten Flamme erhitzte und dann ein Werkzeug daraus hämmerte. Die Kinder von Handwerkern wie Tischlern oder Schustern bewunderten ihren Vater, wie er die kompliziertesten Gegenstände aus einem Stück Rohmaterial herstellte, das nach nichts ausgesehen hatte. Diese Kinder brauchten kaum das biblische Gebot, ihre Eltern zu ehren, denn das war ihnen ganz selbstverständlich, wenn sie beobachteten, wie diese ihrer gewohnten täglichen Arbeit nachgingen, die so unverkennbar dem Wohlbefinden der Familie diente.

Es hat mich schon immer beeindruckt, daß das einzige Gebot der Bibel, das sich direkt auf Eltern und Kinder bezieht, uns befiehlt, unsere Eltern zu *ehren,* während die moderne Familie versucht, sich auf *die Liebe* als festes und sicheres Bindemittel zu verlassen. Aber keines der Zehn Gebote fordert uns auf, unsere Eltern zu lieben. Offensichtlich schien es zu genügen, die Eltern zu ehren, um die richtigen Beziehungen in der Familie herzustellen. Mehr schien nicht vonnöten.

Einen anderen ehren, ist in den meisten Fällen kein ambivalentes Gefühl, besonders wenn man es mit dem häufig ambivalenten Gefühl der Liebe vergleicht, die fast stets auch anspruchsvoll, wenn nicht gar wankelmütig ist. Hinzu kommt, daß dort, wo Liebe ist, oft auch Eifersucht zu finden ist. Und wie Freud gezeigt hat, erzeugt die Liebe zum einen Elternteil oft die Eifersucht des anderen, während dies nicht der Fall ist, wenn ein Elternteil geehrt wird. Wenn Eltern gut miteinander auskommen, wenn sie sich gegenseitig bei der Arbeit, die die Familie erhält, helfen und ergänzen, ist es praktisch unmöglich, den einen Elternteil zu ehren, ohne gleichzeitig auch den anderen zu ehren.

Aber es war nicht nur die Bewunderung für die Geschicklichkeit und das Können der Eltern, was das Kind veranlaßte, die Eltern zu ehren. Da es so eng mit ihnen zusammenlebte und zusammenarbeitete, konnte es sich ein Bild von ihnen als Person machen. Sehr wichtig war es auch, daß die Eltern die Haupterzieher ihrer Kinder waren, bevor die öffentliche Schule ihnen diese Aufgabe abnahm. Dazu kam es erst vor noch nicht zu langer Zeit. Vorher spielte die öffentliche Schule bei den allermeisten Kindern nur eine untergeordnete Rolle, selbst wenn sie sie ein paar Jahre lang besuchten. Jedermann war überzeugt, daß es viel wichtiger war, den Eltern bei der Arbeit zu helfen, als in die Schule zu gehen. Das ist auch heute noch daran zu erkennen, daß die großen Ferien immer noch in die Jahreszeit fallen, in der die Kinder bei der Ernte gebraucht wurden, obgleich heute nur noch sehr wenige Kinder dabei mithelfen.

Was die Eltern ihre Kinder lehrten, während sie nebeneinander arbeiteten, bildete ein starkes Band zwischen ihnen. Dieses Lehren und Lernen war wichtig in einer Zeit, in der stillschweigend vorausgesetzt wurde, daß die Kinder weitgehend in die Fußstapfen ihrer Eltern treten würden. Wir alle werden gern dafür gelobt, daß wir etwas gut gemacht haben, und je wichtiger uns der Betreffende ist, um so wertvoller ist uns seine Anerkennung. Den meisten Eltern sind ihre Kinder ungemein wichtig, und das gleiche gilt auch für die Kinder in bezug auf ihre Eltern. Wenn daher ein Kind seine Eltern bei dem, was sie tun, bewundert – was oft mit der Bewunderung ihrer Person Hand in Hand geht –, dann gewährt ihnen das eine große Befriedigung. Psychologisch ausgedrückt heißt das, daß wir alle »narzißtische Unterstützung« brauchen, um unser emotionales Wohlbefinden aufrechtzuerhalten. Wenn andere eine hohe Meinung von uns haben, haben wir nicht nur selbst eine hohe Meinung von uns, wir fühlen uns auch wohl. Je wichtiger uns jemand ist, um so besser wird unser Hunger nach dieser narzißtischen Versorgung gestillt und um so mehr werden wir uns auch weiterhin bemühen, sie zu erhalten.

Daher macht die Bewunderung des Kindes für die Arbeit seiner Eltern ihnen diese wertvoller. Sie entschädigt sie für manche Plage. Ob wir es uns klarmachen oder nicht – wir sind dankbar für diese emotionalen Zuwendungen, die wir so bitter nötig haben. Daher sind die Eltern ihrem Kind dankbar dafür, daß es ihnen das Gefühl gibt, bewundert zu werden, wenn es sie – um mit der Bibel zu sprechen – ehrt. Es macht es leichter und lohnender für sie, ihm ihren Dank zu erweisen, indem sie es wichtige Dinge lehren, und das Kind fühlt sich seinerseits sicherer, wichtiger und geliebter, wenn seine Eltern ihm etwas beibringen, was ihnen selbst sehr wichtig ist. Daher können Eltern, die von ihrem Kind bewundert, die von ihm »geehrt« werden, nicht anders als ihr Kind lieben, und sie werden es tun, wenn bei ihnen nicht etwas sehr im argen liegt. Ich glaube, daß dies der Grund ist, weshalb in der Bibel steht, daß für das Wohlergehen der Familie nichts weiter nötig ist, als daß die Kinder ihre Eltern ehren. Die Liebe der Eltern zu ihren Kindern ergibt sich hieraus auf natürliche Weise.

Aber früher, als die Kinder noch in die Fußstapfen ihrer Eltern traten, war die Eltern-Kind-Beziehung noch in anderer Hinsicht von Bedeutung. Wenn ein Sohn den Bauernhof oder die Werkstatt seines Vaters erbte oder wenn der Vater damit rechnete, konnte er das Gefühl haben, daß sein Sohn dort weitermachen würde, wo er einmal aufhören mußte. So würde sein Lebenswerk fortgesetzt werden, es würde nicht mit seinem Tod enden. Damit war ihm zwar nicht zugesagt, daß er selbst weiterleben würde, wohl aber, daß seine Lebensarbeit fortgesetzt würde. So hatte er sich nicht vergebens abgearbeitet. Auch die Mutter fühlte ähnlich. Sie erwartete von ihrer Tochter, daß sie Kinder auf die Welt bringen und sie aufziehen würde, so wie sie das getan hatte. Das Kind war seinen Eltern dankbar, daß sie es lehrten, wie es seinen Lebensunterhalt verdienen konnte, und die Eltern waren dem Kind dankbar, weil sie überzeugt waren, daß es ihr Leben weiterführen würde. So hatten sie in ihrem Leben und in ihren Beziehungen das Gefühl gegenseitiger Befriedigung.

Heute, wo die Lebensweise und die Beschäftigung der Kinder sich so sehr von denen ihrer Eltern unterscheiden, kommt kaum das Gefühl auf, daß unsere Kinder unser Werk fortführen werden, so daß die Früchte unserer Arbeit unserer Familie auch weiterhin zugute kommen. Unsere Arbeit hat viel von ihrer persönlichen Bedeutung verloren, denn es sieht nur selten so aus, als ob sie uns überleben und auf irgendeine Weise über das Grab hinaus fortbestehen würde.

Für unsere Kinder ist es heute viel schwerer, uns aufgrund unserer täglichen Arbeit zu ehren, da sie uns ja nicht mehr dabei beobachten und ihre Bedeutung aus eigener Beobachtung verstehen können. Weil wir aber nicht mehr so wie in der Vergangenheit von ihnen geehrt werden, ist es auch für uns viel schwerer geworden, unsere Kinder so innig zu lieben, wie es sich auf natürliche Weise von selbst ergab, als uns die Bewunderung in ihren Augen – und damit auch in unseren eigenen Augen – eine besondere Würde verlieh.

Ein Kind der modernen Mittelschicht hat kaum je die Möglichkeit, seine Eltern bei ihrer Arbeit zu beobachten. Bei der Komplexität vieler moderner Tätigkeiten versteht es außerdem nicht, weshalb die Arbeit seiner Eltern an und für sich und für das Überleben und Wohlergehen der Familie wichtig ist. Wenn das Kind in früheren Zeiten seinen Vater die Ernte einbringen sah, konnte kein Zweifel in ihm aufkommen, daß er sich unmittelbar für das Wohlergehen seiner Familie abmühte, und dasselbe Gefühl hatte es auch, wenn es sah, wie seine Mutter die Mahlzeiten bereitete, die Kleider für die Familie nähte und den Gemüsegarten pflegte. Für einige Kinder gilt das heute noch, zum Beispiel für Kinder, die auf einem Bauernhof aufwachsen. Aber ihre Zahl wird jedes Jahr geringer. Andererseits eignet sich das Aussuchen von Kleidern im Kaufhaus genausowenig wie das Auswählen von Konservenbüchsen und Packungen im Supermarkt oder das Hin- und Herfahren der Eltern zu ihrer Arbeitsstätte dazu, dem Kind vor Augen zu führen, daß seine Eltern für sein Wohlergehen schwer arbeiten müssen. Die Eltern behaupten das zwar, aber solche Behauptungen haben für das Kind weit weniger Gewicht als das, was es den ganzen Tag über sieht. Kinder beobachten ihre Eltern heutzutage meist nur bei ihrer Freizeitbeschäftigung oder bei ihrem mehr oder weniger aufwendigen Konsumverhalten. Das erweckt in ihm kaum den Eindruck, daß sie etwas Wichtiges tun. Selbst wenn die Mutter das Haus putzt oder die Wäsche wäscht – alles notwendige Arbeiten, die der Familie zugute kommen –, macht das auf viele Kinder keinen Eindruck, weil sie selbst von der Mutter ständig kritisiert werden: sie halten ihr Zimmer nicht sauber genug, sie lassen alles herumliegen und erschweren damit das Putzen, und sie halten sich selbst und ihre Kleider nicht sauber. Die Kinder ärgern sich über diese Bemerkungen, und es fällt ihnen deshalb schwer, den Wert der Hausarbeit gebührend zu würdigen.

Etwas ganz anderes ist es, wenn ein Kind zusieht, wie sein Vater am Haus etwas repariert oder in der Wohnung etwas ausbessert. Das empfindet es als durchaus sinnvoll, und deshalb ist es auch von der Geschicklichkeit seines Vater beeindruckt. Gewöhnlich ist es begeistert, wenn es ihm dabei helfen darf, und es ist stolz auf seinen Beitrag, wenn der Vater mit ihm zufrieden ist. Demnach hängen die Bewunderung und der Respekt des Kindes davon ab, wie gut es das, was seine Eltern tun und wie sie leben, beurteilen kann.

Unsere Wohlstandsgesellschaft hat einen Trennungsstrich gezogen zwischen den Tätigkeiten eines Kindes und denen seiner Eltern. Außerdem hat sie beide auch körperlich voneinander distanziert. Das Schlimmste dabei ist, daß viele unserer modernen Mittelschichtfamilien aus Menschen bestehen, die – als sie heranwuchsen – nicht gelernt haben, was dazu gehört, wenn man gut miteinander leben will. Eltern, die selbst nicht gelernt haben, in schwierigen Situationen und bei einem engen Zusammenleben gut miteinander auszukommen, und die mit den sich dabei ergebenden Problemen und Schwierigkeiten nicht fertigwerden, können das auch ihren Kindern nicht beibringen. Dann leiden alle unter der emotionalen Distanz. So ist es leider so, daß in einer Zeit, in der eine Familie nur dann einen Sinn hat, wenn ihre einzelnen Mitglieder in engen emotionalen Beziehungen zueinander stehen – weil sie heute nur noch durch diese emotionalen Bande zusammenhängt –, viele die Kunst verlernt haben, in engem Kontakt gut miteinander auszukommen. Aber es kommt keine innige emotionale Verbundenheit zustande, wenn man auf körperliche Distanz aus ist. Wenn »aus den Augen, aus dem Sinn« auch nicht unter allen Umständen zutrifft, gilt das doch für Kinder mehr als für Erwachsene. Natürlich führt die körperliche Nähe nicht automatisch zu einer emotionalen Intimität. Diese Erfahrung machen viele unserer jungen Leute zu ihrer großen Enttäuschung, denn sie bleiben innerlich einsam, obwohl sie in Kommunen zusammen leben und zusammen schlafen. Aber trotz allem ist Intimität ohne eine Periode körperlicher Nähe meist nicht möglich.

Wie nah ist allzu nah?

Wenn die Fähigkeit, eine menschliche Beziehung anzuknüpfen, ein ganzes Leben lang vorhalten soll, muß sie früh erworben werden, solange wir die Dinge noch intuitiv erleben. Das Kind lernt es, wenn es sich an seine Mutter anschmiegt. Die Wärme, die ihr Körper ausstrahlt, kann niemals durch eine warme Decke ersetzt werden. Sein Körper kann sich unter der Decke zwar warm fühlen, aber ohne menschliche Wärme spürt das Kind keine emotionale Wärme, die allein bewirkt, daß es sich wohl fühlt. Ein altes deutsches Sprichwort besagt, das Wichtigste, was man im Leben lernen müsse, sei, »sich nach der Decke zu strecken«. Dieses Sprichwort stammt aus der Zeit, als nicht nur die Kinder, sondern die ganze Familie im gleichen Bett unter einer einzigen Decke schliefen. In jenen Tagen lernten die Kinder tatsächlich von früh auf, was es heißt, sich daran gewöhnen zu müssen, in nächster Nähe mit anderen Menschen zu leben. Wenn ein Kind die Decke zu sehr zu sich herüberzog, weckte es seine Geschwister auf, und sie holten sich ihren Anteil an der Decke zurück. Wenn ein Kind strampelte, protestierten die anderen, es lasse sie nicht schlafen. Wenn ein Kind einen Alptraum hatte, half ihm ein anderes, wieder einzuschlafen, damit es im Bett wieder Ruhe gab und das angstvolle Geschrei und Umsichschlagen aufhörte. Um friedlich ohne Unterbrechung schlafen zu können, lernten die Kinder schon früh und fast intuitiv das Geben-und-Nehmen und die Rücksicht aufeinander, die heute für ein friedliches Zusammenleben genauso wichtig sind wie damals.

Der Philosoph Schopenhauer hat die mißliche Lage des Menschen mit der von Stachelschweinen verglichen, die versuchen, einen kalten Winter zu überleben. Um nicht zu erfrieren, verkriechen sie sich in eine Höhle. Weil es aber auch in der Höhle sehr kalt ist, suchen sie Wärme und kreatürlichen Trost, indem sie näher aneinander rücken. Aber je näher sie sich kommen, um so mehr stechen sie sich gegenseitig mit ihren Stacheln. Zerstochen und zornig gehen sie weit auseinander, um zu vermeiden, daß sie sich gegenseitig stechen. Aber leider gehen ihnen damit auch der Trost und die Wärme verloren, die sie sich gegenseitig spenden konnten, und wiederum sind sie in Gefahr zu erfrieren. So rücken sie wieder näher zusammen. Und während sie sich abwechselnd nähern und weiter auseinander rücken, lernen sie schließlich, so miteinander zu leben, daß keiner ernsthaft gestochen wird und sie trotzdem so eng beieinander sind, daß sie sich Wärme geben können. Dies zeigt, daß wir es lernen müssen, nahe beieinander zu leben, ohne uns gegenseitig auf die Nerven zu gehen. Wenn wir das nicht lernen, sind wir uns entweder zu nahe, um uns gegenseitig helfen und trösten zu können, oder wir frieren in unserer Isolierung.

Das Leben der Menschen war früher durch die Tradition gebunden, weil ihre Zwangslage ihnen keinen Spielraum gab, der es ihnen erlaubte, ihr Leben nach eigenem Geschmack zu gestalten. In dem Maß, wie sich die Lebensumstände im Lauf der Jahrhunderte änderten, lernte der Mensch die optimale Distanz, die es einzuhalten galt, wenn er nicht von anderen versklavt oder zu sehr isoliert werden wollte. So wurden viele traditionelle Vereinbarungen getroffen, denen man ohne zu fragen gehorchte – einschließlich solcher, die die Beziehungen zwischen Mann und Frau, ihre jeweilige Rolle in der Gesellschaft, die Beziehungen zwischen Eltern und Kindern und zwischen den einzelnen Gesellschaftsklassen sowie alle jene anderen Beziehungen regelten, die so viele Jahrhunderte als gottgegeben angesehen worden waren. Sie alle waren das Resultat jahrhundertelanger Bemühungen, mit Hilfe von Versuch und Irrtum die richtige menschliche Distanz unter allen Lebensbedingungen herauszufinden. Oft endeten diese Experimente schließlich mit einem unbequemen, beengenden, aber trotzdem erträglichen Kompromiß zwischen individueller Freiheit (die im Vergleich zu heute nur in sehr geringem Maß vorhanden war) und sozialer Abhängigkeit. Dabei hatte man das Gefühl, daß ein jeder auf dem ihm zustehenden Platz bleiben mußte (worauf man unserer heutigen Meinung nach damals ein viel zu großes Gewicht legte).

Daran hat unsere Wohlstandsgesellschaft viel geändert: In der Höhle der Stachelschweine gab es keine Zentralheizung. Als Reaktion darauf, daß wir unter den Stacheln zu leiden hatten, neigen wir jetzt dazu, uns in unseren wohlausgestatteten Höhlen möglichst weit voneinander zu entfernen. Darin leben wir jeder für sich, so daß wir andere nicht mehr stechen und selbst auch nicht mehr gestochen werden. Wir flüchten uns Hals über Kopf in eine emotionale Abgesondertheit, eine Flucht, die auf frühere Ängste zurückzuführen ist, wir könnten uns anderen aufdrängen oder könnten von ihnen zu sehr in Anspruch genommen werden. Aber das hat bei vielen Menschen dazu geführt, daß sie zu einem guten Zusammenleben mit anderen nicht mehr fähig sind, weil sie es in ihrer Kindheit nicht gelernt haben. So werden sie in eine gesellschaftliche Isolation hineingezwungen, die fast stets zu einer existentiellen Verzweiflung führt. Diese Menschen haben die Fähigkeit nicht *verlernt,* sondern sie haben nie gelernt, sich die gegenseitige Wärme zu spenden, zu der sich die Stachelschweine gezwungen sahen, die noch keine Zentralheizung hatten. Sie zittern nicht mehr vor Kälte, sondern vor Einsamkeit, und begreifen nicht, weshalb sie zittern.

Kein Wunder, daß es diesen in emotionaler Einsamkeit aufgewachsenen Menschen, die durch ihre Lebensbedingungen nie gezwungen waren zu lernen, sich nach der Decke zu strecken, sehr schwer fällt, dauerhafte Beziehungen anzuknüpfen. Sie suchen das, was sie entbehrt haben, können es aber nicht finden, weil sie nicht gelernt haben, mit den Schwierigkeiten fertigzuwerden, die ein enges Zusammenleben mit sich bringt. Da sie in ihrer Jugend keine oder nur wenig Erfahrung in bezug auf Intimität gesammelt haben, sind sie als Erwachsene zu intimen Beziehungen nicht fähig. Daher die vielen zerbrochenen Ehen, die in der Hoffnung geschlossen wurden, die intime Nähe zu finden, die man in der Kindheit vermißt hat.

Kinder aus solchen zerbrochenen Ehen haben oft Angst davor, sich auf intime Beziehungen einzulassen, weil die, die sie zu ihrem Vater oder zu ihrer Mutter hatten, mit einer schmerzlichen Enttäuschung endeten. Aus Angst, diese Erfahrung könne sich wiederholen, wagen sie nicht, sich eng an einen anderen Menschen zu binden, und so mißglückt auch ihre Ehe. Kinder, die derartige Erfahrungen gemacht haben, können das Gefühl von Zugehörigkeit nicht entwickeln, weil ihnen der ihnen »rechtmäßig« zustehende Platz nicht eingeräumt wurde, den sie sich im Leben ihrer Eltern erhofft hatten.

Eine solche Instabilität im Leben eines Kindes macht es ihm schwer, wenn nicht unmöglich, ein Gefühl der Zugehörigkeit zu entwickeln. Aber eine solche Instabilität muß nicht immer das Ergebnis einer zerbrochenen Ehe sein. Zu häufige Umzüge von einer Wohnung in die andere, bei denen Freundschaften verlorengehen, können zum gleichen Resultat führen. Sogar ein häufiger Schulwechsel kann schädliche Folgen haben und das Kind unfähig machen, ein starkes Gefühl der Zugehörigkeit zu entwickeln. Das alles liegt auf der Hand, und man braucht kaum weiter darüber zu diskutieren.

Auch das war früher anders. In früheren Zeiten wurde es oft als sehr hart empfunden, daß man sein ganzes Leben lang an den Platz gebunden blieb, an dem man geboren war. Aber die Erwartung, sein ganzes Leben dort zu verbringen – was aller Wahrscheinlichkeit nach auch für die Kinder gelten würde –, trug zu einem starken Gefühl der Zugehörigkeit zu einem bestimmten Ort und oft auch zu einer kleinen Gruppe von Menschen bei, die ebenfalls ihr Leben dort verbrachten.

In diesem Zusammenhang ist es aufschlußreich, sich einmal Rekonstruktionen von Dörfern anzusehen, in denen unsere Vorfahren vor der industriellen Revolution gelebt haben. Diese Dörfer waren klein, und alle Dorfbewohner lebten eng beieinander. Und nicht nur das: selbst in den Häusern der Wohlhabenden lebte man dicht aufeinander. Das Haus eines prominenten Bürgers in Sturbridge Village in Massachusetts zum Beispiel bestand aus einem Erdgeschoß mit einer kleinen Küche, einem Eßzimmer und einem Wohnraum. Jedes Zimmer war nur etwa ein Viertel so groß, wie wir das heute von einem entsprechenden, angemessen großen Raum erwarten würden. Die Zimmer waren niedrig – nur so konnten die

Häuser im Winter warm gehalten werden –, was ihnen einen gemütlichen Anstrich gab. Das Obergeschoß war praktisch ein Dachboden, der in zwei Räume aufgeteilt war: in das Schlafzimmer der Eltern und das der Kinder. Diese beiden Räume waren durch eine dünne Holzwand voneinander getrennt, durch die die Kinder leicht hören konnten, was im elterlichen Schlafzimmer vorging, während den Eltern nicht entging, was ihre Kinder trieben. Damals brauchte man kein Haustelefon.

Jedes dieser Schlafzimmer war kaum groß genug für zwei Betten und ein paar andere Möbelstücke. Die Kinder schliefen in Betten mit Rollen, von denen man eines unter das andere schieben konnte, und es steht zu vermuten, daß mindestens vier Kinder beiderlei Geschlechts sich ein Zimmer teilten. Interessanterweise führte das damals nicht zu sexuellen Ausschreitungen, genauso wie das auch heute in den israelischen Kibbuzim nicht der Fall ist, wo vier nicht blutsverwandte Kinder – gewöhnlich zwei Buben und zwei Mädchen – bis zum Alter von achtzehn Jahren ein kleines Schlafzimmer miteinander teilen. Ganz im Gegenteil waren die sexuellen Sitten damals, genau wie in den Kibbuzim, weit strenger, als das heute bei unseren Jugendlichen aus der Mittelschicht der Fall ist, die allein in ihrem Zimmer schlafen.

Noch wichtiger war, daß oft zwei oder mehr Kinder sich ein Bett teilten. Wie bereits erwähnt, lernten die Kinder dadurch schon in frühem Alter, wie man sich aneinander wärmen und Sicherheit und Kameradschaft beieinander finden konnte, ohne den anderen im Schlaf zu stören, und – was noch wichtiger war – sie lernten, wie sie sich gegenseitig trösten konnten, wenn sie mitten in der Nacht aus einem Alptraum aufwachten. Noch heute trösten sich Kinder gegenseitig auf diese Weise, zum Beispiel in den israelischen Kibbuzim. Dort pflegt ein Kind sich zum Beschützer eines anderen, im gleichen Zimmer schlafenden Kindes zu machen, wenn dieses sich nachts fürchtet.

In einem Kinderzimmer in Sturbridge Village konnte man vielleicht ein Schaukelpferd, eine Puppenwiege und eine Puppe finden. Das waren die einzigen Spielsachen. Es dürfte damals kaum Auseinandersetzungen darüber gegeben haben, daß die Spielsachen aufgeräumt werden mußten, weil keine herumlagen, die man hätte aufräumen können. Es gab auch keine Diskussionen darüber, was man anziehen sollte, weil es für jedes Kind nur ein Werktagskleid und ein Sonntagskleid gab. Da nichts Zerbrechliches herumstand, war kaum Gelegenheit zu einem »Faß das nicht an!« gegeben, und da man das Wasser vom Dorfbrunnen holen mußte, bestanden die Eltern wohl kaum darauf, daß sich die Kinder mehrmals am Tag vor dem Essen und nachdem sie auf der Toilette gewesen waren, die Hände wuschen, weil das Wasserholen ganz einfach zu schwierig und mühsam war. Ein einziger Außenabort genügte für die ganze Familie.

Der amerikanische Historiker Daniel Boorstin hat zur Rekonstruktion von Williamsburg eine sehr scharfsinnige Bemerkung gemacht. Er meinte, sie sei nur dadurch möglich geworden, daß man in den Touristenunterkünften sanitäre Einrichtungen installierte. Wenn man die offenen Rieselfelder und Außenaborte aus der Kolonialzeit von Williamsburg ebenfalls rekonstruiert und benutzt hätte, hätte der Gestank die modernen Besucher verscheucht. Aber diese Gerüche gehörten eben vor ein paar Generationen noch zu den Lebensbedingungen. Man empfand damals noch keinen Abscheu vor Körpergerüchen und war seinem Körper noch nicht durch eine allzu strenge Reinlichkeitserziehung entfremdet. Tatsächlich waren die Exkremente noch nichts Ekelerregendes, man sammelte sie sorgfältig zur Düngung der Äcker. Auf diese Weise wird in China heute noch der »Nachtdung« verwertet, und die Nomaden verwenden ihn als Brennmaterial. Die Reinlichkeitserziehung konnte damals nicht zum Ekel vor dem eigenen Körper führen, wie das heute häufig der Fall ist, denn die Körperausscheidungen wurden als etwas Wertvolles angesehen und mit Respekt behandelt.

Dieses natürliche Verhältnis zu den eigenen Körperfunktionen und zu denen anderer Mitmenschen bestand früher auch auf sexuellem Gebiet. Moderne Begriffe wie die »kindliche Sexualität« hätten nicht einmal »entdeckt« werden können, denn historisch gesehen kam es nur langsam zu einer Entfremdung der Erwachsenen vom Sexualleben des Kindes (was dann zu der Entfremdung des Kindes von seiner eigenen Sexualität führte). Diese Entfremdung erreichte noch vor nicht allzu langer Zeit im Viktorianischen Zeitalter ihren Höhepunkt.

Die Tendenzen in der modernen Wohlstandsgesellschaft sind nicht das Ergebnis einer sorgfältigen Planung eines guten Familienlebens, sondern eine Reaktion auf die eng beschränkten Lebensbedingungen, die noch bis vor kurzem typisch waren. Die meisten Menschen besaßen keinen privaten Lebensraum. Als Reaktion darauf bemühen wir uns heute, möglichst jedem Kind sein eigenes Schlafzimmer und sein eigenes Badezimmer zu geben, so daß wir uns bei unserer Körperpflege nie begegnen und nicht lernen müssen, auch intime Dinge miteinander zu erledigen. Wir führen ein recht angenehmes Leben, sind jedoch praktisch von Geburt an isoliert voneinander, da die meisten Kinder nicht mehr im Bett ihrer Eltern oder am Fußende desselben schlafen, wie das früher der Fall war.

Der intime Verkehr der Eltern wird heute sorgfältig vor den Kindern geheimgehalten. Ich möchte keineswegs behaupten, daß es für unsere Kinder besser wäre, wenn sie ihre Eltern beim Sexualverkehr beobachten könnten. Aber wir haben es unseren Kindern nahezu unmöglich gemacht, mit ihrem eigenen Körper und dem von anderen von Kindheit an vertraut zu werden, und sie lernen es auch nicht Schritt für Schritt, wenn sie größer werden. Und das in einer Zeit, in der die gesellschaftlichen und ökonomischen Bedingungen uns dazu gezwungen haben, den Zusammenhalt der Familie allein auf einer emotionalen Verbundenheit aufzubauen.

Unsere Adoleszenten sehen in dieser körperlichen Isolierung ein Manko und reagieren entsprechend. Anders als ihre viktorianischen und nachviktorianischen

Vorfahren veranstalten sie – wenn man es ihnen freistellt – ihre Parties nicht mehr in riesigen, hell erleuchteten Sälen, die so groß sind, daß sich einzelne Gruppen darin bilden können. Die heutigen Teenager drängen sich lieber in düsteren Diskotheken ohne viel Bewegungsfreiheit eng aneinander. Verspätet versuchen sie, die engen Lebensbedingungen früherer Zeiten zu rekonstruieren. Aber es ist zu spät, wenn man erst in der Adoleszenz anfängt, Intimität zu lernen, und alles, was man damit erreicht, ist gewöhnlich nur eine körperliche und keine emotionale Nähe.

26. Kapitel

Die Familie als Stütze

Große Familie, schnelle Hilfe.
Serbisches Sprichwort

Kein sozialer Organismus erfordert mehr Zusammenarbeit als die Familie, wenn das Wohlbefinden aller Mitglieder sichergestellt werden soll. Dies ist in unserer Zeit besonders schwer zu erreichen, weil wir uns um jedes einzelne Familienmitglied in seiner Individualität kümmern. Eltern möchten Kinder haben und meinen, diese würden ihr Leben bereichern, aber heutzutage fürchten viele auch, ihre Elternschaft würde ihnen ihre individuelle Freiheit rauben. Diese Ambivalenz setzt oft schon ein, bevor das Kind gezeugt wird. Ein junges Ehepaar erklärte mir kurz und bündig, als ich sie fragte, weshalb sie eine Auslandsreise planten: »Es ist unsere letzte Chance, menschenwürdig zu reisen. Nach unserer Rückkehr werden wir Eltern sein.« Sie wußten genau, daß sie Kinder haben wollten, aber sie wußten auch, daß sie dann einiges aufgeben mußten, was ihnen sehr wichtig war.
Solange Rolle und Tätigkeit jedes einzelnen an die Tradition gebunden waren – das heißt, solange die Selbstverwirklichung noch nicht für möglich, wünschenswert oder wichtig gehalten wurde –, war die Solidarität der Familie recht einfach aufrechtzuerhalten. Obgleich sie die Freiheit des einzelnen beträchtlich einschränkte, wurde dies als absolut notwendig angesehen, und bei der gegebenen Ordnung der Dinge nahm man es als selbstverständlich hin. Nachdem man jedoch zur Überzeugung gelangt war, daß man es nicht nur jedem Menschen ermöglichen sollte, wahrhaft er selbst zu sein und seine Persönlichkeit nach eigenem Gutdünken zu entwickeln – sondern daß er geradezu dazu verpflichtet war und versuchen sollte, seine Lebensziele als Person und nicht als Teil seiner Familie, seines Stammes oder seiner Kaste zu erreichen –, nahmen die Spannungen unter den einzelnen Familienmitgliedern zu und wurden in extremen Fällen fast unlösbar.
Solidarität innerhalb der Familie wird nach wie vor sehnlich herbeigewünscht, doch ist sie nur schwer zu erreichen. Schuld daran ist die Intensität der Emotionen, und oft sind es auch Konflikte, wie sie unter Menschen entstehen, die zusammenleben und von denen jeder gleichzeitig nach seiner Autonomie strebt. Aber trotz allem haben wir das Bedürfnis, unterstützt zu werden, wenn wir uns bemühen, ganz wir selbst zu werden, und wir nehmen es übel, wenn dies nicht geschieht. Solange Solidarität in einer Familie herrscht, leben ihre Mitglieder glücklich miteinander, nicht etwa weil keine Probleme oder Schwierigkeiten aufkommen, sondern weil sie dann als Gruppe gemeinsam damit fertigzuwerden versuchen,

anstatt sich gegenseitig die Schuld zuzuschieben oder sich Gewissensbisse zu machen. Das Hauptziel einer psychiatrischen Behandlung besteht darin, die qualvolle Angst von Menschen zu lindern, die darunter leiden, daß sie eine solche Solidarität in ihrer Familie nicht erlebt haben. So entsteht das Paradox, daß zwar allein die Solidarität der Familie die Individuation emotional gewährleistet, daß aber jeder einzelne eine besondere Individualität erreichen möchte – und zwar insbesondere im Gegensatz zu denen, die ihm am nächsten stehen –, und das zerstört die soziale Harmonie.

Dagegen gibt es nur ein Gegenmittel, nur ein Heilmittel: nämlich Sicherheit. In dem Maß, wie wir das Gefühl haben, denen, die uns in unserem Leben von Bedeutung sind, wichtig zu sein, fühlen wir uns wirklich sicher. Im gleichen Maß läßt auch der Druck der Eifersucht nach. Eine Familie lebt glücklich miteinander, wenn ein Mitglied, dem es gerade schlechtgeht, von allen anderen unterstützt wird, wenn sie alle sein Unglück zu ihrem eigenen Anliegen machen. Eine glückliche Familie ist nicht eine Familie, in der alles glattgeht, sondern es ist eine, bei der – wenn etwas schiefläuft – nicht der, der schuld ist oder der, welcher darunter zu leiden hat, kritisiert wird, sondern in der man ihm in seiner Not beisteht. Denn wie kann jemand, der schwer deprimiert ist und den seine Familie nicht wiederaufzurichten versucht, das Gefühl haben, daß seine Familie ein Zufluchtshafen ist?

Wie sollte sich demnach die moderne Familie verhalten? Wir können nicht damit rechnen, daß von außen kommende Gefahren uns vereinigen werden. Es ist nicht mehr so, daß der Kampf ums Überleben jeden zwingt, viele Stunden lang hart zusammenzuarbeiten, damit alle genug zu essen haben. Ich deutete bereits an, daß Liebe und Zuneigung früher einmal der Zuckerguß auf dem Kuchen der Notwendigkeit waren, eine Zugabe zu lebensnotwendigen Bindungen. Heute sind sie zum wichtigsten Band geworden, das die Familie zusammenhält. Da die physische Sicherheit nicht länger der wichtigste Dienst ist, den die Familie allen ihren Mitgliedern leistet, muß die emotionale Sicherheit an ihre Stelle treten. Trotz aller Experimente hat die menschliche Gesellschaft noch keinen besseren Weg gefunden, ihre Jungen aufzuziehen, als innerhalb der Familie. Und es gibt auch keine Einrichtung, die so gut für unser emotionales Wohlergehen sorgen könnte, und keinen besseren Rahmen, in dem das Kind zu einem wirklich innigen Verhältnis mit seinen Eltern gelangen kann – zu einer Beziehung, die ihm für den Rest seines Lebens Sicherheit verleihen wird.

Die Sicherheit, die die Gesellschaft zu bieten hat, ist gewiß etwas Gutes, aber sie kann uns keine innere Sicherheit geben, weder emotionale Wärme und Wohlbefinden noch Selbstwertgefühl, noch das Bewußtsein, daß unser Leben der Mühe wert ist. All das können nur Eltern ihrem Kind geben, und sie können es am besten, wenn sie sich dieses Gefühl auch gegenseitig geben. Wenn man es nicht durch seine Eltern bekommt, ist es im späteren Leben nur äußerst schwer zu erlangen, und es ist immer leicht zu erschüttern. So hängt alles davon ab, ob die moderne Familie diese emotionale Sicherheit bieten kann, die sich auf persönliche Intimität und auf gegenseitige Liebe und Achtung aller Familienmitglieder gründet.

Sehen wir uns einmal ein typisches Beispiel dafür an, was geschieht, wenn ein Kind aus unserer Mittelschicht diese emotionale Sicherheit, die es nur in der Familie finden kann, verzweifelt nötig hat. Es kommt niedergeschlagen von der Schule nach Hause, weil es schlechte Noten bekommen hat. Es hat das Gefühl, ein Versager zu sein, sich vom Leben nichts erhoffen zu können und von seinem Lehrer und vielleicht von der ganzen Welt schlecht behandelt zu werden. Beherzigen dann die Eltern das Gebot der Bibel, die Mühseligen und Beladenen zu erquicken, oder entmutigen sie ihr Kind nur noch mehr, indem sie es tadeln, nachdem es bereits das Gefühl hat, aus Scham über sein Versagen den Kopf nicht mehr heben zu können? In diesem Augenblick braucht das Kind die Unterstützung seiner Familie am nötigsten, es muß fühlen, daß sie ihm beisteht, wenn es die Seelenqualen seines jungen Lebens erleiden muß. Wie viele Eltern haben Mitgefühl mit seiner Not und reden ihm gut zu, sich nicht für einen Versager zu halten? Und wie viele machen sein Gefühl, nichts wert zu sein, durch ihre Kritik noch schlimmer?

Wenn das Kind andererseits hocherfreut über seine guten Noten nach Hause kommt, bekunden die Eltern mit Recht ihre Freude darüber. Aber wenn es nur Lob und Unterstützung empfängt, wenn es ihm ohnehin gutgeht, und Kritik zu hören bekommt, wenn es selbst mit sich unzufrieden ist, muß es dann nicht das Gefühl bekommen, daß seine Eltern nur Schönwetter-Freunde sind und daß es in Notzeiten nicht mit ihnen rechnen kann?

Was geschieht in einer Familie, wenn ein Kind unter einer schweren Enttäuschung leidet, weil eine ihm wichtige emotionale Bindung zerrissen ist? Zum Beispiel hat vielleicht ein Teenager eine schreckliche Enttäuschung erlebt: Ein Klassenkamerad, der sein bester Freund war, hat ihn plötzlich im Stich gelassen, wie das in diesem Alter häufig vorkommt, und es fühlt sich von ihm betrogen. Die Beziehungen von Adoleszenten sind viel flüchtiger als die von Erwachsenen, aber sie werden trotzdem im Augenblick sehr stark empfunden. Es ist einem solchen Teenager dann gelegentlich nicht mehr möglich, seinem früheren Freund gegenüberzutreten, nachdem dieser ihn so schwer verletzt und enttäuscht hat. Wir wissen, daß wir grundsätzlich die emotionalen Bedürfnisse aller Mitglieder unserer Familie befriedigen sollten, aber zeigen wir unserem Kind, daß wir ihm nachfühlen können, wie wichtig dieses Erlebnis ist, so daß es begreift, daß vor allem durch solche Gefühle die wichtigsten Bindungen an andere Menschen – vor allem an seine Eltern und Geschwister – zustande kommen?

Wenn uns selbst ein solcher Schlag trifft, vermeiden wir gewöhnlich eine weitere Begegnung mit dem Betreffenden. Wir wollen nicht, daß dieser Verräter unseren Schmerz sieht und daß der siegreiche Rivale sich an unserem Kummer weidet. Ich habe Erwachsene gekannt, die nach dem Zerbrechen einer intimen Freundschaft oder nach einer schweren Enttäuschung über einen engen Freund es monatelang, ja jahrelang vermieden haben, dem Betreffenden, der sie so verletzt hatte, wieder zu begegnen. Aber wenn ein solcher emotionaler Schock unser Kind trifft und es ins tiefste Elend stürzt, reden wir ihm dann zu, sich auf die schwere Aufgabe zu konzentrieren, sich ganz seiner Trauer hinzugeben? Gönnen wir ihm ein paar Tage Ruhe und Erholung, und lassen wir es solange von der Schule zu Hause, weil seine Seele schwer krank ist? Wenn wir das tun, wird die Wunde Zeit haben zu vernarben, bevor es wieder mit denen zusammentrifft, die seine Gefühle so schwer verletzt haben. Oder bestehen wir darauf, daß es am nächsten Morgen wieder in die Schule geht, obwohl es dort bestimmt seinem früheren besten Freund begegnen wird, der sich gerade von ihm abgewandt hat, so als ob der Verlust des besten Freundes etwas weniger Wichtiges wäre als eine gewöhnliche Erkältung, wegen der wir es bereitwillig zu Hause lassen würden? Manche Eltern tun das einem Kind selbst dann an, wenn es ein sehr guter Schüler ist, der nichts versäumen würde, wenn er ein paar Tage von der Schule wegbliebe. Auf diese Weise zeigen sie ihm, daß gute Schulleistungen oder – noch schlimmer – der Wunsch, das Kind nicht zu Hause herumhängen zu sehen, ihnen wichtiger ist, als ihm Zeit zu geben, seine schweren emotionalen Wunden ausheilen zu lassen. Und die gleichen Eltern wollen die Familie auf emotionalen Bindungen aufbauen, deren Bedeutung sie durch ihr Verhalten verleugnen!

Sogar wenn das Kind seinen Eltern sagt, weshalb es so außer sich ist, versuchen sie ihm meist gut zuzureden, es solle seine Gefühle nicht so ernst nehmen, so als ob es seinen Kummer stillte, wenn sie ihm lediglich sagen, es solle sich nichts daraus machen. Ihr Mitgefühl mit ihrem Kind sollte wenigstens so weit gehen, daß sie es ihm ermöglichen, ein Zusammentreffen mit dem, der ihm soviel Kummer bereitete, zu vermeiden, um es davon zu überzeugen, daß ihnen Gefühlsbindungen wichtig sind und sie das nicht nur so daherreden.

Wenn wir darauf bestehen, daß das Kind zur Schule geht, zeigen wir ihm damit, daß es nur seine emotionale Bindung an uns als seine Eltern ernst nehmen soll, jedoch nicht die an andere Menschen. Aber man kann Gefühle nicht auf eine so schizophrene Weise in »wichtige« Beziehungen zur eigenen Familie und in »unwichtige«, beispielsweise zu einem Freund, aufspalten. Entweder sind enge Beziehungen wichtig, oder sie sind es nicht, und unser Kind beurteilt unsere Meinung nach unserer Reaktion auf seine Gefühle. Wenn wir auf diese nicht richtig reagieren – nicht nur mit schönen Worten, sondern auch mit Taten –, kann es beschließen, in Zukunft seine Gefühle für sich zu behalten, so daß wir ihm nicht mehr hilfreich zur Seite stehen können.

Ein Kind hatte sich in der ersten Klasse eng an seine Lehrerin angeschlossen, die während der Wintermonate plötzlich an einem Herzversagen starb. Das Kind weinte den ganzen Tag und weigerte sich anderntags, in die Schule zu gehen. Aber die Eltern bestanden darauf, damit es nichts versäumte und nicht hinter der Klasse zurückblieb. Da sie das Kind auf diese Weise zwangen, gegen seine Gefühle zu handeln, haßte es den neuen Lehrer und alle anderen Lehrer, die später nachkamen, und blieb seiner ersten Lehrerin und Freundin treu. Die Folge war, daß es keine Fortschritte mehr in der Schule machte. Gewiß ist das ein außergewöhnlicher Fall, aber wenn man es diesem Kind ermöglicht hätte, seinen Verlust zu betrauern, was seine gesamte emotionale Energie mindestens ein paar Tage lang in Anspruch genommen hätte, wäre es vermutlich in der Lage gewesen, den Ersatz für die Lehrerin zu akzeptieren, und hätte weiter fleißig gelernt. Noch wichtiger scheint mir, daß das Kind es noch als Erwachsener seinen Eltern nie verzeihen konnte, daß sie seine Verzweiflung über diesen Verlust in seiner Kindheit so wenig respektiert hatten, und das, obwohl sie sich um seine Liebe bemühten. Und all das nur, weil sie ihm nicht einmal eine Atempause von einem Tag ließen. Man sollte den Kummer eines Kindes ernst nehmen. Wenn ich mit Eltern über ihre mangelnde Bereitschaft dazu gesprochen habe, war ich in Versuchung, sie an die Worte Shakespeares zu erinnern, daß »jeder mit einem Kummer fertigwerden kann, außer dem, der ihn hat«.

Als Reaktion auf den Kummer und die Sorgen ihres Kindes reagieren Eltern oft so, als ob es sich um kleine, unreife Gefühle handelte, weil ja das Kind noch klein und unreif ist. Wenn sie besser darüber nachdenken und ihre Kinder in ihrem Kummer besser beobachten würden, wüßten sie, daß das nicht so ist. Aber gewöhnlich ist es nicht Gefühllosigkeit, was sie veranlaßt, den Kummer der Kinder nicht zu beachten oder zu glauben, diese würden schnell damit fertig. Viel öfter haben die Eltern den aufrichtigen Wunsch, ihrem Kind so kummervolle Gefühle zu ersparen. Verständlicherweise möchten sie ihr Kind glücklich wissen. Sie möchten nicht, daß es schon so früh unter dem Schmerz leidet, den das Leben für uns alle bereithält. Es sollte nicht schon in seiner Kindheit davon heimgesucht werden. Weil sie das wünschen, lassen sie sich unbewußt dazu verleiten, an das falsche, oberflächliche Klischee von der glücklichen Kindheit zu glauben. Und aufgrund der weitverbreiteten Idee, daß es Pflicht der Eltern sei, ihrem Kind eine glückliche Kindheit zu bereiten, und um das Gefühl zu haben, gute Eltern zu sein, können sie nur schwer akzeptieren, daß ihr Kind zeitweilig auch sehr unglücklich sein kann. Es scheint auf uns als Eltern ein schlechtes Licht zu werfen, und so wollen wir glauben, daß sein Kummer unbedeutend und leicht zu überwinden ist. Aber jede Beobachtung von Kindern zeigt, daß auch sie in ihrem Leben ihr volles Maß an Schmerz und Kummer haben, nicht anders als jede andere Altersstufe des Menschen. Wenn man diese Tatsache nicht akzeptiert und sich entsprechend verhält, setzt man das Kind herab.

Selbst Eltern, die möchten, daß ihre Kinder ernste Dinge ernst nehmen, verhalten sich oft nicht anders, weil sie dies meist nur auf Dinge beziehen, die sie selbst sehr ernst nehmen. Ihr Verständnis erstreckt sich aber kaum auf Dinge, die das Kind ernst nimmt – wie zum Beispiel den Verlust des Freundes oder der Lehrerin in den erwähnten Fällen. Diese Einstellung ist leicht zu erkennen bei Eltern, die sich Sorgen wegen der Möglichkeit eines Atomkriegs machen und die auch ihr Kind in diese Sorgen einbeziehen. Solchen Eltern ist es vielleicht recht, daß ihr Kind ihre Besorgnis teilt, daß es das, was seine Eltern für eine sehr ernste Sache halten, ebenfalls ernst nimmt. Aber diese Angst vor einem katastrophalen Krieg beeinträchtigt ganz bestimmt jenes Glück, das dieselben Eltern sich für ihr Kind wünschen, und Kinder können ganz gewiß einen Atomkrieg nicht verhindern.

Es ist nicht gut, wenn Eltern meinen, sie könnten darüber entscheiden, welche Dinge ein Kind ernst nehmen sollte und welche nicht. Eltern, die ihre eigenen Unsicherheiten und Ängste in ihr Kind hineinprojizieren, sind meist nicht bereit einzusehen, wie sehr es leidet, sobald sie glauben, es habe wenig oder keinen Grund dazu. Aber in jedem Alter empfinden wir es als Beweis dafür, wie wenig andere (selbst unsere Eltern) uns kennen und wie wenig ihnen *unsere* Gefühle am Herzen liegen, wenn sie darüber entscheiden, was wir tief empfinden sollten und was nicht.

Aus einer solchen Einstellung heraus versuchen Eltern oft, ein trauriges Kind aufzuheitern. Es gelingt ihnen auch, weil das Kind nicht in der Lage ist, sich dagegen zu wehren, und weil ihr Wunsch, es glücklich zu machen, ihm ein sehr wichtiger Hinweis darauf ist, daß es ihnen viel bedeutet. Außerdem sind die Gefühle eines Kindes unbeständiger als die der meisten Erwachsenen. Es kann verhältnismäßig leicht aus seiner Niedergeschlagenheit in eine fröhlichere Stimmung hinüberwechseln oder dazu veranlaßt werden. Das bedeutet jedoch nicht, daß es weniger tief empfindet als die Erwachsenen, und seine tiefen Gefühle zum Beispiel über den Verlust eines Freundes arbeiten in ihm weiter, selbst wenn es sie für den Augenblick vergessen zu haben scheint. Sein Kummer kehrt bald zurück, und das Kind ist dann vielleicht nur noch unglücklicher, weil es ihn für einen Augenblick vergessen konnte. Die Eltern, denen es gelingt, ihr trauriges Kind im Augenblick aufzuheitern, schließen daraus, daß seine Gefühle nicht sehr tief gehen, und sie werden auch künftig grundsätzlich versuchen, es dadurch von seiner Niedergeschlagenheit zu befreien, daß sie diese nicht ernst nehmen. Aber selbst wenn das Kind auf diese Art seinen Kummer vorübergehend los wird, fühlt es sich hinterher, wenn es darüber nachdenkt, tief verletzt darüber, daß man seine Gefühle für so oberflächlich gehalten hat.

Wenn wir die Gefühle unseres Kindes ernst nehmen, werden wir – falls es unglücklich und betrübt über seinen Verlust ist – nicht versuchen, es aufzuheitern. Wenn wir selbst den Verlust eines geliebten Menschen betrauern, würden wir es für gefühllos halten, wenn einer unserer Freunde versuchte, uns aufzuheitern. Wir erwarten von einem echten Freund, daß er unsere Trauer über unseren Verlust respektiert, daß er mit uns trauert und auf diese Weise versucht, uns darüber hinwegzuhelfen. Wir wären entsetzt, wenn er uns mit Späßen aufheitern wollte, und das sind auch unsere Kinder, wenn wir es bei ihnen versuchen. Allerdings können sie uns nicht sagen, wie sehr es sie schmerzt, wenn wir ihren Verlust zu leicht nehmen, um mit ihnen darüber zu trauern. Sie können uns nicht sagen, wie verletzt sie darüber sind, daß wir ihn auf die leichte Schulter nehmen.

Wenn wir aus den emotionalen Bindungen eine feste Basis für unser Familienleben aufbauen wollen, müssen wir Gefühle – und insbesondere Kummer und Leid – sehr ernst nehmen. Deshalb ist es sehr wichtig, daß wir besonders aufmerksam darauf achten, ob unsere Kinder unglücklich sind, und daß wir dann das tiefste Mitgefühl mit ihnen haben. Wir müssen ihnen zeigen, daß wir sie nicht für so oberflächlich halten, daß sie schweres Leid so ohne weiteres überwinden können. Auch sollten wir von Anfang an betonen, wie wichtig emotionale Bindungen in unserem Leben sind, und sie so beharrlich wie nur irgend möglich fördern. Wir müssen uns so darum bemühen, wie sich unsere Vorfahren um die ewige Seligkeit und das Überleben bemüht haben. Wir müssen ebenso viel Zeit darauf verwenden, wie Eltern früher darauf verwandten, zusammen mit ihren Kindern den Lebensunterhalt zu erarbeiten. Das hat damals im wesentlichen die Familie zusammengehalten, und wenn es der Familie gelang, sich durchzuschlagen, waren alle ihre Mitglieder glücklich darüber, zu dieser Familie zu gehören, und alle fühlten sich sicher. Heute müssen die emotionalen Bindungen das alles bewirken. Je stärker wir sie machen, um so wahrscheinlicher ist es, daß unsere Kinder zu starken, sicheren Persönlichkeiten heranwachsen.

Familienloyalität

Viele der lästigsten Probleme im täglichen Leben der modernen Familie rühren daher, daß wir vom Leben erwarten, daß es – wenn nicht glücklich – so doch wenigstens reibungslos verlaufen sollte und daß ernstes Ungemach das Familienleben nicht stören sollte. So kommt es, daß gerade das, was in der Vergangenheit der Prüfstein für den Wert einer Familie war – daß sie sich zusammentat, um zu überleben, wenn etwas schiefging –, erst vor relativ kurzer Zeit zu einer Klippe geworden ist, an der viele Familien scheitern.

Die moderne Familie hat viel von ihrem Glauben an sich selbst als eine kohärente Einheit zum Zweck des Überlebens eingebüßt. Außerdem leidet sie wie gesagt darunter, daß ihre Mitglieder dazu neigen, sich oder anderen Familienmitgliedern die Schuld in die Schuhe zu schieben, wenn Schwierigkeiten auftauchen, wo doch gerade in solchen Zeiten jeder die Unterstützung der anderen braucht, um das Wohlergehen aller sicherzustellen. Natürlich gibt es triftige psychologische Gründe für diese Tendenz. Ein Grund dafür ist die allgemein verbreitete Idee, daß ein Kind falsch erzogen sein müsse, wenn es in ernste Schwierigkeiten gerate. Gegen eine solche offen ausgesprochene oder stillschweigend vorausgesetzte Kritik wehrt sich die Familie, indem sie behauptet, nicht sie, sondern der Missetäter sei schuld. Da die Familie für das, was das Kind getan hat, kritisiert wird, grollt sie ihm. So weiß das unglückliche Kind heute nicht, wo es sich hinwenden soll, während früher die Familie beruhigend und helfend eingriff.

In früheren Zeiten waren die meisten Eltern so völlig damit beschäftigt, die Schwierigkeiten zu meistern, wenn sie ihr Kind am Leben erhalten und sein Wohlergehen sichern wollten, daß sie sich über seine psychische Entwicklung wenig Gedanken machten. Sie wußten nur, daß sie ihrem Kind mit gutem Beispiel vorangehen und es lehren mußten, das Rechte vom Schlechten zu unterscheiden. Da sie soviel Kraft auf das Überleben verwenden mußten, fürchteten sie nicht, daß ihr Kind oder sonst jemand ihnen vorwerfen könnte, sie hätten sich nicht genug um es gekümmert, nachdem es ihnen gelungen war, seine materiellen Bedürfnisse zu befriedigen. Daher konnten sie psychische Probleme, die natürlich damals genauso wie heute in intimen Beziehungen vorkamen, mit einem Gleichmut angehen, der auf ihrer eigenen inneren Sicherheit beruhte. Das aber gab auch ihrem Kind größere innere Sicherheit.

Diese Bedingungen vergangener Zeiten herrschen in vielen Teilen der Welt auch heute noch. Aber in unseren Familien ist es für Eltern und Kinder schwer und kompliziert geworden, sich in bezug auf einander sicherzufühlen. Ein Grund dafür ist, daß die Eltern es als ihre höchste Aufgabe und Verpflichtung ansehen, in ihrem Kind die Voraussetzungen für sein emotionales Wohlbefinden zu entwikkeln – und dies nicht nur für den Augenblick, sondern für alle Zukunft! Diese psychologischen Phänomene sind kompliziert, und man ist sich so unsicher darüber, wie so schwer faßbare Ziele zu erreichen sind, daß die Eltern nicht mehr wissen, was sie tun sollen. Ihre Unsicherheit verstärkt die des Kindes. So geraten beide in eine ausweglose Situation.

Die Unsicherheit seiner Eltern übt einen starken Einfluß auf das Kind aus, der noch dadurch verschlimmert wird, daß eigene innere Unsicherheiten hinzukommen, denn es begreift die Welt nur unvollkommen und zweifelt daran, ob es mit den Problemen des Lebens fertigwerden wird. Vor allem aber hegt es Zweifel daran, ob es wert ist, geliebt zu werden. Es kann mit diesen Unsicherheiten nur fertigwerden, wenn seine Eltern glauben, daß ihr Kind das Leben – wenn vielleicht auch nicht im Augenblick, so doch als Erwachsener – meistern wird. Das sind die einzigen Richtlinien, die es besitzt und denen es vertrauen kann, weil es weiß, daß sich seine Eltern mit der Welt und deren Problemen besser auskennen. Wenn die Eltern aber daran zweifeln, daß ihr Kind zurechtkommen wird, ist es doppelt gefährdet, weil es selbst unsicher ist und seine Eltern ihm keine Sicherheit geben. Da die Eltern so viel besser in der Wirklichkeit Bescheid wissen als das Kind, hat es den Eindruck, daß sie Mängel an ihm entdeckt haben, die ihm selbst bisher nicht bewußt waren. Noch schlimmer ist, daß es nicht weiß, welcher Art diese Probleme sein könnten und was man dagegen tun kann. Keine Unsicherheit ist aber so niederdrückend und verwirrend wie die, deren Ursprung wir nicht kennen. Im Vergleich dazu bleibt eine Unsicherheit, von der wir wissen, woher sie kommt, in Grenzen. So erzeugen Eltern, die sich ständig Sorgen um ihr Kind und seine Zukunft machen, genau das, was sie am meisten beunruhigt: ein tief verunsichertes Kind. Vertrauen Eltern dagegen darauf, daß sie es als Eltern richtig machen, so bekämpfen sie damit die Unsicherheit ihres Kindes und helfen ihm, sich sicher zu fühlen.

Natürlich machen sich alle Eltern über vieles, was ihr Kind angeht, Gedanken. Solche Gedanken sind für verantwortungsbewußte Eltern unvermeidlich. Aber wie bei so vielen Fragen der Kindererziehung kommt auch hier alles auf eine gute Ausgewogenheit zwischen Besorgtheit und Zuversicht an: daß wir uns einerseits Gedanken darüber machen, ob wir uns als Eltern richtig verhalten und ob alles mit unserem Kind in Ordnung ist, und daß wir andererseits darauf vertrauen, daß es sich ja um unser Kind handelt und daß daher ein guter Mensch aus ihm werden wird, der mit den Schwierigkeiten des Lebens zurechtkommt.

Unsere innere Überzeugung, daß wir unsere Sache als Eltern so gut wie möglich machen, führt natürlich dazu, daß wir glauben, daß auch unser Kind es recht machen wird, welche Unvollkommenheiten es auch vorübergehend aufweisen mag. Da die Zukunft immer ungewiß ist, können wir nicht wissen, welchen besonderen Problemen es im Leben begegnen wird. Daher ist das Beste, was wir ihm auf den Lebensweg mitgeben können, unser Vertrauen und das Gefühl, daß wir es für einen sehr wertvollen Menschen halten.

Ein kleines Beispiel möge das veranschaulichen: Als ich noch ein kleiner Junge in Wien war, kam einer meiner Vettern auf die schiefe Bahn. Natürlich sah man darin ein schreckliches Unglück, aber in jenen Tagen gab niemand seinen Eltern die Schuld daran. Ganz im Gegenteil sagte jeder zu ihnen, wie unfair es sei, daß so etwas so wertvollen Menschen passiere. Dann kam unsere ganze umfangreiche Sippe von etwa zwei Dutzend Familien zusammen, um mit dem Unglück fertigzuwerden und den unmittelbar Betroffenen zu helfen und sie zu trösten. Man sammelte Geld, um den jungen Mann in die Neue Welt zu schicken, damit er dort einen neuen Anfang mache. Wenn man ihn überhaupt kritisierte, so tat man es im stillen und nicht in der Öffentlichkeit. Man schickte ihn schweren Herzens fort, aber begleitet von den besten Wünschen.

Ausgestattet mit dem Geld, konnte er in einem neuen Land ein neues Leben beginnen – fern von seinen Eltern, die ständig auf ihm herumgehackt und miteinander gestritten hatten, was ihn stark belastet hatte. Durch diese unerwartete Hilfe ermutigt, faßte mein Vetter neuen Mut und hatte bald dort Erfolg, wo er zuvor versagt hatte. Weil seine Eltern von der großen Familie Mitgefühl und Unterstützung erwiesen bekamen, als sie es am nötigsten hatten, fiel es auch ihnen leichter, ihren Sohn mit ihrem Segen und nicht mit Vorwürfen ziehen zu lassen. Die Unterstützung und die Notwendigkeit, die Auswanderung ihres Sohnes zu ermöglichen, veranlaßte sie, besser zusammenzuarbeiten, anstatt miteinander zu streiten, was ihrer Ehe wenigstens zeitweise zugute kam. Da die Verwandtschaft ihnen zur Seite stand, anstatt Kritik an ihnen zu üben, hatten sie keine Ursache, sich über sich selbst oder über ihren Sohn zu ärgern, und so gelang es ihnen, mit dem Kummer fertigzuwerden, den es unausweichlich mit sich bringt, wenn eines unserer Kinder in Schwierigkeiten gerät. So erwies sich die Familienstruktur für alle als sehr wertvoll.

Die Dinge nahmen einen so guten Verlauf, weil die Familie überzeugt war, daß keines ihrer Mitglieder wirklich ein schlechter Mensch sein konnte. Sie glaubten so fest daran, daß alle, die zu unserer Familie gehörten, im Grunde einen guten Charakter hatten, daß diese Überzeugung stärker war als die Zweifel der Eltern und als die des jungen Mannes an sich selbst. Daß die Familie eine so hohe Meinung von all ihren Mitgliedern hatte, war für den glücklichen Ausgang dieser Episode von größter Bedeutung. Damals galt noch das alte Sprichwort, daß eine große Familie gleichbedeutend sei mit schneller Hilfe.

Etwa zwanzig Jahre später galt das nicht mehr so unbedingt. Ein anderer Verwandter von mir versagte und wurde ebenfalls ins Ausland geschickt. Leider jedoch war inzwischen die Familienstruktur schwächer geworden, und man hatte nicht mehr eine so unbedingt gute Meinung voneinander. Dieser zweite Junge war nicht straffällig geworden wie mein Vetter, aber er konnte sich auf keiner Stelle halten und gab mehr Geld aus, als er besaß. Er tat nichts eigentlich Schlechtes, aber er war offensichtlich nicht fähig, es im Leben zu etwas zu bringen. Damals hatten viele Faktoren dazu geführt, den Zusammenhang in der Familie zu lockern, und außer den nächsten Angehörigen wußte niemand etwas von seinen Schwierigkeiten. Obwohl der Familienclan zweifellos genau wie zwanzig Jahre zuvor geholfen hätte, fürchteten die Eltern des Jungen nicht ohne Grund, daß die entfernteren Verwandten sich äußerst kritisch über ihn und sie selbst äußern würden. So behielten sie ihre Probleme für sich. Der junge Mann wurde nach Südamerika geschickt, um dort sein Glück zu machen. Da ihm aber die Unterstützung und der Segen der ganzen Verwandtschaft fehlten, behielt er seine geringe Meinung über sich selbst bei. Außerdem spürte er, daß seine Eltern an ihm zweifelten und ihm grollten, weil sie sich seiner schämten. Da die Familie nicht an ihn glaubte, hatte er in der Neuen Welt nicht mehr Erfolg als in der Alten.

Man könnte hier leicht einwenden, daß die beiden jungen Leute und ihre Lebensumstände verschieden waren und daß dies der Grund für den unterschiedlichen Ausgang sein könnte. Das mag stimmen, aber es hatte sich damals bereits gezeigt, daß sich die weitläufige Verwandtschaft auch in vielen anderen wichtigen und unwichtigen Situationen nicht mehr so bereitwillig beistand. Die Einstellung: »Ob recht, ob unrecht, es ist meine Familie«, mag objektiv fragwürdig sein, subjektiv jedoch war sie ein schützender Schild, der das Schlimmste verhütete, wenn etwas fehlschlug, und sie ermöglichte eine Atempause, was die Genesung sehr erleichterte.

In ähnlichen Fällen finden Eltern heute oft nicht die Unterstützung der weiteren Familie, die sie so dringend benötigten, und sie leiden überdies noch unter ihren Schuldgefühlen und darunter, daß ihnen die, welche ihnen früher Trost gespendet hätten, jetzt Vorwürfe machen. Das wiederum erweckt ihren Zorn auf das Familienmitglied, das die Schwierigkeiten verursacht, was die Lage noch verschlimmert. So ist eine der Hauptursachen für die Schwierigkeiten in der modernen Familie, daß sich die Ansichten über Familiensorgen und die Reaktion darauf grundsätzlich geändert haben.

Diese Änderung der Ansichten ist großenteils darauf zurückzuführen, daß wir die Bedeutung der Individualpsychologie erkannt haben: daß uns Phänomene, die in unserer Persönlichkeit und in unseren intimen Beziehungen begründet sind, die größten Schwierigkeiten machen, wenn es gilt, das Leben zu meistern und miteinander zu leben. Was nicht so bereitwillig zugegeben wird, ist die Tatsache, daß erst unser Wohlstand diese nachdrückliche Betonung der Bedeutung der Psychologie ermöglicht hat. Psychologische Erkenntnisse und gesellschaftliche und wirtschaftliche Bedingungen stehen, besonders wenn es um Familienangelegenheiten geht, in so engem Zusammenhang, daß man diese Erkenntnisse nicht isoliert betrachten kann, wenn man sie nicht verzerrt sehen will. Solange wir ohne den Beistand anderer Familienmitglieder physisch nicht überleben konnten, konnten wir äußeren Mächten die Schuld an allen unseren Problemen geben, so daß wir weiterhin gut miteinander auskommen und auf diese Weise unser Überleben sichern konnten. Heute können wir es uns leisten, die Schwierigkeiten, die wir haben, als psychologisch bedingt und vielleicht von einem Familienmitglied verursacht anzusehen, was wir uns früher nicht leisten konnten.

Es besteht durchaus Grund zur Annahme, daß viele Schwierigkeiten unserer Kinder auf Unzulänglichkeiten ihrer Eltern oder ihrer Erziehungsmethoden zurückzuführen sind. Aber sich diese Ansicht zu eigen zu machen, nützt Kindern und Eltern *nur* dann, wenn es sie veranlaßt, sich zu ändern, sonst erzeugt sie nur neues Elend. So kommt es zum Beispiel vor, daß ein Kind, das aus unbewußten Gründen in Schwierigkeiten gerät – in der Schule versagt, zum Aussteiger oder straffällig wird –, dies tut, um seine Eltern zu bestrafen, da es weiß, daß sie sich verletzt und schuldig fühlen werden und daß man ihnen die Schuld an seinem üblen Verhalten geben wird. Den Eltern ihrerseits ist der Gedanke mit Recht peinlich, daß ihr Kind sie als schlechte Eltern hinstellen könnte. Besorgt hierüber neigen sie dazu, auf seine normalen Unzulänglichkeiten und Mängel übertrieben zu reagieren, weil sie darin unheilverkündende Anzeichen sehen. Das Kind muß dann nicht nur mit seiner eigenen Angst fertigwerden, was schon schwer genug ist, es muß sich auch noch mit den Ängsten seiner Eltern auseinandersetzen, was es mit Recht als eine unangemessene Belastung empfindet. Es fällt unseren Kindern schwer genug, sich zu bewähren, und sie nehmen es mit Recht übel, wenn sie darüber hinaus auch noch beweisen sollen, daß sie richtig erzogen worden sind. Wieviel leichter waren

Streitigkeiten zwischen Eltern und Kindern zu schlichten, als man die auftauchenden Schwierigkeiten noch auf die Unerfahrenheit des Jugendlichen zurückführen konnte, den die Welt in die Irre geführt hatte, oder auf Schicksalsschläge, die wir alle als unser menschliches Erbteil hinnehmen müssen.

Wenn Eltern eine feindselige und ablehnende Haltung ihres Kindes schon von vornherein annehmen, so macht sie das unsicher, ängstlich und oft ärgerlich, schon lange bevor es ihnen Anlaß dazu gibt. Wenn früher ein Kind von seinem hohen Kinderstühlchen aus Milch oder Brei über den ganzen Fußboden ausschüttete, kam es seiner Mutter nicht in den Sinn, daß es damit seinen Zorn über sie oder seine Unzufriedenheit mit der Welt im allgemeinen bekunden wollte oder daß dies auf ein späteres Scheitern im Lebenskampf schließen ließ. Sie war sicher, daß es dem Kind passiert war, weil es noch so klein und ungeschickt war. Für viele Mütter waren solche Vorkommnisse ein Hinweis darauf, daß sie ihr Kind unbedingt noch füttern müßten, und das verstärkte ihr Gefühl, wie wichtig sie für es waren. (Natürlich war der Teller, aus dem das Kind gefüttert wurde, in früheren Zeiten aus Holz oder Zinn und zerbrach nicht, wenn er auf den Boden geschleudert wurde. Außerdem war der Fußboden meist roh, und verschüttete Milch schadete ihm nicht, während ein teurer Teppich leicht häßliche Flecken abbekommt.) Hier wie in vielen anderen Situationen ist der Wohlstand für das Kind kein reiner Segen, und es fällt den Eltern oft schwer, seine Unarten mit Humor oder doch wenigstens mit Gleichmut hinzunehmen. Heute hegen wir den Verdacht, daß es den Schaden absichtlich, aus Ärger oder Trotz, angerichtet hat, und unser guter Wille schlägt in Ärger um, weil die Möglichkeit besteht, daß es uns oder das gute Essen ablehnt, das wir so sorgsam für es zubereitet haben. Da wir uns abgelehnt fühlen, reagieren wir verärgert auf das Verschütten, Fallenlassen und Zerbrechen, anstatt es auf die Ungeschicklichkeit des Kleinen zurückzuführen.

Obgleich Unwissenheit noch nie ein Segen war, kann – wie der Talmudist wußte – unzulängliches Wissen sogar ein gefährliches Ding sein. Bevor man zur Erkenntnis kam, daß Kinder ihre Eltern nicht nur lieben, sondern auch ablehnen, obwohl sie wissen, daß sie ohne deren Hilfe umkommen würden, hätte man das nie für möglich gehalten, hing doch die Existenz des Kindes vom guten Willen seiner Eltern ab. Deshalb sah man im Verhalten von Kindern nie eine Ablehnung seiner Eltern. Heute wissen wir, daß Kinder ihre Eltern sowohl lieben als auch ablehnen, und sind daher bereit, ihr offensichtlich negatives Verhalten darauf zurückzuführen, daß sie uns ablehnen. Das kann vorkommen, doch ist es viel seltener, als viele besorgte Eltern annehmen. Es ist ein Beispiel dafür, daß »wenig Wissen« gefährlich sein kann. Ein umfassenderes Wissen sagt uns, daß vieles, was wie eine Ablehnung der Eltern aussieht, in Wirklichkeit nichts anderes ist als eine Frustration, die Enttäuschung des Kindes über seine eigene Unzulänglichkeit. Bei dem verschütteten Essen ist es beispielsweise so, daß das Kind über sich selbst enttäuscht ist, weil es noch nicht besser essen kann, oder auch darüber, daß es sich sein Essen und den Zeitpunkt dafür nicht selbst aussuchen darf. So ist vieles, was moderne Eltern für Ablehnung halten, nichts anderes als eine Folge der tiefen Enttäuschung des Kindes über sich selbst. Oft kamen die naiven Eltern, die alles der Ungeschicklichkeit des Kindes zuschrieben, der Wahrheit näher als die modernen Eltern, die sich Gedanken darüber machen, ob sie als Eltern gut genug sind, und die aus dieser Angst heraus oft nur allzuleicht bereit sind, im Verhalten des Kindes eine negative Einstellung oder eine Ablehnung seiner Eltern zu sehen. Wenn wir gute Eltern sein wollen, müssen wir selbst davon überzeugt sein, daß wir es sind. Diese innere Sicherheit in bezug auf uns und auf unsere Liebe zu unserem Kind wird uns vor dem Gefühl bewahren, daß es uns ablehnt, wenn es lediglich über sich selbst enttäuscht ist, weil es noch so ungeschickt ist. Wo die Eltern früher nur die Ungeschicklichkeit des Kindes sahen, sollte unser größeres Wissen es uns ermöglichen, auch zu sehen, wie enttäuscht es über sich selbst ist und daß diese Enttäuschung oft die Haupttriebfeder für sein Verhalten ist. Es ist dies ein Beispiel für die Richtigkeit von Gratians Behauptung, daß Wissen ohne Weisheit doppelte Torheit sei. Weisheit in bezug auf uns selbst besagt: Wir sind zwar nicht vollkommen, aber wir sind gute Eltern, wenn wir unsere Kinder lieben und uns nach Kräften bemühen, es mit ihnen recht zu machen. Diese Weisheit kann uns vor der Torheit schützen, uns einzubilden, daß wir uns in allem, was unser Kind tut, widerspiegeln. Vieles von dem, was es tut, hat hauptsächlich etwas mit ihm selbst zu tun, und nur indirekt und am Rande bezieht es sich auch auf uns und auf das, was wir tun. Weisheit wird uns zu der Erkenntnis verhelfen, daß das, was sich wie eine feindselige Haltung uns gegenüber ausnimmt – über die wir uns ärgern und auf die wir entsprechend negativ reagieren –, oft darauf zurückzuführen ist, daß das Kind über sich selbst unglücklich ist. Wenn wir das erkennen, werden wir unser Herz nicht vor ihm verschließen und ihm nach Kräften in seiner Not helfen. Tun wir das, dann gibt es uns das gute Gefühl, ihm helfen zu können, wenn es unsere Hilfe braucht. Es wird dann auch selbst erkennen, wie gut es ist, Teil einer Familie zu sein, die hilft, wenn jemand in Not ist. Dann wird in unserer Familie alles in Ordnung sein.

27. Kapitel

Magische Tage

's ist Feiertag, und jung und alt
Spielen froh in Busch und Wald.
Milton, *L'Allegro*

Es ist schön, das Gefühl zu haben, im Mittelpunkt einer Feier zu stehen, wie ein Kind das an seinem Geburtstag erlebt. Solche persönlich bedeutsamen Augenblicke sollte man sich nicht entgehen lassen, denn sie machen uns nicht nur im Augenblick glücklich, sie erfüllen uns auch mit Hoffnung auf die Zukunft. Je unbedeutender und unsicherer wir uns in der Welt fühlen, um so dringender brauchen wir eine Bestätigung unserer Wichtigkeit möglichst vom ganzen Universum – oder doch wenigstens von den Menschen, die uns am meisten bedeuten.

Daß vor allem Kinder dieses Erlebnis brauchen, merken wir, wenn wir Kinderfeste feiern – sowohl individuelle, wie Geburtstagsfeiern, als auch solche, bei denen alle Kinder im Mittelpunkt stehen, wie an Weihnachten. Bei solchen Gelegenheiten widmet man ihnen liebevolle Aufmerksamkeit, und man gibt ihnen das Gefühl, wichtig zu sein. Die Geschenke, die sie erhalten, beweisen ihnen, daß sie geliebt werden und daß man sie persönlich schätzt. Geschieht das im richtigen Geist, kann der Glanz dieser Tage den Rest des Lebens erhellen. Die regelmäßige Wiederkehr dieser Ereignisse gibt dem Kind die Gewähr, daß man es auch in Zukunft wichtig nehmen wird. Nach den Festtagen teilt das Kind das Jahr und damit sein Leben ein. Sie sind ihm die Höhepunkte des Jahres und zeigen ihm, daß man sein Leben am besten an fröhlichen Ereignissen orientiert.

Wir wissen nicht genau, welche symbolische Bedeutung die ersten Festtage hatten, aber es besteht kaum ein Zweifel daran, daß sie das Leben und das, was es erhält, feierten. Daher steht das üppige Festmahl noch immer im Mittelpunkt jedes echten Festtages und symbolisiert oft den Geist des betreffenden Festes.

Solche Festtage sind von religiösen Feiertagen, wie zum Beispiel Fasttagen oder Buß- und Bettagen mit ihren Vorschriften für die Gläubigen, zu unterscheiden. Die weltlichen Festtage, wie sie die Kinder und oft ganze Gemeinden feiern, sind dagegen Feiertage für alle, bei denen selbst ein so tiefreligiöser Mensch wie Milton das Gefühl hatte, daß es für jung und alt angebracht war, »froh in Busch und Wald zu spielen«.

Die ersten organisierten und regelmäßig gefeierten Feste waren rituelle Beschwörungen, welche die Fruchtbarkeit und damit die Geburt und Wiedergeburt von Pflanzen, Tieren und Menschen sicherstellen sollten. Andere waren Übergangsriten, welche bestimmte Stufen im Reifungsprozeß des Menschen oder die einzelnen Jahreszeiten schützen, feiern und verherrlichen sollten. Nach altjüdisch-christlicher Tradition waren religiöse Feiertage Freudenkundgebungen der Gemeinde. Tatsächlich ist das hebräische Wort für Feiertag (oder Festtag = *chag*) von *chug* abgeleitet, das soviel wie im Kreis tanzen bedeutet, und auf diese Weise feiern die chassidischen Juden noch heute ihre religiösen Feste. Das hebräische Wort für Passah bedeutet wörtlich »Hüpffest«. Heute feiern und verherrlichen unsere höchsten Festtage, ob religiöser oder patriotischer Natur, die Geburt: die Geburt des Christuskinds; die Auferstehung – die Wiedergeburt des Herrn – und die Geburt der Nation, die genauso gefeiert wird wie der Geburtstag eines Kindes. (Daß die christliche Kirche beschloß, das unbekannte Datum von Christi Geburt zur Zeit der Wintersonnenwende zu feiern, weist auf den engen symbolischen Zusammenhang zwischen der Geburt des Heilands und der Neuerweckung der Natur im Jahreszyklus der westlichen Welt hin.) Das Passahfest feiert ebenfalls nicht nur die Befreiung aus der Sklaverei, sondern auch die Geburt der jüdischen Nation. Sie führte zur Verkündigung der Zehn Gebote, der Grundlage des jüdischen Gesetzes. Das Letzte Abendmahl, welches das Passah-Mahl war, leitete die Folge von Ereignissen ein, die zu Tod und Auferstehung am Ostersonntag führten, die ein »neues Leben« in Aussicht stellten.

Alle diese Feiertage sind magische Ereignisse, denn was könnte magischer sein als die Geburt eines Kindes oder die Wiedergeburt der Welt? Was könnte für die Menschheit mehr Magie enthalten als die Aussicht auf einen Neubeginn? Ursprünglich gehörte zu den Bräuchen dieser festlichen Tage, daß man Kleider von ritueller oder magischer Bedeutung anlegte, und die neuen Osterkleider, die man heutzutage anzieht, und die komischen Hüte, die man auf Geburtstags- und Neujahrsparties aufsetzt, sind die letzten Spuren dieser alten Sitte. Die Geschenke, die ein Kind zu Weihnachten oder zum Geburtstag bekommt, symbolisieren die Geschenke der Heiligen Drei Könige, und das Feuerwerk ist ein Symbol der neuen Sonne, die das Licht und die Freude über die Freiheit und das neue Leben ausdrückt, eine Hoffnung, die auch der brennende Christbaum symbolisiert.

Schon lange bevor in Europa das Anzünden des Christbaums zur Weihnachtsfeier gehörte, wurden in heidnischen Zeiten am Tag der Wintersonnenwende auf Berggipfeln riesige Freudenfeuer abgebrannt, welche die Sonne symbolisieren oder sie auf magische Weise veranlassen sollten, die Tage wieder länger werden zu lassen und die Erde wieder zu erwärmen. Das Hereintragen des Weihnachtsscheits (*Yule logs*) und sein Anzünden im Kamin sind von dieser alten Sitte übriggeblieben – anstelle des großen Feuers wird nur noch ein großes Holzscheit angezündet. Noch älter als der brennende Christbaum ist die jüdische Sitte, am Chanukka-Fest Kerzen anzuzünden, womit an ein wunderbares Ereignis erinnert wird: daß die Lampe im Tempel von Jerusalem weiterbrannte, obwohl das Öl verbraucht war. So geschieht es oft, daß ein magisches Ritual (in diesem Fall das Anzünden des Christbaums und der Kerzen) weiterlebt, aber im Lauf der Zeit eine andere Bedeutung erhielt. Was auch immer die Rituale, die in unsere Weihnachtsbräuche eingegangen sind, in der Vergangenheit bedeutet haben mögen, jetzt symbolisieren sie die wunderbare Geburt eines Kindes, das ein neues Zeitalter – unser Zeitalter – heraufführte und das dem gesamten menschlichen Leben eine neue Bedeutung verlieh.

Den Festtagen der Kinder ist gemeinsam, daß die Unterschiede von Rang und Autorität aufgehoben oder verkehrt sind. An seinem Geburtstag ist ein Kind König, es darf Ansprüche an die Erwachsenen stellen. Am Abend vor Allerheiligen *(Halloween)* darf es ihnen sogar Angst einjagen. Am 1. April darf es sie zum Narren halten. Diese Statusumkehrung mit ihrem magischen Beiklang trägt viel dazu bei, daß diese Festtage für Kinder so besonders bedeutungsvoll und vergnüglich sind. Ein Kind, das diese speziellen Festtage nicht aus vollem Herzen genießen kann und dem das, was sie symbolisieren, nicht zugute kommt, ist frustriert. Die symbolische Bedeutung dieser Tage wird in unsere unbewußte Erfahrung von der Welt für immer eingebaut. Wenn wir auch diese Feste weiter feiern, so hat doch die Art, wie sie in unserer Kinderzeit begangen wurden, weitreichende Folgen für den Rest unseres Lebens.

»Feiertage sind die heimlichen Geburtstage des Herzens«, erinnert uns der Dichter Longfellow, wobei er als Erwachsener zu Erwachsenen spricht. Als wir noch jung waren, warteten wir voller Vorfreude auf diese alljährlich wiederkehrenden Tage. Wir freuten uns viele Wochen, wenn nicht Monate oder gar das ganze Jahr über auf die zu erwartenden festlichen Überraschungen. Die Festtage waren die heiteren Einschnitte in unserem Leben, und sie entschädigten uns für den einförmigen Alltag.

Als reife Erwachsene meinen wir oft, wir sollten so kindliche Ansichten darüber, was das Leben lebenswert macht, endlich aufgeben. Deshalb verbergen viele von uns ihre Gefühle über diese Feiertage nicht nur vor anderen, sondern sogar vor sich selbst. Aber die Bedeutung, die sie für uns haben, bleibt tief in unserem Unbewußten verankert, und deshalb hat sie Longfellow die heimlichen Geburtstage des Herzens genannt. Wir verinnerlichen unsere Gefühle über diese besonderen Tage, und so werden sie zum Bestandteil unseres verborgenen Innenlebens.

Die symbolische Bedeutung der Feiertage

Bei vielen Feiertagen hat sich die Art und Weise, wie sie gefeiert werden, erheblich geändert. So ist aus dem Weihnachtsfest, das früher ein im wesentlichen religiöser Feiertag war, bei dem nur die Kinder Geschenke bekamen, während des letzten Jahrhunderts mehr und mehr ein Familienfest geworden, an dem alle Familienmitglieder gleichermaßen teilnehmen und bei dem jeder jeden beschenkt. Natürlich ist nichts gegen ein Familienfest einzuwenden, und es wäre sehr zu begrüßen, wenn die Familien solche Feste noch öfter feierten. Ältere Generationen werden sich erinnern, daß in ihrer Kindheit fast jeder Sonntag ein Familienfest war – eine Gelegenheit, bei der sich die ganze Sippe traf. Dabei konnte es sich um zwanzig und mehr Mitglieder handeln, denn damals waren die Familien noch größer, und mehr Verwandte lebten physisch, gefühlsmäßig und gesellschaftlich enger beieinander als heute. Auch wenn es gelegentlich zu Auseinandersetzungen kam, so brachte das nur Abwechslung in das allgemeine Vergnügen, und sie wurden schnell freundschaftlich beigelegt, da jeder sich bei einem üppigen Mahl wohlfühlte. Die Erwachsenen unterhielten sich, die Kinder spielten miteinander, und Familienprobleme wurden besprochen und gelöst.

Zu meinen glücklichsten Kindheitserinnerungen gehört, wie ich und meine etwa gleichaltrigen Vettern und Kusinen – die »Kleinen«, wie wir genannt wurden – unter dem riesigen Tisch spielten, um den ein Dutzend oder noch mehr erwachsene Familienmitglieder sich versammelt hatten, wobei wir oft vergaßen, daß wir uns buchstäblich unter ihnen befanden. Wir spielten zusammen in der gemütlichen Dunkelheit, verborgen vom riesigen Tischtuch, das fast bis auf den Fußboden herabhing. Während wir spielten, hörten wir die Gespräche und Argumente derer, die wir »die Großen« nannten. Wir unterhielten uns – jeder auf seiner Ebene – jeden Sonntag aufs beste.

Ähnliches erleben heute unsere Kinder und viele Familien am Erntedankfest *(Thanksgiving)*. Für das kleine Kind im Amerika bedeutet *Thanksgiving* zunächst das Verzehren eines Truthahns mit allen Beilagen und außerdem die Zusammenkunft der Familie zur Feier eines ganz besonderen Festes. Lehrer und Eltern mögen ihnen die Geschichte dieses Feiertages erklären, aber was die Kinder – und übrigens auch die Erwachsenen – vor allem im Sinn haben, sind das üppige Essen und der Geist der Zusammengehörigkeit. Auf bewußter Ebene beruht die Bedeutung solcher Festtage für das Kind darin, daß sie warme Gefühle in ihm wecken, was später auch seinen abstrakteren Ideen im Zusammenhang mit diesem Feiertag Glanz verleihen wird. Aber auch auf unbewußter Ebene übt manches von dem, was dieser Tag symbolisiert, weiterhin seinen Einfluß aus.

Die Angst vor körperlichem und seelischem Mangel sind die beiden Hauptängste des Menschen. Die Grundformen des körperlichen Mangels sind der Hunger und das Verhungern; die Grundform des seelischen Mangels ist das Verlassenwerden – wovon der Tod nur die letzte, endgültige Form ist. Das kleine Kind versteht noch nicht, was Tod bedeutet, und fürchtet daher auch seinen Tod nicht. Angst hat es jedoch, daß seine Eltern sterben könnten, weil es dann verlassen wäre. Wenn auch in unserer Gesellschaft Kinder nicht mehr tatsächlich verhungern, hat doch jedes Kind schon gelegentlich mehr oder weniger starken Hunger gehabt, und alle Kinder leiden unter einem zeitweiligen Gefühl des Verlassenseins, wenn ihre Eltern nicht erreichbar sind. Diese beiden Formen der ersten realen Deprivation werden im Unbewußten der meisten Kinder stark vergrößert, wo sie symbolisch die Angst schlechthin repräsentieren. (Selbst die Angst vor gefährlichen Tieren, die so häufig in den Alpträumen von Kindern vorkommen, wird von ihnen als Spezialfall der Angst vor dem Verlassenwerden erlebt, weil diese wilden Tiere ihnen ja nur durch die Abwesenheit der Eltern gefährlich werden können, die sie sonst verjagen und ihr Kind vor ihnen beschützen würden.)

Familienfeste, die um einen Tisch herum gefeiert werden, auf dem ein üppiges Festmahl aufgetragen ist, bekämpfen daher die größten Ängste des Kindes, und zwar sowohl als reale Erlebnisse als auch – was noch wichtiger ist – auf einer symbolischen Ebene. Die »Zusammenkunft der Sippe« gibt dem Kind die Gewißheit, daß es sich nicht allein auf seine Eltern zu verlassen braucht, um sicher zu sein, nicht im Stich gelassen zu werden, daß noch viele andere Verwandte da sind, die ihm im Notfall zu Hilfe kämen und es vor dem Verlassenwerden schützen würden. Auch das üppige Mahl verleiht Sicherheit gegen die Angst vorm Verhungern sowohl in Wirklichkeit als auch auf symbolischer Ebene. So gehören Familienfeste sowohl als bewußtes Erlebnis als auch auf unbewußter Ebene zu den Erlebnissen, die am meisten dazu beitragen, Kinder in ihren schlimmsten Ängsten zu beruhigen. Sie gehören zu den konstruktiven Erfahrungen, die wir ihnen für ihre innere Sicherheit mitgeben können.

So wird auch in den historischen Berichten über *Thanksgiving* besonders betont, daß eine gute Ernte die Pilgerväter vor Entbehrungen bewahrte, wie sie sie im vorangegangenen Winter erlebt hatten. Dieser Feiertag symbolisiert eine Rettung und den Beginn eines besseren und sichereren Lebens, eine symbolische Wiedergeburt auf einer besseren Ebene. Im Grunde erinnern alle unsere großen Feste – Weihnachten, Ostern, der 4. Juli (in den USA) und Geburtstage – an Geburten oder Wiedergeburten. Die dieser symbolischen Bedeutung innewohnende Hoffnung hallt in uns nach, ob wir uns dessen bewußt sind oder nicht.

Während der gesamten Menschheitsgeschichte haben Feiertagszeremonien und die damit verbundenen glücklichen Gefühle das Ereignis oder die Idee, die dem Fest ursprünglich zugrunde lagen, überdauert. Wie bereits erwähnt, ändern sich diese Ideen im Laufe der Zeit. So war Weihnachten zuerst ein heidnischer Ritus, der die Wiedergeburt der Sonne und der Natur feierte, lange bevor die Idee der Geburt Christi damit in Zusammenhang gebracht wurde. Ähnlich sind auch die ältesten Festtagsrituale, denen eine besonders tiefe unbewußte und emotionale Bedeutung innewohnt, in veränderter Form manchmal nach jahrhundertelanger Unterbrechung wieder aufgetaucht. So lebten die riesigen Feuer, die zur Wintersonnenwende auf hohen Bergen angezündet wurden, um der Sonne Mut zu machen, länger am Himmel zu bleiben, nach Jahrhunderten als Lichter am Christbaum wieder auf.

Solche Feiern sind einfach zu wichtig, als daß sie aufgegeben werden könnten, denn sie entsprechen tiefen, oft unbewußten Bedürfnissen. Genauso wie die Art, in der diese traditionellen Feste gefeiert werden, sich im Laufe der Zeit änderte und wie neue Ideen mit ihnen in Zusammenhang gebracht wurden, ändern auch wir als Individuen die Art, wie wir im Laufe unseres Lebens Feste feiern. Wir wissen alle aus eigener Erfahrung, daß sich unsere Vorstellungen von Weihnachten in dem Maß, wie wir heranreiften, geändert haben – daß für uns aus dem Weihnachtsmann der Geist des Schenkens wurde und daß unsere Freude am Beschenktwerden zur Freude am Beschenken anderer wurde.

Die greifbaren Festlichkeiten und Rituale bleiben bestehen, während sich die abstrakten Ideen, die wir jeweils in den Mittelpunkt stellen, ändern können. Aber sie alle gründen sich auf konkrete Vorläufer, ohne welche sie leere Hüllen geblieben wären. So hat zum Beispiel nach der Bibel Gott den Juden verboten, sich ein Abbild von ihm herzustellen, eben weil der Wunsch, ihn sich konkret etwa als alten Mann mit Bart – wenn nicht gar als Goldenes Kalb – vorzustellen, so ungemein verlockend ist. Ihn sich nicht in einer bestimmten Gestalt vorzustellen, fällt sehr schwer, und es gibt kaum ein Kind, das sich Gott nicht als einen unendlich erhabenen, unsterblichen, uralten Mann vorstellte. Wenn wir reifer werden, ersetzen die meisten von uns dieses Bild durch die abstrakte Idee eines gestaltlosen höchsten Wesens, durch eine Wesenheit oder Erste Ursache. Trotzdem bewundern wir Gott auch weiterhin in der menschlichen Gestalt, die ihm große Künstler gegeben haben, wie ihn zum Beispiel Michelangelo in seiner »Erschaffung Adams« an der Decke der Sixtinischen Kapelle dargestellt hat. Und in ähnlicher Form erscheint uns Gott auch in unseren Träumen, was den Gedanken nahelegt, daß die Bilder von ihm, wie wir sie uns als Kind ausgedacht haben, in unserem Unbewußten weiterleben, auch wenn wir uns noch so weit von unserer kindlichen Vorstellungswelt entfernt haben.

Weshalb sollten wir uns deshalb Gedanken darüber machen, daß unsere Kinder sich Weihnachten in der Gestalt des Christkinds oder des Nikolaus vorstellen? Auch wenn wir als Eltern nichts dagegen unternehmen, werden sie sich, wenn sie reifer werden, von dieser konkreten Bilderwelt entfernen. Aber in ihren ersten sechs Lebensjahren etwa glauben die meisten modernen Kinder fest an ihre magischen bildlichen Veranschaulichungen – Nikolaus und den Osterhasen –, auch wenn sie meinen, sie müßten nachplappern, was ihnen ihre Eltern darüber gesagt haben. Dann fühlen sie sich ein oder zwei Jahre lang unsicher, obwohl sie immer noch lieber an ihre früheren Vorstellungen glauben würden. Später wird es zu einem So-tun-als-ob-Spiel, das ihnen großen Spaß macht, und sie ärgern sich darüber, wenn Eltern ihnen ihre Illusion zu nehmen versuchen. Wenn die Eltern ihnen sagen, was sie für die »Wahrheit« halten, dann tun sie das nach Meinung des Kindes, weil sie ihm seinen Spaß nicht gönnen. Spaß können Kinder allerdings nur daran haben, wenn sie so tun, als ob sie an diese magischen Figuren glaubten, während sie gleichzeitig das Gefühl haben, schlauer zu sein, als es ihnen ihre Eltern zutrauen. Es freut sie diebisch, ihre Eltern an der Nase herumzuführen und ihnen vorzuspiegeln, sie glaubten immer noch an die Realität dieser Phantasiefiguren. Durch dieses So-tun-als-ob wirkt das ursprüngliche Gefühl für das Magische, das mit diesen Figuren verknüpft war, in den Kindern fort und erweckt in ihnen auch weiterhin glückliche Gefühle und Erlebnisse, die Eltern und Kinder auf das Erfreulichste miteinander verbinden.

Eine neuere amerikanische Untersuchung hat ergeben, daß der Glaube an Phantasiefiguren die Bedürfnisse des Kindes unmittelbar anspricht. Es ergab sich, daß praktisch alle Vierjährigen an Santa Claus und den Osterhasen, aber nur zwanzig Prozent von ihnen auch an die Zahnfee (tooth-fairy) glaubten. Der Grund für diese Diskrepanz ist darin zu suchen, daß im Alter von vier Jahren noch nicht viele Kinder ihre Milchzähne verloren hatten oder im Begriff waren, sie zu verlieren. Im Alter von sechs Jahren glaubten nur noch etwa zwei Drittel der untersuchten Gruppe an Santa Claus und den Osterhasen. Aber die gleiche Anzahl, die an die beiden magischen Figuren glaubte, glaubte nun auch an die Zahnfee. Zwei Jahre später, als die Kinder acht Jahre alt waren, sank die Zahl derer, die noch immer an die beiden ersten magischen Figuren glaubten, auf ein Drittel der Gruppe, während zwei Drittel von ihnen noch an die Zahnfee glaubten. Da die Kinder in diesem Alter weitere Zähne verloren, hielten sie an ihrem Glauben an die Zahnfee fest. So besteht ein unmittelbarer Zusammenhang zwischen dem etwas angsterregenden Erlebnis, einen Zahn zu verlieren, und dem Glauben an die hilfreiche Magie. Das Bedürfnis – oder vielleicht besser gesagt der Wunsch der Kinder –, so zu tun, als ob sie an diese und andere magische Figuren glaubten, könnte vielleicht darauf beruhen, daß sie gern weiter von ihren Eltern beschenkt werden möchten, wahrscheinlicher jedoch ist, daß es ihnen auf das Täuschungsmanöver ankommt. Darauf läßt schließen, daß zwar im Alter von acht Jahren nur noch ein Drittel der Kinder sagte, sie glaubten an Santa Claus, daß aber drei Viertel dieser Altersgruppe für Santa Claus noch immer etwas zu essen und zu trinken oder ein anderes Geschenk, wie etwa eine Zeichnung, bereithielten, wenn er den Kamin herunterkam, und daß sie vertrauensvoll ihren Strumpf am Kamin aufhängten, damit er ihn mit Leckereien füllte.

Das Bedürfnis, abstrakte Ideen mit Hilfe konkreter Bilder zu begreifen, ist keineswegs auf die frühe Kindheit beschränkt. Es gilt auch für die meisten Erwachsenen. Nur wenige von uns können sich Schönheit wirklich vorstellen, wenn sie nicht gleichzeitig an einen Gegenstand denken, dessen Vollkommenheit der abstrakten Idee eine emotionale Bedeutung verleiht. Nur wenn ein Kind gelernt hat, Gegenstände zu lieben, die es für schön hält – ganz gleich, wie Erwachsene darüber denken –, wird es später fähig sein, die abstrakte Idee des Schönen zu begreifen und zu lieben. Wenn wir aufgrund unseres verfeinerten und ausgebildeten Geschmacks als Erwachsene bestreiten, daß ein Gegenstand schön ist, der das Schönheitsideal des Kindes verkörpert, dann kann es vorkommen, daß es seine Freude am Schönen für immer verliert, weil wir es veranlaßt haben, seinem Urteil zu mißtrauen. Es kann dann später immer noch vom Schönen eine hohe Meinung haben, aber es kann es nicht lieben, wenn es ihm begegnet, weil es zu früh gezwungen wurde, seine Werturteile von jenen Gefühlen zu trennen, die allein die Schönheit zu etwas machen können, das eine tiefe Befriedigung gewährt. Wenn wir mit einem kleinen Kind auf abstrakte Weise über Schönheit reden, dann hilft ihm das nicht zu verstehen, was Schönheit ihm bedeuten könnte. Wenn es vielleicht auch lernt, kluge Dinge über Schönheit zu sagen, wird es ihm nicht das Herz warm machen, wie es die Liebe zu einem schönen Gegenstand tut.

So sollte man dem kleinen Kind erlauben, an den Nikolaus, den Osterhasen und die Zahnfee zu glauben, weil es sich dabei um Vorläufer wichtiger Begriffe handelt, die im Verlauf der weiteren Entwicklung durch sie emotionale Wärme erhalten. Für das kleine Kind ist die Zahnfee, die immer für den verlorenen Zahn ein Geldstück bringt, sowohl eine Garantie für Gerechtigkeit als auch deren Verkörperung. Sie symbolisiert außerdem die freundliche Gesinnung einer Welt, die nicht zuläßt, daß ein Kind etwas verliert, ohne dafür eine Entschädigung zu erhalten. Dagegen bedeutet es kaum eine Entschädigung für das Kind, wenn seine Eltern ihm ein Geldstück für den verlorenen Zahn geben, weil es ja bereits weiß, daß die Eltern geben und nehmen können. Für ein Kind ist es beängstigend, einen Teil seines Körpers zu verlieren. Daß seine Eltern ihm etwas schenken, um es dafür zu entschädigen, ist sehr lieb von ihnen – aber kann man sich auch darauf verlassen, daß sie das immer tun werden? Können Eltern einen neuen Zahn als Ersatz wachsen lassen? Greift dagegen das Übernatürliche in Gestalt der Zahnfee ein, so sieht das Kind, daß es eine höhere Weltordnung gibt, die dafür sorgt, daß es für seinen Verlust entschädigt wird. Aus solchen Erfahrungen baut sich sein Gefühl für Gerechtigkeit und Fair play auf. Ein Mensch kann die Majestät wahrer Gerechtigkeit niemals begreifen, wenn sich diese Vorstellung nicht auf kindliche Glaubensvorstellungen gründet, deren tiefe emotionale Überzeugungskraft noch lange vorhält, nachdem die unreifen, phantastischen Ideen, von denen sie abgeleitet wurden, längst vergessen und ins Unterbewußtsein abgesunken sind. Moralische Überzeugungen sind ohne Wärme und ohne wirkliche Kraft, wenn sie nur auf vernünftigen Überlegungen beruhen.

Das Wunderbare an der Magie des Festtagsglücks ist, daß sie das ganze Jahr über Sicherheit verleihen kann, wenn sie am nötigsten gebraucht wird – selbst in den schlimmsten Situationen des Lebens. Kinder wissen das, und wenn man ihnen die Chance gibt, benutzen sie die symbolische Sicherheit, die ihnen die guten Geister der Festtage bescheren, als moralische Stütze, wenn sie eine solche am dringendsten brauchen. Eine Geschichte, die die schwedische Psychoanalytikerin Stefi Pedersen erzählt, möge das veranschaulichen.

Als die Nazis Norwegen besetzten, war Stefi Pedersen die Führerin einer Gruppe von Flüchtlingen, der auch mehrere Kinder angehörten und die im tiefen Winter über die hohen Berge nach Schweden flohen. Niemand konnte mehr mitnehmen, als er leicht auf dem Rücken tragen konnte, denn der Aufstieg war schwer, Eile war geboten. Die meisten aus der Gruppe flüchteten nicht zum erstenmal vor den

Nazis, da sie bereits einige Jahre zuvor aus Deutschland oder Österreich nach Norwegen geflohen waren. So wußten diese Flüchtlinge aus eigener Erfahrung, was es bedeutet, fast alles, was man besitzt, zurücklassen zu müssen und nur das Wichtigste mitnehmen zu können. Die Gruppe gönnte sich erst, nachdem sie hinter der schwedischen Grenze in Sicherheit war, die erste bitter benötigte Rast. Nachdem die Kinder die wenigen Vorräte aufgegessen hatten, die sie hatten mitnehmen können, waren ihre kleinen Rucksäcke fast leer. Zufällig warf Frau Pedersen einen Blick in den Rucksack eines Kindes und fand darin unter wenigen anderen kümmerlichen Dingen einen kleinen silbernen Stern, wie man ihn an den Christbaum hängt. Sie nahm ihn erstaunt heraus, merkte aber, daß das Kind sie verlegen anstarrte, so als ob sie sein kostbarstes Geheimnis entdeckt hätte. Da legte Frau Pedersen den Stern sorgsam wieder in den Rucksack des Kindes zurück.

Da sie, nachdem sie ihr Ziel in Schweden erreicht hatten, die Verantwortung für die Kinder hatte und sich als Kinderpsychologin sehr dafür interessierte, was ihnen psychische Sicherheit gewähren könnte, beschloß sie nachzusehen, was die Kinder wohl als ihren kostbarsten Besitz von zu Hause auf die Flucht mitgenommen hatten. So warf sie auch einen Blick in die Rucksäcke der anderen Kinder und stieß immer wieder auf billigen Christbaumschmuck, auf Sterne und Glöckchen aus Pappe, die mit Silberflitter überzogen waren. Das war es, was die Kinder allem anderen vorgezogen hatten, als sie aus Norwegen flohen. Übrigens handelte es sich meist um Kinder jüdischer Abstammung, die aber in assimilierten Familien aufgewachsen waren, die Weihnachten als Familien- und Kinderfest, wenn auch nicht als religiöses Ereignis, feierten. Sonst besaßen diese Kinder nichts mehr außer den Kleidern, die sie auf dem Leib trugen. Frau Pedersen sagte sich, daß sie diese Symbole einer glücklichen Vergangenheit mitgenommen hatten, weil nur sie wie ein Zauber die Angst beschwichtigen konnten, die sie empfanden, als sie sich auf die Reise ins furchterregende Unbekannte begaben. Auf ihrer Reise ins Nichts milderten diese kleinen Flitterornamente als Symbole glücklicher Tage, die sie zu Hause im Kreise ihrer Familie gefeiert hatten, das Gefühl der Einsamkeit und Ohnmacht und hielten die Hoffnung wach.

Am gleichen Abend, als sie den schwedischen Grenzort erreichten, stieß eine junge Norwegerin zu ihnen. Sie hatte eine überstürzte Flucht hinter sich, bei der es um ihr Leben ging. Nicht einmal eine halbe Stunde hatte sie Zeit gehabt, das Notwendigste einzupacken. Auf ihrer Flucht hatte sie einige Tage lang wilde Gegenden durchqueren müssen, so daß ihr Rucksack nicht schwer sein durfte. Jetzt konnte sie zum erstenmal in Ruhe ihre Sachen auspacken. Neben den notwendigen Kleidern hatte sie nur eine schwere Spieldose aus Messing mitgenommen. Ihre Entschuldigung lautete: »Ach, ich mußte doch etwas Hübsches mitnehmen, da ich ja für immer wegmußte.«

Der dänische Schauspieler Texiere hat einmal erzählt, das einzige, was er bei seiner Flucht nach Schweden mitnehmen konnte, sei eine kleine Schnupftabakdose gewesen, die Hans Christian Andersen gehört habe. An sich von nur geringem Wert, sei sie für ihn ein Symbol des sorglosen Lebens gewesen, das er hinter sich lassen mußte. Und eine Frau nahm neben einigen robusten Sportkleidern, die für einen Treck übers Gebirge geeignet waren, ein Paar goldene Schuhe mit hohen Absätzen mit. Immer und immer wieder waren unter den wenigen Dingen, die diese Flüchtlinge mitnahmen, als sie ihr Zuhause für immer verließen, Dinge, die – objektiv gesehen – merkwürdig ausgewählt schienen, da sie in keiner Weise dem entsprachen, was ein Flüchtling am notwendigsten brauchte. Keiner dieser Gegenstände entsprach auf vernünftige Weise der Situation dieser Menschen. Aber es handelte sich um Dinge, die für sie symbolisch das repräsentierten, was ihnen in ihrem Leben am liebsten gewesen war. So waren sie einerseits die letzten Überreste eines schönen Lebens und andererseits das Versprechen, daß das Leben auch weiterhin glückliche Augenblicke für sie bereithalten würde.

Jeder, der die Bekanntschaft von Menschen in ähnlich verzweifelten Situationen gemacht hat, könnte solche Geschichten erzählen. Bemerkenswert ist dabei der Unterschied zwischen dem, wovon Erwachsene und wovon Kinder glauben, daß es ihnen in höchster Not helfen werde. Erwachsene nahmen typischerweise irgendeinen Gegenstand mit, der für sie ein Symbol glücklicher Erlebnisse mit wirklichen Menschen war. Bei der Spieldose stellte es sich heraus, daß die betreffende Frau sie von jemand bekommen hatte, der sie liebte und den sie geliebt hatte. Die Frau, die die goldenen Schuhe mitnahm, hatte sie am glücklichsten Tag ihres Lebens getragen, als sie sich besonders schön und erfolgreich fühlte. Dagegen trösteten sich Kinder mit Dingen, die sie an glückliche gemeinsame Erlebnisse mit ihren Eltern erinnerten, die für sie aber gleichzeitig höhere Mächte als ihre Eltern symbolisierten. Vor allem repräsentierten diese Dinge für sie regelmäßig wiederkehrende Tage, die besonders beglückend für Kinder sind. So verzweifelt ihre Lage auch im Augenblick war, schien dieser Christbaumschmuck den Kindern eine Gewähr dafür zu sein, daß sie auch in Zukunft wieder glücklich sein würden.

Danach dürfte die tiefste und beruhigendste Bedeutung des Weihnachtsfestes für ein Kind darin bestehen, daß die Erinnerung daran es in schlimmen Situationen aufrechterhält, wie das bei den jungen Flüchtlingen in ihrer höchsten Not der Fall war. Das im Christbaumschmuck enthaltene symbolische Versprechen erfüllte diese Kinder mit einer magischen Hoffnung, als alles völlig hoffnungslos schien. Kinder fühlen das unbewußt, deshalb glauben sie weiterhin an das Christkind und den Nikolaus, die für sie eine ganz besondere symbolische Bedeutung besitzen.

Jahrestagsreaktionen auf unglückliche Ereignisse

Der Dichter hat mit seinem Einfühlungsvermögen in die »geheimen Geburtstage des Herzens« das vorausgenommen, was die Psychoanalyse mühsam erst entdekken mußte: daß diese Phänomene unsere Ansichten über das Leben sowohl positiv als auch negativ beeinflussen. Die destruktive Macht negativer Reaktionen zeigt vielleicht noch eindrucksvoller und schlaglichtartiger, wie wichtig Festtage sind, als es ihre positiven Auswirkungen tun. Wenn man letztere auch herzhaft genießt, nehmen die Erwachsenen sie doch oft nicht recht ernst, sondern verdrängen sie als kindliche Reaktionen in ihr Unterbewußtsein.

Die Untersuchung schwer pathologischen Verhaltens hat gezeigt, daß dieses häufig zyklisch ist und an den Jahrestagen signifikanter Ereignisse wieder auftritt, und zwar gewöhnlich, wenn auch nicht immer, ohne daß der Betreffende weiß, wieso das geschieht. In der psychologischen Fachliteratur bezeichnet man dies als Jahrestagsreaktionen, und sie haben stets eine besondere persönliche Bedeutung. Es handelt sich um Tage oder um Zeiten im Jahr, an denen sich etwas besonders Unheilvolles, wie zum Beispiel der Tod des Vaters, der Mutter oder eines Kindes, ereignete. Manchmal zeigen sich derartige Reaktionen besonders deutlich an Feiertagen, wie zum Beispiel an Weihnachten. Oft kommt es sogar zu Selbstmorden im Zusammenhang mit solchen Jahrestagsreaktionen, ganz gleich, ob es um einen speziellen Feiertag oder um ein persönliches Unglück geht, ein Beweis dafür, daß wir uns in unserem Unbewußten recht gut an das erinnern, was uns an einem bestimmten Tag oder zu einer bestimmten Zeit im Jahr zugestoßen ist. Die Nachwirkungen glücklicher Ereignisse sind zwar ebenso stark, aber da kein Grund dafür vorhanden ist, solche Erinnerungen als zu schmerzlich zu verdrängen, sind unsere positiven Jahrestagsreaktionen viel weniger dramatisch und daher weniger leicht wahrzunehmen. So leiden zum Beispiel Personen, die als Kinder schlechte Erfahrungen mit Weihnachten gemacht haben, aus diesem Grund ihr ganzes Leben lang an Weihnachten unter schweren Jahrestagsreaktionen, während andere, die als Kinder glückliche Weihnachten verlebten, später in dieser Zeit des Jahres keine Depressionen bekommen, auch wenn ihr Leben einsam und entbehrungsreich geworden ist. Erinnerungen an ihre glücklichen Festtage erlauben es ihnen, sich mit den gegenwärtigen schweren Zeiten abzufinden.

Ich kannte eine Frau, die in ihrem Leben sehr erfolgreich war, aber trotzdem jedes Jahr zur Zeit des Erntedankfestes schwere Depressionen bekam. Sie fühlte sich als Reaktion auf diesen Feiertag furchtbar einsam und deprimiert, obwohl sie sich durchaus bewußt war, daß ihre gegenwärtige Lage ihr keine Veranlassung dazu gab. Aber Erinnerungen aus ihrer Kindheit verfolgten sie. Damals war sie – wenigstens ihrer Erinnerung nach – nie sicher gewesen, ob man *Thanksgiving* in ihrem Elternhaus feiern würde, da man nie sicher sein konnte, ob der Vater rechtzeitig zum Fest nach Hause kommen und den Truthahn mitbringen oder überhaupt mit seiner Familie feiern würde. Obwohl dieser Vater im letzten Augenblick dann doch noch nach Hause zu kommen pflegte und meist auch einen Truthahn mitbrachte, verdarb ihr doch ihre vorausgegangene Angst gründlich das Fest. Die Schlimmes vorausahnende Angst legt wie die Vorfreude fest, wie wir später solche Jahrestage erleben. Leider zeigt dieses Beispiel, daß diese Angst nicht dadurch ausgelöscht wird, daß sie sich als ungerechtfertigt erweist, und daß die Vorfreude völlig zerstört werden kann, wenn sich die Erwartungen hinterher nicht erfüllen.

An seinem speziellen Festtag ist das Kind lebhafter und selbstbewußter als bei fast allen anderen Gelegenheiten, was allen zugute kommt. Die Geburtstage von Kindern sind für diese etwas ganz Besonderes, da sie ihnen die Gewißheit geben, daß ihre Ankunft in dieser Welt, ihr Eintritt in ihre Familie wirklich für die Eltern ein freudiges Ereignis war. Kein Wunder, daß sie an diesem Tag das Gefühl haben, etwas ganz Besonderes zu sein. Das Kind leidet darunter, wenn sein Geburtstag nicht gebührend gefeiert wird. Ich möchte nur zwei Beispiele dafür anführen. Ein am 21. Dezember geborener Junge ärgerte sich sein ganzes Leben lang darüber, daß seine Eltern, um zwei Feste kurz hintereinander zu vermeiden, beide am Weihnachtstag feierten. Ein anderer Junge, der an Weihnachten Geburtstag hatte, hätte sich deshalb als etwas ganz Besonderes fühlen können. Statt dessen hatte er das Gefühl, zu kurz zu kommen, weil er nur einmal Gelegenheit zum Feiern hatte, anstatt daß er zweimal erleben konnte, wie wichtig er seinen Eltern war. Im ersteren Fall hätte man den Geburtstag des Jungen leicht am 21. Dezember feiern können, und daß dies seinen Eltern zuviel Mühe machte, interpretierte er richtig dahingehend, daß es ihnen nicht der Mühe wert war, sich zweimal für ihn anzustrengen. Für die Eltern des Jungen, der an Weihnachten Geburtstag hatte, war es schwieriger, aber bei einiger Überlegung hätten auch sie eine Lösung finden können. Sie hätten zum Beispiel seinen Namenstag feiern können, ein Tag, der in anderen Kulturen festlich begangen wird. So wird ja zum Beispiel auch der Geburtstag des Königs oder der Königin von England offiziell an einem anderen Tag als dem, an dem sie geboren wurden, gefeiert. Da wäre es auch möglich gewesen, einen bestimmten Tag auszuwählen, an dem das Kind besonders gefeiert worden wäre, auch wenn es eigentlich nicht sein Geburtstag war. Kindern macht es besonderen Spaß, wenn ein anderer Tag zu einem Ersatz-Festtag oder zu einem zusätzlichen Feiertag gemacht wird. Zum Beispiel können Eltern »Weihnachten im Juli« mit einer Party für ihr Kind feiern und es damit daran erinnern, wie glücklich es an Weihnachten war. Dem Kind würde es großen Eindruck machen, daß seine Eltern ihm zuliebe etwas Außergewöhnliches veranstalten, was andere Eltern für ihre Kinder nicht tun.

Die Verbitterung über verdorbene Festtage oder darüber, daß sie überhaupt nicht gefeiert wurden, beschränkt sich in manchen Fällen nicht auf eine bestimmte Zeit des Jahres, sie kann einen dunklen Schatten auf ein ganzes Leben werfen. Die jüngere Schwester eines Mädchens kam einige Tage vor dessen Geburtstag auf die Welt. Um die Sache zu vereinfachen, beschlossen die Eltern, beide Geburtstage an ein und demselben Tag anstatt im Abstand von einer Woche zu feiern. Außerdem dachten sie, es wäre den Kindern lieber, die Geschenke früher und nicht später zu bekommen, und so feierten sie beide Geburtstage gemeinsam am Geburtstag des jüngeren Kindes. Das ältere Mädchen fühlte sich schrecklich betrogen, weil man ihm seinen Geburtstag »gestohlen« hatte, wie es sich ausdrückte, und weil es seine Freunde und Freundinnen »am Geburtstag meiner Schwester zu ihrer Geburtstagsfeier« einladen mußte. Sie war von Anfang an nicht damit einverstanden gewesen, ein Schwesterchen zu bekommen, das ihr die bevorzugte Stellung als einziges Kind ihrer Eltern wegnahm, und jetzt haßte sie diese Schwester geradezu, weil sie ihren Geburtstag mit ihr teilen mußte. Sie hatte das Gefühl, keinen eigenen Geburtstag mehr zu haben, und sie sah darin einen Beweis dafür, daß ihre Eltern nur ihre Schwester liebten. Die Folge war, daß dieses Kind sich nicht über seine Geschenke freuen konnte, obgleich es klug genug war, sich zu sagen, daß sie genauso schön waren wie die, welche die Schwester bekam.

Als das Mädchen etwas älter wurde, weigerte sie sich, überhaupt noch jemand an dem Tag einzuladen, von dem sie das Gefühl hatte, daß es nicht ihr Geburtstag, sondern der ihrer Schwester war. Ich weiß nicht, wie das jüngere Mädchen darauf reagierte, daß es seinen Geburtstag und seine Einladung mit seiner älteren Schwester teilen mußte, aber die Ältere von beiden verzieh es ihren Eltern nie, daß sie sie aus Bequemlichkeit um ihren Geburtstag gebracht hatten. Zornig und deprimiert sagte sie: »Ich habe meine Geschenke am Geburtstag meiner Schwester bekommen.« Selbst als Erwachsene konnte diese Frau ihren Groll auf ihre Schwester nicht überwinden, obwohl sie wußte, daß diese nichts dafür konnte, daß man beide Geburtstage zusammengelegt hatte. Es war ihr ein Beweis dafür, daß ihre Eltern sie nicht als eine eigene Persönlichkeit anerkannten. Hierauf führte sie es zurück, daß sie ihr ganzes Leben lang das Gefühl hatte, minderwertig und zu kurz gekommen zu sein. Das besserte sich erst, als sie mit ihren eigenen Kindern wunderschöne Geburtstagsfeiern arrangieren konnte.

Letzteres zeigt, wie positiv es sich auswirken kann, wenn man mit seinem Kind gemeinsam dessen Geburtstag feiert. Die Frau, die zu *Thanksgiving* stets Depressionen bekam, brachte es fertig, frohgestimmt zu bleiben, als sie anfing, für ihre Kinder ein besonders schönes Thanksgiving-Fest zu veranstalten. Ich kannte nicht wenige jüdische Kinder, die zur Weihnachtszeit unter Depressionen litten, weil Weihnachten in ihrer Familie nicht gefeiert wurde, denen es aber später viel besser ging, als sie anfingen, mit ihren Kindern ein schönes Weihnachtsfest zu feiern. Es war eine echte Hilfe für sie, während es ihnen selbst in ihrer Kindheit nicht geholfen hatte, daß ihre Eltern das Chanukka-Fest mit ihnen gefeiert hatten. Das ist teilweise damit zu erklären, daß zwar beides religiöse Feiertage sind, bei denen die Kinder Geschenke bekommen, daß aber Weihnachten symbolisch die Geburt eines Kindes feiert und damit die Geburt und die Kindheit verherrlicht, was Chanukka nicht tut. Andererseits ist zur Weihnachtszeit das ganze Leben von einer festlichen Stimmung erfüllt, und wenn man ein unglückliches Erlebnis der eigenen Kindheit später in einem glücklichen Rahmen mit den eigenen Kindern neu erlebt, kann das die Nachwirkungen der schlimmen Kindheitserfahrungen beträchtlich korrigieren und ausgleichen.

Leider sind solche korrektiven emotionalen Erlebnisse nicht immer möglich. In der Fachliteratur wird mehrfach von Personen berichtet, die zur Zeit des Jahres, zu der sie ihren Vater oder ihre Mutter verloren hatten, schwere Depressionen hatten. Wenn dann ihr eigenes Kind – entweder ihr Lieblingskind oder ein Kind ihres eigenen Geschlechts – das Alter erreichte, in dem sie ihren Vater oder ihre Mutter verloren hatten, erinnerte das Verhalten ihres Kindes diese unglücklichen Erwachsenen an sich selbst im entsprechenden Alter, und sie verfielen in tiefe Depressionen, versuchten sich umzubringen, oder erlitten einen schizophrenen Zusammenbruch. Bei diesen Eltern wurde ein psychisches Trauma, mit dem sie seinerzeit nicht fertiggeworden waren, durch ihr nunmehr gleichaltriges Kind reaktiviert. Diese Reaktivierung verschlimmerte die Jahrestagsreaktion auf lebensbedrohende Weise.

Das ist ein weiteres Beispiel dafür, wie Kinder allein durch ihre Existenz und ihr Zusammenleben mit den Eltern positiv wie negativ starken Einfluß auf diese haben. Die Eltern können ihrerseits das Leben ihrer Kinder im Guten wie im Bösen noch weit stärker beeinflussen. Wir täten gut daran, für unsere Kinder schöne Feste zu veranstalten und diese mit ihnen aus vollem Herzen zu genießen, da solche glücklichen Erlebnisse – wie wir sahen – uns für vergangene Entbehrungen entschädigen können.

28. Kapitel

Gibt es den Nikolaus?

> Virginia, deine kleinen Freunde haben unrecht. Sie haben sich von der Skepsis eines skeptischen Zeitalters anstecken lassen. Sie glauben nur noch das, was sie sehen. Sie meinen, es gebe nicht, was sie mit ihrem kleinen Kopf nicht begreifen können ... Nicht an den Nikolaus glauben? ... Kein Nikolaus? Gottlob lebt er noch und wird immer leben. Noch in tausend Jahren wird er die Herzen der Kinder erfreuen.
> Francis Pharcellus Church, *The New York Sun, 21. September 1897*

Kinder leiden sehr darunter, wenn man ihre besonderen Festtage nicht gebührend feiert. Man nimmt ihnen viel von ihrer Lebensfreude, wenn man diese Tage nicht wichtig genug nimmt. Für die meisten Kinder in unserer Kultur sind – neben Examensfeiern und religiösen Zeremonien wie der Konfirmation – Geburtstag und Weihnachten die einzigen echten Kinderfeste im Jahresverlauf. Während die Geburt des Christkinds für alle gläubigen Christen eine tiefe Bedeutung besitzt, ist Santa Claus* den amerikanischen Kindern so ans Herz gewachsen, wie das bei keinem amorphen »Guten Geist des Schenkens« möglich wäre. Man kann jederzeit im Jahr und bei vielen Gelegenheiten Geschenke als Symbol und Zeichen der Liebe und des Wohlwollens austauschen, und das gehört ganz gewiß auch zu Weihnachten. Aber kein Kind wird glauben, daß Santa Claus auch seinen Eltern Geschenke bringt, und die meisten Kinder würden ihre Eltern für sehr dumm halten, wenn sie ihre Strümpfe in der Hoffnung am Kamin aufhängen würden, daß Santa Claus ihnen etwas hineinsteckt. Weihnachten als Geburtstag des Erlösers der Welt ist ein Feiertag, den alle begehen, aber ein dicker, lustiger Santa Claus, der den Kindern durch den Kamin Geschenke bringt und unter den Weihnachtsbaum legt, ist nur etwas für sie allein. Aus diesem Grund werden Kinder, die man fröhlich an Santa Claus glauben läßt, ihr ganzes Leben lang Weihnachten als eine besonders glückliche Zeit empfinden und dies viel mehr als andere, für die Weihnachten als Kind nur ein religiöser Feiertag war. Sie werden später als Eltern auch ihren Kindern ein fröhliches Weihnachtsfest bereiten können, weil die warmen Empfindungen aus ihrer Kinderzeit noch in ihnen weiterleben.

Alle Feiertage erhalten ihre innere Bedeutung durch ihren magischen Beiklang. Wenn wir einen Feiertag der Magie berauben, die er für das Kind besitzt, verliert er viel von seiner symbolischen und unbewußten Bedeutung, und mit diesem Verlust geht ihm auch die von ihm ausgehende beruhigende und wohltätige Wirkung

* Die amerikanische Bezeichnung wird im weiteren beibehalten. Vgl. aber S. 390 f.

verloren, die sonst das ganze Leben lang vorhalten würde. Wenn man einen Feiertag seiner Magie beraubt, bietet er auch keinen Schutz mehr gegen die zerstörerischen Auswirkungen böser Erinnerungen an diesen Tag. Ein verfrühter Rationalismus ist wie alle verfrühten Erfahrungen eine schlechte Ausrüstung, wenn es gilt, mit den Wechselfällen und Schicksalsschlägen des Lebens fertigzuwerden.

Die Eltern eines gescheiten sechsjährigen Jungen beschlossen, daß es an der Zeit wäre, ihm zu sagen, daß Santa Claus ein Märchen sei, und als dann Santa Claus bei der Weihnachtsfeier wie erwartet in Erscheinung trat, erklärte man dem Kind, daß Santa Claus ein Bekannter sei, den das Kind gut kenne. Daraufhin fing der Junge bitterlich an zu weinen. »Weshalb kommt der richtige Santa Claus nicht zu mir?«, schluchzte er. Die rational eingestellten Eltern waren wie vor den Kopf geschlagen. Sie verstanden nicht, daß ihr Kind noch in dem Alter war, in dem Kinder die Unterstützung durch die Magie brauchen, um mit dem Leben fertigzuwerden, ihren rationalen Erklärungen keinen Glauben schenken konnte und schrecklich enttäuscht darüber war, daß es allein unter allen Kindern von der »echten« magischen Figur nicht besucht wurde. Auch die Zusicherung, daß andere Kinder ebenfalls nicht von dem »echten« Santa Claus besucht würden, konnte den Jungen nicht von seiner Überzeugung abbringen, daß Santa Claus nur allein von *ihm* nichts wissen wolle. Als man ihm sagte, der Santa Claus, der die anderen Kinder besuche, sei genauso ein »Santa« wie sein Onkel John, erwiderte der Junge: »Onkel John kann nicht alle Kinder besuchen!«, worin seine Intelligenz und sein logisches Denkvermögen, aber auch die seinem Alter entsprechende Einstellung zum Ausdruck kamen. Es spiegelte sich auch sein Wunsch darin, an seinem Glauben an Santa Claus festzuhalten, was seine Eltern auch immer darüber sagen mochten, und dies selbst angesichts der Tatsache, daß er wußte, daß »Santa« sein Onkel John war, der sich ein rotes Kostüm angezogen hatte. Als man weiterhin darauf bestand, daß die anderen Kinder ebenfalls von ihrem Onkel oder von Freunden der Familie besucht würden, blieb er dabei: »Aber zu manchen Kindern kommt der *echte* Santa Claus!«

Man denke nicht, es habe sich hier um einen besonders eigensinnigen Jungen gehandelt. Im allgemeinen war er durchaus bereit, auf vernünftige Argumente zu hören, vorausgesetzt, daß er gefühlsmäßig nicht stark beteiligt war. Hierdurch unterschied er sich nicht von uns allen. Da er hochintelligent und sehr sensibel war und man ihn offen seine Meinung sagen ließ, tat er das auch. Viele Kinder denken genauso wie er, sie wagen es jedoch nicht, ihre geheimen Sehnsüchte offen zu äußern, weil sie überzeugt sind, daß ihre Eltern nichts davon halten würden. So leiden viele Kinder schwer darunter, daß der echte Santa Claus nicht zu ihnen kommt, aber sie behalten ihren Kummer für sich und geben nur im stillen ihren Eltern schuld daran. Sie glauben, aus irgendeinem Grund gingen die guten Dinge im Leben, wie zum Beispiel der *echte* Santa Claus, an ihnen vorüber, und sie fürchten, das werde in ihrem ganzen Leben so bleiben.

Ein Fünfjähriger versuchte auf andere Weise, sich seine magische Figur zu erhalten, obgleich seine Eltern versuchten, ihm vorzeitig eine »vernünftige« Auffassung über Weihnachten beizubringen. Diese Eltern wollten tatsächlich, daß ihr fünfjähriges Kind Weihnachten ihrer Auffassung entsprechend feiere – so als ob die Gefühle eines Fünfjährigen mit denen seiner Eltern identisch sein könnten.
Die Mutter dieses Jungen hatte sich vorgenommen, ihm zu erklären, daß es keinen Santa Claus gebe, weil sie das Gefühl hatte, er sollte jetzt »die Wahrheit« erfahren. Sie sagte ihm, es gebe in Wirklichkeit keinen Santa Claus, und es handele sich nur um ein hübsches Märchen, das die Leute den Kindern erzählten. Sie redete dann weiter vom »Geist des Schenkens«, den die Figur des Santa Claus symbolisiere. Scheinbar nahm der Junge diese Erklärung auch an. Aber etwas später fragte er: »Was passiert eigentlich, wenn im Kamin Feuer brennt und Santa Claus herunterkommt?« Das war für die Mutter eine sinnlose Frage, zumal es in der Wohnung nicht einmal einen Kamin gab. Sie sagte dem Jungen, er brauche sich darüber nicht den Kopf zu zerbrechen, weil ja alles nur ein Märchen sei. Aber in der Nacht wachte der Junge auf und fragte mit tränenerstickter Stimme: »Gibt es einen Santa Claus?« Jetzt wußte die Mutter nicht mehr, was ihr Sohn wirklich glaubte: daß es einen echten Santa Claus gab, wie seine Frage mitten in der Nacht vermuten ließ, oder daß es sich nur um ein Märchen handelte, wie er es tagsüber geglaubt zu haben schien, als sie es ihm erklärte.
Daß der Junge aufwachte und fragte, ob es einen Santa Claus gebe, zeigte ihr, daß ihre rationale Erklärung, es gebe keinen Santa Claus, für ihn unannehmbar war, was auch daraus hervorging, daß er sich Gedanken darüber machte, was geschehen würde, wenn Feuer im Kamin brenne, sobald Santa Claus herunterkomme. Sie fand es merkwürdig, daß ihr Sohn sich über ein Feuer in einem nicht vorhandenen Kamin den Kopf zerbrach, denn sie war nicht in der Lage, die Welt so zu sehen wie er. Sie hielt es für sinnlos, daß ihr Sohn über das Feuer in einem nicht existierenden Kamin nachdachte, während es für das Kind durchaus sinnvoll war, weil es an Santa Claus glaubte und wußte, daß dieser den Kamin herunterkam. Als die Mutter merkte, daß ihr Junge so durcheinandergeriet, kamen ihr Zweifel, ob es richtig gewesen war, daß sie ihm gesagt hatte, es gebe keinen Santa Claus.
Sie war bereit, die Phantasien ihres Kindes hinzunehmen, aber es war schade für beide, daß sie es nur bis zu einem gewissen Grad konnte. Sie überlegte sich zwar, ob sie ihn bei seinem Glauben an Santa Claus lassen sollte, aber sie war völlig unfähig, seine Überzeugung zu akzeptieren, daß er einen nicht existierenden Kamin herunterkomme. Da Santa Claus für ihren Sohn etwas Wirkliches war, und da Santa Claus den Kamin herunterkommt, folgte für das Kind logischerweise daraus, daß er den Kamin herunterkommen würde, ob es in ihrer Wohnung einen Kamin gab oder nicht.
Warum sollten schließlich magische Geister sich von einem physischen Hindernis aufhalten lassen, das sich ihnen in den Weg stellt? Wenn wir glauben, daß

die Realität Geister aufhalten kann, dann glauben wir nicht mehr an Geister. Wenn ein Kind an Santa Claus glaubt, dann glaubt es auch, daß er den Kamin herunterkommen kann, selbst wenn kein solcher vorhanden ist. Eine solche Logik ist nur schwer verständlich, wenn wir mit dem rationalen Verstand von Erwachsenen an Probleme dieser Art herangehen, aber sie ist durchaus sinnvoll für Kinder. Und sie war auch für uns sinnvoll, solange wir Kinder waren, wenn wir das vielleicht auch inzwischen vergessen haben.

Man kann sich kaum vorstellen, daß man von einem Fünfjährigen erwartet, er solle an die reale Existenz eines »Geists des Schenkens« und nicht an den sichtbaren und greifbaren Santa Claus glauben. Aus persönlichen Gründen wollte diese Mutter, daß ihr Kind Weihnachten so verstehe, wie sie das tat. Aber welchen Sinn hat es, ein Kinderfest zu feiern, wenn die Kinder es vom Standpunkt der Erwachsenen aus erleben sollen? Warum sollten wir uns dann die Mühe machen, Kinderfeste überhaupt zu feiern? Das Dilemma der Mutter kam daher, daß sie von ihrem kleinen Sohn verlangte, daß er ihre Auffassung von der Realität teile. Seine Schwierigkeit bestand darin, daß sie nicht bereit war, die Gültigkeit *seiner* Ansicht von der Realität zu akzeptieren.

Die Mutter sagte, sie wolle nur, daß ihr Junge glücklich sei. Sie habe ihm gesagt, es gebe keinen Santa Claus, weil sie ihm nichts vorlügen wolle und weil sie befürchte, daß die anderen Kinder ihn für ein Baby halten würden, wenn er noch an Santa Claus glaube. Tatsächlich jedoch hatte sie sich gewünscht, daß er intellektuell und emotional schon weiter fortgeschritten sei, als es ihm möglich war. Intellektuelle Konstrukte können niemals ein Ersatz sein für die emotionale Befriedigung, die der Glaube an eine magische Figur verleiht, die allen Kindern Geschenke bringt. Was diese Mutter unter dem »Geist des Schenkens« verstand und was ihr Sohn unter Santa Claus verstand, war keineswegs dasselbe. Sie wollte von ihm, daß er den Glauben an Santa Claus durch die Hochachtung vor dem Geist des Schenkens ersetze. Er sollte Weihnachten so wie die Erwachsenen mit dem Austausch von Geschenken feiern. Aber wenn man ein Fest im Geist des Schenkens feiert, dann müssen alle, die daran teilnehmen, etwas zu verschenken haben. Auch das Kind müßte dann zu den Schenkenden gehören. Vielleicht hat Santa Claus, oder wer ihn immer erfunden hat, die Bedürfnisse der Kinder besser verstanden. Es heißt, Santa Claus arbeitet das ganze Jahr über am Nordpol an den Geschenken für die Kinder. Er ist ein guter Geist, der kein Gegengeschenk verlangt, und deshalb kommt er mitten in der Nacht und bleibt unsichtbar, auch wenn wir ihn noch so deutlich vor Augen haben. Wir wissen genausogut wie Kinder, daß es etwas ganz anderes ist, wenn man von einem guten Geist Geschenke bekommt, der für all seine Mühe keine Gegengabe will, als wenn man von Freunden und Verwandten Geschenke bekommt, die erwarten, daß man sich dafür bedankt.

Wenn jemand zu früh seiner Illusionen beraubt wird, kann er möglicherweise sein ganzes Leben lang eine rationale Einstellung zu Weihnachten ohne jene emotionalen Untertöne haben, die nur alte Kindheitserinnerungen den Bestrebungen von Erwachsenen verleihen können. Dann spricht das Weihnachtsfest, das solche Eltern später ihren eigenen Kindern bereiten können, nur deren Verstand an, und sie werden nur mit dem Verstand schenken. Aber das läßt die irrationalen Bedürfnisse eines Kindes nicht nur unbefriedigt, sie werden erst gar nicht geweckt. Kein abstrakter »Geist des Schenkens« kann es mit dem Bild aufnehmen, wie Santa Claus den Kamin herunterkommt, einem Bild, das die Kinder ohnehin während der Feiertage überall vor Augen haben.

Kleine Kinder können abstrakte Begriffe nur in konkreter Form begreifen. Für sie ist Santa Claus der gute Geist des Schenkens. Piaget gibt uns ein aufschlußreiches Beispiel dafür, wie sich die Realitätsvorstellung des Kindes entwickelt und wie sie sich von der des Erwachsenen unterscheidet. Als er mit seinem kleinen Jungen im Garten hinter seinem Haus spazierenging, fragte er ihn: »Wo ist Papa?« Darauf deutete der Kleine zum Fenster von Piagets Studierzimmer hinauf und sagte: »Da oben.« Er war noch in einem Alter, wo seine Sicherheit davon abhing, daß er »wußte«, daß sein Vater in seinem Studierzimmer war. Hätte Piaget versucht, seinen kleinen Sohn auf dieser Stufe seiner geistigen Entwicklung davon zu überzeugen, daß sein Vater nicht an zwei Orten zugleich sein konnte, hätte es die Realitätsvorstellung des Kleinen nicht korrigiert, es hätte ihn nur verwirrt und unsicher gemacht. Zu wissen, daß sein Vater sich in seinem Studierzimmer aufhielt, gab dem Kind ein sicheres Gefühl. Hätte man ihm gesagt, sein Vater könne in diesem Moment nicht in seinem Studierzimmer sein, wo er doch neben ihm im Garten war, hätte das das Sicherheitsgefühl des Kleinen erschüttert, so daß er am Ende geglaubt hätte, daß er überhaupt nichts mit Sicherheit wissen könne.

Piagets Geschichte veranschaulicht, daß in der Wirklichkeit des kleinen Kindes sein leibhaftiger Papa und der Geist seines Papas unabhängig voneinander existieren können. Weit davon entfernt, sich gegenseitig etwas zu nehmen, bereichern sie sich vielmehr. Für das kleine Kind existieren wichtige Figuren gleichzeitig an vielen Orten, sowohl in ihrer geistigen als auch in ihrer körperlichen Gestalt. Daher können Eltern nur so schwer begreifen, wieso ein Kind nicht durch die vielen Santas in Verwirrung gerät, die an Weihnachten überall auftauchen. Es hat seine Freude daran, so vulgär sie uns auch gelegentlich vorkommen mögen. Der Grund dafür ist, daß das Kind angefangen hat, die abstrakte Idee von ihrer physischen Verkörperung zu trennen – wenn diese Entwicklung auch noch nicht abgeschlossen ist –, so wie Piagets kleiner Sohn die Idee des Papas, der in seinem Studierzimmer eifrig arbeitet, von dem Papa trennte, der im Garten mit ihm spielte. Für Erwachsene mögen diese Straßen-Santas die Schönheit und das Mysterium von Weihnachten zerstören. Für das Kind sind sie eine Bestätigung der Realität und Allgegenwart des Mysteriums. Piagets Beobachtung zeigt auch, wieso ein kleines Kind glauben kann, daß ein und derselbe Santa Claus allen Kindern auf der ganzen Welt gleichzeitig Geschenke bringen kann.

Selbst drastische Erfahrungen können die Sehnsucht und das Bedürfnis eines Kindes, an Santa Claus zu glauben, nicht erschüttern, wenn es noch nicht bereit ist, dessen freundliches Bild für die Wirklichkeit aufzugeben. Das veranschaulicht das Erlebnis einer Jüdin mit ihrem fünfjährigen Sohn. Da es sich um eine jüdische Familie handelte, war zu Hause von Santa Claus oder von Weihnachten nicht die Rede, doch kam der Junge durch die Schule und das Fernsehen damit in Berührung. Während die Mutter in einem Kaufhaus ihre Einkäufe erledigte, langweilte sich der Kleine. Deshalb sagte sie zu ihm, er solle sich im Geschäft umsehen und sie dann an einer bestimmten Stelle wieder treffen. Zu ihrer Überraschung kam der Junge nach einiger Zeit zu ihr zurück und sagte: »Ich habe Santa Claus besucht.« Seine Mutter fragte ihn, was er denn zu Santa Claus gesagt habe. »Ich habe Santa Claus gefragt, woher er denn weiß, welches jüdische Kinder und welches christliche Kinder sind, und was für Geschenke er christlichen Kindern bringt.« Dann fügte er noch hinzu: »Weißt du, Mammi, der Santa Claus war ganz durcheinander.« Obgleich die Familie dieses Jungen Weihnachten nicht feierte, war er sich doch sicher, daß es einen Santa Claus gab, der aber nur zu christlichen Kindern kam. Glücklicherweise wagte seine Mutter nicht, es ihm auszureden.

Durch Santa Claus schenken und beschenkt werden

Nicht ohne Grund wurde der Mythos von Santa Claus so bereitwillig aufgenommen, als er mit Weihnachten in Verbindung gebracht wurde, das ursprünglich ein universaler religiöser Feiertag und kein besonderes Fest für Kinder war. Erst mit Santa Claus wurde Weihnachten zu einem echten Kinderfest, weil nur der Glaube an ihn es manchen Kindern ermöglicht, sich über ihre Geschenke zu freuen. Es gibt viele Kinder, die das Gefühl haben, sie hätten es eigentlich nicht verdient, von ihren Eltern Geschenke zu bekommen, weil sie sich schlecht benommen oder Böses über ihre Eltern gedacht haben. Noch mehr Kinder haben – wenn sie von ihren Eltern oder Verwandten Geschenke bekommen – das Gefühl, sie seien ihnen zu Dank verpflichtet, auch wenn sie das lieber nicht wären. Dagegen wissen die Kinder, daß sie über Santa Claus nichts Böses gedacht haben und daß er nicht von ihnen erwartet, daß sie ihm dankbar sind. Deshalb können sie ihre Geschenke von ihm ohne ambivalente Gefühle in Empfang nehmen.

Geschenke, die sie von ihren Eltern bekommen, sind dagegen mit Gefühlen belastet. Das ist der Grund, weshalb manche Kinder solche Geschenke nur mit gemischten Gefühlen in Empfang nehmen und sich nicht von ganzem Herzen darüber freuen können, oder ein schlechtes Gewissen haben, wenn sie mit solchen Spielsachen spielen. Es gibt sogar Kinder, die Geschenke, die sie von ihren Eltern bekommen, zurückweisen, und wenn es ihrer Ansicht nach nicht das richtige Geschenk war, glauben sie, ihren Eltern liege nicht genug an ihnen. Aber kein Kind lehnt die Geschenke von Santa Claus ab oder hegt ihm gegenüber ambivalente Gefühle. Selbst wenn ein Geschenk, das Santa Claus bringt, nicht ganz den Erwartungen des Kindes entspricht, fällt die Tatsache, daß er einen Fehler gemacht hat und es nicht besser wußte, nicht auf die Eltern zurück.

Vielleicht war es einfacher, unseren Kindern ein schönes Weihnachtsfest zu bereiten und sich an ihrem Glauben an Santa Claus zu freuen, als dieses Fest noch nicht so sehr vom Konsum bestimmt wurde. Die unverhohlene Kommerzialisierung hat die Erwartungen unserer Kinder so hochgeschraubt, daß die Realität oft nicht mehr mitkommt, was Eltern und Kinder gleichermaßen frustriert. Der Spektakel um Weihnachten verführt die Eltern dazu, für ihre Kinder mehr zu tun, als sie eigentlich psychologisch und wirtschaftlich verantworten können. Da sie außerdem versuchen, Weihnachten jedes Jahr noch prächtiger zu gestalten, fällt es ihnen immer schwerer, darauf zu verzichten, daß ihre Kinder ihre Bemühungen auch gebührend anerkennen. Als die Geschenke noch bescheiden waren, war es für die Eltern noch einfacher, so zu tun, als ob sie von Santa Claus kämen. Nachdem sie nun soviel Geld und Mühe darauf verwandt haben, möchten sie – trotz bester Absichten – von ihrem Kind auch Dank und Anerkennung ernten. Deshalb möchte das Kind seinerseits nur um so lieber weiter an Santa Claus glauben, und die Wünsche von Eltern und Kindern laufen einander zuwider.

Natürlich wissen alle Kinder, daß ihre Eltern am Weihnachtsfest erheblich beteiligt sind, beobachten sie doch zu Hause das Kochen und Backen und all die anderen Festvorbereitungen. Diese Mischung aus Phantasie und Wirklichkeit macht ja gerade den besonderen Reiz des Weihnachtsfestes aus. Ob das Kind das so erlebt oder nicht, hängt nur davon ab, in welchem Geist die Eltern dieses Fest real gestalten und wie sie gleichzeitig seiner magischen Bedeutung gerecht werden. Wenn das Kind es in seiner vollen Bedeutung erleben soll, muß dabei sowohl die Phantasie als auch die Realität zu ihrem Recht kommen.

Kinder sind so sehr von der tieferen Bedeutung des Weihnachtsfestes durchdrungen, daß ihre Phantasie um so mehr angeregt und befriedigt wird, je mehr wir Erwachsenen uns um seine äußere Gestaltung bemühen. Am bedeutungsvollsten ist der Christbaum. Jeder Vater und jede Mutter, die den Christbaum zusammen mit ihren Kindern heimgeholt haben, können die wahrhaft magische Verwandlung einer gewöhnlichen Tanne in die Realisation eines Wunschtraumes beobachten, wenn das Kind mit seinem Wunderglauben zum erstenmal den geschmückten Baum in seiner ganzen Flitter- und Lichterpracht erblickt. Der Christbaum wird so vorbehaltlos als echtes Symbol akzeptiert, weil er offensichtlich ein wirklicher Baum und trotzdem unverkennbar etwas ist, was ein wirklicher Baum nie sein könnte. Die Eltern haben seine Alltagswirklichkeit für ihr Kind in ein Wunderland verwandelt. Wie bereits erwähnt, ist auch ein von den Eltern selbst gebasteltes Geschenk etwas ganz Besonderes. Keine im Laden gekaufte *Raggedy-Ann*-Puppe kann es mit einem »Schlamperle« aufnehmen, das die Mutter für ihr Kind selbst genäht hat. Selbstgebastelte Bausteine verwandeln sich in Phantasiegegenstände. Aus solchen Bausteinen baut sich das Kind sein eigenes Schloß, und das »Schlamperle« wird zu seinem eigenen Baby.

Das wahre Weihnachtswunder ist – neben der religiösen Bedeutung des Fests – das Wunder des kindlichen Gemüts, das es dem Kind ermöglicht, die dünne Verkleidung, die seine Eltern hinter dem Bild von Santa Claus verbirgt, zur Verheißung einer Erfüllung versprechenden Welt zu machen. Für das Kind symbolisiert Santa Claus – neben all seinen anderen Bedeutungen – nicht nur die Freigebigkeit seiner Eltern, sondern das Wohlwollen der ganzen Welt. Dieses Wohlwollen verbürgen nicht zahlreiche oder kostbare Geschenke, sondern es ist die Gewähr dafür, daß die Eltern bereit sind, einmal im Jahr für ihr Kind eine Welt zu schaffen, die seinem magischen Wunschdenken entspricht. Die Gegenwart von Santa Claus, diesem Symbol des Wohlwollens und des Bestrebens, Kinder glücklich zu machen, gibt ihnen mehr Sicherheit als noch so viele Geschenke, wenn sie diese von ihren Eltern in eigener Person überreicht bekommen.

In unserer Gesellschaft repräsentiert Santa Claus in vieler Hinsicht den letzten Überrest eines uralten Glaubens an das Goldene Zeitalter, in dem wir alle noch alles erhielten, ohne daß von uns erwartet wurde, daß wir es irgendwie verdienten oder daß wir unsererseits etwas dafür gaben. Dieser Mythos ist natürlich eine Projektion der Welt des Kindes. Der dicke Bauch von Santa Claus scheint schwanger zu sein mit all den guten Dingen, die er verschenken wird, und in diesem Sinn repräsentiert er die glückliche Existenz im Mutterleib. Auch wenn wir zu vernünftigen Erwachsenen herangewachsen sind, hält uns doch noch diese alte Vorstellung von einem glückseligen Leben in Bann – die Vorstellung von einem Goldenen Zeitalter, welche die Wirklichkeit für uns zerstörte, sobald wir merkten, daß wir höchstens von unseren Eltern immerzu etwas geschenkt bekommen, deren Möglichkeiten in dieser Hinsicht recht beschränkt sind.

Kinder werden sich täglich dieser beschränkten Möglichkeiten ihrer Eltern und der Realität nur allzu sehr bewußt. So haben sie allen Grund, sich zu wünschen, daß sie wenigstens einmal im Jahr das Märchenland oder Kinderparadies in ihrer Phantasie ein paar Stunden lang zurückgewinnen können. Diese Erlebnisse geben ihnen große Sicherheit, weil sie zeigen, daß das Goldene Zeitalter nicht für immer verloren ist. Das gibt ihnen die Kraft, weiter gegen die Schwierigkeiten der Gegenwart anzugehen und Hoffnung für die Zukunft zu schöpfen. Wenn die Eltern immer wieder betonen, daß dieser Traum keine reale Grundlage habe – auch nicht dadurch, daß Santa Claus jedes Jahr wiederkommt –, dann wird die Welt für sie zu einem sehr unerfreulichen Ort.

So sagte eine Zehnjährige, als die Rede auf Santa Claus kam: »Ich weiß, daß es keinen Santa und keine Zahnfee gibt, die mir ein Zehncentstück unters Kopfkissen legt.« Dann fing sie bitterlich zu weinen an und schluchzte: »Ich hasse die Wirklichkeit!« Ihr Haß auf die Wirklichkeit kam daher, daß man sie allzu früh gezwungen hatte, ihre Wunschträume aufzugeben. Anstatt ihr eine gesündere Auffassung von der Wirklichkeit beizubringen, was die Absicht ihrer Eltern gewesen war, hatten deren rationale Erklärungen sie dieser Wirklichkeit nur entfremdet, weil die Realität, wenn sie nicht durch Phantasievorstellungen – durch besonders befriedigende Ereignisse oder Rituale – etwas gemildert wird, für Kinder und auch für nicht wenige Nicht-mehr-so-Junge unerträglich wird. Das kleine Kind braucht den Glauben an die Magie, und es braucht sein magisches Denken (wie zum Beispiel den Glauben an seinen Schutzengel oder an eine gute Fee), um seine Angst zu binden und seine Hoffnung auf kommende Freuden (wie Santa Claus und den Osterhasen) immer wieder neu zu entfachen und sich zu erhalten. Nur dann kann es mit der Realität fertigwerden.

Normalerweise ist das Bedürfnis nach magischen Vorstellungen solcher Art etwa sechs Jahre lang (typischerweise zwischen dem vierten und zehnten Lebensjahr) am größten, denn dies ist genau die Periode, in der das Kind lernen muß, mit der realen Welt zurechtzukommen. Normalerweise nimmt das magische Denken allmählich ab, doch sollte es nicht vor dem Eintritt in die Grundschule dazu kommen. Wird das rationale Denken zu früh vorangetrieben, so kann das Bedürfnis, magisch zu denken, verdrängt werden. Es wird damit jedoch nicht aufgegeben, sondern bleibt eingekapselt mit voller Macht im Unbewußten bestehen. Wird das magische Denken auf diese Weise verdrängt, wird der normale Prozeß einer allmählichen Auflösung unter dem immer stärker werdenden Druck des rationalen Denkens verhindert. Es kann sich dann in der Adoleszenz, wenn das Kind nicht mehr von seinen Eltern beherrscht wird, mit voller Macht Geltung verschaffen. Kinder, denen man zu früh sagte, es gebe keinen Santa Claus, und die nicht mit Märchen, sondern mit realistischen Geschichten aufgezogen wurden, glauben, wenn sie das College besuchen, häufig an Astrologie und vertrauen darauf, daß das I-Ging Antworten für Lebensprobleme bereithält oder daß Tarotkarten die Zukunft voraussagen. Der Adoleszent, der sich dem magischen Denken hingibt, versucht auf diese Weise nachzuholen, was er allzu früh aufgeben mußte.

Normalerweise wird das magische Denken allmählich aufgegeben, wenn das Kind größere Erfahrungen mit der Wirklichkeit gesammelt hat und besser mit ihr fertig wird. Es kommt dann eine Zeit, in der es nicht mehr an Santa Claus glaubt, was seine Eltern auch immer dazu sagen werden. Santa Claus kann dann zu einem lustigen Als-ob-Spiel für Eltern und Kinder werden, bei dem vorübergehend eine kindliche Phantasiewelt neu belebt wird und an dem beide Teile – jeder auf seiner Ebene – ihre Freude haben. Aber eine solche echte Freude an Phantasiespielen ist nur möglich, wenn Santa Claus für das Kind zuvor Wirklichkeit war und wenn man es nicht veranlaßt hat, derartige Phantasien allzu früh mit den Augen von Erwachsenen zu sehen.

Wenn wir demnach unseren Kindern zu einer gesunden Auffassung von der Wirklichkeit und zur Fähigkeit verhelfen wollen, mit ihr zurechtzukommen, dann sollten wir es ihnen nicht nur ermöglichen, an ihren Phantasien festzuhalten, solange sie das brauchen, sondern wir sollten in wichtigen Augenblicken versuchen, ihre Phantasien Wirklichkeit werden zu lassen. Das ist die wichtige Funktion der Feiertage im Seelenhaushalt der Kinder, die ihnen Kraft gibt, ihre Lebensaufgabe zu meistern.

29. Kapitel

Der »wirkliche« Nikolaus, der Osterhase und der Teufel

Vor allem Kanzelreden, Werbeslogans und
Zeitungsannoncen konnte er nicht ausstehen ...
... Am Christbaum, an den Ostereiern,
an der Taufe hielt er fest.
Karl Jay Shapiro, *Elegy for a dead soldier*

Wenige Geschenke können mehr Freude bereiten als eine Überfülle davon, vorausgesetzt, die Kommerzialisierung von Weihnachten und die Allgegenwart der Fernsehreklame haben die Erwartungen des Kindes nicht über alle Vernunft hochgeschraubt. Wenn das Kind nur wenige Geschenke bekommt, erspart ihm das die bereits erwähnten ambivalenten Gefühle in bezug auf das Geben und Nehmen. Darauf nimmt ein Kinderfest Rücksicht, das in vielen europäischen Ländern einschließlich Holland gefeiert wird, und das von da aus nach New Amsterdam und damit in die Neue Welt gebracht wurde: der Nikolaustag. An diesem Tag, dem 6. Dezember, erhalten Kinder nur ein paar billige Dinge, so daß auch die ärmsten Eltern mitfeiern können und kein Kind ein schlechtes Gewissen zu haben braucht, wenn es die Geschenke in Empfang nimmt, selbst wenn es meint, es sei böse gewesen und habe sie deshalb nicht verdient.

In den Vereinigten Staaten wird dieses Fest heute zwar nicht mehr gefeiert, aber ich möchte hier trotzdem darauf eingehen, weil es uns helfen kann, die Figur des Santa Claus und das, was sie unbewußt für die Kinder bedeutet, zu verstehen. Santa Claus spricht einige unserer wichtigsten Gefühle an, und durch diese Figur erlangen wir am leichtesten Zugang zu der vollen Bedeutung, die das Weihnachtsfest heute für unsere Kinder besitzt.

Sehr lange, viel länger, als Weihnachten auf unsere heutige Art gefeiert wird, war der heilige Nikolaus der am meisten verehrte und beliebteste Heilige sowohl der westlichen wie der östlichen Kirche. Während der vielen Jahrhunderte, in denen Weihnachten ein streng religiöses Fest war, war der Nikolaustag vermutlich das beliebteste weltliche Fest. Die Gestalt des legendären Heiligen knüpft an zwei historische Figuren an, einen Bischof Nikolaus von Myra, einer Stadt in Kleinasien, aus dem 4. Jahrhundert sowie an den Bischof Nikolaus von Sion aus dem 6. Jahrhundert. Dem Nikolaus von Myra wurden viele Wunder zugeschrieben, und er wurde seit dem 6. Jahrhundert in Myra verehrt.

Die beiden verschmolzen miteinander zum Heiligen Nikolaus von Myra. Er wurde so hoch verehrt, daß schon im elften Jahrhundert Abordnungen in das inzwischen zerstörte Myra entsandt wurden, um seine Reliquien zu holen. 1087 wurde in Bari in Süditalien eine Kirche erbaut, um einige dieser Reliquien darin aufzubewahren. Wie bedeutend sie war, zeigt, daß sie zu einer der vier Kaiserlichen Kirchen Apuliens erhoben wurde. Seit jener Zeit wurden viele große und kleine Kirchen in ganz Europa diesem Heiligen geweiht, und sein Namenstag wird seither an vielen Orten festlich begangen.

Einige der zahlreichen Wundertaten, die diesem Heiligen zugeschrieben werden, fallen in unseren Diskussionsbereich. Er hat viele Kinder aus Todesgefahr errettet und andere vom Tode auferweckt. So ist er zum Schutzpatron der Kinder geworden. Nachdem er ein großes Vermögen geerbt hatte, verteilte er es freigebig. Unter anderem bedachte er drei tugendhafte Mädchen, die nicht heiraten konnten, weil sie keine Mitgift hatten. Nach der Legende legte er neben jede von ihnen, während sie schliefen, einen Beutel mit Gold, ohne daß sie merkten, woher das Geschenk kam. Daß der Heilige unbekannt bleiben wollte und deshalb seine Gaben mitten in der Nacht brachte, als alles schlief, wurde zu einem wichtigen Element in der Rolle, die der Heilige spielt.

Der heilige Nikolaus war nicht nur der Schutzpatron der Kinder, die er beschützte und errettete, er war auch der ihrer Eltern und der Patron der menschlichen Fruchtbarkeit. Dieser Aspekt dürfte auf viel ältere, heidnische Fruchtbarkeitskulte zurückgehen, von denen einige Merkmale auf den Heiligen übertragen wurden. Als Schutzpatron der Familie und der Fruchtbarkeit wurde St. Nikolaus von Ehepaaren angerufen, die sich Kinder wünschten, insbesondere von Frauen. Auch Jungfrauen, die eine Mitgift brauchten, beteten zu ihm. Daß er Frauen dazu verhalf, schwanger zu werden, war weit bekannt, und wenn man in den Alpenländern von einer Frau sagte, sie habe zum heiligen Nikolaus gebetet, war das gleichbedeutend damit, daß sie schwanger war. Wenn es hieß, Sant Klos – wie der Heilige in einigen Dialekten hieß und worin die Bezeichnung Santa Claus ihren Ursprung gehabt haben könnte – sei zu einer Familie gekommen, dann bedeutete das, daß dort ein Kind auf die Welt gekommen war.

In einigen Teilen der Schweiz brachte nicht der Storch die kleinen Kinder, sondern Smichlaus, wie er dort in einigen Dialekten hieß. In der Bretagne gingen Frauen, die Kinder haben wollten, in eine dem Heiligen geweihte Kapelle, in der eine Figur von ihm an einem Seil von der Decke herabhing. Sie glaubten, wenn sie mit dieser kleinen Statue über ihren Körper strichen und zum heiligen Nikolaus beteten, würden sie schwanger. Es ist dies ein Beispiel dafür, wie heidnische Fruchtbarkeitsriten auf diesen Heiligen übertragen wurden. So stand seit dem elften Jahrhundert der Kult des heiligen Nikolaus in enger Beziehung zu Schwangerschaft und Fruchtbarkeit, zur Geburt von Kindern und zu Geschenken inmitten der Nacht. In einigen Regionen hieß es, der Heilige reite an seinem Namenstag auf seinem Schimmel über die Dächer und werfe entweder neugeborene Kinder oder

Geschenke für die Kinder herab. Das dürfte der Ursprung der Legende sein, daß Santa Claus mit seinem mit Rentieren bespannten Schlitten durch die Luft fährt. Bei den Umzügen am Nikolaustag trug derjenige, der den Heiligen darstellte, gelegentlich das Gewand eines Bischofs, was der Heilige ja gewesen war, oder er war auch als Kardinal verkleidet, worauf vielleicht das rote Kostüm von Santa Claus zurückzuführen ist.

Welche besonderen Merkmale von Santa Claus könnten das Unbewußte des Kindes ansprechen, insbesondere im Zusammenhang mit anderen Ereignissen oder Besonderheiten des Weihnachtsfests? Viele Elemente erwecken zusammengenommen oder auch einzeln bei ihm unbewußte Reaktionen. So fragt sich zum Beispiel jedes Kind, was wohl seine Ankunft für seine Eltern bedeutete, und viele machen sich Gedanken darüber, ob sie auch willkommen waren. Daher wirkt es beruhigend, wenn die Ankunft eines Kindes gefeiert wird, und das ist ja an Weihnachten der Fall. Die Freude, mit der das Christkind auf der Welt empfangen wurde, und das Glück nicht nur seiner Eltern, sondern auch das der Hirten und der Heiligen Drei Könige werden vom Kind als Zeichen dafür aufgefaßt, daß auch seine Geburt für seine Eltern und sogar für die Gemeinschaft aller Menschen ein freudiges Ereignis war, da ja alle Welt Weihnachten feiert.

Die Adventszeit ist eine Zeit der Vorfreude, genau wie die Zeit vor der Geburt eines Kindes. Jedermann wartet auf das bevorstehende freudige Ereignis. Zur Vorbereitung der Geburt wird das Haus aufgeräumt, wie das gewöhnlich auch vor Weihnachten geschieht. Daß Santa Claus mitten in der Nacht kommt, ist etwas sehr Geheimnisvolles, und das ist auch die Geburt eines Kindes, die oft nachts erfolgt. Santa kommt durch den Schornstein herunter und betritt die Wohnung durch den offenen Kamin, der das Haus mit lebenspendender Wärme versorgt. Der dicke Bauch von Santa Claus gleicht dem einer hochschwangeren Frau. So wie das Kind bei seiner Geburt einen engen dunklen Kanal passieren muß, um ins Licht der Welt zu gelangen, so kommt Santa Claus in die Wohnung. Nach einer alten Legende bringt der Storch die kleinen Kinder und läßt sie durch den Kamin hinabfallen – eine weitere Parallele zwischen Santa Claus und dem heiligen Nikolaus der Legende. Schließlich und endlich wissen die Eltern zwar, was es mit Empfängnis und Geburt auf sich hat, doch sollen die Kinder das noch nicht wissen, und so erzählt man ihnen andere Geschichten darüber. Ebenso wissen die Eltern über Santa Claus genau Bescheid, sagen ihren Kindern aber etwas anderes über ihn. Schließlich werden sowohl am Nikolaustag als auch an Weihnachten – jeweils auf besondere Weise – die Wiedergeburt des Jahres und die Fruchtbarkeit gefeiert. Auch wenn der Nikolaustag in den Vereinigten Staaten nicht mehr besonders gefeiert wird, wäre ein Kind doch recht dickfellig, wenn es nicht unbewußt auf alle diese Parallelen zwischen dem Kommen von Santa Claus und der Geburt von Kindern irgendwie reagieren würde. In ihrer Kombination dürften diese symbolischen

Bedeutungen Weihnachten zum wichtigsten freudigen Ereignis im Leben des Kindes machen.

In meiner Kinderzeit wurde in Österreich genau wie in vielen anderen Ländern der Nikolaustag ähnlich gefeiert, wie man das schon jahrhundertelang getan hatte und auch heute noch tut. An diesem Tag suchen zwei männliche Erwachsene die Kinder zu Hause auf. Der eine ist als Bischof verkleidet und spielt die Rolle des heiligen Nikolaus, der andere ist sein Knecht oder Gegenspieler, eine je nach den örtlichen Gepflogenheiten unterschiedlich kostümierte und bezeichnete Figur. Oft heißt sie Ruprecht, wenn sie nur der Knecht ist und einen Sack mit Geschenken tragen muß, häufiger jedoch heißt sie Schwarzer Peter, Krampus oder Grampus. Dann hat sie ihr Gesicht geschwärzt und verkörpert den Teufel. Sie trägt in diesem Fall eine Maske mit Hörnern und hat einen Schwanz und Hufe. Der Schwarze Peter hat ein schwarzes Gewand an und trägt einen Sack oder ähnliches. In seinem Sack stecken jedoch keine Geschenke, sondern er dient dazu, unartige Kinder wegzuschleppen. Fast immer hat er Ketten bei sich, mit denen er rasselt und mit denen er die Kinder zu fesseln droht. Aber wenn dieser Böse sich auch wild und grimmig gebärdet, hält ihn doch der gute Bischof in Schach, und er gebietet ihm denn auch bald Einhalt und rettet die Kinder wie in der Legende.

Am Nikolaustag gehen diese beiden – verkleidete Nachbarn – von Tür zu Tür und fragen die Eltern (die sie bereits erwartet haben), ob ihre Kinder brav oder unartig waren. In den meisten Fällen lautet die Antwort: »Meist brav, wenn auch nicht immer.« Daraufhin springt der Teufel auf das Kind los und versucht, es zu erwischen, um ihm ein paar Streiche mit der Rute zu geben. Aber es gelingt dem Kind fast immer, ihm mit lautem Geschrei zu entkommen. Jedenfalls kommt der gute Heilige dem Kind zu Hilfe und verweist den Teufel wieder auf seinen Platz, womit bewiesen ist, daß der Nikolaus alle Kinder beschützt. Dann ermahnt er das Kind, brav zu sein, und gibt ihm kleine Geschenke, die meist aus Obst und Süßigkeiten bestehen. Aber eine seiner traditionellen Gaben ist von besonderer Bedeutung: eine Rute aus Reisig, ähnlich der, die der Krampus schwingt. Aber die Rute des Heiligen ist mit Gold- und Silberflitter geschmückt und mit kleinen Früchten und Süßigkeiten behängt. Die Rute des heiligen Nikolaus hat sich sozusagen in ein Weihnachtsbäumchen verwandelt. Es ist eine Parodie auf die Rute, mit der die Kinder gelegentlich verhauen werden. Damit wird ein an sich der Bestrafung dienendes Instrument in etwas verwandelt, das Freude macht und das die Kinder besonders gern haben. So wird am Nikolaustag mit Hilfe eines kleinen Dramas, das allen viel Spaß macht, zunächst der negativen Seite der ambivalenten Gefühle der Eltern und dem schlechten Gewissen der Kinder wegen ihrer Unarten (oder auch ihrer gehässigen Gedanken) durch die Teufelsfigur Genüge getan, welche Bestrafung androht. Dann aber trägt die positive Seite der Ambivalenz den Sieg davon, und es gibt Geschenke, die viel greifbarer und realer sind als die symbolische Bestrafung.

Die beiden Charaktere des Nikolaustags treten immer paarweise auf, worin sich die beiden Seiten unserer Persönlichkeit auf eine für jedermann verständliche Weise spiegeln. Sie symbolisieren, daß weder im Kind noch im Erwachsenen das Gute und das Böse isoliert voneinander existieren. Die Antwort der Eltern auf die Erkundigung des Nikolaus zeigt, daß sie wissen, daß ihr Kind weder ganz gut noch ganz böse ist und daß es deshalb die kleinen Geschenke ohne schlechtes Gewissen voll genießen kann. Natürlich tragen das eindrucksvolle Kostüm des Bischofs mit seiner Mitra und dem Krummstab sowie die phantastische Aufmachung des Schwarzen Peter, (des Knecht Ruprecht oder Krampus) und das rote Kostüm von Santa Claus zu Weihnachten erheblich zu dem Spaß bei. Weil Erwachsene sich kostümieren und weil sie das Ganze unter voller Mitwirkung der Eltern für die Kinder inszenieren, verleihen sie den kindlichen Phantasien mit ihren Ängsten und Wünschen körperliche Gestalt und Wirklichkeit, womit sie den Kindern zeigen, daß die Erwachsenen Verständnis für sie haben.

Fundamentale Veränderung der Feiertage

Weihnachten ist nicht das einzige Kinderfest, das symbolisch die Kindergeburt, die Fruchtbarkeit und die Wiedergeburt der Natur feiert. Der Erste Mai, der in den Vereinigten Staaten kaum noch gefeiert wird, pflegte mit seinem Tanz um den Maibaum Gelegenheit zum Feiern zu geben, was vor allem von den Kindern und Jugendlichen wahrgenommen wurde, obwohl sich die ganze Gemeinde aktiv daran beteiligte. Es war wahrlich ein Tag, an dem »jung und alt froh in Busch und Wald« spielten. Heute feiern die Sozialisten den Ersten Mai noch als einen Neubeginn. Der andere große Festtag, der einen Neubeginn feiert, ist Ostern, der Tag der Auferstehung, ein Fest der Wiedergeburt. Ohne Ostern würde die Geschichte Christi mit seinem Tod am Kreuz enden, durch Ostern aber beginnt ein neues Leben, eine neue Ära, eine neue Hoffnung. Wie Weihnachten war auch Ostern ursprünglich ein religiöser Feiertag. Jetzt ist es zu einem wichtigen Kinderfest geworden.

Wie sein Name und viele seiner Gebräuche zeigen, hat Ostern auch eine tiefe symbolische Bedeutung im Zusammenhang mit Geburt, Wiedergeburt und Fruchtbarkeit. Das Ei spielt auf der ganzen Welt in Schöpfungsmythen eine hervorragende Rolle. Es symbolisiert die Geburt, und bereits im vierten Jahrhundert tauchen Eier im Zusammenhang mit Osterzeremonien auf. Im zwölften Jahrhundert hat die römisch-katholische Kirche dies durch die Einführung der *Benedictio Ovarum* legitimiert, wodurch an den heiligen Ostertagen die Segnung von Eiern autorisiert wurde. Seitdem spielen Eier bei Osterfeiern eine hervorragende Rolle, vom Eierrollen bis zum Ostereiersuchen der Kinder und dem Verschenken schön bemalter Eier. Der Hase und später das Kaninchen waren natürliche Fruchtbarkeitssymbole, weil sich diese Tiere besonders stark vermehren. In Deutschland wird der Hase in Verbindung mit Ostereiern zum erstenmal 1572 erwähnt, doch handelte es sich damals bereits um eine alte Sitte. Es ist leicht einzusehen, und viele Gebräuche sprechen dafür, daß zwischen dem Ei und der Geburt ein symbolischer Zusammenhang besteht. Wenn zum Beispiel eine ungarische Zigeunerin eine schwere Geburt hatte, kamen ihre Verwandten zu ihr, und eine Frau ließ ein Ei auf sie herunterfallen, während alle sagten: »Das Ei, das Ei ist rund / Und der Bauch ist rund / Kind, komm gesund hervor / Gott ruft dich!«

So sind alle großen Kinderfeste – der Geburtstag (in manchen Gegenden auch der Namenstag des Kindes), Weihnachten und Ostern – Tage, an denen die Erinnerung an eine Geburt gefeiert wird. Auf diese Weise erhält das Kind die Zusicherung, daß seine Ankunft auf dieser Erde ein freudiges Ereignis war, das seine Eltern und die ganze Welt sehnlich erwarteten. Je festlicher wir diesen Tag begehen, um so sicherer kann sich das Kind fühlen, daß es geliebt wird.

Um emotionale Sicherheit zu gewinnen, muß ein Kind nicht nur geliebt und umsorgt werden, es muß auch das Gefühl haben, daß seine dunkleren Seiten akzeptiert werden. Das traditionelle Ritual am Nikolaustag weist darauf hin, daß Kinder nicht immer brav sein können. Das gleiche gilt für gewisse Gebräuche während der Osterzeit, bei denen man auch den asozialen Seiten der Kinder einen gewissen Spielraum einräumt. So zogen zum Beispiel in früheren Zeiten in Oxfordshire in England Gruppen von Buben und Mädchen von Haus zu Haus und forderten Geschenke. Wenn sie nichts bekamen, nachdem sie ein Osterlied gesungen hatten, riefen sie: »Hier sitzt ein böses Weib/Der Teufel soll sie holen/ Setzt sie in ein Weberschiffchen/und befördert sie zum Teufel.« Dann zerbrachen sie die Türklinke, stopften Schmutz ins Schlüsselloch oder hinterließen vor der Haustür ein anderes Zeichen ihres Mißfallens.

Ein anderer Tag, an dem die Kinder ihre bösen Seiten zum Ausdruck bringen konnten, war der erste April, der früher einmal ein höchst vergnüglicher Festtag für die Jugend war. Man hielt die Erwachsenen zum Narren, was sie mit Humor hinzunehmen hatten. In bestimmten Gegenden gab es noch mehr solche Tage, an denen man sich ruppig benehmen und rebellieren konnte und an denen Hahnenkämpfe abgehalten wurden – zum Beispiel Neujahr, den Valentinstag und den Fastnachtsdienstag. Aber ganz besonders am Nikolaustag ließ die Jugend ihren aggressiven Instinkten freien Lauf. Der Schwarze Peter oder Krampus brachte die negativen Gefühle der Erwachsenen gegenüber den Kindern zum Ausdruck. Wenn dann aber der heilige Nikolaus seinen Besuch beendet hatte oder wenn andernorts der Festzug zuende war, zogen später am Abend und zur Nacht Gruppen von Buben und Mädchen, die sich ihre Gesichter geschwärzt hatten, lärmend und randalierend durch die Straßen, jagten hinter jedem her, den sie trafen, und beschmierten die Häuserwände und Fenster. Dieses wilde Treiben, das die Erwachsenen wohl oder übel hinzunehmen hatten, war besonders in den Niederlanden weit verbreitet.

Wenn wir auch in den Vereinigten Staaten kein Fest für unsere Kinder haben, bei dem sie so vergnügt und ungeschminkt ihre ambivalenten Gefühle zum Ausdruck bringen können, so haben sie doch auch bei uns Gelegenheit, die negative Komponente ihrer Gefühle gegenüber der Welt der Erwachsenen auf rituelle Weise zu feiern und zu entladen – nämlich an Halloween, dem Abend vor Allerheiligen. Halloween geht auf ein keltisches Fest ausgangs des Sommers zurück, das mit dem Abtrieb des Viehs von der Weide und dem Anzünden des Feuers im Haus zusammenhing.

An Halloween können die Kinder ihren Groll auf die Erwachsenen austoben, die das ganze Jahr über von ihnen erwarteten, daß sie sich zivilisierter benahmen, als sie das gerne wollten oder als sie es konnten. Kinder haben das Gefühl, daß die Erwachsenen sie immer noch artiger, noch sauberer und adretter haben möchten, als ihnen das behagt. Halloween ist der einzige Tag, an dem sie die Erwachsenen so bedrohen können, wie sie sich das ganze Jahr über von ihnen bedroht fühlten, und an dem sie ihnen Angst einjagen können, so wie die Erwachsenen ihnen Angst einjagen. Es ist die einzige Nacht, in der sie nach Herzenslust Fenster und Türen beschmieren können, in der sie ihrem Zorn über ihre zu strenge Reinlichkeitserziehung dadurch Luft machen können, daß sie das Aborthäuschen umwerfen, und in der sie Zäune versetzen, womit sie gegen das Gefühl angehen, selbst von Zäunen umgeben zu sein. Kurz, in dieser Nacht können die Kinder sich gegen die Welt der Erwachsenen zusammenrotten, von denen sie das Gefühl haben, daß sie sich das ganze Jahr über gegen die Kinder zusammenrotten, um Ansprüche an sie zu stellen.

Natürlich wurde Halloween deshalb für die Kinder zu einem so bedeutenden Erlebnis, weil die Erwachsenen mitmachten und so taten, als ob sie Angst hätten, und weil sie sich mit Süßigkeiten loskauften, wenn ihnen der Befehl erteilt wurde: *»trick or treat«* (entweder du läßt es dir gefallen, oder du mußt es dich etwas kosten lassen). In dieser einen Nacht mußten die Erwachsenen den Drang der Kinder, »böse« und wild zu sein, akzeptieren. Sie mußten sich den Wünschen der Kinder fügen und so tun, als ob sie sich von ihnen bedroht fühlten – die Welt war auf den Kopf gestellt. Halloween machte den Kindern deshalb so großes Vergnügen, weil die Erwachsenen zugaben, daß auch die Kinder das Recht auf einen Ausgleich haben – daß auch sie das Recht haben, ihre negativen Gefühle auszuleben. Wer kein Verständnis für dieses Fest hatte und gegen die Unarten der Kinder Einspruch erhob, war ein Spielverderber – genau wie jene, die dem Kind, das noch an Santa Claus glauben wollte, dessen Existenz bestritten.

Halloween verstärkte nur die bereits bestehenden festen Bindungen zwischen Eltern und Kindern, denn schließlich machten ja die Erwachsenen ihnen diese Ungezogenheiten erst möglich. Sie spornten sie noch geradezu dazu an, wobei sie ihren Spaß daran kaum verbargen, wenn sie so taten, als ob sie Angst hätten. Dieses Fest sagte den Kindern, daß ihre Eltern im tiefsten Inneren trotz all ihrer Bemühungen, sie gut zu erziehen, doch auch ihre negativen Gefühle ihnen gegenüber nicht ganz verurteilten. Sie wußten, daß sie existierten und daß sie wenigstens in einer Nacht im Jahr symbolisch ihr Recht verlangten. Nachdem die Kinder an Halloween ihre feindseligen Gefühle abreagiert hatten, konnten sie sich ein paar Wochen später, in der Weihnachtszeit, ganz ihren positiven Gefühlen für ihre Eltern hingeben.

Halloween war genau wie Weihnachten ursprünglich ein religiöser Feiertag, und genau wie bei Weihnachten handelte es sich auch hier um eine alte heidnische Tradition, der eine christliche Bedeutung aufgepfropft wurde. Wie beim Weihnachtsfest sind auch die Riten von Halloween in den tiefsten Schichten des Unbewußten verankert, dort, wo unsere Emotionen sich am stärksten auswirken. Wie bereits erwähnt, repräsentieren kindliche Phantasien über Santa Claus den gütigen Vater des Goldenen Zeitalters, in dem alle unsere Wünsche sofort erfüllt wurden, und der bis zu einem gewissen Grad auch die Reinkarnation der allgütigen Mutter ist, die das Kind geboren hat. Halloween repräsentiert dagegen die entgegengesetzte Seite unserer grundsätzlichen Ambivalenz. Während Weihnachten die Erfüllung all unserer Hoffnung symbolisiert, symbolisiert Halloween unsere Verfolgungsängste. Die Hexe auf ihrem Besenstiel, ein so zentrales Symbol von Halloween, ist die Reinkarnation der bösen, feindlich-destruktiven Mutter. Der Teufel, eine Figur, die unverkennbar die phallische Aggression symbolisiert (Huf, Schwanz und Hörner), repräsentiert den bösen Vater. Halloween pflegte Jungen wie Mädchen, vom Dreijährigen bis zum Adoleszenten, eine einzigartige Gelegenheit zu bieten, einige ihrer aggressiven Wünsche auszuagieren und sie auf diese Weise nicht nur kennenzulernen, sondern sie auch bis zu einem gewissen Grad zu meistern.

Bevor Halloween völlig verwässert wurde, hatten Kinder eine Nacht lang die Möglichkeit, an die Macht zu kommen. Wenn man sich als Hexe, als Teufel oder Gespenst verkleiden und sich entsprechend verhalten kann, dann bedeutet das, daß man auch über die geheime Macht dieser Figuren verfügt. Daß die Kinder sich verkleideten und die Erwachsenen erschreckten, war für sie nicht nur ein Spiel, es handelte sich nicht nur darum, die Welt der Erwachsenen auf den Kopf zu stellen. Es reichte viel tiefer hinab ins Unbewußte und befriedigte das tiefe Bedürfnis, sich mit diesen Urkräften zu identifizieren. Aber um diese außerordentlich primitiven Schichten der Persönlichkeit »reinigen« zu können, mußte es den Kindern erlaubt sein, sich ein paar Stunden lang auszutoben, und die Erwachsenen hatten dafür zu sorgen, daß sie sich nicht dabei gefährdeten.

Was noch vor einer Generation ein orgiastisches und daher tief kathartisches Erlebnis war, ist inzwischen zu einem Kostümfest geworden. Damit wurde die wahre Funktion von Halloween verleugnet und aufgegeben. Anstatt stark angsterregende und destruktive Triebe, die aus der Verdrängung symbolisch hervorbrachen, symbolisch auszuagieren, wurden sie entmystifiziert und zivilisiert. In den Familien unserer Mittelschicht werden die dunklen Kräfte im Menschen, die als Teufel und Hexen ihre rituelle Auferstehung feierten, völlig verwässert und für gute Zwecke, wie etwa für eine Sammlung für UNICEF, eingesetzt. Wenn wir unsere Kinder dadurch zu zivilisierten Menschen zu machen versuchen, daß wir alles Starke und Wilde in ihnen verleugnen, dürfen wir uns nicht wundern, wenn einige von ihnen als Erwachsene die Zivilisation hassen, die ihnen auch noch die einzige Nacht im Jahr raubte, in der sie eine wichtige Seite ihrer Natur hätten austoben können.

Neuerdings haben es sich Erwachsene in einigen Teilen der Vereinigten Staaten, wie in Kalifornien und in New York, einfallen lassen, sich an Halloween ebenfalls als Gespenster und Hexen zu verkleiden. Indem sie sich an diesem bislang exklusiven Kinderfest beteiligen, nehmen sie es den Kindern weg. Diese versuchen nun nicht mehr, die Erwachsenen nachts zu erschrecken. Da diese es genauso machen wie sie, sehen sie sich ihrer einzigen Chance beraubt, einmal im Jahr die Oberherrschaft zu haben.

Sie vermuten zu Recht, daß die Erwachsenen ihnen ihren Spaß nicht gönnen und daß sie aus diesem Grund den Sinn dieses Festes geändert haben. Vielleicht hatten Erwachsene, die so etwas tun, als Kinder nichts zu lachen, vielleicht hatte man sie gezwungen, für gute Zwecke Geld zu sammeln, anstatt wild herumzutoben und Erwachsene zu erschrecken und auf diese Weise einmal im Jahr ihren asozialen Neigungen freien Lauf zu lassen und sie auszuagieren, um sich auf diese Weise von ihnen zu befreien. Nun versuchen sie sich als Erwachsene für das, was ihnen in ihrer Kindheit vorenthalten wurde, zu entschädigen. Aber dadurch machen sie es ihren Kindern unmöglich, wenigstens einmal im Jahr den Spieß umzudrehen.

Auch die tiefere emotionale Bedeutung des 4. Juli haben wir durch die Art, wie wir ihn heute feiern, zerstört. Es war früher ein patriotisches Familienfest und kein reines Kinderfest. Da es sich darum handelte, eine Revolution zu feiern, geschah es auf eine chaotische, derbe Art. In der Nacht zuvor wurden Feuerwerke abgebrannt. Am eigentlichen Festtag hatten dann bei den Gemeindefeiern Redner Gelegenheit, die positiven Seiten der Revolution – die Gründung einer neuen Regierungsform – gebührend hervorzuheben. Aber nachdem man jetzt die derberen Seiten der Feiern abgeschafft hat, ist auch von der patriotischen Begeisterung nicht mehr viel übriggeblieben. Wie stets im Leben hat es sich auch hier herausgestellt, daß mit der Beseitigung der negativen Aspekte der menschlichen Ambivalenz auch deren positive Seite, ihre emotionale Kraft, verlorengeht.

Wir bemühen uns, unseren Festen ihre Ambivalenz zu nehmen, anstatt die hellen wie die dunklen Seiten im Menschen anzuerkennen. Aber wenn wir versuchen, unsere Feste hübsch zivilisiert zu gestalten, verbauen wir uns den Zugang zu den tiefsten Quellen unserer menschlichen Existenz und machen inhaltsleere Ereignisse daraus. Aristoteles hatte erkannt, daß wir uns nur dann für unsere höheren Ziele frei machen können, wenn wir uns zuvor von den dunklen Kräften reinigen.

Herkömmlicherweise wurde diese Katharsis dadurch erreicht, daß wir emotional an beidem Anteil nahmen: an einer erhabenen klassischen Tragödie und einem Satyrspiel oder einer derben Komödie; oder auch an einem dionysischen Fest, welches das Chaos feierte. Dadurch daß wir an Halloween die dunklen Mächte nicht mehr zu ihrem Recht kommen lassen, brauchen wir auch nicht mehr davon erlöst zu werden. Mit unseren netten, zahmen Kinderfesten haben wir für unsere Kinder eine schale Welt geschaffen, eine Welt, die ihren und unseren tiefsten Ängsten und sehnlichsten Wünschen nicht gerecht wird. Das Schlimme dabei ist, daß auch ihre Gefühle uns gegenüber schal und gleichgültig werden, wenn wir ihre Welt schal und gleichgültig machen, und darunter leiden wir nicht weniger als sie. Wenn wir dagegen ihrer Welt die Magie zurückgeben könnten, fände sie auch wieder Eingang in unsere Beziehungen, was eine große Bereicherung wäre.

Der Zweck dieses Buches ist, Eltern zu ermutigen, über gewisse Aspekte der Kindererziehung selbst nachzudenken. Ich hoffe, daß die angeführten Beispiele ihnen helfen werden, gute Lösungen für die verschiedenen Probleme zu finden, denen sie begegnen werden, wenn sie ihr Kind aufziehen. Wenn sie sich ernsthaft darum bemühen, werden sie sich als gute Eltern bewähren. Sie werden dann merken, daß es das Wunderbarste im Leben ist, ein Kind zu empfangen, es auszutragen und zur Welt zu bringen. Geboren zu werden, ist das wunderbarste Ereignis im Leben eines Kindes. Je mehr Eltern und Kinder aneinander ihre Freude haben, um so glücklicher wird ihr Leben sein.

Wenn dieses Buch ein wenig dazu beiträgt, dieses potentielle Glück Wirklichkeit werden zu lassen, dann hat es seinen Zweck voll erreicht.